»Man töte dieses Weib!«

Melanie Unseld

»Man töte dieses Weib!«

Weiblichkeit und Tod in der Musik
der Jahrhundertwende

Verlag J. B. Metzler
Stuttgart · Weimar

Die Deutsche Bibliothek – CIP-Einheitsaufnahme

Unseld, Melanie:
»Man töte dieses Weib!« : Weiblichkeit und Tod in der Musik der Jahrhundertwende /
Melanie Unseld. - Stuttgart ; Weimar : Metzler, 2001
ISBN 3-476-01809-1

ISBN 3-476-01809-1

Gedruckt auf säure- und chlorfreiem, alterungsbeständigem Papier.

© 2001 J. B. Metzlersche Verlagsbuchhandlung
und Carl Ernst Poeschel Verlag GmbH in Stuttgart
www.metzlerverlag.de
info@metzlerverlag
Einbandgestaltung: Willy Löffelhardt
Druck und Bindung: Franz Spiegel Buch GmbH, Ulm
Printed in Germany
Mai / 2001

Verlag J.B.Metzler Stuttgart · Weimar

Inhaltsverzeichnis

Erster Teil

Zweiter Teil

Dritter Teil

Vierter Teil

Anhang

Dapertutto
»Voyez ces bonnes âmes,
ces cœurs cléments et doux,
décidément les femmes,
sonst plus diables que nous!«
Pitichinaccio
»Regardez toutes ces âmes,
contrôlez ces cœurs cléments et doux:
oui, toujours les femmes
sont plus diables que nous!«

Jacques Offenbach, *Les contes d'Hoffmann*

Simone
»Wer spricht vom Tod?
Vom Tod soll keiner sprechen!
Was sucht der Tod in so vergnügtem Haus,
wo nur ein Weib, ein Gatte, ein Freund ihn grüßen?
Laß den Tod dort Einkehr halten,
wo man die Ehe bricht, wo keusche Frauen,
die ihrer edlen Männer überdrüssig,
den Vorhang ihres Ehebettes lüften
und in besudelten entehrten Kissen
der unerlaubten Wollust frönen!«

Alexander von Zemlinsky, *Eine Florentinische Tragödie*

Todesnahe Weiblichkeitsbilder zwischen Dekadenz und Aufbruch

Salome tanzt einen berauschenden Tanz, König Herodes kann kein Auge von ihr lassen. Sie umgarnt ihn mit verlockenden Bewegungen, begleitet von der schwül-klangsinnlichen Musik von Richard Strauss. Doch als sie ihren Lohn für den Tanz fordert, erschauert Herodes: Die junge Frau verlangt den Kopf des Propheten Jochanaan. Und schließlich wendet sich Herodes vollends ab, wenn Salome selbstvergessen und in höchster Ekstase mit dem blutenden Haupt verliebte Zwiesprache hält – »Man töte dieses Weib!«, befiehlt der Herrscher.

Salome muß sterben, da sie die Grenzen der Moral überschritten hat. Doch wie kam es dazu? War es nicht Herodes, der die zunächst widerstrebende Prinzessin zum Tanzen aufforderte? Waren es nicht seine Blicke, die aus dem kindlichen Wesen ein begehrenswertes Weib machten? Und war es nicht die Weigerung Jochanaans, Salome anzusehen, die die Prinzessin zur Verzweiflung brachte? »Warum hast du mich nicht angesehn, Jochanaan? [...] Hättest Du mich gesehn, du hättest mich geliebt...«, sagt Salome zu dem abgeschlagenen Haupt. Und ist nicht ohnehin Macht mit im Spiel: die weltliche und die religiöse Macht, die versinkende und die neu heranbrechende – beide irritiert durch die Macht des Weiblichen?

»Man töte dieses Weib!« – Wenn Herodes, der sonst so zögerliche und ängstliche Herrscher, kurzentschlossen den Tod Salomes befiehlt, stirbt mehr als nur die Prinzessin von Judäa. Mit großer Vehemenz wird auch der Einfluß des Weiblichen, das Verführerische und Undurchschaubare, das Verlockende und Verderbenbringende ausgelöscht. Und so steht Salomes Tod beispielhaft für eine Vielzahl von Todesmomenten, die sich in der Musik der Jahrhundertwende[1] ereignen: die zahlreichen Morde und Selbstmorde, die tödlichen Intrigen und Niederlagen. Selbst das zarte Verlöschen so mancher fragilen Frauenfigur steht in diesem Kontext, denn auch hier zerbricht das Weibliche an der Dominanz männlicher Werte, Vorstellungen oder Restriktionen. Die fragile Mélisande, die lebensfremde Prinzessin aus der Feder des belgischen Symbolisten Maurice Maeterlinck, und die lustvoll-morbide Salome sind zwar denkbar weit voneinander entfernt, aber sie gehören demselben Grundmuster von Weiblichkeitstypen an – lediglich von verschiedenen Seiten her betrachtet. Sie sind wie die zarte Morgenröte und das flammende Abendrot: zwei unterschiedliche Himmelsfarben am gleichen Tag.

Es ist eine eigentümliche Allianz, die zwischen Salome und dem Tod besteht: Die junge, verführerische Frau steht mitten im Leben und doch ganz nahe am Abgrund des Todes. Ihr Verlangen ist todbringend – für Jochanaan wie für sie selbst. Herodes hält sie dabei den Spiegel vor: Die Tage seiner Macht sind gezählt, auch er steht als Herrscher am Rande des Abgrunds.

Diese reizvolle Verbindung von vibrierend-sinnlicher Weiblichkeit und der Kälte des Verfalls und des Todes ist für viele Künstler der Jahrhundertwende attraktiv. Es ist die Faszination des Geheimnisumwobenen, die auch Sigmund Freud beschreibt, wenn er den Tod und die Weiblichkeit als die beiden »unergründlichsten Rätsel der westlichen Kultur« bezeichnet.

Was den Tod anbelangt, ist Freuds Aussage nicht überraschend – sogar über die Grenze der westlichen Kultur hinaus: Der Tod ist das empirisch nicht erfahrbare, individuell nicht erinnerbare und doch lebensbestimmende, da lebensbeschließende Phänomen. Er ist der Gegensatz schlechthin, zum lebenden, denkenden, schaffenden und fühlenden Menschen, zum kognitiv erfahrbaren Raum. Er definiert Zeiträume – Lebenszeiten – und markiert zugleich den Beginn der Zeitlosigkeit. Der Tod läßt die Lebenden nicht nur als Trauernde zurück, sondern auch als Zweifelnde. Und schließlich liegt in ihm, wie Maurice Maeterlinck schreibt, der Schlüssel zum Verständnis des Lebens: »Das Leben ist ein Geheimnis, der Tod ist der Schlüssel, der es öffnet. Aber derjenige, der den Schlüssel im Schloß umdreht, verschwindet für immer in dem Geheimnis.«[2]

Freud setzt – was ihren rätselvollen Charakter anbelangt – den Tod und die Weiblichkeit gleich. Und was für den Tod *per se* einsichtig ist, wird für die Weiblichkeit so definiert. Darin ist sich Freud mit vielen seiner Zeitgenossen einig, der Wiener Literat Peter Altenberg notiert beispielsweise: »Du mußt mir sein, oh Fraue, ein unentwirrbar Rätselvolles!«[3] Wenn aber Tod und Weiblichkeit gleichermaßen rätselhaft sind, übernehmen sie ähnliche metaphorische und symbolische Funktionen: Sie verweisen auf die individuellen und gesellschaftlichen Grenzen des Menschen – oder vielmehr des Mannes – und zugleich auf die Standortbestimmung der eigenen, bürgerlichen Kultur. Wie sich im Tod der Zweifel und die Angst des Menschen vor dem unbekannten Nichts bündelt, so konfrontiert auch das »neue Weib« (Ernst Bloch) den bürgerlichen Mann mit Zweifeln und Ängsten vor dem Fremden. Und die Intensität der Funktionen potenziert sich, wenn sich die beiden Phänomene zu einem Doppelmotiv verbinden.

Daher rührt auch die Attraktivität der biblischen Geschichte der Salome, die erst gegen Ende des 19. Jahrhunderts derart mit den Attributen weiblicher Verführung und morbider Lust angereichert wird, daß sie zum Sinnbild des dekadenten Frauentyps avanciert. Sie inspiriert neben Richard Strauss auch andere Komponisten: Jules Massenet beispielsweise zu seiner 1881 uraufgeführten Oper *Hérodiade* nach Gustave Flaubert, Florent Schmitt, dessen Ballett *La tragédie du Salomé* 1907 uraufgeführt und 1913 in der Saison der Ballets Russes inszeniert wird, Karol Szymanowski, dessen *Salome* für Sopran und Orchester 1907 bis 1912 entsteht, und Alexander Glasunow zur *Introduction und Tanz der Salome* (1908[4]). Mit Salome verwandt

12

sind andere grausame Prinzessinnen wie Turandot, über die Ferruccio Busoni eine Schauspielmusik und eine Oper schreibt (1911 und 1917), und die für Giacomo Puccini zum Schlußpunkt seines Opernschaffens wird (1926). Auch die auf Oscar Wilde zurückgehenden Infantinnen von Franz Schreker und Alexander von Zemlinsky, die den mißgestalteten Zwerg zur Verzweiflung und in den Tod treiben, gehören in diese Reihe (*Der Geburtstag der Infantin*, Pantomime von Schreker, 1908, *Der Zwerg*, Oper von Zemlinsky, 1922).

Fast alle Erfolgs- und Skandalopern der ersten beiden Dekaden des 20. Jahrhunderts nehmen sich des Motivpaars von Tod und Weiblichkeit an: Strauss' *Salome* und *Elektra* (1905 und 1909), Franz Schrekers *Der ferne Klang* (1912) und *Die Gezeichneten* (1918), Max von Schillings' *Mona Lisa* (1915), Erich Wolfgang Korngolds *Violanta* (1916) und *Die tote Stadt* (1920), Alexander von Zemlinskys Einakter *Eine florentinische Tragödie* (1917) und *Der Zwerg* (1922) – um nur eine kleine Auswahl aus dem deutschsprachigen Raum zu nennen. Überall steht die zentrale Frauenfigur in einem besonderen Verhältnis zum Tod, weit über die anthropologische Konstante von Eros und Thanatos, weit auch über die romantische Vorstellung des Liebestodes hinausgehend. So ist es beispielsweise in der *Toten Stadt* von Korngold eine Verstorbene, um die sich die gesamte Handlung dreht: Der Witwer Paul kann sich nicht von den Erinnerungen an die tote Marie trennen und sucht in der Tänzerin Marietta ein lebendiges Ebenbild. In blindem Wahn erwürgt er jedoch Marietta, die ihm nur oberflächlichen Ersatz für Marie sein konnte – und mit dem Mord kehrt die Realität wieder ein: Paul verläßt die »tote« Stadt, in der ihn alles an seine verstorbene Frau erinnert. Beim Hinausgehen begegnet er Marietta... Realität und Wahn, bürgerliche Welt und Kunst prallen aufeinander, und inmitten steht der Mann, konfrontiert mit dem Weib, das eine so eigentümliche Verbindung zum Tod hat.

Auch fernab der Opernbühne, in anderen musikalischen Gattungen, halten die todesnahen Frauengestalten Einzug: Die todbringenden Wassernixen tauchen in Symphonischen Dichtungen (*Die Seejungfrau* von Zemlinsky, 1905) oder Klavierwerken (*Ondine* in *Gaspard de la nuit* von Maurice Ravel, 1908) auf. Der bleichen Ophelia wird in Liedern gehuldigt (*Chanson d'Ophélie* aus den *Chansons de Shakespeare* von Ernest Chausson, 1896). Im Ballett stirbt Jeanne d'Arc auf dem Scheiterhaufen für ihre (männlichen) Ideale (Charles-Marie Widor, 1890), das Opfer einer Jungfrau wird in *Le Sacre du Printemps* von Igor Strawinsky (1913) frenetisch gefeiert. Die Sirenen, jene singend todbringenden Frauengestalten des antiken Mythos, werden in Symphonischen Dichtungen von Jean Sibelius (*Aallottaret*, 1914) und Reinhold Glière (1908) sowie in der 1911 entstandenen Kantate von Lili Boulanger thematisiert. Und den kriegerischen Amazonen wird im *Danse de l'Amazone* von Anatoli Ljadow gehuldigt (1910).

Wer aber sind diese Frauengestalten, die fast zwanghaft am Abgrund des Todes stehen – sich selbst oder andere hinunterstoßend? Es ist fast ausnahmslos das »Rätsel-Weib«, das in zahllosen Varianten thematisiert wird – Personifizierungen der undurchschaubaren, geheimnisvollen, verwirrend anderen Weiblichkeit. Von ihnen geht eine Erschütterung aus, die den Mann und seine Welt zum Wanken, nicht selten auch zum Einsturz bringt. Und dabei ist das in Musik gesetzte »Rätsel-Weib« Reflex auf die zahlreichen Bemühungen, die im ausgehenden 19. Jahrhundert verstärkt nach einer Definition der Frau suchen. »Haben Sie eine Ahnung«, fragt Virginia Woolf noch im Jahre 1929 rhetorisch ihre Geschlechtsgenossinnen, »wie viele Bücher im Laufe eines Jahres über Frauen geschrieben werden? Haben Sie eine Vorstellung davon, wie viele darunter von Männern geschrieben wurden? Sind Sie sich dessen bewußt, daß Sie vielleicht das am meisten diskutierte Lebewesen des Universums sind?«[5] Zur Diskussion steht dabei nicht nur die Frau und ihre Funktion innerhalb der Gesellschaft, sondern auch das, was man als das Weibliche zu definieren bestrebt ist. Voraussetzungen für den Ruf nach einer modernen Begriffsbestimmung von Weiblichkeit sind wissenschaftliche Erkenntnisse auf dem Gebiet der Biologie, der Medizin und der Sexualwissenschaft. Und neben der *biologischen Definition* von Geschlecht wird bereits in den letzten Jahrzehnten des 19. Jahrhunderts eine *kulturelle Definition* entwickelt. Man ringt um eine Erklärung des Fremden, des Nicht-Ich. Und neben Künstlern und Literaten beteiligen sich daran auch Wissenschaftler, Philosophen und andere Autoren, die »keinerlei sichtbare Qualifikation haben außer der, keine Frau zu sein« (Virginia Woolf). Und so weit die Meinungen und Stellungnahmen divergieren, so einig ist man sich in dem wesentlichen Charaktermerkmal: Weiblichkeit ist unergründlich. Daher changieren alle Personifikationen dieses Undefinierbaren in Literatur, bildender Kunst und Musik zwischen idealisierter Realität und realistischer Fiktion, zwischen bürgerlicher Moralvorstellung und künstlerischer Freizügigkeit, zwischen der unwiderstehlichen Anziehungskraft des Fremden und der angstvoll wahrgenommenen Andersheit.

Der Tod, der treueste Begleiter jenes »Rätsel-Weibes«, verschärft dessen unheimliche Aura. Davon erzählen auch die vielen scheintoten oder wiedererweckten Frauenfiguren: Ariane findet in Paul Dukas' Oper die verstorbenuntoten Frauen von Herzog Blaubart (*Ariane et Barbe-Bleu*, 1907), und Judith wird, in Béla Bartoks Oper *Herzog Blaubarts Burg* (1918), selbst eine der Untoten. Von Korngolds *Toter Stadt* und der Vision der wiederbelebten Marie war bereits die Rede. Der Tod als letztes Rätsel des Menschen überschneidet sich mit der Vorstellung von der Weiblichkeit als letztes Rätsel des Mannes, der in seinem Drang nach Erforschung und Erkenntnis keinen Raum für Unfaßliches hat. Und dabei sind es neben den laut-dämonischen Weiblichkeitstypen auch die feingliedrigen Edelgeschöpfe: Allzu zerbrechlich für die reale Welt, besitzen sie das Geheimnis des Todes, nehmen es sterbend mit ins Grab, den Mann als Unwissenden und Trauernden zurücklassend. Maeterlincks Mélisande inspiriert beispielsweise Gabriel Fauré (Schauspielmusik, 1898), Claude Debussy (Oper, 1902), Jean Sibelius (Schauspielmusik, 1905) und Arnold Schönberg (Symphonische Dichtung, 1905). Und die verstorbene Prinzessin, der Maurice Ravel in seiner 1910 entstandenen *Pavane pour une infante défunte* huldigt, gehört ebenfalls in diesen Kreis.

Alle Frauenfiguren, die Hand in Hand mit dem Tod durch die Musikgeschichte der Jahrhundertwende defilieren, reagieren auf den Taumel der Irritationen, der die Zeitspanne des ausgehenden 19. Jahrhunderts bis zum Zweiten Weltkrieg erfaßt. Hugo von Hofmannsthal beschreibt, beispielhaft für seine Generation, im Jahre 1906 dieses Gefühl der Unsicherheit: »Aber das Wesen unserer Epoche ist Vieldeutigkeit und Unbestimmtheit. Sie kann nur auf Gleitendem ausruhen und ist sich bewußt, daß es Gleitendes ist, wo andere Generationen an das Feste glaubten.«[6] Auch Joris-Karl Huysmans, der französische Romancier der *décadence*, diagnostiziert für seine Zeit eine spezifische Unsicherheit und Unruhe – Symptome, die er verallgemeinernd für alle Jahrhundertwenden annimmt: »Die Jahrhundertwenden ähneln einander. Alle sind von Unsicherheit und Unruhe erfüllt.«[7]

Gleich aber, ob man – wie Huysmans – das Phänomen der Jahrhundertwende dafür verantwortlich macht oder aber – wie Hofmannsthal – das Charakteristikum einer eigenständigen Epoche daraus entwickelt: die Merkmale jener Zeitspanne, von der beide Dichter sprechen, bleiben sich gleich. Von Unsicherheit und Unruhe ist die Rede, von Unbestimmtheit und einem vieldeutigen Gleiten. Dabei fällt es ebenso schwer, die Jahrhundertwende als Epoche zu begreifen, sie in eindeutiger Exaktheit zu datieren, wie ihre inhaltlichen Konstanten auszumachen und festzuschreiben. Der gemeinsame Nenner für beide historiographischen Unternehmungen bleibt das Phänomen des Vieldeutigen und Unruhigen. Ästhetische Strömungen lösen sich in rascher Folge ab oder existieren nebeneinander in mehr oder weniger starker Konkurrenz.

Die Unsicherheit dieser Zeitspanne findet ihren Ausdruck auch in der Frage der Blickrichtung, im Changieren zwischen Rück- und Ausblick, zwischen Innehalten und Vorwärtsdrängen. So plant beispielsweise der junge Richard Strauss, seiner Symphonischen Dichtung *Also sprach Zarathustra* (1895/96) den Untertitel »Symphonischer Optimismus in Fin-de-Siècle Form, dem 20. Jahrhundert gewidmet« zu geben[8]. Und Robert Musil charakterisiert jene Phase, in der sein Roman *Der Mann ohne Eigenschaften* angesiedelt ist, als janusköpfig: »Diese Illusion, die ihre Verkörperung in dem magischen Datum der Jahrhundertwende fand, war so stark, daß sich die einen begeistert auf das neue, noch unbenützte Jahrhundert stürzten, indes die anderen sich noch schnell im alten wie in einem Hause gehen ließen, aus dem man ohnehin auszieht, ohne daß sie diese beiden Verhaltensweisen als sehr unterschiedlich gefühlt hätten.«[9]

Dieses Epochenbild, das in sich die Momente von Dekadenz und Aufbruch vereinigt, das mit dem Schwankenden sympathisiert und gleichzeitig um letztgültige Definitionen ringt, spiegelt sich im Doppelmotiv von Weiblichkeit und Tod wider. Denn dieses trägt Ausdrucksmöglichkeiten in sich, die die Künstler für die Darstellung ihrer Epoche, ihres gesellschaftlichen Umfelds und ihres eigenen Standpunkts benötigen. Und wenn auch tiefgreifende äußere Zäsuren Denken und Selbstbild der Künstler in ganz Europa erschüttern – so etwa der Erste Weltkrieg – bleibt das Doppelmotiv doch in seiner Grundsubstanz bestehen. Die reinigende Kraft, die man sich zunächst vom Krieg erhofft hatte, erweist sich als beschönigende Fiktion. Grausamkeit und menschliches Elend entsprechen weit mehr der erlittenen Realität. Diese Erfahrungen dringen in das Motivpaar ein, aber noch immer bleibt es virulent. In expressionistischer Schärfe präsentiert es sich beispielsweise in Paul Hindemiths Oper *Mörder, Hoffnung der Frauen* (1921).

Mit Alban Bergs Oper *Lulu*, komponiert von 1929 bis zu Bergs Tod im Jahre 1935, findet das Doppelmotiv einen finalen Höhepunkt. Berg greift dabei mit diesem Sujet weit in die Ideenwelt der Jahrhundertwende zurück: Lulu ist nicht nur durch ihren literarischen Schöpfer Frank Wedekind als Geschöpf der Weiblichkeits-Diskussion um 1900 erkennbar, sondern auch durch die Nähe zu den Gedanken Otto Weiningers. Dabei weist die avancierte Musiksprache von Bergs zweiter Oper weit in das 20. Jahrhundert hinein, öffnet gleichsam die Pforte zur Moderne – und dies mit Hilfe des Doppelmotivs von Tod und Weiblichkeit.

Die Jahrhundertwende als Epoche von rund 50 Jahren, als Zeitspanne zwischen Massenets *Hérodiade* und Bergs *Lulu* zu begreifen, macht aus musikhistorischer Sicht durchaus Sinn. Denn die Epoche umspannt in dieser Dimension den Abschied von der romantischen Klangwelt bis hin zur Moderne. In diesem historischen wie ästhetischen Bogen aber taucht das Doppelmotiv von Tod und Weiblichkeit in einer großen Fülle und Vielfalt auf, von der die bislang erwähnten Werke nur einen kleinen Ausschnitt darstellen. Es entfaltet sich aus der romantischen Liebes- und Todessehnsucht, reichert sich mit lustvoll-morbiden, dekadenten und modernen Elementen an, und gelangt schließlich zu einem Punkt, an dem das »Ewig-Weibliche« endgültig zu Grabe getragen wird. Dieser Bogen soll in den folgenden Kapiteln nachgezeichnet werden. Bei einer derart reichhaltigen Materiallage muß dabei jede der ausgewählten Kompositionen als Exemplum für viele andere Werke stehen. Anders gesagt: Das gleiche Ideenpanorama könnte man ohne Ein-

16

schränkungen mit einer vollständig anderen Werkauswahl entwerfen. Beim Lesen mögen alle nicht betrachteten Kompositionen nicht als Lücke, sondern als Beleg und als Chance gewertet werden: als Beleg für die Virulenz des Doppelmotives und als Chance, an zahlreichen Punkten anzuknüpfen und weiterzugehen. Bei der vorliegenden Auswahl der Werke waren drei Gedanken ausschlaggebend: Zunächst sollte erkennbar werden, daß in fast allen ästhetischen Schulen der Jahrhundertwende und in ganz Europa das Doppelmotiv als Sujet aufgegriffen wird. Zugleich sollte die Mannigfaltigkeit des Doppelmotives dargestellt werden. Und schließlich sollte sichtbar werden, daß die Weiblichkeitskonstruktionen, wie sie in der Musik zum Ausdruck kommen, in einer engen Wechselbeziehung zu allgemeinen kulturellen und soziokulturellen Phänomenen der Jahrhundertwende stehen.

Die düster-bedrohlichen und die ätherisch-fragilen Frauenfiguren werden in allen musikalischen Gattungen porträtiert: in der Oper, in symphonischen Dichtungen und anderen Orchesterkompositionen, in Schauspiel- und Ballettmusiken, in Liedern, Oratorien, selbst in Kammermusik und Klavierwerken. Wenn im folgenden vorwiegend – wenn auch nicht ausschließlich – Opern im Mittelpunkt stehen, so sind dafür zwei Gründe zu nennen. Zum einen liegt in diesen Beispielen bereits ein breites Spektrum an interpretatorischem Material offen, zum anderen ist die Gattung der Oper eng mit der Entwicklung des Bürgertums, dessen Repräsentationsbedürfnis und Wertevorstellung verbunden, ein Hintergrund, der stets mitgedacht werden muß. Ein anderer Schwerpunkt wird beim Lesen auffallen: Die Diskussionen um das kulturelle Phänomen Weiblichkeit werden insbesondere anhand der deutschsprachigen Debatten, die kulturhistorische Einordnung zumeist mit dem Schwerpunkt Wien entwickelt. Diese Fokussierung bietet sich aus mehreren Gründen an. Zunächst legen historische Gegebenheiten diesen Schwerpunkt nahe, denn die wissenschaftliche Diskussion um die kulturelle Definition von Geschlecht wird vor allem in Berlin und Wien geführt. Der Schwerpunkt Wien ergibt sich wiederum aus folgenden Beobachtungen: Ähnlich wie Prag oder Budapest, aber freilich in größerem Umfang, ist Wien aufgrund seiner historischen und politischen Situation gegen Ende des 19. Jahrhunderts Schmelztiegel unterschiedlichster Gegebenheiten. Inwieweit diese soziokulturelle Situation Wiens für die Entwicklung neuer Impulse maßgebend ist, wird in der kulturhistorischen Diskussion unterschiedlich bewertet. Daß aber eine Koinzidenz zwischen diesen Gegebenheiten und den die Moderne prägenden Ideen von Sigmund Freud, Albert Einstein, Arnold Schönberg und vielen anderen besteht, bleibt unbestritten. Für die Überlegungen zum Doppelmotiv von Tod und Weiblichkeit ist weiterhin relevant, daß sowohl Sigmund Freuds »Entdeckung« der Psychoanalyse als auch Otto Weiningers Abhandlung *Geschlecht und Charakter* Phänomene der

Wiener Jahrhundertwende sind. Beide aber haben maßgeblich in die Diskussion um die kulturelle Konstruktion von Geschlecht eingegriffen und die kulturelle Definition von Weiblichkeit grundlegend geprägt.

Die Methodik, der sich diese Arbeit bedient, wechselt mit den Sujets, sie paßt sich ihnen gewissermaßen an. Häufig sind kulturhistorische Exkurse und Annäherungen an literaturwissenschaftliche und kunsthistorische Arbeitsweisen und Analysen notwendig. In der Grenzüberschreitung liegt freilich die Möglichkeit zu genaueren Einsichten in das Zentrum dieser Arbeit, in die Musik, aber auch zu einer Ausweitung des musikhistorischen Rahmens hin zu einem kulturhistorischen Diskurs. Es geht – in Modifizierung eines Gedankens der französischen Historikerin und Anthropologin Nicole Loraux – auch darum, die Musik den Fragen einer Anthropologie auszuliefern. »Ein fruchtbares Unterfangen, freilich unter der Voraussetzung, daß man die Besonderheit der Gattung nicht außer acht läßt.«[10]

Erster Teil

>>So wisse, daß das Weib
gewachsen ist im neunzehnten Jahrhundert!<
sprach sie mit großem Aug', und schoß ihn nieder.«

Maria Janitschek

Weiblichkeit und Tod:

Poetisierung und Verrätselung eines Themas um 1900

Frühlingsopfer

»Die Leute pfiffen, beleidigten die Darsteller und den Komponisten, schrien, lachten. [...] Eine schön gekleidete Dame in einer Orchesterloge erhob sich und ohrfeigte einen jungen Mann, der in einer Nachbarloge zischte. Ihr Begleiter stand auf und Karten wurden ausgetauscht. Ein Duell folgte am nächsten Tag. Eine andere Dame der Gesellschaft spie einem Demonstranten ins Gesicht.«[1] – Am 29. Mai 1913 ging im Théâtre des Champs-Elysées in Paris einer der größten Skandale der europäischen Musikgeschichte über die Bühne. Augenzeugen berichten von stürmischen Tumulten, Handgreiflichkeiten und einem Publikum außer Rand und Band: »Der Saal spielte die Rolle, die er zu spielen hatte: Er revoltierte von Anfang an. Man lachte, höhnte, pfiff, ahmte Tierstimmen nach, und vielleicht hätte man allmählich damit aufgehört, wenn nicht die Gruppe der Ästheten und einige Musiker in ihrem übertriebenen Eifer das Logenpublikum beleidigt hätten und handgreiflich geworden wären. Der Tumult artete in ein Handgemenge aus.«[2] Kaum noch war der Grund des Krawalls wahrnehmbar: »Die Musik war in den letzten fünfzehn Minuten überhaupt nicht zu hören.«[3] Es war die Uraufführung des Balletts *Le Sacre du Printemps* von Igor Strawinsky, choreographiert von Vaclav Nijinsky.

Dieser »succès de scandale« gräbt eine markante Zäsur in die Musikgeschichte des beginnenden 20. Jahrhunderts. Begeisterung und Kritik entzünden sich gleichermaßen an der Mißachtung der Ästhetik des klassischen Balletts und an den unerhörten Klängen von Strawinskys Komposition. Die Hauptidee des Balletts ist die Opferung einer Jungfrau und die Anbetung des Frühlings, der als Topos von Vergehen und Werden begriffen wird, als Symbol für den Kreislauf der Natur. Im Mittelpunkt des außergewöhnlichen Balletereignisses steht somit ein Motivpaar, das symptomatisch für diese Zeit ist – gerade auch in seiner offensiven und radikalen Ausprägung: Weiblichkeit und Tod.

Plötzlich, so schildert Strawinsky die ersten Gedanken zum Sujet, sei ihm die »Vision einer großen heidnischen Feier« gekommen: »Alte weise Männer sitzen im Kreis und schauen dem Todestanz eines jungen Mädchens zu, das geopfert werden soll, um den Gott des Frühlings gnädig zu stimmen.«[4] In gewisser Weise findet Strawinsky hier ein treffendes Bild – man ist versucht zu sagen: eine Allegorie – für die Situation der Moderne und ihrer Künstler, für das Verhältnis zwischen Künstler und Publikum, zwischen Kunst und Gesellschaft. Die tumultuösen Reaktionen auf die Uraufführung und die große Zahl an Rezensionen, an öffentlichen wie privaten (sich häufig auch widersprechenden) Berichten, lassen diese Interpretation zu. *Le Sacre du Printemps* traf bei den beteiligten Künstlern und beim Publikum einen Nerv, der innerhalb der Stimmungslage dieser Epoche eine heftige Reaktion zeigte.

Was die einen als innovative Elemente in der Musik und Choreographie wahrnahmen, wurde von anderen heftig kritisiert: Nihilismus, fehlende Ordnung und Asymmetrie, häßliche Archaik, mangelnder Gehalt, Betäubung der Sinne statt Erhebung der Seele. Ein Kritiker der *Revue bleue* schrieb dazu, *Sacre du Printemps* gleiche einer »dionysischen Orgie, wie Nietzsche sie sich erträumt hatte, Ausgeburt seines prophetischen Wunsches, Leuchtfeuer einer Welt zu sein, die ihrem eigenen Tod entgegenstürzt«[5]. Die Kritik liest sich wie eine seismographische Kurve der zeitgenössischen Stimmungslage. Inwiefern aber ist die Opferung einer Jungfrau dafür allegorisch?

Die Szenerie des Balletts[6] beschreibt zunächst den Kreis von weisen alten Männern. Diese stehen als Sinnbild für Tradition und deren hierarchische Struktur. Sie sind das Kontinuum, das sich in männlichem Gewand präsentiert, der Vitalität der Jungfrauen ebenso entgegengesetzt wie deren Opferzeremonie. Aus dem Tanz der Jungfrauen entwickelt sich die orgiastische Feier. Hier treffen Ideen aus Nietzsches *Geburt der Tragödie* (auf die der Rezensent der *Revue bleue* zu Recht hinwies) auf eine europaübergreifende Bewegung: Jugend, Tanz, Vitalismus, Aufbruch und Grenzüberschreitungen brechen sich Bahn. Sie kulminieren in der Zeremonie der Opferung, des individuellen, aber ritualisierten Todes einer jungen Frau. Ob freiwilliges Selbstopfer oder grausam vollstreckter Mord: in der zweifach möglichen Interpretation dieses Opfers ist auch die Ambivalenz der Moderne spürbar, der Aufbruch in die Moderne als selbstgewählter Bruch mit der Tradition oder als unumkehrbarer Verlust und aufgezwungener Fortgang des ästhetischen Kontinuums. Auch die Tatsache, daß eine Jungfrau, also eine weibliche Gestalt, geopfert wird, ist mehr als doppeldeutig. Zunächst freilich knüpft dieses Motiv an archaische Vorbilder und Vorstellungen an: In der Opferung einer Jungfrau potenziert sich die Symbolkraft von Werden und Vergehen. Auch das Motiv der Götterbesänftigung spiegelt sich darin wider: Durch den Tod einer Jungfrau sollen die Götter gnädig gestimmt werden – Iphigenies Schicksal kommt in den Sinn. Gleichzeitig ist die geopferte Jungfrau Gegenpol zum Kreis der alten weisen Männer: Ihre Jugend steht gegen deren Alter, vitale Weiblichkeit gegen greise Männlichkeit, Auserwähltheit und Exponiertheit gegen das feste Gefüge der Gruppe, schließlich jugendlicher Tod gegen Alter und Fortbestehen. Die auserwählte, unberührte Frau stirbt und erfüllt damit die zentrale Funktion des Frühlingsritus. Ihr individueller Tod ist Voraussetzung für die Weiterexistenz der Gesellschaft, sowohl der alten Männer als auch der übrigen Gesellschaft[7].

Was in Strawinskys Ballett zum zentralen Thema wird, findet sich an der Schwelle zur Moderne in allen Künsten in verschiedenartigen Ausprägungen wieder. Weder spielen dabei nationale Schranken eine Rolle noch unterschiedliche ästhetische Positionen. Der Stilpluralismus der Epoche findet offenbar in diesem Moment seinen gemeinsamen Nenner: Im Doppelmotiv von Tod und Weiblichkeit scheint ein symbolisches Potential zu liegen, das auf die ästhetische und emotionale Stimmungslage der Zeit und ihrer künstlerischen Repräsentanten reagieren kann und gleichzeitig die Möglichkeit bereit hält, diese in all ihrer Vielfalt zum Ausdruck zu bringen. Die Häufigkeit, mit der dieses Doppelmotiv um die Jahrhundertwende auftritt, ist nicht zu übersehen, kann nicht als zufällig gelten.

Zwei relativierende Bemerkungen sind zu dieser These notwendig. Zum einen sind sich Philosophie und Kulturwissenschaft einig, daß das Bild, das sich eine Gesellschaft vom Tod macht, sehr deutlich auf die Selbstwahrnehmung des Menschen und auf seine Vorstellung vom Leben an sich verweist[8]. So liegt bereits in einem Teil der Motivkoppelung – im Motiv des Todes – ein Interpretationspotential großen Ausmaßes. Zum anderen steht der Tod seit jeher in einem besonderen Verhältnis zur Frau: Der Sündenfall in der Bibel verkettet menschliche Sterblichkeit mit Verführung und Weiblichkeit. Eine enge, wenn auch ambivalente Verbindung besteht auch in der Antike zwischen Fruchtbarkeit, Weiblichkeit und Tod – personifiziert in zahlreichen Mythen- und Götterfiguren wie den Gorgonen oder Persephone. Und während in den mittelalterlichen Totentänzen gleichberechtigt auch Frauen paradieren, übte das Motiv »Der Tod und das Mädchen« spätestens seit Claudius' Gedicht und Schuberts Vertonung eine große Faszinationskraft aus. Es gehört nun zum Repertoire der abendländischen Literatur, bildenden Kunst und Musik. Die fatalen, da todbringenden Frauengestalten des ausgehenden 19. und beginnenden 20. Jahrhunderts führen den Reigen in die Gegenwart fort.

Auffällig aber bleibt: Im Doppelmotiv Tod und Weiblichkeit liegt seit der zweiten Hälfte des 19. Jahrhunderts ein qualitativ neues Interpretationspotential, das für die Künstler der Jahrhundertwende maßgeblich wird. Was zuvor tragisch oder mythisch-gleichnishaft war, wird nun – und hier spricht

23

Edgar Allan Poe für seine Zeitgenossen und direkten Nachfolger – zum »poetischsten Thema der Welt«[9]: der Tod einer schönen Frau. Er wird, in einer großen Vielfalt an künstlerischen Gestaltungen, motivische Konstante bei ästhetischen und gesellschaftlichen Neuorientierungen.

Das Motiv, eine Frau – vornehmlich als »Weib« charakterisiert und damit entpersönlicht und auf Sinnlichkeit reduziert – in einen engen Zusammenhang mit dem Tod zu stellen, hängt letztlich mit den ästhetischen Turbulenzen der Jahrhundertwende zusammen oder scheint zumindest auf diese Turbulenzen zu reagieren. In diesem Motiv ist es zahlreichen Künstlern offenbar möglich, einen Ausdruck für ihre ästhetischen Positionen innerhalb der wechselvollen Entwicklung zu finden.

Paradigmenwechsel: Schönberg und Strauss

Ein markantes Beispiel dafür ist die frühe Schaffensperiode von Arnold Schönberg. Neben etlichen Fragmenten, die das Weib und den Tod thematisieren[10] – deutlich noch in einer tristanesken Stimmungslage von Liebes- und Todessehnsucht nachklingend –, weisen wichtige Werke bis 1912 diese Thematik auf[11]. Die 1900 bis 1911 komponierten *Gurrelieder* (1913 uraufgeführt) umspannen allein in ihrer Entstehungszeit die frühe Schaffensphase Schönbergs. Auch in ihnen spielt das Motivpaar Tod und Weiblichkeit eine eminent wichtige Rolle: »Den Reigen der ›süßen Frauenbilder‹ in Schönbergs Jugendschaffen führt ›Tovelille‹ [an]. Zuerst ist ›Tove‹ Imagination, allmählich bekommt sie eine Toncharakteristik und wird ›Frauenbild‹ [...]. ›Tove‹, wie schon das ›Weib‹ und dann ›Melisande‹ [...] sind unbürgerlich; sie lassen etwas, das man ›Vergangenheit‹ nennt und das ihren ›Ton‹ färbt, für immer ungesagt. Im fin de siècle wurden Frauen, deren Geheimnis eines dunklen Lebenswandels dem Geheimnis der auf unerforschlichen Wegen tätigen Natur zu gleichen schien, mythisch erhöht.«[12] Das Moment des Geheimnisvollen – im Weib der *Verklärten Nacht* noch offen benannt als Sinnlichkeit – steht für die Gestalt der Tove im Mittelpunkt: für ihre Person, für die verborgene Liebe zwischen ihr und Waldemar und schließlich auch für ihren gewaltsamen Tod[13].

1902/1903 komponiert Schönberg die Symphonische Dichtung *Pelleas und Melisande*. Im Rückblick bezeichnet er diese Komposition als Beginn der Abkehr von der großsymphonischen Form. Der »verschwenderische Überfluß musikalischer Themen [...] verursachte in den Werken meiner ersten Periode Ausdehnung zu einer Länge, die bald begann, mich zu stören. Natürlich war es die Tendenz der wagnerischen und nachwagnerischen Epoche.«[14] Der Hinweis auf Wagner ist in diesem Zusammenhang nicht nur aus kompositionsästhetischen Gründen aufschlußreich, sondern auch aus inhaltlichen: Das Motiv der unerfüllten Sehnsucht und Liebe, das beständige Kreisen um Liebe und Tod stehen in diesem Kontext noch immer im Schatten von Richard Wagners *Tristan und Isolde*. So auch Schönbergs Symphonische Dichtung *Pelleas und Melisande*, die sich – nach Schönbergs eigener Aussage – nicht so sehr dem »wunderbaren Duft der Dichtung«[15] von Maeterlinck verschreibt, als vielmehr ein Höchstmaß an programmatisch motivierter Polyphonie entwickelt[16]. Dies aber ermöglicht sowohl eine musikimmanente Psychologisierung des Stückes als auch – durch den Verzicht auf die verbale Sinnschicht – eine Verrätselung des Sujets. Schönbergs Symphonische Dichtung entspricht jenem programmusikalischen Typus, der auf eine enge Anlehnung an die außermusikalische Vorlage verzichtet und statt einer linear erzählenden eine stärker innermusikalische Formgebung anstrebt. Im Mittelpunkt dieser sich ins Monumentale dehnenden Innerlichkeit aber steht das Schicksal Melisandes, einer geheimnisvollen jungen Frau, deren unergründliche Liebe zu Pelleas zum Tod beider Protagonisten führt.

Auch das *Buch der hängenden Gärten*, 1908/1909 nach Gedichten von Stefan George komponiert, trägt diese Grundstimmung in sich. In Stefan Georges Gedichtzyklus, den Schönberg auszugsweise vertont, steht die Sage der grausamen Königin Semiramis im Mittelpunkt, die zahlreiche Liebhaber nach der Liebesnacht ermorden läßt. Doch Schönberg eliminiert die Rahmenhandlung der Sage und läßt nur diejenigen Gedichte in seinen Liederzyklus einfließen, die die Gefühle des an der Liebe gescheiterten Mannes thematisieren[17]. Das Weib wird Gegenpol zum Künstler und seiner Einsamkeit. Die Parallele zu Schönbergs Lebenssituation liegt auf der Hand: Der junge Maler Richard Gerstl hatte eine Ehekrise im Hause Schönbergs ausgelöst, die im Sommer 1908 eskalierte. Mathilde Schönberg floh mit ihrem Geliebten, kehrt aber auf Vermittlung von Freunden wieder zu Schönberg zurück. Richard Gerstl nahm sich am 4. November 1908 das Leben. Es scheint kaum zufällig, daß Schönberg in dem gerade entstehenden Liederzyklus erstmals mit der harmonischen Tradition bricht und ohne eine bestimmte Tonart komponiert: Im *Buch der hängenden Gärten* erreicht die ästhetische Entwicklung einen vorläufigen Höhepunkt. Die zeitliche Nähe von persönlicher Krise und kompositorischem Traditionsbruch scheint nicht zufällig zu sein: Die Eskalation der persönlichen Situation findet in Schönbergs Œuvre einen Reflex, den Schritt in die Atonalität. Eine wesentliche Rolle spielt dabei auch die Vereinsamung des Künstlers, der sich Schönberg nicht nur im unmittelbaren Alltag, sondern auch innerhalb der Gesellschaft ausgesetzt sieht. Die (nicht ganz freiwillige) Flucht in die Einsamkeit wird begleitet von der Absage an die bislang gültige Norm musikalisch-harmonischen Denkens, der Tonalität. Die Enttäuschung, von der Öffentlichkeit als Künstler unverstanden zu sein (die Skandalszenen bei den Uraufführungen der ersten beiden Streichquartette und der *Kammersymphonie* liegen nur kurze Zeit zurück), und die persönliche Enttäuschung und Entfremdung führen schließlich zu einer tiefgreifenden Identitätskrise. Schönberg selbst wird diese Phase später als »Umstürzung all dessen, woran man früher geglaubt hat«, bezeichnen[18]. »Dem Verlust tonaler Bindungen entsprach gleichzeitig bei Schönberg auch ein Verlust der Wertorientierung, ein ›Totentanz der Prinzipien‹, Anstelle der alten Prinzipien wurden ihm nun die Grenzenlosigkeit selbst und der schwerpunktlose, orientierungslose Raum zum Ideal«[19].

Künstlerischen Ausdruck für diese Krise findet Schönberg auch in einer Reihe düsterer Selbstporträts und erschreckender Visionen. Über das *Selbstporträt von hinten* (1911) [Abbildung 1] etwa schreibt der Kunsthistoriker Werner Hofmann: »Eines ist gewiß: dieser schwerfällige, gebeugte Mann ist jemand, der sich (um ein Wort von Cézanne zu paraphrasieren) als Pionier seines eigenen Weges definiert. Und der gleichzeitig direkt auf das Unbekannte zugeht. Es handelt sich also nicht um ein Selbstporträt à la ›Bonjour, M. Gauguin‹, sondern um ein ›Adieu, Herr Schönberg‹, das einen Abschied, einen Fortgang, einen Aufbruch signalisiert.«[20] Diese Jahre sind von künstlerischen Mißerfolgen und »öffentlicher Einsamkeit«, von inneren Krisen und persönlichen Schicksalsschlägen gekennzeichnet, gleichzeitig bleibt die Dominanz des Themas »Weib« in den Werken Schönbergs auffällig.

Das Thema treibt gewissermaßen seinem Höhepunkt zu: In den beiden Monodramen *Erwartung* (1909) und *Die glückliche Hand* (1910-1913) wird eine Frauengestalt Übermittlerin von Schönbergs expressionistischer Musiksprache, gleichzeitig erscheint sie – durchaus unter dem Einfluß der Psychoanalyse – noch ausdrücklicher als Rätsel. Die Frau der *Erwartung* wird in einer nächtlichen Vision vorgestellt, Traum und Traumwelt durchschreitend. Sie verliert über der Tragödie des verlorenen Geliebten, auf dessen Leichnam sie schließlich stößt, den Verstand. Hier treffen Weiblichkeit, Tod, Wahnsinn und vergebliche Liebe in einer düsteren, expressionistisch geladenen Stimmung aufeinander. Die Charakteristik des »Weibes« in der *Glücklichen Hand* ist anders gelagert, doch steht auch hier die Frau im Mittelpunkt eines ästhetischen und persönlichen Grundkonflikts. Sie ist Katalysator für die Selbstdefinition des Künstlers und seiner Opposition, dem Bourgeois. Für beide stellt sie eine erotische Fantasie dar, der Künstler liebt an ihr das »Weib« als »schönes Frauenbild« und »transzendentes Urbild des Schönen«[21], der Bourgeois, begehrt sie als Besitz und visuellen Reiz[22].

Abbildung 1:
Arnold Schönberg,
Selbstporträt von hinten
(1911)
© *VG Bild-Kunst, Bonn 2001*

Schönberg greift in den Werken, die zwischen Jahrhundertwende und Erstem
Weltkrieg entstehen und seine Entwicklung von spätromantischer Ton-
sprache bis zur freien Atonalität begleiten, auf verschiedene Sujets zurück. Im
Zentrum stehen allerdings immer wieder Konstellationen um die Dichotomien von Weib und Mann, Leben und Tod, Traum und Wirklichkeit,
Wahnsinn und Rationalität, Künstler und Bourgeois. Darin ist eine thematische Gemeinsamkeit zu erkennen, die sich eng mit der Entwicklung der
Tonsprache verbindet. Mit dem Erreichen der neuen ästhetischen Position
und noch vor Ausbruch des Weltkrieges zeichnet sich eine thematische
Neuorientierung ab: Programmatische Ideen verschwinden fast vollständig
aus Schönbergs Werk[23] und damit auch die Thematisierung psychologischer,
geschlechterspezifischer oder künstlerischer Probleme. Die Bemühungen um
die Veröffentlichung der *Gurrelieder* im Sommer 1912 zeugen davon, daß sich
Schönberg selbst dieser ästhetischen Zäsur bewußt war[24]. Im Mittelpunkt
dieses Abschnitts aber stand ganz offensichtlich die Auseinandersetzung mit
dem Phänomen »Weib«, dessen rätselhaftem Sein und enger Symbiose zu
Geburt und Tod, schließlich auch mit seiner Wirkung auf den Mann, als
Künstler wie als Bourgeois. Auf einer abstrakteren Ebene beschreibt Reinhard Gerlach diesen Umbruch: »Mit wachsendem kritischem Bewußtsein
wird das Verhältnis zur Idee [des schöpferischen Eros] [...] platonisch.«[25]

Eine vergleichbare Zäsur zu eben diesem Zeitpunkt, wenn auch innerhalb einer völlig anders akzentuierten Entwicklung, ist im Schaffen von Richard Strauss erkennbar. Strauss hatte in rascher Folge bis zur Komposition der *Salome* vor allem auf dem Gebiet der Symphonischen Dichtung reüssiert: *Aus Italien* (1886), *Don Juan* (1888/89), *Tod und Verklärung* (1888/89), *Till Eulenspiegel* (1894/95), *Also sprach Zarathustra* (1895/96), *Don Quixote* (1896/97) und *Ein Heldenleben* (1897/98). Hier reihen sich die Mythen und Verklärungen des bürgerlichen männlich-heroischen Selbstbewußtseins stolz aneinander. Mit Strauss' Hinwendung zur bürgerlichen Gattung der Oper kurz nach der Jahrhundertwende verlagerte sich der inhaltliche Schwerpunkt auf Mythen der Weiblichkeit[26]. Die ersten Protagonistinnen dieser Phase, *Salome* und *Elektra*, lassen eine enorm bedrohliche Weiblichkeit erkennen. Die biblische und mythische Vorlage wird jeweils durch die Nähe zu Hysterie, sexueller Obsession und dämonischer Verbindung zum Tod und zum Töten in das dekadente Licht des beginnenden 20. Jahrhunderts getaucht. Auch im *Rosenkavalier* (1911) gruppiert sich die Handlung um zwei Frauenschicksale – um das der jungen Sophie und das der alternden Marschallin –, die Hosenrolle des Octavian setzt noch einen besonderen Akzent von Weiblichkeit. Doch der Schritt von *Elektra* zum *Rosenkavalier* kann unter ästhetischen Gesichtspunkten kaum markanter gedacht werden, aus dem Schritt wird ein Bruch. Die expressive, tonale Grenzen weit überschreitende Tonsprache der *Elektra* wird im *Rosenkavalier* abgelöst von einem restituierten neoklassischen Wohlklang. Hermann Danuser spricht in diesem Zusammenhang – den Begriff des Umbruchs ansatzweise relativierend – von einer »gegenüber *Elektra* unübersehbaren, wenngleich durchaus partiellen Zurücknahme des ›Materialstands‹ im *Rosenkavalier*«[27]. Wenn es zutrifft, daß »in allen Dingen [...] das Äußerste jedesmal ein Wendepunkt zu seinem Gegensatze«[28] ist, so liegt darin nicht nur eine Basis für ein zyklisches, von Zäsuren durchzogenes, aber nicht durchschnittenes Geschichtsverständnis und zugleich ein Interpretationsansatz für diesen Umbruch in Strauss' Opernschaffen zwischen *Elektra* und *Rosenkavalier*. Das »Äußerste« manifestiert sich in Salomes und Elektras Exaltiertheit, ihren sexuellen und morbiden Gelüsten. Beide Figuren erreichen hier einen Höhepunkt: sowohl was die Opposition zur bürgerlichen Zivilisiertheit anbelangt, als auch auf kompositorischer Ebene in der Auflösung der Tonalität. Doch in diesem »Äußersten« ist zugleich die Rückkehr zur Norm eingeschrieben, die Rückkehr zum rein tonalen Klang ebenso wie die Rückkehr zu einem Frauenbild, das *Der Rosenkavalier* zeichnet – konservativ, nostalgisch, norm- und rollengebunden.

Die Brüche im Schaffen von Schönberg und Strauss sind nicht unter ästhetischen Vorzeichen vergleichbar, gleichwohl aber in der Intensität und auch in ihrer zeitlichen Parallelität. »Nichts charakterisiert die Jahre um 1910 deutlicher als musikhistorische Epochenwende als die Tatsache, daß auf die Krise der Moderne mehrere Antworten gegeben wurden, die sich in ihrem Verhältnis zur musikalischen Tradition drastisch voneinander unterscheiden.«[29] Und Thomas Nipperdey, der den Ursachen dieser in den Künsten wahrnehmbaren Umbrüche in der Geschichte des Bürgertums nachgegangen ist, sieht denn auch in der Zäsur, die zwischen *Elektra* und *Rosenkavalier* liegt, mehr als ein ästhetisches Umdenken: »Man muß die Spannung zwischen ›Elektra‹ und ›Rosenkavalier‹, musikalisch wie inhaltlich, realisieren, um die polaren Seelendimensionen vor 1914 zu begreifen.«[30] Darin aber gleichen sich die Zäsuren in Strauss' wie in Schönbergs Schaffen, sie verweisen auf »polare Seelendimensionen«, wie sie neben den erwähnten Komponisten viele andere Zeitgenossen in ähnlicher Schroffheit erfahren haben. Auch Strawinskys *Sacre du Printemps* ist eines dieser künstlerischen Phänomene, die an der Schwelle zum Ersten Weltkrieg auf einen Einschnitt im ästhetischen Denken verweisen. Hier vollzieht sich der Bruch zwar nicht in Strawinskys Schaffen selbst – Strawinsky verwahrte sich in der *Poétique musicale* (1939/40) explizit auch gegen die Etikettierung als »Revolutionär«[31] –, wohl aber in der Materialbehandlung: Die »Emanzipation des Rhythmus von einem taktmetrischen Hintergrund«, konstatiert Hermann Danuser, »erfolgte zur gleichen Zeit wie die Emanzipation der Dissonanz im Bereich der Harmonik, so daß nach einem kompositionsgeschichtlichen Zusammenhang zu fragen ist.«[32]

Der Zeit um 1900 gelang es, »Sageweisen des individuellen Erfahrens und Verhaltens zu entwickeln«[33], die für das ganze 20. Jahrhundert Faszination besaßen. Dies aber wirft die Frage nach dem symbolischen Potential des Doppelmotivs von Tod und Weiblichkeit erneut auf: Welches symbolische Material ist in den Kunstwerken, die sich mit dem Motivpaar auseinandersetzen, enthalten und worin liegen dabei Identifikations- und Faszinationsmöglichkeiten für das 20. Jahrhundert? Wenn sich »in den vielfältigsten und alltäglichsten Lebensbezügen [...] um die Jahrhundertwende ein Drang nach Befreiung von tradierten Normen bemerkbar«[34] macht, so bleibt zu fragen, worin die Befreiung besteht und welche Normen aufgebrochen, aber auch, welche neuen Normen etabliert werden. Denn während alte Weiblichkeitsbilder zu Grabe getragen werden, hat die Suche nach neuen Modellen längst begonnen. Die exzentrischen Frauenfiguren, deren Ausbruch aus der gesellschaftlichen Norm in der Kunst mit einem grausamen Tod sanktioniert wird, sind denn auch Reflex auf die Irritation, die reale Frauenrechtlerinnen und emanzipierte Frauen entfachen. Dies zeigt sich in Richard Strauss' *Salome* ebenso wie in der Figur der Gräfin Geschwitz aus Alban Bergs Oper *Lulu*[35].

Den Tod in das Denken zu integrieren, hielt und hält für den Menschen stets die Frage mit dem Umgang des absolut Unbekannten bereit. Der individuelle Tod als empirisch nicht faßbares Ereignis, das zweifellos und unausweichlich dem Individuum begegnet und doch das Unfaßbare darstellt, gehört zu den metaphysischen Fragen des Menschen schlechthin. In den kulturell geprägten Todesvorstellungen wird darum nicht nur das Bild des Lebens – als damit elementar verbundener Gegensatz wie als Antwortversuch auf die Sinnfrage – erkennbar, sondern auch der Umgang mit dem Fremden. Wenn sich um 1900 die Weiblichkeit in einem besonderen Maße an diese *imago* anschließt, wenn Tod und Weiblichkeit als »die zwei unergründlichsten Rätsel der westlichen Kultur« (Sigmund Freud) erkannt werden, so ist in dieser Verbindung auch eine Vermischung des symbolischen Potentials erkennbar. Weiblichkeit, angenähert an den Symbolbereich des Todes, steht dann für das absolut Fremde. Das Rätselhafte, ein erkenntnistheoretisches Moment, das für den Tod nicht aufhebbar ist, wird dem Wesen »Frau« eingeschrieben. Die »Frauenfrage«, von couragierten Frauen und Männern im politischen und sozialen Umfeld gestellt, wird somit auch zur offenen, das heißt unbeantwortbaren Frage, was die Frau an sich sei. Sigmund Freud, dessen psychoanalytische Forschungen in einem engen Zusammenhang mit der besonders für Frauen so restriktiven bürgerlichen Moral entstand, fand selbst in seinen späten Vorlesungen und Schriften darauf keine Antwort. Für ihn blieb die Frau das ewige Rätsel: »Über das Rätsel der Weiblichkeit haben die Menschen zu allen Zeiten gegrübelt [...]. Auch Sie werden sich von diesem Grübeln nicht ausgeschlossen haben, insofern Sie Männer sind; von den Frauen unter Ihnen erwartet man es nicht, sie sind selbst dieses Rätsel.«[36] Sarah Kofman kommentiert die Verrätselung der Frau (*l'inaccessibilité de la femme*) bei Freud: »Neben der Tatsache, daß die weibliche Sexualität komplexer als die männliche ist [...], ›widersteht‹ sie außerdem viel stärker dem Zugriff der Wissenschaft, sie ist für die Forschung weniger zugänglich«[37].

Der Tod einer schönen Frau als »poetischstes Thema der Welt« einerseits, Tod und Weiblichkeit als »die zwei unergründlichsten Rätsel der westlichen Kultur« andererseits – zwischen diesen beiden Polen changiert das Motivpaar von Tod und Weiblichkeit in seinen künstlerischen Ausprägungen der Jahrhundertwende, zu Beginn der Moderne. Die Poetisierung und die Verrätselung aber trennen das Doppelmotiv nicht nur von seinen vielfältigen Vorläufern ab, sondern konstituieren zugleich das interpretatorische Potential, das von nun an darin enthalten ist.

Der Tod einer schönen jungen Frau hatte im Jahre 1901 die literarischen Kreise in Wien erbeben lassen. Es war die Schauspielerin Annie Kalmar, deren Tod die Gemüter so tief bewegte. Sie stand am Anfang ihrer Karriere, ihre Schauspielkunst wurde von den jungen Intellektuellen bewundert, ihre Schönheit geradezu verehrt. Sie gehörte von 1897 bis 1900 zum Ensemble des Deutschen Volkstheaters in Wien, kurz vor ihrem Tod, am 2. Mai 1901, wechselte sie an das Deutsche Schauspielhaus in Hamburg[38]. Karl Kraus stellte nach Annie Kalmars Tod mehrfach *Die Fackel* als Forum für Texte, Briefe und Gedichte zu Ehren der Verstorbenen zur Verfügung[39]. Und auch der Wiener Literat Peter Altenberg gehörte zum Kreis ihrer Bewunderer. Er zeigte sich tief erschüttert ob dieses kurzen, intensiven Lebens und des frühen, plötzlichen Todes. Kurz nach ihrem Tod schrieb er unter anderem ein Gedicht auf Annie Kalmar und eine »ideale Grabschrift«: »Wie ein adeligstes Paradigma der eigentlichen Pläne des Schöpfers mit diesem Kunstwerk ›Frau‹, wardst Du, Lieblichste, in dieses ›Tal der Unzulänglichkeiten‹ gesendet, Annie Kàlmar! Auf daß die Männer es lernten, an der süßen Anmut eines Lächelns bereits glückselig werden zu können! Aber sie lernten es nicht! Sie fraßen sich satt und entfernten sich. Da zog denn der Schöpfer vorzeitig sein adeligstes Paradigma zurück, rief es wieder zu sich, da es doch unnütz war unter den Menschen!«[40]

Nach Annie Kalmars Tod begann eine heftige Schmutzkampagne von seiten der Wiener Presse. Kalmar wurde ein unmoralischer Lebenswandel nachgesagt. Wegen dieser Art der üblen Nachrede strengte die Mutter der Verstorbenen einen Prozeß gegen ein verleumdendes Satire-Blatt an, zog später jedoch – offenbar auf Druck der öffentlichen Meinung – die Klage zurück. Immerhin mußte der Verleger des Satire-Blattes eine Entschuldigung abdrucken. Kraus jedoch ergriff in der *Fackel* für die verstorbene Schauspielerin Partei und machte ihren Fall publik. Der Fall Annie Kalmar mußte schließlich erneut vor Gericht, da nun Kraus seinerseits vom Verleger jenes Satire-Blattes angeklagt wurde[41].

Altenbergs Beiträge in der *Fackel* zum Fall Annie Kalmar zeugen nicht nur von großer Sympathie und Verehrung für die Schauspielerin, sondern fächern in ihrer Emphase auch jene Begriffe auf, die um die Jahrhundertwende zum Thema Tod und Weiblichkeit virulent werden. In Altenbergs Texten auf Annie Kalmar spiegeln sich die Poetisierung und Verrätselung des Themas auf engstem Raum wider, und zugleich nimmt Altenberg als Künstler Stellung: »Wie Genies sterben: Lieber Karl Kraus! Ich unterschätze manche der Uebel nicht, die Ihre Feder bekämpft. Doch sind sie alle greifbar, an den einzelnen Repräsentanten kenntlich, und der ahnungslose Wanderer zwischen socialen Klüften ist gewarnt. Aber fassen wir einmal die Gesellschaft, der all Ihr Hassen gilt, dort an, wo sie ihre furchtbare Macht in täglichem Zerstörerwerk bethätigt, wo sie nicht materielle und geistige Werte corrumpiert, sondern der Allgemeinheit das Beste, Tiefste und Nothwendigste, was diese hat, entzieht: den genialen, vollkommenen Menschen, diese Ausnahme aller Ausnahmen auf Erden, in die Welt gesetzt, um alle Anderen aus ihren Alltäglichkeiten zu reißen und ihnen einen unausgeführten Plan Gottes endlich in seiner letzten Vollendung zu zeigen! [...] Sie wissen, dass es meine vom ›Normalmenschen‹ als krankhafte Schrulle verspottete Lebensanschauung ist, *der geistigen Genialität des Mannes die ästhetische Genialität der Frau vollkommen gleichzustellen* und ebenso die Wirkungen dieser auf die Schar derjenigen, die in Unzulänglichkeiten dahinzuvegetieren verurtheilt sind. So wie sich die gesammte Menschheit gleichsam zu unerhörten Mütterlichkeiten, Zartheiten und Rücksichten organisiert dem geistigen Genie gegenüber, so hat sie dieselben zärtlichen und mütterlichen Betreuungspflichten gegen dieses gottähnliche Wesen ›schöne und anmuthreiche Frau‹! Was ich hier schreibe, ist Grabinschrift und Anklageschrift. Die schönste, genialste, sanfteste, kindlichste Frau, die wie ein Gnadengeschenk des Schicksals in diese hintrauernde Welt der Unvollkommenheiten gesendet ward, hat sterben müssen. Das Licht von Anmuth und süßer Menschlichkeit, das von ihr ausgieng, wurde nicht – oder zu spät – von treuen, zärtlichen, *brüderlichen, väterlichen* Händen erhalten; [...] Alle Künstler, alle Adelsmenschen sollten trauern ob solcher Mordthat. Die Zerstörerkräfte des geselligen Wien hatten ihre Wirkung gethan [...] – – – – Lieber Karl, ich habe diese Grab- und Anklageschrift Ihnen eingehändigt, weil Sie allein – es war in den ersten Heften der ›Fackel‹ – die Erkenntnis fanden, dass diese Edle, Helle, Kindliche *mehr* sei als ›Augenweide für ein Stammpublicum von Lebemännern‹. Sie starb in Schönheit – das heißt, unter der völligen Theilnahmslosigkeit der betheiligten Mörderkreise. *Annie Kalmar, ruhe in Frieden!*«[42]

Das Gedicht, das Altenberg auf Annie Kalmars Tod verfaßte, wurde ebenfalls in der *Fackel* abgedruckt. Die letzten beiden Strophen lauten:

»Und immer wieder will es hin mich lenken,
wo es gelandet, nah bei einem Hafen,
und herbstlich war's, bald wird die Welt entschlafen,
und krank erklang die Stimme der Sirene.

Und wie ich mich in ferne Tage wähne,
so ist's, als ob's Antonias Stimme sei,

sie schwand dahin mir bis zum Tag des Mai,
und alle Pracht versank für eine Träne.«[43]

Noch zum 30. Todestag von Annie Kalmar druckte Karl Kraus einen Brief von Altenberg an die Schauspielerin in der *Fackel* ab, der – so der Hinweis – in Kalmars Nachlaß aufgefunden worden war. Altenberg titulierte darin die Schauspielerin als »Künstlerin-Knospe«, deren Herkunft der Dichter aus einem Traum Gottes erklärt: »Gott träumt die Schönheit. Als Gebilde dieses Traumes, als Vorbild künftiger Verwirklichungen hat Er der wartenden Welt in einigen seltenen sparsamen Exemplaren diese Vollendung ›schöne Frau‹ geschenkt. [...] Die Schönheit der Frau allein ist das Mysterium Gottes,

Abbildung 2:
Photographie von Annie Kalmar, abgedruckt in Die Fackel, *Mai 1931*

vermittelst welchen diese Welt ›Männer-Seele‹ groß, tief, reich, sanft, edel, selbstlos, göttlich wird. Die ›schöne Frau‹ ist die vom Schöpfer in die Welt gesetzte Weckerin der Welt-Kräfte des Mannes!«[44] Auffällig auch, daß eine Photographie von Annie Kalmar in der ansonsten illustrationsarmen *Fackel* abgedruckt wurde[45] [Abbildung 2].

Der Fall Annie Kalmar ist wegen seiner vehementen Reaktionen exzeptionell. Und dennoch bildet er – in der symbiotisch gedachten und verklärten Nähe zwischen einer realen jungen Frau und dem Tod – keine Ausnahme. 1884 schrieb die junge russische Malerin Marie Bashkirtseff in ihr Tagebuch: »Ich bin schließlich noch in dem Alter, in dem Sterben etwas Berauschendes hat«[46]. Auch sie war, ähnlich wie Annie Kalmar, eine »Muse des fin de siècle« (Hugo von Hofmannsthal), auch sie starb als junge Frau, wenige Monate nachdem sie die eigenartige Sentenz über ihren frühen Tod ihrem Tagebuch anvertraut hatte. Offenbar schrieb Marie Bashkirtseff nieder, was für die Künstlergeneration der Jahrhundertwende Konsens war: Der Tod einer jungen Frau barg für viele etwas »Berauschendes«.

Die Jahrhundertwende. Skizze einer unruhigen Zeit

Die Jahrhundertwende als Epoche: ein »eckiger Kreis«

Robert Musils Romanfigur Ulrich ist der »Mann ohne Eigenschaften«, in dem sich die Eigenschaften seiner Zeit, der kulturellen Epoche zwischen Jahrhundertwende und Erstem Weltkrieg, spiegeln. Durch Ironie, unterschiedliche Erzählhaltungen und -strukturen immer wieder durchbrochen, gleicht der üppige Roman einem Kaleidoskop. Ulrich »wandert« durch diesen Roman, indem er Heterogenes absorbiert, das Gefühl des Zerrissenseins widerspiegelt und eine emotionale Distanz erprobt, die zugleich seine innere Verstrickung verrät. Er durchläuft die vielfältigen Positionen seiner Zeit und bleibt dabei eine weiße Leinwand, auf die die bunten Ansichten sich projizieren. Er ist »ohne Eigenschaften«, um seinem Umfeld diese Möglichkeit der Projektion zu geben. Wie er so auf den Wogen der geistigen und kulturellen Geschehnisse dahingleitet, wird er zum Sinnbild seiner Epoche, die von Zerrissenem stärker geprägt ist als von Verbindendem oder Einheitlichem: »Dies waren freilich Widersprüche und höchst verschiedene Schlachtrufe, aber sie hatten einen gemeinsamen Atem; würde man jene Zeit zerlegt haben, so würde ein Unsinn herausgekommen sein wie ein eckiger Kreis, der aus hölzernem Eisen bestehen will, aber in Wirklichkeit war alles zu einem schimmernden Sinn verschmolzen.«[1]

Was Musil als »schimmernden Sinn« poetisch umschreibt, ist für den Historiker ein schwer zu entwirrendes Knäuel an Ereignissen, Positionen, Gedanken und Befindlichkeiten. Dabei bereiten besonders zwei Eigenheiten Schwierigkeiten, aus dem weitläufigen Rückblick auf die Zeit der Jahrhundertwende ein überschaubares Panorama herauszulesen: die Frage der Datierung jener Epoche und der Umgang mit ihrer Heterogenität.

Zu den kulturellen und individuell erlebten Irritationen kam das »Wetterleuchten am politischen Horizont« (Jens Malte Fischer). Die Monarchien wankten, und sozialpolitische Themen rückten immer vernehmlicher in den Vordergrund. Vor dem Ersten Weltkrieg konnte die tragende gesellschaftliche Schicht, das Bürgertum, die drohenden Anzeichen noch durch den Hang zur Ästhetisierung beschönigen, doch spätestens die Katastrophe des Krieges rüttelte die Gesellschaft auf. Machtpositionen gerieten ins Wanken, und das, was sich zuvor noch in wenig greifbarem Dekadenzempfinden verborgen hatte, nahm konkrete Formen an: politische Instabilität, soziale und ökonomische Probleme. Mit jeweils national-politischen Modifikationen und individuell-künstlerischen Unterschieden läßt sich diese Skizze auf das wilhelminische Deutschland, auf Frankreich, England und entfernter auch auf Italien und das zaristische Rußland[2] projizieren. Die zeitgleiche Situation in der k. u. k. Monarchie wurde noch um den Faktor der Unruhen innerhalb des Vielvölkerstaates bereichert.

Die künstlerisch-ästhetischen Zäsuren innerhalb dieser unruhigen Epoche lehnen sich an einen soziokulturellen und politischen Wandel an. Schönberg schrieb dazu in den *Schöpferischen Konfessionen*: »Kunst ist der Notschrei jener, die an sich das Schicksal der Menschheit erleben.«[3] Ausgangspunkt und Grundlage für den von Musil sogenannten »gemeinsamen Atem« ist die Entwicklung des Bürgertums im 19. Jahrhundert. Dieses hatte sich zur gesellschaftstragenden und meinungsbildenden Schicht entwickelt. Auf ökonomischem Gebiet war es Garant für den Fortschritt der Industrialisierung, dieser wiederum verdankte das Bürgertum Macht und Wohlstand. Gegen Ende des Jahrhunderts aber offenbaren sich die Fehlentwicklungen und Mängel der durch das Bürgertum etablierten Lebensräume und Lebensumstände: die Gefahren der Verstädterung für Mensch und Umwelt, die Verhärtung der sozialen Frage durch kapitalistische Wirtschaftsstrukturen, die restriktiven und dabei doppelgesichtigen Moralkodizes – um nur Weniges zu nennen. Zeitgleich mit den ersten Anzeichen dieser Entwicklungen ereignete sich ein Generationswechsel. Die Generation der Söhne brach – auf dem von Eltern und Großeltern geschaffenen Vermögen aufbauend – mit dem Gründerzeit-Ethos von Aktivität und Prosperität. Damit stand nicht nur die Nachfolge in Frage, sondern auch die Idee des Fortschritts.

Besonders deutlich wurde dies in Wien: Die junge Generation distanzierte sich von den Aktivitäten der Elterngeneration, zog sich bewußt aus der ökonomischen, sozialen und politischen Verantwortung zurück und schuf sich ein Refugium der Innerlichkeit. Beeinflußt von der französischen *l'art pour l'art*-Bewegung, die Hermann Bahr in Wien bekannt gemacht hatte[4], und flankiert durch die ablehnende Haltung des konservativen bürgerlichen Publikums, das die avanciertesten der jungen Künstler auspfeifend ablehnte, war der Rückzug in Ästhetizismus und Innerlichkeit Folge dieser soziokulturellen Situation, »angesichts einer Welt, die durch den raschen Fortschritt von Wissenschaft und erster Technik täglich uniformer und häßlicher zu werden verurteilt ist, [...] die den Künstler gar nicht mehr nötig hat, es sei denn für die Festveranstaltungen [...], als Dekor des neuen Wohlstands.«[5] Aus tiefer Skepsis gegenüber Naturwissenschaft und Technik resultierte zudem die Tendenz zur individuellen Introspektion. Bezeichnend für diesen

Rückzug zum eigenen Ich ist die Untersuchung des Physikers Ernst Mach, der 1886 in den *Beiträgen zur Analyse der Empfindungen* die »Unrettbarkeit des Ichs« postulierte. Nährstoff für die individuell unterschiedlichen, in ihrer Grundhaltung durchaus verwandten »abgezirkelten ästhetischen Innenräume« (J. M. Fischer) bieten zudem die zahlreichen kulturkritischen und kulturpessimistischen Abhandlungen, »Lebensphilosophien« und »Weltanschauungen« unterschiedlichster Provenienz[6]. Ihnen eigen ist zumeist eine tiefe Ablehnung des Rationalismus und Materialismus und eine Hinwendung zu gesteigertem Individualismus, ja Solipsismus, zu Ästhetizismus und Abkehr von allem Alltäglichen, von der Welt schlechthin. Eine »ziellose und unartikulierte Unzufriedenheit« verbarg sich hinter der »glänzenden Fassade der Prosperität« – erkennbar im Gegensatz zwischen Ringstraßenästhetik einerseits und Adolf Loos' vehementer Kritik am Ornament und Wiener Secession andererseits. Ähnliches ist auch am Rückzug von allem Benennbaren und Materiellen im französisch-belgischen, englischen und russischen Symbolismus ablesbar. Der Drang zum Artifiziellen ist zugleich die Absage an den Realismus und Naturalismus, jene Strömungen, die sich auch der sozialen Auswirkungen des bürgerlichen Kapitalismus angenommen hatten. Zur Abkehr vom Alltäglichen gehört auch eine auffällig unpolitische Haltung: Was sich zwischen Ästhetizismus und Selbstreflexion abspielt, hat kaum Verbindung zum politischen Geschehen der Zeit[7].

Der umfassende Rückzug, den die Künstler der Jahrhundertwende aus allen offiziellen und nach außen gewandten Bereichen anstrebten, ist ein wesentliches Merkmal dieser Zeit. Und Richard Strauss schuf mit seiner Oper *Salome* auch für das bürgerliche Opernpublikum eine Rückzugsmöglichkeit in die Sphäre des Dekadent-Schwülen, Exotisch-Erotischen – zumindest auf Zeit. Hier wird die Nahtstelle besonders deutlich: Der Rückzug des Künstlers in ästhetische Innenräume, die Möglichkeit zu diesem Rückzug, ist nicht ohne die Präsenz des Bürgertums denkbar. Das Bürgertum mitsamt seiner ökonomischen, sozialen, moralischen und auch mäzenatischen Funktion muß als Hintergrund zu der Vielfalt und den Ausprägungen der künstlerischen Produktionen mitgedacht werden. Es scheint eine Korrelation zu bestehen zwischen der künstlerisch-ästhetisch hochaktiven Zeit der Jahrhundertwende und dem Refugium der Künstler, zur Verfügung gestellt durch die finanzielle und institutionelle Basis des Bürgertums. Freilich wird damit nicht in Abrede gestellt, daß dieses schöpferische Refugium von den Künstlern selbst zunächst und vor allem als Isolation, häufig auch als Krise empfunden wurde. Dies zeigt beispielhaft der Lebensweg Arnold Schönbergs, nicht nur aufgrund seines künstlerischen Werdegangs, sondern auch im Zusammenhang mit dem krisengeschüttelten Selbstverständnis des Komponisten. Aus heutiger Perspektive ist das Bürgertum, das den Zenit seiner soziokulturellen und politischen Bedeutung bereits überschritten hatte, als notwendiger Hintergrund für den schaffenden Künstler wahrnehmbar – für diesen selbst bedeutet die Auseinandersetzung mit dem Bürgertum jedoch die Wahrnehmung und Wahrung einer Distanz.

Lebensflucht, Traumwelten und Abgründe

»Um 1890 werden die geistigen Erkrankungen der Dichter, ihre übermäßig gesteigerte Empfindsamkeit, die namenlose Bangigkeit ihrer herabgestimmten Stunden, ihre Disposition, der symbolischen Gewalt auch unscheinbarer Dinge zu unterliegen, ihre Unfähigkeit, sich mit dem existierenden Worte beim Ausdruck ihrer Gefühle zu begnügen, das alles wird eine allgemeine Krankheit unter den jungen Männern und Frauen der oberen Stände sein. Denn der Künstler gleicht jenem Midas, unter dessen Händen alles zu Gold wurde.«[8] Diese (selbst-)kritische und auch selbstmystifizierende Darstellung, die Hugo von Hofmannsthal dem Dichterkollegen Honoré de Balzac in den Mund legte und 1902 in der *Neuen Freien Presse* veröffentlichte, skizziert das Dilemma der jungen Künstler am Ende des 19. Jahrhunderts[9]. Es ist das Bewußtsein der Spätgeborenen, die in einer Kunstwelt leben, eingebunden in eine psychoanalytisch erwachende und zugleich dekadente Weltsicht, bestimmt durch Begriffe wie »Paralyse des Willens, Gabe der Selbstverdopplung – d. h. Ichspaltung: das sozial isolierte Ich findet Geselligkeit mit sich selbst – Trennung vom Leben.«[10]

Was sich hier zwischen Ästhetisierung und sezierender Selbstanalyse abspielt, ist eine grundlegende Ablehnung alles Bürgerlich-Realistischen. Den alltäglichen Problemen der Zeit standen die Künstler zumeist unverständig gegenüber, »ihre eigene Konsequenz aus der zunehmend unüberschaubaren und undurchsichtigen gesellschaftlichen Entwicklung war melancholische Abwendung und trotzige Abstinenz. Das Gefühl des Totalitätsverlustes und die selbstquälerisch diskutierte Lebensproblematik sind Ergebnisse dieses Prozesses.«[11] Die Möglichkeit der offenen Konfrontation wurde selten gewählt – Karl Kraus erprobte sie mit der Herausgabe der *Fackel* –, häufiger wurde der Rückzug in die Innerlichkeit vorgezogen, in eine ästhetisierte Traumwelt. Maurice Maeterlinck, der große belgische Symbolist, faßte diesen Seinszustand mit den Zeilen zusammen:

»Ayez pitié de mon absence   (Habt Mitleid mit meiner Abwesenheit,
Au seuil de mes intentions!   An der Schwelle meiner Absichten!

Mon âme est pâle d'impuis-	Meine Seele ist vor Ohnmacht bleich
sance	
Et de blanches inactions...«[12]	Und blaß vor Untätigkeit...)

Und auch Hofmannsthal, der scharfblickende Interpret seiner eigenen Generation, schrieb: »Heute scheinen zwei Dinge modern zu sein: die Analyse des Lebens und die Flucht aus dem Leben. Gering ist die Freude an Handlung, am Zusammenspiel der äußeren und inneren Lebensmächte, am Wilhelm-Meisterlichen Lebenlernen und am Shakespearschen Weltlauf. Man treibt Anatomie des eigenen Seelenlebens, oder man träumt. Reflexion oder Phantasie, Spiegelbild oder Traumbild. Modern sind alte Möbel und junge Nervosität. Modern ist das psychologische Graswachsenhören und das Plätschern in der reinphantastischen Wunderwelt. [...] modern ist die Zergliederung einer Laune, eines Seufzers, eines Skrupels; und modern ist die instinktmäßige, fast somnambule Hingabe an jede Offenbarung des Schönen, an einen Farbenakkord, eine funkelnde Metapher, eine wundervolle Allegorie«[13].

Die Hingabe an eine synästhetische »Nervenkunst« wurde ebenso zelebriert wie von ihren Kritiker attackiert. Cesare Lombrosos Untersuchung etwa zur Verbindung von Genie und Irrsinn (*Genio e follia*, 1864[14]) diagnostizierte beim Genie eine bis zum Krankhaften gesteigerte Reizbarkeit der Nerven, während Max Nordau und Otto Weininger Neurose und »Nervenkunst« als Anzeichen der Degeneration der Kultur geißelten, als Verweiblichung und Verweichlichung der Künste und der Künstler[15].

Ein häufig verwendetes Symbol für den Rückzug in die Innerlichkeit ist das stille Wasser. Die Lyrik der Jahrhundertwende greift das Bild des stillen Sees häufig auf. Der Mensch, der sich diesem Naturausschnitt annähert, sehnt sich nach der dunklen Stille:

> »Nach dem Tage naht das Namenlose –
>   Laß uns beide biegsam sein und weich;
>   ich entbreite mich und bin ein Teich
>   und du steigst aus mir als erste Rose.
>
> Und wir schauen, was um uns begann; –
> nur noch eine Weile Angst und dann:
>   Dämmerungen, die sich glänzend glätten,
>   Stunden, welche in die Stille steigen,
>   feierlich, als ob sie goldene Geigen,
>   kaumverhallte, – in den Händen hätten...«[16]

Auch in der bildenden Kunst erscheint der See oder die Wasseroberfläche als Topos für unergründliche Stille, künstliche, meist partielle Naturansicht und künstlerische Rückzugsmöglichkeit. Wird die solchermaßen imaginierte stille Natureinsamkeit mit einer menschlichen Figur belebt, so erscheint diese in der gedämpften Szenerie als Typus des einsamen Künstlers. Beispielhaft findet sich diese Künstlerfigur auf dem Gemälde *Solo* des holländischen Malers Antoon van Wellie. Der fragil-ästhetisierte Körper eines Geigers steht im Vordergrund, selbstvergessen streicht der junge Mann über die Saiten seines Instruments. Sein bleiches Gesicht, die geschlossenen Augen und die überlangen, schmalen Hände reihen ihn ein in die dekadente Figurenreihe eines Malte Laurids Brigge (Rainer Maria Rilke), Detlev Spinell (Thomas Mann) oder Des Esseintes (Joris-Karl Huysmans). Der Hintergrund, ein von dunklen Zypressen umstandener stiller See, reflektiert die Stimmungslage des entrückt Geigenden[17] [Abbildung 3].

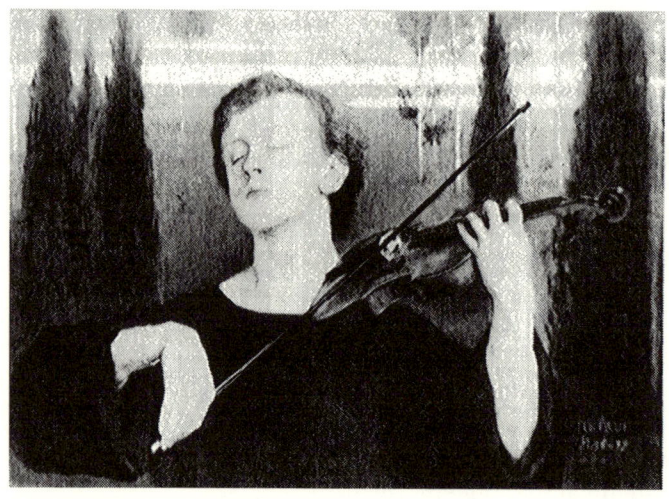

Abbildung 3:
Antoon van Wellie, Solo *(1896-1899)*

Betritt eine weibliche Figur diesen Motivzusammenhang, so ist sie meist die »leiseste aller Frauen« (Rainer Maria Rilke): Entweder geht sie eine enge Symbiose mit organischen, meist floralen Elementen ein und wird so Bestandteil der stummen Natur selbst. Oder sie treibt tot auf der Oberfläche des stillen Gewässers dahin. Zahlreiche Motive lebloser oder lebensferner Wasserfrauen, inspiriert auch durch die Figur der Ophelia, treten in den Vordergrund[18] [Abbildung 4].

So komplex und vielgestaltig Dekadenzempfinden, Lebensgefühl und ästhetische Konzeption der verschiedenen Gegenwelten und »reinphantastischen Wunderwelten« sind – zwei Schwerpunkte lassen sich in allen Entwürfen entdecken: ein ausgeprägter Schönheitskult und die Nähe zum Abgründigen[19]. Letzteres wiederum ist vielgestaltig: das Abgründige der eigenen Seele und die Erkundung dieses neu entdeckten Bereiches (etwa durch Freuds *Traumdeutung* und die Psychoanalyse), das Abgründige der Sexualität, das in wissenschaftlichen Arbeiten ebenso untersucht wird wie es sich – befördert durch eine kritische Sichtweise auf bisher gültige Moral- und Scheinmoralvorstellungen – künstlerisch manifestiert, das Abgründige aber auch im Endzeitbewußtsein (auf politischem, gesellschaftlichem, religiösem und künstlerischem Gebiet), schließlich auch der Tod als Abgrund:

»Tod und Schönheit sind zwei hohe Dinge,
die gleich viel Schatten und Licht enthalten, so daß man sie
für zwei Schwestern halten könnte, gleich schrecklich und fruchtbar,
erfüllt von demselben Rätsel und demselben Geheimnis.«[20]

Abbildung 4:
Odilon Redon, Ophelia *(um 1900-1905)*

Die Suche nach Erklärungsmodellen für das Abgründige wurde in mehreren, dem Rationalismus entgegentretenden Denk- und Kunstrichtungen aufgenommen. Dazu gehörten die Psychoanalyse – deren Wissenschaftlichkeit, die rationale Legitimität, lange in Frage gestellt wurde –, der Symbolismus – der die Unerklärlichkeit der Welt in verrätselnden Symbolen darstellte –, zahlreiche mythische Strömungen und auch der Rückgriff auf antike und fremdländische Mythen, deren Bildsprache neu interpretiert oder neu entdeckt wurde[21]. Eine Schlüsselposition nahm dabei die Gedankenwelt Friedrich Nietzsches ein. Sein Modell vom dionysischen und apollinischen Ideal wurde zum vieldiskutierten Maßstab, nicht nur – wie die Erwähnung bei Theobald Ziegler (1911) suggeriert – bei den Frauen und der Jugend: »Daß aber Nietzsche für die Jugend und für die Frauen im fin de siècle der große Rattenfänger wurde, das hatte noch einen anderen Grund. Der Materialismus und der Positivismus hatten unser Denken verflacht, die naturwissenschaftliche Methode [...] versagt dem geistigen Leben gegenüber vielfach den Dienst und kommt nicht in seine Tiefe [...]. Da kam Nietzsche, der große Psychologist und Symbolist, dem alles nur Vordergrund ist, und ließ in der Tiefe der Seele Hintergründe und Abgründe, ließ Rätsel und Geheimnisse in Hülle und Fülle ahnen.«[22]

Die umfassende Krise der Identität, wie sie von Jacques Le Rider für die Wiener Jahrhundertwende beispielhaft beschrieben und analysiert worden ist[23], begibt sich auf künstlerischem Gebiet auf die Suche nach Ausdrucksmöglichkeiten. Eine dieser Ausdrucksmöglichkeiten wird in der Ästhetisierung gefunden, einem unumschränkten Schönheitskult, der die Maskerade der bürgerlichen Kultur enttarnen soll, eine andere in der radikalen Reduktion aller ästhetischen Mittel, in der Rückführung auf das Wesentliche. Beiden katalytischen Tendenzen ist eigen, daß sie die Motive von Tod und Weiblichkeit sehr eigentümlich aufgreifen. So werden Frauenfiguren lustvoll dämonisiert, der männliche Künstler liefert sich dabei einer umfassenden Verweiblichung und dem Gedanken an den Tod aus. Eine direkte Analogie zwischen Verfall und Verweiblichung stellt beispielsweise der Romancier Huysmans her: »Ohne Zweifel hatte der Verfall dieses alten Hauses [der Herzöge Des Esseintes] beständig seinen Lauf genommen, hatte die Verweiblichung der männlichen Sprosse sich zunehmend ausgeprägt«[24] – der letzte Sproß dieser Familie ist Jean Des Esseintes, die dekadente Hauptperson aus Huysmans Roman À Rebours (*Gegen den Strich*, 1884). Eine andere Variante der Auseinandersetzung mit der »Verweiblichung« von Kultur und Gesellschaft bezieht eine Gegenposition zu jener dekadenten Auskostung der Verfallssymptome. In der Verweiblichung und Verweichlichung wird auch hier der Grund für die Krisensituation wahrgenommen, als Lösung aber ein asketisch-männliches Ideal entgegengestellt. Zu den Verfechtern dieser Meinung ist auch Anton

Rubinstein zu rechnen, er schreibt 1891 zur Situation in der Musik: »Die Ueberhandnahme der Frauen in der Musikkunst, sowohl im instrumentalen Ausüben wie auch in der Composition [...], datiert seit der zweiten Hälfte unseres Jahrhunderts – ich halte diese Ueberhandnahme auch mit für ein Zeichen des Verfalles unserer Kunst. –«[25]

Das Bild der Frau zwischen bürgerlicher Ordnung und Aufbruch zur Modernität

Unterscheidungen und Unterscheidbarkeiten

Die Situation des Künstlers und des Bürgers – angesiedelt zwischen Irritation und Selbstvergewisserung, zwischen innerer Krise und äußerer Prosperität – findet ihren Ausdruck in verschiedenen Bereichen des Lebens und Denkens. Und neben dem Einfluß auf den ästhetischen Diskurs, auf die Verbindung zwischen Künstler und Publikum, zwischen Kunst und Welt, ist auch eine Veränderung des individuellen Selbstbildes spürbar. Dazu aber gehört – zumal in der erotisierten Atmosphäre der Jahrhundertwende – die Wahrnehmung des eigenen und des anderen Geschlechts. Auch hier ist eine Irritation jenes Bildarsenals zu erkennen, das das Bürgertum zunächst etabliert hatte und das nun Konfliktstoff bereit hält. Das betrifft die Begriffe von Mann und Männlichkeit in ähnlicher Weise wie die von Frau und Weiblichkeit. Wenn die »Verweiblichung« der Kultur angeprangert wird, so geht damit einher die Kritik am Werteverfall in puncto Männlichkeit. Das zweibändige populärwissenschaftliche Werk *Entartung* (1892/93) des konservativen Kulturkritikers Max Nordau beispielsweise ist »eine Huldigung des bürgerlichen Fortschrittsideals und versteht sich als Warnung vor der ansteckenden Zeitkrankheit Entartung [d. i. Verweichlichung], die die Künstler verbreiten.«[1] Die Frage, warum und wie Weiblichkeit konstruiert und bewertet wird, ist nicht ohne einen Blick auf das Verständnis von Männlichkeit und den Hinweis auf den »Männlichkeitswahn der Zeit« denkbar. Denn, so resümiert Nike Wagner, »im Kern der Frauenfrage steckt die Frage nach dem Mann. Ist die Frau ein Projektionsphänomen des Mannes, so muß die Lichtquelle selbst beleuchtet werden, damit die projizierten Bilder verständlicher werden.«[2]

Der Schwerpunkt bei der Frage nach Männlichkeit und Weiblichkeit lag – unabhängig davon, welche Rückschlüsse aus der Unterscheidung gezogen wurden – auf der Unterscheidbarkeit der Geschlechter. Die Distinktion ihrer Charaktere, Aufgaben, Fähigkeiten und Bereiche wurde zur obersten Prämisse. Bei Otto Weininger etwa führt dies zu einer Verherrlichung der Männlichkeit und einer ausgesprochenen Misogynie. Aber auch den Frauen-

44

rechtlerinnen war großteils eine strikte Trennung zwischen Männlichkeit und Weiblichkeit, der jeweils zugedachten Aufgabenbereiche und der Werte wichtig – allerdings kritisierten sie die sich aus den Dichotomien ergebenden Bewertungen und Herabsetzungen. Isolde Kurz schrieb in diesem Sinne 1903: »Gleichklang gibt keine Harmonie. Es kann in der großen Symphonie der Zukunft nicht Aufgabe des Weibes sein, dieselbe Stimme zu singen wie der Mann. Nur dann kann sie die Kultur fördern helfen, wenn sie es wagt, einmal hell und klingend ihre eigene Stimme hören zu lassen, von der man erst vereinzelte Töne vernommen hat.«[3] In Künstlerkreisen verfügte die Gegenüberstellung der Geschlechter ebenfalls über eine enorme Anziehungskraft. So schrieb der Maler Franz Marc im Dezember 1910 an seinen Kollegen August Macke: »Ich werde Dir nun meine Theorie von Blau, Gelb und Rot auseinandersetzen [...]. *Blau* ist das *männliche* Prinzip, herb und geistig. *Gelb* ist das *weibliche* Prinzip, sanft, heiter und sinnlich. *Rot* die *Materie*, brutal und schwer und stets die Farbe, die von den anderen beiden bekämpft und überwunden werden muß! Mischst Du z. B. das ernste, geistige Blau mit Rot, dann steigerst Du das Blau bis zur unerträglichen Trauer, und das versöhnende Gelb, die Komplementärfarbe zu Violett, wird unerläßlich. (Das Weib als Trösterin, nicht als Liebende!) Mischst Du Rot und Gelb zu Orange, so gibst Du dem passiven und weiblichen Gelb eine ›megärenhafte‹, sinnliche Gewalt, daß das kühle, geistige Blau wiederum unerläßlich wird, der Mann...«[4] Als irritierend, ja bedrohlich wurde eine Vermischung der Geschlechter empfunden – sei sie institutionell (etwa in der Koedukation oder die Zulassung der Frauen zum Studium, zum Berufsleben, zum Wahlrecht) oder individuell (androgyne Merkmale oder die »Verweiblichung« der Künstler). Männliches und Weibliches bewußt zu unterscheiden und die Unterscheidung in allen Bereichen wiederherzustellen und festzuschreiben, galt daher häufig als Grundlage für zivilisiertes Zusammenleben: »Die Anähnlichung und Vermischung der Geschlechtscharaktere«, so schrieb Karl Hauer 1907 in der *Fackel*, »ist der Weg zur schlimmsten Unkultur, zur Verweiblichung des Mannes und zur Vermännlichung des Weibes. Der Mann wird dabei zum Idioten und das Weib zur Hysterikerin.«[5]

Die strenge Unterscheidung der Geschlechter – zu misogynen, emanzipatorischen oder künstlerischen Zwecken – geht auf die bürgerlichen Normen zurück, die sich gegen Ende des 19. Jahrhunderts ins Starre verfestigt hatten. Die Differenz der Geschlechter hatte sich im Verlauf des 19. Jahrhunderts, unterstützt durch die ökonomischen und sozialen Entwicklungen von Industrialisierung und kapitalistischer Arbeitsteilung, zu einer »gesellschaftlichen Ordnungskategorie ersten Ranges«[6] entwickelt. »Seit dem 18. Jahrhundert wurde für Frauen der Platz in der modernen Gesellschaft bewußt anders zugeschnitten als der für Männer. Um diesen Zuschnitt zu ver-

allgemeinern und zu verteidigen, wurde in immer neuen Diskursen daran gearbeitet, Frauen aus der Geschichte herauszunehmen, der Natur zu überant-
worten und sie dergestalt in das System der Arbeitsteilungen einzufügen, daß
für sie nur ein gleichsam angeborener ›natürlicher Beruf‹ möglich erschien,
während für Männer das Erlernen und Ausüben einer Profession angesagt
war.«[7]

Mit diesem Modell der Geschlechterdifferenz wurde ein Gegengewicht
zu allgemeinen Dissoziationsphänomenen und eine Antwort auf Identitätskrisen gesucht. In der Dichotomie wird zugleich auch eine Entfremdung der
Geschlechter erkennbar, »an der die kulturelle Verfeinerung um 1900 ebenso
ihren Anteil hatte wie die restriktive bürgerliche Sexualmoral«[8].

Die Distinktion der Geschlechter orientierte sich ausschließlich an der
Norm der Männlichkeit. Als logische Konsequenz wurde die Frau, das Weib
und die »Frauenfrage« in der zweiten Hälfte des 19. Jahrhunderts verstärkt
erklärungsbedürftig. Während der Mann in seiner biologischen, charakterologischen und soziologischen Wesensart als Norm aufgestellt wurde, rubri-
zierte man die Frau als das Unbekannte, Erforschungs- und Erklärungsbe-
dürftige. Ablesbar wird diese Entwicklung an den Konversationslexika, die
als Spiegel dessen gelesen werde können, was innerhalb der bürgerlichen Gesellschaft als ›objektiver Wissensstandard‹ angesehen wurde[9]. Auffällig aber ist
hier, daß die Artikel der Konversationslexika zu den Stichworten »Frau« oder
»Weib« im Verlauf des 19. Jahrhunderts immer umfangreicher werden, während das Stichwort »Mann« mit immer weniger erläuterndem Text auskommt. Die Seinsart des Mannes bedurfte offenbar keiner näheren Erläute-
rung. Im Gegensatz dazu waren nicht nur die Artikel über die Frau weitaus
umfänglicher, sondern wurden auch stärker ausdifferenziert: Man findet nun
auch Erläuterungen zu den Begriffen »Frauenfrage«, zu »Frauenvereinen«
oder zum »Weib«. »Ganz offensichtlich sind Frauen das interessantere Geschlecht – oder zumindest das fragwürdigere.«[10] Die Unterscheidung der Geschlechter trägt zur Verrätselung des »Weibes« mit bei.

Diese Verrätselung des »anderen Geschlechts« (Simone de Beauvoir)
schlug sich nicht zuletzt auch im wissenschaftlichen Diskurs nieder. Einerseits fällt auf, daß nun – da die Geschlechter nicht nur unter biologischen,
sondern vor allem auch unter kulturellen Gesichtspunkten unterschieden
werden – das Forschungsgebiet der Sexualkunde entdeckt wird. Aber auch in
anderen Disziplinen wird »das Weibliche« Gegenstand von Untersuchungen.
Analog zur Dichotomie von Kultur und Natur prägt sich dabei schnell eine
Dichotomie von Wissenschaft und Untersuchungsgegenstand, von Forscher-
subjekt und Forschungsobjekt heraus. Diese Dichotomien aber haben zur
Folge, daß die Frau stets und möglichst ausschließlich auf der Objektseite ge-

sehen wird – zum gravierenden Nachteil derjenigen Frauen, die sich am wissenschaftlichen Diskurs aktiv beteiligen möchten.

Wenn diese historisch festgeschriebenen und alltäglich praktizierten Denkmuster gegen Ende des 19. Jahrhunderts in Frage gestellt werden, steht nicht nur die individuelle Lebensgestaltung zur Disposition, sondern vor allem auch die Grundstruktur eines gesamten Welt- und Menschenbildes.

»Es ist interessant, das Nebeneinander der Geschlechter im 19. Jahrhundert zu verfolgen: Die Vorliebe für den androgynen Typus gegen Ende des Jahrhunderts beweist deutlich, daß sich Funktionen und Ideale in einem Zustand trüber Verwirrung befinden.«[11] Man möchte dieser Beobachtung von Mario Praz hinzufügen, daß nicht nur das die gesamte Dekadenz beherrschende androgyne Ideal, sondern auch das extreme Festhalten an der Dichotomie der Geschlechter sowie die Irritation bei der Neuordnung bislang gültiger geschlechtsspezifischer Normen auf den »Zustand trüber Verwirrung« verweisen. Physische wie psychische Kräfteverschiebungen werden hier vor dem Hintergrund der Geschlechterdichotomien ausgetragen.

Ideale der Männlichkeit, Idealisierung der Weiblichkeit

Mit dem Aufstieg des Bürgertums zur gesellschaftstragenden Schicht hatten sich zu Beginn des 19. Jahrhundert neue Formen des Zusammenlebens, neue Werte und Normen herausgebildet. Das mittlere und gehobene Bürgertum strebte eine klare Abgrenzung gegenüber der Arbeiterschaft an, und auch innerhalb der Gesellschaftsschichten wurde – in enger Verbindung mit ökonomischen Interessen – eine strenge Arbeitsteilung etabliert, die die Trennung der Alltagssphäre genauso nach sich zog wie die der Werte und Ideale. Daß der Frau dabei vorwiegend – zumindest im mittleren und gehobenen Bürgertum – die reale wie emotionale Innerlichkeit zukam, ist bekannt. Der Mann hatte sich den äußeren Anforderungen zu stellen, sich im ökonomischen Wettbewerb zu behaupten und die nach außen gewandte Seite der Familie zu repräsentieren. Für beide Geschlechter aber galt eine starke Fixierung auf die ihnen zugedachte Rolle, die Ausrichtung nach dem Ideal. In den Worten Musils: »Die Forderung des Idealen waltete in der Art eines Polizeipräsidiums über allen Äußerungen des Lebens.«[12]

Während das Ideal von Männlichkeit jedoch die Möglichkeit, ja geradezu die Aufforderung zu individueller Entfaltung und vielfältiger Ausdifferenzierung (innerhalb der Norm) bot, begrenzte das Ideal von Weiblichkeit das Terrain der realen Frau – aus dem Ideal wurde Idealisierung. Bertha von Suttner hatte bereits 1889 auf die doppelmoralischen Hintergründe der Idealisierung von Weiblichkeit aufmerksam gemacht: »Und da, wo der Hinweis auf die organische Naturanlage [der Frau] nicht genügend standhielt, da berief man sich auf das ›Ideal‹. [...] Damit glaubte man etwas noch Unwandelbareres und Unanfechtbareres angeführt zu haben, als die Natur selber. Abstraktionen wurden da als Norm der Erscheinung angeführt, uneingedenk der Thatsache, daß sich die Abstraktion aus der Erscheinung gebildet hat. ›Weiblichkeit‹ ist nicht dasjenige, was die Frauen zu dem macht, was sie sind, sondern das, was sie sind, giebt das Bild zu der sogenannten Weiblichkeit ab. In unserer Welt der Endlichkeiten und Vergänglichkeiten können wir ein ›Ewiges‹ nie erschauen – auch das berühmte ›Ewig-Weibliche‹ war nur ein nebelhaftes Dichterwort.«[13] Und Simone de Beauvoir kommentiert: »Sie ist Wahrheit, Schönheit, Poesie, ist Alles: [...] Alles, nur nicht sie selbst«[14].

Zentrum der Idealisierung der Frau war ihre Nähe zur Natur. Die Natur-Kultur-Dichotomie hatte sich in der Romantik analog zur Geschlechterdichotomie zum Grundpfeiler ästhetischer wie gesellschaftlicher Diskurse entwickelt. Die nicht domestizierbare Natur barg Gefahren, die – vor allem für den Bereich der Sexualität – gern auch auf das Bild von Weiblichkeit übertragen wurden. So ist die kleine Wassernixe Undine bei Friedrich de la Motte Fouqué (die Erzählung erschien 1811) so lange ein kokettes, schlüpfriges Wesen, wie es dem Naturreich angehört. Wechselt Undine jedoch in das Reich der Kultur, und damit in das Reich der Menschen, wird sie zum Ideal einer duldsam treuen Ehefrau. Schnittpunkt in Undines Charakter ist dabei nicht nur die Trauung mit Huldbrand, sondern vor allem auch die Hochzeitsnacht. In diesem Bild, das Fouqué als Ideal im Konsens seiner Zeitgenossen entwarf, ist in groben Zügen zusammengefaßt, in welcher Rolle die Romantik Weiblichkeit zwischen Natur und Kultur betrachtete. Die Frau gehört ursprünglich dem Natürlich-Kreatürlichen an. Hier ist sie undomestiziert, kokett und verführerisch-anziehend. Die Heirat führt sie in die Welt der Kultur ein, die durch den (Ehe-)Mann dominiert und repräsentiert wird. Verführerisch für Huldbrand aber war nur die natürlich-kreatürliche Undine, nach der Heirat wendet er sich rasch wieder der Menschenfrau Berthalda zu, wenn auch die Furcht vor den unbekannten Mächten Undines bleibt.

Bei Fouqué ist offenbar, daß das Dilemma der Weiblichkeit zwischen Natur und Kultur, zwischen Ursprünglichkeit und Domestizierung, in der Romantik nicht gelöst werden kann. »Sie selbst [die Frau] erreichte für die ganze ausgebeutete Natur die Aufnahme in die Welt der Herrschaft, aber als gebrochene.«[15] Bürgerliches Ziel des jungen Mädchens ist die Verheiratung, die domestizierte Natur aber – in der Personifikation der Ehefrau – verliert ihre (sexuelle) Attraktivität für den Mann und Künstler[16]. In diesem Stadium wird das Natur-Kultur-Dilemma von der Romantik an die Künstler der Jahrhundertwende vererbt. »Die Achsenbegriffe der Romantik, Natur und Geist, kehren wieder, gefaßt in jene Sprache, die die vom erotischen Problem verhexte Moderne sprach, in die Metaphorik der Geschlechterbeziehung.«[17] Die Figurenreihe der attraktiven Weiblichkeit wird ausgeweitet, auch ausdifferenziert, in den Vordergrund aber drängt sich die als Bedrohung empfundene sexuelle Attraktivität. Die »nicht domestizierte, ›unkontrollierbare‹ Sinnlichkeit‹ wird zum Signum dieser Frauengestalten und macht sie zu störenden, fremden ›Elementen‹ in einem zwanghaft befriedeten [...] Gesellschaftsbild«[18]. Die Gefahr der ›wilden‹ Frauenfiguren aber kann nur in der Domestizierung, in der Ehe, gebannt werden – oder im Tod[19].

Paradigmatisch dafür steht die Geschichte der Turandot. Ihre Figur changiert zwischen Bedrohung und Anziehung. Turandot ist unverheiratet und nimmt die ihr bewußte Attraktivität dieses Zustands als Mittel, um potentielle Ehemänner anzulocken. Kaum einer kann widerstehen. Die Heiratswilligen, man könnte auch von Eroberern sprechen, müssen jedoch ein Rätsel lösen, sie müssen ihre rationalen Fähigkeiten beweisen. Der Tod trifft dabei jeden, der diese sphingische Probe nicht besteht. Auch hier treffen Natur und Kultur in extremer Weise aufeinander. Turandot ist die irrational-zerstörerische, dabei aber verführerische Natur par excellence. Nur ihr genauer Gegenpart, derjenige, dessen Intellekt (Kultur) stark genug ist, die Rätsel zu lösen (freilich dabei auch das »Rätsel Weib«!), kann den Bann brechen und die Frau domestizieren. Unter diesem Gesichtspunkt verwundert es nicht, daß die Geschichte der Turandot für Komponisten der Jahrhundertwende von hoher Attraktivität war[20].

Hatte die Frau bislang in einer engen Symbiose zur Natur gestanden, so ändert sich diese Beziehung angesichts der fortschreitenden Industrialisierung. Die Verstädterung, Technisierung und Zerstörung der Umwelt auf der einen Seite, auf der anderen die Einsicht in die trotz Domestizierungsversuchen offensichtliche Willkür und Macht der Natur prägt eine neue Sichtweise auf die Natur. Sie selbst hat ebenso ihre Unschuld verloren wie der Mensch als ihr Gegenüber. Auch aus dieser neuen Konstellation ergibt sich eine Neubewertung der Frau-Natur-Symbiose. Das häufig auftretende Nixenmotiv und seine Erstarrung im Ornamentalen versucht darauf ebenso eine Antwort wie der Versuch, die Frau entweder auf ihre natürliche Wesenhaftigkeit zu reduzieren oder als irreales, künstlerisches Abstraktum zu inszenieren. Warum sich gerade im Jugendstil eine Häufung von jungen Wasserfrauen und verführerischen Nixen findet, wird aus Walter Benjamins Analyse des Phänomens deutlich: »Der Jugendstil ist ein Fortschritt, indem das Bürgertum den technischen Grundlagen seiner Naturbeherrschung näher tritt; ein Rückschritt, indem ihm die Kraft abhanden kommt, dem Alltag überhaupt noch ins Auge zu sehen. (Das kann man nur noch geschützt durch die Lebenslüge.) – Das Bürgertum fühlt, daß es nicht mehr lange zu leben hat; desto mehr will es sich jung. Es spiegelt sich so ein längeres Leben vor oder zum mindesten einen Tod in Schönheit.«[21]

Alte Mythen, neue Bilder

Die sich im letzten Jahrhundertdrittel abzeichnende Verschärfung der politischen, ökonomischen und sozialen Probleme nehmen auf das idealisierte Konzept von Weiblichkeit starken Einfluß. Versuche, jene Probleme durch das starre Festhalten an bestehenden Normen zu lösen oder aufzuhalten, scheitern. Ein Stein, geworfen in den tiefen und stillen Teich der Idealisierung, läßt nun die Oberfläche des Frauenbildes sich kräuseln: Idealbilder verschwimmen, die Innerlichkeit wird als In-Sich-Abgeschlossenes rätselhaft, neue Facetten eines Frauenbildes kommen zum Vorschein. Die Veränderungen im Weiblichkeitsbild erscheinen häufig als Kaleidoskop aus mythischen, sagen- oder märchenhaften, aus literarisch überhöhten oder realistischen Facetten. Beispielhaft für dieses Suchen nach neuen Frauenbildern und für das genußvolle Sich-Ausliefern an die Unergründlichkeit des Weiblichen ist Paul Heyses Versnovelle *Der Salamander* (1865). Aus der Idealisierung und individuellen Eindeutigkeit, ja Flachheit des alten Weiblichkeitsbildes entsteht der Reiz des Ungewissen, Verlockenden und des Wesenhaften. Nicht ohne Grund steht am Ende der Suche nach Namen und Begrifflichkeiten für das unbekannte Geschöpf der Begriff »Weib«:

> »Du Schlange! – ›Bin ich's, will ich dich umringeln.‹ –
> Du Vampyr! – ›Wart, ich sauge dir dein Blut!‹ –
> Mein bleiches Irrlicht! – ›Komm! ich weiß zu züngeln.‹
>
> Wie nenn' ich dich? – ›Kein Nam' ist mir zu gut.‹ –
> Bist du Undine? – ›Die ist treu gewesen.‹ –
> Und du! – ›Du schiltst ja meinen Wankelmuth.‹ –
>
> Frau Venus? – ›Kein so sittenloses Wesen!‹
> So nenn' ich denn dich ‚liebe Heil'ge! – ›Thu's!‹
> [...] O kaltes Herz! Nicht Heil'ge, nein, Sirene!
> Du winkst und lockst mit Tönen zaubervoll,
> [...] Geschwind nun, eh ich ernstlich mich entrüste,
> Find' einen Namen von so stolzem Klange,
> Daß eine Kön'gin gern ihn tragen müßte.‹ –

Ich sinne schon... Kann sein, es dauert lange,
Bis mir der rechte kommt. [...]

Sei ungetreu! Du bist es von Natur,
Und deinem Trieb gehorchst du ohne Reue;
[...] Ein Kind mit Frauenaugen, drin verborgen
Ein Räthsel schläft, das Manchen schon verwirrt,
Entrückt den niedern wie den höchsten Sorgen;

Ein Kind, das bald des Spielens müde wird,
Doch immer spielen muß, ein Kind, das lachend
Harmlos und herzlos durch das Leben irrt.
[...] Ich zürne nicht, ich sage stillgefaßt:

Dich hab' ich als ein Weib, doch wahr erfunden!«[22]

Zur gleichen Zeit entstehen Entwürfe zu einer weiblichen Operngestalt, die
sich – in der Bühnenfassung, die erst 1882 ihre Uraufführung erleben wird, –
ganz ähnliche Fragen nach Namen und Charakter stellen lassen muß:

»Herauf! Herauf! Zu mir!
Dein Meister ruft dich Namenlose,
Urteufelin! Höllenrose!
Herodias war'st du, und was noch?
Gundryggia dort, Kundry hier!«[23]

Kundry, die auf Tod und Erlösung wartende Frauengestalt aus Wagners *Parsifal*, wird denn auch zum Urtypus, zum »alles überwölbenden Urbild«[24]. In ihrer Nachfolge erscheinen auf der europäischen Opernbühne die Weiblichkeitstypen nun als *femme fatale*, als ewige Sünderin oder als zumeist mit einer
Fülle von Namen ausgestattete Namenlose[25]. Warum Kundry eine so große
Faszination auf die modernen Künstler unterschiedlichster ästhetischer Provenienz auszuüben vermochte, diagnostizierte Thomas Mann in einem
»Stück mythischer Pathologie; in ihrer qualvollen Zweiheit und Zerrissenheit, als instrumentum diaboli und heilssüchtige Büßerin, ist sie mit einer kli-
nischen Drastik und Wahrheit, einer naturalistischen Kühnheit im Erkunden
und Darstellen schauerlich krankhaften Seelenlebens gemalt, die mir immer
als etwas Äußerstes an Wissen und Meisterschaft erschienen ist.«[26]
   Wie eng die Verwandtschaft des Heyseschen Salamander mit der wesenhaften Weiblichkeit der Jahrhundertwende ist, läßt außerdem eine weitere
Parallele erkennen. Kurz vor Ende der Versnovelle kommt der Salamander

selbst zu Wort, das »Weib« schreibt nun seinerseits an das lyrische Ich, den Dichter. Sie berichtet ihm – seine Eifersucht provozierend – von verschiedenen Liebesabenteuern mit einem »blonden Grafen«, einem »Geigen-Virtuosen«, einem »jungen Arzt« und einem »Lieutenant«:

»So ward der Mittag leidlich hingebracht,
Dann führt' ich die Menagerie spazieren
Und sagt' ihr noch vor Abend gute Nacht.

Nein, bester Freund! aus solchen armen Thieren
Wählt' deine ›Schlange‹ sich kein Opfer aus.
[...] Noch Keinem, der mich liebte, bracht' ich Glück,
Und an ein Wort von dir gedenk' ich immer:
Ich bin nicht recht von dieser Welt ein Stück;
[...] War das ein Heimweh nach dem Elemente,
Dem ich entfremdet bin [...]?
[...] Mir aber ist das ›Zwischenreich‹ beschieden,
Ich fühl' es wohl [...]«[27]

Auch die »Schlange« Lulu wird sich – bei Frank Wedekind und Alban Berg – aus den Tieren der Menagerie ihre Opfer auswählen. Das Bild, das Heyse hier für die polyandrische Veranlagung des Weibes entwirft, ist identisch mit dem Prolog des *Erdgeistes* und dem der Oper *Lulu*. Auch der Hinweis auf das »Zwischenreich« läßt aufhorchen: Hinter diesem Bild steht die Lehre von den Elementarwesen von Paracelsus (Theophrastus von Hohenheim), die jedem Element eine menschlich-elementare Zwitterform zuordnet.

Paracelsus hatte in seinem *Liber de nymphis, sylphis, pygmaeis et salamandris et de caeteris spiritibus* (um 1530) die Elementargeister als Nebenform zum Menschen innerhalb der göttlichen Schöpfung definiert[28]. Während die Abstammung des Menschen von Adam die Existenz einer (christlichen) Seele impliziert, sind Elementargeister seelenlos, erscheinen aber als Wesen beiderlei Geschlechts aus Fleisch und Blut. Sie sind den vier Elementen zugeordnet: Im Wasser tummeln sich Nymphen, Undinen und Wasserleute, in der Luft bewegen sich Sylphen, Sylvestres, Wind- und Luftleute, in der Erde sind die Pygmaei und Gnomi sowie Erd- und Bergmännlein beheimatet und im Feuer die Salamandrae, Vulcani und Feuerleute. Jede dieser Elementargeistergattungen hat nach Paracelsus eigene Lebensformen, Gestalten, Sprachen und Aufgaben. Paracelsus' *Liber de nymphis* erfuhr im 19. Jahrhundert eine intensive Rezeption, die Undinen- und Melusinenerzählungen von Ludwig Tieck, Friedrich de la Motte Fouqué[29], Theodor Fontane und vielen anderen stützten sich auf dieses Modell vom Wesen außerhalb der menschlichen Gattung und Kultur. Was aber bei Paracelsus »nichts weiter war als eben eine kuriose Lehre, das wurde im Umkreis der Romantik zu einem aufregenden Denk- und Bildzusammenhang.«[30] Ins Zentrum rückt dabei eine tiefverwurzelte und durchaus mehrdeutige Erlösungsbedürftigkeit der elementarischen Frau, vordergründig das Streben der Elementarwesen nach einer christlichen Seele. Diese aber ist nur durch die Heirat und Treue eines Menschenmannes möglich[31].

Auch in die Musikgeschichte haben die Elementarwesen des Paracelsus Eingang gefunden. Wichtiges Beispiel innerhalb der romantischen Oper ist dabei zweifellos E. T. A. Hoffmanns *Undine*. Hier wird die Elementargeisterwelt mit der Idee einer chromatisch angereicherten Harmonik verbunden, die der klassisch-strengen Harmonik der Menschenwelt gegenübersteht. Hoffmann arbeitet mit der Gegenüberstellung antagonistischer Prinzipien: Natur – Kultur, Chromatik/Dissonanz – Diatonik/Konsonanz, Elementargeisterwelt (Undine, Kühleborn) – Menschenwelt (Huldbrand), pantheistisch – christlich[32].

Eine zentrale Rolle spielen die Elementarwesen – nicht nur reduziert auf die Wassergeister – auch im *Ring des Nibelungen* von Richard Wagner. Hier treten alle von Paracelsus benannten Elementargeistergattungen auf. Zunächst die Gruppe der Nymphen und Wasserleute in der Gestalt der Rheintöchter. Sie erfüllen die von Paracelsus angenommenen Aufgaben, indem sie den Schatz im Rhein hüten (*Rheingold*) und den Untergang des herrschenden Systems ankündigen (*Götterdämmerung*)[33]. Erstaunlicherweise gehören Fasolt und Fafner zur Gruppe der Elementargeister der Luft. Nach Paracelsus sind sie rauher, grobschlächtiger und stärker als Menschen, verbinden sich vorzugsweise mit Menschenfrauen und sind von riesenhafter Gestalt (*Rheingold*). Die Elementargeister der Erde finden sich in den Figuren von Mime und Alberich wieder, das Volk der Nibelungen gehört ebenfalls dazu. Auch sie sind von Paracelsus zum Hüten von Schätzen vorgesehen, die sich im Innern der Berge befinden (*Rheingold*, *Siegfried* und *Götterdämmerung*). Loge schließlich gehört zu den Elementargeistern des Feuers.

Im Verlauf des 19. Jahrhunderts nahm man Paracelsus' Entwurf der Elementarwesenwelt immer selektiver wahr: Männliche Elementarwesen interessierten kaum noch, die weiblichen Elementarwesen wurden zumeist auf das Wasser-Element (Undinen, Melusinen, Wasserfrauen) beschränkt, seltener trat – wie das Beispiel von Heyse zeigt – ein weibliches Elementarwesen aus dem Bereich des Feuers auf. Die Faszination, die von der Vorlage aus dem 16. Jahrhundert ausging, fokussierte sich auf zwei Charakteristika: die Seelenlosigkeit und die damit verbundene Erlösungsbedürftigkeit sowie die Herkunft aus einer zumeist unbekannten und unergründlichen »Zwischenwelt«. Den Elementarwesen des ausgehenden 19. Jahrhunderts sind zwar menschliche (und häufig verführerische) Physiognomien eigen, sie gehören aber nicht zur Kulturwelt des Menschen. Dieses Motiv – zusammengesetzt aus der unbestimmten Herkunft, dem Ausgeschlossensein aus kulturell-menschlichem Kontext und schließlich auch der »Wesenhaftigkeit« – bildet sich zum Schwerpunkt heraus für zahlreiche Weiblichkeitsbilder und -typen der Jahrhundertwende: Mélisande, die unbekannte Schöne, die nahe am Wasser entdeckt wird, ebenso Rusalka und die kleine Seejungfrau, späte Repräsentantinnen der romantischen Undinenmotivtradition, aber auch Lulu, die als »Erdgeist« tituliert wird und deren Herkunft ebenfalls ungewiß ist, verwandt auch dem Heyseschen »Salamander«, der sich einer »Zwischenwelt« zugehörig fühlt – die Reihe ließe sich fortsetzen.

Die Faszination der Wasserfrauen und weiblichen Elementarwesen war um 1900 auf einem Höhepunkt angelangt. Gerade an den amphibischen Phantasiegestalten konnte das Problem der Andersartigkeit der Frau thematisiert werden. Die romantische Idealisierung des reinen Undinen-Geschöpfes wich einer Dämonisierung unterschiedlicher Intensität: von einer sensiblen Andersartigkeit bis zur bedrohlichen Aggression[34]. Noch C. G. Jung kommt auf Paracelsus' Elementarwesenlehre zu sprechen, um aus den Nixenwesen das Urbild der *Anima* abzuleiten: »Die Nixe ist eine noch instinktivere Vorstufe eines zauberischen weiblichen Wesens, welches wir als *Anima* bezeichnen. Es können auch Sirenen, Melusinen, Waldfrauen, Huldinnen und Erlkönigstöchter, Lamien und Sukkuben sein, welche Jünglinge betören und ihnen das Leben aussaugen.«[35]

Schwankende Kräfteverhältnisse

Im Karussell der Männlichkeitsideale und Weiblichkeitstypisierungen hatte ein Motiv eine besonders zentrifugale Kraft, das Motiv der Schwäche. Bürgerliche Rollenzuweisungen hatten – als ein Moment der Neuorientierung nach dem Fall des aristokratischen Kräfteverhältnisses – im 19. Jahrhundert eine »sozial erwünschte strukturelle Stärke des männlichen und strukturelle Schwäche des weiblichen Geschlechts«[36] konstatiert. Die physisch wie psychisch sich äußernde Schwäche aber, bislang Attribut von Weiblichkeit, veränderte gegen Ende des 19. Jahrhunderts Qualität und Bezugspunkt. Einerseits wurde die Schwäche der Frau ins Extreme weitergetrieben und sogar als Identifikationsmoment eines umfassenden Weiblichkeitstypus gewählt, der *femme fragile*. Auf der anderen Seite war sie nun auch als Charakteristikum männlicher Figuren zu finden. So wurde die Labilität von den Künstlern in ihre Selbstdarstellung mit einbezogen oder eine labile männliche Figur einer besonders dominanten weiblichen Figur entgegengesetzt[37].

Damit aber steht das Moment der Schwäche in einem neuen Kontext, der sich auch als Replik auf den »Männlichkeitswahn« der bürgerlichen Gesellschaft verstehen läßt. Um nochmals auf die Generation des »Jung-Wien« zurückzukommen[38]: Die Literaten entstammten zumeist wohlhabenden, bürgerlichen Verhältnissen, deren finanzieller Stütze sie ihre künstlerischen Freiräume verdankten. Darin aber ähnelte der (männliche) Künstler der Ehefrau aus dem gehobenen Bürgertum, die für die private Sphäre, die Innerlichkeit verantwortlich war. So sah sich der ehemals der Öffentlichkeit zugehörige Mann aufgrund seines Künstlertums als Repräsentant der Innerlichkeit. Vergleichbar – wenn auch nicht unmittelbar in den künstlerischen Wegen und Zielen – sind darin auch die französischen Symbolisten, denn auch hier hatte sich die radikale Abkehr von der bürgerlichen Belle Epoque in einem umfassenden *ennui* geäußert. *Ennui* aber wurde nicht nur als Langeweile verstanden, sondern auch als Zustand allgemeiner Schwäche und diffuser Tatenlosigkeit. *L'ennui* wurde zum Modewort, 1903 erschien es sogar als Romantitel: »Das höchst komische Buch von Emile Tardieu: L'ennui [...], dessen Hauptthese lautet, das Leben sei zweck- und bodenlos und strebe dem Zustande des Glückes und des Gleichgewichts vergeblich nach [...] – Man kann dies Buch eine Art Andachtsbuch des 20ten Jahrhunderts nennen.«[39] Und Charles Baudelaire machte sich schließlich die Mehrdeutigkeit des französischen Wortes »langueur« zunutze, als er von den »beautés de langueur«[40] (Schönheiten der Schwäche/der Schwermut) sprach.

Frauengestalten aus diesem Umfeld sind entweder einer umfassenden, ästhetisierten Fragilität verfallen oder werden – als Gegenpol zum schwächlichen Mann – besonders dominant dargestellt. In letzterer Variante haben sie nicht selten etwas Raubtierhaftes. Damit ist »wie so oft bei den Schriftstellern dieser Zeit [...] das starke Geschlecht in Wirklichkeit das schwächere.«[41] Hier haben sie die Kräfteverhältnisse zwischen den Geschlechtern umgekehrt. Im Bereich des Männlichen gehört der Dandy zu der Gruppe der »schwachen« oder »geschwächten« Typen. Er ist von Ästhetisierung durchdrungen und rückt in die Nähe von weiblichen Schönheitsidealen. Verweiblichung und Verweichlichung ist denn auch einer der zentralen Vorwürfe, die an den fiktiven Dandy ebenso herangetragen werden wie an die realen Dichter Hofmannsthal oder Altenberg. Die Künstler, denen das Attribut der Schwäche anhaftet, schwanken zwischen Akzeptanz, ja Goutierung auf der einen Seite und Angst, Identitätskrise und aggressiver Gegenwehr als Kompensation auf der anderen. Werke, die eine männliche Schwachheit zum Thema haben, treffen hingegen auf Unverständnis und Abwehrreaktion. Die sogenannte öffentliche Meinung hält am Männlichkeitsideal des Bürgertums fest. Diese Reaktionen wiederum verschärfen das Gefühl der Isolation des Künstlers.

Die Irritationen, die das Weiblichkeitsbild des ausgehenden 19. Jahrhunderts erfährt, lassen sich besonders gut auch mit einem Blick auf das bestimmen, was wesenhaft und biologisch mit Weiblichkeit verbunden ist, die Fruchtbarkeit. Denn auffällig sind die zahlreichen frigiden oder unfruchtbaren Weiblichkeitsbilder und -typen. Ein Moment der Verweigerung ist ihnen dort eingeschrieben, wo bislang die Unumstößlichkeit eines Naturrechts galt. Wie dicht dabei alle bislang erwähnten Veränderungen des Weiblichkeitsbildes zusammenhängen, ist nicht zuletzt an diesem Punkt spürbar: »Die Pointe der technischen Welteinrichtung liegt in der Liquidierung der Fruchtbarkeit. Das Schönheitsideal des Jugendstils bildet die frigide Frau. (Der Jugendstil sieht nicht Helena sondern Olympia in jedem Weibe.)«[42]

Unfruchtbarkeit steht dabei in einer eigentümlichen Alliance zu Wissen und Bildung. Das bürgerliche junge Mädchen wird auf seine Rolle als Ehefrau und Mutter hin erzogen – sich Wissen außerhalb dieses Bereiches anzueignen, gilt als unweiblich. Unwissend blieb die unverheiratete Frau auch in sexuellen Dingen. Für das junge Mädchen im bürgerlich-konservativen Verständnis war Unberührtheit und Unwissenheit unabdingbare Voraussetzung für eine standesgemäße Heirat. Das »Wissen« aber der verheirateten Frau bestand in der »sexuellen Erweckung« durch den Ehemann. Jungen Männern hingegen waren voreheliche Beziehungen durchaus erlaubt, zumindest wurden sie stillschweigend geduldet. Immerhin hatte der Noch-Nicht-Verheiratete dabei Erfahrungen zu sammeln, die auch hier einen »Wissensvorsprung« vor dem unverheirateten Mädchen bedeuteten. Stefan Zweig beschreibt in einem ausführlichen Kapitel seiner Autobiographie *Die Welt von gestern* diese Doppelmoral und ihre Konsequenzen für die jungen Frauen der bürgerlichen Schicht: »Daß ein Mann Triebe empfinde und empfinden dürfe, mußte sogar die Konvention stillschweigend zugeben. Daß aber eine Frau gleichfalls ihnen unterworfen sein könne, [...] dies ehrlich zuzugeben hätte gegen den Begriff der ›Heiligkeit der Frau‹ verstoßen. Es wurde also in der vorfreudianischen Zeit die Vereinbarung als Axiom durchgesetzt, daß ein weibliches Wesen keinerlei körperliches Verlangen habe, solange es nicht vom Manne geweckt werde, was aber selbstverständlich offiziell nur in der Ehe erlaubt war. [...] während man versuchte, sie so gebildet und gesellschaftlich wohlerzogen wie nur denkbar zu machen, sorgte man gleichzeitig ängstlich dafür, daß sie über alle natürlichen Dinge in einer für uns heute unfaßbaren Ahnungslosigkeit verblieben. Ein junges Mädchen aus guter Familie durfte keinerlei Vorstellung haben, wie der männliche Körper geformt sei, nicht wissen, wie Kinder auf die Welt kommen, denn der Engel sollte ja nicht nur körperlich unberührt, sondern auch seelisch völlig ›rein‹ in die Ehe treten.«[43] Das reale Bild eines bürgerlichen Mädchens aber prägte auch die künstlerische Darstellung von Weiblichkeit – als Inspiration oder als Grundlage eines Gegenentwurfs.

Geringe, allenfalls rollenspezifische Bildung wurde zur Grundlage für junge Frauen als Vorbereitung auf die Funktion als Ehefrau und Mutter. In Umkehrung dieser Gleichung wurde argumentiert, daß Bildung im umfassenden Sinne und besonders auch das Studium für Frauen Unfruchtbarkeit zur Folge habe. Die zahlreichen Versuche, den Anspruch von Frauen auf Bildung und Wissenschaft mit Hilfe von sogenannten wissenschaftlichen Untersuchungen zu widerlegen, führten immer wieder das Argument der (Un-) Fruchtbarkeit ins Feld: Bildung führe bei Frauen unweigerlich zu Frigidität und Unfruchtbarkeit. Aus diesen Argumenten spricht einerseits die Einsicht, daß Bildungsgrad und Kinderzahl voneinander abhängig sind. Die Argumentationen lassen aber gleichzeitig Angst und Doppelmoral erkennen. Angst vor dem Machtverlust, der sich für den Mann durch die Bildung der Frau ergibt, Angst vor der Möglichkeit von Konkurrenz, und schließlich auch die Angst, daß innerhalb eines ohnehin im Wanken begriffenen Wertesystems neue, die Frauen einbeziehende Machtverhältnisse geschaffen werden könnten[44]. Die Doppelmoral, die hier zum Vorschein kommt, betrifft wiederum maßgeblich die weibliche Fruchtbarkeit. Indem die Frauen gerade vom Studium der Medizin ferngehalten werden, soll ihnen der Zugang zu einem Wissen verweigert werden, das ihnen – zunächst auf rein biologisch-medizinischem Gebiet – Gewißheiten und Kenntnisse über den eigenen Körper geben könnte. Wissen hieße in diesem Fall auch die Möglichkeit zur Aktivität, eine Vorstellung, die in tiefem Widerspruch zur weiblichen Passivität stand, die gerade auch in sexuellen Dingen postuliert wurde. Wenn demnach Frigidität und Unfruchtbarkeit auf eine neue, dominierende Weise in den Künsten thematisiert wurde, so ist dies mehr als eine nebensächliche Spielart künstlerischer Ausdrucksmöglichkeiten.

Wally und Fenitschka: Auflehnung gegen Unbildung

Als Frau in die männliche Domäne von Bildung, Verstand und Wissen einzudringen, hieß immense Hürden zu überwinden. Waren diese bezwungen, folgten oft genug weitere Diffamierungen auf den Fuß, beispielsweise der Vorwurf der »Hexerei«. Leoš Janáček thematisiert dies auf sehr subtile Weise in seiner Oper *Jenůfa*: Die Küsterin nimmt aufgrund ihres Verstandes und ihrer Autorität eine besondere Position innerhalb der dörflichen Gesellschaft ein. Sie hat ihre Stieftochter Jenůfa nach ihrem Verstandesbegriff erzogen, auch Jenůfa besitzt Verstand, hebt sich intellektuell vom Gros der Dorfgesellschaft ab. Die alte Buryja erklärt immer wieder, Jenůfa gäbe eine gute Lehrerin ab, dabei aber betonend, daß der Verstand unweiblich sei: »Mužský rozum« – Mannsverstand habe Jenůfa[45]. Jenůfa selbst sieht das anders, sie spricht geschlechtsunspezifisch von ihrem Verstand (»rozum«)[46]. Als sich Stewa, der zuerst in die blühende, jugendliche Schönheit Jenůfas verliebt war, aus der Verantwortung als Vater ihres unehelichen Kindes stiehlt, nennt er genau diese Verstandesattribute als Grund: Jenůfa habe sich verändert, sei ernst und streng wie die Küsterin geworden, sie mache ihm deshalb Angst. Kurz bevor er dann fluchtartig ihr Haus verläßt, kulminiert seine Angst in der Anschuldigung, die Küsterin selbst komme ihm »wie eine Hexe«[47] vor.

Der Umgang mit Diffamierungen solcher Art war schwierig. Aber drängender noch zeigten sich die realen Probleme, die junge unverheiratete Frauen mit mangelnder Ausbildung zu gewärtigen hatten. Frauen aus der sozialen Unterschicht und ohne Ausbildung wurde der Weg in eine einträgliche Erwerbstätigkeit versperrt oder erschwert. Und selbst das Bürgertum wurde mit dem Problem der Ausbildung für Frauen konfrontiert, da durch demoskopische Entwicklungen und soziokulturelle Veränderungen eine standesgemäße Verheiratung der Töchter – bislang Garant für die ökonomische Absicherung der jungen Frauen – nicht mehr garantiert werden konnte: Knapp 50% der heiratsfähigen Mädchen aus dem österreichischen Bürgertum etwa fanden gegen Ende des 19. Jahrhunderts keine ökonomisch absichernde Ehe[48]. Auch für diese Frauen mußten neue soziale Muster einer finanziell von Familie und Ehe unabhängigen Lebensgestaltung entworfen werden.

Die Kritik an der vorenthaltenen Bildung für Frauen ist um die Jahrhundertwende bereits ein lange diskutiertes, aber nicht gelöstes, eher verhärtetes Thema. Schon 1835 war der Roman *Wally, die Zweiflerin*[49] erschienen, der seinen Autor Karl Gutzkow wegen Unsittlichkeit und Gotteslästerung für einen Monat ins Gefängnis brachte. Gutzkow formuliert darin mutig seine Kritik an den zeitgenössischen Umständen der Mädchenerziehung und am zeitgenössischen Frauenbild gleichermaßen: »Glaubt ihr, Wally habe nach einem Mittelpunkte ihres Lebens gesucht? Wahrlich nicht. Nirgends lagen etwa zerstreute Bruchstücke von Gedanken, die sie gern verbunden hätte. Unmittelbar und zufällig war ihr ganzes Leben. [...] Es war ein ganz bewußtloses Sinnen, ein träumerisches Fühlen, dem sie sich tastend und anpochend hingab. Von einer Reflexion, einer zusammenhängenden Untersuchung konnte bei Wally nicht die Rede sein. Sie litt an einem religiösen Tik, an einer Krankheit, die sich mehr in hastiger Neugier, als in langem Schmerze äußerte.«[50] In einem Brief an ihre Freundin Antonie schreibt Wally, sie verspüre eine »Ängstlichkeit, von welcher die Männer keine Vorstellung haben. Zuweilen erschreck' ich vor dieser pflanzenartigen Bewußtlosigkeit, in welcher die Frauen vegetieren, vor dieser Zufälligkeit in allen ihren Begriffen, in ihrem Meinen und Fürwahrhalten. Der Augenblick ist der Urheber unsrer Handlungen und die Vergeßlichkeit die Richterin derselben. [...] ich leide an einem Schmerze, der unheilbar ist, da ich ihn gar nicht zu nennen weiß. [...] Die Männer sind glücklich, weil man an sie Anforderungen macht. Das Maß ihrer Handlungen ist der Beifall oder der Nutzen, den sie damit gewinnen. Auch dies sage, warum wir den Faust nicht lesen sollen? Die Schilderung jener Zweifel, die eines Menschen Brust durchwühlen können, macht uns vertraut mit ihnen und die Wirkung derselben für uns weniger gefährlich.«[51]

Später charakterisiert Wally ihr Dasein als Gefängnis, in das sie nicht zuletzt aufgrund ihrer Erziehung (und mangelnden Bildung) gekommen sei. Das Bild des Gefängnisses aber wird zum ständigen Begleiter weiblicher Figuren des 19. Jahrhunderts. Anna Karenina und Emma Bovary werden daraus ebenso den Ausbruch versuchen wie Katja Kabanová und viele andere. Und wie diese wird auch Wally schließlich den Freitod suchen. »Das ist der Fluch«, läßt Karl Gutzkow seine Titelheldin resümieren. »Man verlangt nichts von uns, man will gar nichts, es kömmt gar nichts drauf an. Auch dies noch: wir haben einen Ideenkreis, in welchen uns die Erziehung hineinschleuderte. Daraus dürfen wir nun nicht heraus und sollen uns nur mit Grazie, wie ein gefangenes Tier, an dem Eisengitter dieses Rondels herumwinden. Diese Gefangenschaft unserer Meinungen –«[52].

Von Bildung im allgemeinen Sinne abgeschirmt zu sein, traf nicht zuletzt auch zahlreiche junge Frauen aus intellektuellen und künstlerischen Familien ganz individuell. Briefe, Tagebücher und andere Texte dieser jungen Frauen verraten eine tiefe Verwirrung und häufig auch ein Aufbegehren gegen die intellektuelle Restriktion. Marie Bashkirtseff etwa schreibt neunzehnjährig in ihr Tagebuch: »Die armen Frauen! Wieviel Aufwand, wieviel Aufregung, um das Wissen zu erlangen, das alle Studenten der Naturwissenschaften und die Männer zum größten Teil (ich spreche vom wohlerzogenen Teil!) erlernen. Man schickt euch auf die Schule, und ihr lernt das alles ganz natürlich, wohingegen wir von Büchern nippen, sie vergeuden; wir wissen etwas, aber ganz ungeordnet«[53].

Von diesem lebensbestimmenden Dilemma spricht auch die autobiographisch gefärbte Erzählung *Fenitschka* von Lou Andreas-Salomé. Mit Scharfsinn gegenüber soziokulturellen Gegebenheiten vermochte die Autorin hier ihre eigene Situation darzustellen. Andreas-Salomé wählt einen Mann als erzählendes Ich (Max Werner), durch dessen Blick dem Leser die junge Fenitschka (Fenia) vorgestellt wird. Sie ist eine junge Russin, die in Zürich und Paris ungebunden lebt und mit zahlreichen intellektuellen und gebildeten Männern in Kontakt steht: »In Zürich schien sie mit lauter ihr befreundeten Männern zusammen zu studieren [...]. Kam daher dieser merkwürdig schwesterliche, geschlechtslose Anstrich, den sie sich gab, als gäbe es für sie auf der

Welt nur lauter Brüder? [...] oder erinnerte Fenia nicht an die Magerheit, Geistigkeit und stilisierte Einfachheit einer modern präraphaelitischen Gestalt, die so keusch ausschauen will, und doch geheimnisvoll umblüht wird von verräterisch farbenheißen, seltsam berauschenden Blumen – –?«[54] Auf diese erste Einschätzung des Ich-Erzählers reagiert Fenia energisch. Ihre Antwort verrät eine Vertrautheit mit den Argumenten der zeitgenössischen Diskussion über Frauenbildung: »Für uns Frauen, – für uns, die wir erst seit so kurzem studieren dürfen, [...] bedeutet es keine Askese und keine Schreibtischexistenz. [...] Wer von uns sich dem Studium hingiebt, thut es nicht nur mit dem Kopf, mit der Intelligenz, sondern mit dem ganzen Willen, dem ganzen Menschen! Er erobert nicht nur Wissen, sondern ein Stück Leben voll von Gemütsbewegungen. Was Sie von der Wissenschaft sagen, klingt so, als sei sie nur noch die geeignetste Beschäftigung für Greise, für abgelebte Menschen. Aber vielleicht seid nur ihr greisenhaft. Bei uns begeistert sie die Starken, die Jungen, die Frischen!«[55]

Die junge, impulsive Fenia übt auf Max Werner, wie er später verrät, einen »beunruhigenden Reiz« aus, das »Widerspruchsvolle, Geheimnisvolle« ihrer Person zieht ihn an und stößt ihn gleichzeitig ab[56]. Als sich Werner und Fenia später wiederbegegnen, verliert diese Ambivalenz für den Mann ihren beunruhigenden Charakter, denn »ihre Gestalt schien voller herangeblüht zu sein, in allen ihren Bewegungen lag etwas Weiches, Abgerundetes«[57]. Er nimmt Fenia nun als erwachsene Frau wahr und bemerkt zunächst nicht ihre innere Zerrissenheit, die sie quält: Fenia steht vor der Heirat mit einem Mann, möchte aber ihre intellektuelle Ungebundenheit und ihren Beruf nicht aufgeben[58]. Werner, der beide Facetten von Fenia kennt, die asexuelle Intellektuelle und die weibliche Frau, übt schließlich Selbstkritik. Darin aber wird – der literarische Kunstgriff des männlichen Erzählers verdeckt dies nur geringfügig – Lou Andreas-Salomés Kritik am zeitgenössischen männlichen Blick auf die Frau schlechthin deutlich: »Warum nur? Warum hatte er in beiden Fällen ihr Wesen so typisch genommen, so grob fixiert? fragte er sich. Es war ganz merkwürdig, wie schwer es fiel, die Frauen in ihrer reinmenschlichen Mannigfaltigkeit aufzufassen, und nicht immer nur von der Geschlechtsnatur aus, nicht immer nur halb schematisch. Sei es, daß man sie idealisierte, oder satanisierte, immer vereinfachte man sie durch eine vereinzelte Rückbeziehung auf den Mann. Vielleicht stammte vieles von der sogenannten Sphynxhaftigkeit des Weibes daher, daß seine volle, seine dem Mann um nichts nachstehende Menschlichkeit sich mit dieser gewaltsamen Vereinfachung nicht deckte.«[59]

> »Wenn das Weib männlich werden
> sollte, indem es logisch und ethisch
> würde, so wird es sich
> nicht mehr so gut zum passiven
> Substrate einer Projektion eignen.«
> Otto Weininger[60]

Biologische, medizinische, soziologische, psychologische, philosophische und andere wissenschaftliche Theorien werden gegen Ende des 19. Jahrhunderts entwickelt, um die angebliche Unangemessenheit von Mädchen- oder Frauenbildung grundsätzlich zu erweisen. Politik und Gesellschaft greifen ihrerseits gerne diese meist aus konservativen Kreisen und ausschließlich aus männlicher Feder stammenden, sogenannten wissenschaftlichen Beweise auf, um gegenüber der Emanzipationsbewegung eine scheinbar wissenschaftlich fundierte Gegenposition beziehen zu können. Denn vor allem jene Frauen, die sich für die Gleichberechtigung stark machen, haben eine höhere Bildung, einen breiteren Wissenshorizont und rhetorische Fähigkeiten.

Als »positiver« Gegensatz zu jenen »abnormen« Formen der gebildeten Frau wird ein idealisierter Weiblichkeitstyp entwickelt. Dabei geht man über den Aspekt von Bildung versus Unwissenheit weit hinaus, um die gebildete Frau in allen Lebensbereichen abzuwerten: Schönheit versus Häßlichkeit, Natürlichkeit versus Unnatürlichkeit, Mutterschaft versus Unfruchtbarkeit, Sexualität und Sinnlichkeit versus Asexualität, Homosexualität und Hysterie... Auf Frauen(figuren), die besonders viele oder besonders hervorstechende »männliche« Eigenschaften tragen, wird mit dem Begriff des »Mannweib«[61] reagiert.

Aus dieser mit großer Vehemenz geführten Debatte ragen zwei Aspekte heraus: Bildung und Homosexualität. Zu beiden Themen nehmen die zahlreichen sexualkundlichen Studien immer wieder Stellung – so zum Beispiel die medizinisch-psychologische Schrift von Paul Möbius *Ueber den physiologischen Schwachsinn des Weibes* (1900) oder die große, vielgelesene Studie des Psychologen Richard von Krafft-Ebing: *Psychopathia sexualis* (1886). Und aus beiden Diskussionskreisen tritt schließlich immer wieder der Gegensatz zwischen der natürlichen, rein-sinnlichen Weiblichkeit und dem monströsen und unnatürlichen »Mannweib« hervor. Eine literarische Ausformulierung dieser Thesen findet sich in Frank Wedekinds Lulu-Dramen, und Alban Bergs darauf basierende Oper *Lulu* nimmt sich des Themas ebenfalls an. Lulus

Gestalt erhält durch die Gegenüberstellung mit verschiedenen Männerfiguren Konturen. Indem aber die Gräfin pointiert als gebildete und lesbische Frau dargestellt wird[62], tritt zu Lulus Charakteristik eine weitere, ihre Weiblichkeit akzentuierende Nuance. Denn die beiden Frauenfiguren werden im Sinne der zeitgenössischen Diskussion um Weiblichkeit und »Mannweib« als Gegenpole exponiert: »*Sie ist anders – – –*«[63], notiert Berg in seinen Skizzen über die Gräfin.

Liest man die Äußerungen der Gräfin Geschwitz in Bergs Libretto[64], so entsteht das Bild einer lesbischen Frau, wie es seit den siebziger Jahren des 19. Jahrhunderts innerhalb der biologisch-medizinischen und psychologischen Forschung entwickelt wird. Eine Fülle an wissenschaftlichen (meist jedoch nur pseudowissenschaftlichen) Texten zu diesem Thema findet eine breite Leserschaft, wird in mehrfachen Auflagen gedruckt und erscheint in populärwissenschaftlichen wie in kulturellen Zeitschriften. Die wissenschaftliche Verbrämung der sogenannten Forschungsergebnisse läßt dieses Bild der »frauenliebenden Frauen« zu einer Form von Wahrheit werden, die bis in Bergs Oper *Lulu* ihren Weg finden wird. Interessant ist, das Bild des lesbischen Frauentyps, wie es von den verschiedenen Medizinern, Biologen und Psychologen entworfen wurde, mit der Figur der Geschwitz zu konfrontieren. Offenbar zeigen sich hier Facetten, die das »Mannweib« Geschwitz als Gegenentwurf zum Typus »Weib« deutlich werden lassen. In letzter Konsequenz wird diese Konfrontation auch ihren Tod bedeuten – als Sühne für den Verstoß gegen das Prinzip des Ewig-Weiblichen.

Zu Beginn des zweiten Aktes tritt die Gräfin Geschwitz erstmals kurz auf, die Regieanweisung läßt keinen Zweifel an ihrer Homosexualität: »Gräfin Geschwitz auf der Ottomane, in einem sehr männlich anmutenden Kostüm – hoher Stehkragen etc. – Schleier vor dem Gesicht, die Hände krampfhaft im Muff.« Ganz ähnlich wird ein solches Erscheinungsbild etwa von Magnus Hirschfeld, einem Arzt für »nervöse und psychische Leiden«, beschrieben: Unter den homosexuellen Frauen befänden sich »eine Abteilung von Frauen, die in Tracht, Haarschmuck, Haltung und Bewegung, und der Art zu sprechen, zu trinken und zu rauchen etwas ausgesprochen Viriles aufweisen.«[65] Richard von Krafft-Ebing hatte dieses »Phänomen« bereits 1886 konstatiert. Für die »konträrsexuelle« Frau sei ein männliches Erscheinungsbild charakteristisch: »Es besteht Vorliebe, in Männerkleidung zu gehen.«[66] Die Geschwitz bittet Lulu tatsächlich, sich für den Künstlerinnenball als Mann zu verkleiden: »Sie werden sich doch jedenfalls als Herr kostümieren?«

Das männliche Erscheinungsbild wird besonders auch für diejenigen Frauen als typisch angesehen, die sich politisch für die Rechte der Frauen einsetzten. Zwischen dem Engagement für Frauenrechte und männlichem Aussehen der Frauen wird eine Koinzidenz angenommen. Um nur ein Beispiel zu zitieren: »Fräulein Fickert[67] hat die kaum gewählten Männer mit der Bitte um das Wahlrecht der Frauen bestürmt. Amüsanter als ihre Petition liest sich die folgende Schilderung einer Sitzung des finnischen Parlaments, die Herr Louis Naudeau kürzlich im Pariser ›Journal‹ veröffentlicht hat: ›Ich habe, unter uns gesagt, die weiblichen Deputierten zuerst nicht herausfinden können [...]. Unter den neunzehn offiziellen Politikerinnen findet man nicht eine, deren Antlitz auch nur ›einnehmend‹ zu nennen wäre. Ich bin durchaus nicht ungalant, wenn ich das niederschreibe, denn die Deputiertinnen wissen es selbst und sie sind sogar stolz auf ihre Häßlichkeit; sie proklamieren die Unregelmäßigkeit ihrer Gesichtszüge sozusagen als ein politisches Programm. [...] Zwei von ihnen, zwei der berühmtesten, sehen, aus einiger Entfernung betrachtet, aus wie Ringkämpfer, die wegen zunehmender Fettleibigkeit auf ihre Kunst verzichten mußten; sie haben Lastträgerarme, allerlei höckrige Erhöhungen und kurzgeschorenes Haar. Fette, plumpe, männerhafte Gestalten, die in keinem Zuge mehr an weibliche Grazie erinnern. [...] Eine erschreckliche Kollektion trefflicher Matronen und hochachtbarer Mannweiber.«[68] Das männliche Aussehen der Frauenrechtlerinnen wird karikiert, um es der Lächerlichkeit preiszugeben. Die äußere Erscheinung der Politikerinnen wird hier zudem wesentlich ausführlicher besprochen und kommentiert als die politischen Ideen und Anliegen der Frauenrechtlerinnen. Auch dies ist symptomatisch für die öffentliche Reaktion auf frauenrechtliche Bestrebungen[69].

Um die Gräfin Geschwitz lächerlich zu machen, wird sie oft als kleinmütig und schwächlich dargestellt. So etwa gleich in der ersten Szene des zweiten Aktes, wenn sie in den Turbulenzen vor der Ermordung von Dr. Schön »in Todesangst« wimmert: »Retten Sie mich vor ihm! [...] Sie tun mir weh...« Andererseits bringt sie den Mut auf, in der Rettungsaktion aus dem Gefängnis (Verwandlung – Filmmusik) eine zentrale Rolle zu spielen. Auch dieses Schwanken ist – in den zeitgenössischen Definitionen von homosexuellen Frauen – typisch, da sie als »Zwitterwesen« keine wirkliche Identität finden können. Berg entwirft für diese Unsicherheit bereits im Prolog eine musikalische Entsprechung. In der Menagerie steht das Krokodil für die Figur der Gräfin. Ihre Reihe verteilt sich bei der Erwähnung des Krokodils allerdings über verschiedene Orchesterinstrumente: Die Quinte erklingt in Pauke, Klavier und in den Bässen, während sich gleichzeitig die übrigen zehn Töne auf die Gesangslinie und die tiefen Streicher verteilen. Zu keinem Zeitpunkt erscheint die Reihe der Gräfin sukzessiv in einer einzigen Stimme. Für die Rettung Lulus bedankt sich Alwa später überschwenglich bei der Gräfin: »[...] ich finde keine Worte für die Bewunderung, die mir Ihre Aufopferung, Ihre Tatkraft, Ihre übermenschliche Todesverachtung einflößen.« Die Charaktereigenschaften, die Alwa hier aufzählt, sind die eines (männlichen) Helden. Und was Alwa bewundernd erwähnt, fügt doch dem zeitgenössischen Bild der homosexuellen Frau lediglich einen weiteren Mosaikstein hinzu. Die lesbische Frau habe eine »Begabung zu scharfer Beurteilung, [...] rednerische Befähigung«, sie zeige eine »Denkschärfe und rücksichtslose Folgerichtigkeit in der Bildung ihrer Urteile und Schlüsse, wie sie in ähnlichem Grade bei der holden Weiblichkeit sonst selten entwickelt sein dürften.«[70]

Auch das Verhältnis zwischen Lulu und der Gräfin dient dazu, letztere nicht nur als atypisches »Mannweib«, sondern gleichsam als Monstrum und verachtenswertes Geschöpf zu betrachten. Die Gräfin betet Lulu an. Immer wieder ist ihre Bewunderung, ihre Liebe zu Lulu Thema – wenn auch oft stark karikiert. Sie ist aber gleichzeitig die männlich-dominante homosexuelle Frau, die die weibliche Frau, Lulu, zu verführen versucht. Diese Konstellation ist – so die zeitgenössischen Definitionen – typisch für das »Mannweib« und gleichzeitig Zeichen seiner »Perversität«. Darüber schreibt Krafft-Ebing: »Bei einem Versuch, Wesen und Bedeutung dieser räthselhaften Erscheinung zu ergründen, ergiebt sich die Nothwendigkeit, das vorhandene Material [gemeint sind die Fälle von homosexuellen Neigungen bei Frauen] in zwei Gruppen zu ordnen. a) Fälle, in welchen die conträre Sexualempfindung eine angeborene, dem Individuum habituelle Erscheinung ist und zugleich die einzige Möglichkeit geschlechtlicher Function. b) Fälle, in welchen die conträre Sexualempfindung keineswegs angeboren ist, sondern sich nur als temporäre Anomalie bei einem zu anderweitigem und normalem geschlechtlichen Verkehr befähigten Individuum zeigt.«[71]

Aus dieser Kategorisierung zieht Krafft-Ebing die Schlußfolgerungen, daß die Frauen der ersten Kategorie, die der »originären Conträrsexualität«, Beispiele für den pathologisch-psychiatrischen Tatbestand der »Perversität«, während die Frauen der zweiten Kategorie Beispiele für das moralisch verwerfliche, nicht aber krankhafte »Laster« sind. Unschwer läßt sich erkennen, daß die Gräfin in die Kategorie a, Lulu aber in Kategorie b einzuordnen ist – obwohl unklar (und auch unwichtig) bleibt, inwieweit Lulu auf die Avancen der Gräfin wirklich eingeht. Und während die Gräfin durch diese Kategorisierung als krankhaft »perverse« Frau vorgeführt wird, fügt sich dem Bild von Lulu lediglich eine weitere Facette des ewig lockenden Weiblichen hinzu: Aufgrund der vielen Liebhaber und Ehemänner gilt sie innerhalb der bürgerlichen Moral ohnehin als lasterhafte Frau, eine weitere, pittoreske Form der Lasterhaftigkeit geht aus dieser Definition der »temporären Anomalie« hervor, sogar ohne daß Lulu in diesem Fall aktiv werden müßte. Allein das Begehrtwerden durch eine lesbische Frau verhilft ihr zu dieser neuen Facette.

Schließlich, um die »Monstrosität« eines »Mannweibes« vollends vorzuführen, spricht die Geschwitz kurz vor ihrem Tod noch den Wunsch aus, zu studieren und für die Frauenrechte zu kämpfen: »Das ist der letzte Abend, den ich mit diesem Volk verbringe. Ich kehre nach Deutschland zurück. Ich lasse mich immatrikulieren. Ich muß für Frauenrechte kämpfen, Jurisprudenz studieren.«[72] Damit aber betritt sie die vieldiskutierte zeitgenössische Bühne der Frauenbewegung. Der Widerstand gegen die allgemeinen politischen und sozialen Emanzipationsbestrebungen und gegen die immer deutlicher artikulierte Forderung, Frauen zu den Universitäten und anderen Bildungsanstalten zuzulassen, war massiv. Bereits in den 1870er Jahren wurden vielfältige Untersuchungen angestrengt, um die »generelle cerebrale Minderwertigkeit der Frau«[73] wissenschaftlich zu belegen. »Ein ganzes Heer solcher als wissenschaftliche Wahrheiten auftretender Sätze [wie »Frauen sind außer stande, logisch zu schließen«] sind in den [...] gelehrten Abhandlungen über die Frauen enthalten«, kritisierte Bertha von Suttner 1889. Diese als wissenschaftlich geltenden Meinungen über die Denkfähigkeit der Frau seien daraufhin »so oft wiederholt, aus einem Buche in das andere zitiert« worden, »daß sie schließlich das Ansehen festgestellter Thatsachen gewonnen«[74] hätten. Aus dem konservativen Lager formierte sich ein großer Teil der Wissenschaftler, die die Bildung als männliche Domäne erhalten wollten, denn »was mit dem Anspruch der Frauen auf die Wissenschaft grundsätzlich zur Debatte stand, waren die Denk- und Wahrnehmungsmuster, auf denen die Weiblichkeitsmythen der bürgerlichen Kultur jener Zeit beruhten, in ihrer Totalität.«[75]

Wie bereits die pseudowissenschaftlichen Untersuchungen zum Thema Homosexualität zu menschenverachtenden Schlußfolgerungen geführt hatten, zeigte sich auch hier bald eine ähnliche Argumentation. Immer wieder wurde hervorgehoben, daß sich Weiblichkeit und Denkvermögen ausschließen. Die »unangepaßte, traditionelle Denkhemmungen ablegende Frau« wurde vor die Alternative gestellt: Weiblichkeit oder Wissenschaft, Weiblichkeit oder Bewußtsein[76]. Otto Weininger brachte es 1903 schließlich auf den denkbar knappsten Nenner: »Geschlecht« auf der einen Seite, »Charakter« auf der anderen. Weiningers Replik auf einen imaginären Kritiker seiner Thesen steht stellvertretend für die Irritation vieler Zeitgenossen, eine Vermischung von Angst vor weiblicher Intelligenz und Hybris gegenüber weiblicher Unbildung: »Der übliche Einwurf [...] übertreibt immens die Schwierigkeiten, welche den nach geistiger Bildung strebenden Frauen von seiten des Mannes irgendwann gemacht wurden, und auch angeblich gerade jetzt wieder bereitet werden; er übersieht schließlich wiederum, daß auch heute nicht das wirkliche Weib die Forderung der Emanzipation erhebt, sondern daß dies durchweg nur männlichere Frauen tun, die ihre eigene Natur mißdeuten und die Motive ihres Handelns nicht einsehen, wenn sie im Namen des Weibes zu sprechen glauben.«[77] Während aber Weininger grundsätzlich in Frage stellt, ob die Frau die charakterlichen Möglichkeiten zur Bildung überhaupt besitzt, werden von anderer Seite offen drohende Hinweise für diejenigen Frauen ausgesprochen, die trotz aller Widerstände an der Universität studieren wollen: »Liesse es sich machen, dass die weiblichen Fähigkeiten den männlichen gleich entwickelt würden«, gemeint sind hier die Fähigkeiten der »Geisteskraft«, »so würden die Mutterorgane verkümmern, und wir würden einen hässlichen und nutzlosen Zwitter vor uns haben. Jemand hat gesagt, man solle vom Weibe nichts verlangen, als dass es ›gesund und dumm‹ sei. Das ist grob ausgedrückt, aber es liegt in dem Paradoxon eine Wahrheit. Uebermässige Gehirnthätigkeit macht das Weib nicht nur verkehrt, sondern auch krank. Wir sehen das leider tagtäglich vor Augen. Soll das Weib das sein, wozu die Natur es bestimmt hat, so darf es nicht mit dem Manne wetteifern. Die modernen Närrinnen sind schlechte Gebärerinnen und schlechte Mütter. In dem Grade, in dem die ›Civilisation‹ wächst, sinkt die Fruchtbarkeit, je besser die Schulen werden, um so schlechter werden die Wochenbetten, um so geringer wird die Milchabsonderung, kurz, um so untauglicher werden die Weiber.«[78]

Eine andere Variante dieser Argumentationslinie sieht in der Zielstrebigkeit mancher Studentinnen und in ihrer schnellen Auffassungsgabe eine »hysterische Verkehrung« des Sexualtriebes, das sich in dem »unnachahmlichen, wollüstigen Fleiß mancher Studentinnen« manifestiere. »Es ist ein geiler, im bürgerlichen und wohl auch im metaphysischen Sinne unsittlicher Fleiß, das Weib absolviert in Form von Wissenschaft sein Sexualleben vor aller Augen«, so der Wiener Arzt und Freud-Schüler Fritz Wittels 1907 in der *Fackel*[79].

Wenn nun in der Figur der Gräfin Geschwitz die beiden Komponenten, Homosexualität und der Wunsch nach Bildung und Studium, zusammenkommen, entsteht – aus der Perspektive der zeitgenössischen und von Wedekind wie Berg rezipierten Diskussion – ein Frauenbild, das eine Menge an Horribilitäten in sich vereinigt. Die Gräfin ist aufgrund ihrer sexuellen Veranlagung pathologisch »pervers«, als »Mannweib« ist sie ein Monstrum, das sich außerdem zu einem Studium entschließt, um sich der Frauenfrage zu widmen. So wird sie als Zwitterwesen mit ausgesprochen geringem Identifikationspotential dargestellt. Wenn sie nun aber den Wunsch, sich immatrikulieren zu lassen und für die »Frauenrechte [zu] kämpfen« genau in jenem Moment äußert, als Lulu mit ihrem Mörder in der Kammer verschwindet und von ihm umgebracht wird, wird eines deutlich: Im gleichen Moment, in dem Frauen an die Universitäten gehen, lernen, forschen und sich dabei gedanklich emanzipieren, stirbt jener andere, der weibliche, »naturgemäße« Frauentypus.

Die Gräfin stirbt ebenfalls, denn sie ist – als das in die Männerdomäne eindringende »Mannweib« – nach den zeitgenössischen Theorien und Pseudo-Theorien nicht lebensfähig. Auch darin bestätigt sie scheinbar die zeitgenössische Theorie über lesbische Frauen: Als »Zwitterwesen« sind sie im Grunde nicht nur lebensunfähig, sondern – in einem grausamen, einige Jahre später sich in erbarmungsloser Weise realisierten Sinne – auch nicht lebens*wert*.

Berg hatte kaum Sympathien für die lesbische Gräfin. In einem Brief vom 9. März 1934 an seine Frau schrieb er: »Diese Geschwitz, für die ich eigentlich wenig übrig hab', obwohl ich sie respektieren muß, macht mir mehr Schwierigkeiten als alle anderen Trabanten der Lulu zusammen.«[80] Davon zeugt die Vertonung der letzten Sätze der Gräfin. Als sie von ihrem Wunsch spricht, zum Studium nach Deutschland zurückzukehren, bleibt ihr Gesangspart in monotonen Tonrepetitionen. Sterbend verliert die Stimme der Gräfin an Kontur. Zugleich aber korrespondiert die Melodielosigkeit auch mit einer Charakterlosigkeit, die Berg der Gräfin in diesem Moment der »Ent-Weiblichung« zollt. Denn: »Der Charakter ist wie eine Melodie"[81], hatte Berg 1910 in einem Brief an seine spätere Ehefrau Helene Nahowski geschrieben.

Facetten der Weiblichkeit: Rollen, Bilder und Klischees

Eine neue Perspektive

Daß die Frage nach dem »Weib«, nach der Seinsform des Weiblichen und ihrer Darstellungsmöglichkeit um die Jahrhundertwende neu gestellt wurde, spiegelt sich in einem Phänomen wider, das literarischen, bildnerischen oder musikalischen Frauenfiguren eine grundsätzlich neue Perspektive verleiht: die Mehrdimensionalität. Die Idealisierung der Frau in den Strömungen des frühen und mittleren 19. Jahrhunderts brachte zwar mehrere Typisierungen hervor, diese jedoch in einer Figur zusammenzufassen war undenkbar. Sie wurden – wie noch in Jacques Offenbachs *Hoffmanns Erzählungen* (1881) – auf mehrere Figuren verteilt, wobei jede weibliche Figur einen Typus repräsentierte[1]: »Ein Drama in drei Akten! Olympia, Antonia, Giulietta, die drei Aspekte eines Weibes: Stella!« Eine Vermischung der Weiblichkeitstypen innerhalb einer Figur war nicht vorgesehen. So erklärt es sich, daß sich der männliche Protagonist häufig in der Paris-Situation wiederfindet: Er muß sich für eine der weiblichen Figuren mitsamt ihrem ideellen Hintergrund entscheiden. Mit den Rissen, die die Identitäten der männlichen Mythen – Faust wie Don Juan[2] und andere – im Verlauf des 19. Jahrhunderts hinnehmen müssen, kommen im Gegenzug Möglichkeiten der Individuation für die weiblichen Figuren zum Vorschein[3]. Individuation aber heißt auch Ausdifferenzierung eines Charakters und das Zulassen von mehreren (auch widersprüchlichen) Facetten. Daß damit die ursprüngliche Dichotomie, balancierend zwischen männlichem Individuum und weiblichem Typus, ins Wanken gerät, wird nicht nur als Chance künstlerischer Ausgestaltung erfahren, sondern häufiger noch – in Verkehrung von Ursache und Wirkung! – als Bedrohung des männlichen Individualismusanspruchs.

Diese neuen, mehrdimensionalen Frauenbilder sind schillernd-vielgestaltige, meist auch polyandrische Figuren, die in dieser Charakteristik wiederum zum Typus werden. Ernst Bloch hob dies als wesentliches Merkmal – nicht nur der *künstlerischen* Frauenfiguren der Jahrhundertwende – hervor: »Das weithin Vieldeutige bleibt übrig, das gärend halb-entschiedene, falsch-entschiedene, unentschiedene Durcheinander und Ineinander am Weib, wie es die bisherige Gesellschaft in eine kommende einliefert. Es ist Sanftes und

Wildes, Zerstörendes und Erbarmendes, ist die Blume, die Hexe, die hochmütige Bronze und die tüchtige Seele des Geschäfts. Ist die Mänade und die waltende Demeter, ist die reife Juno, die kühle Artemis und die musische Minerva und was noch alles. [...] Ist schließlich mit einem Bogen, den kein Mann kennt, die Spannung Venus und Maria. [...] Als wären sie bloße Versuche und Namens-Experimente, in denen die Hauptsache noch keineswegs genannt und herausgebracht ist.«[4]

Die symbolistische Strömung trug wesentlich zu diesem Vorstellungsmuster von Weiblichkeit bei. Denn für die Symbolisten verbarg sich hinter dem Kunstwerk eine Fülle von dechiffrierbaren und nicht dechiffrierbaren Bedeutungen. Baudelaire schrieb darüber die Zeilen: »Die Natur ist ein Tempel, wo aus lebendigen Pfeilern zuweilen wirre Worte dringen; der Mensch geht dort durch Wälder von Symbolen, die mit vertrauten Blicken ihn beobachten.«[5] Und Oscar Wilde formulierte: »Alle Kunst ist zugleich Oberfläche und Symbol. Wer unter die Oberfläche dringt, tut es auf eigene Gefahr. Wer das Symbol entschlüsselt, tut es auf eigene Gefahr.«[6] Vom Postulat der Mehrdimensionalität waren folglich auch die zahlreichen Frauenporträts der englischen Symbolisten nicht ausgenommen, sie wurden geradezu zu dessen wichtigstem Medium – die Ambivalenz zwischen verbergendem Symbol und der Gefahr der Entschlüsselung spielte dabei eine maßgebliche Rolle.

Die Fülle von Bedeutungen und Ambivalenz der Interpretationen resultierte nicht zuletzt aus der Praxis des Malens selbst. Den Malern standen nicht selten Frauen aus dem ganz persönlichen Umfeld Modell für die mythologischen, biblischen oder literarischen Frauenfiguren. Oft war es gerade nicht ein beliebiges Modell, das sich aus optischen Gründen eignete, sondern die jeweilige Frau oder Geliebte des Malers, die sich auf der Leinwand in Proserpina, Lilith oder Helena verwandelte[7]. Indem der Künstler eine bestimmte Frau, die noch dazu in einer direkten Beziehung zu ihm selbst stand, in einen mythologischen oder literarischen Kontext einband, wurde die Distanz aufgehoben, die ein unpersönliches Modell der dargestellten Frauenfigur verliehen hätte. Die Frauenfiguren aus der zeitlichen, literarischen oder mythologischen Ferne wurden in die Nähe der Realität geholt, während gleichzeitig die porträtierte reale Geliebte in die Distanz der Historie, der Literatur oder der Mythologie gerückt, idealisiert und entpersonalisiert wird. Hier geschieht ein Wechselspiel zwischen Ferne und Nähe, das typisch auch für die Vieldeutigkeit des Symbolismus ist und das mit dem Changieren zwischen einem idealisierten, aber unpersönlichen Frauenbild und einer realen, aber symbolistisch überhöhten Frau arbeitet. Mit diesem Perspektivwechsel geht eine umfassende Neuorientierung einher, die das Bild von Weiblichkeit samt ihrer Motive, Symbole und Metaphern verändert. Dieser Schritt zeichnet sich im letzten Drittel des 19. Jahrhunderts ab und hält für einen langen Zeitraum die Gesellschaft und ihre Künstler in Atem.

Femme fragile, femme fatale *und ihre Schwestern*

Neben dem Phänomen der Vieldeutigkeit treten neue Begriffe für Weiblichkeitstypen auf den Plan. Zwei von ihnen werden zu Achsenbegriffen, um die sich differenzierende Varianten lagern: die *femme fragile* und die *femme fatale*[8]. Doch *femme fragile* und *femme fatale* als Gegensatzpaar zu betrachten – wie es bisweilen vereinfachend geschieht –, ist zu ungenau. Denn diese Polarisierung verschweigt nicht nur wesentliche Merkmale, die beiden Typen eigen sind (etwa ihre Realitätsferne oder auch ihr Tod), sondern drängt auch zahlreiche andere Spielarten an den Rand: So rückt beispielsweise die *femme enfant* je nach Sinnzusammenhang in die Nähe der *femme fragile* (Mélisande) oder der *femme fatale* (Salome). Gegen einen Antagonismus zwischen *femme fragile* und *femme fatale* spricht außerdem, daß sich Frauenfiguren zuweilen durch beide *femme*-Typen charakterisieren lassen, ohne daß daraus ein Widerspruch entstünde. Prominenteste Beispiele hierfür sind Salome und Lulu. Gemeinhin gilt Salome als eine der reinsten Ausprägung der *femme fatale*[9]. Jens Malte Fischer hingegen bezeichnet Strauss' Salome-Figur als *femme fragile* – mit den Varianten der *fille fatale* oder der *femme enfant*[10]. Auch Lulu ist nicht eindeutig einzuordnen: Die Wedekindsche Lulu-Figur schwankt zwischen mehreren Bedeutungen, zu denen auch jene Achsenbegriffe *femme fragile* und *femme fatale* gehören. Prägende Vorbilder für Wedekinds Lulu sind bei Catulle Mendès' *La Femme-Enfant* (1891) zu finden, bei Gyps *Mademoiselle Loulou*[11] und den verschiedenen »Monstre«-Titulierungen der französischen *femme fatale*-Gestalten[12]. Lulu ist *femme fatale*, »lebenstolles Kunstgebilde« und Theater-Montage gleichermaßen, Variation der Salome-Gestalt und »ewiges Rätsel« – kurz: sie ist Zerrbild aus *femme fragile*, *femme fatale* und vielem mehr. Hinzu kommt, daß sich dieses aus künstlerischen, mythischen und symbolischen Einflüssen zusammensetzende Zerrbild auch der Wirklichkeitskonstruktion der Wissenschaft bedient[13].

In diesen sich überschneidenden Definitionen ist dennoch kein Widerspruch zu sehen. Vielmehr ist die unterschiedliche Einordnung ein Beweis dafür, wie durchlässig die Definitionen der *femme*-Typen generell sind. Dieses Phänomen spricht nicht gegen die Definitionsstärke der Begriffe *femme fragile* und *femme fatale*, sondern spiegelt gerade eine ihrer wesentlichen, immer wieder aber vernachlässigten Facetten wider: ihre Ungreifbarkeit und Unbegreiflichkeit, ihre Vieldimensionalität. Die *femme*-Typisierungen können unter diesen Gesichtspunkten nicht als Etikettierung, sondern vielmehr als Orientierung dienen.

Was beim Gebrauch der Begriffe *femme fragile* und *femme fatale* gerne verdrängt wird, ist die Tatsache, daß sich für Weiblichkeitstypen der Jahrhundertwende eine Fülle von Begriffs- und Bedeutungsnuancen finden. Diese Begriffsvielfalt entspricht dem »Karneval, in dem sich die Frau abwechselnd in eine Megäre, eine Nymphe, einen Morgenstern oder eine Sirene verwandelt hat«[14]. Um nur wenige dieser Bezeichnungen zu nennen: Die *femme enfant* (Kindfrau) betont den infantilen Charakter einer Figur. Verbunden mit einer asexuellen Nuance tritt so die Nähe von *fragile* und *enfant* zutage, verbunden mit einer verführerischen Nuance kommt die Nähe zur *femme fatale* zum Ausdruck. Die *femme errante* (Baudelaire) ist diejenige Frau, die die Macht über den Mann erlangt hat, aber in dieser Position – ähnlich wie die männlichen Machthaber – einsam wird: »sie alle sind zutiefst tragische Gestalten, sie stehen, in der Symbolhierarchie des 19. Jahrhunderts, auf derselben Einsamkeitsstufe wie Don Juan, wie [Honoré] Daumiers *Don Quijote*, wie [Søren] Kierkegaards Nero, wie Ahasver«[15] – zu ergänzen wäre freilich Faust. In diesem Umkreis befindet sich auch die Sphinx, das stumme Rätselweib. Ihm steht der Mann sprach- und hilflos gegenüber. Als Bildmotiv zeigt die Sphinx – etwa bei Gustave Moreau oder Franz von Stuck – betont grausame Züge. Turandot wiederum, die grausame Prinzessin, vertritt das Sphynxhafte auf der Opernbühne. Der Preis, den sie für ihre ausgedehnte Machtposition zahlt, ist ihre Einsamkeit: »Gleich dem Manne, den sie sich botmäßig macht, trägt die sphingische *femme fatale* das Stigma, das Stendhal dem Grundbefinden der Modernität zuschrieb: das Alleinsein inmitten der Menschenwüste, das Alleinbleiben in der Umarmung – die zweifache Vereinzelung. [...] Dieser Pessimismus, ursprünglich männliches Attribut, prägt sich auch dem Weibe auf, freilich nicht dem unschuldigen, wissenlosen Naturgeschöpf, sondern der wissenden Sphinx, deren fragender Blick zweierlei enthält: die Versuchung und deren Gefährtin, die Langeweile. Die Buhlerin ist das Gegenbild Don Juans, sie sucht den Partner, der sie vom ennui erlöst.«[16] Werner Hofmann sieht in dieser Umdeutung auch einen Vorboten des gesellschaftlichen Umbruchs: »Was bisher Vorrecht des Großen Mannes war, geht auf die Frau über: die Vereinsamung. [...] Der gesetzlichen Emanzipation geht, als deren auslösende Ursache, die psychische, innermenschliche voran. Mit anderen Worten: die Frau mußte vorerst in den geistigen Besitz ihrer Persönlichkeit gelangen, ehe sie deren juristische Gleichberechtigung fordern konnte.«[17] Ein weiterer Terminus in diesem Zusammenhang ist der des Vamps. Er nimmt der *femme fatale* den zeitlosen Gestus und fügt sich in die moderne und mondäne Gesellschaft ein. Dort entfaltet er seine fatalen Charaktereigenschaften[18].

Weitere Weiblichkeitstypen orientieren sich an realen Frauenbildern, ohne sie in realistischer Manier in die Kunst zu übertragen: So erfährt beispielsweise das Motiv der Dirne ein verstärktes Interesse. Hofmann deckt dabei ein doppeltes Interpretationspotential auf: »Die bürgerliche Moral verweist die Dirne zu den Erniedrigten und Beleidigten. Ähnlich verfährt der Künstler, doch kehrt er die Vorzeichen um: gerade die Ausgestoßenen gelten ihm ja als die exemplarischen Menschen. Sein Symbolverlangen erlebt die Bindungslosigkeit der Dirne als Allverbundenheit: da sie niemandes Besitz ist, gehört sie allen.«[19]

Der Typus der Prostituierten tritt um die Jahrhundertwende auch aus einem anderen Grunde besonders hervor. Die Prostituierte wurde zum Sinnbild für Freizügigkeit und Freiheit, weit über die sexuelle Bedeutung hinaus. Karl Kraus etwa ergriff öffentlich Partei für die Prostituierte, um gegen die bürgerliche Doppelmoral opponieren zu können, Weininger sah in der Prostituierten gar die eigentliche und einzig denkbare Partnerin für das männliche Genie – zahlreiche weitere Beispiele einer neuen, die bürgerliche Moral schockierenden Offenheit gegenüber der Prostitution ließen sich anschließen. Das Thema der freien, »öffentlichen« Sexualität aber wurde zum Paradigma eines umfassenden Wertewandels: »Daß das Thema Sexualmoral den Modernen zum Vehikel der Rebellion gegen bourgeoise Werte werden sollte, war also unvermeidlich. [...] [Es] dominierte das Motiv der Erotik die Suche nach Neuheit und Wandel.«[20]

Mit einer neuen Offenheit wurde Sexualität dargestellt: Frank Wedekinds und Alban Bergs *Lulu*, Oscar Wildes und Richard Strauss' *Salome*, Richard Dehmels und Arnold Schönbergs *Verklärte Nacht*, die Gemälde von Egon Schiele oder Oskar Kokoschka stehen dafür als Beispiele. Und über die Sujet-Wahl der Ballets Russes schreibt Modris Eksteins: »Einige der Sujets des Balletts waren ganz offen erotisch, ja sadomasochistisch, wie etwa *Cléopatre* und *Scheherazade*: In beiden Balletten bezahlen junge Sklaven das sexuelle Vergnügen mit ihrem Leben.«[21]

Exotik und Erotik

Mit dieser neuen Sichtweise auf die Sexualität ging eine erneute Beschäftigung mit dem Exotismus einher. »Das exotische und das erotische Ideal gehen Hand in Hand. [...] der Exotismus [ist] in der Regel nur die phantastische Projektion sexueller Wünsche«[22]. Anders als während der Entstehung der nationalen Schulen, für die der Exotismus identifikationsstiftende Funktion übernahm, entsteht exotisches Flair nun recht wahllos durch zeitliche oder räumliche Ferne, wobei die Fremdheit häufig verführerisch und gefährlich zugleich dargestellt wird. Genau an diesem Schnittpunkt von national-identifikationsstiftender und erotisierter Exotik steht etwa die Figur der Zarin von Schemacha aus Nikolai Rimski-Korsakows Oper *Der goldene Hahn* (1909). Die neue Facette, das erotisierte und erotisierende Moment aber prädestiniert den Exotismus für die Darstellung von Weiblichkeit. Für die Musikgeschichte ist in diesem Zusammenhang Georges Bizets *Carmen* richtungsweisend. Carmen, die »offenkundigste *femme fatale*«[23], wird selbst zum Typus von Weiblichkeit, und die große Zahl ihrer Nachfolgerinnen zeigt die große Akzeptanz, auf die dieses Frauenbild stieß. Noch Alban Bergs Lulu steht erstaunlicherweise in dieser Tradition. Soma Morgenstern, Bergs Freund und Berater bei der Suche nach einem neuen Opernstoff, meinte: »Deine neue Oper wird eine moderne Carmen sein. Sie wird ›Lulu‹ heißen...«[24]

Carmen ist in zweifacher Hinsicht typenbildend: wegen ihres Stimmfachs und in der Behandlung des Exotismus. Generalisierend betrachtet richteten sich die Weiblichkeitstypen auf der Opernbühne bislang am Stimmfach aus: einerseits der jugendliche Sopran, die Primadonna, die positive Heldin, andererseits der – meist als Mezzo- oder Altpartie angelegte – Gegencharakter, die (böse) Gegenspielerin oder die Alte. Auffällig auch, daß diese Stimmfachkategorisierung die Pole von sexueller Attraktivität mit einschließt. Carmen mischt diese Stimmfach-Zuschreibung auf. Ihre Mezzopartie[25] wird akustisches Sinnbild weiblicher Verführung, eine Kategorie, die zuvor im wesentlichem dem Sopranfach vorbehalten war. Zugleich verbindet sich mit der dunkleren Stimme auch die Gefahr, der Zusammenhang von Verführung und Weiblichkeit wird im Stimmfach erkennbar. Carmen ist gesellschaftliche Außenseiterin, Zigeunerin. Die unglückliche Liebesgeschichte zwischen ihr und Don José spielt im zeitgenössischen Spanien. Das exotische Potential, das Carmen ausmacht, gehört demnach nicht zur zeitlichen Exotik (wie sie etwa in Anleihen an biblische oder antike Stoffe instrumentalisiert wurde) und auch nicht zur Exotik einer extremen Ferne. Die Exotik der Carmen besteht in ihr selbst.

Spanien und die Zigeunerin gleichen darin Rußland und der Studentin[26]: Auch Lou Andreas-Salomés Fenitschka war von ähnlich exotischer Ausstrahlung. Die Exotik vibriert zwischen dem Undurchschaubaren des weiblichen Charakters, der sexuellen Attraktivität dieser Frau, der relativen Nähe eines fremden Landes und dem gesellschaftlichen Außenseiterstatus, in dem sich die Frau befindet.

Die Verbindung von Exotismus und Weiblichkeit, weibliche Verführungskunst und ihre potentielle Gefahr für die bürgerliche Gesellschaft und die Normen der Männlichkeit wurde ab der Mitte des 19. Jahrhunderts kontrovers diskutiert. Dabei war Exotik lediglich argumentativer Ausgangspunkt, der sehr schnell wiederum in die virulenten Debatten über die Rolle der Frau und die Bilder von Weiblichkeit einmündeten. Prominentes Beispiel dafür ist Johann Jakob Bachofen[27]. Er hatte in den 1860er Jahren über das Mutterrecht in den vor- und frühgeschichtlichen Epochen der Antike – Exotik hier als zeitliche Ferne – geschrieben und dabei das Phänomen des Orientalismus und weiblichen Sensualismus als Gegenpol zum patriarchal-rationalen Abendland erforscht. Weitere Ergebnisse publizierte Bachofen in der *Sage von Tanaquil* (1870): »In großliniger Gegenüberstellung wird darin das orientalisch-sensualistische Lebensprinzip mit dem geschichtlich-vaterrechtlichen des Okzidents konfrontiert. In den asiatischen Königsfrauen beschreibt Bachofen die männerbeherrschende ›femme fatale‹ der alten Welt – genau in dem Augenblick, da die Phantasie der Maler und Dichter von den großen Hetärengestalten, von Kleopatra und Messalina gefesselt sind.«[28]

Für den Künstler – als potentieller Gestalter der weiblich-vegetabilen Sphäre – ergibt sich aus dieser Diskrepanz zwischen sinnlichem Lebensprinzip und vaterrechtlicher Strenge zugleich auch ein Konfliktpotential für die eigene Person. Reaktion auf diesen Konflikt war erstaunlicherweise zuweilen eine Parteinahme für das Weibliche. Indem der Künstler der männlich-strengen Welt den Rücken kehrt, kann er sich auf die Macht des Weiblich-Triebhaften einlassen. Doch der Konflikt mit der rationalen Außenwelt bleibt. Folgerichtig erfahren die Weiblichkeitstypen Eintrübungen – indem die Mythen auf das Gefahren-, Grausamkeits- oder gar Todespotential hin erneut befragt werden, ein Potential, das bislang eher versteckt geblieben war. Die Weiblichkeitsmythen und -bilder erhalten negative Beigaben, die in ihnen entweder enthalten, zuvor aber unbeachtet geblieben waren oder die ihnen nun appliziert werden.

Besonders deutlich wird diese Modifikation beim Motiv der Fruchtbarkeit. Gehörte diese zunächst in den Bereich des Vegetabilen, Kreatürlichen, zum positiven Bereich des Weiblichen, bekommt sie nun mehrere negative Konnotationen: etwa in der Form des »sterilen Weibes«, der Prostituierten, in der Form der Geschlechtslosigkeit oder Asexualität als Strafe für »Unweiblichkeit« oder in der Form der Hypersexualisierung der Frau, jenseits der mütterlichen Funktion im Sinne der Weiterexistenz der Menschheit. Die Gefahr und Schicksalsträchtigkeit geht in eins mit einer sexuellen Bedrohung, die das männliche Gegenüber gleichermaßen anlockt wie abstößt:

»Mon enfant, ma sœur
Songe à la douceur
D'aller là-bas vivre ensemble!

Aimer à loisir,

(Mein Kind, meine Schwester,
Denk doch, wie köstlich es wäre,
Aufzubrechen in die Ferne und
dort gemeinsam zu leben!
Ungestört uns zu lieben,

Aimer et mourir	Zu lieben und zu sterben
Au pays qui te ressemble!	In einem Lande, das dir gleicht!
Les soleils mouillés	An jenen Nebelhimmeln
De ces ciels brouillés	die feuchten Sonnen
Pour mon esprit ont les charmes	bezaubern meinen Geist
Si mystérieux	Mit so geheimnisvollen Reizen
De tes traîtres yeux,	Wie deine verräterischen Augen,
Brillant à travers leurs larmes.«[29]	Wenn sie durch Tränen blitzen.)

Das Wasser, bislang Symbol der lebensschöpfenden und lebensbejahenden Weiblichkeit, wird eingetrübt. Es wird zum bedrohlichen Urgrund, an dem etwa Golaud und Pelléas erschauern, und den der ältere Bruder dem jüngeren zeigt, um ihn vor der Gefahr zu warnen. Nicht umsonst erleben auch die Undinen-, Melusinen-, Najaden- und Sirenen-Mythen eine Renaissance, nachdem sie in der Romantik für das positive Bild einer unverformten, freien Natur gestanden hatten. Auch die Romantik hatte das dunkle Gegenbild zum ideal-hellen Weiblichkeitstypus gekannt, die Schreckliche Mutter als Verkörperung unergründlicher Schicksalsmächte. Neu aber ist nun die Erotisierung des dunklen Frauentypus. In der Musikliteratur dieser Zeit findet sich dieser düstere Typus – aus mythischen, biblischen, historischen oder literarischen Vorlagen stammend – zuhauf: *Kleopatra* (Oper von Jules Massenet, Schauspielmusik von Florent Schmitt, Ouvertüre von Ethel Smyth), *Medea* (Schauspielmusik von Vincent d'Indy), *Penthesilea* (Ouvertüre von Karl Goldmark, Symphonische Dichtung von Karol Szymanowski) und die Amazonen (Symphonische Dichtung von Anatoli Ljadow), die Sirenen (dritter Satz aus Claude Debussys *Nocturnes*, Kantate von Lili Boulanger, Symphonische Dichtung von Reinhold Glière, Tonpoem von Jean Sibelius), *Herodias* und *Salome* (Oper von Jules Massenet und Richard Strauss, Ballett von Florent Schmitt, Schauspielmusik von Alexander Glasunow, Symphonische Dichtung von Karol Szymanowski), *Judith* (Oper von Arthur Honegger), *Elektra* (Oper von Richard Strauss), *Dalila* (Oper von Camille Saint-Saëns), die *Königin von Saba* (Oper von Karl Goldmark), *Turandot* (Oper und Schauspielmusik von Ferruccio Busoni, Oper von Giacomo Puccini), Asteria (aus Arrigo Boitos Oper *Nerone*), der feurige Engel (Oper von Sergej Prokofjew) oder Engel des Todes (Symphonische Dichtung von Bohuslav Martinů), *Monna Vanna* (Oper von Sergej Rachmaninow) und La Gioconda (*Mona Lisa*, Oper von Max von Schillings) – um nur eine kleine Auswahl zu nennen.

Wie dicht die Diskussion um das Wesen der Frau und die ästhetischen Diskussionen der Jahrhundertwende beieinanderstanden, erhellt auch die Auseinandersetzung um das Ornament. Innerhalb dieser Kontroverse wird geradezu bildhaft deutlich, wie intensiv die Typisierung der Frau vorangetrieben und instrumentalisiert wurde.

Das Ornament war in Jugendstil und *art nouveau* zunächst Stilmittel der allgemeinen Ästhetisierung und Auflösung der Perspektive. Anregungen zum Ornamentalen fanden die Künstler häufig im Vegetativen, Floralen. Diesen Auflösungsprozeß, in dem einzelne Bildelemente noch realistischen, andere aber bereits ornamentalen Charakter haben, faßt Jacques Le Rider für die Frauenporträts Gustav Klimts zusammen: »Die Weiblichkeit entspricht bei Klimt einem Verschmelzungszustand, den das Ornament symbolisiert.«[30] [Abbildung 5]. Und Jens Malte Fischer diagnostiziert für die Wiener Literatur das Phänomen einer »ornamentalen Verschlingung, die Jung-Wien an den Geschichten von Tausendundeiner Nacht so liebte [...] und von der es bei Hofmannsthal im ›Märchen der 672. Nacht‹ heißt: ›Er erkannte in den Ornamenten, die sich verschlingen, ein verzaubertes Bild der verschlungenen Wunder der Welt‹«[31]. Das Ornament als Bestandteil musikalischen Gewebes auszumachen, fällt hingegen schwer. Ähnliche Phänomene lassen sich zwar in Claude Debussys Themen-Arabesken oder einer besonderen Themenverarbeitung in den frühen symphonischen Werken Schönbergs ausmachen (*Pelleas und Melisande, Gurrelieder*). Das Ornament in Reinform aber bleibt der bildenden Kunst vorbehalten[32].

Eine gemeinsame Idee liegt allerdings der Beschäftigung mit dem Ornament – gleich in welcher Kunstsparte – zugrunde: Eine strenge »kompositorische Durchgeformtheit« ist diesen Kunstwerken eigen, die mit einer »hochbewußten [...] Stilisierung«[33] korrespondiert. Wenn Hermann Danuser aber für die großsymphonischen Werke der Wiener Jahrhundertwende ein »dialektisch verschränktes Streben nach äußerer Monumentalität und innerer Differenzierung«[34] konstatiert, so sind sich hierin musikalische und bildnerisch-ornamentale Idee durchaus ähnlich. Dafür spricht auch, daß in beiden Bereichen eine enge Verbindung zwischen Ornament und Weiblichkeit gesucht wurde, daß letztlich Ornament und Weiblichkeit gewissermaßen als identisch angesehen wurden. Dies betraf nicht nur die inhaltliche Ebene – Klimt war nicht der einzige, der Frauenporträts mit ornamentalen Elementen verband –, sondern auch die Charakterisierung des Ornaments als »weiblich«, die die Kritik am Ornament als Phänomen von Dekadenz und Verweiblichung nach sich zog. Diese Kritik, vor allem von Adolf Loos 1910 in seinem Vortrag

Ornament und Verbrechen[35] formuliert, argumentierte mit der Gegenüberstellung von Männlichem und Weiblichem. Für Loos liegt in der Ornamentalisierung eine Verweiblichung der Kunst, die ihr und dem Künstler die Kraft zur Reinheit nehme. Mit dem ornamentalen Schönheitskult, der die Geistesträgheit der Zeit befördere und eine »Kultur des Selbstbetrugs«[36] hervorbringe, nehme die Gesellschaft Schaden, da diese im Ornament ihre Arbeitskraft vergeude, aber auch der Künstler, bei dem die Zusammenhanglosigkeit des ornamentalen Schaffens mit dem Geist innere Zerrissenheit zur Folge habe. Unschwer zu erkennen ist hinter dieser Forderung die in der zeitgenössischen Debatte virulente Trennung zwischen Mann (Künstler) und

Abbildung 5:
Gustav Klimt, Judith mit dem Haupt des Holofernes *(um 1901)*
Wien, Österr. Galerie im Belvedere. Photo: AKG Berlin

Weib, hatte Loos selbst doch diese Konnotationen in seiner Argumentation verwendet. Ersterer steht für die Idee und die »inneren Gesetze« der Kunst, letztere für den »Triumph des Stoffes«, für das Dekorative, Ornamental-Schmückende[37]. Loos forderte darum eine Abkehr von allem Ornamentalen – eine Forderung, die er in seiner Architektur umsetzte – und eine Hinwendung zu den »inneren Gesetzen« der Kunst. Er postuliert die Rückkehr zum reinen Material. Die Abkehr vom Ornament aber sei wesensgemäß männlich: »Ornamentlosigkeit gerät für Loos zum Zeichen geistiger Kraft und darüber hinaus zum Sieg des Eros über die ›widernatürliche Sinnlichkeit‹.«[38] Ornamentlosigkeit, als asketische Schönheit ausschließlich für eine geistige (männliche) Elite gedacht, wird Ideal einer *sublimierten* Sinnlichkeit.

Diese Kritik am Ornament – ohnehin ein vieldiskutierter ästhetischer Standpunkt im schönheitstrunkenen Wien der Jahrhundertwende – blieb nicht ohne Einfluß auf Arnold Schönberg. In den Kompositionen nach 1909 wandte sich Schönberg immer stärker von der ornamentalen Materialbehandlung und -fülle[39] seiner frühen symphonischen Werke ab und ging zu einer allgemeinen Reduktion über. Die Entwicklung der Dodekaphonie setzte sich schließlich mit der Idee auseinander, den Tonvorrat – ohne Rücksicht auf melodische Bögen – auf sein reines Material hin zu reduzieren. Auch die Reduktion des Umfangs eines Werkes gehört zu dieser Idee der Beschränkung auf das Wesentliche. Im Vorwort für die 1911 bis 1913 komponierten *Sechs Bagatellen* von Anton Webern schreibt Schönberg: »So eindringlich für diese Stücke die Fürsprache ihrer Kürze, so nötig ist andrerseits solche Fürsprache eben für diese Kürze. Man bedenke, welche Enthaltsamkeit dazu gehört, sich so kurz zu fassen. Jeder Blick läßt sich zu einem Gedicht, jeder Seufzer zu einem Roman ausdehnen. Aber: einen Roman durch eine einzige Geste, ein Glück durch ein einziges Aufatmen auszudrücken: zu solcher Konzentration findet sich nur, wo Wehleidigkeit in entsprechendem Maße fehlt.«[40] Die Argumentation aber, die Schönberg hier für seine »Fürsprache« findet, läßt die Argumente von Adolf Loos gegen die Verweiblichung der Kunst und des Künstlers durch das Ornament und die dadurch suggerierte Fülle erkennen. Enthaltsamkeit und Konzentration repräsentieren die männlich-asketische Seite, als deren Ausdruck Schönberg die *Bagatellen* seines Schülers sieht. Die gefühlsbetonte Seite, die Ausdehnung zum Roman und die Wehleidigkeit aber verweisen auf den Kritikpunkt der Verweiblichung. Auffällig im Œuvre von Schönberg selbst aber ist, daß mit der Abkehr von seinen frühen symphonischen Werken und nach der expressionistischen Phase die Abkehr von »weiblichen« Sujets einhergeht. Melisande, Tove und das Weib sind zu Grabe getragen oder in die Hysterie entlassen, mit der asketischen Konzentration auf das reine Tonmaterial, mit der »Methode der Komposition mit zwölf nur aufeinander bezogenen Tönen« verschwinden diese Frauenfiguren aus Schönbergs Schaffen.

Richard Wagner: Requisit und Leitfigur

Frank Wedekind schrieb 1906 ein wenig beachtetes, gesellschaftskritisches Kammerstück: *Musik*[41]. Auf den ersten Blick scheint der Titel über den eigentlichen Inhalt des Stücks – das Drama eines ›gefallenen‹ Mädchens – hinwegzutäuschen, und doch ist er äußerst treffend: Klara Hühnerwadel ist eine angehende Sängerin, die bei dem Pädagogen Josef Reißner privaten Gesangsunterricht nimmt – »Da kamst du! Kamst mit deinem unwiderstehlich schönen Fliegendenholländerbart! [...] Sagtest, ich käme, wenn ich bei dir Privatunterricht nähme, in einem Vierteljahr weiter, als wenn ich mein ganzes Leben lang auf der Musikschule studiere! [...] So [...] wurde [ich] deine – Privatschülerin! – Gelernt habe ich vieles bei dir, das weiß Gott im Himmel! Dein Privatunterricht hat Abgründe vor mir aufgetan, von deren Vorhandensein ich mir vorher nichts hatte träumen lassen! [...] Weit ist es mit mir gekommen!«[42] Als Klara aber von Reißner schwanger wird, drängen er und seine Frau Else zur Abtreibung und zur Flucht aus Wien. Klara jedoch kommt zu früh aus ihrem Exil zurück, wird verhaftet und nur durch die Intervention der Reißners aus dem Gefängnis entlassen. Aus Dankbarkeit überläßt Klara ihr ansehnliches Vermögen Josef Reißner. Als sie wiederum von ihm schwanger wird, entschließt sie sich, das Kind zu bekommen. Es stirbt kurz nach der Geburt, und Klara bleibt vollständig alleine und verarmt zurück. Die Musik aber, so scheint es, spielt keine Rolle – abgesehen von den Gesangsstunden, die doppeldeutig immer wieder erwähnt werden. Und doch ist der Titel unverzichtbar für das Verständnis von Wedekinds Stück. Der Autor versäumt nicht zu betonen, daß Klara Hühnerwadel nicht eine beliebige Sängerin werden, sondern als »Wagnersängerin«[43] reüssieren möchte. —
Zum Anspruch der Wiener Secession gehörte die Konzeption des Gesamtkunstwerkes. Der Begriff Richard Wagners fand hierbei nicht ohne Hintersinn Verwendung. Während Wagner jedoch eine Zusammenschau der Künste intendiert hatte, gingen die Secessionisten einen Schritt weiter. Ihnen war auch an der Integration von Kunst und Alltag gelegen, sie postulierten die künstlerische Überformung des Alltäglichen. Diese reichte von der Gestaltung der Innenarchitektur bis zu Gebrauchsgegenständen, nicht ausgeschlossen wurde dabei auch die Mode, entworfen für die Frau des Hauses. Im Gegensatz zum gängigen Diktat des Korsetts wurde dabei für die Frau eine Reformmode kreiert, die auf Einschnürung und Bewegungsfeindlichkeit

verzichtet"[4]. Fließende Stoffe betonten die natürlichen weiblichen Formen. Einerseits ließ sich damit die Natürlichkeit der Frau unterstreichen, andererseits wurde die so gekleidete Frau zum Bestandteil des Gesamtkunstwerks. Die Reformmode war vorwiegend für Frauen des gehobenen Bürgertums und der intellektuellen und künstlerischen Kreise gedacht. Jene Photographie [Abbildung 6], die zu Werbezwecken von einem von Henry van de Velde entworfenen Reformkleid angefertigt wurde, stellt denn auch die Präsentation dieser Mode in das entsprechende Ambiente: Eine Frau steht in Rückenansicht vor einem Flügel. Auf dem Flügel sind mehrere Noten sichtbar, zu lesen ist der Titel des obersten Notenblattes: Richard Wagner. Die Frau ist nicht aktive Musikerin und steht doch in enger Beziehung zur Musik. Daß sie (und ihr Reformkleid) als Bestandteil des Gesamtkunstwerkes zu betrachten sei, suggeriert die Erwähnung des Namens Richard Wagner. —

Abbildung 6:
Album Krefeld: Reformkleid, entworfen von Henry van de Velde (1900)

In den Tagebüchern der jungen Alma Schindler werden die Plaudereien und tiefsinnigen Gespräche, die Themen und der Konversationston der Wiener Gesellschaft der Jahrhundertwende lebendig. Eine solche Gesprächssituation notierte Alma Schindler 1899 so: »Ich sprach und stritt viel über die Leidenschaft der Wagnerschen Musik. Rudolf sagte, dass man *diese* Leidenschaft bei sich behalten soll, sie sei keine *reine* Leidenschaft. Und Geiringer sagte uns leise, er fände es direct unanständig von mir, so eine Wagnerianerin zu sein... und ich konnte ihm nicht unrecht geben.«[45]

Drei Beispiele, die sich vervielfachen ließen. Im Zentrum dieser Beispiele stehen junge Frauen an der Schwelle zum Erwachsenwerden, an der Schwelle zur gesellschaftlichen Integration als Ehefrau. Die Frage, welche Rolle der Frau in der Gesellschaft zugestanden wird, welche Freiheit innerhalb dieser Rolle möglich ist, steht im Vordergrund. Nicht zufälliges Requisit ist in allen drei Beispielen Richard Wagner. Der Komponist erscheint nur am Rande und ist auch kaum durch seine Musik präsent. Und doch scheint Wagner der Gesellschaft der Jahrhundertwende zum Topos geworden, an dessen Gestalt sich im wesentlichen auch die Vorstellung von Weiblichkeit ausrichten kann. Wagners »kulturprägende Wirkung« (Carl Dahlhaus) läßt sich bei Literaten genauso nachlesen – etwa bei Thomas Mann oder Gabriele D'Annunzio – wie sie sich in der Bildenden Kunst – beispielsweise im französischen und englischen Symbolismus – oder der Musik manifestiert.

Richard Wagners Werk und seine Person sind Bezugspunkte für zahlreiche und durchaus gegensätzliche Strömungen des ausgehenden 19. Jahrhunderts. Der französische *wagnérisme*, anfänglich literarische Gegenbewegung zur gültigen Literaturnorm, später dann auch mit Einfluß auf die französische Musik, ist dabei die offenkundigste und auch namensentlehnende Auseinandersetzung. Baudelaire etwa schrieb über den Eindruck, den die Musik Wagners bei ihm hinterlassen hatte: »Woher aber hat der Meister diesen wütenden Gesang des Fleisches genommen, woher nimmt er das tiefe Wissen um die diabolischen Seiten des Menschen? Vom ersten Takt an vibrieren die Nerven im Einklang mit der Melodie; das ganze Fleisch zittert bei der Erinnerung daran. Jedes wohlgeformte Gehirn besteht aus zwei Unendlichkeiten, dem Himmel und der Hölle, und in jedem Bild einer dieser Unendlichkeiten erkennt es sofort die andere Hälfte in sich.«[46] Für die Symbolisten wurde Wagners Kunst mit den Begriffen der *décadence* gleichbedeutend. Der humoristisch-satirische Vorschlag, die Orthographie des Namens Wagner in »vagues-nerfs« abzuändern, spricht Bände[47].

Die Huldigung der von Wagner angeregten »Nervenkunst« entfachte laute Kritik. So sieht Max Nordau etwa in Wagner den Inbegriff des dekadenten Künstlers und tituliert ihn als »Kranken des Jahrhunderts«: »Wir wissen, daß hohe musikalische Begabung mit Zuständen weit fortgeschrittener Entartung, ja mit ausgesprochenem Wahn-, Irr- und Blödsinn verträglich ist.«[48] Nordau konnte sich in seiner Kritik auf Friedrich Nietzsche berufen, hatte dieser doch in seiner Polemik *Der Fall Wagner* (1888) den dekadenten Zug der Wagnerschen Musik attackiert:»Wagner's Kunst ist krank. Die Probleme, die er auf die Bühne bringt – lauter Hysteriker-Probleme –, das Convulsivische seines Affekts, seine überreizte Sensibilität, sein Geschmack, der nach immer schärfern Würzen verlangte, seine Instabilität, die er zu Principien verkleidete, nicht am wenigsten die Wahl seiner Helden und Heldinnen, diese als physiologische Typen betrachtet (– eine Kranken-Galerie! –): Alles zusammen stellt ein Krankheitsbild dar, das keinen Zweifel lässt. *Wagner est une névrose.* [...] Er ist der Meister hypnotischer Griffe [...]. Der Erfolg Wagner's – sein Erfolg bei den Nerven und folglich bei den Frauen – hat die ganze ehrgeizige Musiker-Welt zu Jüngern seiner Geheimkunst gemacht.«[49]

Ganz anders argumentiert Otto Weininger und ist dabei Repräsentant einer völlig gegensätzlichen Wagner-Rezeption. Auch er wendet sich gegen die Dekadenzphänomene seiner Zeit, klagt die Verweichlichung und Verweiblichung der Kunst – vor allem auf französischem und englischem Boden – an[50]. Allerdings ist Wagner für Weininger nicht Galionsfigur dieser Bewegung. Im Gegenteil, Wagner ist Personifikation des genialisch-asketischen Mannes, ist das Genie schlechthin: »Wagner, der größte Mensch seit Christus«[51]. Die Figur des Parsifal schließlich ist für Weininger die Inkarnation der von allem Weiblich-Sündigen gereinigten Männlichkeit.

Wiederum anders rezipiert Peter Altenberg Wagners Musik. In seinen Aphorismen skizziert Altenberg alltägliche Situationen, die vor dem Hintergrund von Wagners Opern interpretiert werden. Sehr deutlich aber wird auch hier, daß die Wagner-Rezeption eng mit dem Frauenbild verknüpft wird. Altenberg benutzt Wagners Musikdramen als Hintergrundfolie für seine geradezu hymnische Frauenverehrung. Die Frau wird – mit Hilfe der Wagnerschen Musik – zu einer »wunderbaren Fremden, die aus anderen Welten in die Welt des Mannes herabgestiegen ist, was für sie Untergang und für ihn Erlösung bedeutet.«[52]

In dem kurzen Text »Tristan und Isolde« schildert Altenberg beispielsweise eine abendliche Szene in einem gutbürgerlichen Haus. Man unterhält sich beim Abendessen über Wagners *Tristan und Isolde.* Die Mutter, eine couragierte Realistin, vermischt Profanes mit Gedanken zu Isoldes Liebestod: »Das ist Liebe! [...] Bis in den Tod. Papa, wie ein Vogerl nimmst du dir wieder heraus. Fürchtest du dich vor diesem Hasenrücken?! Nun also!? Courage! Das ist der wirkliche Liebestod! So eine Liebe! ob die wirklich existiert haben?!«[53] Die junge Tochter, Fräulein Glarys, ist die still-schüchterne Unwissende. In regelmäßigen Abständen ist ein kurzer Satz über sie in den Text eingestreut: »Fräulein Glarys sitzt da, in einem weißen Sürah-Kleide, bewegt von ›Tristan und Isolde‹. [...] Glarys sitzt da, in einem weißen Sürah-Kleide. [...] Glarys sitzt da in ihrem weißen Sürah-Kleide –. [...] Glarys sitzt da, in ihrem weißen Sürah-Kleide – – –.«[54] Eine stille Bewegung, genauer gesagt: ein Blick, wird erst dann bei ihr wahrgenommen, als die Mutter konstatiert: »Für junge Mädchen ist dieses Stück eigentlich nicht. Nun freilich, die Musik entschädigt. Übrigens stirbt sie zuletzt. Warum stirbt Isolde eigentlich, Albert?!‹ ›Was weiß ich?! Kümmere ich mich um diese Nebengestalten?!‹ Glarys blickt den Bruder an – – –.«[55] Später meint der Vater: »Dieser Wagner erschöpft, drückt zusammen. [...] Glarys wird wieder unruhig schlafen; solche Gespräche – – –!?«[56] Albert, der ältere Bruder von Glarys, hat seine eigene Auffassung von *Tristan und Isolde*. Für ihn stehen in Wagners *Tristan* die Nebenrollen, Kurwenal und Brangäne, im Mittelpunkt, sie seien die wahren Helden: »Wunschlos tragen sie nur mehr das Leid der anderen, schützen sie und sterben für dieselben. Christliche Seelen haben sie!«[57] – Doch Glarys durchschaut die Idealisierungen des Bruders: »Deine Gedanken sind ja gewiß wunderschön. Man fühlt nur, daß man nicht so ist, wie du es forderst. Und eigentlich möchte man es nie sein. Wer wünschte sich das Ende vor dem Anfange?!«[58] Seiner Theorie über *Tristan* treu bleibend, wendet sich Albert, nachdem die Familie zu Bett gegangen ist, einer realen »Nebenfigur« zu, der Hausangestellten Hedwig: »Sie sind die Heldin unseres Hauses, Hedwig. Deshalb verstehen Sie es. Für alle bedeuten Sie ein Ausruhen, einen Frieden. Weil Sie selbst nichts wünschen. Wenigstens in unserem Hause nicht.‹ Sie räumt den Tisch langsam ab – –. ›Hedwig – – –.‹ ›Herr Albert – – –.‹ ›Glauben Sie an das, was ich entwickelt habe?!‹ ›Ja. Man muß daran glauben! Warum?!‹ [...] ›Hedwig – –.‹ ›Herr Albert – – – oh, Herr Albert – – Albert!?‹ ›Isolde – – –!««[59]

Den Anlaß, Wagner und sein Werk als Ausgangspunkt für die Diskussion um Weiblichkeit und weibliches Rollenverständnis zu nehmen, gab Wagner selbst. In seinen Schriften finden sich zahlreiche Äußerungen zur Charakteristik des »Weibes«. Und an zentralen Punkten verwendet Wagner geschlechtsspezifische Begriffe, die sich häufig zu gegensätzlichen, sich ergänzenden Begriffspaaren zusammenfinden. Beispielsweise belegt er in seiner Dramentheorie Musik und Dichtung mit geschlechtsspezifischen Symbolen, etwa wenn er hervorhebt: »Die Musik ist ein Weib«[60], oder »die Musik sei die Gebärerin, der Dichter der Erzeuger«[61] – wobei auffällt, daß Wagner Musik und Dichter, nicht Komponist und Dichter oder Musik und Dichtung vergleicht, also die aktive Schöpferrolle für die Musik in den Hintergrund, für die Dichtung in den Vordergrund rückt. Wagner benutzt das Undinen-Motiv, um Musik als passiv, Dichtung aber als aktiv darzustellen: »Das Weib erhält volle Individualität erst im Momente der Hingebung. Es ist das Wellenmädchen, das seelenlos durch die Wogen seines Elementes dahinrauscht, bis es durch die Liebe eines Mannes erst die Seele empfängt.«[62] Eckhard Roch führt dazu aus: »Nixen und Wasserfrauen singen auf Meeren und Flüssen: In diesem allgemeinen Zug von Sage und Volksglauben ist die Eignung des Wassers als Musikmetapher bereits angelegt. Die Wassernatur symbolisiert Undines fröhlichen, aber auch unbändigen Charakter. Wie Wasserwellen fließt nach Wagner auch die Instrumentalmusik dahin, nicht in Worte faßbar und daher inhaltslos und leer. Das Wasser mit seinen Wellen gibt folglich ein Bild für das schöne, aber ›seelenlose‹ und flüchtige Wesen der Instrumentalmusik. [...] Sobald Undine aber durch den männlichen Geist Huldbrands eine Seele, die Musik durch die Dichtung einen Inhalt erhalten hat, ist sie das liebenswürdigste Geschöpf der Welt.«[63]

Neben den theoretischen Schriften sind es natürlich auch die Frauenfiguren aus Wagners Musikdramen selbst, die als Vorbilder für Weiblichkeitsbilder der Jahrhundertwende dienen. Thomas Mann formulierte dies in seinem 1933 geschriebenen Essay *Leiden und Größe Richard Wagners*: »Die Heldinnen Wagners kennzeichnet überhaupt ein Zug von Edelhysterie, etwas Somnambules, Verzücktes und Seherisches, das ihre romantische Heroik *mit eigentümlicher und bedenklicher Modernität* durchsetzt.«[64] Auf Kundry als »Urtypus« wurde bereits hingewiesen, unbestritten ist auch der Einfluß von *Tristan und Isolde*. Brünnhilde, Senta, Elsa, Elisabeth und Venus dürfen dabei freilich nicht übersehen werden[65]. Sie alle wurden für die nachwagnersche Generation Synonyme für Weiblichkeit. Bereits Franz Liszt hatte dies erkannt: »Wenn man auf die Grundlage der Wagner'schen Fictionen näher eingeht, so möchte man sie eine Dramatisierung des Cultus jenes ›Ewig-Weiblichen‹ in allen seinen Formen nennen, mit welchem Göthe wie mit einem Schlußstein den gigantischen Bau seines Faust endete.«[66]

Sinnlichkeit, Passivität und Schönheit sind die grundlegenden Parameter, die zu zwei möglichen Konfrontationen mit dem männlichen Gegenüber führen: Wagners Frauenfiguren stehen als Verführerin oder als Erlöserin für zahlreiche Frauenfiguren der Jahrhundertwende Modell. Über Kundry etwa schreibt Wagner, als entwerfe er hier das Grundszenarium der Weiblichkeitstypen der Jahrhundertwende: »Wie nur ein Mann sie erlösen kann, sie sich dem Manne daher zu völliger Untertänigkeit zugewiesen fühlt, muß sie wieder ihre Erfahrung von der Schwäche dieser Männer zu einer wunderbaren Bitterkeit stimmen: sie fühlt, daß nur der Mann sie vernichtend erlösen könnte, der der Allgewalt ihrer weiblichen Anmut widerstehen würde; so lockt es sie aus dem tiefsten Grunde der Seele immer wieder, von neuem die Prüfung vorzunehmen: aber hierein mischt sich zugleich ihr Hohn, ihre Verzweiflung, diesem schwachen Geschlechte unterworfen zu sein, ein auflodernder furchtbarer Haß, der sie zum Verderben der Männer stimmt, zugleich aber ihr wildes Liebessehnen auf verzehrende, furchtbar glühende

Weise von neuem immer wieder zu dem ekstatischen Krampfe aufstachelt, durch welchen sie zaubern kann, zugleich aber auch dem Zauber verfällt.«[67]

Projektion – Imagination – »Kunstwerk Frau«

»Eine Frau muß ein Mysterium sein...«, schrieb Peter Altenberg. »Und Die, die uns bekannt und tief befreundet sind, Die spenden nichts von alledem! Sie sind das ›Sichere‹ im Leben, das schwere bedrückende Blei, während unsere Herzen sehnend das Unsichere liebevollst schrecklich erleiden wollen!«[68] – Hatte in der Romantik eine starke Idealisierung der Frau stattgefunden, so wurden Frauenfiguren gegen Ende des 19. und zu Beginn des 20. Jahrhunderts vielfach Projektionsflächen für Krisenängste und Reflexionsmedium für Traumfluchten. Und während Symbolismus und Expressionismus - je auf ihre Art - reale Frauenfiguren in Wesenheiten auflösten, bediente sich der Surrealismus ihrer als Dekonstruktionsfläche[69]. Von der »imaginierten Weiblichkeit« (Silvia Bovenschen) und dem »Kunstwerk Frau« (Bettina Pohle) zu sprechen hat - dies kann man nicht nur bei Altenberg nachlesen - für diese Zeit durchaus seine Berechtigung. Dieser Entwicklung ist eigen, daß sie realen Frauen keine Identifikationsmöglichkeit eröffnet und damit einhergehend die Entindividualisierung zu einem vorläufigen Höhepunkt bringt.

Gleichwohl handelt es sich bei Darstellungen von Personen oder Figuren - unabhängig von ihrem Geschlecht - im Rahmen eines Kunstwerkes immer um eine Konstruktion. Ohne in das Argumentationsfeld des Konstruktivismus eintreten zu müssen, bleibt die Frage nach der Konstruktion von menschlichem Sein und persönlichem, individuellem Charakter für Kunst grundsätzlich relevant: Opernfiguren etwa sind - gleich ob männlichen oder weiblichen Geschlechts - in ihrer künstlerischen Beschaffenheit stets als Konstruktionen erkennbar[70]. Die Besonderheit bei der Betrachtung von künstlerisch dargestellter Weiblichkeit ist dabei gleichwohl eine Steigerung (oder auch Durchkreuzung) von Konstruktionsmechanismen, wie dies auch jene Gegenüberstellung von Kunstwerk und Frauenschönheit - dem Essay »Mensch und Tier« von Max Horkheimer und Theodor W. Adorno entnommen - andeutet: »Die Verzerrung, die zum Wesen jedes Kunstwerks gehört, wie das Verstümmelte zum Glanz der weiblichen Schönheit...«[71].

Überlegungen, ob es sich dabei um die Gegenüberstellung von weiblicher Konstruiertheit versus männlicher Individualität oder weiblichem Projektionsmedium versus männlichem Projektor handelt, greifen allerdings zu kurz. Denn »daß das Weib eine Illusion des Mannes sei, haben die Autoren auch selber durchschaut.«[72] Vielmehr ist nach den unterschiedlichen Methoden der Konstruktion zu fragen und besonders auch nach den graduellen Unterschieden der Projektionen und Konstruktionen. Letzteres scheint ein zentraler Interpretationsschlüssel zu sein – und schließlich hebt der Hinweis auf die graduellen (und nicht essentiellen) Unterschiede bei der Konstruktion die rigiden und zumeist voreiligen Wertungskategorien aus den Angeln[73]. Wohlgemerkt geht es nicht darum, die Elemente von Projektion und Konstruktion für die Frauenfiguren der Jahrhundertwende zu negieren oder zu schmälern, sondern vielmehr um eine Erweiterung dieses Modells.

Zu den deutlichsten Projektions- und Konstruktionsfiguren gehört Alban Bergs Lulu. Aber auch hier führt eine eindimensionale Interpretation – Lulu als Projektionsfläche für männliche Wunschvorstellungen – nur zu einem vorläufigen Ergebnis. Unbestritten und zweifellos spielt das Moment der Konstruktion und der Projektion in Bergs Oper eine zentrale Rolle. Aber es sind die zusätzlichen, weitergehenden Fragen, die dem Interpretationsmodell die notwendige Tiefenschärfe verleiht: Welchen Wert stellte die Konstruktion als Mittel künstlerischer Durchdringung für Alban Berg dar? In welcher Relation steht die Konstruktion der Figur der Lulu zu der des Komponisten Alwa, dem *alter ego* Bergs? Welche (außermusikalischen) Ideen werden hier projiziert und konstruiert? Und schließlich: Welche realen Personen verbergen sich hinter dem künstlerischen Konstrukt Lulu?

Nike Wagner machte die Verknotung von Realität und Fiktion als Charakteristikum der Jahrhundertwende aus: »Literatur und Leben, Fiktion und Realität befruchteten einander in ungewöhnlicher Weise in jenem ›erotomanischen‹ Zeitabschnitt der Jahrhundertwende.«[74] Verblüffend ist daher nicht so sehr, daß sich auch hinter Bergs Lulu-Figur reale Frauen verbergen, sondern vielmehr die Kombination der drei nonfiktiven Personen. Zunächst läßt sich – freilich sehr dezent und nur für Eingeweihte verständlich – eine in diesem Kontext nicht unbedingt vermutete Person entschlüsseln: Alma Mahler. In die Szene nach Lulus Befreiung aus dem Gefängnis[75] ist ein kurzer Dialog zwischen Alwa und Lulu eingebettet. Alwa bietet der erschöpften Lulu eine Erfrischung an:

Alwa	Willst du nicht trinken?
Lulu	Ich habe seit fünf Tagen schwarzen Kaffee genug geschluckt. Hast du keinen Schnaps?
Alwa	Ich habe Elixier de Spa.
Lulu	Das erinnert an alte Zeiten. (*Sieht sich, während Alwa zwei Gläser füllt, im Saal um.*)

Alban Berg ändert diese Textpassage geringfügig. Alwa bietet Lulu nicht Elixier de Spa an, sondern Benediktiner[76]. Von diesem likörartigen Getränk aber war im Freundeskreis bekannt, daß Alma Mahler es besonders liebte. Indem Berg also die Getränkesorte austauscht – eine marginale Änderung, die weder den dramaturgischen noch den inhaltlichen Zusammenhang tangiert –, versteckt er Alma Mahler in die Konzeption seiner Lulu-Figur.

Diffiziler ist die Dechiffrierung anderer realer Frauen hinter der Fassade der Lulu-Figur sein, zu entdecken sind schließlich aber Hanna Fuchs-Robettin und Helene Berg[77]. Und so entpuppt sich Lulu als Zusammenschau realer Frauen, die eine zentrale Rolle in jenem Lebensabschnitt spielten, in dem Alban Berg seine zweite Oper komponierte: seine Ehefrau, seine heimliche Geliebte und diejenige Frau, die die Verbindung zu seiner Geliebten aufrechterhalten half und zugleich mit Helene Berg befreundet war, Alma Mahler[78].

Die realen Frauen, die Berg in die Partitur »hineingeheimniste«, waren allerdings kein Garant für das Identifikationspotential der Lulu. Ihr Charakter schreckte die Frauen aus Bergs Umfeld eher ab. Berg selbst sah dies freilich anders und schrieb an Soma Morgenstern: »... ich glaube, der Gestalt der Lulu solche Musik zu geben, daß sogar die Frauen diese Gestalt lieben werden. –«[79]

Es bleibt die Problematik von Authentizität und Projektion. Judy Lochhead untersuchte dazu die Rezeption der Oper und erkannte zwei Herangehensweisen, die entweder der These der Authentizität oder der der Projektion verpflichtet sind: Während in der frühen Rezeptionsphase von *Lulu* die Tendenz zur Annahme einer »authentischen Persönlichkeit« besteht, geht die spätere Forschung davon aus, daß es sich bei der Figur der Lulu um die Konstruktion eines abstrakten Charakters ohne jede Identität, um den *femme fatale*-Typ an sich handelt[80]. Lochhead plädiert schließlich – um der Komplexität der Figur gerecht zu werden – für eine Kombination beider Ansätze. Wesentliches Argument für ihre Position sieht Lochhead in der kompositorischen Umsetzung durch Berg: »Die Musik der Lulu spielt in der Diskussion um die Kategorisierung zwischen Authentizität und Parodie eine maßgebliche Rolle.«[81]

Wie komplex dabei das Geflecht von Authentizität und Projektion werden kann, erweist sich schnell. Die Figur der Lulu – betrachtet in ihrer musikalischen Substanz – setzt sich aus dem Bild zusammen, das sich die anderen Bühnenfiguren von ihr machen, aus dem, das sie selbst von sich preisgibt (*Lied der Lulu*), aus dem, das sie als Tänzerin innerhalb der Oper abgibt und aus dem, wie es rezipiert wird – im Opernhaus oder durch die Musikwissenschaft. Dies sind alleine vier Perspektiven, aus denen Lulu betrachtet werden kann. Und greift man daraus lediglich die erste Perspektive heraus, zersplittert diese wiederum in zahlreiche weitere Momente der Konstruktion: Das Bild aber, das sich die anderen Protagonisten der Oper von ihr machen, geht von dem Pierrot-Porträt des Malers Schwarz aus – das Bild, das Lulu *in einer*

Verkleidung zeigt. Dieses gibt durch die »Bild-Harmonien« – nun wieder auf der kompositorischen Ebene – die musikalische Grundessenz zu ihrer Reihe ab. Daß es sich bei dem Pierrot-Porträt weit mehr als um ein reines Bild handelt, muß kaum hervorgehoben werden.

Blickwechsel

Die Darstellung von Frauenfiguren als Projektionsmedium ist auf ein Motiv besonders angewiesen: das Motiv des Blickes. Dabei kann der Blick als Motiv in das Kunstwerk selbst integriert werden oder auch – als Symbol für Öffentlichkeit – das Publikum in die Konzeption von inszenierter Weiblichkeit und voyeuristischer Öffentlichkeit mit einbeziehen. So spielt etwa der Blick in der Dramaturgie von Richard Strauss' *Salome* eine eminent wichtige Rolle, und gleichzeitig nimmt das Opernpublikum an dem optischen Genuß Herodes' teil, wenn Salome vor ihm tanzt[82]. Zentral ist dieses Motiv auch in Alexander Zemlinskys *Der König Kandaules*[83]. Kandaules gewährt Gyges als Zeichen seiner Freundschaft einen geheimen Blick auf die Schönheit seiner Frau. Doch dieser Blick, den Gyges mit dem Opernpublikum teilt, stellt ihn vor die Entscheidung, sich selbst oder seinen Freund Kandaules zu töten. Stellvertretend für das Gros der voyeuristischen Blicke muß einer der beiden Männer auf der Opernbühne sterben.

Auch in einer anderen Oper treffen – in einer vollständig anderen Konstellation – verbotene Blicke, inszenierte Frauen und der Tod direkt aufeinander: Paul Dukas' Oper *Ariane et Barbe-Bleu* (nach Maurice Maeterlinck) nimmt die Historie von Blaubart und dem verbotenen Zimmer auf. Hier ist es die Neugierde einer Frau, die den Blick in das verbotene letzte Zimmer lenkt. Das vorenthaltene, verbotene Wissen treibt Ariane zur »Entschlüsselung« des Rätsels, das den Ritter Blaubart umgibt. Ariane entdeckt so das grausame Wesen ihres Ehemannes. Sie bezahlt dieses Wissen, das sie durch den verbotenen Blick erlangt, zunächst mit einer todähnlichen Verbannung. Zugleich aber erkennt sie, daß sich hinter diesem düsteren Stillstand die Inszenierung und Fixierung der früheren Frauen Blaubarts verbirgt.

Im Mittelpunkt der vielfältigen Blickwechsel steht immer wieder auch der Künstler selbst. Er ist nicht nur Inszenator der Blickrichtungen und Schöpfer der Projektionsflächen, sondern häufig auch Teil des Projektionsvorgangs selbst. Was der männliche Künstler in den Weiblichkeitstypen gestaltet, ist die Imagination des Weibes und die persönliche Auseinandersetzung mit den Begriffen von inszenierter Weiblichkeit und inszenierender Männlichkeit. Daß sich Weiblichkeit im Gegensatz zu Männlichkeit dabei besonders gut zu Projektionszwecken eignete, war um die Jahrhundertwende Konsens. Ernst Bloch etwa schrieb über das »Prinzip Weib«: »Das real Mögliche ist am Weib ungestalteter als am Mann, doch auch seit alters, in allen Traumbildern weiblicher Vollendung, als verheißungsvoller intendiert; es greift stärker in fundierte Phantasien.«[84]

Für die fiktionale Weiblichkeit und die reale Frau aber hielt diese enge Symbiose massives Konfliktpotential bereit. Dies betraf besonders jene Frauen, die den Phantasiefiguren der Künstler auf der Bühne Gestalt verliehen. Nicht ohne Bedeutung ist es etwa, daß sich Strauss nicht durch die abstrakte Lektüre, sondern durch die reale Bühnendarbietung der Wildeschen *Salome* zur Komposition seiner Oper anregen ließ. Die Schauspielerin Gertrud Eysoldt verkörperte in der von Strauss besuchten Aufführung die Rolle der Salome. Als eine der prominentesten Schauspielerinnen ihrer Zeit war auch sie immer wieder dem Konflikt zwischen Realität und Fiktion ausgesetzt. Zahlreiche zeitgenössische Rezensionen heben dieses als wesenhaft weiblich interpretierte Phänomen des Changierens zwischen inspirierender Kunstwelt und realem Frausein hervor: »Gertrud Eysoldt spielte mit Henriette, Salome, Lulu die Rollen jener geheimnisvollen, wildsinnlichen, unaussprechliches Glück und namenloses Verderben um sich streuenden Frauen der modernen Decadence [...]. Diese Frauengestalten, die Dämonen und Hexen von heute, vor denen der moderne Mann sich zu fürchten scheint, dieser Weib gewordene Wille, sind die Heldinnen der jüngeren Dramatiker. Erdgeister, von der Bourgeoisie perhorresziert wie vor Jahrhunderten verbrannt [...]. Gertrud Eysoldt ließ sie Mensch werden‹.«[85] Die »Ausbürgerung aus der Realität«[86], die zur Grundlage für die Typisierung von Weiblichkeit wurde, mußte besonders dann auf Konfrontationen stoßen, wenn die Realität in die Weiblichkeitstypen Einzug hielt.

Die Auseinandersetzung zwischen realer Frau und inszenierter Weiblichkeit ist vielschichtig. Sie begleitet auch die folgenden Überlegungen auf Schritt und Tritt, etwa wenn nach den realen Frauen hinter der Figur der Lulu gefragt, wenn die Inszenierung einer realen *femme fragile* untersucht oder das Bild der Kamila Stösslová mit der Komposition der Emilia Marty in Leoš Janáčeks *Sache Makropulos* verglichen wird. Zwei Einschränkungen sind aber bereits an dieser Stelle vonnöten: Inszenierungen von Weiblichkeit gehören zur Domäne männlicher Künstler. Komponistinnen haben sich daran nicht beteiligt. Zum anderen ist erkennbar, daß das vieldiskutierte Thema um die Jahrhundertwende auch einen gewissen Sättigungsgrad erreicht. Die Inszenierung von Weiblichkeit stößt an Grenzen. Diesem Problem sah sich etwa Ferruccio Busoni bei der Gestaltung der Helena-Figur in seiner Oper *Doktor Faust* gegenüber. In der Gestalt der antiken Helena verbinden sich bei Busoni drei Ebenen, Helena als heidnische Verführerin, als Verkörperung des

Goetheschen Antikenideals und als Beispiel eines diffusen Bildes von Weiblichkeit zur Zeit der Jahrhundertwende. Diese drei Ebenen changieren in Busonis Faust-Oper, ohne daß der Komponist eine konkrete musikalische Identität für seine Helena-Figur gestalten könnte: »Über mehr als die Hälfte der Spieldauer hinweg kommt Busonis Oper ohne Frauen aus (von den Chorstimmen abgesehen), und dennoch spielen die Herzogin von Parma und Helena, die Idealgestalt, an den Wendepunkten der Handlung eine wichtige Rolle. Am Rande des Geschehens stehen Frauen, die nur genannt werden [...]. All diese weiblichen Figuren im Hintergrund sind aber musikalisch nicht präsent. Selbst Helena [...] hat keine Stimme, und die Musik zu ihrem Auftritt ist fragmentarisch geblieben.«[87] Busonis Schwierigkeit, für die Helena-Figur eine adäquate Musik zu finden, ist auch als Reflex auf die Sprach- und Hilflosigkeit interpretierbar, die den Komponisten angesichts von Helenas schillerndem Charakter ergreifen. Dramaturgisch wird Helena zwar von Mephistopheles zum Leben erweckt, musikalisch aber bleibt sie tot.

Das Andere, das Fremde. Frau und Tod als Grenzerfahrung

> »Doch vergeßt nicht, daß ihr mich
> gerufen habt in die Welt, daß euch
> geträumt hat von mir, der anderen,
> dem anderen, von eurem Geist und
> nicht von eurer Gestalt, der unbe-
> kannten, die auf euren Hochzeiten
> den Klageruf anstimmt, auf nassen
> Füßen kommt und von deren Kuß
> ihr zu sterben fürchtet, so wie ihr zu
> sterben wünscht und nie mehr sterbt:
> ordnungslos, hingerissen und von
> höchster Vernunft.«
> Ingeborg Bachmann, *Undine geht*[1]

Das Unbekannte: Grundzüge einer Idee

Die Konstruktion von Weiblichkeit, wie sie Künstler und Denker der Jahrhundertwende erdachten, hat widersprüchlichen Charakter. Einerseits steht
Weiblichkeit dem Allgemeinen entgegen: das Allgemeine, Normale ist der
Mann, der gesellschaftskonstituierend und normbildend gedacht wird. Von
seiner Normalität weicht die Frau als das Besondere, erforschenswert Unbekannte ab. In der Gegenüberstellung von Maßstab und Abweichung aber
wird ein Gefahrenpotential denkbar. Die Frau ist etwa diejenige, die durch
ihre Sinnlichkeit die Norm irritieren, den Mann von seiner Normalität ab-
bringen kann. Indem sie zugleich von weiten Bereichen des Lebens ausgeschlossen wird, ist die Frau im allgemeinen wenig präsent und bleibt damit
als Individuum unbekannt. Dies eröffnet ein weites Feld für Vermutungen,
Vorstellungen und Projektionen. Andererseits – und dies ist Widerspruch
und Konsequenz zugleich – wird die Frau allgemein betrachtet, als Wesen
und Phänomen, als Personifikation der Idee von Weiblichkeit. Kategorien
wie Individualität oder Charakter bleiben dem Mann vorbehalten. Die Wesenhaftigkeit der Frau aber bleibt dem männlichen Individuum rätselhaft.

Dieses Grundelement bestimmt denn auch – nicht nur bei Sigmund Freud – die Beziehung zwischen männlichem Individuum und weiblichem Wesen.

Diese Widersprüchlichkeit und die daraus resultierende Faszination hat die Frau – oder besser: die als Frau gedachte Weiblichkeit – mit dem Tod gemeinsam. Sarah Kofman beschreibt diese Korrelation aus umgekehrter Perspektive: »Zur Angst vor dem Tod gesellt sich eine weitere Angst, diejenige vor der Entdeckung [...] der grundsätzlichen Andersartigkeit der Frau.«[2] Auch der Tod ist das Besondere und das Überindividuelle gleichermaßen. Der Tod, in seiner individuellen Erfahrbarkeit für den Lebenden unfaßbar, entzieht sich jeder reflektierenden Gewißheit. Dennoch gehört er zum Leben hinzu. Der Tod ist dem Leben eingeschrieben, für den Lebenden selbst aber bleibt er fremd. Dabei ist der Tod nicht nur Endpunkt des Lebens, sondern nimmt vor allem auch wesentlichen Einfluß auf das Leben selbst. Das Wissen um die Sterblichkeit prägt das Individuum, seine Gedanken und sein Handeln.

In der Auseinandersetzung mit Tod und Weiblichkeit liegt daher – bezieht man die Gedanken der Jahrhundertwende über Weiblichkeit mit ein – eine doppelte Quelle des Fremden, Unbekannten. Für die Kunst aber wird das Rätsel zum beharrlichen Thema, von Verrätselung und Poetisierung war bereits die Rede. Thomas Nipperdey hat das Phänomen der Kunst im Bürgertum des ausgehenden 19. Jahrhunderts mit ähnlichen Kategorien erfaßt, so daß sich hier ein Kreis schließt, dessen Parameter sich aus motivischen und kunstimmanenten Aspekten zusammensetzen: »Kunst hat [...] mit Erfahrungen zu tun, die der täglichen Durchschnittlichkeit gegenüber Grenzerfahrungen sind; Extremsituationen und Außenseiter spielen für Thematik und Personal – etwa in der Literatur – eine besondere Rolle. [...] Musik gar ist – auf dem Grund des romantischen Konsensus vom Ausdruck der Lebensspannungen und der Innenbewegung der Subjektivität – die Erfahrung des ›Anderen‹ an sich. [...] Dies Andere war ihnen [den Rezipienten von Kunst] eine Grenzerfahrung, eine Möglichkeit, es rührte ans Verdrängte, Unterdrückte und Versagte, ans Erlittene, ans Erträumte, Erwünschte, Ersehnte – des besseren Ich, des besseren Lebens.«[3]

Die Verrätselung aber entpuppt sich als Erbe der romantischen Sehnsucht, sie ist die ins Unendliche gedehnte, erstarrte und als unerfüllbar erkannte Sehnsucht. Dieser Zustand wird in seiner dekadenten Hoffnungslosigkeit zelebriert. Zugleich wird er zum Gegenpol, und damit zum Maßstab einer gesunden Normalität, der Männlichkeit. Werner Hofmann beschreibt diese Konfrontation anhand des Sphinxmotives in der bildenden Kunst: »Nur eine starke, ungebrochene Männlichkeit, die ihres geschichtlichen Auftrages bewußt ist, kann in diesem Gespräch das letzte, erlösende Wort behalten und damit die Würde des Menschen von der Bedrohung des Ungeheuers befreien.

Dem Mann, der sich im Bannkreis des Weibes verirrt und in die Gefangenschaft der Instinkte gerät – die Sphinx zählt zu den Emblemen der Wollust –, wird die Rätselfrage den Tod, die Sphinx das Verhängnis bringen. [...] So kommt es, daß die drohende, fragende Größe des Weibes [...] in dem Maße die Gestalt des Mannes verdrängt, als dieser im Laufe des [19.] Jahrhunderts sein antwortendes Vermögen einbüßt, an seinem geschichtlichen Selbstbewußtsein zweifelt und vor den Fragen kapituliert, zu denen das Weib den Schlüssel bei sich bewahrt.«[4]

Bei diesem Rätsel- und Fragenaufgebot gerät nicht nur die Männlichkeit in Gefahr, sondern auch die Wahrheit als Fundament des gültigen logischen Systems, der Rationalität. Wer tritt dem Betrachter also entgegen, wenn die *nuda veritas* in der Personifikation einer nackten Frau dargestellt wird? Die »nackte Wahrheit« ist nicht mehr ausschließlich Sinnbild eines klar-logischen Weltverständnisses, sondern zu gleich sinnlich-lockende Weiblichkeit. Die *nuda veritas* hat ihre Unschuld als Allegorie verloren. In ihrer sinnlichen Gestalt vermischt sich die Idee der Wahrheit mit dem nicht ergründbaren Rätsel des Weiblichen.

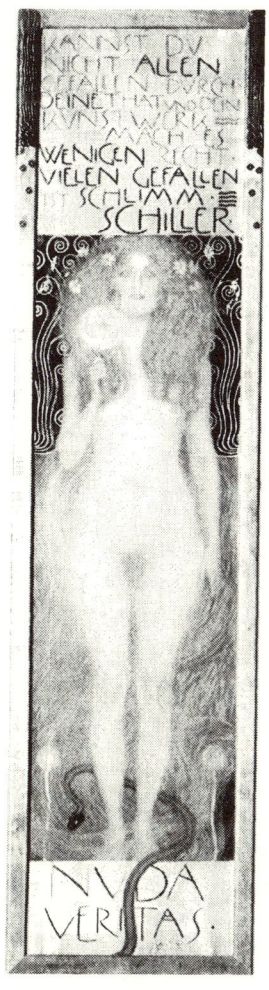

Abbildung 7:
Gustav Klimt, Nuda Veritas
(1899)
Theatersammlung der Österreichischen Nationalbibliothek; z. Zt. als Leihgabe Wien, Österr. Galerie im Belvedere.
Photo: AKG Berlin/Erich Lessing

Die Verbindungen, die Tod und Weiblichkeit als Motive der Grenzerfahrung eingehen, wechseln je nach künstlerischer Intention. Im Kern ist zumeist eine *delectatio morosa* erkennbar, eine Grundhaltung, die den Widerspruch essentiell in sich trägt, thematisiert in »Motiven grausamer Sinnlichkeit und schmerzlicher Schönheit«[5]. Aus dem unkalkulierbaren Wechsel zwischen Bedrohung und Faszination bezieht das Motivpaar für den Künstler und Mann seine hauptsächliche Attraktivität. Baudelaire schrieb in den *Fleurs du Mal*: »Ich lag im Sterben. Das war in meiner verliebten Seele halb Begier, halb Grauen, ein sonderbar gemischte Pein; war Angst und frische Hoffnung, ohne daß etwas in mir widerstrebte.«[6]

Von der tristanesken Symbiose aus Liebes- und Todessehnsucht beeinflußt, wird um die Jahrhundertwende die Idee des dekadenten Eros virulent. Die Vorzeichen für diese Entwicklung sah Mario Praz in der Schwarzen Romantik: »Für die Romantiker erhöht sich die Schönheit gerade durch die Eigenschaften, die ihr zu widersprechen scheinen: durch die Züge des Grausigen.«[7] Besonders Richard Wagners *Tristan* wird dabei – vor allem für die Künstler der französischen *décadence* – zum Vorbild eines morbiden Bildes von Liebe und Erotik: Erst im Tod findet die rauschhafte Suche nach Liebe und Erfüllung ihren wahren Höhepunkt. In diesem Sinne zelebrieren die Literaten des französischen *wagnérisme* ihre Idee von Nervenzerrüttung und Weltflucht in tristanesker Tradition. Scharf ins Gericht gehen sie dabei mit den Vorstellungen und Werten der zeitgenössischen Gesellschaft: In Opposition zum Christentum und zu den bürgerlichen Moralvorstellungen entwerfen sie eine satanische, wollüstig-schwüle Gegenreligion. Deren Glaubensregeln basieren auf Überfeinerung und Ästhetizismus, Schönheitskult und Üppigkeit, Genuß bis zur Übersättigung. In den Darstellungen dekadenter Sexualität und Liebe aber ist der Mann häufig als Beobachter oder als Opfer zu finden, die Frau hingegen als dargestelltes Objekt oder als Initiatorin. Zu diesen Kombinationen von *eros* und *thanatos* kommt in auffällig vielen Fällen eine Verkehrung der gültigen Geschlechternormen, beispielsweise in der Zuweisung des passiven und aktiven Parts.

Eine andere Form des Doppelmotivs ist, den Tod als besondere Auszeichnung, als Erlösung von einer als unerträglich empfundenen Lebenswelt zu denken. So sieht etwa Donalt von Streith, der Protagonist in Eduard von Keyserlings Erzählung *Fürstinnen*, den Tod eines Mädchens als »Auszeichnung«, die ihm selbst nicht zuzustehen scheint: »Ich kann nicht sagen, daß ich um Deborah trauerte, der Tod erschien mir als eine große Ehre, wie sie nur einem so hübschen Mädchen widerfahren konnte, er erhöhte sie in meinen Augen, hob sie hoch über mich empor, denn solche häßlichen kleinen Jungen wie ich sterben nicht.« Als er sie auf dem Totenbett sieht, bewundert er in allen Einzelheiten den leblosen Körper: »Atemlos vor Bewunderung sah ich Deborah an, ich glaubte nie etwas Schöneres gesehen zu haben.«[8] Der Mann wird aus den Bereichen von Tod und Weiblichkeit ausgeschlossen, er gehört nicht zu den »Auserwählten«. Und gleichzeitig verbindet sich der Tod des jungen Mädchens mit seiner Schönheit zu einer eigenwilligen Synthese, Deborahs Tod wird zum »poetischsten Thema der Welt«[9].

Hinter dieser im doppelten Wortsinn grenzenlosen Poetisierung verbirgt sich eine Künstlichkeit, die von den Künstlern der Jahrhundertwende zugleich angestrebt und gefürchtet wurde. Hofmannsthal beschreibt dieses Verfallensein an die Künstlichkeit in seinem frühen Drama *Der Tor und der Tod* (1893):

Claudio	Ich hab mich so an Künstliches verloren,
	Daß ich die Sonne sah aus toten Augen
	Und nicht mehr hörte, als durch tote Ohren:
	Stets schleppte ich den rätselhaften Fluch,
	Nie ganz bewußt, nie völlig unbewußt,
	Mit kleinem Leid und schaler Lust
	Mein Leben zu erleben wie ein Buch,
	Das man zur Hälft' noch nicht und halb nicht mehr begreift,
	Und hinter dem der Sinn erst nach Lebend'gem schweift. –[10]

Indem aber die Frau im gleichen Atemzug auf ihre Weiblichkeit reduziert, in eine Wesenhaftigkeit gedrängt wird, erfährt auch sie diese Künstlichkeit, die in Erstarrung endet. Begegnen sich Weiblichkeit und Tod gemeinsam auf dieser Bedeutungsebene, potenziert sich jene Intention, die zu beschreiben sucht, was die Erklärungen der Wissenschaften und des bürgerlichen Selbstverständnisses nicht mehr erfüllen können: die Fragen nach dem Sinn des Lebens, nach der eigenen Identität und nach dem Verhältnis zwischen Individuum und Welt.

Wie der Tod für die Lebenden rätselhaft bleiben muß, wird die Verrätselung der Weiblichkeit um die Jahrhundertwende geradezu zelebriert. Nicht erst Sigmund Freuds Vorlesungen über die Weiblichkeit brachten diese Grundhaltung zum Ausdruck[11]. Dem Wissensdrang und Entdeckerwillen des Positivismus (und Kolonialismus) stand die ästhetische Haltung der Verrätselung, des hinter Symbolen Verborgenen entgegen. Das Fremde gewann an ästhetischem Reiz, nicht in Form orientalisierender oder exotischer Verflachung oder Vereinnahmung, sondern als Entwurf einer entfernten, unbekannten und undurchdringlichen Gegenwelt.

Claudio	Ich kann's! Gewähre, was du mir gedroht:
	Da tot mein Leben war, sei du mein Leben, Tod!
	Was zwingt mich, der ich beides nicht erkenne,
	Daß ich dich Tod und jenes Leben nenne?
	[...]
Tod	Wie wundervoll sind diese Wesen,
	Die, was nicht deutbar, dennoch deuten,
	Was nie geschrieben wurde, lesen,
	Verworrenes beherrschend binden
	Und Wege noch im Ewig-Dunklen finden.[12]

Während die Verrätselung zur Passion wurde, entwickelte sich auch einer der traditionellen Weiblichkeitstypen, dessen Grundlage die Unwissenheit war, zu neuer Intensität: Aus der unschuldigen und unwissenden Jungfrau entstand im Motiv der *femme fragile* ein an der Last dieser Verrätselung zerbrechender, immer kränkelnder und todgeweihter Weiblichkeitstypus. Die Anziehungskraft der realen jungen Mädchen aber, die durch ihre Unwissenheit für die bürgerliche Gesellschaft attraktiv werden, beschreibt anschaulich Stefan Zweig: »Nun kann ich nicht verschweigen, daß diese Unwissenheit den jungen Mädchen von damals [...] einen geheimnisvollen Reiz verlieh. Diese unflüggen Geschöpfe ahnten, daß es neben und hinter ihrer eigenen Welt eine andere gäbe, von der sie nichts wußten und nichts wissen durften, und das machte sie neugierig, sehnsüchtig, schwärmerisch und auf eine anziehende Weise verwirrt. [...] Sie waren mehr Mädchen, als die Mädchen es heute sind, und weniger Frauen, in ihrem Wesen der exotischen Zartheit von Treibhauspflanzen ähnlich, die im Glashaus in einer künstlich überwärmten Atmosphäre und geschützt vor jedem bösen Windhauch aufgezogen werden: das kunstvoll gezüchtete Produkt einer bestimmten Erziehung und Kultur.«[13]

Während die Attraktivität der sich sehnenden, aber unwissenden jungen Mädchen im bürgerlichen Lebensrhythmus mit der Hochzeit vollständig und plötzlich verschwand, verflüchtigten sich die imaginierten Frauen dieses Typus im Tod. Die *femme fragile* nimmt ihre Unschuld, zumeist scheiternd an der Härte der Realität, mit in den frühen Tod. Daß sich an dieser Stelle Unwissenheit unweigerlich mit Asexualität paart, ist den fiktionalen *femmes fragiles* ebenso eingeschrieben wie jenen jungen Frauen, die als *femmes fragiles* stilisiert wurden: Marie Bashkirtseff, Annie Kalmar oder Lili Boulanger.

Dem Doppelmotiv von Weiblichkeit und Tod ist ein hohes Potential an Erschreckendem, ja Schockierendem eigen. Weiblichkeit als geschlechtsspezifische wie als ästhetische Konstruktion beinhaltet im allgemeinen vor allem Eigenschaften wie Jugend, Schönheit, sexuelle Anziehungskraft. Diese aber sind vom Motiv des Todes denkbar weit entfernt – weiter als die Männlichkeit, die zwar auch mit Kraft und Sexualität konnotiert ist, allerdings im Heldentod eine Form der Kombination gefunden hat, die uneingeschränkt positiv und ästhetisch gestaltbar war: Man denke an Darstellungen des sterbenden Kriegers, an Heldendenkmäler oder an die positive Besetzung des Heldentodes im Kampf. Für Weiblichkeit ist eine solchermaßen positive Kombinationsmöglichkeit mit dem Tod zunächst nicht erkennbar. Im Gegenteil: Das biologische Faktum der Geburt steht dem Tod als komplementäre Ergänzung entgegen, Weiblichkeit und Gebärfähigkeit bilden den Gegenpol zum Symbolbereich des Todes.

Auch hier ist unter Weiblichkeit ein symbolisch-ästhetisches Kondensat zu verstehen, das wenig gemein hat mit der Frau in der Realität. Denn die Zäsuren von Geburt und Tod gelten für Frauen wie für Männer gleichermaßen, und insofern ist die Auseinandersetzung mit dem Tod für die Frau wie für den Mann existentiell. In den künstlerischen und symbolisch-mythischen Darstellungen des Todes aber ist erkennbar, daß mit dem Geschlecht auch die mit dem Tod verbundenen Werte und Vorstellungen wechseln. Weiblichkeit ist dabei stärker an die Vorstellung von Jugend gebunden als Männlichkeit: Sowohl Schönheit als auch sexuelle Attraktivität als wesentlicher Bestandteil von Weiblichkeit implizieren die Forderung nach Jugend, während Kraft und Kampfbereitschaft als Wertkonstanten von Männlichkeit nicht ausschließlich Jugend voraussetzen, sondern gleichermaßen auch Erfahrung, Macht und anderes mehr. Indem Weiblichkeit in höherem Maße mit Jugend in Verbindung gebracht wird, ist für sie der Kontrast zum Tod stärker.

Ein anderer Gesichtspunkt deckt kulturelle Muster auf, die die anthropologisch durchgängige Distanz von Weiblichkeit und Tod deutlich machen, indem die Konfrontation der beiden Gegenpole durch besondere Riten oder kulturelle Interpretationen überbrückt werden müssen. Nicole Loraux etwa weist darauf hin, daß in der griechischen Tragödie die Opferung einer Jungfrau, also die extreme Konfrontation der Weiblichkeit mit dem Tod, als Verheiratung mit dem Gott der Unterwelt interpretiert wurde: »In den Vorstellungen des gesellschaftlichen Lebens ist der Tod eine Metapher der Heirat, weil das junge Mädchen während des Hochzeitszugs stirbt. [...]

Unvergleichlicher Vorteil der Fiktion: indem die Tragödie die jungen Mädchen dem Tode weiht, kehrt sie die gewohnte Ordnung des Diskurses um, und im Gegensatz zur Metapher begeben sich die tragischen Jungfrauen zum Wohnort der Toten, so wie man das Vaterhaus für das des Gatten verläßt.«[14]

Die kulturellen und rituellen Überbrückungsmechanismen zwischen Weiblichkeit und Tod werden in der nachromantischen Epoche neu aufgenommen und interpretiert. Die anthropologisch konstante Distanz wird aufgelöst, erkennbar etwa bereits in Novalis' vierter *Hymne an die Nacht*, in der von »des Todes verjüngender Flut«[15] die Rede ist. Die lebenspendende Kraft des Wasser verliert, im Zusammenhang mit der dunklen Nacht, ihre Macht, wechselt in ihrer Metaphorik sogar ins Gegenteil: aus dem Quell des Lebens wird das nasse Totenbett. Ophelia, die prominenteste der stillen »Wasserfrauen«, scheint dabei in vegetabiler Umgebung geborgen zu sein. Ihre Totenbahre ist der ruhige Wasserspiegel. Und so wird Weiblichkeit und Tod – auch außerhalb der bekannten bedrohlichen Weiblichkeitstypen, etwa den Gorgonen, den Sirenen, der Medea oder anderer »Wahnsinnsfrauen« – vorstellbar. Die Räume von Tod und Weiblichkeit liegen nun auffällig dicht beieinander: »Betäubende Düfte von Blumen und Parfums, Iris und Eß-Bouquet, erweckten mir Vorstellungen von Damen-Boudoirs und Sterbe-Zimmern«, schrieb Kurt Martens 1898 in seinem *Roman aus der Décadence*[16].

Ein Indiz für diese Verschiebung bietet der Blick auf die Todesarten. Diese und die damit verbundenen Orte des Sterbens waren deutliche Kennzeichen für einen weiblichen oder einen männlichen Tod[17]. Während der Tod in der Öffentlichkeit – etwa auf dem Schlachtfeld – männlich konnotiert war, entsprach der Tod innerhalb privater Abgeschiedenheit der Vorstellung eines weiblichen Todes. Der Selbstmord wiederum galt als weiblicher Tod, vor allem dann, wenn er durch Erhängen oder den Sprung in die Tiefe vollzogen wurde. Katja Kabanová und Tosca sind hierfür Beispiele aus der Operngeschichte – während die sich erdolchende Madame Butterfly oder auch Liù (*Turandot*) in ihrem selbstgewählten Tod geradezu männlichen Mut beweisen. Unter diesem Gesichtspunkt interessant ist auch Richard Strauss' Oper *Salome*: Sowohl Jochanaan als auch Salome werden auf den Befehl Herodes' hin getötet, beide sterben eines gewaltsamen Todes. Die Gründe, die zu ihrem Tod führen, liegen noch innerhalb des traditionellen Rollenverständnisses. Während Jochanaan für seine religiöse Überzeugung – im Sinne der *ratio* – stirbt, kommt Salome aufgrund ihrer allzu ausgeprägten Emotionalität und der Übertretung gesellschaftlicher Rollen zu Tode. Die maßgebliche Verschiebung bisheriger Normen aber ist am Ort des Geschehens abzulesen: Der Mann stirbt im Verborgenen, sein Tod ereignet sich nicht in der Öffentlichkeit. Die Frau aber wird vor den Augen aller – auch denen des Opernpublikums – gerichtet.

Den Tod als Abschied zu inszenieren lag in der übergreifenden Endzeitstimmung der Jahrhundertwende nahe: »Sowohl geistig wie künstlerisch lag etwas
Herbstliches und Sterbendes in der Luft, ein Abschiednehmen und eine
Angst vor einer unbekannten Leere.«[18] Und Mario Praz beobachtet diese dekadent-morbide und zugleich lustvolle Weltsicht im europäischen Rahmen:
»Hinzu kam die immer wiederkehrende Klage über das Ende der lateinischen
Kultur. [...] [Paul] Verlaines ›Ich bin das Imperium am Ende der Dekadenz‹
[zeigt] nicht so sehr die Angst vor dem Abgrund als vielmehr den Reiz, den
das Abgründige ausübt. [...] Erst im Laufe der Zeit wurde deutlich, daß es
sich um eine geistige, wenn auch epidemisch auftretende Pose, um ein vorübergehendes Sichverlieren an die Lust des Abgrunds handelte, die sich bald
in bloßer routine du gouffre [...] erschöpfte, nicht aber um eine wirkliche
Auflösung der Gesellschaft. Das Jahr 1900 war so wenig ein Katastrophenjahr
wie das Jahr 1000. Schopenhauers Philosophie, die Musik der *Götterdämmerung*, der russische Roman, Maeterlincks Dramen: Alles wurde absorbiert
und verdaut, nachdem es nicht mehr als den Eindruck einer köstlichen Agonie hinterlassen hatte.«[19]

Zugleich nährte sich aus dem Bewußtsein des Verfalls eine Hoffnung,
man erwartete Unverbrauchtes, Neues:

> »Verse-nous ton poison pour qu'il nous reconforte!
> Nous voulons, tant ce feu nous brûle le cerveau,
> Plonger au fond du gouffre, Enfer ou Ciel, qu'importe?
> Au fond de l'Inconnu pour trouver du *nouveau*!«[20]

> (Flöße uns dein Gift ein, daß es uns stärke!
> Wir wollen, so sehr sengt dieses Feuer uns das Hirn,
> zur Tiefe des Abgrunds tauchen, Hölle oder Himmel, gleichviel!
> Zur Tiefe des Unbekannten, etwas *Neues* zu erfahren!)

Die Entgrenzung – bei Baudelaire der »Abgrund«, gleich ob Hölle oder
Himmel – spielt dabei nicht nur im übertragenen Wortsinn eine Rolle, sondern auch im konkreten Umgang mit künstlerischen Mitteln und Formen. Es
lassen sich auffällig viele Tendenzen von Entgrenzung und Auflösung finden,
experimentelle Versuche, ästhetisch auf das allgemeine Gefühl des Abschieds
zu reagieren. Arthur Rimbaud etwa schrieb: »Es geht darum, durch die
Entfesselung aller Sinne zum Unbekannten vorzudringen.«[21] In der Musik
entsprach dieser Entfesselung aller Sinne etwa auch das Ausloten der Grenzen

des symphonischen Rahmens. Gustav Mahlers »Symphonie der Tausend«[22] ging nicht nur im quantitativen Sinne diesen Weg, dem Schönberg in seinen *Gurreliedern* zu folgen versuchte.

Einen anderen Schritt der »Entgrenzung« tat auch der Expressionismus. Um 1910 wurden hier die bislang maßgeblichen Grundsätze der einzelnen Künste mit einem Schlag außer Kraft gesetzt. Für die Literatur bedeutete dies eine Abkehr von der geschlossenen Handlungsdramaturgie, für die bildende Kunst Abkehr von der Idee der mimetischen Abbildung, für die Musik der Schritt in die Atonalität. Der Bruch mit der Tradition, das Niederreißen bislang gültiger ästhetischer Grundfeste ist dabei allerdings nicht Selbstzweck, sondern birgt *in nuce* den Aufbruch zu neuen Ideen. Hier wird im Moment der Entgrenzung nicht nur die Morbidität der Endzeitstimmung, sondern bereits auch der Anspruch auf Neues offenkundig.

Wie ambivalent aber das Zeitgefühl zwischen Abschied und Aufbruch blieb, stellt sich nicht zuletzt in einem zentralen Werk der Moderne dar, in Alban Bergs *Lulu*. Ernst Krenek analysierte Bergs Tendenz, in der *Lulu* die »Welt von gestern« zu thematisieren und zugleich einen maßgeblichen Schritt in die ästhetische Moderne zu machen, hellsichtig im Kontext der Jahrhundertwende: »Der Schritt nach vorwärts, den er [Berg] mit der Aufnahme der Zwölftontechnik machte, diente ihm nicht eigentlich dazu, um einen gleichzeitigen Schritt in geistiges Neuland zu unterbauen, sondern vielmehr, um sein Verweilen in der Sphäre des genügend gekennzeichneten Weltbildes einer früheren Generation zu legitimieren. [...] Die verlorene Heimat der Tonalität, der Schönheit jener männlich geordneten Welt ist hier nachkonstruiert mit den Mitteln der neuen, unbekannten Ordnung, welche ebensosehr Ursache wie Folge des Zerfalles jener war, und darum exemplifiziert an dem unbeschreiblich holden und doch verfluchten Bild der Zerstörerin jener Schönheit, die sie dennoch selbst in ihrer ganzen Fülle darstellt.«[23] Daß im Zentrum von Bergs Oper *Lulu* aber das Doppelmotiv von Tod und Weiblichkeit steht, ist – für den Komponisten Berg wie für die Zeitspanne zwischen der »Welt von gestern« und der Moderne – von erheblicher Bedeutung.

Zweiter Teil

»Die Stunden, wo wir auf das helle Blauen
Des Meeres starren und den Tod verstehn,
Wo leicht und feierlich und ohne Grauen,

Wie kleine Mädchen, die sehr blaß aussehn,
Mit großen Augen, und die immer frieren,
An einem Abend stumm vor sich hinsehn

Und wissen, daß das Leben jetzt aus ihren
Schlaftrunknen Gliedern still hinüberfließt
In Bäum und Gras, und sich matt lächelnd zieren

Wie eine Heilige, die ihr Blut vergießt.«

Hugo von Hofmannsthal,
Terzinen über Vergänglichkeit

»Endgebilde, die nie verklingen« –
Figuren aus der Nähe der *femme fragile*

Mulier tacet

»Wie Endgebilde der zartesten Romantik der Natur selbst sind diese Frauen-porträts«, schrieb Peter Altenberg schwärmerisch über Gustav Klimts Arbei-ten. »Wie die Dichter sie sich erträumen, zarte, edelgliedrige, gebrechliche Geschöpfe für ihre zärtlichen Begeisterungen, die nie verklingen und nie Er-lösung finden! Die Hände der Ausdruck einer anmutigen Seele, kindlich leicht beschwingt, vornehm und gutmütig zugleich! Alle befinden sich au-ßerhalb der Erdenschwere [...]. Alle sind Prinzessinnen für bessere, zartere Welten.«[1] Kaum treffender – schon gar nicht poetischer – läßt sich eine De-finition der *femme fragile*, jenes zum wesentlichen Figureninventar des aus-gehenden 19. und beginnenden 20. Jahrhunderts zugehörigen Weiblichkeits-typus formulieren. Der Ursprung der *femme fragile* liegt in der der Romantik eigenen Idealisierung der Frau, die Zartheit und Zerbrechlichkeit rückt die *femme fragile* in die Nähe eines Traumbildes, ihre Natürlichkeit korrespon-diert mit der Idee der Frau als Wesen, als »Geschöpf«, gleichzeitig entfernt sie sich von einer individuellen Natürlichkeit, wird zur »Person aus Porzellan« (Heimito von Doderer), künstlich, zerbrechlich und asexuell. Das vergebliche Warten der *femme fragile* auf Erlösung verweist auf ihre mehr oder weniger deutlich akzentuierte Herkunft aus der Gattung der Elementarwesen, zu ihren Attributen zählen die zarten Hände, die Kindlichkeit, Leichtheit, die fehlende Erdenschwere.

Die *femme fragile* verkörpert die Abwesenheit von extrovertierter Emo-tionalität, sie bewegt sich – anders als die *femme fatale* – in einem ausgespro-chen kleinen, kaum wahrnehmbaren emotionalen Ambitus. Denn während die *femme fatale* ein farbenreiches Spektrum zwischen lauernder, bedrohli-cher Passivität und wild-orgiastischen Eruptionen kennt, werden bei der *femme fragile* alle Gefühlsäußerungen abgedämpft: blasse Farben bis hin zur Farblosigkeit (die Farbe weiß wird zu ihrem ständigen Begleiter), die schein-bare Abwesenheit von Sexualität, pendelnd zwischen *femme enfant* und Ste-rilität, umfassende und unerschütterliche Passivität, Lethargie, *ennui*, eine Lebensuntüchtigkeit, die sich in Krankheit und beständiger Todesnähe ausdrückt, schließlich Stille und Schweigen.

Aus den Charakteristika der *femme fragile* die Stille herauszugreifen, um diesen Weiblichkeitstypus in der Musik aufzuspüren, scheint zunächst widersprüchlich, wenn nicht gar absurd – ist doch Musik die *klingende* Kunst. Sowohl Literatur als auch bildende Kunst können Schweigen thematisieren, können »verstummen«, ohne die ihnen eigenen Mittel verleugnen zu müssen. Wie aber die Musik?

Obwohl Musik als klingende Kunst das akustisch Wahrnehmbare benötigt, ist – und dies hebt den scheinbaren Widerspruch auf – das Nicht-Klingen ein wesentlicher Bestandteil von Musik. Die Partitur, als geschriebene Musik, ist stumm, sie muß erst zum Erklingen gebracht werden. Dem Erklingen eines Musikstücks geht die Stille unmittelbar voraus, und auch nach dem Verklingen des Schlußakkords folgt zunächst Stille. Das Stillsein der Zuhörenden gehört seit der Verbürgerlichung der Musikkultur zum Ritual des Musikhörens dazu. In die Musik selbst kann die Stille in Form von (General-)Pausen eingeschrieben sein. Die Stille, hier als Kontrast zum Klang, wird dann um so »hörbarer«. Sie ist für die klingende Phase der Musik, ähnlich wie das Schweigen im Kontrast zum Sprechen, geradezu notwendig: »*Schweigen* verweist auf *Sprechen*; es ist in ihm Moment und Grenze.«[2] Des weiteren spielen dynamische Abstufungen und instrumentale Gegebenheiten immer wieder mit der Hörerwartung und dem Verklingen von Gehörtem. Und schließlich ist Musik als »Zeitkunst« ein Phänomen von Klang und Verklingen. Die Stille selbst – gleich ob in musikalischem oder anderem Kontext – ist eines der wesentlichen Symbole für den Tod. Dabei handelt es sich nicht nur um das unumstößliche Schweigen der Toten, sondern auch um das Schweigen angesichts des Todes. »Wenn Leben nicht mehr ist, gibt es keine Sprache, keine Geräusche, keine Bewegung, nur noch Leere. Wo Bewußtsein und Sprache nicht sind, breitet sich Schweigen aus [...]. Es gibt unaufhebbare Grenzen und Unterbrechungen für immer, die Leere des Schweigens, der keine Sprache mehr gewachsen ist.«[3]

Auch die *femme fragile* steht auf der stillen Seite des Lebens, dem Tod zugewandt. Altenberg sprach von den »Endgebilden, die nie verklingen«, das Paradoxon von Tod und Klang poetisch verarbeitend. Dieser Frauentypus steht für ihn zwar stets am Rande des Lebens, aber als Geschöpf für eine »bessere Welt«, die nicht die alltägliche, zeitgenössische ist, bleibt sie dem Künstler erhalten. Ihre Aura scheint nie zu verklingen, auch wenn die *femme fragile* selbst nicht mehr existiert.

Grundsätzlich lag die weibliche Sphäre schon lange in den Regionen der Stille: Vom *mulier tacet in ecclesia* ausgehend, gehört das Schweigen zur wesentlichen Sozialisation des Mädchens seit dem Beginn patriarchaler Gesellschaftsstrukturen des christlichen Abendlandes. Das Stillsein, als Ausdruck der hierarchischen wie intellektuellen Unterlegenheit, ist gesellschaftliche Norm für Frauen noch bis in die Moderne[4]. Der Ausschluß vom gesellschaftlichen Diskurs, der für die Frau durch das (öffentliche) Schweigen normativ wird, bietet der männlich dominierten Gesellschaftsstruktur einerseits die Möglichkeit, die Frau als »Naturwesen«, als ein zum kulturellen Diskurs unfähiges Wesen zu typisieren. Andererseits wird die Frau – da sie weder über sich selbst noch über ihr Denken und Fühlen Auskunft geben darf – zur Unbekannten: »Im Schweigen [...] entsteht eine enigmatische Komplexität, an der sich die Sprache vergeblich abarbeitet.«[5] In dem Maße, in dem Frauen jedoch der intellektuellen Minderwertigkeit nicht mehr uneingeschränkt bezichtigt werden können, nimmt die Furcht vor ihrem Schweigen zu, aus dem Schweigen wird ein Ver-Schweigen: »Da die Frau nicht das Recht hat zu sprechen, kann sie nur ›Geheimnisse‹ haben, ›Liebesgeheimnisse‹«[6]. Sigmund Freud, der das Aussprechen von Verschwiegenem als medizinische Methode entwickelt und ins Zentrum der psychoanalytischen Arbeit stellt, leitet aus dem Schweigen und Verschweigenmüssen von Sexuellem die (weibliche) Hysterie ab. Sarah Kofman bringt dies auf die knappe Formel: Es sind die »Liebesgeheimnisse‹, die sie krank machen: Und das ist die Hysterie.«[7] Das Schweigen, das sich für die Frau im Bereich der Sexualität auch mit Unwissenheit paart, wird ihr zur Falle. Als Ursache für die »weiblichste« aller Krankheiten, die Hysterie[8], ist das Schweigen zugleich gesellschaftliche Norm. Neben den »Wahnsinns-Arien« der Opernliteratur[9], die meist mit der geballten Stimmfülle der dramatischen (oder Koloratur-)Soprane umgehen, ist es dabei auch immer wieder die Stille, die Hysterie in der Musik darzustellen vermag: »In den meisten Kunstformen wird die Wahnsinnige konventionellerweise als Schweigende dargestellt.«[10]

Nicht eindeutig ist freilich zu bestimmen, was Ursache und was Wirkung ist: Brachte die Reduktion musikalischer Mittel zu einer nach der spätromantischen Klangfülle als Opposition notwendig scheinenden Stille den musikalischen Typus der *femme fragile* hervor? Oder gab diese Form der Weiblichkeit, die bereits in Literatur und bildender Kunst thematisiert worden war, den Komponisten die Gelegenheit, über die Stille in der Musik nachzudenken? Auffällig bleibt jedoch, daß sich der Rückzug der Musik aus dichter Klanglichkeit häufig mit dem Motiv der *femme fragile* verknüpft – ähnlich im übrigen wie die vielzitierte »Sprachkrise« der Wiener Moderne[11].

Eine Frau hingegen, die sich trotz aller Verbote und Normen zu Wort meldet, die ihre Meinung artikuliert, gilt noch um die Jahrhundertwende als »unweiblich«[12]. Wie wesenhaft das Schweigen mit Weiblichkeit verbunden zu sein scheint, und welche negativen Assoziationen dieses Schweigen für den Mann bereithält, läßt sich auch bei Nietzsche nachlesen. Auffällig dabei der warnende Ton, gerichtet an den männlichen Leser: »Wenn ein Mann in-mitten *seines* Lärmes steht, inmitten seiner Brandung von Würfen und Ent-würfen: da sieht er auch wohl stille zauberhafte Wesen an sich vorüberglei-ten, nach deren Glück und Zurückgezogenheit er sich sehnt, – *es sind die Frauen*. Fast meint er, dort bei den Frauen wohne sein besseres Selbst: an die-sen stillen Plätzen werde auch die lauteste Brandung zur Todtenstille und das Leben selber zum Traume über das Leben. Jedoch! Jedoch! Mein edler Schwärmer, es giebt auch auf dem schönsten Segelschiffe so viel Geräusch und Lärm und leider so viel kleinen erbärmlichen Lärm! Der Zauber und die mächtige Wirkung der Frauen ist, um die Sprache der Philosophen zu reden, eine Wirkung in die Ferne, eine actio in distans: dazu gehört aber, zuerst und vor Allem – *Distanz*!«[13] Nietzsche ist darum bemüht, die Stille der Frau als Trugbild, als Idealisierung von »kleinem erbärmlichem Lärm« im Gegensatz zur männlichen »Brandung von Würfen und Entwürfen« zu enttarnen. Darum rät er dem Idealisten, dem »edlen Schwärmer«, der im weiblichen Schweigen ein Positivum entdecken zu können glaubt, zur Distanz. Vor den Gefahren der stummen Weiblichkeit warnt wenig später auch Otto Weinin-ger: »Am gefährlichsten aber ist sie [die Frau], wenn sie stumm ist.«[14] Das Schweigen, in der Romantik mit dem idealen Frauenbild noch eng und posi-tiv verwoben, wird für den Mann nun bedrohlich[15].

Nietzsche spielt auf die Todesstille an. Diese sei das Verlockende für den aus der rauhen Außenwelt kommenden Mann. Er nähere sich der angeb-lichen Stille der Frauen, in der Hoffnung, »an diesen stillen Plätzen werde auch die lauteste Brandung zur Todesstille und das Leben selber zum Traume über das Leben«. Diese Passage nimmt deutlichen Bezug auf die romantisch tristaneske Vision von Nacht und Traum, von Individuum und All, von Liebe und Tod. Nietzsche zerstört diese Hoffnungen endgültig – und damit auch die Hoffnung auf das Einssein der Liebenden. Skeptisch gegenüber den romantischen Einheits-Visionen schreibt Nietzsche die Gegensätze fest, die die Romantik zu vereinen trachtete. Nietzsches Gegensätze von aktiver, lau-ter Männlichkeit einerseits und passiver, aber geschwätziger, daher nur scheinbar stiller Weiblichkeit andererseits sind – aus der männlichen Per-spektive – ausschließlich in einer »*actio in distans*« zu ertragen.

Scheherazade: Erzählen gegen den Tod

Einen weiteren Aspekt zur Trias Frau, Schweigen und Tod trägt eine nicht-schweigende Frauenfigur der Literaturgeschichte bei, die eine Brücke zur Musik zu schlagen vermag. Auch für sie bedeutet Schweigen in existentieller

Weise den Tod; ihr Sprechen, die klingende Sprache erhält sie am Leben: Scheherazade. Die Rahmenhandlung der *Geschichten aus 1001 Nacht* verknüpft die Legitimation zu episch-episodischer Erzählweise mit dem Schicksal einer Frau. Scheherazade gelingt es, durch das Erzählen von Geschichten ihren Mann von seinem ursprünglichen Vorhaben abzubringen, sie nach der ersten Nacht töten zu lassen. Würde sie schweigen, stürbe sie.

Nikolai Rimski-Korsakow schrieb 1888 eine Symphonische Suite über die Geschichte und die Geschichten der Scheherazade. Musikalisch erhält die Protagonistin darin ein exotisch-sinnliches Gewand. Die Solovioline umgarnt mit ihren Arabesken nicht nur den Sultan, sondern auch den Zuhörer, zu dem zarten Flair tritt die Harfe hinzu. In jedem der vier Sätze der Suite taucht das Scheherazade-Solo auf, unregelmäßig und immer wieder leicht verändert[16]. Es verleiht der Suite eine innere Geschlossenheit und bleibt von seinem Charakter doch unaufdringlich, fast bescheiden.

Rimski-Korsakow nutzte die Figur der Scheherazade für eine emanzipatorische Idee. Denn Scheherazades episch-episodische Erzählweise, die ihr letztlich das Leben rettet, dient als Grundlage für die kompositorische Gesamtanlage. Diese aber unterscheidet sich grundlegend von kontrapunktischer und durchführender Motivarbeit des westeuropäischen Symphonietyps. Indem Rimski-Korsakow durch eine umfassend variative Technik zu den Wurzeln der russischen Nationalmusik – genauer gesagt: zu Michail Glinkas »changing background«-Verfahren[17] – zurückkehrt, ist die *Scheherazade*-Suite ein Versuch, sich von der westeuropäischen Tradition zu emanzipieren. Auffällig allenthalben, daß sich dieser Versuch anhand eines Motivs vollzieht, das eine sich über die Schweige-Norm hinwegsetzende Frau darstellt, die durch das Erzählen, das Nicht-Schweigen, ihr Leben rettet[18].

Es ist wohl der exotisch-lyrische Charakter des Scheherazade-Solos, das es zum Modell für einen bestimmten Weiblichkeitstypus werden ließ. Seine musikalisch schlichte Erscheinung, die auf eigentümliche Weise mit einem leicht exotischen, verführerischen Melos verwoben ist, diente jedenfalls für zahlreiche Frauenporträts als Vorbild, so für Alexander von Zemlinskys *Seejungfrau*, für Jules Massenets *Thaïs*, für Gustav Holsts *Venus* (der zweite Satz der *Planeten*) und selbst für Richard Strauss' *Salome*[19]. Nicht zufällig dürfte auch die Soloviolin-Episode am Ende von Schönbergs Symphonischer Dichtung *Pelleas und Melisande* sein: Im Moment von Melisandes Tod erklingt das Thema von Melisandes Liebeserwachen in der Solovioline, eingeleitet durch einen *pianissimo*-Schlag des instrumentalen Todessymbols, des Tamtams[20]. Und auch Rimski-Korsakow selbst griff noch einmal auf das Scheherazade-Modell zurück. In seiner letzten Oper *Der goldene Hahn* ist die Musik der Zarin von Schemacha deutlich mit Scheherazades Tonfall verwandt – wenn auch die Zarin zusätzlich bedrohlich-grausame Züge trägt.

Was aber macht Scheherazade musikalisch aus? Betrachtet man die Urgestalt ihres Motivs (erster Satz, T. 14-17), lassen sich bereits in dieser frühen, gegenüber den folgenden Varianten schlichtesten Form die wesentlichen Merkmale ausmachen. Nach dem dominanten, majestätischen Beginn erklingt das Solo von Violine und Harfe beinahe unwirklich, fremd – »wie aus einer anderen Welt«. Es hebt nicht nur das bisherige Zeitmaß auf, da es rezitativisch frei angelegt ist, sondern bringt auch die Harmonik für kurze Zeit zum Stillstand: Die Umspielungen bewegen sich im subdominantischen Raum – ohne konkrete harmonische Strebefunktion. Die Solovioline spielt in freiem *espressivo*, der letzte Takt weitet sich gar zu einer *Cadenza* aus. Die ornamentalen Umspielungen fungieren dabei kaum als Melodie, vielmehr als ein in sich gekehrtes, rhapsodisches Moment. Die Harfenbegleitung besteht aus drei schlicht arpeggierten Akkorden, die als harmonische Stütze, aber ebenso zur Entfaltung eines Klangraumes dienen. Der Klang der Harfe wird – analog zur harmonischen Strebelosigkeit – in »die Nähe des bloß klingenden Ereignisses« gerückt, verantwortlich dafür sind die »Merkmale des Klanges: Statik, Entwicklungslosigkeit, Verzicht auf [...] ein finales Streben sowie das In-Sich-Selbst-Ruhen.«[21]

Scheherazade erklingt als Wesen außerhalb des sonstigen musikalischen Geschehens, als externes Element, denn ihr musikalisches Material findet zu keinem Moment Eingang in die übrigen Passagen und Entwicklungen der Symphonischen Suite. Durch die Instrumentierung, die sich deutlich von ihrem Umfeld abhebt, durch die Strebelosigkeit des Klangs und der Harmonik, durch die Flexibilität und Freiheit des Vortrags wird das Exzeptionelle von Scheherazades Charakter hervorgehoben. Gleichzeitig unterstreicht der rhapsodische Gestus der Musik ihre Funktion als Erzählende, während die durch ornamentale Melodiebildung und Wohlklang unterstrichene Exotik für das Sinnliche und Verführerische der erzählenden jungen Frau steht. Die Harfe selbst trägt zur Manifestation der weiblichen Sphäre wesentlich bei. Sie gilt als prominentes Instrument für den Symbolbereich des Weiblichen und wurde besonders im Jugendstil – auch bildlich – immer wieder dafür eingesetzt[22]. Wie in zahlreichen, der *Scheherazade* nachfolgenden musikalischen Darstellungen von Frauen nachzuhören ist, verknüpfen sich Instrumentation, Klanglichkeit, Strebelosigkeit, Ornamenthaftigkeit sowie der improvisatorische Gestus dieses Motives aufs engste mit einem Frauenbild, das um die Jahrhundertwende von besonderem Reiz ist: exotisch, verführerisch, exponiert – und doch isoliert.

Scheherazade setzt sich durch ihr Erzählen gegen die tödliche Bedrohung durch. Das unterscheidet ihre Figur von den »reinen« *femmes fragiles*, mit denen sie ansonsten wesentliche Merkmale teilt. Darum auch bleibt ihr Motiv am Ende von Rimski-Korsakows Symphonischer Suite bestehen.

Hatte der erste Satz mit dem martialischen Motiv des Sultans begonnen, so wird Scheherazades Motiv am Ende in seiner ursprünglichen Form nochmals erklingen – bezeichnenderweise nun mit der Spielanweisung *dolce e capriccioso*. Ihr Motiv selbst ist fast identisch mit seinem ersten Erscheinen – Scheherazade hat sich nicht verändert. Die Modifizierungen ihres Motivs im Laufe der Erzählungen resultierten aus deren Spannungsbögen. Die verführerische und lebende Frau hingegen ist sich gleich geblieben. Daß sie sich gegen den Sultan durchsetzen konnte, ist in die letzten Takte der Komposition eingeschrieben. Im *Tempo come primo* (T. 645ff.) erklingt in den Bässen das Sultan-Motiv im *pianissimo*, die beiden Solovioline und die Harfe setzen dazu allerdings die zuvor erklungene Scheherazade-Episode fort, beruhigen damit das Motiv in den Bässen, bis dieses völlig verklingt (T. 655). Daraufhin schwingt sich die Solovioline nochmals zu einer letzten arabeskenhaften Figuration, begleitet von Liegetönen der Holzbläser und Arpeggien in der Harfe, in die schwindelerregende Höhe des viergestrichenen e auf. Scheherazades Motiv, ihr Klang und ihre Instrumente können sich durchsetzen. Indem sie bis zum Schluß nicht schweigt, entkommt sie dem Tod.

Totenstille und ihr Echo

> »Wart meinen Tod ab
> und dann hör mich wieder...«
> Ingeborg Bachmann[23]

Ein Moment der absoluten Stille begleitet häufig das Sterben auf der Opernbühne[24]. Wenn aber nun ein Echo dieser Stille, das Wiedererklingen von motivischem Material, das zuvor mit der Verstorbenen verbunden war, hinzutritt, scheint dies auf die Weiblichkeit der Figur hinzuweisen. Die Zäsur der Stille, die den leblosen weiblichen Körper hinterläßt, der sich dann als akustisches Phänomen rekonstituiert, ist ein häufiges musikalisches Phänomen für Todesmomente von weiblichen Opernfiguren. Drei Beispiele seien dafür näher betrachtet.

Die Hauptfiguren in Leoš Janáčeks Opern sind zumeist tragische Frauengestalten, Jenůfa, Míla – die Hauptfigur von *Osud* –, Katja Kabanová, Emilia Marty – die zentrale Gestalt der *Sache Makropulos* – oder auch das schlaue Füchslein, eine Füchsin mit einer Reihe menschlich-weiblicher Züge. Bis auf Jenůfa sterben alle diese Frauenfiguren, sei es durch Selbstmord (Katja, Emilia), durch einen Unfall (Míla) oder durch Mord (Bystrouška, das schlaue Füchslein). Míla, die chronologisch erste Frauenfigur, die in Janáčeks Opernschaffen zu Tode kommt, steht am Anfang seiner kompositorischen Auseinandersetzung mit dem Todesmoment. Ihr Tod ist gleichsam der Ausgangspunkt (oder auch die Vorstudie) zu den später komponierten Todesmomenten weiblicher Figuren in seinen Opern. Ein musikalisches Moment ist allerdings bereits hier wesentlich: die Generalpause, das komplette Verstummen des klingenden Geschehens.

Míla versucht, ihre verwirrte Mutter vom Balkon zurückzuhalten, und stürzt dabei mit ihr in den Tod. Živný und Mílas Söhnchen Doubek stehen kurz darauf entsetzt vor ihrem Leichnam. Der kleine Doubek ruft in seiner Verzweiflung tonlos »Mami, mami!«, eine kurze Zäsur (Generalpause), dann folgt Živnýs »Tiše, tiše!« (»Still, still!«)[25]. So werden die Umstehenden Mílas Tod gewahr: Doubek, der verzweifelt die Mutter anzusprechen versucht, und Živný, der Doubek beruhigen möchte und dabei doch nur ausspricht, in welchem Zustand die Mutter nun ist: sie ist still geworden. Die Generalpause bildet hier das musikalische Zentrum, um das sich die Wortrepetitionen gruppieren: Die vierfachen »Tiše«-Rufe nach der Generalpause korrespondieren mit dem viermaligen Rufen des Sohnes nach der Mutter (»Kde je mami? Kde je mami? [...] Mami, mami!«) vor der Pause. Nicht zufällig wohl entspricht dabei auch der Tonfall der »Tiše«-Rufe der Vertonung der ersten »Mami«-Rufe, die Generalpause, das akustische Vakuum des Todes, wird zur Spiegelachse der sich ähnelnden Rufe.

Auch bei Bystrouškas Tod spielt die Zäsur eine wichtige Rolle: Das schlaue Füchslein stirbt durch die Flinte des schießwütigen Jägers. Auf den tödlichen Schuß folgt eine Generalpause, daraufhin erklingt eine Restituierung von Bystrouškas Thema. Der Tod wird nicht durch die Zerstörung oder Eliminierung des Themas dargestellt, sondern im Gegenteil durch seine komplette Wiederaufnahme, instrumental in eine verklärende Sphäre gehoben. Die Füchsin ist zwar tot, in der Musik aber ist sie nach ihrem Tod lebendig. Diese kompositorische Entscheidung entspricht dem Ideengehalt von Janáčeks Oper: Bystrouška ist Teil des natürlichen Kreislaufs, sie lebt und stirbt im Einklang mit der pantheistischen Vorstellung vom Vergehen und Wiederkehren alles Lebenden. Insofern verweist die Wiederaufnahme des Themas auf den Lebenskreislauf, der sich– auf der Handlungsebene – in den Kindern Bystrouškas abzeichnet.

Zum dritten Beispiel: Debussys Mélisande stirbt – dem langen Sterben Tristans verwandt – einen langsamen Tod. Er erstreckt sich über den gesamten fünften Akt der Oper *Pelléas et Mélisande*. Der eigentliche Augenblick ihres Todes ereignet sich sehr still, fast unmerklich, lange nachdem Mélisande ihre letzten Worte gesungen hat. Für den Opernbesucher wird Mélisandes

Tod nur indirekt wahrnehmbar durch das Verhalten der Dienerinnen, die in diesem Moment auf die Knie sinken. Eingeschrieben ist ihr Tod allerdings in die Partitur: durch das *morendo* (Spielanweisung), die Generalpause und die nachfolgenden Schläge der Glocken (Ziff. 36).

Obwohl sich Debussy vehement gegen eine Wagnersche Leitmotiv-Technik wandte, kann man Motive oder Themen(komplexe) in *Pelléas et Mélisande* beobachten, die einzelnen Personen, Seelenzuständen, Dingen oder Situationen vage zuzuordnen sind. Pierre Boulez spricht dabei treffenderweise von »sich [...] rein dekorativ verändernden Arabesken«[26], eine Definition, die der Instabilität der thematischen Gebilde Rechnung trägt. Eine dieser thematischen »Arabesken« ist Mélisandes Sphäre zugeordnet. Der fünfte Akt, Mélisandes langes Sterben, beginnt mit einer »verfallenden Variante« (*version déclinante*)[27] dieses Themas: Rhythmisch eingeebnet, scheint es seine innere Dynamik verloren zu haben, das synkopische Nachklappen der Harfen-Flageoletts unterstreicht den derangierten Eindruck. Nach Mélisandes letzten Worten – noch ist sie nicht gestorben, aber sie wird nicht mehr singen – erscheint eine leicht abgewandelte Form. Hier ist die rhythmisch ohnehin gleichförmige Variante zusätzlich mit Pausen durchsetzt. Pausen, die ein Stocken suggerieren, und die in eine Generalpause münden.

Direkt vor Mélisandes stillem Tod, der sich musikalisch in einer Generalpause ereignet, erklingt ein wieder rhythmisierter Bruchteil ihres Themengebildes. Kurz darauf jedoch wird Mélisandes Themengebilde – in einer dem allerersten Auftreten des Themas[28] ähnlichen Form – ganz verhalten im *pianissimo* wieder aufgenommen. Arkel singt dazu: »Sie war ein so stilles, so scheues und so schweigsames kleines Geschöpf. Sie war ein kleines mysteriöses Geschöpf wie jedes andere.«[29] Während also das Sterben Mélisandes durch die *version déclinante* begleitet wird, beginnt mit ihrem Tod die musikalische Restituierung: »Wart meinen Tod ab und dann hör mich wieder«, formulierte Bachmann, als habe sie dabei Debussys Musik zu Mélisandes Tod im Ohr gehabt. – Aus dem motivischen Bruchstück entwickelt sich nach dem Todesmoment das ursprüngliche Themengebilde, das zu Arkels hellsichtiger Charakterisierung in seiner Gänze wiedererscheint. Die tote Mélisande wird musikalisch reanimiert und gleichzeitig in den Worten Arkels idealisiert. Mélisande gehört damit zu jenen »Endbilden, [...] die nie verklingen und nie Erlösung finden«, und sie gehört zu den »Prinzessinnen für bessere, zartere Welten«.

Zugleich löst Mélisandes Tochter, die in diesen Momenten zur Welt gekommen ist, ihre Mutter in der Rolle der »Endbilde« ab. *Status nascendi* und *status morendi* fallen in eins, deutlicher ist der Hinweis auf den Lebenskreislauf kaum zu zeigen. Allerdings erwartet die Tochter Mélisandes eine schwierige Aufgabe – an der letztlich auch ihre Mutter gescheitert ist –: die

Welt Allemondes von ihrer Kälte[30] und Bitternis zu erlösen. Und so gelten ihrer Tochter auch die letzten Worte Mélisandes: »Auch sie wird weinen. Ich habe Mitleid mit ihr«. Daß die Tochter den Kreislauf der nie verklingenden, zarten »Endgebilde« fortsetzen wird, formuliert Arkel, der weise Alte, zum Schluß der Oper: »Jetzt ist die arme Kleine an der Reihe.«

Die musikalischen Ereignisse zum Zeitpunkt des Todes ähneln sich auffällig – auch wenn sie von ihrer kompositionsästhetischen wie dramaturgischen Umgebung her kaum unterschiedlicher sein könnten. Der musikalischen Zäsur, als Symbol für Stillstand und Tod, folgt die Restituierung des Hauptthemas der soeben Verstorbenen, ihr Echo. Die Zäsur, das akustische Vakuum, das den Übergang von Hier nach Dort übersetzen kann, wird ergänzt durch das Wiedereinsetzen des musikalischen Materials nach dem Moment der Zerstörung. Diese Wiederkehr erfüllt eine doppelte Funktion. Zum einen kann sie – als Wiederinstandsetzung des soeben Verloschenen – zur Idealisierung der Verstorbenen beitragen, zum anderen steht sie als Zeichen für den Lebensrhythmus in der pantheistischen Vorstellung von zyklischem Werden und Vergehen. Sowohl Bystrouška als auch Mélisande tragen von beidem einen Anteil in sich, wobei der Schwerpunkt bei der Füchsin auf dem natürlichen Element des Lebenszyklus liegt, bei Mélisande auf der Idealisierung.

Frageverbote – Sprechverbote

»Nie sollst Du mich befragen...«

Ein strahlender Ritter erscheint unverhofft, bringt Hilfe für eine in Not geratene Frau, bietet ihr nicht nur Glanz und Schutz, sondern auch seine Hand
für den Bund des Lebens. Dabei stellt er nur eine Bedingung: »Nie sollst du
mich befragen, / noch Wissens Sorge tragen, / woher ich kam der Fahrt, /
noch wie mein Nam' und Art!«[1] Elsa, die zarte Frau an der Seite des unbekannten Ritters, wird durch ihre böse Nebenbuhlerin verführt, dennoch
nachzufragen. Der Zweifel an der Herkunft des Unbekannten wächst, noch
in der Hochzeitsnacht stellt Elsa die verbotene Frage. Lohengrin muß sich zu
erkennen geben und Elsa verlassen. In Richard Wagners romantischer Oper
Lohengrin (1850 uraufgeführt) steht ein Frageverbot im Mittelpunkt der gesamten Handlung[2]. Derjenige, der es ausspricht, kommt aus einer anderen
Welt, aus dem Reich des heiligen Grals, um der Menschenfrau Hilfe und Rettung in höchster Not zu gewähren[3]. Das Tabu, das Elsa durch die Frage
bricht, rührt an der Herkunft Lohengrins, an der Reinheit der Gral-Gemein-
schaft. Nur als Unwissende könnte sie das Glück mit Lohengrin erleben.

Die Frau, der das Frageverbot auferlegt ist, ist die einzige, die es auch
brechen kann[4]. Dabei ist das Frageverbot auch Erkenntnisverbot, und so liegt
ein Vergleich mit der Ursünde Evas nahe: Elsa, die »tugendreine«, wird von
Ortrud verführt zu fragen. Ortrud ihrerseits ist nicht nur die böse Frau, die
opernhaft typisierte Gegenspielerin der guten Frau, sie ist auch schlangenhaft
listig. Nachdem Elsa der Versuchung des Fragens nicht mehr widerstehen
kann, wird sie aus dem Paradies der Zweisamkeit mit Lohengrin vertrieben.
Sie ist letztlich aber die einzige aus dem Kreis der positiv besetzten
Handlungsträger, die unter dem Bruch des Frageverbots leidet. Sie fällt »ent-
seelt« zu Boden, während das Volk von Brabant nach der Abreise Lohengrins
in Herzog Gottfried einen neuen, rechtmäßigen »Führer« erhält.

Frageverbote sind nicht nur Schranken zwischen Realität und Imagination, sie bezeichnen auch die Grenze, die der menschliche Zweifel nicht überschreiten darf, die Tabuzone der Erkenntnis – eingesetzt von der hierarchisch
höchsten Macht. So ist *Lohengrin* auch eine Parabel über den Zweifel, der –
an der tabuisierten Stelle angebracht – zum Tode führt. Elsa steht im

Mittelpunkt des Frageverbots, in ihrer Person laufen Versuchung und Zweifel, unschuldige Unwissenheit und schuldhaftes Wissenwollen zusammen. Die Situation ist dabei eine zutiefst bürgerliche: Der erfahrene, weitgereiste Mann heiratet eine unschuldig reine Jungfrau, doch über das Vorleben des Mannes darf die junge Frau nichts wissen wollen. Daß Elsa das Frageverbot ausgerechnet in der Hochzeitsnacht bricht, verweist auf die (auch) sexuelle Konnotation des Frageverbots. Lohengrin – über jeden Zweifel erhaben – antwortet in aller Öffentlichkeit auf die Frage, da er seine Herkunft aus der christlichen Gemeinschaft des Grals, als Sohn Parzivals, nicht zu verbergen braucht. Die Schuldige aber, in direkter und deutlicher Nachfolge Evas, bleibt Elsa, die zu der Schuld des gebrochenen Schwurs noch die Last der Antwort zu tragen hat: Lohengrin hat nichts zu verschweigen, im Gegenteil, seine Reinheit blendet geradezu die erniedrigte Fragende.

Elsas Nicht-Wissen-Dürfen und das Schweigen Lohengrins über seine Herkunft umschreiben auch den verborgenen Radius der Macht. Die absolute Macht des Grals hatte Lohengrin ausgesandt, um die ins Wanken geratene Macht in Brabant wieder aufzurichten. Lohengrins Schweigen über seine Herkunft und das Frageverbot, also das Verbot, das Schweigen zu brechen, ist mehrdeutig, denn, so beschreibt es Christoph Wulf, »Schweigen ist in sozialen Situationen nicht bloß Leere; es vermittelt Bedeutung. Wer das Schweigen kontrolliert, kontrolliert die Rede; er kontrolliert aber auch die Reihenfolge von Handlungen. In sozialen Situationen ist Schweigen mehrdeutig. Es verunsichert und läßt Furcht entstehen.«[5] Lohengrins Verschweigen seiner Herkunft läßt Elsa zweifeln, angestachelt durch Ortrud erliegt Elsa dem Bedürfnis nach Erklärung. Das Stadium des Nichtwissens verunsichert sie. Gleichzeitig hatte Lohengrin mit dem Frageverbot die Macht über sein Schicksal in Elsas Hände gelegt. Elsa – in Unwissenheit und verführt durch den negativen Einfluß Ortruds – mißbraucht diese Macht (wenn auch aus durchaus einsichtigem Grund).

Frage- und Sprechverbote werden meist dann ausgesprochen, wenn eine Vorgeschichte verschwiegen werden und das Verschweigen die Standhaftigkeit des mit dem Verbot Belegten auf die Probe stellen soll. Aber war das Nicht-Ausgesprochene und das Wissen um Verschwiegenes nicht auch eine Demarkationslinie der Macht? In diesem Gefüge kann es daher für das bürgerliche Rollenverständnis nicht unerheblich sein, ob der Mann oder die Frau mit dem Frage- oder Sprechverbot belegt ist. Lohengrins »Nie sollst du mich befragen« ist in der Umkehrung der Geschlechter, wie es zum Beispiel im Frage- und Redeverbot in der Undinen-Motivgeschichte auftaucht, ein völlig anderes. Das Frageverbot wandelt sich in ein Stummbleibenmüssen der Frau: Selbst wenn der Mann fragte, die Frau darf nicht antworten. Das Machtverhältnis zwischen den Geschlechtern bleibt daher das gleiche, während die Wissensgrundlage verschoben ist. Der Verstoß des Mannes liegt denn auch nicht im Fragen, sondern in der Tat: Er begeht Ehebruch, da er in der Verbindung mit der stummen Außenseiterin keine Erfüllung mehr sehen kann. Auch die Konsequenzen des Geschlechtertausches beim Frage- und Sprechverbot sind unterschiedlich: Während Lohengrin eine am Boden zerstörte Elsa zurückläßt und nach Monsalvat, in seine Heimat, zurückkehrt, bleiben Undine und ihre Schwestern entweder in ein diffuses Zwischenreich der Untoten verbannt oder sterben den (Mit-)Leidenstod, nachdem sie ihren Geliebten umbringen mußten. Und ein weiterer Unterschied: Die weibliche Außenseiterin wird Grund für die allgemeine Katastrophe, während Lohengrin ein befriedetes Land (und eine individuell leidende und sühnende Frau) zurückläßt.

Die Seejungfrau *von Alexander von Zemlinsky*

Fast zeitgleich entstanden die musikalischen Bearbeitungen des Undine-Motives von Antonín Dvořák und Alexander von Zemlinsky[6]. Dvořáks dramatische Bearbeitung, seine Oper *Rusalka*, erlebte 1901 am Prager Nationaltheater ihre Uraufführung, Zemlinskys Phantasie für Orchester *Die Seejungfrau* entstand 1902/1903 und wurde 1905 in Wien (zusammen mit Arnold Schönbergs Symphonischer Dichtung *Pelleas und Melisande*) uraufgeführt. Beide Kompositionen beziehen sich wesentlich auf die Erzählung *Undine* (1811) von Friedrich de la Motte Fouqué und Hans Christian Andersens Märchen *Den lille Havfrue* (*Die kleine Meerjungfrau*)[7]. Und beide Komponisten legen ihren Werken eine neo-romantische, sezessionistische Sichtweise auf das seit der Antike virulente Motiv der Wasserfrau zugrunde. Dies ist insofern wichtig, als sich dadurch beide Komponisten für einen verklärend-leidenden, in letzter Konsequenz »vergehenden«[8] Weiblichkeitstypus entscheiden, der die Undine in die Nähe der *femme fragile* bringt.[9]

In Andersens Märchen ist das Motiv des Schweigens handlungsbestimmend[10]. Die kleine Seejungfrau verliebt sich in einen Menschenmann und möchte darum ihre elementarwesenhafte Freiheit aufgeben, um ihm nahe zu sein. Der Preis für die Beine, die die Meerhexe aus ihrem Fischschwanz modelliert, ist ihre Stimme: »Du hast die schönste Stimme von allen hier auf dem Grunde des Meeres«, sagt die Meerhexe zu ihr. »Damit glaubst Du ihn wohl bezaubern zu können; aber diese Stimme mußt Du mir geben. Das Beste, was Du besitzest«. Die kleine Seejungfrau zweifelt erstmals, nachdem sie zuvor sowohl die Schmerzen als auch das Ausgestoßensein aus der Welt der Meeresbewohner klaglos in Kauf genommen hatte: »Aber wenn Du meine

Stimme nimmst [...], was bleibt mir dann?‹ ›Deine schöne Gestalt‹, sagte die
Hexe, ›Dein schwebender Gang und Deine sprechenden Augen; damit kannst
Du schon ein Menschenherz bethören‹. [...] die Hexe [...] schnitt der kleinen
Seejungfrau die Zunge ab, die nun stumm war und weder singen noch sprechen konnte.«[11] Die stumme Seejungfrau gewinnt nun zwar das Herz des
Prinzen, die Hochzeitsvorbereitungen gelten jedoch einer anderen Frau. Der
kleinen Seejungfrau bleiben für diesen Fall nur zwei Möglichkeiten. Da sie
nur durch die Heirat mit dem Prinzen einer Seele teilhaftig werden kann,
muß sie, falls er eine andere Frau heiratet, am Morgen nach der Hochzeit
sterben. Von der Meerhexe erhält sie jedoch einen Dolch. Wenn sie mit
diesem den Prinzen tötet, kann sie als Seejungfrau ihren Fischschwanz und
ihre Elementarwesenhaftigkeit zurückgewinnen. Sie entscheidet sich für den
eigenen Tod: »Das Messer zitterte in der Seejungfrau Hand. – Aber da warf
sie es weit hinaus in die Wogen; die glänzten roth, wo es hinfiel; es sah aus,
als keimten Blutstropfen aus dem Wasser auf. Noch einmal sah sie mit
halbgebrochenem Blick auf den Prinzen, stürzte sich vom Schiffe in das Meer
hinab und fühlte, wie ihr Körper sich in Schaum auflöste.«[12] Sie erhält in
ihrer nun einsetzenden Metamorphose eine Stimme zurück, eine Stimme wie
eine »Melodie, aber so geistig, daß kein menschliches Ohr sie vernehmen, [...]
daß keine irdische Musik sie wiederzugeben vermag.«[13]

Das Redeverbot, das die kleine Seejungfrau für die Liebe auf sich
nimmt, führt zu ihrem Opfertod. Sie kann sich dem Prinzen nicht offenbaren, ihre Situation nicht schildern, und sie kann ihn durch ihren Gesang
nicht bezaubern. Auch die Stimme, die sie zum Schluß des Märchens wie-
dergewinnt, ist für menschliche Ohren nicht wahrnehmbar. Neben dem zentralen Motiv der unerfüllten Sehnsucht[14] scheint dieses Wechselspiel aus verführerischem Gesang und auferlegter Stummheit, aus Liebe und Opfertod,
aus Sphärenklang und irdischer Musik Zemlinsky zu seiner Fantasie für Orchester inspiriert zu haben.

Zemlinsky sah die Komposition der *Seejungfrau* als »Vorarbeit für
meine Symfonie ›Vom Tode‹«[15] an. Da er das symphonische Projekt weder
ausführte noch später auf diese Pläne erneut zu sprechen kam, kann nur vermutet werden, was sich Zemlinsky darunter vorgestellt hat und warum die
Komposition der *Seejungfrau* Vorstudie hierzu sein sollte[16]. Der intensive
Briefwechsel mit Schönberg aus der Entstehungszeit der *Seejungfrau* läßt je-
doch erkennen, daß Zemlinskys Gedanken in dieser Zeit um das Außensei-
tertum – sei es das irreal-elementarische oder das real-künstlerische – kreisen.
Sowohl in der *Seejungfrau* als auch in dem Opernprojekt, das Zemlinsky nach
Abschluß der Arbeit an der Symphonischen Dichtung aufnahm (*Der
Traumgörge*), steht ein junger Außenseiter im Mittelpunkt: die Seejungfrau als
Wesen aus einer nicht-menschlichen Welt, Görge als Künstler und Träumer,

der in der Welt der Phantasie lebt. Beiden ist eine große Sehnsuchts-
empfindung eigen, Peter Gülke spricht von einem »narzißtischen, von Erinnerungen zehrenden Insichkreisen«[17]. Doch während der Künstler und
Träumer Görge eine neue Realität findet, scheitert die Seejungfrau an ihrem
Außenseitertum. In beiden Fällen spielt die irreale Sphäre eine wesentliche
Rolle, die Welt des Künstlers[18] einerseits, die Welt der Elementarwesen andererseits. Auffällig bleibt, daß die Idee zur »Symfonie ›Vom Tode‹« in die
Komposition einer weiblichen Außenseiter-Geschichte floß, nicht in die der
männlichen.

Bezieht man Zemlinskys eigene Situation während der Entstehungszeit
der *Seejungfrau* in diese Überlegungen mit ein, tritt eine weitere Bedeutungs-
schicht zutage. Gegen Ende des Jahres 1901 schrieb Zemlinsky an Schönberg:
»Die neueste Neuigkeit: Mahler verlobt mit Alma Schindler«, dann folgen
mehrere Dutzend Gedankenstriche, bevor Zemlinsky fortfährt: »Hier ist
ziemlich alles beim Alten«[19]. Die zahlreichen Gedankenstriche markieren eine
bei Zemlinsky sonst höchst seltene Sprachlosigkeit angesichts der Verlobung
seiner ehemaligen Schülerin Alma Schindler mit Gustav Mahler. Zemlinsky
verband mit Alma Schindler mehr als ein reines Lehrer-Schüler-Verhältnis.
Sein Schmerz, auch wenn er dafür in dem Brief an Schönberg keine Worte
fand (oder finden wollte), war groß, als er von der unerwarteten Verlobung
erfuhr. Zemlinsky begann mit der Komposition der *Seejungfrau* bald nach der
Eheschließung von Alma Schindler und Gustav Mahler. Die Heirat seiner
Schülerin, für die er bezeichnenderweise ein »Requiem auf den Tod eines
lieben Mädchens«[20] komponieren wollte, wurde somit Anlaß für die Vorstudie zur »Symfonie ›Vom Tode‹«.

Die Parallelen zwischen seiner eigenen Situation und Andersens Märchen dürften Zemlinsky wohl aufgefallen sein – eine Parallelität allerdings
mit vertauschten Geschlechterrollen: Er, der als Komponist unverstandene
Außenseiter der bürgerlichen Gesellschaft, verliebt sich in eine der schönsten
Repräsentantinnen eben dieser Gesellschaft und möchte sie heiraten. Sie
jedoch heiratet einen anderen, Gustav Mahler, eine – aus bürgerlicher Perspektive – bessere Partie. Zemlinsky fällt es offenbar schwer, darüber zu
sprechen (oder zu schreiben). Dieses Nicht-darüber-reden-Können kompen-
sierte er in einer – ohne Worte auskommenden – Symphonischen Dichtung,
die dieses kurz zuvor persönlich Erlebte als literarisch-motivischen Hintergrund liefert.

Die Sprache der Musik, die Zemlinsky für das Schicksal von Andersens
kleiner Seejungfrau wie für sein eigenes findet, ist durchzogen von dem Motiv der unendlichen Sehnsucht, die für die hoffnungslos liebende Außenseiterin im Tod endet. Ausgehend von dieser Motivkonstellation ergibt sich für
die Musik eine eminent wichtige Aufgabe, für den Komponisten eine große

Herausforderung. Die Musik hat das Unaussprechliche auszudrücken. Gleichzeitig begibt sie sich auf die Suche nach einer Ausdrucksmöglichkeit, die sich vom bereits Existierenden abhebt. Gerade letzteres wird zu Beginn des neuen Jahrhunderts virulent: Auch Zemlinsky und Schönberg suchen nach neuen Wegen, abseits von den Vorbildern Richard Wagner[21] und Johannes Brahms. Ein Lösungsansatz, den beide zur gleichen Zeit beschreiten, ist der symphonische Weg, der den Maßgaben der »absoluten Musik« ebenso folgt, wie den Ideen der Programmsymphonik. Das Suchen einer neuen, eigenen Musiksprache wird dabei offenbar befördert durch Sujets, die musikalisch dort weitergehen, wo die Grenze des Sagbaren bereits überschritten ist. Zemlinsky greift dabei die Vertonung einer literarischen Vorlage auf, die das Verstummen der menschlichen Sprache und den Tod einer schönen jungen Frau in den Mittelpunkt stellt.

Zemlinskys dreisätzige Symphonische Dichtung wird von einem Rahmen umschlossen, der als Prolog den ersten Satz eröffnet und auf den sich der Epilog am Ende des dritten Satzes rückbezieht. Diese Bogenform manifestiert nicht nur den zyklischen Grundgedanken, der bereits in Andersens Märchenvorlage angelegt ist, sondern musikalisiert gleichzeitig das wesenhafte Element, aus dem die Seejungfrau hervortritt und in das sie zurückkehrt. Auf der märchenhaften Bedeutungsebene ist dieses Grundelement die Natur, genauer gesagt: das Wasser. Gülke verweist in diesem Zusammenhang zu Recht auf Wagner: »Einer Darstellung der Meerestiefe, zugleich als eines Urgrundes des Elementarischen, aus dem nicht nur eine Figur, sondern die ganze Erzählung und deren Welt aufsteigen, war nach Wagners *Rheingold* viel aufgegeben.«[22] Daneben aber ist auch – und das ist aufgrund der persönlichen Konkurrenzsituation um Alma Schindler immerhin erstaunlich – auf Zemlinskys Anknüpfung an Gustav Mahler hinzuweisen, genauer gesagt: an Mahlers Erste Symphonie[23]. Auch hier hatten sich – aus einer langen Phase des musikalisch suchenden Urgrundes – Themen gebildet, auch hier war der Prozeß der Entwicklung von Naturlaut zu künstlerisch ausgeformtem Thema nachhörbar gewesen: das »Erwachen der Natur aus langem Winterschlafe«[24].

In Zemlinskys Partitur tritt aus den kaum vernehmlichen, liegenden Akkorden der tiefen Bläser und Streicher eine einsame schlichte Bewegung hervor: Die Harfe durchschreitet in langsamen Vierteln einen tiefen Tonleiterausschnitt, begleitet nur durch die sordinierten Kontrabässe. Nach zwei Takten erweitert sie den Tonleiterausschnitt, nun fast eine Oktave umspannend und dezent rhythmisiert. Allmählich belebt sich die Partitur mit einzelnen Elementen, kurzen Figurationen, Skalenausschnitten oder pendelnden Akkordfolgen. Die Dynamik jedoch nimmt – trotz der allmählichen Ausbreitung des Orchesterapparats – kaum zu. Eine kurze Zäsur (bei Ziff. 2) unterbricht die »Naturlaut«-Episode, um *Langsam und ungemein zart* dem Violin-Solo Raum zu geben. Aus dem ungeformten Panorama der Naturlaute entspringt – *sehr zart u. sehnend* vorzutragen – das Thema der Seejungfrau [Notenbeispiel 1].

Der »Naturlaut«-Beginn, wie er sich quasi aus dem akustischen Nichts heraus entwickelt, stellt auch den Ursprung alles Musikalischen dar. Aus den anfänglich suchenden, sich langsam konstituierenden Intervallen und Klängen entsteht erst allmählich die Melodie der Solovioline. Man könnte hier von dem mithörbaren Erlebnis sprechen, wie sich aus der überindividuellen, unkonkreten und ungeformten Urmasse der Musik die Individualität einer Melodie entwickelt. Die Musik in diesem ursprünglichen Zustand steht »für den reinen, unverdorbenen Naturlaut, die beseelte Natur selbst.« Dabei wird sie Anwältin einer »Gegenwelt zur ›zivilisatorischen‹ Verderbnis der abgegriffenen Übereinkünfte und der herzlosen Konventionen, einer Gegenwelt, deren tiefere Menschlichkeit auch daher rührt, daß sie von dieser nichts weiß. Und die Identifikation der Musik mit ihr erreicht einen Grad, welcher [...] zu sagen erlaubt, die Erzählung löse sich in Musik und als Musik auf.«[25] Aus diesem Grund auch beschließt die »Naturlaut«-Episode das Werk. Jenseits aller Formenstrenge und Konventionalität kehrt die Musik zu sich selbst zurück, auch wenn der »Naturlaut« nun – durch die tragischen Ereignisse und den Tod der Protagonistin, die mit motivischen Reminiszenzen die Reinheit des Beginns durchbrechen – eingetrübt ist.

Eine weitere Beobachtung knüpft an das Thema der Seejungfrau (erster Satz, Ziff. 2) an. Neben der offenkundigen Interpretation, daß sich aus dem »Naturlaut«-Prolog eine Figur individuell profiliert, daß die Protagonistin aus ihrem Element, dem Wasser, gleichsam emporsteigt und durch ihr gesangliches Motiv vorgestellt wird, drängt sich der Vergleich mit jenem anderen Märchenstoff auf, der ebenfalls eine empfindsame Frauengestalt zum Mittelpunkt hat: Scheherazade. Auch Rimski-Korsakow hatte das Motiv der Scheherazade nach kurzen Einleitungstakten – im doppelten Sinne des Wortes – exponiert. Auch bei der Wiederkehr dieses Motives in jedem der vier Sätze spielte immer wieder die Instrumentation eine maßgebliche Rolle: die Solovioline, zumeist nur begleitet durch wenige Harfen-Akkorde. Auch bei Zemlinsky wird das Motiv der Seejungfrau durch eine freie solistische Geigenmelodie vorgetragen, begleitet allerdings durch die Holzbläser. Und hatte Rimski-Korsakow die Scheherazade-Melodie zum Schluß dominieren lassen, so erklingt auch bei Zemlinsky die Solovioline am Ende der Komposition, eingebettet in rauschende Harfen-Arpeggien und den diffusen Klang des »Naturlaut«-Rahmens.

Notenbeispiel 1:
Alexander von Zemlinsky, Die Seejungfrau, *Partitur S. 4 und 5*
©*Mit freundlicher Genehmigung der Universal Edition A.G., Wien*

Die Idee eines solistischen Streichinstruments durchzieht die gesamte Partitur Zemlinskys. Dabei entwickelt er allerdings eine instrumentatorische Vielfalt, die weit über Rimski-Korsakow hinausgeht: etwa indem der Solovioline ein Solocello[26] an die Seite gestellt wird (beispielsweise im ersten Satz nach Ziff. 9, wo die beiden solistischen Streicher dialogisieren) oder indem mehrere Solovioline eingesetzt werden (zweiter Satz, vor Ziff. 3[27]). Auch die Trennung zwischen Solo-Episode und Orchester, die Rimski-Korsakow – motiviert durch die literarische Vorlage – fast durchgängig beibehält, hebt Zemlinsky auf. Er ist im Gegenteil um größtmögliche Variabilität bemüht. Es findet sich daher ein breites Spektrum an unterschiedlichen Hintergründen für die Solo-Episoden, von einem fast völligen Verzicht auf Begleitung bis hin zu einer Dichte des Orchestersatzes, die die solistische Violine kaum noch wahrzunehmen erlaubt.

Trotz dieser Modifikationen ist die grundsätzliche Idee der Solovioline auch bei Zemlinsky durchgängig erkennbar. Motiviert und verständlich wird diese kompositorisch-instrumentatorische Anlehnung durch zwei Aspekte. Einerseits war Zemlinsky für die Komposition der *Seejungfrau* um eine märchenhafte Atmosphäre bemüht. Er nannte nicht nur die Symphonische Dichtung »Phantasie für Orchester« – eine Bezeichnung, die auf die phantastisch-märchenhafte Aura des Sujets verweist –, sondern formulierte diesen Wunsch auch explizit in einem Brief an Schönberg: »Auch möchte ich – so weit wir das können, – das Märchenhafte irgendwie fixieren.«[28] Scheherazade, die Märchenerzählerin *par excellence*, steht wie kaum eine andere (weibliche) Figur für das Märchenhafte, und Rimski-Korsakows Symphonische Suite war dem versierten Orchesterleiter und Kapellmeister Zemlinsky sicherlich nicht unbekannt.

Auf der anderen Seite verknüpfen sich die beiden literarischen Sujets durch das Motiv des Verstummens und des Todes. Scheherazade durfte, um nicht getötet zu werden, nicht verstummen. Ihr Motiv ist elementar mit dem Sprechen verbunden. Auch das erste Erscheinen des Motives der Seejungfrau ist ein Sich-Artikulieren. Aus der Anonymität des »Naturlaut«-Panoramas »hebt sich, personalisiert im Gestus des Sprechenwollens wie im Gebrauch solistischer Instrumente, das Thema der Seejungfrau ab«[29]. Wenn auch die Musik, indem sie das Moment des Soloinstrumentes weiterträgt, das Sprechenwollen der Seejungfrau bis zum Schluß durchführt, so wird ihr dieses Sprechenwollen auf der literarischen Handlungsebene verboten. Für die Musik freilich ist dies Anlaß und Gelegenheit zur Artikulation, sie kann hier jenen Bereich darstellen, den Ludwig Wittgenstein dem Schweigen zugewiesen hatte: das Unsagbare – sei es das Unsagbare des Todes, das Zemlinsky im dritten Satz als »ein Stück Requiem« (Gülke) für seine Protagonistin musikalisiert hatte, sei es das Unsagbare der unerfüllten Liebe, das Zemlinsky nach Alma Schindlers Verlobung sprachlich nicht in Worte zu fassen wußte. Dies Unsagbare scheint sich in der Musiksprache der *Seejungfrau* auszudrücken.

Rusalka *von Antonín Dvořák*

In Dvořáks Oper *Rusalka* erfährt das Problem des Schweigens der Protagonistin eine in der Gattung begründete Zuspitzung. Die textlose und dabei programmatisch motivierte Instrumentalmusik hatte Zemlinsky die Gelegenheit eröffnet, das Verstummen der menschlichen Sprache im musikalischen Klang aufzuheben. Von diesen Prämissen kann die Gattung Oper nicht ausgehen. Denn sie ist – wenn auch durch ihren Abstraktionsgrad und der Realitätsferne der gesungenen Sprache relativiert – auf das singende Sich-Mitteilen der Figuren angewiesen. Wie also umgehen mit der Sprachlosigkeit der Hauptfigur, mit diesem Sprach-Sing-Verbot? Vielleicht muß, um Dvořáks Oper gerecht zu werden, die Frage auch anders formuliert werden: Welchen Zweck erfüllt das auskomponierte Sprech- und Sing-Verbot der Rusalka?

Im Zentrum steht auch in Dvořáks Oper die aus der europäischen Romantik bekannte Kultur-Natur-Dichotomie. Diese erfährt hier allerdings Modifikationen, eine tschechisch-nationale Einfärbung ist genauso zu bemerken wie die Verschärfung angesichts eines veränderten Natur-Bildes. Die tschechische Sezession, der die Oper *Rusalka* nahesteht, war auf eine umfassende Emanzipation von der habsburgischen Dominanz bedacht, die nationale Wiedergeburt wurde nicht nur als politische Notwendigkeit, sondern auch als kulturelle Chance begriffen. Die künstlerischen Erneuerungstendenzen fielen daher mit dem Wunsch nach Abgrenzung von der k. u. k.-Kultur zusammen. »Die Sehnsucht nach der Modernität«, so Vladimir Karbusicky, »war verknüpft mit dem Fragen im Innern: Wo sind wir? Wo streben wir hin? Was bringt uns das neue Jahrhundert? Das war ein Abschied von der Kindheit der Nation, die nie mehr zurückkehrt.«[30] Adäquaten Ausdruck dieser Situation finden die Künstler der Prager Sezession unter anderem in einem neuen Naturverständnis: Die Natur ist neuentdeckte Heimat und zugleich ein durch nationale und wirtschaftliche Interessen bedrohter Ort. Sie bietet dem Menschen Geborgenheit und muß doch gleichzeitig befürchten, von ihm benutzt, sogar zerstört zu werden. So reflektiert das Schicksal, das die Wassernixe Rusalka erleidet, auch das gebrochene Verhältnis zwischen Mensch und Natur.

Das Redeverbot, an dem die Liebe des Prinzen zu Rusalka scheitert und das ihm den Tod bringt, rückt dabei auf eine andere Bedeutungsebene als

etwa bei Zemlinsky. Rusalka steht, prädestiniert durch ihre elementarwesenhafte Herkunft, als Allegorie für die Natur, an der sich der Prinz versündigt.
Sie muß ihn letztlich für sein Fehlverhalten strafen. Hier ist der Natur-Kul-
tur-Konflikt, wie er in Fouqués Erzählung im Mittelpunkt stand, wieder ins
Zentrum gerückt, freilich mit einer kulturpessimistischen Variante, die sich
aus den Gegebenheiten der fortschreitenden Industrialisierung und der politischen Entwicklung romantisch-nationaler Ideen speist. Dabei wird die tragische Geschichte der Rusalka aus der »Perspektive der Elementargeister«[31]
erzählt, ein Grund, warum das Moment der Schuld, das bei Zemlinsky kaum
berührt wurde, hier im Vordergrund steht. Der Abschiedsgesang von Rusalka
kreist um die Frage: »Warum mußtest du treulos sein?«[32]

Der Prinz wird schuldig in einem umfassenden Sinne. Zunächst tritt er
als Jäger auf, vorbereitet durch das Lied des Jägers hinter der Bühne. Dieses
Lied thematisiert – in volksliedhafter Naivität, aber bereits mit einem Hinweis auf das »verzauberte weiße Reh« – die Ausbeutung der Natur durch den
Menschen[33]. Der Prinzen ist temperamentvoller Jäger im doppelten Sinne:
Wild- und Frauenjäger. Was die Schloßbediensteten zu Beginn des zweiten
Aktes andeuten (»Heimlich spricht die Dienerschaft, unser Prinz sei flatter-
haft!«[34]), ist hier bereits im Charakteristikum der Jagd erkennbar. Erst als er
sich durch Rusalkas Zauber verirrt, läßt sein Jagdinstinkt nach. Um so stärker wird gleichzeitig seine Sehnsucht nach Rusalkas Element: »Und heimlich
mit lockendem Auf und Ab, ziehen die Wellen mich sanft hier hinab, als
sollt' der Jagdbegier heiße Glut sich nun kühlen in der Wasserflut!«[35] Später
wird der Prinz Rusalka immer wieder »(mein) weißes Reh« nennen, auf die
Jagdsituation der ersten Begegnung und die Verzauberung anspielend. – Daß
auch Debussys Mélisande am Wasser sitzend von dem verirrten Jäger Golaud
gefunden und mit auf sein Schloß genommen wird, ist im übrigen nur *ein*
Zeichen der Motivverwandtschaft.

Des Prinzen Treulosigkeit gegenüber Rusalka ist auch ein Treuebruch
gegenüber einer friedlichen Koexistenz von Mensch und Elementarwesen,
zwischen Kultur und Natur. Die Hexe[36] spricht dies unverblümt aus, als sich
Rusalka, nachdem sie vom Prinzen verstoßen wurde, hilfesuchend an sie
wendet: »Mensch bleibt nur Mensch, lebt von uns [den Elementar- und Na-
turwesen] abgewandt, ist seinem Urkeim längst entfremdet schon«[37]. Dvořák
kommentiert diesen Satz der Hexe mit einer bedrohlich dunklen Orchesterbegleitung – wie sich im übrigen auch das Orchester mit seinen Natur-Moti-
ven dafür ausspricht, daß die Hexe dem Elementarwesenbereich zuzuordnen
ist: Vom Grundton ausgehend durchschreiten Baßklarinette und Bässe ab-
wärts gerichtet, in Gegenbewegung dazu die Singstimme aufwärts gerichtet,
die h-Moll-Skala. Dazu erklingt eine ostinate Figur in den mittleren Streichern, welche die Bewegung der Singstimme auf Sechzehntel verkleinert.

Hörner, Kontrabässe und der dichte Trommelwirbel grundieren die Szene mit einem Liegeton auf h. Insgesamt herrscht eine unheimliche, dynamisch zurückgenommene Stimmung. Ein ähnlicher Orchestersatz – mit den Elementen ostinate Figuration, Orgelpunkt, Paukeneinsatz und ausschließlich tiefes Register – findet sich bei einer weiteren Sentenz der Hexe über die Schlechtigkeit des Menschen: »Mensch wird Mensch erst, wenn er morden kann, wenn in Blut er taucht die Hände. Stets kommt's ihm nur aufs Töten an: ewige Blutgier ohn' Ende!«[38] Auf die harten Vorwürfe der Hexe reagiert das Orchester nun – anders als bei der ersten schwerwiegenden Beschuldigung – zusätzlich mit harten Akzenten und einer dynamischen Steigerung zum *fortissimo*.

Die eigentliche Welt Rusalkas hingegen ist die intakte Natur, wie sie im *Lied an den Mond*[39] exemplarisch zum Ausdruck kommt: Eine ausgeprägt lyrische Gesangslinie erhebt sich – rezitativisch frei und durch die Verzierungselemente zum Teil improvisatorisch im Charakter – über dem ausgewogenen vierstimmigen Satz der Streicher, dialogisierend mit solistisch sich abwechselnden Holzbläsern. Dazu tritt der ausgedehnte Einsatz der Harfe, deren solistische Einleitung die Stimmung des Liedes vorgegeben hatte – die Harfe wird auch während Rusalkas Stummheit ihr »Sprachrohr« sein. Dynamik und Tempi entfalten sich frei und durchschreiten dabei ein breites Spektrum. Insgesamt entsteht der Eindruck von Ungebundenheit und lyrischer Einheit zwischen Rusalka und ihrer Umgebung.

Doch diese Naturidylle erfährt Irritationen, ihr Einklang wird gebrochen. Von der lyrischen Stimmung des Naturbildes im *Lied an den Mond* bleibt im dritten Akt nur noch ein verhaltener Abglanz, eine ferne Erinnerung übrig. Beispielsweise mischt sich, wenn die durch ihr Harfen-Solo angekündigte, vom Prinzen gerufene Rusalka erscheint, ein renitentes Paukenmotiv unter das Naturbild. Die Gebrochenheit der Idylle wird hörbar. Die ganze Tragik des verlorenen Paradieses erlebt der Prinz kurz vor der letzten und tödlichen Begegnung mit Rusalka. Hier wird rein musikalisch verbunden, was die Hexe anklagend ausgesprochen hatte: die Ausbeutung der Natur durch die Jagd, die Schuld des Menschen an der Natur[40]. Verwirrt und seiner Schuld bewußt kehrt der Prinz zu jenem Ort im Wald zurück, an dem ihm Rusalka erstmals begegnete. Den Prinzen befällt eine starke Sehnsucht nach jener Ursprünglichkeit, die er damals kennengelernt hatte. Die Regieanweisung an dieser Stelle lautet: »Er erkennt die Landschaft des I. Aktes. Sein Geist wird klarer.«[41] Das Orchester kommentiert dies mit einer verhaltenen Reminiszenz an das Lied des Jägers aus dem ersten Akt. Dort führte das Jägerlied direkt zur ersten Begegnung zwischen dem Prinzen und Rusalka, hier nun wird die Reminiszenz zur letzten Begegnung führen. Das Jägerlied hatte im ersten Akt die doppelte Konnotation von Jagd, aber auch bereits eine Vorahnung der menschlichen Schuld gegenüber der Natur zum Thema: »Das war kein Reh, o Jäger frei, Gott deiner Seele gnädig sei! Fühlst du Trauer im Herzen dein, mußt ewig du verloren sein...«[42] Kompositorisch hatte Dvořák diese Liedzeilen ausgesprochen zurückgenommen: Der Jäger singt zunächst ohne jede Begleitung, dann treten in den Bässen liegende Quintakkorde hinzu. Zwischen den Versen wird ein kurzer Jagdhornruf eingefügt, das Lied klingt im dreifachen *piano* und in einer Fermate aus[43]. Im dritten Akt nun erfüllt sich die Vorahnung des Jägerliedes. Einsam solistisch beginnt die Flöte mit dem Thema des Jägerliedes, die hohen Streicher treten mit einem liegenden, leisen, sordinierten Terzakkord dazu, die Harfe folgt mit einem kurzen Arpeggio, das in der leicht variierten Wiederholung dieser vier Takte in der Baßklarinette (!) liegt. Der einsame, kaum wahrnehmbare, lange verklingende Flageolett-Ton (ges) der Harfe beschließt die achttaktige Phrase, die nun auf vier Takte verkürzt nochmals leicht variiert wiederholt wird[44]. Hier wird die äußerst sparsame Jagd-Motivik des Jägerliedes durch Rusalkas musikalische Elemente ersetzt: statt des Hornrufes erklingt das kurze (Harfen-)Arpeggio. Was der Jäger angedeutet hatte, erfüllt sich nun musikalisch. Die Schuld des Jagens und Tötens führt zum sühnenden Tod des Prinzen, der Bezug der beiden musikalischen und szenischen Momente ist unverkennbar. Gleichzeitig wird deutlich, daß in dem Weg des Prinzen *retour à la nature* mehr liegt als die Einsicht in die Schuld. Sein letzter Gang in die Natur »rührt [...] unmittelbar an den Kern einer unserer stärksten Sehnsüchte: des Verlangens, in der Natur Trost für unsere Sterblichkeit zu finden.«[45]

Ein zentrales Handlungsmoment ist Rusalkas Stummheit. Sie ist der Preis, den Rusalka für ihre Menschwerdung bezahlt. Immerhin schweigt Rusalka als Namensgeberin und Protagonistin der Oper über den langen Zeitraum von 1430 Takten (erster Akt, T. 826 bis zweiter Akt, T. 973). Dieses Schweigen ist um so eindrücklicher, als sie fast während der gesamten Zeit ihrer Stummheit auf der Bühne präsent ist und sie nicht eher als gegen Ende des letzten Aktes direkt mit dem Prinzen spricht[46]. Ulrich Schreibers Interpretation des Singverbots spricht Wesentliches an und rückt auch den Aspekt der Seelenlosigkeit und des Seelenerwerbs wieder in den ihm zustehenden Mittelpunkt[47]: »Was bei Andersen grausam wirkt, bekommt auf dem Musiktheater Sinn: beseelt, muß Rusalka dem Prinzen stumm begegnen. Für die Seele hat sie ihre Stimme eingebüßt: einleuchtender läßt sich auf der Opernbühne kaum zeigen, mit welchem Verlust der Elementargeist seine Annäherung an die Menschen bezahlen muß. Dvořák hat die dramaturgische Sollbruchstelle des Librettos dadurch noch verstärkt, daß er dieser Rusalka vor dem Stimmverlust seine vielleicht schönste Musik gegeben hat: jene über terzgekoppeltem Gemurmel der sordinierten Streicher sich in Ges-dur verbreitende Mondarie«[48].

Tatsächlich ist Rusalka während der gesamten Oper musikalisch präsent. Als Titelfigur steht sie auch kompositorisch im Mittelpunkt, denn sie erhält als einzige ein auf ihre Person bezogenes Leitmotiv[49]. Dvořák findet zahlreiche weitere Möglichkeiten, Rusalka selbst als schweigende Figur musikalisch zu charakterisieren. Nur einige seien an dieser Stelle angeführt. Die in sich abgeschlossenen Musiknummern, meist Lieder oder Ensembles, stehen immer in zentralem Bezug zu Rusalka, sei es der Elfen-Reigen des Beginns – hier wird Rusalkas Elementarwesen-Welt vorgestellt –, sei es, wie oben gezeigt, im Lied des Jägers, sei es im Hochzeitslied des Chores, in dem sie als »Blümelein weiß am Wegesrand« umschrieben wird, sei es im Chor der Nixen, der den Handlungsverlauf beständig kommentiert. Der Wassermann, den Rusalka zärtlich »Väterchen«[50] nennt, ist mehrfach ihr Sprachrohr, etwa wenn er immer wieder das Klagen für und um sie anstimmt oder wenn er schließlich für sie Partei ergreift, obwohl sie inzwischen aus seiner Welt ausgestoßen wurde. Insofern ist das musikalische Erscheinen des Wassermannes auch Spiegelbild Rusalkas. Sinnbild für sie und ihr Schicksal ist zudem der Mond. Er wird von ihr angesungen, er begleitet ihren Gang in die Menschenwelt und scheint auch, als sie von beiden Welten, der Nixen- und der Menschenwelt, ausgestoßen ist. Der Mond ist zugleich auch Hinweis auf Rusalkas psychische Gestimmtheit, er ist »Symbol für Rusalkas vergebliche Hoffnung auf Erfüllung der Liebessehnsucht.«[51] Wenn sie schließlich zum nächtlichen »Irrlicht« wird, kommt sie auch in ihrem Erscheinungsbild dem Mond sehr nahe.

Wesentliches musikalisches Charaktermerkmal und akustischer Stellvertreter während ihrer Stummheit ist jedoch das »farbige Erklingen [...] der inneren Stimmen der Waldesnatur«[52], das Otakar Šourek im Vorwort zur Partitur der *Rusalka* hervorhob. Darunter sind allerdings nicht die in der Musikgeschichte häufig vertretenen Topoi der Natur-Imitationen und -Motive zu verstehen, sondern ein umfassendes Klangbild, das eine sezessionistische Sichtweise auf die Natur freigibt[53], schwankend zwischen naiver Ursprünglichkeit und Ästhetisierung. Möglichkeiten zur musikalischen Darstellung dieser Natursicht findet Dvořák in der intensivierten Chromatisierung der Harmonik, in einer mehrfach wiederkehrenden Bogenform und schließlich im Ornament. Auf harmonischer Ebene fallen Mediantrückungen und unkonventionelle Akkordketten auf. Die formale (und zum Teil auch diatonische) Bogenform verwendet Dvořák zur Darstellung des In-Sich-Ruhens und -Kreisens, um die Welt der Naturwesen und das Gleichnis des beständigen Wiederkehrens zu umschreiben, auf symbolischer Ebene ist die Kreisform auch im Bild des Vollmondes auszumachen[54]. Das Ornamenthafte schließlich manifestiert sich beispielhaft in Rusalkas Gesangslinie, besonders in ihrem *Lied an den Mond*: Seine Großform ist die eines zweistrophigen

Liedes mit Einleitung und Nachsatz. Jede Strophe ist nochmals unterteilt in zwei auch charakterlich unterschiedliche Teile (a und b), während der Nachsatz einerseits den finalen Aufschwung herbeiführt, zugleich aber den unruhigen Tremolo-Untergrund aus dem Leitmotiv der Natur[55] einfügt. Rusalkas Gesangslinie beginnt zunächst als schlichte Liedweise, in die sich gegen Ende des a-Teils bereits einige Verzierungselemente einschleichen (12 + 12 Takte). Der b-Teil, *molto espressivo*, beginnt mit einem Oktav-Sprung, die Gesangslinie führt dann, in vielfachen Umspielungen, Verzierungen und Wechselnoten, die Oktave wieder zurück zum Ausgangston. Diese – diatonisch bogenförmige – Ausgestaltung des Oktavraumes ereignet sich, freilich in der Ornamentierung variiert, ein zweites Mal (8 + 8 Takte). Wenige Zwischentakte leiten zurück zum a-Teil der zweiten Strophe. Diese orientiert sich an der ersten, ohne daß sie ihr je gleich wäre. Die Gesangslinie variiert die erste Strophe durch kleine melodische Abweichungen, rhythmische Variation, andere Umspielungen oder Figurationen. Diese musikalisch ausgestaltende Vorgehensweise trägt nicht nur zum improvisatorischen Charakter des Liedes bei, sondern verstärkt auch seine doppelte Eigenheit, Sinnbild für die Natur und das Ornamentale zu sein: ornamenthaft, da das Ornament die wesentliche Formgebung nicht tangiert, im eigentlichen zweck- und absichtslose Ausschmückung ist, naturhaft, da die Gesangslinie durch ihren improvisatorischen Gestus ungebunden erscheint.

Zum ornamentalen Gestus des Liedes trägt wesentlich auch die Harfen-Einleitung bei. Ihre Arpeggien lösen sich langsam aus der angstvollen Stimmung, die der Wassermann mit seinen »Wehe«-Rufen hinterlassen hat. Solistisch bereitet die Harfe nicht nur das entfernte Ges-Dur des Liedes vor, sondern eröffnet mit den üppigen Arpeggien einen völlig neuen, befreienden Klangraum. Die Harfe ist in Sezession und Jugendstil nicht nur Klang, sie ist symbolisches Requisit und steht dabei für Kostbarkeit und Seltenheit, für Zartheit und Zauber, ihr Klang impliziert kreisförmige Entwicklungs- und Strebelosigkeit, schließlich ein umfassendes »In-Sich-Selbst-Ruhen«[56]. Adorno kommentiert das häufige Auftauchen der Harfe als Klang wie als Symbol um die Jahrhundertwende: »Das isolierte Wort Klang assoziiert sich zunächst mit der Harfe [...]. Die Harfe war ein großes Symbolrequisit des Jugendstils; so hieß nicht nur ein programmatisches Gedicht von [Richard] Dehmel, sondern auch [Stefan] Georges Siebenter Ring spielt eine ›Hehre Harfe‹, und die Zahl der Harfen auf Buchschmuck um die Jahrhundertwende ist Legion. Sie standen Freidenkern für Zauber.«[57] Wie der Zauber einer Welt außerhalb der Realität angehört, so wird auch der Harfe eine irreale Qualität zugesprochen: Mit ihr wird die Symbolebene der Körperlosigkeit verknüpft. Und mit dem Instrument, seinem Klang wie auch mit der (vorzugsweise weiblichen) Spielerin werden – ungeachtet der Spielpraxis – immer wieder ephemeren Begriffe in Verbindung gebracht. Die oft gebrauchte Metapher vom sanften Verklingen der Harfenakkorde ist nur ein Steinwurf von der Umschreibung des Todes als »Aushauchen der Seele« entfernt.

Die Harfe spielt in der gesamten Partitur der *Rusalka* eine prägnante Rolle. Immer ist sie mit Rusalka als Naturwesen verknüpft, so daß der Harfenklang in der Phase von Rusalkas Stummheit ihre Stimme gleichsam vertritt. Zugleich wird dieses Stummsein mit der rätselhaft-verborgenen erotischen Ausstrahlung assoziierbar. Zu Rusalkas erster Begegnung mit dem Prinzen beispielsweise – sie ist nun ein stummer Mensch und wird von dem Prinzen sogleich in ihrer Schönheit wahrgenommen – erklingen jeweils ausgedehnte Harfenfiguren. Im ersten »Gespräch« zwischen dem Prinzen und Rusalka übernimmt die Harfe dann ganz explizit die Antwortfunktion auf seine Fragen: »Holdester Traum du, süß und mild, bist du ein Mensch, bist du ein Truggebild? [...] Suchtest du meine Nähe, Schwesterlein weißer Rehe? Oder willst selbst du, so süß und rein, köstliche Beute des Jägers sein? (*Rusalka streckt ihm die Hände stumm entgegen, sie kann nicht sprechen*) Schließt dir ein Schwur die Lippen zu, oder wär' stumm gar dein Mund? Tut erst im zartesten Liebeskuß mir deine Seele sich kund!«[58]

Die Stummheit Rusalkas ist mehrdeutig. Sie ist zum einen ihr Preis für das Ausscheidenwollen aus der glücklichen, da strebe- und sehnsuchtslosen Welt der Naturwesen. Sie ist gleichzeitig auch Zeichen ihrer Domestizierung. Der Wassermann, in den Chor des Hochzeitsliedes einfallend, warnt vor den Gefahren dieser »Beschneidung« – Rusalka selbst kann zu diesem Zeitpunkt nicht selbst sprechen, sie steht an der Schwelle zwischen Natur und Zivilisation, dem einen nicht mehr, dem anderen noch nicht ganz zugehörig. Die Stummheit ist damit auch Zeichen für die »Amputation ihrer Wesenheit«[59]. Gleichzeitig ist Rusalkas Nicht-Sprechen-Können für die fremde Fürstin willkommene Gelegenheit, das stillschweigende Einverständnis zwischen den Brautleuten zu zerstören. Sie bringt den Prinzen dazu, an Rusalkas Stummheit zu zweifeln. Die fremde Fürstin ist so auch Personifikation des menschlichen Zweifels – die Konstellation erinnert an Ortrud und Elsas Frageverbot. Sie ist aber auch Personifikation der (dekadent-mondänen) Zivilisation, also direkte Antagonistin zu Rusalka. Sie ist die »rote Rose«, deren Liebesglut das »weiße Blümelein« Rusalka nichts entgegenzusetzen hat. Die Fürstin verkörpert den offensiven Eros, während Rusalkas Anziehungskraft zauberhaft und dezent bleibt. Der Gegensatz läßt sich weiterführen: Die Fürstin wird des Prinzen schnell überdrüssig, Rusalkas Liebe hingegen – auch über Schmach und Schuld hinweg – währt bis zum Tod.

Rusalkas Stummheit ist schließlich auch Sinnbild für die Rätselhaftigkeit der Natur. Da sie nicht sprechen kann, meint der Prinz, sie nicht verstehen zu können. Und folglich beginnt der erste Dialog zwischen den beiden mit Rusalkas Worten: »Mein Liebster, kennst du mich?« – Wahrheitsgemäß müßte der Prinz verneinen. Denn die Natur, die ihm ausschließlich als erjagenswertes Objekt erschien, ist ihm letztlich fremd. So tritt er zu ihr nur im extremsten Moment wirklich in Kontakt, im Moment seines Todes. Dieser Augenblick ist kein Liebestod im romantischen Sinne und steht auch im Konflikt zur Lesart der *Rusalka* als Märchenoper[60]. Er ist vielmehr die Gewißheit einer schuldhaften Hoffnungslosigkeit, wie sie Peter von Matt bereits für die Fouquésche Erzählung beschrieben hatte: Undines Vertreibung und ihr Tötenmüssen »ist auch der Bericht von der Austreibung der großen chiliastischen Hoffnung, ist eine Erzählung vom Ende der Zuversicht auf das heranrückende Paradies.«[61] Der Prinz sucht Rusalka, bereit zur Sühne für seine Schuld, bereit für den Todeskuß, den ihm Rusalka gibt und den er freiwillig von ihr empfängt. Der Prinz kehrt zum Sterben in die Natur zurück. Rusalka selbst bleibt als Irrlicht zurück.

Mélisande geht: Das lange Sterben einer *femme fragile*

Debussys Idee einer »musique de silence«

>»Manchmal stelle ich mir eine Musik
vor, die in keiner Weise unsere leidenschaftliche Sprache zum Ausdruck bringt, auch nicht einmal die
gewöhnliche Stille, durchaus aber
jenes *ideale Innehalten jeglichen Ge-
räusches* [...], das heißt die wahr-
hafte Sprache der metaphysischen
Atmosphäre, wie sie in den Regionen
der Seele gesprochen wird, wenn das
Leben erstorben ist. Zweifelsohne ist
diese Stille eine Sprache, und nur die
Musik wird sie übersetzen können.«
Camille Mauclair[1]

Im Herbst 1893, während der frühen Entstehungsphase seiner Oper *Pelléas et
Mélisande*, schrieb Claude Debussy einen resignativen Brief an seinen Kom-
ponistenfreund Ernest Chausson: »Lieber Freund, ich habe keine anderen
Entschuldigungen dafür, daß ich Ihnen so lange nicht schrieb, außer daß ich
viel gearbeitet habe! [...] Ja, die Zeit wird mir lang, und unter den verdrießli-
chen Dingen meines grauen Lebens steht Ihre Abwesenheit an oberster Stelle.
Ich hatte mich beeilt, die Vollendung von *Pelléas et Mélisande* zu verkünden,
aber nach einer schlaflosen Nacht, eine von denen die Rat erteilt, mußte ich
mir selber eingestehen, daß dies überhaupt nicht der Fall ist. Es ähnelte einem
Duett von Monsieur Irgendwem, und vor allem erschien das Phantom des
alten Klingsor, alias R. Wagner, hinter jedem Takt, ich habe daher alles
zerrissen und mich wieder auf die Suche nach einem Seitenweg, einem Weg
des persönlicheren Ausdrucks gemacht, ich habe mich bemüht, sowohl Pelléas als auch Mélisande zu sein, ich habe die Musik hinter all den Schleiern
gesucht [...]! Ich habe davon manche Dinge mitgebracht, die Ihnen vielleicht

gefallen werden, ob sie anderen gefallen werden, ist mir gleichgültig, ich habe mich ganz spontan eines Mittels bedient, das mir sehr selten scheint, nämlich die Stille [silence] (lachen Sie nicht) als Ausdrucksmittel und vielleicht als einzige Möglichkeit, die Emotion einer Phrase zur Geltung zu bringen [...]. Ich weiß überdies nicht, warum ich dies sage, denn ich habe nicht die Absicht, meinen Zeitgenossen meine Meinung aufzuzwingen, aber das ist egal, es wäre hübsch, eine Schule der Néomusiciens zu gründen, in der man bemüht wäre, die bewundernswerten Symbole der Musik zu erhalten, oder in der man endlich den Respekt vor einer Kunst wieder einführen würde, den viele andere besudelt haben.«[2]

Debussys Einfall, durch die Stille hinter die »Schleier« der Musik blicken zu können, korrespondiert mit der Idee der *clarté*, der Reaktion zeitgenössischer französischer Künstler auf alles Germanisch-Pompöse. Durchaus nicht nur aus ästhetischen Gründen wurde die anwachsende Klangfülle spätromantischer Orchestermusik kritisiert. Die Gestaltung des Finales spielt dabei eine besondere Rolle. Seit den Symphonien Ludwig van Beethovens, die der Idee *per aspera ad astra* folgten, und unterstützt durch immer größer werdende Orchesterapparate kulminierten die Finali in einem crescendierend sich ausweitenden Höhepunkt. Die frankophile Gegenreaktion auf diese vorwiegend deutsche Finalidee ist noch bei Milan Kundera nachzulesen: »Ist denn alles Langeweile, was nicht närrischer Lauf auf ein Finale hin ist?«[3] Des weiteren aufschlußreich ist in Debussys Brief der Hinweis auf Wagner. Debussy war bestrebt, mit seiner Oper die endgültige Distanz zu Wagner (und zum französischen *wagnérisme*) festzuschreiben[4]. Dazu erschien ihm die »musique de silence« als das probate kompositorische Mittel. Außerdem war er davon überzeugt, daß er mit Hilfe der »musique de silence«, einer Musik der Stille, besonders die beiden Hauptgestalten seiner Oper charakterisieren könne.

Gleich ob die Komponisten sich in der Nachfolge von oder in Abgrenzung zu Wagner verstanden: Richard Wager war nicht nur für die Künstler des *wagnérisme* »eine Existenzfrage« (Pierre Boulez)[5]. Und so sehr Debussy in seinen späteren Jahren den Bayreuther Meister auch ablehnte, als Maßstab mußte er ihn akzeptieren. Und so befand sich Debussy in der zwiespältigen Lage von Ablehnung und Bewunderung.

Zum Wechselspiel aus Aversion und Attraktion gehört die von Debussy postulierte Stille (»musique de silence«) als Gegenposition zu Wagners Ästhetik. Denn gerade die dem *wagnérisme* nahestehende symbolistische Bewegung kultivierte die Stille in besonderem Maße. Für Stéphane Mallarmés Poetik ist *silence* – übersetzbar als *Stille* wie als *Schweigen* – Ausgangspunkt und Zentrum alles Sagbaren: »Einen Gegenstand zu benennen heißt, drei Viertel des poetischen Genusses [...] zu unterdrücken: den Gegenstand anzudeuten, darin besteht der Traum«[6]. Und über Maurice Maeterlinck, dessen symbolistisches Drama *Pelléas et Mélisande* Debussy als Grundlage seiner Oper diente, schrieb Walter Benjamin, er habe der Stille eine auratische Funktion verliehen: »Maeterlinck treibt die Entwicklung des Auratischen bis zum Unwesen. Das Schweigen der dramatischen Personen ist eine von dessen Ausdrucksformen.«[7] Und Debussy selbst kritisierte die Lautstärke der Grand Opéra mit den Worten: »In der Opéra ›flirtet‹ man nicht, man schreit sehr laut unverständliche Worte, und wenn man Liebesschwüre wechselt, so geschieht das unterm Zuspruch der Posaunen: Logischerweise müssen die zarten Schwankungen eines Gefühls unter so viel unvermeidlichem Lärm verlorengehen.«[8]

Hatte Debussy in jenem Brief an Chausson vom Herbst 1893 das Lösen aus den Fesseln Wagners als hauptsächliche Aufgabe bei der Bewältigung seines Opernprojektes gesehen, so kam er auch in einem Interview, das er 1902 über die Hintergründe zur Entstehung seiner Oper gab, auf den Einfluß Wagners zu sprechen: »Nach einigen Jahren leidenschaftlicher Pilgerfahrten nach Bayreuth begann ich, an der Lösung Wagners zu zweifeln, oder vielmehr, es schien mir, daß sie nur für den Spezialfall des Wagnerschen Genies tauglich sei [...]. Folglich sollte man seine Erkundungen *jenseits von Wagner* treiben und nicht in seinem Schlepptau.«[9] Die Widersprüchlichkeiten von Annäherung und Distanz lassen sich offenbar in dem, was Debussy *jenseits von Wagner* nennt, auflösen.

Vor diesem komplexen Hintergrund – *jenseits von Wagner* – heben sich mehrere Aspekte von Debussys Oper wie Konturen ab: Ähnlich wie Beethovens Neunte Symphonie für die Symphoniker des 19. Jahrhunderts eine überdimensionale Hürde darstellte, ist Wagners *Tristan und Isolde* ein Meilenstein der Operngeschichte, an dem sich nachfolgende Werke messen lassen mußten. Dies galt nicht nur für die weitreichenden harmonischen Vorstöße Wagners, sondern gleichermaßen auch für das Sujet. Der Tristan-Mythos regierte, als Drama um Liebe, Ehebruch und Tod, »insgeheim die ganze abendländische Literatur«[10], und Wagner gelang es, das mittelalterliche Sujet in eine Aktualität zu transportieren, ohne ihm die Mystik der zeitlichen Ferne zu nehmen. Dazu kam die Thematisierung und Glorifizierung eines Stoffes, der innerhalb der zeitgenössischen Gesellschaft auf moralische Bedenken stoßen mußte – zumal sich Wagner selbst in einer ähnlichen, öffentlich diskutierten Tristan-Situation befand. Die Musikalisierung einer Liebesnacht (zweiter Akt) und die Überhöhung im Liebestod (dritter Akt) setzte Maßstäbe – kompositorisch wie inhaltlich.

Treulosigkeit und Liebesverrat sind große, konstante Themen der Literatur wie der Oper. Die Parallelen des Tristan- und des Pelléas-Stoffes gehen allerdings über diese Grundkonstanten weit hinaus[11]. Dabei hat es den Anschein, als ob *Pelléas* ein unkonkreteres, diffuses Spiegelbild des *Tristan* sei. Ausgangspunkt für beide Dramen ist eine ferne Zeit, Mittelalter oder Märchenzeit. Die Dreiecksgeschichte spielt sich zwischen dem älteren König, einem jüngeren Bruder oder Abhängigen und der jungen Frau ab. Die Frau kommt aus einem fernen Land in das düstere Schloß, Nacht und Dunkelheit spielen eine zentrale Rolle. Während die junge Frau durch das Ehesakrament an den Älteren gebunden ist, verbindet sie mit dem Jüngeren eine tiefe Liebe. Der Ehemann entdeckt die Liebenden und verwundet den Nebenbuhler tödlich. Der gesamte letzte Akt thematisiert das Sterben der Liebenden. Neben diesen inhaltlichen Parallelen ähneln sich auch – in aller Schlichtheit – die beiden Titel: *Tristan und Isolde*, *Pelléas et Mélisande*. Sie verweisen dabei nicht nur auf die enge Verbundenheit der titelgebenden Gestalten, sondern reihen sich auch ein in die Gemeinschaft der »großen Liebenden« der Weltliteratur: Orpheus und Eurydike, Paolo und Francesca, Romeo und Julia...

Interessanter noch als die Analogien des Tristan- und des Pelléas-Stoffes sind freilich die »Verwerfungen«. Im Zentrum von Wagners *Tristan* steht die große Liebesszene und der lange Liebestod. Und gleichermaßen sind auch bei Maeterlinck und Debussy Liebe und Tod zentrale Aspekte, allerdings werden sie kaum wirklich in Szene gesetzt. Sie sind durchgängig präsent – wie später am Beispiel des Todes näher auszuführen sein wird –, rücken aber nur selten in den direkten Blickwinkel. Der Zuschauer und -hörer ahnt eher, als er weiß. Die Liebesszene beispielsweise zwischen Pelléas und Mélisande, die Golaud durch Yniold beobachten läßt, erfährt der Opernbesucher nicht direkt, vielmehr teichoskopisch: Er ist Zeuge des eifersüchtigen Golaud, der selbst die beiden Liebenden nicht sieht, sondern sich die Szenerie im Zimmer von seinem kleinen Sohn – einer schwachen Kinderstimme – erzählen läßt, der wiederum berichtet, daß die beiden Liebenden *schweigen* – eine deutlichere Verweigerung der Liebesszene ist kaum vorstellbar! Und die Liebe selbst? Sie ist nicht plötzlich da, sondern entwickelt sich langsam, lange Zeit bleibt sie in der Schwebe, wird kaum wirklich ausgesprochen, ist lediglich spürbar. Bei Wagner dagegen gibt es einen konkreten Anlaß, den Liebestrank, der die aussichtslose aber stürmische Liebe zwischen Tristan und Isolde plausibel macht. Eine andere Form der Distanz: Isolde wird aus einem fernen Land zu König Marke gebracht. Sie ist von königlicher Herkunft, standesgemäß. Auch Mélisande kommt aus der Ferne. Es ist jedoch eine unbestimmte Ferne, ein Ort, den sie selbst nicht benennen kann. Ob sie für den Prinzen Golaud standesgemäß ist, bleibt ebenfalls in der Schwebe: Die verlorene Krone deutet auf eine königliche Herkunft hin, ohne daß Mélisande sie bestätigt.

Tristan und Isolde schimmert als historischer Hintergrund durch die Handlung von *Pelléas et Mélisande*, das gegenüber bürgerlicher Wertevorstellungen nonkonforme Geschehen aber wird nicht mehr in aller Deutlichkeit gezeigt – jene Deutlichkeit, die bei Wagner noch schockiert hatte. Die diffuse Distanz macht den Liebes- und Todesweg von Pelléas und Mélisande jedoch »wahrer«, als es eine Konkretheit rund ein halbes Jahrhundert nach *Tristan und Isolde* noch hätte zeigen können. Die Zurücknahme des Konkreten ist dabei auch ein Schritt in die Richtung des (Ver-)Schweigens. Die Erzählung rückt gleichsam in eine nebulöse Ferne. Handlungen, Situationen, Dinge werden nicht mehr beim Namen genannt, sie sind bereits gesagt worden, sie werden nur angedeutet und erhalten gerade durch das Verschweigen von konkreten Fakten neue Impulse. Denn das Verschweigen und die Mehrdeutigkeit der Symbolstrukturen sind im Sinne des Symbolismus die besser geeignete Möglichkeit, hinter die »Schleier« zu blicken. Indem man dem Kunstwerk die Mehrdeutigkeit bewußt einschreibt, wird es in seiner Vieldeutigkeit »wahr«. Mit einiger Berechtigung kann man so für Debussys Oper bereits auf dieser Ebene von einer »musique«, besser: »dramaturgie de silence« sprechen.

Zu Debussys zwiespältiger Haltung Wagner gegenüber gehört auch, daß er zwar Wagners Leitmotivtechnik für seine eigene Opernästhetik ablehnte, zugleich aber ein differenziertes Netz an thematischen Gebilden seiner Partitur zugrundelegte. Ohne die Grundidee der Leitmotivtechnik gänzlich zu verleugnen, entwirft Debussy eine ins Symbolistische tendierende Modifikation der Leitmotividee: Die Themengebilde verlieren durch ihren variablen, inkonstanten Charakter die eindeutige Wiedererkennungsfunktion, sie sind außerdem weniger den handlungstragenden Motiven und Personen zugeordnet, sondern stellen bei Debussy vielmehr eine Zwischenebene zwischen Handlung und Bedeutung – eine eminent symbolistische Funktion – dar. Auch hier arbeitet Debussy gewissermaßen mit seiner Idee der »musique de silence«, denn in seiner Art der Themenbehandlung scheint mehr verschwiegen als ausgedrückt zu werden. Boulez bezeichnet Debussys Umgang mit Wagners Leitmotivtechnik als »›lässige‹ Art«, die sich von der »Absicht wie der Verwirklichung nach sehr weit von Wagner entfernt«[12] – ein Verfahren demnach, das wiederum *jenseits von Wagner* sich ansiedelt. Es handelt sich bei Debussys Themen, so Boulez weiter, »um rein dekorativ veränderte Arabesken, die an die Personen selbst gebunden sind, um Arabesken, welche sich dem allgemeinen Kontext mühelos einfügen, sich manchmal zwanglos überlagern, aber die Textur nicht voll und ganz befruchten.«[13] Den Ausdruck »Arabeske« (»arabesque musicale«) für eine besondere Art der melodischen Linienführung zu verwenden, hatte Debussy selbst angeregt. In Johann Sebastian Bachs Violinkonzert fände sich, so Debussy, »jene ›musikalische Arabeske‹, oder vielmehr jenes Prinzip des ›Ornaments‹, das die Grundlage jeder Art von Kunst bildet.«[14] Der Begriff der Arabeske, der sich ebenso in der zeitgenössischen Kunst wie in Werktiteln Debussys wiederfindet, reflektiert dabei nicht nur die zeitgenössische Idee der künstlerischen Überformung des Naturhaften, sondern trifft auch jene Vorstellung genau, die sich gegen die Eindeutigkeit des Leitmotivs richtet. Die (Themen-)Arabeske ist an sich bereits ständigen, subtilen Metamorphosen unterworfen, sie läßt sich zudem auch weniger zielgerichtet auf einen Bedeutungsgehalt fixieren. Während das Leitmotiv einer Person, einem Gegenstand oder einem Gefühl eindeutig zuzuordnen ist und dabei die Funktion des Wiedererkennens und Verknüpfens bestimmter Sinninhalte in sich trägt, steht die Arabeske gerade für die Auflösung des Benennbar-Eindeutigen. Darin kommt die Weiterentwicklung der Wagnerschen Leitmotivtechnik jenem Appell Mallarmés sehr nahe, der sich gegen die konkrete Benennung eines Objekts wandte, um ihm durch die bloße Andeutung die Wahrheit der Mehrdeutigkeit zu erhalten.

In seinem Artikel »Über den Geschmack«[15] (1913) führt Debussy sein Verständnis von Leitmotiv und Arabeske aus. Ausgangspunkt ist ihm dabei der Zeitgeist, dem »der Sinn für das Geheimnis mehr und mehr schwindet, weil wir völlig damit beschäftigt sind, verschiedene Systeme menschlicher Abrichtung auszuprobieren.« Die Behandlung der Leitmotivtechnik vergleicht Debussy mit einem »Rechenexempel«: »Im Kaufmann von Venedig spricht Porzia von einer Musik, die jedes Wesen in sich trage. [...] Ein wunderbares Wort, das sich jene zu Herzen nehmen sollten, die, noch bevor sie auf das hören, was in ihren Seelen klingt, sich um die Formel mühen, die ihnen am zweckdienlichsten scheint. Oder sie setzen mit großer Geschicklichkeit Takte nebeneinander gleich armseligen Bauklötzchen; eine Musik, die nach Küche und Pantoffeln riecht. [...] Hüten wir uns vor der bloßen Schreibe; sie ist Maulwurfsarbeit, bei der wir schließlich die lebendige Schönheit der Töne auf ein Rechenexempel reduzieren, bei dem zwei mal zwei genau vier ergibt.« Gegen diese Art der Komposition, die ihren Ursprung in Wagner habe, setzt Debussy zweierlei: das Vorbild Johann Sebastian Bach mit seinen »kapriziösen Arabesken«, und das Wesen der Musik als Geheimnis: »Die Schönheit eines Kunstwerks wird immer ein Geheimnis bleiben. [...] Erhalten wir uns um jeden Preis diese geheimnisvolle magische Kraft der Musik. Sie ist ihrem Wesen nach offener dafür als jede andere Kunst.«

Das motivische Material löst sich von eindeutigen Sinnzuweisungen. Es wird dadurch unkonkreter und – ganz im Sinne des Symbolismus – verschwiegener. Die »musique de silence« äußert sich bei Debussy in der Form eines Nicht-zu-Ende-Sprechens und greift dabei zugleich in eines der bis dato wesentlichsten Momente des Komponierens ein: das musikalische Thema. Ähnlich wie sich die zeitgenössische Sprachkrise als Reflex auf die *bavardage* der Belle Époque begreifen läßt, ist Debussys Verweigerung von distinktem Themenmaterial als Gegenreaktion auf die Eindeutigkeit und Unerschütterlichkeit der Idee des musikalischen Themas zu begreifen. Dahinter steht jedoch nicht nur die Idee der Auflösung oder gar der Verweigerung, sondern die Gewißheit, daß das Unsagbare nicht mit Worten eingrenzbar ist, sondern nur mit Andeutung und Schweigen. Debussys thematische Arabesken sind ebensolche Andeutungen von »Seelenzuständen«, keine konkreten Leitmotive. Die Fragilität des motivischen Materials wird zu dessen stärkster Ausdrucksmöglichkeit. Boulez findet für diesen Vorgang die treffende Formulierung, *Pelléas* sei »der Übergang von der *Information* zur *Reflexion*, von der *Tatsache* zum *Symbol*«[16].

Schweigende Musik

>»Die Seelen pendeln in der Stille wie
>das Gold oder die Münze in klaren
>Wasser sich wiegt, und die Worte, die
>wir sprechen haben nur dank des
>Schweigens, in das sie eingebettet
>sind, einen Sinn.«
>Maurice Maeterlinck[17]

Die Stille ist nicht nur ein akustisches Phänomen, sondern auch ein philosophisches. Denn sie kann Reflex auf das sein, was als Unsagbar gilt und ist damit Antwort auf metaphysische Fragen[18]. Es ist darum mehrdeutig, wenn Philippe Ariès über Debussys Mélisande schreibt: »Mélisande war fraglos eine der ersten, die sich, um mit Jankélévitch zu sprechen, ›pianissimo und gleichsam auf Zehenspitzen‹ davonmachten.«[19] Bevor aber das metaphysische Potential der Stille erkennbar wird, bleibt die Frage: Wie ist Schweigen komponierbar? Debussy setzte seine Idee von der »musique de silence« verschiedentlich um, von der »dramaturgie de silence« und den sich verweigernden, verschwiegenen Themenarabesken war bereits die Rede. Eine dritte Möglichkeit ist das explizite Schweigen: das Schweigen des Orchesters, während eine Person singt, und das absolute Schweigen, die Generalpause. Debussy kombiniert nicht selten diese beiden Phänomene »auskomponierter Stille«, Generalpausen sind häufig in eine Passage unbegleiteten Singens eingebettet, das Motiv der Stille in diesen Augenblicken verstärkend.

Diese Momente durchziehen die gesamte *Pelléas*-Partitur, geben ihr ein Gerüst und markieren dabei fünf inhaltliche Schwerpunkte: sie charakterisieren Mélisande und ihre Symbole, sie verweisen auf die Beziehung zwischen

Mélisande und Pelléas sowie auf Golauds Eifersucht, sie stellen Golaud als Gebieter und Herrscher dar, sie dokumentieren die schwierige Diskussion um die Wahrheit und schließlich sind sie eng mit dem Tod verwoben. Dazu einige Beobachtungen en detail.

Die Generalpausen der Oper – die markantesten Punkte der auskomponierten Stille – tauchen an den Schlüsselmomenten der Dreiecksbeziehung auf. Sie begleiten die Entwicklung und Steigerung von Golauds Eifersucht, markieren den Höhepunkt der Beziehung zwischen Pelléas und Mélisande, wobei vor allem die Todesnähe dieser Liebe durch die Generalpausen zum Ausdruck kommt, und kommentieren schließlich das Sterben von Mélisande selbst.

In der zweiten Szene des zweiten Aktes »erklingt« die erste Generalpause der Oper: Golaud Mélisande nach dem Grund ihrer Traurigkeit. Sie antwortet, sie sei krank. Golaud bleibt skeptisch: »Bist du krank? [GP] Was hast du denn, was hast du denn, Mélisande«[20]. Golaud insistiert und schöpft einen ersten eifersüchtigen Verdacht: »Bin ich es, den du verlassen möchtest?« Die zweite Generalpause (III/3, 3. Takt nach Ziff. 41) – ohne Fermate und daher strikt in den Fluß des Geschehens einkomponiert – verdeutlicht eine neue Intensität von Golauds Eifersucht. Zu diesem Zeitpunkt war er bereits Zeuge der Szene am Turm, er ermahnt Pelléas. Sich selbst scheint er noch beruhigen zu können: »Ich habe mitbekommen, was gestern Abend passiert ist, was gesprochen wurde. [GP] Ich weiß genau, daß das Kinderspiele sind, aber so etwas soll nicht wieder vorkommen.« Die Generalpause steht hier für das Stocken vor der eigenen Eifersucht. Golaud kann sie zu diesem Zeitpunkt noch zügeln, sich selbst mit dem Argument, es seien ja nur Kinderspiele, beruhigen. Die dritte Generalpause (IV/2, 5. Takt vor Ziff. 23) ist sehr kurz, ebenfalls ohne Fermate. Es ist ein kurzes Nicht-Weiter-Wissen. Golaud hat in einem heftigen Eifersuchtsanfall Mélisande gedemütigt, wurde von Arkel zurechtgewiesen und fühlt sich nun an einem Endpunkt angelangt. Er rechtfertigt sein Verhalten: »Oh! Also! [GP] Nur weil es so üblich ist.« Es ist ein unheimliches Stocken an dieser Stelle: Golauds Grausamkeit gegenüber Mélisande hat sich zuvor deutlich gezeigt, Golaud selbst scheint bereits entschlossen, den einmal begonnenen Weg der Eifersucht bis zu dem von seinem Ehrbegriff abhängigen Ende zu gehen, und für Mélisande ist zu diesem Zeitpunkt endgültig klar, daß Golaud sie nicht mehr liebt.

Die folgenden drei Generalpausen begleiten die letzte Begegnung zwischen Pelléas und Mélisande (IV/4): Direkt vor Mélisandes Auftritt (4. Takt vor Ziff. 38) hält Pelléas inne: »Ich muß ihr alles sagen, was ich nicht gesagt habe [GP]«. Hier geht es explizit um das Unausgesprochene, vielleicht sogar um das Unaussprechliche. Dann folgt eine weitere Generalpause, gleich nachdem sich die Tore der Burg geschlossen haben: »Was ist das für ein Geräusch? [GP] Man schließt die Tore.« Das laute Geräusch der sich schließenden Tore wird musikalisch komplementär dargestellt – durch eine absolute Stille. Beide Liebenden wissen, daß sie nicht mehr zurück können, daß ihr Schicksal besiegelt ist. Die Stille markiert an dieser Stelle auch die Todesahnung der beiden. Diese Deutung schlägt eine Verbindung zur nächsten Generalpause, die die Umarmung der beiden Liebenden begleitet (Ziff. 51). Ihre Umarmung geschieht in einem musikalisch leeren Raum, in der Abstinenz des Klanges. Die Todesahnung begleitet die körperliche Berührung der beiden. Liebe und Tod stoßen hörbar aufeinander.

Die letzten Generalpausen stehen im fünften Akt der Oper, in jenem langen Sterben Mélisandes. Zunächst kündigt eine Generalpause Golaud an. Bislang sprach Mélisande mit Arkel, dann bemerkt die Kranke eine weitere Person, aber Arkel stockt, ihr den Namen Golauds zu nennen: »Es ist... [GP] du brauchst dich nicht zu fürchten.« Arkel ist besorgt, daß die Anwesenheit Golauds Mélisande zu sehr – vielleicht sogar zu Tode – erschrecken könnte. Aber Mélisande möchte Golaud sehen, mit ihm sprechen. In ihrem anschließenden Dialog geht es einmal mehr um die Wahrheitsfindung: Golaud insistiert auf seiner Frage, was zwischen Pelléas und Mélisande vorgefallen sei. Dabei will er Mélisande jedoch keine Möglichkeit mehr geben, ihm die Antwort schuldig zu bleiben oder gar eine Schuld zu leugnen: »Sag' ja, [GP], ja, ja [GP].« (4./5. Takt nach Ziff. 18) Mélisande soll endlich den Grund seiner Eifersucht bestätigen. Golaud kann an keine andere Antwort glauben, da er sonst seinen Halbbruder umsonst getötet und damit eine große Schuld auf sich geladen hätte. Und so fragt er nicht mehr wirklich nach der Wahrheit, sondern nur noch nach *seiner* Wahrheit, derjenigen nämlich, die ihn von aller Schuld freispricht. Daß es auch eine tödliche Wahrheit ist, spricht die Musik, oder vielmehr ihre Generalpausen aus: Mélisande stirbt nicht an der kleinen Verletzung, die ihr Golaud zugefügt hat, sie stirbt an Golauds Sicht der Wahrheit. Und so versiegen die letzten, von Mélisande gesungenen Worte ebenfalls in einer Generalpause (2. Takt vor Ziff. 29). »Die unverstandene Einsamkeit des Weibes, für die der Mann blind ist, ob er sich gewalttätig oder demütig seinem Gegenüber nähert – das ist der letzte, resignierte Schlußstrich, den das Jahrhundert unter den Kampf der Geschlechter setzt.«[21]

Die vom Orchester unbegleiteten Passagen schließen sich in ihrer interpretatorischen Dimension direkt an den Bedeutungsradius der Generalpausen an. Vor allem die Figur der Mélisande steht dabei im Vordergrund, aber auch die Aspekte Tod und Wahrheit. Denn während Pelléas' Figur oft in breiteren instrumentalen Bildern dargestellt wird, ist das Orchestertacet ein ständiger Begleiter von Mélisandes musikalischer Charakteristik. Ihr »Leitmotiv« scheint die Verweigerung des (Orchester-)Klangs zu sein. So wird der erste Auftritt Mélisandes, Golaud findet Mélisande mitten im Wald am Rand der

Quelle, mit diesem Moment der Stille verbunden. Zu Golauds Worten: »Oh! oh! Wer sitzt dort am Wasser? Ein kleines Mädchen sitz am Wasserrand und weint. Es hört mich nicht« (nach Ziff. 6) schweigt das Orchester. Auch im weiteren Verlauf der Szene wird das Orchestertacet immer wieder für die Beschreibung von Mélisandes Wesen eingesetzt: Wenn sie Golaud verbietet, sie zu berühren, wenn er nach ihrer Flucht fragt und nach ihrer Herkunft. Auch in der zweiten Szene, wenn Geneviève diese Szene in Form von Golauds Brief nochmals nacherzählt, schweigt das Orchester zur Erwähnung von Mélisandes Weinen: »...und sie schluchzte so herzergreifend, daß man Angst bekam.« Weitere Charaktermerkmale und die Mélisande zugeordneten Symbole werden durch ein Orchestertacet begleitet: das Haar (II/1), der Brunnen, an dem Mélisande gefunden wurde (II/1), der verlorene Ring (II/1), das Weinen (I/1 und II/2), ihre Fragilität und Schwäche (II/2 und V), das Nicht-Berührt-Werden-Wollen (I/1 und II/1) und ihre Angst (II/2), die *clarté* des Himmels (II/2), ihre Schweigsamkeit (IV/1), schließlich selbst ihre Stimme (IV/4).

Zentral ist in diesem Zusammenhang Mélisandes Gesang zu Beginn der Turmszene (III/1): Die kurze instrumentale Einleitung, die einen einstimmenden ornamentalen Teppich auszubreiten scheint, bricht völlig ab, und nach einer kurzen Weile hebt Mélisandes Gesang an, *modéré et librement*, ungebunden, scheinbar ohne jegliche Erdenschwere. Sie singt frei und assoziativ von ihren Haaren, von ihren christlichen Schutzpatronen und von ihrer Geburtsstunde: Sonntag mittag. Als Zuschauer erlebt man Mélisande zu keinem anderen Zeitpunkt der Oper so frei und ungezwungen, so beschwingt und fast heiter – in diesem Moment scheint sie wirklich ein »Sonntagskind« zu sein. Mélisande singt von sich selbst, und gerade das ist das Besondere. Bislang – und auch im folgenden – wich sie fast jeder Frage nach ihrer Identität, nach ihrer Herkunft und ihrem Wesen aus. Hier aber äußert sie sich ganz ungebunden zu ihrer eigenen Person. Bedeutsam ist für diesen Moment, daß sie auch ungebunden vom Orchester singt. Spätestens zu diesem Zeitpunkt wird deutlich, daß der vom Orchester unbegleitete Gesang – neben jener Themen-Arabeske, die als melodisches Material der Sphäre Mélisandes zugeordnet ist –, die auskomponierte Stille als wesentliches musikalisches Gestaltungsmerkmal für Mélisande gedacht ist.

Der vom Orchester unbegleitete Gesang ist unschwer auch als Todessymbol in *Pelléas* zu erkennen. Ein erstes Mal tauchen Anzeichen für diesen Bedeutungsgehalt bereits im ersten Akt auf: In der zweiten Szene werden zwei Briefe thematisiert. Der erste ist von Golaud verfaßt, berichtet von der Begegnung und der Heirat mit Mélisande, Geneviève liest ihn vor. Der andere Brief ist an Pelléas addressiert. In ihm erfährt Pelléas von der tödlichen Erkrankung seines Freundes Marcellus. Es erscheint wie ein dezenter Hinweis auf diese Interpretationsebene, wenn Pelléas – ohne Orchesterbegleitung – von »einem anderen Brief« singt. Im dritten Akt dann findet sich ein weiteres Mal das Orchestertacet als Todessymbol: Nach der schaurigen und mit zahlreichen anderen Todessymbolen versehenen Szene in den Gewölben (III/2) atmet Pelléas in der folgenden Szene auf der Terrasse auf. Die Erinnerungen an die dunklen und modrigen Gewölbe jedoch machen ihm weiterhin Angst. Und wieder schweigt das Orchester, wenn er resümiert, daß er dort unten – nicht ganz ohne Golauds Schuld – beinahe tödlich verunglückt wäre: »Ich wäre beinahe hinuntergefallen.« Nachdem sein Vater gesundet ist, darf Pelléas endlich zu seinem todkranken Freund fahren. Dieses Wegfahren bedeutet nun aber die schmerzliche Trennung von Mélisande, so daß sich hier bereits zwei Todessymbole kreuzen: der sterbende Freund und der Abschied von Mélisande. Aber auch Pelléas selbst beschleicht eine Todesahnung. Als er sich mit Mélisande zu einem letzten Treffen verabredet (IV/1), spricht er davon, daß sie ihn vielleicht nie mehr wiedersehen wird. Mélisandes Replik hierauf ist wiederum ohne Orchesterbegleitung: »Sag' so etwas nicht, Pelléas ... Ich werde dich immer sehen.« Sie bannt die Todesahnung und ihre Angst davor, indem sie von der Unendlichkeit ihrer Liebe spricht. Das Orchester jedoch interpretiert ihre Aussage durch sein Schweigen als das, was es ist: ein Todessymbol.

Ein Symbol des Todes ist auch Golauds Schwert. Es ist die Waffe, die später Pelléas töten wird. Als Golaud heftig nach seinem Schwert verlangt (IV/2), wird diese Symbolkraft durch ein Orchestertacet verstärkt. In der kurzen Yniold-Szene (IV/3), als der kleine Sohn Golauds die Schafherde beobachtet, wie sie zum Schlachter geführt wird, taucht das Orchestertacet ebenfalls als Todessymbol auf. Und auch Mélisandes eigener Tod wird durch einen vom Orchester unbegleiteten Satz markiert: Dienerinnen kommen nach Mélisandes letzten Worten schweigend auf die Bühne; Golaud ist irritiert: »Was ist los? [GP] Was wollen alle diese Frauen hier?« singt er, ohne daß das Orchester ihn begleitet. Als Mélisande endgültig tot ist, fallen die Dienerinnen auf die Knie, und Arkel kommentiert, ebenfalls ohne Orchester: »Sie haben Recht«.

Schließlich dient der unbegleitete Gesang als musikalisches Symbol für die schwierige Frage nach der Wahrheit. Nach Peter von Matts Definition geht es beim Liebesverrat stets um die Konfrontation zweier Ordnungssysteme, zweier Wahrheiten: »Die Grundtatsache einer andern Ordnung, die sich früher oder später gegen die Ordnung der Andern richtet, gehört zwingend zur Dramaturgie der verbotenen Liebe.«[22] Für die literarische Tradition des Motivs aber gelte die Maxime: »Wer liebt, hat recht«[23].

Die Konfrontation der beiden Wahrheiten wird von Golaud angesprochen. Er ist es, dem es um die »nackte Wahrheit« geht, immer ist er der Fragende, er braucht Gewißheit. Gleichzeitig ist er in seinem Wertesystem derart gefangen, daß er von dieser Gewißheit abhängig ist. Dieses Eingeschlossensein innerhalb des eigenen Wertesystems macht es ihm unmöglich, ein anderes System zu begreifen. Er fragt zwar nach, aber er begreift nicht, was außerhalb seines Horizonts liegt – darin liegt seine Tragik. Mit Mélisande kommt das andere Wertesystem in seine Welt, und obwohl er zunächst von der Andersartigkeit fasziniert ist, kann er weder aus seinem System heraus noch Mélisande für sein System einnehmen: »Von einem Rätsel der Frau zu sprechen und zu versuchen, dieses Rätsel zu lösen, ist ein eindeutig männlicher Ansatz, Frauen hingegen kümmern sich nicht um die Wahrheit schlechthin, sie sind zutiefst skeptisch; sie wissen genau, daß es ›die‹ Wahrheit nicht gibt, daß es hinter ihren Schleiern noch einen weiteren Schleier gibt und daß, wenn man einen nach dem anderen lüften würde, doch niemals eine Göttin, die ›nackte‹ Wahrheit, erschiene.«[24]

Die sich entwickelnde Konfrontation der beiden Wahrheitssysteme, die schrittweise durch die Oper verfolgt werden kann, kulminiert in Mélisandes Sterbeszene, in der Golaud immer wieder nach der »Wahrheit« fragt. Ihm wird es bis zum Schluß nicht gelingen, mit dem Unbenennbaren, das Mélisandes Wahrheit ausmacht, zu leben. Denn Golaud ist zum einen Repräsentant des (zeitgenössischen) Rationalismus, zum anderen verkörpert er die Väter-Generation[25] – im Vergleich zu Mélisande, der *femme enfant*, und Pelléas, dem wesentlich jüngeren Halbbruder. Als Vaterfigur ist Golaud Hüter der Elterntradition, deren Aufgabe es jedoch ist, »dafür [zu] sorgen oder doch mit allen Mitteln danach [zu] streben, daß gegen diese Regel [des Ehebundes] nicht verstoßen wird. Je schärfer aber der Konflikt zwischen den jungen Leuten und den realitätsbewußten Elterninstanzen wird, umso deutlicher zeigen sich krisenhafte Tendenzen in diesem System der sauberen Trennung.«[26] Diese literarische Grundkonstante, wie sie Peter von Matt beschreibt, spitzt sich bei *Pelléas* insofern zu, als der Ehebund zwischen zwei Generationen geschlossen wird, der Liebesbund aber in einer Generation verbleibt.

Für Golaud geht – trotz seines eingegrenzten Wahrheitsverständnisses – von dem schweigenden Gegenüber, der »anderen« Wahrheit Mélisandes, eine besondere Faszination aus. Golaud war von ihr eingenommen, als er – ganz gegen die rationale Entscheidung der politischen Heirat, die Arkel für ihn vorgesehen hatte, handelnd – Mélisande heiratete: »Ergriffen von dem Nicht-Begreifbaren erlebt der Mensch seine Abhängigkeit. [...] Es ist ein Gefühl des Schauers, der von Empfindungen der Erregung, des Rausches oder gar der Ekstase begleitet werden kann.«[27]

Dieses komplexe Netz von Wahrheit und Gegenwahrheit, von Eigenem und Fremdem, von Begreifbarem und Unbegreiflichem, wird durch Orchestertacets begleitet. Zunächst in der Szene am Brunnen (II/2), nachdem der Ehering Mélisandes in den Brunnen gefallen ist, und sie sich fragt, wie sie diesen Verlust Golaud erklären soll. Pelléas rät ihr, die Wahrheit zu sagen. Die wiederholten Worte »die Wahrheit«, ohne grundierendes Orchester gesungen, stehen dabei seltsam fremd in der zuvor und danach motivreichen Partitur. In der folgenden Szene nun bemerkt Golaud den Verlust und fragt Mélisande fast verhörartig aus, wie, wo und warum sie ihn verloren habe. Mélisande verstrickt sich bei ihren Erklärungen in Halbwahrheiten – sie folgt nicht Pelléas' Rat, die Wahrheit zu sagen. Scheinbar in Gedanken daran aber unterstreicht sie ihre Version der Wahrheit mit »...unbestreitbar...«, das Orchester schweigt dazu.

Hier werden die unterschiedlichen Wahrheitsbegriffe deutlich. Golaud sieht den goldenen Ring[28] nicht nur als Zeichen ihrer Liebe, sondern vor allem auch als Zeichen ihrer Ehe. Für Golaud entspricht dieser Liebesvertrag, der sich durch das gesellschaftliche System legitimiert, der eigentlichen Beziehung zwischen ihm und Mélisande. Die Ehe ist für ihn Verpflichtung gegenüber Familie und Staatsraison – immerhin ist er der Thronfolger –, und sie ist für ihn die einzige Möglichkeit, das verführerische Geschöpf, das er im Wald wie eine Preziose gefunden hat, an sich zu binden. Das ist auch der Grund für seine heftige Reaktion, als er bemerkt, daß Mélisande den Ring verloren hat, und auch für seine genaue Nachfrage, ob Mélisande den Ring verloren habe oder ob er ihr abgefallen sei. Er muß wissen, ob Mélisande schuld ist an dem Verlust oder nicht. Golauds gesamtes Wertesystem gerät mit dem Verlust des Ringes aus dem Gleichgewicht. Mélisande sieht das anders: Sie hat den Ring beim Spielen verloren, als sie ihn leichtsinnig vom Finger genommen und etwas übermütig in die Luft geworfen hat. Dabei war er in den Brunnen gefallen – wie auch die Krone, die zu Beginn der Oper auf dem Grunde der Quelle funkelt. Für Mélisande hat der Ring keine wirkliche Bedeutung, schon gar keinen materiellen Wert. Er ist ein austauschbares Kleinod. Und auch ihr Verständnis von Liebe und Ehe knüpft sich nicht im geringsten an diesen Ring. Daher steht sie der Heftigkeit Golauds mit Unverständnis gegenüber.

Weit schwerwiegender wird die Kollision der beiden Wahrheitsbegriffe bei der Frage nach der Liebe zwischen Pelléas und Mélisande. Das kündigt sich bereits in der großen Eifersuchtsszene (IV/2) an, und auch hier wieder läßt Debussy das Orchester zu zentralen Sätzen Golauds schweigen: »Ich sage etwas sehr einfaches [...] Wenn ich einen Hintergedanken hätte, warum sollte ich ihn nicht aussprechen?« – für Golaud ist die Wahrheit einfach, ohne Wenn und Aber aussprechbar und immer im Rahmen des geltenden Ehrenkodex. Und er hat die Wahrheit, seine Wahrheit der Dinge, gesagt. Wenn er Mélisande demütigt, wenn er sogar seinen Halbbruder tötet, handelt er doch nach den Gesetzen seines Ehrenkodex, da Pelléas und Mélisande aus seiner

Sicht schuldig geworden sind. Dafür aber benötigt er Gewißheit, Zeugen im juristisch-rationalen Sinne. Deshalb spioniert er mit Hilfe des kleinen Yniold, deshalb braucht er das Schuldgeständnis aus Mélisandes Mund. Besonders deutlich wird dies im fünften Akt: »Man muß demjenigen die Wahrheit sagen, der im Begriff ist zu sterben [...] Schwörst du mir, daß du die Wahrheit sagst?« fragt Golaud im Orchestertacet. Und auch Mélisandes »die Wahrheit« steht in völliger Stille im Raum. Die Wahrheit, die er an Mélisandes Sterbebett zu wissen verlangt, kann er nicht erfahren, da Mélisande seine Art der Wahrheit, die rational durchschaubare Wahrheit, nicht kennt. »Tragik ist dort, wo die Mächte, die kollidieren, jede für sich wahr sind. Die Gespaltenheit des Wahrseins oder die Nichteinheit der Wahrheit ist ein Grundbefund des tragischen Wissens.«[29] Golauds Tragik besteht letztlich darin, daß er nicht erkennt, daß er seine Art der Wahrheit von Mélisande nicht erfahren kann, da sie eine andere besitzt. Die Wahrheit, die Mélisande ihm nicht geben kann, da sie sie ihrerseits nicht versteht, bleibt für Golaud ein Rätsel. Damit bleibt für ihn ungewiß, ob er nicht ebenfalls schuldig geworden ist: durch den Mord an Pelléas und vielleicht auch an Mélisande.

Die Form von Mélisandes Wahrheit jedoch entspricht gewissermaßen der symbolistischen Vorstellung, die auch Mallarmé, Wilde und so viele andere formulierten, daß das gesprochene Wort nur einen Bruchteil der eigentlichen Bedeutung zum Ausdruck bringen könne. Die Wahrheit der Bedeutung liege vielmehr im Andeuten als im Aussprechen der Worte. So ergreift Debussy in der Frage um die Wahrheit kompositorisch für Mélisande Partei, wenn er dem Wahrheitsbegriff und dem -begehren Golauds immer wieder mit dem antwortet, was aus der Sicht der Symbolisten die einzige Darstellungsart von Wahrhaftigkeit sein kann: das bloße Andeuten von Konkretem oder, in letzter Konsequenz, das Schweigen. Debussys »musique de silence« wird hier einmal mehr zum kompositorischen Äquivalent der poetisch-symbolistischen Vorstellung. Das, was Maeterlinck in der Sprache umsetzt, Mélisandes Sprachlosigkeit vor Golauds Weltsicht, hat in Debussys »musique de silence« seine Entsprechung.

Die Momente der »musique de silence« intensivieren sich im Verlauf der Oper. Als Kulminationspunkt ist der gesamte fünfte Akt zu beschreiben. Dieser hat nur ein Ereignis zum Thema, Mélisandes Sterben. Ihr Tod – obgleich er ein Liebestod *par excellence* ist – ereignet sich in denkbar reduziertester Stille. Man denke als extremen Kontrast dazu an Isoldes klang- und wortreichen Liebestod! Vorbereitet wird dieses lange Sterben Mélisandes jedoch durch die in der Partitur fixierten Momente der Stille, deren symbolische Bedeutung alle einen mehr oder weniger direkten Hinweis auf den Tod der *femme fragile* geben: Die andere Welt, aus der sie kommt und für deren Wahrheitsgehalt sie steht, ihre Hilflosigkeit gegenüber der dunklen Welt von

Allemonde, ihren Regelverstoß gegen Golauds Ordnung, an der sie letztlich sterben wird. Und wiederum scheint Peter Altenbergs poetische Definition der *femme fragile* der Figur der Mélisande und der von Debussy mit der »musique de silence« ausgestatteten Handlungs- und Symbolebenen aufs Treffendste gerecht zu werden.

Altenbergs Charakteristik der »Endgebilde« spitzt sich in Debussys Oper zu: Zwar ist auch Mélisande die Prinzessin für eine bessere, zartere Welt, gleichzeitig ist ihr Wesen Zeichen dafür, daß das Schweigen am Ende des 19. Jahrhunderts, an der Schwelle zum 20. Jahrhundert, eine besondere Tragik bereithält. Franz Kafka hatte über die Sirenen, jene gefährlich-singenden Frauen der *Odyssee*, sinniert: »Nun haben aber die Sirenen eine noch schrecklichere Waffe als den Gesang, nämlich ihr Schweigen.«[30] Und tatsächlich reagiert dieses Nachdenken über Gesang und Verstummen des so eminent weiblichen Mythos auf eine Krisis, die – geschlechtsunspezifisch – die Philosophen und Künstler erfaßt hatte. Es ist das Schweigen vor dem Unbegreiflichen, das mit einer selbstbewußten und wissenschaftlich sich definierenden Gesellschaft konfrontiert ist, deren rationale Durchdringung metaphysischer, psychologischer und anderer Bereiche der Künstler nicht nachvollziehen kann. Einer dieser Bereiche ist der Tod. Maeterlinck bezeichnet das Leben selbst als »Geheimnis«, das sich erst im Moment des Todes entschlüsseln läßt: »Das Leben ist ein Geheimnis, der Tod ist der Schlüssel, der es öffnet. Aber derjenige, der den Schlüssel im Schloß umdreht, verschwindet für immer in dem Geheimnis«[31]. Den Schlüssel zur Lösung des Geheimnisses erlangt nur derjenige, der stirbt, die Hinterbliebenen in großer Ratlosigkeit – und eben im Schweigen – zurücklassend. Die *femme fragile* aber ist prädestiniert, Unaussprechliches und Zerbrechliches als Gegensatz zu vitalistischem Realismus darzustellen[32].

Mélisandes Sterben ist die Darstellung jenes Vorgangs, das Geheimnis »Leben« durch den Tod zu entschlüsseln. Und es ist, nachdem Golaud Mélisande im Wald gefunden und in seine Heimat gebracht hat, die Inszenierung eines langen, kaum wahrnehmbaren Weges, der Mélisande letztlich von der Welt Allemondes wegführt. Das Motiv des Abschieds und des Wegfahrens taucht immer wieder auf, zumeist verknüpft mit der Figur des Pelléas, der zunächst wegfahren möchte, aber nicht darf, dann wegfahren soll, aber nicht möchte. Allemonde ist eine Welt des Stillstands und der Enge, in der sich – freilich kaum in einer bewußten Aktivität wahrnehmbar – Mélisande bewegt. Sie ist die Neue in der engen Welt, auf der die Hoffnungen zur Veränderung ruhen[33], sie ist aber auch diejenige, die durch ihr fremdartiges Wesen den Stillstand in der Allemonde-Welt irritiert. Wenn Mélisande stirbt, nimmt sie sehr deutlich die Veränderungen der Natur wahr. Sie sieht die untergehende Sonne, bemerkt den anbrechenden Winter und spürt die Kälte (erkennt hingegen nicht Golaud!). Ihr Weg hat sie zu diesem Zeitpunkt bereits aus der Gesellschaft herausgeführt, und sie beginnt – der Tod rückt näher – von einer Wahrheit zu ahnen, die nur ihr zuteil zu werden scheint: »Ich habe den Eindruck, daß ich etwas begreife.« Es ist die Erkenntnis, die in Maeterlincks Vorstellung der Tod dem Geheimnis des Lebens bringt, eine Wahrheit allerdings, die Golaud nicht begreift, Arkel jedoch erahnt.

Mélisandes späte Nachfolgerin

Den langen Weg aus der Gesellschaft heraus, hin zum Tod wird fast sechs Jahrzehnte nach Debussys Mélisande auch Ingeborg Bachmanns Undine be- schreiten: In ihrer Erzählung *Undine geht* schildert Bachmann in sehr ver- wandter Weise den Weg einer Außenseiterin, deren Liebe nicht mit den mo- ralischen Kodizes der Gesellschaft konform ist, die dadurch scheitert und in diesem Scheitern verstummt[34]. Auch Bachmann geht es um die Wahrheit, die sich nur im Abschied der Undinen-Figur erschließt: »Nie hat jemand so von sich selber gesprochen. Beinahe wahr. Beinahe mörderisch wahr. [...] Die Welt ist schon finster [...]. Keine Lichtung wird sein. [...] Ich bin unter Was- ser. Bin unter Wasser. Und nun geht einer oben und haßt Wasser und haßt Grün und versteht nicht, wird nie verstehen. Wie ich nie verstanden habe.
    Beinahe verstummt,
    beinahe noch
    den Ruf hörend.
    Komm. Nur einmal.
    Komm.«[35]

Undines langer Monolog, endend in einer lyrischen Sprachverknappung, ist an eine fiktive männliche Person gerichtet – sie könnte Golaud heißen, Bachmann nennt sie Hans: »Immer wenn ich durch die Lichtung kam und die Zweige sich öffneten, wenn die Ruten mir das Wasser von den Armen schlugen, die Blätter mir die Tropfen von den Haaren leckten, traf ich auf einen, der Hans hieß. Ja, diese Logik habe ich gelernt, daß einer Hans heißen muß, daß ihr alle so heißt, einer wie der andere, aber doch nur einer.«[36]
    War für Golaud und Mélisande der Wahrheitsbegriff unüberwindlicher Scheidepunkt, so spielt Bachmanns Undine mit dem Begriff Verrat. Aber auch hier erhält dieser Begriff eine doppelte Bedeutung: der Verrat, den der Mensch Hans an seiner »Welt« begeht, indem er sich auf Undine einläßt, und der Verrat, den der Mensch Hans an Undine begeht, als er sie verläßt. Auch

146

hier changiert ein einzelnes Wort zwischen unterschiedlichen Wertigkeiten, sogar zwischen zwei konträren Bedeutungen. Denn was für Undine Verrat ist, ist in der Welt von Hans Recht, und was für Undine Recht wäre, ist bedeutet für Hans' Welt Verrat. Bachmann verknüpft dabei virtuos die begrifflichen Ebenen und widersprüchlichen Bedeutungen von Wahrheit, Verrat und Liebe, so daß sich selbst der Leser vor den »tückisch ausgelegten Fußangeln« (Peter von Matt) im Text hüten muß. Beim Lesen verschwimmen die eindeutigen Bedeutungen der Worte, die Sprache selbst wird zum instabilen Untergrund, auf dem Undine und Hans ihren Konflikt auszutragen versuchen.

Der Monolog Undines ist ein Abschiedsgesang, in dem sich Undine von der Menschen-Ungeheuer-Welt verabschiedet, die logische Sprache der Menschen ablegt und in ihr eigentliches Element zurückkehrt. Dabei wird eine Bogenform umschrieben: Undine erscheint und wendet sich Hans zu, der darüber seine Welt verrät. Doch dann wendet sich Hans – von Undines Andersartigkeit irritiert – ab, kehrt zu seiner Ordnung zurück. Undine geht, nicht ohne ihren Abschiedsmonolog mit der paradoxen Hinwendung zu dem zu beenden, von dem sie weggeht – zu Hans. Auch Mélisande stieß einen solchen Kreislauf an. Zwar wird ihr Weggehen nicht mit einem neuerlichen Lockruf verknüpft, aber ihre Wesensart wird durch ihre gerade geborene Tochter weiterleben[37]. »Jetzt ist die arme Kleine an der Reihe«, lauten Arkels Schlußworte. Und so nimmt es nicht Wunder, daß der dramaturgische »Zirkel« der Erzählung Bachmanns sich erstaunlich paßgenau auf Debussys Operndramaturgie übertragen läßt.

Bachmanns Undine erprobt auch die Verweigerung gegenüber dem menschlichen System von (Schein-)Moral, den Gesellschaftsreglements und der Sprache. Sie wehrt sich schließlich gegen »die Benennungswut der Moderne«[38]. Heißt es doch bei Rilke:

Ich fürchte mich so vor der Menschen Wort.
Sie sprechen alles so deutlich aus:
Und dieses heißt Hund und jenes heißt Haus,
und hier ist Beginn und das Ende ist dort.

Mich bangt auch ihr Sinn, ihr Spiel mit dem Spott,
sie wissen alles, was wird und war;
kein Berg ist ihnen mehr wunderbar;
ihr Garten und Gut grenzt grade an Gott.

Ich will immer warnen und wehren: Bleibt fern.
Die Dinge singen hör ich so gern.

Ihr rührt sie an: sie sind starr und stumm.
Ihr bringt mir alle die Dinge um.[39]

Auch Debussy, Maeterlinck, Ludwig Wittgenstein, den Symbolisten und vielen anderen war das eingrenzende, einengende Benennen suspekt gewesen. Und Bachmanns Undine steht in ihrer Tradition, wenn sie sagt: »All diese Worte wird es nicht mehr geben, und ich sage euch vielleicht, warum. Denn ihr kennt doch die Fragen, und sie beginnen alle mit ›Warum?‹. Es gibt keine Fragen in meinem Leben. Ich liebe das Wasser, seine dichte Durchsichtigkeit, das Grün im Wasser und die sprachlosen Geschöpfe (und so sprachlos bin auch ich bald!)« Und später: »Alles hast du mit den Worten und Sätzen gemacht, hast dich verständigt mit ihnen oder hast sie gewandelt, hast etwas neu benannt; und die Gegenstände, die weder die geraden noch die ungeraden Worte verstehen, bewegten sich beinahe davon. Ach, so gut spielen konnte niemand, ihr Ungeheuer! Alle Spiele habt ihr erfunden, Zahlenspiele und Wortspiele, Traumspiele und Liebesspiele.«[40] In diesem Sinne sind Bachmanns Undine und Debussys Mélisande Seelenverwandte. Die beiden Gehenden verlassen die Welt der rigiden Ordnungen und personifizieren damit eine neue Art von (einsamem) Liebestod.

Die *femme fragile* in der Realität –

Konstruktionen und Dekonstruktionen

Lili Boulanger. Eine Komponistin als femme fragile

Bislang stand die *femme fragile*, »wie die Dichter (und Komponisten) sie sich erträumen«, im Mittelpunkt der Betrachtungen. Das Kapitel über diesen Weiblichkeitstypus wäre jedoch ohne den Hinweis auf die »realen« *femmes fragiles* unvollständig. Die Rede ist von jungen Frauen, die sich selbst als *femme fragile* inszenierten oder – weitaus häufiger – die von anderen als *femme fragile* gesehen, stilisiert wurden. Die *femme fragile* als fiktiver Weiblichkeitstypus, der um die Jahrhundertwende in allen Künsten en vogue war, barg offenbar genug Realitätsnähe, um in das wirkliche Leben übertragen werden zu können. Oder muß man umgekehrt davon sprechen, daß zahlreiche junge Frauen – vor allem dann, wenn sie sich durch eine ungewöhnliche Fähigkeit oder einen frühen Tod »auszeichneten« – ihrer Umwelt so irreal schienen, daß sie als *femme fragile* stilisiert wurden?

Neben den bereits erwähnten Annie Kalmar und Marie Bashkirtseff, einer Schauspielerin und einer auch literarisch ambitionierten Malerin, sei in diesem Zusammenhang von einer jungen Komponistin die Rede, von der Camille Mauclair verklärend schrieb: »Ich werde hier die ganze Geschichte und die Legende einer Existenz beschreiben: Die Existenz eines jungen, genialen Mädchens – das gestorben ist«[1]: Lili Boulanger.

Die Konstruktion der *imago* einer »realen« *femme fragile* begann bereits zu Lebzeiten Lili Boulangers, fand ihren Höhepunkt aber nach ihrem frühen Tod. Als zu Boulangers 100. Geburtstag (1993) eine dezente Renaissance ihrer Musik begann, wurde diese begleitet von einer wissenschaftlichen Aufarbeitung, die sich auch zur Aufgabe gemacht hatte, das Bild Lili Boulangers als *femme fragile* zu dekonstruieren. »Der frühe Tod von Lili Boulanger verführt allzu leicht, Leben und Werk von ihrem Ende her zu lesen«, konstatierte Annegret Fauser und kam in mehreren Publikation auf die »Musik hinter der Legende« zu sprechen[2]. Interessant an diesem »realen« Beispiel einer *femme fragile* ist zweierlei. Einmal, daß es sich bei einer Typisierung als *femme fragile*, auch wenn sie auf eine lebende Person angewendet wird, um die Konstruktion eines Frauenbildes handelt, das im wesentlichen von der männlichen Perspektive geprägt ist, und zum anderen, daß die »Konstrukteure« dieses Bildes im frühen Tod Lili Boulangers eine Bestätigung ihrer Projektion fanden. Schließlich läßt sich aus diesem Prozeß von Realität, Konstruktion und Dekonstruktion ein tieferes Verständnis auch für die in der Fiktion verbleibenden *femme fragile*-Gestalten herauslesen.

In Mauclairs Eloge klingt es bereits an: Die Inszenierung Lili Boulangers als *femme fragile* entzündete sich an dem Dilemma, die Qualität der Kompositionen mit der Tatsache in Einklang bringen zu müssen, daß es sich um Werke einer Frau handelte. Mauclair hatte 1921 im Auftrag von Lili Boulangers älterer Schwester Nadia einen Artikel über die drei Jahre zuvor verstorbene Komponistin verfaßt. Nadia Boulanger griff jedoch in den Text von Mauclair ein und strich jene Passagen, die Lili Boulangers Liederzyklus *Clairières dans le ciel* in den Kontext der zeitgenössischen französischen Musik (Gabriel Fauré und Henri Duparc) einzuordnen versuchte. Im Artikel verblieb einzig der von jedem Umfeld abgeschnittene Selbstbezug der Komposition: »Ihnen [den Liedern des Zyklus] hat sie am meisten von sich selbst anvertraut, von ihrem Schmerz sterben zu müssen, von ihren Ängsten, die ihr Mut und das Zartgefühl ihrer Seele im täglichen Leben verschwiegen.«[3] Diese völlig von der Realität der Außenwelt abgeschnittene, isolierte Position, die sich in den Kompositionen Lili Boulangers zeige, erscheint hochgradig inszeniert, betrachtet man den intensiven Kontakt zu zeitgenössischen Künstlern, den Lili Boulanger pflegte[4]. Fauser kommentiert: Indem Nadia Boulanger »die einzige Stelle herausnimmt, die das Werk von Lili Boulanger mit Zeitgenossen und unmittelbaren Vorgängern in Beziehung setzt, stellt sie die Musik der Komponistin außerhalb ihrer Zeit. Maßstab und Interpretationsfolie sind nicht mehr die Werke anderer Komponisten. Lili Boulangers Werk gilt ihnen so einzigartig und außergewöhnlich, daß ihm ein solcher Vergleich nicht angemessen ist. Einzig ihr ebenfalls außergewöhnliches Leben ist mögliche Referenz. Schmerz, Schönheit, der frühe Tod eines ›genialen Mädchens‹ – diese Versatzstücke eines romantischen Kunstbegriffs tauchen kontinuierlich auf, wenn von Lili Boulanger [...] die Rede ist.«[5]

Mauclairs Bild von Lili Boulanger hebt ihre Jugend, Schönheit und Unschuld hervor, die sich mit Willenskraft und Energie paart[6]. Während aber die zunächst genannten Kriterien weiblich konnotiert sind, verbinden sich letztere beiden mit dem Vorstellungsmuster von Männlichkeit. Daraus ergibt sich eine Diskrepanz, die argumentativ aufgelöst werden muß. Mauclair, das sei betont, stand Boulangers Werk, ihrem Können, positiv gegenüber. Dennoch hatte er zu überbrücken, was in der zeitgenössischen Kunstkritik und im zeitgenössischen Geschlechterverhältnis als unvereinbar galt: weibliche Physis und »männliche« Willens- und Schöpferkraft. Mauclair war um eine

Synthese dieser anscheinend unvereinbaren Pole bemüht, und erreichte diese Synthese, indem er die Aspekte der Weiblichkeit zurückdrängte: »Dieses junge Mädchen vereint auf jeder Seite seines Werkes eine tiefe Kraft, eine Autorität und eine rhythmische Energie, die dem Mann zuzurechnen sind, und eine Art Freudenschrei, die Fähigkeit zum zarten Traum, der plötzlich zu herzzerreißender und bestürzender Heftigkeit geführt wird, die sowohl der Frau [...] als auch dem Kind zugehörig ist«[7]. Die ohnehin jungfräulich gedachte *femme fragile* rückt hier in die Nähe einer *femme enfant*, bar der Rollenbilder von Weiblichkeit – Sexualität und Mutterschaft. Als solche hat sich das »junge Mädchen« nur bedingt dem Konflikt zwischen Weiblichkeit und Schöpfertum zu stellen, vielmehr ist sie rubrizierbar als »Wunderkind«-Phänomen.

Diese Argumentationsweise geht auf die ausgiebig geführte Diskussion um das Genie zurück, die sich im 19. Jahrhundert herausgebildet hatte[8]. Der Künstler wurde im Prozeß der Säkularisierung und Verbürgerlichung nicht mehr als Dienender innerhalb einer göttlichen oder aristokratischen Hierarchie verstanden. Er emanzipierte sich von der hierarchischen Gesellschaftsstruktur, überhöht in der Figur des alltagsabgewandt schaffenden Genius. Der Geniekult, der sich um einzelne exponierte Künstlerfiguren entwickelte, akzeptierte jedoch ausschließlich den Mann als Genie. Dabei spielt die Idee des Schöpfungsaktes als dem der natürlichen Geburt gleichgestellten Vorgangs eine wesentliche Rolle. Wie die Frau durch den Mann empfängt und gebiert, empfängt das Genie durch eine (göttliche oder andere metaphysische) Inspiration und schafft daraus das Kunstwerk. In diesem Modell hat die Umkehrung der Geschlechter keine Berechtigung – wie der Mann nicht gebären kann, kann die Frau nicht als Genie schöpferisch tätig sein. Obgleich die Diskussion um Genie und Geniekult zu Jahrhundertbeginn bereits lange geführt worden war, sind die ihr zugrundeliegenden Ideen noch präsent, erleben in der Krisensituation der Jahrhundertwende sogar eine deutliche Renaissance[9]. Das läßt sich besonders an den nun tätigen Künstlerinnen und der zeitgenössischen Rezeption ihrer Werke nachvollziehen: Camille Claudel und Marie Bashkirtseff sind nur zwei Beispiele, Lili Boulanger gehört ebenfalls dazu.

Wenn Mauclair also die Weiblichkeit Lili Boulangers in den Hintergrund rückt, um ihre »Unschuld« und Kindlichkeit hervorzuheben, so ist darin der Versuch zu entdecken, zusammenzuführen was in der konservativen Vorstellung vom Genie nicht zusammenpaßt: Frau und Genius in einer Person. Die Asexualisierung, die die reale Frau damit erfährt, gipfelt bei Mauclair in einer Verklärung, die Lili Boulanger als »schnelle funkelnde kleine Taube des Geistes« apostrophiert – die Assoziation zur Taube des Heiligen Geistes scheint vom Autor intendiert. Der frühe Tod der Komponistin fügt sich nahtlos in dieses Interpretationsschema ein, gehört geradezu zu seinen Bedingungen. Die ebenfalls früh verstorbene Marie Bashkirtseff wurde zum »Mythos [...] der ehrgeizigen Kind-Frau, die kein Mann mehr aufzuhalten vermochte, die aber durch Krankheit, das heißt scheinbar durch die Natur, ›gerichtet‹ wurde.«[10] Auch ihr kurzes Leben wurde vorwiegend »von seinem Ende her gelesen«, ihr Tod hatte »etwas Berauschendes«, die Popularität ihrer Tagebücher machte sie zur »Muse des fin de siècle« (Hofmannsthal)[11].

Lili Boulangers Tod wie auch die seit frühester Kindheit sie schwächende Krankheit waren in ähnlicher Weise Grundlage für die Inszenierung als *femme fragile*. Aufgrund ihrer schwächlichen Konstitution stand es für Lili Boulanger außer Frage, die bürgerlich konforme Rolle einer Ehefrau und Mutter je einnehmen zu können. Statt dessen entschied sie sich bereits mit 16 Jahren dafür, Komposition zu studieren[12], der traditionellen Frauenrolle somit nicht zu entsprechen. Nur durch den Verzicht auf die bürgerliche Rolle der Frau war es ihr möglich, als Komponistin zu arbeiten. Als sie als (unverheiratete) junge Frau im Alter von 24 Jahren starb, konnte sie damit ohne weiteres als »Kind« apostrophiert werden, dessen künstlerische Ambitionen sich mit dem Erwachsenwerden zur Frau nicht verbinden ließen – in ihrem frühen Tod liegt demnach eine »notwendige«, »natürliche« Entsprechung.

In Mauclairs Artikel über Lili Boulanger wird die junge Komponistin eindeutig als *femme fragile* dargestellt: Elemente dieser Inszenierung sind das Kindliche, Asexuelle, die Isolation von der Außenwelt, die Realitätsferne und schließlich Schönheit, Grazie, Jugend und früher Tod.

Daß Nadia Boulanger dieser Inszenierung zustimmte, sie sogar förderte[13], mag verwundern. Ihr Verhalten läßt sich allerdings nachvollziehen, vergegenwärtigt man sich ihre eigene Situation. Auch sie hatte kompositorische Ambitionen (gewann 1908 den zweiten Rom-Preis), suchte aber, nachdem sie das Talent der jüngeren Schwester erkannt hatte, andere musikalische Wege. Nadia Boulanger schlug den erfolgreichen Weg einer Musikpädagogin und Dirigentin ein – ebenfalls traditionelle Bereiche männlicher Hegemonie. Ihr »Frausein« zum Thema zu machen, lehnte Nadia Boulanger konsequent ab, obwohl auch sie gegen Vorurteile und Repressalien zu kämpfen hatte. Auch Nadia Boulanger blieb, wie ihre jüngere Schwester, unverheiratet, da sie die Ehe als mit ihrem Beruf nicht vereinbar erachtete. Sie förderte die Werke ihrer Schwester, indem sie sie zur Aufführung brachte. Gleichzeitig überwachte sie streng die über Lili Boulanger erscheinenden wissenschaftlichen und publizistischen Arbeiten[14].

Warum aber trug Nadia Boulanger zur Inszenierung ihrer komponierenden jüngeren Schwester als *femme fragile* bei? Mehrere Vermutungen sind möglich: Lili Boulanger außerhalb des musikgeschichtlichen Kontinuums einzuordnen, ermöglichte es, sie als exzeptionelle Komponistin vorzustellen, ohne den Begriff des Genies berühren zu müssen. Die Kombination von Weiblichkeit und Genie wurde für Lili Boulangers Werk damit obsolet. Indem sie außerdem als *femme fragile* typisiert und idealisiert wurde, konnten Fragen nach der individuellen Person hinter der Komponistin verdrängt werden, eine Frage, die Nadia Boulanger auch für sich selbst zeitlebens rigoros ablehnte[15]. Die Individualität konnte hinter der Idealisierung verborgen werden und erhielt damit einen geschützten Raum. Und schließlich mag auch die Popularität des Weiblichkeitstypus der *femme fragile* eine Rolle gespielt haben. Indem Nadia Boulanger die Inszenierung unterstützte, akzeptierte sie die Projektionen aus einer männlichen Position heraus, um die Werke der Schwester damit gleichzeitig vor der Geringschätzung zu schützen, die bei einer offenen Konfrontation zu erwarten gewesen wäre. So ergibt sich aus diesem Fall die eigentümliche Situation, daß die Typisierung als *femme fragile* ein kreatives Refugium ermöglichte, das der realen schöpferischen Frau sonst möglicherweise versagt geblieben wäre.

Lili und Maleine. Illusionen vom Wesen der Weiblichkeit

Einen weiteren Bezugspunkt zwischen Lili Boulanger und dem Phänomen der *femme fragile* bietet ihre Fragment gebliebene Vertonung von Maeterlincks Drama *La princesse Maleine*[16]. Nadia Boulanger äußerte in einem Interview aus dem Jahre 1972 die Meinung, daß sich ihre Schwester aus Gründen des hohen Identifikationspotentials mit der Hauptfigur für Maeterlincks Drama als Opernstoff entschieden habe: »Man hätte meinen können, sie habe sich mit der armen kleinen Heldin Maeterlincks identifiziert.«[17] Erstaunlich aber, daß es von Lili Boulanger selbst keinerlei Hinweise auf eine derartig eindeutige Identifikation gibt. Annegret Fauser gibt daher auch zu Recht zu bedenken: »Es ist schwer zu ermessen, wie stark sich Boulanger selbst mit den ›verlorenen Prinzessinnen‹ dieser Dichter identifizierte.«[18] Objektive Gründe für eine ernsthafte Auseinandersetzung mit einem Opernprojekt und für die Wahl eines Maeterlinck-Stückes sind andererseits durchaus vorhanden: Zu ihrem Vertrag mit dem Verlagshaus Ricordi, den Lili Boulanger als Gewinnerin des Rompreises (1913) abgeschlossen hatte, gehörte die Komposition zweier abendfüllender Opern innerhalb der kommenden acht Jahre. Boulanger hatte sich allein aus diesen Gründen mit einem Opernprojekt auseinanderzusetzen. Daß sie als Libretto-Vorlage auf Maeterlinck zurückgriff, entsprach nicht nur ihren eigenen literarischen Vorlieben (Francis Jamme, Paul Claudel und Maeterlinck), sondern zeigt auch den bewußt gesuchten Anschluß an die französische Literaturoper der Jahrhundertwende, besonders

an zwei große Vorbilder: Debussys *Pelléas et Mélisande* (1902) und Paul Dukas' Maeterlinck-Oper *Ariane et Barbe-Bleue* (1907). Zudem ist in dem Briefwechsel mit Paul Gentien über die Wahl eines geeigneten Opernsujets belegt,
daß sich Lili Boulanger, die den Verlauf des Ersten Weltkriegs mit Erschrecken und großer Anteilnahme verfolgte, mit dem Gedanken trug, eine
Oper über den Krieg zu schreiben[19].

1916 erteilte Maeterlinck der jungen Komponistin die Erlaubnis, *La
princesse Maleine* zu vertonen – eine Erlaubnis, die er fast zwei Jahrzehnte
zuvor Debussy und anderen interessierten Komponisten verweigert hatte.
Für die Hauptfigur der Oper findet Boulanger ein Leitmotiv, das in seiner
Beschaffenheit tatsächlich auf die Identifikation der Komponistin mit Maleine schließen läßt: Das Thema besteht aus 13 Tönen. Die Zahl 13 jedoch war
für Boulanger ein persönliches Signum: Ihr eigener Name enthält 13 Buchstaben und auch ihr Monogramm ähnelt graphisch dieser Zahl[20]. Auch ein
anderes musikalisches Merkmal verrät die »persönliche« Handschrift der
Komponistin: Die Sekund-Terz-Struktur, die innerhalb des Maleine-Themas
gleich viermal vorkommt, ist ein von Boulanger häufig verwendetes motivisches Element:

Notenbeispiel 2:
Lili Boulanger, La Princesse Maleine, *Thema der Maleine*

Trotz dieser persönlich motivierten Momente wäre es jedoch voreilig, von
einer schlichten Identifikation von Lili Boulanger mit der *femme fragile* Maleine zu sprechen. Zumindest ist diese Interpretation unvollständig, denn
man ließe damit Boulangers Akzentuierung der Maeterlinck-Vorlage außer
acht. Maeterlincks Drama war bereits 1889 erschienen und spiegelt ein
Frauenbild wider, das ganz ähnlich auch in der Figur der Mélisande zu finden
ist: Eine zerbrechlich wirkende, kindliche, junge Frau, deren Schönheit sich
mit der Rätselhaftigkeit ihres Wesens verbindet, durchschreitet gleichsam
lautlos einen Lebensweg, der sie zu einem frühen Tod führt. Während die
männlichen Protagonisten versuchen, den Gang der Handlung rational zu

erklären und auch die eigentlich Handelnden sind, lebt die Frau in einer Sphäre der irrationalen Hingebung an das Schicksal. Das prädestiniert sie für eine andere Weltsicht und auch für eine enge Symbiose mit dem Tod. Maeterlinck aber hatte die Erkenntnis, die der Tod dem Menschen bringe, als Schlüssel für das Rätsel des Lebens erachtet. Boulanger brachte an Maeterlincks Vorlage erhebliche Kürzungen an[21] und setzte so andere interpretatorische Akzente. Fauser beschreibt die Bearbeitung der Maeterlinck-Vorlage, die Lili Boulanger zusammen mit Tito Ricordi anfertigte, als »Feminisierung des Stoffes«: Die Rollen der männlichen Haupt- und Nebenfiguren werden reduziert oder ganz gestrichen, die Handlung fokussiert sich auf die Rivalität zwischen einer *femme fragile* (Maleine) und einer *femme fatale* (Anne). »Der Konflikt erscheint auf die beiden weiblichen Hauptpersonen zugespitzt: auf der einen Seite die *Femme fragile* Maleine, in weißen Gewändern, blaß und zart – die allen widrigen Umständen zum Trotz um ihr Glück kämpft; auf der anderen Seite die todbringende *Femme fatale* Anne, gefährlich schön, die den Geliebten vergiftet und die Heldin erwürgt, um die Macht in Ysselmonde an sich zu reißen.«[22] Die wesentliche, Maleine betreffende Änderung liegt darin, daß Maleine (wie ihre Gegenspielerin Anne) die aktive, treibende Kraft der Handlung wird. Die Passivität, das Getriebensein vom Schicksal, das sie als *femme fragile* prädestinierte, rückt fast vollständig in den Hintergrund. Zu den Änderungen gehört ferner, daß Boulanger die Oper mit jener Szene eröffnet, die Maleine als Gefangene zeigt. Damit wird nicht nur die Ursache ihrer Gefangennahme verschwiegen, die Szene korrespondiert nun auch mit der Schlußszene, in der sich Maleine ebenfalls in einem verschlossenen Raum befindet. Diese Rahmendramaturgie ist auffällig und wird von Fauser zweifach interpretiert: »Das Libretto bringt zweierlei zum Vorschein, einmal die Situation der Frau innerhalb der französischen Gesellschaft des *fin de siècle*, zum anderen Boulangers eigene Erfahrungen ihrer durch die Krankheit bedingten Abgeschiedenheit.«[23]

Boulanger bewegte sich mit diesen Eingriffen von der Sichtweise Maeterlincks weg, brachte ihre eigene Position ein und arbeitete besonders für die Figur der Maleine eine eigene Interpretation aus. Und so bleibt der Eindruck, daß sich Lili Boulanger für die Vorlage Maeterlincks entschied, um durch sehr konkrete und interpretatorisch eingreifende Änderungen ihre sehr persönliche Sichtweise auf die Charakteristik einer *femme fragile* zu artikulieren.

La princesse Maleine war Boulangers Opernerstling, direkt durch den Vertrag mit Ricordi angeregt und mit großem Engagement vorangetrieben. Hatte sich Boulanger bereits mit der Teilnahme am *Prix de Rome* an die Öffentlichkeit begeben, so war die Oper ebenfalls als öffentliches Werk konzipiert: »Keinesfalls war sie als privates Werk gedacht, ähnlich eines musikalischen Tagebuchs auf der Suche nach dem eigenen Ich, sondern, das zeigt die Auswahl des Sujets, des Autors und der Form, als politische und künstlerische Auseinandersetzung.«[24] Dennoch wurde es vorwiegend vor dem Hintergrund einer isolierten Subjektivität betrachtet, als Selbstidentifikation zwischen Komponistin und Protagonistin, »indem Lili mit Maleine gleichgesetzt und das ideale Bild einer fragilen Jungfrau entworfen wurde, die sich selbst ihrem Ideal opfert und all ihr Leiden ohne Widerstand erduldet. In dieser Interpretation wurden alle störenden Aspekte ausgeblendet.«[25] Zu diesen Störfaktoren gehört eine Auseinandersetzung mit der Individualität der Person und Komponistin Lili Boulanger genauso wie ihre Einordnung als Komponistin in den Kanon der französischen Musik nach 1900, ihre persönliche Verarbeitung der Kriegserlebnisse und ihre Stellungnahme zur Grausamkeit des Krieges.

Zeitgleich mit dem Beginn der Arbeit an der Oper erhielt Lili Boulanger die Diagnose, daß sie nur noch zwei Jahre zu leben habe. Die fortschreitende Krankheit zwang sie in den folgenden Monaten immer häufiger, die Arbeit an ihrer Oper zu unterbrechen. Im Sommer 1917 richtete Maeterlinck, der die Komposition mit großem Interesse begleitete, einen aufmunternden Brief an die kranke Komponistin: »Alle meine Gedanken sind mit Ihnen in Ihrem Schmerz und Ihrer Unruhe. Ich besitze jedoch ein Vertrauen, das mir von – ich weiß nicht woher – kommt und das ich mit Ihnen teilen möchte. Ich fühle, fast möchte ich sagen, ich weiß, daß das geniale Mädchen, das der ›Prinzessin Maleine‹ eine Stimme verleihen muß, nicht davongehen kann, bevor es sein Werk nicht vollendet hat, jenes Werk, das sich mit seinem Schicksal zu verquicken scheint.«[26]

Die »Stimme« jedoch verstummte. Lili Boulanger starb 1918, ohne die Oper vollenden zu können. Daß Quellen zu *Princesse Maleine* bis zum heutigen Zeitpunkt verborgen bleiben, scheint mit diesem Bild der verstummenden *femme fragile* eng zusammenzuhängen. Von der kreativen (und aktiven) Auseinandersetzung einer Komponistin mit dem Zeitphänomen der *femme fragile* bleibt in der primären Rezeption ausschließlich übrig, was der Schablone der *imago* entspricht. Die reale Frau, in ihrer Kreativität die bürgerlichen Schranken und Rollenvorgaben durchbrechend, wird damit reduziert auf das Bild, das sich die (männlichen) Dichter von den »Endgebilden« gemacht hatten, »die nie verklingen«, aber auch »nie Erlösung finden«. Fauser kommt zu dem Schluß: »Die Tatsachen aber, daß diese Oper verschollen bleibt und daß selbst die fragmentarischen Reste nicht besonders leicht zugänglich gemacht werden [...], verstärken diese mythologisierende Interpretation.«[27] In die Projektion der passiven *femme fragile* alias Lili Boulanger scheint sich eine unvollendete und uneinsehbare Oper besser einzupassen als die aktive kreative Beschäftigung einer jungen Komponistin mit demjenigen

Weiblichkeitstypus, der für sie als passend angesehen worden war und den sie – auch im konkreten Fall der *Princesse Maleine* – doch in wesentlichen Punkten offensichtlich kompositorisch modifizierte. »*La princesse Maleine* ›starb‹ mit der Komponistin«[28], resümiert Fauser. Indem man jedoch Boulangers ambitioniertestes Werk, die Komposition einer abendfüllenden Oper, zu verschweigen sucht, wird Realität, was Maeterlinck – in symbolistischer Manier – in der Verquickung von Realität und Fiktion gesehen hatte: Mit dem Tod des »genialen Mädchens, das der ›Prinzessin Maleine‹ eine Stimme verleihen muß«, verstummt auch das Werk der Komponistin selbst.

Dritter Teil

>>Ein schlankes, schmiegsam-biegsames Weib
mit einem schwülen Feuer in den dunklen Blicken,
mit einem grausamen Mund...
Rätselhafte Gewalten
scheinen in diesem lockenden Weibe zu schlummern,
Energien, Heftigkeiten, die nicht mehr zu stillen wären,
wenn einmal in Brand geriete,
was zu bürgerlichem Verglimmen gezwungen wird.<<

Felix Salten, 1903

Das Weib »voll betäubender Lust am Wehtun«

Definitionen einer Undefinierbaren

Daß sie eindimensional seien, kann man von keinem der Weiblichkeitstypen behaupten, die sich am Ende des 19. Jahrhunderts entfalten. Bei den fatalen Frauenfiguren aber weitet sich ihre mehrdimensionale Eigenart zu einem so breiten Panorama aus, daß es schwer fällt, eine prägnante und zugleich treffende Definition zu finden: Widersprüche und Gegensätze, Schattierungen und Nuancen machen es nicht leicht, die *femme fatale* zu fassen. Und so gibt es, aus literaturwissenschaftlicher und aus kunsthistorischer Sicht, mehrere Erklärungsansätze mit jeweils unterschiedlichen Schwerpunkten[1]. Die Musikwissenschaft hat sich kaum an den Definitionsdiskussionen beteiligt, obwohl doch gerade in der Musik einige der prominentesten Vertreterinnen der *femme fatale* auftauchen: Carmen, Dalila, Salome, Elektra, Lulu und einige andere. – Es hat den Anschein, als sei die *femme fatale* die große Unnahbare, die sich nur in so widersprüchlich-verrätselnden Sätzen ausdrücken läßt, wie sie zum Beispiel Richard Specht über Salome schrieb: Sie sei ein Weib »voll betäubender Lust am Wehtun«[2].

Zunächst, als Ausgangspunkt, einige Definitionen der *femme fatale* aus literaturwissenschaftlicher und kunsthistorischer Sicht. Elisabeth Frenzel rubriziert die *femme fatale* unter die »dämonische Verführerin«: »Unter den verschiedenen Rollen, die eine Frau bei einer Liebesbeziehung spielen kann, hat die Literatur auch diejenige zu einem traditionsbildenden Schema ausgeformt, die der Frau eine unwiderstehliche Anziehungskraft und einen magisch-dämonischen Charakter zuschreibt, durch die sie den Mann nicht nur erotisch an sich bindet, sondern ihn auch von seinen höheren Interessen und Aufgaben ablenkt, seine Moral untergräbt und ihn meist ins Unglück stürzt. Allerdings ist diese Bindung nicht immer rein negativ, sondern häufig ambivalenter Art, indem sie dem verführten Mann ein Höchstmaß an Liebeserfüllung beschert.«[3]

Den direkten Bezug der *femme fatale*-Gestalt zu ihrem männlichen Gegenüber hebt auch die Definition von Horst und Ingrid Daemmrich hervor: »Die Begegnung mit einer verlockenden und zugleich bedrohlichen Verführerin stellt im ältesten Erzählgut den Helden auf eine schwierige, oft kaum lösbare Bewährungsprobe. Die durch das Treffen ausgelösten Ereignisse stellen einen zentralen Punkt im Erzählvorgang dar. Sie prüfen die Standhaftigkeit des Handlungsträgers, beleuchten seine seelische Verfassung und versetzen ihn in Freude und Schrecken.«[4] Auffällig allenthalben, daß zunächst in der Definition der *femme fatale* das Gegenüber thematisiert wird: die verführte und zugleich bedrohte Männerwelt. Die Sinnlichkeit der *femme fatale* wird instrumentalisiert, um die Verführbarkeit oder die Standhaftigkeit des Mannes zu erweisen, das Erlebnis »Weib« wird zum emotionalen und individuellen Prüfstein. Aus dieser Schwerpunktverlagerung von der weiblichen zur männlichen Figur erklärt Frenzel die zahlreichen *femme fatale*-Figuren der Jahrhundertwende: »Das häufige Auftreten männerverderbender Frauen in der Literatur des Fin de siècle entsprach dem Vorherrschen des weichen, passiven Männertyps.«[5] Gleichzeitig läßt die Konfrontation mit der *femme fatale* für das männliche Pendant die Demonstration von Stärke zu, die Rekonstituierung der Ordnung gegenüber der chaotisierenden Wirkung der *femme fatale*. Diese Konstellation ist in Puccinis *Turandot* zu finden, aus der der Mann, Prinz Kalaf, aus dem Rätselduell mit der sphinxhaften Prinzessin Turandot gestärkt hervorgeht. – Beiden Möglichkeiten liegt jedoch eine Irritation des (männlichen) Selbstbewußtseins zugrunde, das sich von der Begegnung mit der *femme fatale* eine Bestätigung der eigenen Morbidität oder eine Reanimierung der Männlichkeit erhofft. Die *femme fatale* nimmt dabei letztlich immer den negativen Part ein, der entweder das männliche Scheitern am Urphänomen »Weib« begründen hilft (wobei die Schuldfrage vom Mann abgelenkt werden kann), oder dessen Stärke sich um so deutlicher hervorheben kann. Dieser Punkt unterscheidet die *femme fatale* von ihrer fragilen Schwester: Hier ging das negative Moment nicht von der Frau aus, sie scheiterte an der Härte der männlichen Welt ihrer Wertvorstellung.

Ein weiteres Einzelelement in den Definitionen der *femme fatale* ist ihre Nähe zum Tod, meist grausam provoziert durch eine berückend-gefährliche oder eine krankhaft-übersteigerte Sinnlichkeit. Sie ist »Botin des Verderbens«[6] im weitesten Sinne. »Die Gestalten der großen Buhlerinnen«, so fügt Werner Hofmann der Definition der *femme fatale*[7] hinzu, »haben fast immer Nacht- und Todesnähe um sich, sie sind in undurchschaubare Gelassenheit gehüllt, ihre Unbeweglichkeit grenzt ans Maskenhafte, an die Leblosigkeit eines Idols, ihre Grausamkeit, die alle Gliedmaßen durchspielt, gleicht einem geschmeidigen Raubtier, das seine Beute belauert.«[8] Die *femme fatale* trägt häufig eine ausgesprochene Machtgier zur Schau, sei sie gesellschaftlicher oder sexueller Art. In dieser Hinsicht gilt sie in ihrer *fin de siècle*-Ausprägung auch als künstlerische Reaktion auf die politisch-realen Ansprüche der Emanzipationsbewegung: »Der Emanzipationsanspruch, den Frauen erstmals im 19. Jahrhundert nachhaltig anmelden, spielt als Folie für die Herausbildung der

Femme fatale eine wichtige Rolle, denn dieser Anspruch wurde als eine unerhörte Bedrohung empfunden; auf eine merkwürdige Weise korrespondieren die realen Gleichheitsforderungen der Blaustrümpfe und Frauenrechtlerinnen mit der irrealen Figur der Femme fatale, die als eine Antwort auf die neuen gesellschaftlichen Tendenzen zu verstehen ist, obwohl sie nicht auf der Straße, sondern ausschließlich in der Literatur, der Malerei und der Oper anzutreffen ist.«[9]

Diese Gegenposition zur realen Frau ermöglicht dem Schöpfer der inszenierten *femme fatale* die völlige Abkehr von der Realität. Gleichzeitig gab die Entwicklung der Psychoanalyse und der Hysterieforschung dem Motiv der *femme fatale* neue Nahrung. Und in dieser Kombination wird die besondere Bedeutung der Projektion für dieses Motiv nochmals deutlich: Die (männliche) Traumwelt, in die sich der Künstler vor der Realität flüchten kann, wird im Grad ihrer Idealisierung (*femme fragile*) und ihrer Dämonisierung (*femme fatale*) offenbar. Insofern wird auch die Rolle des Künstlers, des Schöpfers der *femme fatale*, besonders wichtig. Nicht nur der männliche Gegenspieler auf der werkimmanenten Ebene ist von Krisenbewußtsein und Identitätsproblem betroffen, sondern gerade auch derjenige, welcher der *femme fatale* eine künstlerische Gestalt verleiht, der sie thematisiert. Potenziert wird diese Konstellation in Werken, die den Künstler in den Mittelpunkt rücken, wie beispielsweise in Franz Schrekers *Die Gezeichneten*, Alexander von Zemlinskys *Traumgörge* oder auch die Figur des Alwa in Alban Bergs *Lulu*. Auch dem Rezipienten wird die Möglichkeit der Distanz eingeräumt. Und dies sowohl für den Mann, der das Grauenhaft-Sinnliche goutieren kann, ohne in eigentliche Gefahr zu geraten, als auch für die Frau, die sich aufgrund der ästhetischen Distanz nicht mit dem Außenseiterstatus dieser Frauengestalten identifizieren muß.

Ein weiteres zentrales Definitionsmerkmal der *femme fatale* ist ihre Vielgestaltigkeit. Namen aus der Geschichte, aus mythologischen oder literarischen Quellen, reale und fiktive, bekannte und anonyme Frauengestalten wechseln sich in buntem Reigen ab: »Salome und Olympia, die perverse Prinzessin und das schmächtige Großstadtkind, Messalina und Nana, die königliche Dirne und die bürgerliche Mätresse, Paolina Borghese und Yvette Guilbert[10], die Sphinx und die Astarte syriaca ... sie tragen vielerlei Namen, sie betreten unsere Vorstellung mit dem Schmuck literarischer, mythologischer und historischer Erinnerungen verschiedenster Art, aber sie besitzen alle nur einen Leib, sie sind Verwandlungen ein und desselben Archetyps, Töchter der hetärischen Aphrodite des Mythos.«[11] So wird auch Lulus Facette als *femme fatale* durch unterschiedliche Namen vertreten sein: Mignon, Eva, Katja, ... – Namen, die ihr von den verschiedenen sie umgebenden Männern verliehen werden, die mit der jeweiligen Namensgebung unterschiedliche künstlerische, mythologische oder andere Konnotationen bereithalten. Lulu, so charakterisierte ein zeitgenössischer Rezensent des *Berliner Lokal-Anzeigers* Wedekinds Figur, ist die »Frau, die die Kosenamen Lulu und Mignon führt und doch immer Eva ist«[12].

Elisabeth Frenzel sieht in der Vielgestaltigkeit des *femme fatale*-Typus ein Moment der Psychologisierung: »Mit zunehmendem Abstand zur Romantik traten die mythischen Varianten zurück und präsentierte sich das Dämonische mehr in psychologisierter Form, ob die ›Femme fatale‹ nun als tyrannische Hysterikerin auftrat [...], ob als exotisch attraktive Asoziale, die den Mann um Ehre und Selbstachtung bringt, [...] als Liebeszauberin [...], als todbringende Tänzerin [...] oder auch als früh verführtes, mißbrauchtes Mädchen, das sich an den ihm verfallenden Männern rächt«[13]. Was hier für die Literatur der Jahrhundertwende aufgezählt wird, läßt sich mit den Opernthemen und -heldinnen dieser Zeit gleichermaßen füllen: Elektra, Turandot, Carmen, Dalila, Salome, Lulu, letztere als »Abglanz der griechischen Urverführerin und zugleich Prototyp des modernen Vamps.«[14]

Zum Aspekt der Psychologisierung tritt hinzu, daß die biblischen und mythischen Verführerinnen in den zeitgenössischen Rahmen eingebettet werden, sie werden zu mondänen Frauentypen, die ihre zeitliche Exotik zwar zur Schau stellen, aber ohne den Hintergrund des bürgerlichen Publikums nicht zu denken sind. Auf dieses Moment des Mythos im modernen Selbstverständnis hat Gerhard Plumpe im Zusammenhang mit Strauss' *Salome* aufmerksam gemacht: »Das Mythische bildet sich [in der Moderne] nicht mehr in geschlossenen und autonomen Mythen aus, sondern lagert sich parasitär in Sinn- und Orientierungssystemen ein, deren eigentliche Struktur nicht-mythisch ist.« Der Hinweis, daß nicht nur hinter der mythischen Konstellation von *femme fatale* und männlichem Opfer ein zeitgenössischer Anknüpfungspunkt bestehen kann, sondern daß die mythische Konstellation nur Hintergrund für eine moderne Krisenerscheinung und ihre Bewältigung zu suchen ist, spielt denn auch bei der Interpretation der 1905 uraufgeführten Oper *Salome* eine nicht zu unterschätzende Rolle. Denn, so argumentiert Plumpe, »die Funktion dieser mythischen Elemente in nichtmythischen Kontexten scheint [...] vornehmlich darin zu liegen, Krisenbewußtsein zu artikulieren und zu absorbieren.«[15]

Zum Definitionsrepertoire der *femme fatale* gehört schließlich das merkwürdige Phänomen der Passivität. Indem sie allein durch ihre Passivität die Irritation in ihrem männlichen Gegenüber auszulösen vermag, eignet sie sich besonders gut für männliche Projektionen. Nicht eine *Handlung* ihrerseits löst die »Männerphantasien« aus, sondern bereits ihre pure *Existenz*. Sobald die *femme fatale* aufgefordert wird, in Aktion zu treten, schlägt ihre faszinierende Bedrohlichkeit um in Zerstörung. Dies ist nicht nur ablesbar an der Salome-Figur, die – aufgefordert von Herodes zum Tanz – erst durch ihre Aktion den Kopf des Jochanaan fordern und damit die Tragödie auslösen kann. Auch Lulu ist von diesem Phänomen umgeben. Erst als sie von Dr. Schön bedrängt wird, sich selbst umzubringen, greift sie zum Revolver, um ihn in Notwehr auf Schön selbst zu richten. Zuvor hatte sie eine konstruktive Lösung, die Scheidung, vorgeschlagen, auf die Schön jedoch nicht einging. Die *femme fatale* wird in ihrer Passivität begehrt, dem männlichen Gegenüber als Projektionstableau zur Verfügung gestellt. Sobald sich die erotisch-verführerische Spannung zuspitzt, wird die *femme fatale* von ihrem männlichen Gegenüber zum Handeln aufgefordert – im Wechsel von passivem Objekt zu handelndem Subjekt wird die *femme fatale* für ihn jedoch zur tödlichen Gefahr.

Mit ihrer faszinierenden Passivität hängt auch die enorme Macht zusammen, die die *femme fatale* verkörpert. Das Kräfteverhältnis zwischen den Geschlechtern ist hier aus seinen traditionellen Angeln gehoben. Denn die Macht liegt bei der *femme fatale*. Der Mann liefert sich ihr aus: so wie die Heiratsanwärter sich Turandot ausliefern. In dieser Konstellation wird dabei nicht nur der Machtzuwachs für die Frau verhandelt, sondern vor allem auch der Machtverlust für den Mann.

Die Definitionsversuche der mehr oder weniger undefinierbaren *femme fatale* abzuschließen wäre unvollständig ohne den Blick auf zwei weitere, eminent musikalische Momente: den Tanz und das opernhaft-pathetische ihrer Erscheinung. Der Tanz hatte sich gegen Ende des 19. Jahrhunderts von den Fesseln aristokratischer, klassischer und bürgerlicher Formen gelöst[16]. – Man denke in diesem Zusammenhang an die fundamentale Irritation, die Strawinskys *Sacre* 1913 entfachte, unter anderem auch wegen der neuartigen Bewegungsformen und der nonkonformistischen Choreographie von Nijinsky, aber auch wegen des Kult-Charakters, der zur Provokation des Establishments führen mußte. Der Tanz wurde Metapher für Ungebundenheit, Freiheit und »Ausdruck der erotischen Geladenheit«[17] der Epoche. Der Typus der neuen Tänzerin – verkörpert in Isadora Duncan, Mata Hari, Loïe Fuller oder den Schwestern Blumenfeld – wurde idealisiert. Isadora Duncan etwa beschrieb diesen Typus hymnisch: »Ja, sie wird kommen, die Tänzerin der Zukunft, sie wird kommen als der freie Geist, der in dem Leibe des freien Weibes der Zukunft wohnen wird. Sie wird herrlicher sein, als irgend ein Weib, das gelebt hat [...]! Ihr Kennzeichen wird sein: der höchste Geist in dem freiesten Körper!«[18] Das positive Bild trübte sich allerdings ein, als Verführung, Laszivität, Sinnlichkeit und Sexualität immer häufiger und intensiver in den Blickwinkel rückten. Baudelaire etwa verband in seinem Gedicht *Le serpent qui danse* aus den *Fleurs du Mal* den lasziven Tanz mit dem Symbol der Verführung schlechthin:

»Que j'aime voir, chère indolente,	(Wie gerne seh ich, du liebe Lässige,
De ton corps si beau,	gleich schillerndem Gewebe
Comme une étoffe vacillante,	deines so schönen Leibes
Miroiter la peau!	spiegelblanke Haut erglänzen!
[...]	
A te voir marcher en cadence,	Sieht man im Takt dich schreiten,
Belle d'abandon,	schön vor Lässigkeit,
On dirait un serpent qui danse	so gleichst du einer Schlange,
Au bout d'un bâton.«[19]	die am Ende eines Stabes tanzt.)

Der bedrohliche, männergefährdende Charakter des Tanzes reanimierte auch die Vorstellung der Totentänze, nun ins dekadent-sinnliche gewendet [Abbildung 8]. Mit diesen Konnotationen, changierend zwischen jungendlichem Temperament und todbringender Verführung, wird der Tanz nicht nur Symbol der Dekadenz, sondern auch zum schier untrennbaren Requisit der *femme fatale* – wie etwa bei Salome, Elektra oder Lulu.

Abbildung 8:
Max Slevogt: Totentanz *(1896)*

Die Gattung Oper ist als musikalischer Rahmen für die *femme fatale*-Gestalten der Jahrhundertwende besonders prädestiniert. Sie gilt zum einen als in sich abgeschlossener, irrealer Raum. Als solcher zeichnet er sich für die »dem Alltagsbewußtsein verschlossenen« Themen aus. Andererseits ist die Oper ästhetisches Zentrum bürgerlicher Kunstvorstellungen. Und hier ist die Repräsentation des eigenen, bürgerlichen Selbstbewußtseins ebenso wichtig wie das gemeinsame Erleben des auf der Bühne sanktionierten Ausbruchs aus der eigenen Moralvorstellung: »Die Leidenschaft für die Oper, das war auch Selbstgenuß verdrängter und versagter großer Leidenschaft«[20]. In diesem Zusammenhang ist auch »die mehr ins Komfortabel-Dekorative gewendete Galerie weiblicher Kolossalfiguren«[21] eines Richard Strauss zu sehen. Überdies eignet sich die Rolle der *femme fatale* – als weibliche Personifikation von Tabubrüchen – dazu, den musikästhetischen Status quo der Jahrhundertwende zu beschreiben. Sie findet in der Klanglichkeit spätromantischer Prägung einen Ausdruck für ihre Sinnlichkeit und kann gleichzeitig die Überschreitung der harmonisch-tonalen Grenzen durch ihre Figurencharakteristik legitimieren.

Das Bürgertum hatte den historischen Rückblick auf die Kunst zu einem festen Bestandteil seines Bildungsanspruchs und Selbstverständnisses gemacht: »Als die Künste bürgerlich wurden, ist die Bildung dieser Bürger gleichzeitig historisch geworden«[22]. Um die Jahrhundertwende ist diese Entwicklung krisenhaft an einem Wendepunkt angelangt, die Blickrichtung ändert sich, flankiert von der Erprobung eines neuen Selbstverständnisses. Anders gesagt: Die traditionelle musikalische Formensprache und Tonalität, die als Repräsentation des männlich hegemonialen Bürgertums und dessen moralischen Ansprüchen galt, wird mit Hilfe einer weiblichen Figur durchbrochen, die bewußt diese Ansprüche ignoriert, die sie negiert und aus den Angeln hebt. Diese Figur legitimiert durch ihr stoffgeschichtliches Material eine Musiksprache, die sich ebenfalls von formalen und/oder tonalen Ansprüchen loszumachen sucht.

Ausgangs- und vielfacher Bezugspunkt für die Komponisten ist dabei Wagners *Tristan*. In den zur Berühmtheit gelangten »Tristan-Akkorden« werden die (noch in romantischer Tradition stehenden) Begriffe von Liebes- und Todessehnsucht durch die Nichteinlösung (Verzögerung) tonaler Prinzipien umgesetzt. Gleichzeitig manifestiert sich in der chromatisierten, harmonisch weitergehenden Tonsprache das Thema des Tabubruchs gegenüber der herrschenden bürgerlichen Moral: sowohl im Hinblick auf die in der Oper dargestellte Gesellschaft als auch im Hinblick auf die zeitgenössische, im Opernhaus anwesende Gesellschaft. Auch hier waren bereits die inhaltlichen Koordinaten von schrankenloser Liebe, Sehnsucht nach Entgrenzung, Realitätsverlust und einem Außenseiterdasein außerhalb bürgerlicher

Normen mit dem musikalischen Phänomen der Überschreitung tonaler Mittel verknüpft worden.

Faszinierend bei der Beziehung zwischen anomaler Weiblichkeit und einer traditionensprengenden Kompositionstechnik ist, daß die *femme fatale* per definitionem selbst Opfer ihrer Gefährlichkeit wird. Ihr Tod muß daher den mit ihr verbundenen, eigentlich erst durch sie ermöglichten progressiven Anspruch auf musikalischer Ebene in Frage stellen. So wird der Tod der *femme fatale* zum kompositorischen Scheideweg. Zwei grundsätzlich verschiedene Lösungsmöglichkeiten kommen dabei zutage: Die Rücknahme der Progressivität, wie im Falle Richard Strauss', oder der Übergang aus der Negation der Tradition in eine neue Traditionsbildung, die Dodekaphonie, wie bei Alban Berg.

Salome von Richard Strauss

Renaissance eines Motivs

Die Figur der Salome erfuhr im letzten Drittel des 19. Jahrhunderts eine große Renaissance. Es entstanden zahlreiche künstlerische Verarbeitungen des biblischen Stoffes, darunter Werke der einflußreichsten und renommiertesten Künstler, und zahllose populäre Varianten, zwischen Kitsch und Exotismen vagabundierend. *Hérodias*, die Erzählung von Gustave Flaubert (1877), steht gewissermaßen am Beginn dieser Salome-Renaissance[1]. Eine musikalische Antwort auf Flaubert fand Jules Massenet in seiner 1881 uraufgeführten Oper *Hérodiade*[2], und 1884 erschien Joris-Karl Huysmans Roman *À Rebours*, der sogleich zum »Grundbuch der Dekadenz« (Mario Praz) avancierte. Der schönheitstrunkene und kunstbesessene Herzog Jean Des Esseintes, die Hauptfigur des Romans, setzt sich intensiv mit Gustave Moreaus Gemälden zum Salome-Mythos auseinander. Oscar Wildes *Salome* erschien 1893, zunächst auf französisch, ein Jahr später in englischer Übersetzung mit den umstrittenen Illustrationen von Aubrey Beardsley. Als sich Richard Strauss in den ersten Jahren des 20. Jahrhunderts mit Wildes Einakter beschäftigte und ihn als Textgrundlage für seine Oper auswählte, hatte die Salome-Renaissance schon fast ihren Zenit überschritten. Jedenfalls stand Strauss mit seiner Sujetwahl inmitten eines Salome-Taumels, der von den wichtigsten Künstler der Zeit getragen wurde.

Mit seiner Oper *Salome* wurde Strauss über Nacht als Opernkomponist bekannt. Zuvor war er vorwiegend als Komponist opulenter Orchesterwerke und Lieder erfolgreich gewesen. Und *Salome* ist zugleich der Beginn seiner langen und erfolgreichen Opernkarriere. Dabei war er – bereits während der Vorbereitungen zur Uraufführung – wegen der Freizügigkeit der Darstellung und der angeblichen Blasphemie des Stoffes auf heftige Widerstände gestoßen. Der Briefwechsel zwischen Strauss und Gustav Mahler, der sich für eine Wiener Uraufführung einsetzte, berichtet von Schwierigkeiten mit der Zensur[3]. Und auch im Vorfeld der Uraufführung, die schließlich »skandalumtost« am 9. Dezember 1905 in Dresden stattfand, mußten massive Probleme bewältigt werden, nicht nur wegen der Komplexität der Partitur, sondern auch wegen der Sängerin der Salome, der namhaften Sopranistin Marie Wittich, die gegen die Obszönität ihrer Rolle protestierte: sie sei »eine anständige Frau«. Der vehementen Kritik und Ablehnung der Oper pflichtete selbst Wilhelm II. bei. Der Kaiser gab zu verstehen, daß die Komposition der *Salome* Strauss »furchtbar schaden« werde[4]. Die Kritik bezog sich vor allem auf die als übertrieben empfundene Darstellung von Sexualität[5]. Daß Strauss zur ungewohnt offenen Darstellung von sexueller Begierde auf der Opernbühne auch eine lasziv-erotische Musik fand, war unbestritten. Was die massive Kritik an *Salome* freilich verkannte, war die Tatsache, daß Strauss das bürgerliche Selbstverständnis auch hier nicht verließ.

Strauss selbst empfand *Salome* (und *Elektra*) als Endpunkt einer Entwicklung, die nicht zu überschreiten sei, weder in kompositorischer Hinsicht noch in der Darstellung von sexuell abwegigen und hysterischen Frauenfiguren: »Man kann es als ein einmaliges Experiment an einem besonderen Stoff gelten lassen, aber zur Nachahmung nicht empfehlen«[6], kommentierte der Komponist später seine eigene Vertonung des Salome-Sujets. Konsequenterweise brach Strauss tatsächlich den mit *Salome* und *Elektra* beschrittenen kompositorischen Weg ab und kehrte, sowohl in der Sujetwahl als auch in der Tonsprache, zu Traditionellerem zurück. Ein Hinweis auf diese Umkehr ist bereits im Schluß der *Salome* angelegt.

Ein Totentanz der besonderen Art

Die Bibel berichtet über den Tanz der Salome: »... Denn Herodes hatte Johannes gegriffen, gebunden und in das Gefängnis gelegt von wegen der Herodias, seines Bruders Philippus Weib. Denn Johannes hatte zu ihm gesagt: Es ist nicht recht, daß du sie habest. Und er hätte ihn gerne getötet, fürchtete sich aber vor dem Volk; denn sie hielten ihn für einen Propheten. Da aber Herodes seinen Jahrstag beging, da tanzte die Tochter der Herodias vor ihnen. Das gefiel Herodes wohl. Darum verhieß er ihr mit einem Eide, er wollte ihr geben, was sie fordern würde. Und wie sie zuvor von ihrer Mutter zugerichtet war, sprach sie: Gib mir her auf einer Schüssel das Haupt Johannes des Täufers. Und der König ward traurig; doch um des Eides willen und derer, die mit ihm zu Tisch saßen, befahl er's ihr zu geben. Und schickte hin und enthauptete Johannes im Gefängnis. Und sein Haupt ward hergetragen in einer Schüssel und dem Mägdlein gegeben; und sie brachte es ihrer Mutter« (Matthäus 14:3-12). Grund für Johannes' Enthauptung ist Salomes Tanz. Doch es ist Herodias, die die Forderung nach dem Kopf des Propheten stellt, nicht Salome selbst, deren Name nicht einmal erwähnt wird. Dennoch liegt ein Motivkeim bereits in der biblischen Geschichte, der im späten 19. Jahrhundert üppige Blüten tragen wird: Der Tanz als Zurschaustellung weiblicher Attraktivität. Immerhin gefällt Herodes Salomes Tanz so sehr, daß er ihr unter Eid alles verspricht, was sie verlangt. Ihr Wunsch – eigentlich Forderung ihrer Mutter – verlangt eine Tat, die auszuführen Herodes sich zuvor nicht getraut hatte. Und so bringt Salomes Tanz letztlich Johannes den Tod. Allerdings, und dies ist wichtig zu betonen, wird in der biblischen Vorlage nichts von Salomes eigenem Tod berichtet. Dieser findet sich, als Sühne für Salomes Überschreitung moralischer Grenzen, erst in nachbiblischer Tradition. Denn hier erst, wenn Herodias als Figur in den Hintergrund tritt und Salome aus eigenem Impuls den Kopf des Propheten verlangt, sie selbst also die grausame Forderung stellt, wird eine Bestrafung Salomes nötig. Indem Herodias als Figur verblaßt, steht Salome direkt mit Johannes' Tod in Beziehung. Sie tanzt, sie fordert ihren Lohn, den Kopf des Johannes. Darum ist die Geschichte der Salome spätestens seit Oscar Wilde ein Totentanz der besonderen Art: Die tanzende Frau bringt einem Mann den Tod und stirbt selbst – gewaltsam getötet durch das moralische Credo der Umstehenden[7].

Salomes Tanz spielt in den Adaptionen der biblischen Geschichte des ausgehenden 19. Jahrhunderts eine zentrale Rolle. Dabei bilden die Salome-Darstellungen von Joris-Karl Huysmans, Gustave Moreau und Oscar Wilde eine Entwicklungslinie bis hin zu Strauss' Oper. Immer ist es Salomes Tanz, der an zentraler Stelle den Blick auf die virulenten Themen freigibt: der Gefallen am Exotismus oder Orientalismus, die Auseinandersetzung des männlichen Künstlers mit weiblicher Verführung und Sexualität, die Schönheit, die sich mit Grausamkeit und Tod verbindet und schließlich die Provokation bürgerlicher und religiöser Vorstellungen.

Huysmans' Roman *À Rebours* stellt den Entwurf einer hybrid-dekadenten, künstlichen und künstlerischen Gegenwelt zur Alltäglichkeit bürgerlichen Lebens dar. Des Esseintes, Huysmans' (Anti-)Held[8], umgibt sich mit einer Vielzahl ausgesuchter Kunstgegenstände, darunter zwei Bildern von Gustave Moreau: *Salomé dansant devant Hérode* (*Salome tanzt vor Herodes*, um 1876) und *L'Apparition* (*Die Erscheinung*, 1876) [Abbildungen 9 und 10]. In ihnen sucht und findet Des Esseintes die Abkehr vom rein Abbildhaften, Moreaus Gemälde entsprechen seiner Ästhetik von »subtiler, erlesener Malerei [...], die in einem alten Traum, in antiker Verderbnis untertauchte, fern unseren Sitten, fern unseren Tagen. Er [d. i. Des Esseintes] hatte zur Ergötzung seines Geistes und zur Freude seiner Augen einige einflüsterungsmächtige Werke gewollt, die ihn in eine unbekannte Welt verschlügen, ihm die Spuren neuer Mutmaßungen enthüllten und sein Nervensystem durch wohlgepflegte Hysterien ins Wanken brächten, durch verwickelte Alpträume, lässige und gräßliche Visionen.«[9]

Abbildung 9:
Gustave Moreau, Salome tanzt vor Herodes *(um 1876)*
New York, Sammlung H. Hartford. Photo: AKG Berlin

Bezeichnenderweise erwähnt Huysmans diejenigen Gemälde Moreaus, die aus der biblischen Geschichte die Elemente Tanz und Tod herausgreifen. Die tanzende Salome von Moreau beschreibt Huysmans mit den Worten: »Das Angesicht gesammelt, feierlich, fast erhaben, beginnt sie den lüsternen Tanz, der die abgestumpften Sinne des alten Herodes erwecken soll; ihre Brüste wogen, und unter dem Scheuern ihrer wirbelnden Halsketten richten sich die Brustwarzen auf; auf ihrer feuchten Haut funkeln die angelegten Diamanten; ihre Armbänder, ihre Gürtel, ihre Ringe sprühen Funken; auf der triumphalen, mit Perlen bestickten, mit Silberranken und Goldplättchen verzierten Robe fängt der Panzer der Geschmeide, an dem jede Masche ein Edelstein ist, Feuer, schlingt Goldschlangen ineinander, wuselt auf dem matten Fleisch, der teerosenfarbenen Haut wie von glänzenden Insekten mit blendenden Flügeldecken, karminfarben marmoriert, goldgelb gepunktet, stahlblau geblümt, pfauengrün gestreift.«[10]

Die Metaphern, die Huysmans verwendet, sind markant. Neben dem Reichtum und der Schönheit fallen die immer stärker hervortretenden Bilder des Krieges und der Gewalt auf: *Funken* sprühen, die *triumphale* Robe umgibt den *Panzer* der Geschmeide, *Feuer* schlägt aus. Auch die Tiermetaphern sind bezeichnend: die (unvermeidliche) Schlange, Insekten und der Pfau. Auch

Abbildung 10:
Gustave Moreau, Die Erscheinung *(1876)*
Paris, Musée du Louvre. Photo: AKG Berlin.

hier verbinden sich die Symbole der Versuchung und sexuellen Verführung mit dem Prunkvollen, kontrastiert durch die ekelerregende und dennoch glänzende Kälte des Insekts.

Moreaus *Erscheinung* ist für Huysmans' Helden »vielleicht noch beunruhigender«, schließlich thematisiert das Gemälde vollends den Tod. Der abgeschlagene Kopf des Johannes, eingefaßt in einer strahlenförmig hellen Gloriole, wird der fast nackten Gestalt der Salome gegenübergestellt. Salomes gebieterische Geste ähnelt dabei auffälligerweise derjenigen ihres Tanzes – als ob Salome seit Beginn ihres Tanzes in dieser Pose verharrt wäre. Salome scheint erstarrt in »schöner Untätigkeit«[11], einem Hauptmerkmal Moreauscher Ästhetik. Der Tanz als Bewegung tritt zurück, er wird zur Geste, zum statuarischen Ritual. Lediglich die zu Boden gefallenen Gewänder weisen darauf hin, daß zwischen den beiden sich ähnelnden Gesten ein wilder Tanz stattgefunden hat. »In der fühl- und mitleidlosen Statue, dem unschuldigen und gefährlichen Idol, waren Sinnlichkeit und Schrecknis des menschlichen Seins zutage getreten. [...] ein schrecklicher Alp würgte nun die von den Drehungen des Tanzes verzückte Gauklerin, die Kurtisane, versteint, gebannt von Entsetzen.«[12]

Moreau läßt in seinen Gemälde keinen historisch exakten Raum entstehen. Die Szenerie bleibt in ihren Anlehnungen an orientalische, indische, archaische, gotische und phantastische Elemente vage, den Hintergrund für die figürlichen Darstellungen bildet ein »phantastischer Historismus«[13]. Ähnliches schreibt Des Esseintes daher auch der Rolle Salomes zu: Sie ist für ihn die »symbolische Gottheit der unzerstörbaren Ausschweifung, die Göttin der unsterblichen Hysterie, die verfluchte Schönheit«[14], und er nennt im gleichen Atemzug neben Salome auch Helena und Salammbô.

Moreaus Salome-Darstellung wartet – zumal unter dem Blickwinkel von Huysmans Romanfigur des Esseintes – mit einer Vielzahl derjenigen Symbole und Motive auf, die einer *femme fatale* zugeschrieben werden[15]. Ihr mit Edelsteinen geschmückter Körper schimmert schlangenhaft, ihre Erscheinung bleibt maskenhaft, wird zum »kostbaren Artefakt« (Carola Hilmes). Gleichzeitig geht von ihr der Eindruck eines gefährlichen Raubtieres aus. Nicht zu übersehen ist auch das Motiv des Blicks. So wie auf der bildnerischen Ebene Herodes begehrlich die junge Tänzerin ansieht, identifiziert sich des Esseintes auf der textlichen Ebene mit diesem Blick: er betrachtet, in die üppige Schönheit des Gemäldes versunken, Salomes Tanz: »So wie der alte König verharrte Des Esseintes niedergeschmettert, vernichtet, vom Taumel ergriffen vor dieser Tänzerin«[16]. Carola Hilmes resümiert: »Die Geschichte der Salome erlaubt es offenbar, eine Beobachterperspektive einzunehmen, eine Femme fatale zu erleben, ohne selbst von ihr bedroht zu werden.«[17] Indem Herodes und auch Des Esseintes eine voyeuristische Distanz zu dem Geschehnis aufbauen können (der Leser ohnehin), bleiben sie von der tödlichen Bedrohung, die von Salomes Tanz ausgeht, verschont. Und so ist das Opfer von Salomes verführerischem Tanz derjenige, dem die Distanzmöglichkeit des Blickes nicht gegönnt ist: Jochanaan.

Bei Wilde wird das Thema des Blicks nochmals ausgeweitet und ist daher auch wesentlicher Bestandteil von Strauss' Salome-Interpretation. In Wildes *Salome*, 1891 verfaßt und fünf Jahre später in Paris uraufgeführt – als Uraufführungs-Salome hatte sich Wilde Sarah Bernhardt vorgestellt –, steht die »Schaulust« im Vordergrund als Form einer höchst sublimierten Sinnlichkeit. Mehrmals wird betont, wie gefährlich das Anschauen werden kann, sei es der Blick auf die verführerische Salome selbst oder auch der Blick auf den eingekerkerten Jochanaan. Wildes *Salome* ist die Geschichte tödlicher Blicke. Damit aber wird die Distanz, die Des Esseintes durch das Betrachten der Moreauschen Gemälde aufbauen konnte, auf der textimmanenten Ebene reduziert, fast eliminiert. Für den Zuschauer von Wildes Einakter kann sie freilich aufrechterhalten werden. Aus dem Näherrücken der Grenze zwischen Gefahrenzone und sicherem Bereich bezieht Wildes Stück seine besondere Suggestionskraft. Die Distanzschwelle liegt nicht mehr innerhalb des Werkes, sondern nur noch knapp vor den Zuschauern selbst.

Auf ganz ähnliche Weise spielt der Blick in Strauss' Oper eine wichtige Rolle, und dies nicht nur auf textlicher Ebene, sondern auch, indem Strauss einen Tanz – als optisches Element – integriert. Dieser Tanz allerdings ist neuartig in seiner Konzeption. Nicht nur, da er im dramaturgischen Zentrum der Oper steht, sondern auch, da er – nicht im Sinne einer Ballett-Einlage – von der Sängerin der Salome getanzt werden muß: ein umstrittenes, heftig diskutiertes Novum auf der zeitgenössischen Opernbühne (und bis heute eine Herausforderung für Sängerin wie Regie).

Salomes Tanz ist nicht nur für die Ausführende, sondern auch für das Publikum außergewöhnlich. Peter W. Schatts Analyse[18] von Salomes Schleiertanz in Strauss' musikalischem Gewand konnte zeigen, daß der Komponist bereits hier – wie auch in der später zu betrachtenden Todesszene Salomes – in einen besonderen Dialog mit seinem Publikum tritt. Strauss sucht einen Weg zwischen lasziver Sinnlichkeit und bürgerlichem Voyeurismus, zwischen Fremdheit und Identifikation: »Im Orient der *Salome* wird [...] als Projektion der eigenen Probleme das Bild eines Anderen entworfen, das zwar dazu dient, sich als Kontrast zu definieren, aber zugleich erlaubt, sich in der Ebene des Kunstwerks im Anderen soweit zu verlieren, wie es zur Sublimierung der Sinnlichkeit, die man im Fremden als eigene entdecken mag, notwendig ist.«[19] Salomes Tanz beginnt mit orientalisierenden musikalischen Elementen (übermäßigen Sekunden, arabesken Verzierungen und Chromatik). Strauss erweckt zunächst »den Eindruck einer Ferne [...], die gerade weit genug ist, daß sie schon erlaubt, über das Fremdartige zu staunen.«[20] Dann aber läßt Strauss den lasziven orientalisierenden Tanz in einen sich langsam steigernden Walzer übergleiten, einem Tanztypus freilich, von dem Strauss »annehmen darf, daß der Hörer problemlos auf ihn eingehen kann«. Damit aber bietet der Komponist dem zuschauenden und -hörenden Publikum eine Vertrautheit, so daß auch Herodes' Ausruf »Ah! Herrlich!« »als Sprachrohr des Opernbesuchers erscheinen« kann[21]. Die Auseinandersetzung mit Salomes Schleiertanz ist jedoch eine tödliche Bedrohung. Salome wird als Lohn für ihren Tanz den Tod Jochanaans fordern, gleichzeitig stellt sie mit ihrem Tanz eine Erotik und moralische Unbedenklichkeit zur Schau, die für das Publikum außerhalb des Opernhauses als nicht tolerierbar erscheint. So kommt es zum Konflikt zwischen erotisiertem Kunstgenuß und bürgerlich-moralischem Gewissen. Herodes nimmt auch dabei eine Mittlerfunktion ein. Er, der zum Schluß den Tod Salomes befehlen wird, wird »zum Anwalt des schlechten Gewissens eines Publikums, dessen Hingabe an den Reiz des Verbotenen im Rahmen derselben ästhetischen Fiktion bestraft wird, die jene ermöglichte.«[22]

Die »wohlgepflegte Hysterie« des Bürgertums I

Huysmans hatte mit der Adoration der Moreauschen Gemälde noch die Distanz zu bürgerlicher Alltäglichkeit gefeiert. Das beinahe inflationär zu nennende Auftauchen des Salome-Motives um die Jahrhundertwende wie auch die zahlreichen orientalischen und orientalisierenden Tänzerinnen – populär auf Postkarten, im Film, in Schlagertexten, als Nippesfiguren und in den Varietés[23] – verweisen hingegen auf eine virulente Zeiterscheinung, die von einem breiten Publikum akzeptiert, ja goutiert wurde. »Der Umgang mit der Gegenwelt hielt die Normalität im Gleichgewicht.«[24]

Eine Anekdote aus eigener Anschauung beschreibt – nicht ohne ironischen Unterton – Mario Praz: »In Italien gehörte es [d. i. Wildes *Salome*] zu Lyda Borellis Repertoire. Ich erinnere mich noch gut, mit welcher Begeisterung die Operngläser der Herren sich auf die schlitzäugige Diva richteten, die nur mit violettem und absinthgrünem Scheinwerferlicht bekleidet war.«[25] Geradezu typisch für diesen Bereich zwischen Exotismus und Erotik, zwischen Kunst, Kommerz und Bürgerlichkeit erscheint auch der Lebensweg der Mata Hari, einer bürgerlichen Frau namens Margaretha Gertrude Zelle, die sich als orientalische Tänzerin ausgab, mit freizügigen Auftritten große Erfolge feierte und schließlich – offiziell wegen Spionage – zum Tode verurteilt wurde. Daß dieses Todesurteil auch aus moralischen Gründen gerechtfertigt schien, davon zeugt das zur Schau gestellte Desinteresse an den sterblichen Überresten der berühmten Tänzerin. Da niemand für ein Begräbnis aufkommen wollte, wurden sie zu Anatomiestudien in die Sorbonne verbracht[26]. Der Tod, ob selbst beigebracht oder zugefügt, scheint – selbst zu Beginn des 20. Jahrhunderts – der einzige Ausweg für eine Frau zu sein, die sich außerhalb des bürgerlichen Moralkodex begibt. So steht die sich selbst fiktionalisierte Mata Hari ebenso wie die zahllosen zeitgenössischen Salomes in der Tradition der großen Verführerinnen und Ehebrecherinnen des 19. Jahrhunderts, der existentiellen Außenseiterinnen Carmen oder Violetta Valéry, der bürgerlichen Variationen Emma Bovary oder Anna Karenina.

Abbildung 11:
Aubrey Beardsley, Die Toilette der Salome *(1893)*

Die Mischung von Erotik und Exotik bot dem Bürgertum in jenem Moment zwischen äußerer Fassade und innerer Identitätskrise, zwischen Selbstzweifel und Modernitätsanspruch, zweierlei: zum einen die visuelle Erfüllung von Wunschphantasien aus sicherer Distanz, zum anderen die Anteilnahme an der zeitgenössischen Kunst, die sich ebenfalls für das Salome-Motiv interessierte. »Ganz allgemein haben [...] die unbürgerlichen ›Dekadenzthemen‹ und die Themen erotischer Problematik jenseits der bürgerlichen Normwelt nicht nur Konjunktur, sondern große Resonanz, gerade bei den Bürgern. [...] das eigentlich Auffallende ist doch die relativ breite Zustimmung von Bürgern zur – moderaten – Modernität auch und gerade in deren Unbürgerlichkeit.«[27] Dieses genußvoll erlebte Wechselspiel aus Dekadenz und Normalität, aus erotischer Verführung innerhalb und moralischer Bannung außerhalb der Kunst, schafft die Grundlage für Richard Strauss' Behandlung des Salome-Stoffes[28]. Strauss' Biograph Ernst Krause schrieb der Musik der Salome denn auch eine besondere »Infizierkraft« zu und warnte vor der »auf weite Strecken Musik gewordenen Hysterie«[29]. Dem Zuhörer riet er darum zu distanziertem Hörerlebnis: »Musik dieser Art verlangt kühle Nerven, erfordert das Bewußtsein des klar empfindenden Menschen«[30]. Und ein Rezensent der Uraufführung sprach – ein Schlagwort aus der aktuellen Diskussion um das Phänomen Weiblichkeit aufgreifend – von einer »sinfonischen Dichtung mit dem unsichtbaren Titel *Hysterie*«[31].

Strauss wohnte 1902 der Aufführung der Wildeschen *Salome* – in der Übersetzung von Hedwig Lachmann – in Max Reinhardts Kleinem Theater in Berlin bei. Gertrud Eysoldt verkörperte die Hauptrolle. Der Eindruck, den er von dieser Aufführung empfing, muß überwältigend gewesen sein, denn Strauss widmete sich sogleich dem Salome-Stoff als Grundlage zu einer neuen Oper. Erstaunlich zunächst, daß er in jenem Moment, als er sich dem exaltierten Wesen der *femme fatale* zuwendet, das Konzertpodium mit der Opernbühne vertauscht. Hatte er die Mythen der Männlichkeit (Don Juan etwa) und des Übermenschen (Nietzsches Zarathustra) in Symphonische Dichtungen gekleidet, schwenkt Strauss bei *Salome* über zur Gattung der Oper[32], dem zentralen Hort bürgerlicher Kunstrepräsentation – und vor allem auch der Ort, an dem zum akustischen Erlebnis das optische hinzutritt. Damit bietet er dem bürgerlichen Opernpublikum das delikate Sujet der *femme fatale* auf eine dem Bürgertum besonders gemäße Weise an. Indem er aus der rein-instrumentalen Form heraustritt, kann Strauss dem Salome-Motiv die *visuelle* Ebene des Tanzes einverleiben. So treffen Merkmale aufeinander, die schon bei Wilde zu beobachten waren und die die folgenden analytischen Blicke in Strauss' Partitur weiter untermauern werden: der »tödliche Blick« wird auf der Opernbühne dargestellt, das bürgerliche Publikum jedoch kann ihn konsumieren, ohne sich in Gefahr begeben zu müssen. Die Musik wird – am Ende der Oper – die notwendige Distanz wieder aufbauen, um das Publikum aus dem rauschhaften Erlebnis Oper in eine moralisch-geregelte Außenwelt zu entlassen.

Abbildung 12:
Edvard Munch, Salome II
(1905)
© *The Munch Museum/*
The Munch Ellingsen Group/
VG Bild-Kunst, Bonn 2001

Das Leitmotiv der femme fatale

Strauss arbeitet in der Partitur der *Salome* ausgiebig mit der Leitmotivtechnik. Dies ermöglicht ihm, trotz der Üppigkeit des musikalischen Geschehens, einen motivisch-inhaltlichen Zusammenhang zu stiften[33]. Damit steht ihm gleichzeitig ein kompositorisches Mittel zur Verfügung, das der Komplexität des Charakters einer *femme fatale* gerecht werden kann. Indem die verschiedenen, oft auch widersprüchlichen Facetten dieses Charakters mit einem Leitmotiv bedacht werden, entsteht ein Netz von Beziehungen, das die vielfältigen Kennzeichen der *femme fatale* miteinander zu verknüpfen vermag.

Wie ein Motto zur Oper steht dieses viertaktige *femme fatale*-Motiv zu Beginn der Partitur [Notenbeispiel 3]. Es ist gekennzeichnet durch Kontrast-

179

wirkung und gleichzeitig auf einschmeichelnde Verbindlichkeit hin angelegt. Zunächst zum Kontrast: Das Motiv besteht aus zwei unterschiedlichen musikalischen Elementen, einem sehr raschen – die Zweiunddreißigstel-Ketten, die in Takt 1 und Takt 3 auftreten – und einem gedehnt-melodischen Element (T. 2 und auch die abschließende ganze Note, T. 4). Während die raschen Motivteile skalenartig verlaufen[34], verbinden die gedehnten Teile Umspielungen mit größeren Intervallen. Die Binnenform des Motives ist durch den Wechsel der beiden unterschiedlichen Charaktere zu beschreiben: a-b-a'-b'. Insofern ergibt sich neben der Kontrastwirkung auch ein wellenförmiges Nebeneinander von belebten, schnellen Skalen und einer rhythmisierten melodischen Wendung. Diese lockere Verknüpfung wird durch die weiche, den fließenden Gestus der Skalen besonders betonende Instrumentierung unterstützt, die Klarinette stellt – *hervortretend* – das Motiv vor. Sie bleibt bis zum Schluß, auch wenn das Motiv in zahlreichen anderen Instrumentierungen erklingt, das wichtigste Instrument für Salomes *femme fatale*-Motiv.

Das Motiv tritt regelmäßig auf, sobald von einer *femme fatale*-Eigenschaft Salomes die Rede ist. Einige markante Beispiele: Zu Beginn, wie bereits erwähnt, steht das Motiv quasi als musikalische Überschrift in der Partitur, bereits hier wird aber auch der begehrliche Blick in den Kontext des Motives miteinbezogen: Narraboth betrachtet Salome. Der Moment des Blicks, des begehrlichen oder auch todbringenden Anschauens, wird das Motiv bis zuletzt begleiten.

Betrachtet wird vor allem Salomes Schönheit. Und so wird diese und die davon ausgehende Gefahr mit Hilfe des *femme fatale*-Motivs hervorgehoben. Eine ostinate, rhythmisch in Sechzehntelläufen eingeebnete Version in den Streichern untermalt den kurzen Dialog zwischen Page und Narraboth, wobei zu dessen Schwärmerei das Motiv in der Klarinette im *forte* aufblüht (Ziff. 7-8):

Page (*unruhig*)	Du siehst sie immer an. Du siehst sie zu viel an. Es ist gefährlich, Menschen auf diese Art anzusehen. Schreckliches kann geschehn.
Narraboth	Sie ist sehr schön heute Abend.

Rechts:
Notenbeispiel 3:
Richard Strauss, Salome, *Beginn der Oper*

Salomè.

Die Bühne stellt eine grosse Terrasse im Palast des Herodes, die an den Bankettsaal stösst, dar. Einige Soldaten lehnen sich über die Brüstung. Rechts eine mächtige Treppe, links im Hintergrunde eine alte Cisterne mit einer Einfassung aus grüner Bronze. Der Mond scheint sehr hell.

Erste Scene.

Richard Strauss, Op.54.

181

Erster Soldat	Der Tetrarch sieht finster drein.
Zweiter Soldat	Ja, er sieht finster drein.
Erster Soldat	Auf wen blickt er?
Zweiter Soldat	Ich weiss nicht.

Die Partitur aber bezeichnet in diesem Moment die Blickrichtung Herodes':
Im Englischhorn, unterstützt vom Heckelphon, und übergehend in die Oboe
erklingt schwelgerisch das *femme fatale*-Motiv (Ziff. 9).

Auch Salomes Blässe wird durch das Motiv unterstrichen, wiederum
verbunden mit dem Blick: »Wie blass die Prinzessin ist. Niemals habe ich sie
so blass gesehn.« Dann erscheint Salome selbst, während der Page Narraboth
wiederum auffordert, sie nicht anzusehen: »Sie ist sehr erregt. Sie kommt
hierher.« – »Sieh sie nicht an!« (nach Ziff. 19).

Über die Mondscheibe, ein wichtiges Requisit, sagt Narraboth die dop-
peldeutigen Worte: »Man könnte meinen, sie tanzt.« – »Wie eine Frau, die tot
ist«, gibt der Page zur Antwort. Auch dazu erklingt, solistisch *hervortretend*
in der Klarinette, das *femme fatale*-Motiv (vor Ziff. 3). Die Mond-Allusion
erscheint nochmals nach Ziffer 29, als Salome über den Mond sagt: »Wie gut
ist's, in den Mond zu sehn. – Er ist wie eine silberne Blume, kühl und
keusch.«

Als Salome erstmals von Jochanaan erfährt, platzt ihr Motiv geradezu
heraus. Begleitet nur von wenigen Akkordtönen erklingt es im *forte* in der
Klarinette: »Ach, der Prophet.« Hellsichtig ergänzt sie die Worte: »Der, vor
dem der Tetrarch Angst hat?« Die *femme fatale* erkennt sogleich das Macht-
spiel. Um ihr Ziel, ein Treffen mit Jochanaan, zu erreichen, setzt Salome ihre
Verführungskünste ein. In der schmeichelnden expressiven Solovioline erklingt eine gedehnte, fragmentarisierte Variante des Motivs: »Und morgen
früh werde ich unter den Muss'linschleiern dir einen Blick zuwerfen, Narraboth, ich werde dich ansehen...«, wieder der Blick!, »...kann sein, ich werde dir
zulächeln.« Der Violine als instrumentalem Symbol kommt hier doppelte
Bedeutung zu. Zum einen steht sie für die Verführungskünste Salomes, denn
wohl kaum zufällig gesellt sich zu ihrem Solo eine Harfen-Begleitung, an
Rimski-Korsakows Scheherazade-Episoden gemahnend. Zum anderen fun-
giert die Violine, die Geige oder Fidel als Attribut des leibhaftigen Todes.
Auch in Hofmannsthals *Der Tor und der Tod* war der Tod zunächst durch das
Geigenspiel aufgetreten: »Musik?« – Claudio vernimmt das »sehnsüchtige und
ergreifende Spiel einer Geige, zuerst ferner, allmählich näher, endlich warm
und voll«:

»Und seltsam zu der Seele redende!
[...] Mich dünkt, als hätt' ich solche Töne

Von Menschengeigen nie gehört ...
In tiefen, scheinbar lang ersehnten Schauern
Dringt's allgewaltig auf mich ein;
Es scheint unendliches Bedauern,
Unendlich Hoffen scheint's zu sein.«[35]

Im Violin-Solo – ohne diesem instrumentalen Moment zu viel interpretatorische Schwere verleihen zu wollen – treffen sich so die Motivebenen von Verführung und Tod.

Hatten bisher alle vom *femme fatale*-Motiv begleiteten Blicke der Schönheit Salomes gegolten, so erklingt das Motiv auch, wenn sich die Blickrichtung umkehrt. Auch Salomes begehrliches Schauen auf Jochanaan wird durch das Motiv kommentiert. Als ein mit Pausen durchsetztes Ostinato erklingt der Motivteil b in den Oboen und den 2. Violinen (*pizzicato*). Die Erregtheit dieses Moments kommt in der konstanten Beschleunigung zum Ausdruck (Ziff. 80ff.):

Salome	Ich muß ihn näher besehn.
Jochanaan	Wer ist dies Weib, das mich ansieht? Ich will ihre Augen nicht auf mir haben. Warum sieht sie mich so an mit ihren Goldaugen unter den gleissenden Liedern? Ich weiss nicht, wer sie ist. Ich will nicht wissen, wer sie ist. Heisst sie gehn!

Auch in der Auseinandersetzung zwischen Jochanaan und Salome kommt dem *femme fatale*-Motiv Bedeutung zu. Es unterstreicht Jochanaans Abwehr gegen Salomes Sexualität und Weiblichkeit: »Durch das Weib kam das Übel in die Welt« (Ziff. 96) und »Zurück, Tochter Sodoms! Berühre mich nicht« (Ziff. 109), während Salome, unterstützt durch das Motiv in einem sehr zarten Oboensolo, Jochanaan anfleht: »Lass es mich berühren, dein Haar« (Ziff. 108). Diese erste Begegnung zwischen Salome und Jochanaan findet im Selbstmord Narraboths ihren Höhepunkt. Deutlich (*fortissimo*, in mehreren Orchesterstimmen und immer wieder mit *hervortretend* gekennzeichnet) erklingt das Motiv zu dem durch Begehren, Eifersucht und Tod gekennzeichneten Moment (Ziff. 123ff.):

Salome	Ich will deinen Mund küssen...
Narraboth (*in höchster Angst und Verzweiflung*)	
	Prinzessin, Prinzessin, die wie ein Garten von Myrrhen ist, die die Taube aller Tauben ist, sieh

	diesen Mann nicht an. Sprich nicht solche Worte
	zu ihm. Ich kann es nicht ertragen...
Salome	Ich will deinen Mund küssen, Jochanaan. Ich will
	deinen Mund küssen...

(Narraboth ersticht sich und fällt tot zwischen Salome und Jochanaan.)

Eine sehr eigenwillige Instrumentation des Motivs findet sich am Ende der dritten Szene: Jochanaan hat nach dem Selbstmord Narraboths einen Fluch über Salome ausgesprochen und ist freiwillig in die Zisterne zurückgekehrt. Das instrumentale Zwischenspiel beruhigt sich nur langsam, um den Auftritt Herodes' vorzubereiten. Salome ist allein auf der Bühne, sie wurde von Jochanaan verschmäht, ja geradezu verflucht, ihr Motiv erklingt in einem ungewöhnlichen, tiefen Register, im Kontrafagott. Grundiert nur durch das dichte Tremolo *sul ponticello* der Bratschen, scheint das Motiv seine Einzelelemente zusammensuchen zu müssen: b-a'-b'-a'-b'-a'. Diese Instrumentierung und das Suchen der motivischen Einzelteile wird bei Ziffer 183 wiederkehren, nachdem Herodes Salome den Thron angeboten hat. Das Angebot schlägt Salome mit der eigenwilligen Begründung aus: »Ich bin nicht müde, Tetrarch.« Hatte Jochanaan Salome zurückgewiesen und sie in grüblerischem Mißmut zu den Klängen des Kontrafagotts zurückgelassen, weist sie nun ihrerseits Herodes' Angebot mit eben diesem Tonmaterial zurück.

Zu Herodes' schicksalsschweren Worten »Wenn du für mich tanzest, kannst du von mir begehren, was du willst. Ich werde es dir geben« (vor Ziff. 227) erklingt das Motiv in einer erweiterten Form in unwirklich-schillernder Instrumentation: Klarinette und Oboe wechseln sich ab, dazu nehmen auch die Celesta und die Solovioline Bruchstücke des Motives mit auf. Begleitet werden die solistischen Instrumente nur durch die Harfen. Salome fragt nach: »Willst du mir wirklich alles geben, was ich von dir begehre, Tetrarch?« Das Motiv erklingt nun – umrahmt nur durch zwei Akkorde der Harfen und der Streicher (*pizzicato*) – in einer spielerisch verfremdeten, kadenzhaften Figuration in der Solo-Flöte.

Es liegt nahe, daß auch Salomes Tanz selbst mit dem Motiv bedacht wird. Sowohl zu Herodes' schmachtenden Aufforderungen (»O Salome, Salome, tanz für mich«, Ziff. 230) als auch zum Schleiertanz selbst erklingt das *femme fatale*-Motiv, zumeist in der spielerisch-kadenzartigen Variante (Schleiertanz, Ziff. D/E/H/J). Nach dem Tanz verlangt Salome ihren Lohn: den Kopf des Jochanaan. Herodes will ausweichen, er versucht, die Schuld für sein begehrliches Verlangen nach Salomes Tanz bei Salome selbst zu finden – wieder spielt dabei auch der Blick eine Rolle: »Das sagst du nur, um mich zu quälen, weil ich dich so angeschaut habe. Deine Schönheit hat mich verwirrt.« Zu diesem Hinweis auf ihre Schönheit erklingt der b-Teil ihres Motives »verwirrt« in den tiefen Bläsern (Baßtuba, Fagott, Kontrafagott), in einer triolischen Auflösung.

Doch Salome gibt nicht nach, ihre Forderungen nach dem Kopf des Jochanaan erklingen immer eindringlicher. Als müßte dem Zusammenhang zwischen Salomes Forderung und ihrem Wesen als *femme fatale* musikalische Eindeutigkeit verliehen werden, legt Strauss das *femme fatale*-Motiv an dieser Stelle erstmals auch in die Gesangslinie: Ihre Aufforderung singt Salome in einer leicht variierte Form des b-Teils: »Gib mir den Kopf des Jochanaan!«. Später wird sie dies, emphatisch gesteigert im flirrenden Trillerklang der Holzbläser, mit der Vortragsbezeichnung *wild* wiederholen. Salome ist am Ziel ihrer Wünsche – der Henker hat ihr gerade das Silbertablett mit Jochanaans Kopf ausgehändigt. Hier nun breitet sich in dem kurzen, viertaktigen instrumentalen Zwischenspiel das *femme fatale*-Motiv, kontrapunktisch ausgearbeitet, im Orchester aus: die kadenzartige Variante und die düster-schaurige des Kontrafagotts, die rhythmisch originale und die verfremdete. Begleitet wird dieser kurze, motivintensive Abschnitt durch das instrumentale Todessymbol *par excellence*: das Tamtam.

Auch im folgenden, grausam verzerrten Liebestod-Gesang Salomes erklingt das *femme fatale*-Motiv – auch wenn seine Intensität spürbar nachläßt, im allgemeinen musikalischen Gestus geradezu untergeht: Die Celesta spielt (nach Ziff. 315) eine rasche Zweiunddreißigstel-Variante des b-Teils (»Ich werde ihn jetzt küssen!«), der Kuß selbst wird begleitet von einer Violinen-Variante des Motives (Ziff. 316). Ähnlich auch die Steigerung des Kusses: der Biß. »Ich will mit meinen Zähnen hineinbeissen, wie man in eine reife Frucht beissen mag.« Und wieder läßt sich das Motiv in den Violinen vernehmen (nach Ziff. 318).

»Eigentümliche Töne«

Wie dicht Strauss die Sexualität Salomes an den Moment von Jochanaans Tod rücken möchte, läßt sich punktgenau der Partitur entnehmen. Nach Salomes laszivem Schleiertanz hatte Herodes alle Überredungskünste aufgeboten, um sie von ihrem Wunsch abzubringen, als Lohn für den Tanz den Kopf des Jochanaan zu fordern. Herodes muß schließlich vor dem gräßlichen Wunsch kapitulieren. Er willigt in die Hinrichtung ein und quittiert seine Niederlage mit den Worten: »Ich bin sicher, es wird ein Unheil geschehn« (Ziff. 304). Währenddessen hat der Henker die Zisterne betreten und schreitet zur Tat. Salome lauscht an der Zisterne: »Es ist kein Laut zu vernehmen. Ich höre nichts. Warum schreit er nicht, der Mann? Ach! Wenn einer mich zu töten käme, ich würde schreien, ich würde mich wehren, ich würde es nicht dulden« (Ziff. 305). Schon im Text liegen die Sphären von Sexualität und Gewalt dicht beieinander. Die unheimliche Atmosphäre wird durch einen dumpfen Wirbel auf der Großen Trommel und tiefe Tremoli in den Kontrabässen grundiert. Dazu erklingen im Solo-Kontrabaß *sforzato*-Achtel in unregelmäßigen Abständen, zu denen Strauss eine Fußnote anbringt, die in ihrer Deutlichkeit nichts zu wünschen übrig läßt: »Dieser Ton, statt auf das Griffbrett aufgedrückt zu werden, ist zwischen Daumen und Zeigefinger fest zusammenzuklemmen; mit dem Bogen ein ganz kurzer, scharfer Strich, sodass ein Ton erzeugt wird, der dem unterdrückten Stöhnen und Ächzen eines Weibes ähnelt.«[36] Strauss hatte diese besondere Intonation in Hector Berlioz' Instrumentationslehrbuch kennengelernt, das er kurz vor der Komposition der *Salome* neu herausgegeben hatte[37]. Dort hatte Berlioz diesen sonderbaren Effekt – diese »sehr eigentümlichen hohen Töne, Töne von unglaublicher Kraft« – bereits mit dem weiblichen Schrei in Verbindung gebracht: »Wäre man genötigt, im Orchester das heftige Aufschreien einer weiblichen Stimme wiederzugeben, kein anderes Instrument als die Kontrabässe, auf diese Art behandelt, würden hierzu besser befähigt sein.«[38] Salome erlebt – in Strauss' musikalischer Interpretation – den Tod des Jochanaan als Erfüllung ihrer sexuellen Wünsche. Die eigenartig »stöhnenden« Kontrabaß-Achtel gehen im übrigen nahtlos über in die kurzen, harten Paukenschläge (Salome: »Schlag' zu, schlag' zu, Naaman, schlag' zu, sag ich dir...«), die das Fallen des Beiles markieren.

Mit einer gewissen Scheu wird allerdings häufig die hier so deutliche Sprache der Musik kommentiert. So schrieb Richard Specht – die erotische Komponente dezent vermeidend: »Und jetzt ein Ton, dieser grauenvolle Ton – ich weiß, ich weiß: statt auf das Griffbrett aufgedrückt zu werden, ist die Saite zwischen Daumen und Zeigefinger zusammenzuklemmen und ganz kurz mit dem Bogen anzustreichen; ich weiß das, und jedesmal wieder überläuft es mich vor diesem Urlaut des gequälten Gottesgeschöpfs...«[39].

1912 setzt übrigens auch Alban Berg diese seltene Spieltechnik ein: In den *Fünf Orchester-Lieder nach Ansichtskartentexten von Peter Altenberg* sollen zwei akzentuierte Sechzehntelnoten in den Kontrabässen »durch das Streichen der zwischen Daumen und Zeigefinger festgeklemmten G-Saite«[40] gespielt werden. Berg unterstreicht mit diesem instrumentatorischen Effekt die symbiotische Nähe der Seele mit der Natur: »Seele, wie bist du schöner, tiefer, nach Schneestürmen – – –. Auch du hast sie, gleich der Natur – – –. Und über *beiden* liegt noch ein trüber Hauch, eh' das Gewölk sich verzog!«[41]

Nach diesen Einblicken in die *Salome*-Partitur aber bleibt die Frage: Wie erreicht Strauss, daß sich das bürgerliche Opernpublikum nach der »wohlgepflegten Hysterie« der *Salome*-Vorstellung in die Wohlanständigkeit des Alltags entlassen fühlt? Wie gelingt die Überbrückung der Gegensätze zwischen musikalischer Sinnlichkeit und bürgerlichem Kunstanspruch?

Strauss hatte mit dem Salome-Sujet eine entfesselte Sexualität auf die Opernbühne gebracht, die zwar durch Künstler der Décadence – etwa Huysmans und Moreau, Wilde und Beardsley – vorbereitet worden waren, für die deutsche Opernbühne allerdings – und für den als »bürgerlich höchst wohlanständig«[42] titulierten Strauss – neu waren. Was ihn an dem Sujet faszinierte und welche kompositorischen Herausforderungen er im Exotischen liegen sah, berichtet Strauss rückblickend: »Ich hatte schon lange an den Orient- und Judenopern auszusetzen, daß ihnen wirklich östliches Kolorit und glühende Sonne fehlt. Das Bedürfnis gab mir exotische Harmonik ein, die besonders in fremdartigen Kadenzen schillerte wie Changeant-Seide.«[43] Interessant an dieser Aussage sind zwei Aspekte: daß Strauss das östliche Kolorit mit einer weitentwickelten Harmonik in Verbindung bringt und daß er die glühende Sonne erwähnt, obwohl die Geschichte der Salome sich beim Mondschein ereignet und der Mond zudem eine zentrale (symbolische) Funktion einnimmt.

Orientalismen und Exotismen in der Musik spielen im 19. Jahrhundert – etwa bei der Entwicklung der Nationalmusiken – eine wichtige Rolle[44]. Vor allem im letzten Drittel des 19. Jahrhunderts wird das künstlerische Phänomen aber auch von einer heftigen Debatte auf historisch-philosophischem Gebiet begleitet, die eine Gegenüberstellung von Orient und Okzident als Prototypen von Sensualismus und Rationalismus festschreibt[45]. Eine neue, national unabhängige, aber von der Diskussion um Sensualismus versus Rationalismus geprägte Bedeutung erlangt der Exotismus im 20. Jahrhundert. Er entfernt sich hier noch weiter von einer ethnischen Genauigkeit[46], vielmehr wird er zum Sinnbild von Fremdem und Unbekanntem schlechthin. – Auch in diesem Sinne wird Wien, die »Geburtsstadt« der Psychoanalyse, von Hofmannsthal als »porta Orientis auch für jenen geheimnisvollen inneren Orient, das Reich des Unbewußten«[47] apostrophiert. Orient und Exotik werden nun vorwiegend als Identifikationsmöglichkeit mit Hilfe der imaginären, wunschtraumhaften Ferne oder als »Modelle der Erneuerung«[48] im Sinne von kompositorisch Unerhörtem genutzt. Immer häufiger verknüpft sich der Exotismus dabei mit erotischer Schwüle und amoralischen, zumeist weiblichen Lebensentwürfen.

Auch bei Strauss steht Exotismus für ein Wechselspiel von Identifikation und Fremdheit. Und wie zentral ihm dabei auch die Verknüpfung mit moralischer Grenzerfahrung ist, zeigt seine Formulierung vom »östlichen Kolorit«, das er mit »glühender Sonne« verbindet. – Wie schon bemerkt spielt *Salome* indes in der Kühle der Nacht. Gerade das Motiv des kühlen, blassen Mondes steht immer wieder im Vordergrund. Der Mond wird häufig erwähnt, seine Keuschheit und Kühle wird mit Salome verglichen, des Mondes »silberne Scheibe« weist bereits auch auf die Silberschüssel hin, auf der Salome den Kopf des Jochanaan verlangen wird. Herodes betont mehrfach, daß ihm die Nacht zu kalt sei, seine Angstvisionen vermischen sich mit rauschenden (auch im Orchester deutlich nachgezeichneten) Windböen. Kurz: von »glühender Sonne« kann in *Salome* nicht die Rede sein. Strauss umschreibt damit vielmehr die Sinnlichkeit der Hauptfigur und verknüpft so die Exotik mit der Erotik aufs engste. Und daher auch steht die »exotische Harmonik [...], die besonders in fremdartigen Kadenzen schillerte wie Changeant-Seide«, für den fremdländischen Hintergrund *und* die exzessive Sinnlichkeit, die Sexualität Salomes. Behält man schließlich im Auge, daß Strauss selbst in der *Salome* – und, so muß man hinzufügen, in der *Elektra*, die ja eine ganz ähnliche Emotionalität ausstrahlt – die Grenzen der tonalen Experimente erreicht sah, so muß man nach dem Schluß der Oper fragen. Salome, die Personifikation exotischer und exzessiver Sexualität, stirbt, besser gesagt: sie wird auf den Befehl Herodes' hin getötet. Wie aber geschieht dies musikalisch?

Diese Frage richtet sich an die letzten elf Takte der Oper. Vergeblich sucht man in ihnen das *femme fatale*-Motiv[49]. Auffällig jedoch, wie rasch die exaltierte Harmonik aus dem bitonalen Höhepunkt zu Herodes' Worten »Man töte dieses Weib!« in den reinen Schlußakkord zurückgeführt wird. Alle beteiligten Instrumente intonieren ein c. In diesem reinen c-Klang, zuvor durch die Mollterz in den Hörnern, Posaunen und Pauken kurz harmonisch eingefärbt, endet die Oper[50]. Die »exotische Harmonik«, die schillernden »fremdartigen Kadenzen« münden – gleichzeitig mit Salomes Tod – in einen reinen c-Akkord. Richard Specht spricht – offenbar irritiert durch den Schluß – von einem geheimnisvollen »Zermalmen«, das rätselhaft bleibe: »Das Geheimnis der Musik ist hier ebenso dunkel wie das Geheimnis des Todes.«[51] – Und dabei liegt dieses Geheimnis im schlichtesten Klang, den die abendländische Musik kennt: im reinen c-Klang. Jürgen Schläder kommentiert diese Verwirrung: »Die harmonische Beruhigung [...] steht nicht nur im herben Kontrast zum abschließenden Ereignis, sondern offenbart eine unüberhörbare Assimilation an Jochanaans Dreiklangsthematik. [...] Noch im Tod neutralisiert der konventionelle, patriarchalische Lebensentwurf des vermeintlichen Opfers Jochanaan das Gefährdungspotential der verführerischen Frau, und indem Salome der Empfindung wahrer Liebe teilhaftig wird, domestiziert der ›Bürgerschreck‹ Strauss den exzentrischen, ja revolutionären Charakter der Salome-Figur im Rahmen sorgfältig ausformulierter bürgerlicher Moralvorstellungen«[52]. Das bürgerliche Publikum konnte sich für die Dauer des Einakters visuell und akustisch auf erotisch-phantastische Abwege begeben, wird aber – mit der Rückführung der exaltierten Harmonik in den reinen c-Klang – in die bürgerliche Wohlanständigkeit entlassen[53].

Salome, das ist die Inkarnation der »wohlanständigen Hysterie«, der sexuellen Phantasie auf Zeit. Das Opfer ist Salome selbst. Sie war die Figur, die die harmonische Exotik und Erotik verkörperte und die zum Schluß der Oper getötet werden muß. Herodes Worte »Man töte dieses Weib!«, die die harmonische Rückführung einleiten, sind damit auch Appell und Normalitätsangebot an das Publikum. Daß dieses das Angebot annimmt, lassen zahlreiche Salome-Interpretationen vermuten. Nur zwei Beispiele: »Denn erst die Musik«, so Walter Schrenk 1924, »macht den grauenhaften Ausgang des Dramas versöhnend und befreiend; nachdem sie mit Klängen, die an den Blütenzauber giftiger und böser Orchideen erinnern, durch alle Schauer verderbter Lasterhaftigkeit und mordgieriger Lüste geschritten ist, [...] entläßt [sie] uns mit dem Gefühl, daß die Prinzessin von Judaea keinen Vergeltungstod starb, als sie unter den Schilden der römischen Krieger zerbrach, sondern daß ihr Leben unter dem erdrückenden und hoffnungslosen Los des ersten echten und tiefen Gefühls zerbrechen mußte.«[54] Und Specht brachte seine persönliche Sicht auf Salome – nach einer ausführlichen Analyse der Oper – mit den Worten zum Ausdruck: »Dies ist ein Bekenntnis zu Strauß und so habe ich, da es sich aus dem bisher Gesagten nicht unbedingt von selbst ergibt, auch mein besonderes Bekenntnis zu ›Salome‹ abzulegen. Ich bin von ihr (jedesmal wieder! jedesmal mehr!) fasziniert, aber ich liebe sie nicht. Sie bedeutet mir den unerhörtesten Geniestreich seines Lebens, die unwahrscheinlichste Eroberung unbetretener, wundervoller Zonen [...], ein Höllenparadies.« Im Vergleich zu Elektra sei Salome jedoch Zeichen von »Untermenschlichkeiten und Allzumenschlichkeiten [...], die nur deshalb zu erdulden sind, weil sie vor die geistigen Hintergründe der Heraufkunft einer selbstlos edlen, lebensflüchtigen, entsühnenden Macht gestellt werden.«[55] Daß sich Strauss selbst letzten Endes von der Musiksprache und dem Sujet entfernt habe, begründet Specht schließlich: »Denn auch sein Herz hat eine andre Heimat gesucht und gefunden als die erschlaffte und entartete Welt des untergehenden und als die barbarisch blutige, medusenhaft drohende des aufgehenden Altertums. Strauß selber ist von der Gestaltung des Abnormen, des unentrinnbar fesselnden Ausnahmefalls zu der des menschlich nahen, der schlichten Wärme, der kostbaren Gefühle der Einfachheit gelangt«[56]. Strauss' Umkehr zu den »kostbaren Gefühlen der Einfachheit« hatte sich – lange vor dem Rosenkavalier – im Schlußakkord der Salome bereits angekündigt.

Lulu von Alban Berg

Das komplizierte Wechselspiel aus Distanz und Identifikation

Eine strenge Symmetriebildung durchzieht Alban Bergs Oper *Lulu* von der Großstruktur bis in Einzeldetails. Diese Symmetrie ist deutlich erkennbar, obwohl der dritte Akt der Oper unvollendet blieb. Damit entspricht der dramaturgische Gesamtbau zwar Bergs ästhetischen Grundsätzen, verdeckt aber ein wesentliches Moment der (übrigens auch von Karl Kraus hervorgehobenen) Intention Wedekinds[1]. Es handelt sich dabei um den gesellschaftskritischen Aspekt der Lulu-Dramen, der die weibliche Hauptrolle an dem rigiden, gewaltsamen, schein- oder doppelmoralischen Gebaren der männlichen Gesellschaft scheitern läßt. Die Kürzungen und Vereinfachungen, die Berg an den beiden Dramen Wedekinds vornahm, zielten, so Ernst Krenek, »auf eine ausschließlichere Herausarbeitung der von der Natur selbst über das Urweib Lulu verhängten Tragik.«[2] Und Peter Petersen hebt hervor, »wie leicht sich für den Musiker Alban Berg die Inhalte [...] in formale Elemente verwandeln und in ausgewogenen Grundmustern aufgehoben werden konnten. Berg unterwirft den gesellschaftlich brisanten Stoff einer spezifischen Ästhetisierung mit der Folge, daß er für die Gesellschaft, gegen die er gerichtet ist, verträglich wird.«[3] – Ereignen sich hier ähnliche Kompensationsstrategien im Sinne des bürgerlichen Publikums, wie sie auch in Richard Strauss' *Salome* zu beobachten waren? Eine Antwort auf die Fragen nach Distanz und Identifikation, nach Projektion und Individualisierung, die Funktionen und nuancierten Ausprägungen dieses Wechselspiels ist im Fall von Bergs Oper *Lulu* schwieriger zu finden als bei Strauss, da sich der kompositorische Sachverhalt wesentlich komplexer darstellt.

Helene Berg schrieb im Jahr 1953 in einem Brief an Hans Ferdinand Redlich, der Untergang Lulus sei als »legitime Vergeltung« einer Männerwelt, an der »sich Lulu versündigt hatte«, zu sehen. Das Ende der Oper gehorche den »ewigen Gesetzen der Gerechtigkeit«[4]. Bergs Frau hegte offenbar – anders als es sich Berg vorgestellt hatte, als er meinte, der Lulu »solche Musik zu geben, daß sogar die Frauen diese Gestalt lieben werden«[5] – keine allzu große Liebe für die Lulu-Gestalt. Vielmehr unterstrich sie die bürgerliche Sichtweise und hob das Moment der Distanz hervor: Lulu als abschreckendes

Beispiel. Und tatsächlich sind Elemente dieser auf Distanz angelegten Interpretationshaltung in der Musik zu finden – wenngleich nicht als einzig möglicher Interpretationsansatz.

Ein wesentliches musikalisches Moment zur Charakterisierung der Lulu-Figur bilden die »Erdgeist-Quarten«. Mit ihnen beginnt die Oper (*schmetternd* in den Posaunen), sie tauchen an markanten Stellen der Partitur immer wieder auf[6] und begleiten auch Lulus Scheitern, ihren Tod. Sie stehen für Lulus »Erdgeist«-Charakter. Die Quarte als Intervall birgt symbolische Qualitäten: Sie gehört zu den reinen Intervallen, gleichzeitig steht sie aber – anders als etwa die Quinte – außerhalb der Grundsubstanz des Dreiklangs. Diese beiden schlichten Charakteristika der Quarte prädestinieren dieses Intervall dazu, Lulu als »Erdgeist« zu musikalisieren. Als »reines« Intervall korrespondiert die Quarte mit der »Reinheit« der Elementarwesen in Paracelsus' Definition. Diese sind seelenlos, strebungslos, (von menschlichem Einfluß) unverbildet und stehen außerhalb der menschlichen Ordnung. Auf das Intervall der Quarte übertragen heißt das: Die Quarte ist für die Dreiklangsbildung irrelevant und steht damit gewissermaßen außerhalb der harmonischen Ordnung. Bereits in Gustav Mahlers Erster Symphonie hatte die Quarte die Bedeutung von »naturhaft« und »urlautlich« zugewiesen bekommen und stand für die »vor-artifizielle« Sphäre[7]. Berg, dem großen Mahler-Bewunderer, waren diese Konnotationen sicherlich nicht entgangen[8].

Bei der Libretto-Einrichtung lagen Berg mehrere Versionen und Auflagen von Wedekinds Lulu-Dramen vor: Der *Erdgeist* in den Fassungen von 1920 und 1921, *Die Büchse der Pandora* von 1913 und 1921. Auf der Suche nach einem Titel für seine Oper griff Berg allerdings auf die 1913 erschienen fünfaktigen Version zurück: *Lulu*. Diesen Titel übernahm Berg, wohl wissend, daß er damit auf die symbolische und mythologische Doppeldeutigkeit der beiden anderen Namen verzichtete. Den Pandora-Mythos blendete Berg dabei vollständig aus, weder im Text noch in der Bezeichnung eines musikalischen Moments wird Pandora *namentlich* wieder erwähnt (freilich bleibt aber der Gehalt des Mythos durchaus präsent). Anders verfährt Berg mit dem Titel *Erdgeist*. Indem er ein musikalisches Motiv, eben die »Erdgeist-Quarten«, nach dem ehemaligen Wedekindschen Titel benennt, akzentuiert er diesen Aspekt. Und das Erdgeist-Motiv ist aufgrund seiner Intervall-Symbolik besonders geeignet, die Figur der Lulu als Wesen außerhalb der menschlichen Sphäre zu präsentieren.

Die Frage, ob die Grundreihe der Oper, aus der alle Reihen ableitbar sind, Lulu zuzuordnen ist, wird in der Sekundärliteratur kontrovers diskutiert[9]. Fest steht, daß der Beziehungsreichtum zwischen den Reihenbildungen außerordentlich groß ist[10], und daß Berg diesen Beziehungsreichtum für eine eigene Interpretation der Lulu-Dramen nutzbar machte. »Wann aber«, so stellt sich die berechtigte Frage, »ist Lulu kompositorisch sie selbst?«[11] – Einen wichtigen Teil im Netz der musikalischen Substanz Lulus stellen die Bildharmonien und die Lulu-Reihe dar, die als kunstvolle Ableitung aufeinander bezogen sind. Zunächst zur Konstitution der Bildharmonien: Aus der Urreihe (I, T. 86-89) wird durch Schichtung von viermal drei Tönen eine Akkordfolge abgeleitet, die Bildharmonien. Diese Akkordfolge bildet wiederum die Grundlage für die Lulu-Reihe, indem nacheinander die Oberstimme, dann die Mittelstimme, dann die Unterstimme der vier Dreitonakkorde aneinandergefügt werden [Notenbeispiele 4 und 5].

So stellt sich schließlich die Lulu-Reihe als Ableitung der Ableitung dar, nämlich einer Ableitung aus den Bildharmonien, die sich wiederum aus der Urreihe ableiten lassen. Das Moment der Distanz wird dadurch besonders deutlich, zumal die Bildharmonien als musikalische Substanz für eine weitere künstlerische Abbildung von Lulu stehen: das Pierrot-Porträt von Lulu. Dieses aber wird in der Oper (im Vergleich zu Wedekinds Vorlage) besonders hervorgehoben. Was in der musikalischen Formung der Lulu-Reihe in doppelter Brechung vonstatten ging, ist auch in diesem Porträt sichtbar. Lulu steht dem Maler Modell, allerdings nicht als Individuum, sondern in einer künstlichen Rolle, als Pierrot. Daß diese Rolle eine männliche ist, erhöht Lulus erotischen Reiz[12]. Auch auf bildlicher Ebene spielt sich somit eine doppelte Brechung ab. Jürg Stenzl formuliert daher das Fazit: »Lulu steht also gerade nicht auf der ersten Ebene der Personenreihen. Dort steht ihr Bild. Mit anderen Worten: Lulu wird verstanden als Abbild des Pierrot-Bildes, als abgeleitete Konkretisierung, als Projektion eines Kunstwerks.«[13]

Mehrere Formen der Distanz sind der *femme fatale*-Figur Lulu einkomponiert. Dies ermöglichte Helene Berg, dem Frauenbild dieser Oper quasi ex negativo zuzustimmen. Allerdings ist interessant nachzuvollziehen, welche Entwicklung die Frage nach Distanz versus Identifikation innerhalb der Diskussion der beiden Eheleute Berg genommen hatte. Diese Diskussion begann sehr früh, noch vor ihrer Heirat, und kann in Briefen nachgelesen werden, die von Helene Berg nicht in die von ihr edierte Briefausgabe übernommen wurden. 1909 schrieb Berg an seine Verlobte: »Ich jubelte, als ich diese Stellen [aus Bernhard Kellermanns Roman *Yester und Li*] las! Und feiere ein Fest, indem ich sie abschreibe! Was er dann über die Frauen schreibt, ist auch so treffend, daß ich's hier wiederhole, wohl wissend daß der Autor dann aber die Eine fand, die sich nicht in diese Gesamtheit der Frauen einordnen ließ – – Dich Helene – – – ›Das Weib schien ihm erst auf einer Durchgangsstufe zum Menschen angelangt zu sein. Das Unklare, Vorurteilsvolle, das Spekulierende, das wenig Schöpferische, seine Freude an glitzernden Dinge[n] ließen es ihm als ein Wesen erscheinen, das um tausend Jahre hinter dem Manne zurück war u. sich nicht Mühe gab, diesen Vorsprung einzuholen. Es lebte

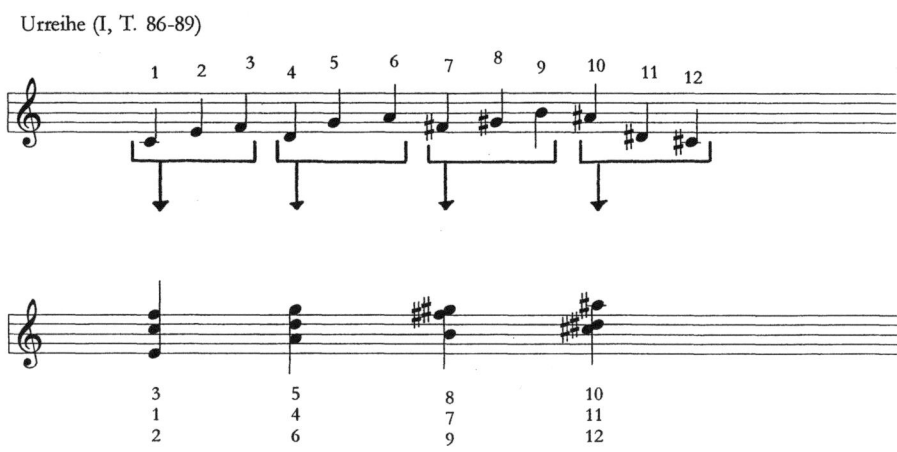

Notenbeispiel 4:
Alban Berg, Lulu *(Entwicklung der Bildharmonien aus der Urreihe)*

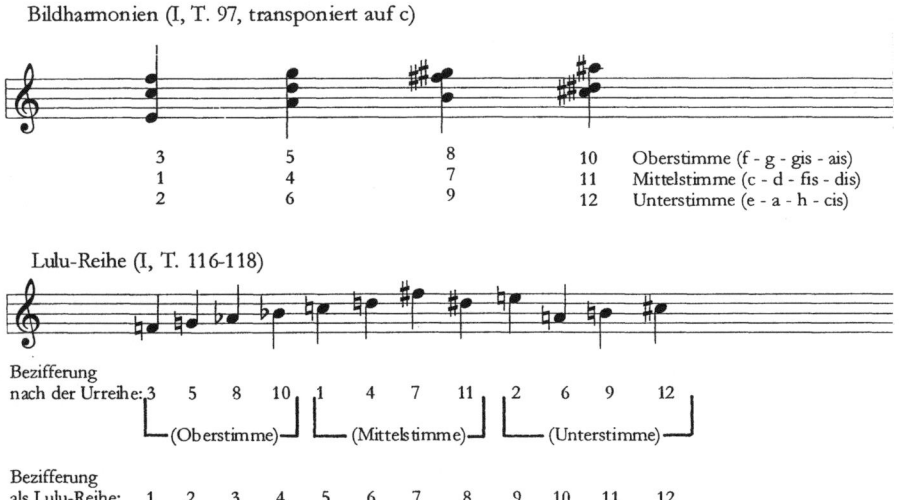

Notenbeispiel 5:
Alban Berg, Lulu *(Entwicklung der Lulu-Reihe aus den Bildharmonien)*

von den Erkenntnissen des Mannes, ohne dies einzugestehen u. ihm Dank zu wissen, es lebte von seiner Seele, ohne ihm etwas dagegen zu geben.‹«[14]

Helene fühlte sich – obwohl Berg sie explizit aus dieser Charakteristik ausnahm – getroffen und antwortete: »Und wie wahr ist das alles[,] auch das, was er über die Frauen sagt! Leider liegt aber das ›Um tausend Jahre dem Manne zurück sein‹ darin, dass die Männer von jeher die geistigen Fortschritte der Frauen unterdrückten. Sie liebten gerade das Dum[m]e, was sie naiv und unschuldig heißen u. was so sehr beliebt ist!!!! es war ihnen bequem und schmeichelte ihrer Eitelkeit unendlich, wenn die Frauen zu ihren Männern wie zu etwas höherem aufblickten, sie womöglich anbeteten und alles glaubten – was sie ihnen weismachten! Und ist's nicht heute ebenso? [...] Es fällt ihnen nicht einmal ein, dass die Frau noch für was anderes da wäre als für ihren Gebrauch, für ihre *körperlichen* Bedürfnisse; dass sie dabei geistig verkümmern – verhungern muss ist da selbstverständlich! Das sind Überbleibsel aus dem Mittelalter! Eigentlich Orient – denn die Frauen hatten seit *jeher* eine geistig untergeordnete Stellung und wie sollten sie, die durch viele tausend Generationen so waren, auf einmal anders sein. Wie viele Ehen wären nicht so unglücklich, wenn (wie Du so hübsch sagst!) ein Nebeneinander – ein Hand in Handgehen zwischen Mann u. Weib möglich wäre! Und das wird nie sein solange nicht der Mann statt einem Kuss, ein Wort oder einen Blick innigen Verstehens finden wird für die armen, *unerlösten* Frauenseelen!«[15] Helenes Antwort zeigt deutlich, daß Berg sehr wohl mit seiner zukünftigen Frau über die sogenannte »Frauenfrage« diskutierte und daß dabei die Diskrepanz zwischen realem Frausein und künstlerisch gestalteter Weiblichkeit eine wichtige Rolle spielte. Berg hatte in Helene einen ernstzunehmenden Widerpart in dieser Frage.

Noch 24 Jahre später, die Ehe war bereits krisengeschüttelt, vertrat Berg weiterhin seinen Standpunkt. In einem Brief vom Januar 1933 schrieb Berg an seine Frau: » – kann ich im Zug nicht schreiben. Es stößt zu arg: das kann kein Mensch lesen außer meinem Swipol [Kosename für Helene Berg], der ja kein Mensch ist, sondern eine Synthese von Thier und Engel darstellt.«[16] Eine Kritik Helenes an dieser Äußerung, die gewissermaßen in das Argumentationsstadium der »unerlösten Frauenseele« zurückfällt und das Phänomen »Erdgeist« aufgreift, ist nicht überliefert. Allerdings strich Helene diese Passage des Briefes bei der von ihr herausgegebenen Briefedition. Offenbar wollte sie nicht, daß ihre Person in die Nähe der Lulu-Figur gerückt wird – was sie bei der fast identischen Wortwahl im Brief und im Prolog der *Lulu* erwarten mußte. Denn die »Synthese von Thier und Engel« findet sich ganz ähnlich im Prolog der *Lulu* wieder, wenn der Tierbändiger die Schlange vorstellt: »Mein süßes Tier [...] Die süße Unschuld«[17].

Die Analogie ist verblüffend. Daß Helene Berg sie offensichtlich eliminieren wollte, entspricht letztlich auch ihr Urteil über Lulus grausames Ende, das sie als »legitime Vergeltung« der Männerwelt apostrophiert hatte. Die Ästhetisierung der »unerlösten Frauenseele« war ihr – besonders auch nach Bergs Tod und in der langen Diskussion um die Vollendung des dritten Aktes – wichtig, um auch für sich selbst die Möglichkeit der Distanz zu erhalten. »Das Andere der Kunsterfahrung«, so beschreibt Nipperdey dieses zutiefst bürgerliche Phänomen der Differenz, »ist mit der Eigenerfahrung mitnichten identisch, aber es trifft sie und bewegt sie. Der Unterschied des Anderen und Eigenen macht, daß man sich ästhetisch und also distanziert zur Kunsterfahrung verhält.«[18]

Zweifel, ob Berg der Schlußinterpretation seiner Frau zugestimmt hätte, sind allerdings angebracht. Helene Berg selbst gibt Anlaß zu diesen Zweifeln, wie aus einem Briefentwurf aus den 1950er Jahren hervorgeht: »Und noch etwas! Alban war geradezu Spezialist (ein furchtbares Wort!) im Vertonen von Grauenhaftem, kurzum – Dämonischem. [...] – In Lulu hat ihn gerade die letzte Scene, wo sich die ewigen Gesetze der Gerechtigkeit erfüllen u[nd] die Vergeltung geschieht, so ganz besonders gefesselt [...]. Wie hätte Alban gerade diese Dachstubenscene [...] mit ihrer unheimlichen Aura, in der sich so unendlich viel Grauenhaftes verbirgt – instrumentiert! ›Das kann man nur durch die Musik ausdrücken‹ sagte er einmal.«[19] Helene Berg formuliert diese aufschlußreiche Passage, um gegen eine Komplettierung des dritten Aktes zu argumentieren. Ein aufmerksamer Leser jedoch erkennt zwischen den Zeilen auch die unterschiedliche Haltung von Alban und Helene Berg zur Lulu-Figur, besonders auch, was die Interpretation ihres Todes anbelangt. Während der Komponist offenbar am Dämonischen der Lulu und am Grauenhaften ihres Todes interessiert war, interpoliert Helene in den zentralen Satz dieser Briefpassage ihre eigene, von bürgerlichen Moralvorstellungen geprägte Position.

Während also Helene Berg vor allem eine distanzierte Haltung der Lulu-Figur gegenüber einnahm, sah Berg selbst in ihr auch Möglichkeiten der Identifikation. Zwei Beobachtungen zu dem verwirrenden Wechselspiel aus Distanz und Identifikation sind daher angebracht: Trotz der offensichtlichen und wesentlichen Typisierung der Figur der Lulu[20], deren Distanz-Momente auch als (negative) Identifikationsmöglichkeit für (reale) Frauen gedacht werden können, darf nicht übersehen werden, daß die männlichen Figuren in der Oper ebenfalls typisierend dargestellt werden. Stärker als in der Wedekind-Vorlage konzipiert Berg eine »typisierende Anlage« (Susanne Rode) für die männlichen Protagonisten: Der Figurenkonzeption »ist eine typisierende Tendenz – mit wohl unbezweifelbarer Analogie zur Krausschen Sicht – eigen. Kraus hatte die strukturelle Bedeutung einiger Figuren zu unterstreichen gesucht; ähnlich entwirft Berg ein Szenarium [...], in dem die Essenz jeder einzelnen Szene von ihm durch den Handlungsort und eine zentrale Figur (bzw. deren Ableben) bezeichnet wird.«[21] Die Typisierung der männlichen Figuren ist dabei nicht nur Resultat der stark verkürzenden Libretto-Einrichtung, sondern gehört wesentlich zu Bergs Interpretation. Die strengen Konstruktionsprinzipien sind für die gesamte Komposition der Oper ausschlaggebend, nicht nur für die Figur der Lulu. Dies ist wichtig zu bemerken, da das »Kunstwerk Frau« in seiner Konstruktion und Projektionsmöglichkeit nicht alleine, exponiert in einer durch Individualitäten gekennzeichneten Umgebung existiert. Auch die sie umgebenden Personen sind auf ästhetisierende Weise typisiert – wenn auch nicht über den Umweg einer weiteren künstlerischen Projektion, wie sie das Porträt darstellt.

Berg unterschied sehr wohl den Grad und auch die Art der Ästhetisierung, zumal er sich selbst zur Entstehungszeit der Oper in einem Zwiespalt von äußerem Schein und innerem Sein, von öffentlicher Projektion und innerer Distanz zu diesem Konstrukt, befand: »Alles, was du so über mich hören magst u. was vielleicht sogar zu lesen ist, trifft, soweit es nicht ganz falsch ist [...] beiläufig zu. Aber es trifft nur auf einen Menschen zu, der nur eine ganz äußerliche Schicht von mir ausmacht, auf einen Teil von mir, der sich im Lauf der letzten Jahre von meinem eigentlichen Sein losgetrennt [...] hat u. zu einem abgesonderten Lebewesen geformt hat, als das ich meiner Umgebung und der Welt erscheinen mag. Im Rahmen dieses Lebens spielt sich dann all das ab, was ein normales Leben mit sich bringt: Ärger und Freude, Verstimmtheit und Lustigkeit, Interesse und Gleichgültigkeit, Geschäft und Vergnügen, Kunst und Natur. [...] all das betrifft nur diesen äußerlichen Menschen, als den ich mich meinen Mitmenschen zu präsentieren gezwungen bin [...] u. der [...] eine Zeitlang erfüllt sein konnte von den Freuden des Autofahrens, nie aber im Stande wäre, die ›Lulu‹ zu komponieren.«[22] Dieser Brief an Hanna Fuchs-Robettin, Bergs heimliche Geliebte, läßt erahnen, daß Berg die Figur der Lulu nicht allein aus Gründen einer Weiblichkeitstypisierung zur »imaginierten Weiblichkeit« stilisierte, sondern daß er mit dieser Projektion eine persönliche Krise zu verarbeiten suchte, in der er sich selbst zwischen den Fronten von gesellschaftlichem Schein und innerem Sein sah.

Schein contra Sein – Form contra Material

Für die Annahme, daß Alban Berg sich mit der Figur des Alwa identifizierte, gibt es mehrere Indizien[23]. Insofern ist es aufschlußreich, die Beziehung zwischen dieser Figur und Lulu zu untersuchen, um weitere Hinweise zum Verhältnis zwischen Berg und seiner Bühnenfigur Lulu zu erhalten. Anders gesagt: In der Beziehung zwischen Alwa und Lulu spiegelt sich – durch eine künstlerische Projektionsfläche gebrochen – das Verhältnis von Alban Berg zu Lulu wider.

Alwa äußert sich mehrfach über Lulu als Kunstobjekt. Alwas Ausruf: »Über die ließe sich freilich eine interessante Oper schreiben!«[24] unterlegt Berg mit einem *Wozzeck*-Zitat, um so auf sich selbst als Opernkomponisten zu verweisen. Alwa, der sich in dieser Szene seiner Gefühle für Lulu deutlicher bewußt wird, lenkt zunächst seine Emotionalität auf die Kunst um. Er verschafft sich Distanz zu Lulu, indem er ihre sexuelle Attraktivität in die Bahnen eines potentiellen Kunstwerks, einer künstlerischen Projektion lenkt. Bereits Kraus hatte den Alwa der Wedekind-Dramen – Alwa ist dort nicht Komponist, sondern Dichter – in diesem Zwischenraum geschildert. Er schreibt: »Ein Dichter und Liebender, zwischen Liebe und künstlerischer Gestaltung der Frauenschönheit schwankend, hält Lulu's Hand in der seinen und spricht die Worte, die der Schlüssel sind zu diesem Irrgarten der Weiblichkeit, zu diesem Seelenlabyrinth, in dem manch ein Mann die Spur seines Verstandes verlor.«[25]

Berg hält auch in jener Phase, in der die Beziehung zwischen Alwa und Lulu ihren Höhepunkt erreicht, die Diskrepanz zwischen Weiblichkeit und Kunstwerk aufrecht. Alwa sieht in der *Hymne*, die er auf Lulus Schönheit singt, weniger die Person als die äußere Hülle Lulus, die er sich wiederum in künstlerischer Ableitung vorstellt[26]:

Alwa	Durch dieses Kleid empfinde ich Deinen Wuchs wie Musik. Diese Knöchel: ein Grazioso. Dieses reizende Anschwellen: ein Cantabile. Diese Knie: ein Misterioso. Und das gewaltige Andante der Wollust. Wie friedlich sich die beiden schlanken Rivalen in dem Bewußtsein aneinanderschmiegen, daß keiner dem andern an Schönheit gleich kommt, bis die launische Gebieterin erwacht, und die beiden Nebenbuhler wie zwei Pole auseinanderweichen. – – Ich werde Dein Lob singen, daß Dir die Sinne vergehn...

Auch im Moment größter Nähe weicht Alwa in die Sphäre musikalischer Metaphorik aus, ein Phänomen, das Berg mit einem hohen Maß an musikalischer Expressivität begleitet (auch durch die ausgedehnte Verwendung des Saxophons, das immer mit der Verführungskunst und Sexualität Lulus in Verbindung gebracht wurde[27]). Die Hymne, die Alwa Lulu darbringt, ist eine

Hymne an ihre Schönheit und erotische Anziehungskraft, nicht eine Auseinandersetzung mit Lulu als (geliebtem) Individuum: »Alwas erotische Phantasien bewegen sich zunächst immer im Rahmen von Überhöhungen, durch die sich Lulus Gesicht in eine Schönheitsmaske verwandelt. Nur diese ist mit den Gesten in Alwas Musik gemeint.«[28]

Doppeldeutig hatte Alwa davon gesprochen, eine Oper über Lulu schreiben zu wollen – ein Vorhaben, das Alban Berg verwirklicht, während sein *alter ego* noch darüber sinniert. So ist es nicht uninteressant, welche Lösung der Komponist Berg für die unterschiedliche kompositorische Gestaltung von Alwa und Lulu gefunden hat.

Während für Dr. Schön die Sonatenform charakteristisch ist[29], kennzeichnet Berg Alwa durch die Rondoform. Diese dominiert den zweiten Akt. Der Rekurs auf traditionelle musikalische Formen erlaubt es Berg insgesamt, innerhalb der dodekaphonen Oper eine formale Geschlossenheit zu erreichen. Die Formen werden allerdings nicht streng durchgeführt: »Sie kommen überhaupt nicht als Ganze vor, sondern addieren sich aus den oft weit voneinander entfernten Abschnitten, in denen jene dramatischen Figuren vorwalten.«[30] Daß die musikalischen Formen dabei allerdings nicht nur formbildende Funktion haben, sondern auch charakterisierende, zeigt sich in der Tatsache, daß Anklänge an die Rondoform Alwas etwa bereits im ersten Akt aufscheinen, um die erotische Annäherung von Alwa an Lulu anzudeuten[31]. Die gewählten musikalischen Formen für Schön und Alwa tragen bereits symbolischen Gehalt: Während Schön mit der Sonatenform als konservativer, strenger Typus charakterisiert wird (*Allegro energico*), erhält Alwa durch die Rondoform einen vielseitigeren Charakter. Berg notierte zunächst die Zuordnung der drei Rondoteile zu drei Aspekten von Alwas Figur: »a) Redakteur, der Berufsmensch, Schöns Sohn, b) der Künstler, c) der Liebhaber«. Später wählte Berg eine neue Zuordnung, die eine Verschiebung in der Hierarchie der Einzelaspekte erkennen läßt: »a) der Liebhaber, b) der Redakteur, c) der Künstler, Wozzeckkomponist.«[32]

Die musikalischen Formen der Sonate und des Rondos geben dabei nicht nur der Oper als Ganzes ein formales Gerüst, das sie in ihrer strengen Symmetrie stützt, sondern vermitteln auch den durch sie charakterisierten Figuren ein hohes Maß an ästhetischer Fixierung – mit der Freiheit zur Entfaltung innerhalb der Form und mit der Begrenzung durch die Form. Daß es sich sowohl bei der Sonate als auch beim Rondo um traditionsgebundene Formen handelt, hat Ulrich Schreiber hervorgehoben: »Diese zwanghaften Symmetriebildungen (unter Benutzung spezifisch ›bürgerlicher‹ Musikformen wie des Sonatenhauptsatzes oder dem Rondo) haben [...] nicht nur die Tendenz, sich alptraumartig zu verdichten, sondern auch jene, die verdichteten Verschränkungen wieder aufzuheben.«[33]

Lulu hingegen wird – neben dem bereits Erwähnten – durch ein anderes musikimmanentes Element gekennzeichnet: Ihre Figur bildet das Zentrum zu der Vielzahl an spezifisch *vokalen* Formen und Ausdrucksweisen[34]. Einige markante Beispiele hierzu: Im *Lied der Lulu*, dem »Herzstück«[35] der Oper, stellt sie zweimal dar, wie sie sich selbst sieht, und gibt damit die einzige persönliche Innensicht frei:

Lulu   Wenn sich die Menschen um meinetwillen umgebracht haben, so setzt das meinen Wert nicht herab. Du hast so gut gewußt, weswegen du mich zur Frau nahmst, wie ich gewußt habe, weswegen ich dich zum Mann nahm. Du hattest deine besten Freunde mit mir betrogen, du konntest nicht gut auch noch dich selber mit mir betrügen. Wenn du mir deinen Lebensabend zum Opfer bringst, so hast du meine ganze Jugend dafür gehabt. Ich habe nie in der Welt etwas anderes scheinen wollen, als wofür man mich genommen hat. Und man hat mich nie in der Welt für etwas anderes genommen, als was ich bin.[36]

Mit uneingeschränkt klarem Blick begreift Lulu hier ihre eigene Situation und hält zugleich Dr. Schön einen Spiegel vor. Nichts erinnert mehr an die unwissende, naive und formbare Lulu der vorherigen Szenen. Und zentral für ihre Wesensart, für ihre Haltung gegenüber den unzähligen Projektionen, denen sie ausgesetzt ist, sind die beiden abschließenden Sätze. Hier liegen ihr Sein und ihr Schicksal offen zutage.

Die andere tiefe Innenschau Lulus ist weitaus desillusionierter. Doch auch hier erkennt sie klar ihr eigenes Wesen:

Lulu   (Ich tauge nicht für diesen Beruf. Als ich fünfzehn Jahre alt war, hätte mir das gefallen können.) Dann lag ich aber glücklicherweise drei Monate im Krankenhaus, ohne einen Mann zu Gesicht zu bekommen. In jener Zeit gingen mir die Augen über mich auf, *und ich erkannte mich.* In meinen Träumen sah ich Nacht für Nacht den Mann, für den ich geschaffen bin, und der für mich geschaffen ist. Und als ich dann wieder auf die Männer losgelassen wurde, da war ich keine dumme Gans mehr. Seither sehe ich es jedem bei stockfinstrer

Nacht auf hundert Schritt Entfernung an, ob wir füreinander bestimmt sind. Und wenn ich mich gegen meine Erkenntnis versündige, dann fühle ich mich am nächsten Tag an Leib und Seele beschmutzt.[37]

Weitere zentrale Momente, die Lulu näher charakterisieren, sind in einer vokalen Form komponiert: Des Malers Annäherungsversuch, der erstmals die unwiderstehliche, von ihr selbst eher ungewollte Anziehungskraft Lulus vorführt, spielt sich im Rahmen des Canons ab. Der erste, indirekt durch Lulu verursachte Todesfall, der Tod des Medizinalrats, wird in der nachfolgenden Canzonetta kommentiert. Der wichtige Dialog zwischen Lulu und dem Maler, in dem sie auf alle seine Fragen nur mit »Ich weiß es nicht« antworten kann[38], erklingt in der Form eines Duetts. Das Gespräch zwischen dem Gymnasiasten, dem Athleten und Schigolch, in dem zur Sprache kommt, wie viele Männer Lulu bereits heiraten wollten, erhält die Form eines Canons. Zentral ist auch die fünfstrophige Arie, in die das *Lied der Lulu* eingebaut ist. Hier wird die obsessive Angstvorstellung Schöns vor der *femme fatale* offengelegt, die dann auch in seinem eigenen Tod kulminiert. Und Lulu kommentiert auch diesen Tod – wie den des Medizinalrats – in einer vokalen Form, hier der Arietta, diese zum Anlaß nehmend, Alwa zu verführen: »Ich will dir treu sein mein Leben lang. Ich will nur dir allein gehören.«.

Für den dritten Akt wichtig ist das *Lied des Mädchenhändlers*. Auch dieses, vom Marquis vorgetragene Lied verweist auf Lulus (angebliche) Sphäre. Lulu dementiert die Vermutung der Prostitution – bezeichnenderweise indem sie »ihr« Lied wieder aufgreift. Zwei *Duette* in der ersten Szene des dritten Aktes geben Gelegenheit, Lulus Kampf gegen ihren Abstieg zu musikalisieren. In der Verwandlung zur zweiten Szene rückt die vokale Form in einen ästhetisierten Hintergrund: Das Lautenlied Wedekinds (»Konfession«) wird in Variationen aufgegriffen und dominiert den gesamten letzten Akt. Die instrumentale Form der Variation bemächtigt sich in dem Moment der vokalen Form des Liedes, als sich Lulus unwiderruflicher Abstieg deutlich abzeichnet. Mit der Überlagerung der instrumentalen über die vokale Form wird Lulus Wesen, das sich im Laufe der Oper immer wieder anhand der vokalen Form darstellen ließ, endgültig gebrochen. Überhaupt ist auffällig, daß sich ab diesem Zeitpunkt anstelle von Gattungs- oder Satzbezeichnungen fast ausschließlich Tempobezeichnungen finden, und zwar in einem auskomponierten Ritardando: *Presto, Vivace, Allegro, Allegretto, Moderato, Sostenuto, Adagio, Lento, Largo*. Eine Ausnahme bildet Lulus letztes »Aufbäumen«: In einer kurz angedeuteten *Kavatine* (*Grazioso*) versucht sie, Jack the Ripper, ihren späteren Mörder, zu betören. Im dritten Akt, in dem sich Lulu als Prostituierte wiederfindet, ein Beruf, den sie zuvor als unmöglich für sich bezeichnet hatte, fehlen vokale Typen fast vollständig. Daß Lulu ihrem Wesen »untreu« wird, erklärt so auch die Musik, indem sie die Lulu umschreibenden Vokalformen ausspart. - Berücksichtigt man zu all diesem Lulus Gesangspart, der sich häufig der Koloratur bedient, wird offenbar, daß Berg Lulu durch die konsequente Zuordnung zur vokalen Sphäre als *femme fatale* charakterisiert: »Wie die Urnatur im erotischen Bezirk sich mit dem Geist an dem Ort der Raffiniertheit begegnet, erweist der Einfall Bergs, die Rolle der Lulu als Koloraturpartie zu gestalten: hier ist das Vogelhafte, der Natur noch vor ihrer Beseelung Zugehörige identisch mit dem späten Artifiziellen, das in der Kurve der Passion schon wieder die Kälte des Erstarrten zeigt.«[39] Alle Facetten, die Lulu als *femme fatale* erkennen lassen, werden von Vokalem begleitet: das Anziehende, das Verführerische, das Verruchte und das Todbringende. Was Lulu jedoch nicht zur ihrer Figurencharakteristik erhält, ist ein nur ihr zugeordneter instrumentaler Formtypus wie die Sonate oder das Rondo.

Berg hatte als Motto zum Rondo aus den *Symphonischen Stücken aus der Oper Lulu* Folgendes gewählt: »wie sie Alwa, der Künstler sieht, u[nd] wie sie gesehn werden muß, um zu verstehn, daß sie so geliebt wird.«[40] Bezieht sich dieses Motto auf das Rondo, so muß auch die Hymne, die der Komponist Alwa auf Lulu - oder vielmehr ihre Schönheit - singt, unter diesem Aspekt berücksichtigt werden. Hier nennt Alwa folgende musikalische Typen: Grazioso, Cantabile, Misterioso und Andante. Keiner dieser musikalischen Begriffe ist ein Formtypus, alle bezeichnen einen musikalischen Charakter oder ein Tempo. Damit paraphrasiert Alwa explizit in musikalischen Metaphern den Charakter der *femme fatale*: anziehend und geheimnisvoll - ihren todbringenden Zug bezieht er nach der Hymne direkt auf sich: »Du hast mich um den Verstand gebracht...« Auch die von Berg praktizierte Zuordnung von Lulu zu vokalen Typen greift Alwa in seiner Hymne, die an sich ebenfalls vokalen Charakters ist, auf: »Ich werde dein Lob singen«. Offenbar war Berg die Trennung zwischen instrumentaler und vokaler Form einerseits sowie zwischen musikalischer Form allgemein und musikalischem Typus andererseits wichtig, um den Unterschied in der Ästhetisierung selbst und im Ästhetisierungsgrad seiner Figuren deutlich zu machen - und schließlich auch, um die männliche und weibliche Sphäre zu trennen. Alwa seinerseits zeigt in der Hymne, wie Lulu »gesehn werden muß, um zu verstehn, daß sie so geliebt wird«: als Typus, nicht als Form.

Die Zuweisung von vokalen Typen für die Lulu-Figur fällt auch insofern auf, als Berg in seinem *Wozzeck* fast völlig auf typisch vokale Formen verzichtet hat. Hier kommen »- wenn man von Maries Wiegenlied und von der Bibelszene absieht - kaum typisch vokale Formen vor. Man gewinnt den Eindruck, als habe Berg seinen Ehrgeiz daran gesetzt, seine Oper mit instrumentalen Formen zu bestreiten. Die *Lulu* bedeutet in dieser Hinsicht eine Neuorientierung: Sie überrascht nämlich durch eine Fülle typischer Formen der Opernmusik.«[41] Berg hatte somit nicht nur innerhalb der *Lulu* die Trennung von vokal/weiblicher und instrumental/männlicher Sphäre vollzogen, sondern auch innerhalb seiner beiden Opern. Die Oper, die ein Männerschicksal in den Mittelpunkt stellt, kommt mit vorwiegend instrumentalen Formen aus, die Oper, deren Protagonistin eine Frau ist, kennzeichnet diese mit vokalen Typen. Den Gesang und seine Sphäre muß Berg mit dem Weiblichen assoziiert haben – das Singen als Ausdruck der »unerlösten Frauenseele« im Gegensatz zum literarisch-philosophischen, abstrakt denkenden und formenden (formgebenden) Mann. Die durchdringende Geschlechterdichotomie in der Oper *Lulu* kann man auch in diesem Punkte antreffen: Krenek sprach vom »Wachstum des Gedankens zur *Form*«[42] – die intellektuelle Durchdringung als formende Instanz wird nicht nur bei Weininger dem Mann zugeordnet. Der Gesang hingegen ist – ganz im Sinne der Sirenengesänge oder dem verderblichen, aber freien Gesang einer Loreley – ungeformtes und freies, von intellektuellem und individuellem Ballast befreites Material zur Darstellung des Weiblichen.

Ein weiterer Hinweis mag diese Überlegungen abrunden. Noch vor Beginn der Komposition an der Oper *Lulu* hatte Berg Franz Werfels Schwester Hanna Fuchs-Robettin kennengelernt und sich in sie verliebt. Diese Liebe – dokumentiert in wenigen, um so innigeren Briefen – sah Berg von Anfang an als hoffnungslos an, da beide verheiratet waren und Berg »jenes namenlose Glück unserer Vereinigung« keinesfalls »auf dem Unglück der Andern« aufbauen wollte[43]. Dieses Unglück zu kompensieren, fiel Berg äußerst schwer: »Der Gedanke an meine Musik ist mir ebenso lästig und lächerlich, als jeder Bissen Nahrung, den ich gezwungen bin hinunterzuwürgen. Nur ein Gedanke, nur ein Trieb, nur eine Sehnsucht beseelt mich: das bist Du! Und in welchen Abstufungen: von den allerhöchsten Höhen menschlichen Glücksempfindens bis zu den aller, allertiefsten Tiefen menschlicher Verzweiflung bewegt sich meine, Tag und Nacht dahingaloppierende Phantasie. [...] Und all dies um Dich, Du einzige, Herrliche, Unsterblich-Geliebte! – – – Fürchte nicht, daß ich ›Unvernünftiges‹ unternehmen könnte. Ich weiß, daß es keinen, aber auch gar keinen Weg zu der einzigen glücklichen Lösung: unserer gänzlichen Vereinigung gibt. Keinen, der nicht *mit dem Tod oder Unglück aller Beteiligten endete*. [...] Hab' also keine Angst, daß ich in dieser Richtung etwas unternehmen könnte. Trotz meiner wildglühenden Phantasie, bin ich alles eher als ein Phantast. In *mathematisch klügster Überlegung* will und werde ich *dieses seelisch heißeste Erlebnis* zu Ende führen.«[44] –

In *Lulu* scheint Berg diesem Kampf kompositorischen Ausdruck verliehen zu haben: In »mathematisch klügster Überlegung« – das heißt hier in hochkomplexer Reihen- und Symmetriebildung sowie mit Hilfe von drei instrumentalen Formen[45], die der Oper ihr konstituierendes Gerüst geben – setzte er das »seelisch heißeste Erlebnis« um: die Vereinigung mit dem begehrten Weiblichen, die doch nur »mit dem Tod oder Unglück aller Beteiligten endet«.

Über seine kompositorischen Pläne schreibt Berg weiter an Hanna: »Wird es mir vergönnt sein, die Ruhe zu finden, in Tönen das auszudrücken, was ich [...] erlebt habe? [...] Am liebsten schriebe ich Lieder. Aber wie könnte ich!: die Worte der Texte verrieten mich. So müssen es Lieder ohne Worte sein, in denen nur der Wissende – – nur Du wirst lesen können. Vielleicht wird's ein Streichquartett!«[46] Berg, der Komponist, möchte in Liedern von der Liebe erzählen – wählt aber, um seine Gefühle zu verbergen, eine musikalische Gattung ohne Worte, die noch dazu in der nach-beethovenschen Zeit zu den rational am stärksten durchdrungenen zählt[47]. Den eigenen Wunsch, seinen Gefühlen und seiner Phantasie in bekennenden Liedern Ausdruck zu verleihen, drängt Berg zurück und kompensiert ihn durch einen Gegensatz, indem er das traditionelle Gerüst des vierstimmigen instrumentalen Satzes wählt. Es entsteht die *Lyrische Suite*, Bergs zweites Streichquartett, eine verborgene Liebeserklärung an Hanna Fuchs-Robettin[48]. Die intensive Emotion wird umgeleitet in eine extreme Ästhetisierung. Die Ästhetisierung aber ist hier einerseits Distanzmöglichkeit, um das Innere zu verbergen, andererseits eine besondere Auszeichnung. Das »Zu-Verbergende«, das Berg kunstvoll in Musik chiffriert, ist ihm das Wichtigste, Nächste. Gerade an dieser Stelle wird unverkennbar, welche *Auszeichnung* der hohe Komplexitätsgrad von Lulus musikalischer Gestalt ist, und wie ähnlich sich die Figur Alwa und der Komponist selbst sind: Alwa reagiert auf die Liebe Lulus mit einer *Hymne*. Die Oper aber, die er über sie schreiben möchte – was Berg für ihn übernimmt –, hebt die Emotionalität in dem enorm strengen Gerüst der musikalischen Techniken auf, dem Lulu letztlich – auch aus Gründen der Symmetrie – zum Opfer fällt.

Bei der Textsubstanz der *Hymne* sollte man schließlich noch einen Moment verweilen. Berg brachte am *Hymnen*-Text gegenüber Wedekinds Vorlage subtile Veränderungen an. Bei Wedekind lautet er: »Durch dieses Kleid empfinde ich deinen Wuchs wie eine Symphonie. Diese schmalen Knöchel, dieses Cantabile; dieses entzückende Anschwellen; und diese Knie, dieses Capriccio; und das gewaltige Andante der Wollust...«[49]

Berg ändert diese Textstelle geringfügig, er richtet sie für seine eigenen Belange ein. So ersetzt er die »Symphonie« durch das Wort »Musik«, ein passenderer Ausdruck innerhalb der Opernform. Und an den drei musikalischen Charakteristika »Cantabile«, »Capriccio« und »Andante«, die Wedekind verwendet, nimmt Berg ebenfalls dezente aber bezeichnende Änderungen vor: Bei ihm lauten die musikalischen Charakteristika nun »Grazioso«, »Cantabile«, »Misterioso« und »Andante«. George Perle wies bereits darauf hin, daß die musikalischen Begriffe der *Hymne* in Bergs *Lyrischer Suite* wiederzufinden sind[50]. Und tatsächlich stößt man hier auf erstaunliche Kongruenzen, allerdings nur auf zwei direkte Analogien: »Dieses Knie: ein *Misterioso*« findet im dritten Satz der *Lyrischen Suite* sein Vorbild, dessen Satzbezeichnung *Allegro misterioso* lautet. »Und das gewaltige *Andante* der Wollust« hatte Berg in der *Suite* mit *Andante amoroso* (zweiter Satz) benannt. Die Bezeichnungen *Grazioso* und *Cantabile*, die Berg in der *Hymne* weiterhin erwähnt, sind als allgemeine Charaktere in der *Suite* durchaus zu finden, nicht jedoch als explizite Vortragsanweisungen oder Satzbezeichnungen. Das *Grazioso* läßt sich dabei als Umschreibung des ersten Satzes der *Suite* erkennen, der die Bezeichnung *Allegretto gioviale* trägt. Andererseits hatte Berg wohl Wedekinds nicht nur musikimmanent interpretierbaren Begriff *Capriccio* als unpassend für Hanna Fuchs empfunden und ihn daher in *Grazioso* umbenannt, ein Begriff, der ebenfalls auch außermusikalisch gedeutet werden kann. Der letzte musikalische Begriff, *Cantabile,* der einzige, den Berg von Wedekind übernimmt, ist allgemeiner zu verstehen, sagt doch Alwa schließlich, er wolle Lulus »Lob singen«, und gehört doch die vokale Sphäre ohnehin zu Lulus musikalischem Porträt. »Ich werde Dein Lob singen, daß Dir die Sinne vergehn...«, beendet Alwa seine *Hymne*. Berg versteckt darin seine Hymne auf die ferne Geliebte Hanna Fuchs. Daß im Prolog zu des Tierbändigers Worten von der »Urgestalt des Weibes« die Dreiklänge von H-Dur und F-Dur – die Initialen von Hanna Fuchs – erklingen, ist eines der weiteren Indizien dafür, daß für Bergs kompositorische Herangehensweise an *Lulu* seine Prager Geliebte äußerst wichtig war[51].

Wie komplex sich allerdings das Form-Material-Problem darstellt, läßt sich nicht nur in Bergs Partitur entschlüsseln. Ernst Krenek formulierte dazu Überlegungen, die tief im Zeitgeist verwurzelt sind und daher eine »öffentliche« Interpretationsvariante für Bergs Oper anbietet. Krenek spricht in seinem Essay über Lulu von der Polarisierung zwischen Material und Form, von einem antagonistischen Prinzip, wie es letzlich auch in der Weiningerschen Formel von Geschlecht und Charakter wiederzufinden ist. Von Kraus' Definition des Ewig-Weiblichen als »mysteriöses Zentrum der menschlichen Natur« ausgehend, setzt Krenek eine männlich-intellektuelle Kunstsphäre in Beziehung zum weiblichen Urprinzip: »Damit rückt von selbst die männliche Welt des Wollens und Tuns in ein dialektisches Verhältnis zu jener Urnatur und wird zum Prinzip des Sündenfalls, der zweideutigen Reflexion und des Intellektualismus, wofür Strafe gezahlt, Buße geleistet werden muß. Diese Buße leistet das schöpferische Prinzip der männlichen Organisation, am klarsten gestaltet in der künstlerisch-konstruktiven Tat. [...] Alban Berg wurde vor einem unreflektierten Versinken in den rauschhaften Kult des Ewig-Weiblichen immer wieder bewahrt durch seinen Hang zur strengen Konstruktion.«[52] Auffällig, wie stark bei Krenek die Wertung der Konstruktion, der künstlerisch-intellektuellen Durchdringung, schwankt: Einerseits ist sie »Prinzip des Sündenfalls« und »Buße«, andererseits bewahrt sie den männlichen Künstler »vor einem unreflektierten Versinken in den rauschhaften Kult des Ewig-Weiblichen«[53] – auch im Sinne Weiningers, der die Rettung der Männlichkeit in einer distinkten Dualität von Mann und Weib zu ermöglichen dachte, stilisiert »zum Dualismus überhaupt, [...] zum Dualismus des höheren und des niederen Lebens, des Subjekts und Objekts, der *Form* und der *Materie*«[54].

Parallel zu der »öffentlichen« Interpretationsebene aber existiert mit gleicher Berechtigung eine »private«. (Der Sachverhalt ist vielschichtig, aber in dieser Weise typisch für Berg und zugleich bezeichnend für die in Musik gesetzte *femme fatale*!) Für Berg stand nicht die Identifikation der Lulu-Figur mit seiner Frau Helene im Vordergrund, sondern die mit seiner heimlichen Geliebten Hanna Fuchs-Robettin. Hatte schon die *Lyrische Suite* ein verstecktes – und inzwischen entschlüsseltes – Programm enthalten, das die Liebesbeziehung zwischen Berg und Hanna Fuchs zum Inhalt hatte, so verbirgt Berg auch hinter Alwas Anbetung für Lulu seine Gefühle für Hanna Fuchs. Die Distanz, von Krenek als Abwehr gegenüber einem »unreflektierten Versinken in den rauschhaften Kult des Ewig-Weiblichen« gedeutet, kann daher auch als Notwendigkeit der Geheimhaltung und als *auskomponierte Nähe* zu seiner großen Liebe interpretiert werden. Alwas *Hymne* ist – von diesem Standpunkt aus betrachtet – nicht die Distanz eines Künstlers zu seinem geliebten Objekt, sondern die Hymne eines Liebenden, dem kein anderes Sprachrohr als die Musik zur Verfügung steht, um der fernen Geliebten seine Gefühle zu offenbaren: »Ich werde Dein Lob singen, daß Dir die Sinne vergehn...« Daß in der künstlerischen Durchdringung und ästhetischen Verfeinerung nicht nur eine Form der Distanz liegen muß, sondern auch ein ganz besonderes Moment der Nähe und Hochschätzung, der Liebe und der Erotik, konnte Berg so auch bei Karl Kraus nachlesen. »Qual des Lebens – Lust des Denkens«[55], in diesem Aphorismus hatte Kraus die gängigen Werte von Lebenslust und qualvoller intellektueller Arbeit auf den Kopf gestellt: »Eine Verschiebung der Affekte hat stattgefunden; das elementare Ungenügen am Leben erscheint umgeleitet in eine Zone, wo aus dem Minus ein Plus werden konnte.«[56] Bergs »Ungenügen am Leben«, die Qual der Heimlichkeit und Unerfülltheit seiner Liebe zu Hanna Fuchs, führte ihn an den Rand der Verzweiflung. Die einzige Möglichkeit der Nähe blieb für ihn die Chiffrierung dieser Liebe in Musik.

Berg liest Weininger: Lulu und ihre Theorie

Die Bibel des mal de siècle

> »Das Weib [...] ist, so weit wir bisher
> sehen, überhaupt nicht ›sinnig‹: es ist
> als Ganzes *Un*-sinn, *un*-sinnig. Aber
> das ist noch nicht *schwach*sinnig.«
> Otto Weininger[1]

Ernst Krenek bezeichnet Berg als einen von »wienerischer Geistigkeit geprägten« Menschen und Komponisten. Bergs Opernideal beruhe »auf einem völligen Versinken in dem als unauflöslich betrachteten Mysterium des Weiblichen, in einem unermüdlichen Umkreisen dieses als Zentrum alles menschlichen Erlebens empfundenen Gedanken- und Gefühlskomplexes.«[2] Eine besonders intensive und wirkungsmächtige Auseinandersetzung mit diesem »Gedanken- und Gefühlskomplex« aber findet sich in *Geschlecht und Charakter* von Otto Weininger. Kaum ein zweites Buch hat die Diskussion um den Männlichkeitsbegriff, die Emanzipation der Frau und den Versuch einer wesenhaften Charakteristik des Weibes zu Beginn des 20. Jahrhunderts stärker bestimmt als diese philosophische Dissertation von 1903. Weininger, der »größte Theoretiker der Misogynie«[3] (Nike Wagner), faßt in seinem knapp 500seitigen Buch den aktuellen Stand der medizinischen, biologischen und anthropologischen Sexualforschung zusammen, untermauert seine Argumentationen mit Kantscher Erkenntnistheorie und eigener empirischer Erfahrung (Weininger ist bei Erscheinen des Buches 23 Jahre alt), rückversichert sich immer wieder in Dichtung und Oper und führt die Frage nach der charakterologischen Unterscheidung von Mann und Frau zu einem überaus polemischen, unverhohlen frauenfeindlichen Resultat. Daß Weininger diese Traditionen nicht nur fortschrieb, sondern selbst wieder traditionsbildend wirkte, darauf weisen die zahlreichen Neuauflagen des Buches innerhalb kürzester Zeit hin[4].

Besonders unter den Künstlern der Zeit fand das Buch – und dies läßt es in unserem Zusammenhang zentral werden – großes, meist zustimmendes Interesse. »Für eine ganze Generation von ›Modernen‹ bedeutet ›Geschlecht und Charakter‹ ein entscheidendes Datum, eine Begegnung mit sich selbst.«[5] Unter den Weininger-Apologeten finden sich neben vielen anderen August Strindberg, Arnold Schönberg, Frank Wedekind und Karl Kraus. »Das Werk Weiningers war für diese ganze Generation um 1880 geborener Künstler ein Dokument des ›mal du siècle‹.«[6] Und obgleich Weininger dem »Mysterium des Weiblichen« gegenüber befremdend feindlich eingestellt war, wurde er gerade auch im Kreise der »Frauenverehrer« affirmativ gelesen und geschätzt: »Ein Frauenverehrer stimmt den Argumenten Ihrer Frauenverachtung mit Begeisterung zu«, schrieb Kraus noch 1907 in einem imaginären Brief[7] an Otto Weininger, der sich 1903 das Leben genommen hatte. Charly Berg schenkte das Buch seinem Bruder Alban 1905, und dieser las es mit wacher Aufmerksamkeit, zahlreiche Anstreichungen, Kommentare und exzerpierte Zitate geben darüber Auskunft[8]. – Kurz: Weiningers Buch gehört zur »wienerischen Geistigkeit« der Jahrhundertwende unlösbar dazu.

Weiningers »Weib«. Die Konstruktion eines Monstrums?

Die Schlagworte, die sich um die Jahrhundertwende zur Definition des Weiblichen herausbilden, sucht man in Weiningers Abhandlung vergebens. Es ist durchweg das Bemühen spürbar, allen traditionellen wie neuen Namen oder Metaphern zu vermeiden. Weininger reduziert – wissenschaftliche Sachlichkeit evozierend – seine Begrifflichkeit auf das abstrakte »W« (abgeleitet von »Weib«). Dennoch ist unverkennbar, daß sich hinter der Konstruktion von »W« eine besondere Form der *femme fatale* verbirgt.

Was sich bei Weininger zunächst liest wie eine logische Beweisführung biologisch-medizinischer Prämissen, entpuppt sich – vor allem im zweiten Teil des Buches – als strenge Hierarchisierung der Gesellschaft allgemein und der Geschlechter im speziellen. (Daß dabei Weiningers extremer Antifeminismus zu Widersprüchen führt, liegt vorwiegend an der Emphase seiner misogynen Grundhaltung.) In der von ihm erstellten biologistischen und gesellschaftlichen Hierarchie steht an oberster Stelle das Genie[9], das sich ausschließlich in der Ausprägung des männlichen Künstlers oder des männlichen Philosophen finde. Die Positionierung von Künstler und Philosoph auf der gleichen, obersten Ebene der menschlichen Gesellschaft ist dabei wesentlich. »Der Philosoph«, so Weininger, habe »nur eine der Form nach vom Künstler verschiedene Aufgabe«[10]. Weininger bezieht aus dieser Parallelsetzung die Legitimation bezieht, sexuelle Charaktere, weibliche Sexualität und Prostitution – nach Weininger die eigentliche sexuelle Bestimmung des Weibes – überhaupt zum Thema einer philosophischen Diskussion zu machen: »Die Gefahr ist hoffentlich gering, daß jemand die Beschäftigung hiemit, wie überhaupt mit dem Thema der Prostitution, für des Philosophen unwürdig erachten könnte. Es ist der Geist der Behandlung, der vielen Gegenständen Würde erteilen muß. Dem Bildhauer, dem Maler ist es oft genug Problem geworden, was die Leda, was die Danaë empfindet; und die Künstler, welche die Dirne zum Vorwurf gewählt haben [...], wollten nie wirklich singuläre Fälle, sondern stets Allgemeines darstellen. Vom Allgemeinen aber muß auch eine Theorie möglich sein.«[11]

Weininger hebt sich selbst damit auf die Ebene der von ihm verehrten Künstler – Richard Wagner vor allem, aber auch Henrik Ibsen, Lew Tolstoi und andere. Andererseits gibt er denjenigen Künstlern, die ihn rezipieren, die Möglichkeit, seine Theorien künstlerisch umzuformen. Dieses »Angebot« wird von vielen aufgegriffen, unter ihnen ist auch Alban Berg mit seiner Oper *Lulu*. Und Weiningers Gleichsetzung, ja Glorifizierung von Philosoph und Künstler scheint ein nicht geringer Grund für die weite Verbreitung seines Buches und seiner Ideen unter den Künstlern der Jahrhundertwende gewesen zu sein. Die männlichen Künstler konnten sich mit den Ideen des Philosophen Weininger identifizieren, dessen Sezierung des »mal du siècle« ihrem Lebensgefühl entsprach und dessen Vorstellungen vom Genie eine pessimistische, dennoch aber beruhigende Antwort auf die »Krise der Identität« war – wenn auch auf Kosten der Frau.

Doch zurück zu Weiningers Hierarchisierung. Indem für Weininger das Genie ausschließlich als Künstler oder Philosoph denkbar ist, werden sogar Wissenschaftler oder »Männer der Tat«, also politische Persönlichkeiten, von der obersten hierarchischen Ebene ausgeschlossen: »Der Titel des Genius ist nur den großen Künstlern und den großen Philosophen [...] zu vindizieren. Weder der ›große Mann der Tat‹ noch ›der große Mann der Wissenschaft‹ haben auf ihn Anspruch.«[12] Unter dem männlichen Genie stehe demnach der Mann an sich, wobei diverse Abstufungen zu finden seien, bis zur untersten Stufe, dem männlichen Verbrecher, den Weininger als Gegenpol zum Genie häufig erwähnt. Nach Weininger folgen *darunter* »der Jude«, dann »der Neger«, und an unterster Stelle die Kategorie »Weib«, die Weininger in die Typen »Dirne« und »Mutter« unterteilt.

Die Argumentationen, die Weininger zu dieser Werte-Pyramide veranlassen, sind weit verzweigt. Was der Autor in deduktiver Beweisführung ausbreitet (eine Beweisführung, die manchesmal Brüche in Kauf nimmt, um am Ziel der Frauenfeindlichkeit festhalten zu können), speist sich allerdings ausnahmslos aus dem gesellschaftlichen Status quo seiner Zeit. Denn das, was Weininger auf dem Weg der »selbstbeobachtenden Analyse«[13] als biologisch-natürliche Grundwesenheit von Mann und Frau annimmt und woran er seine gesamte Argumentation aufbaut, ist das Bild von Männlichkeit und Weiblichkeit, das die bürgerliche Gesellschaft des ausgehenden 19. Jahrhunderts aufgebaut hat und zu fixieren trachtet, da es um die Jahrhundertwende zu zersplittern droht. Anders formuliert: In dem, was die patriarchal geprägte Gesellschaft für den weiblichen Idealtypus ansieht, meint Weininger, das allgemeingültig Wesenhafte von Frauen zu erblicken. So zieht er immer wieder Situationen aus dem bürgerlichen Leben, aus patriarchal geprägten Konventionen und Institutionen zu Rate, um charakterologische Rückschlüsse auf »das Weib« ziehen zu können. Beispielsweise im Hinblick auf die Institution der Ehe und der Justiz: »Trotzdem kann die Ehe nur vom Mann eingesetzt sein. Es gibt kein Rechtsinstitut weiblichen Ursprungs, alles Recht rührt vom Manne. [...] Ordnung in wirre sexuelle Verhältnisse zu bringen, dazu kann, wie nach Ordnung, nach Regel, nach Gesetz überhaupt (im praktischen wie im theoretischen), nur der Mann – la donna è mobile – das Bedürfnis und die Kraft besessen haben.«[14] Weininger vertauscht immer wieder Ursache und Wirkung. Er bietet gleichzeitig – und das mag zu seinem großen Erfolg ebenfalls beigetragen haben – der männlichen Gesellschaft eine argumentative, philosophisch verbrämte Stütze in der allgemeinen Hilflosigkeit gegenüber allem Weiblichen.

Die Grundlage zu Weiningers Beweisführung stellt die Konstruktion von »M« und »W«[15] dar: »So können wir einen idealen Mann M und ein ideales Weib W, die es in der Wirklichkeit nicht gibt, aufstellen als sexuelle Typen. Diese Typen können nicht nur, sie müssen konstruiert werden. Nicht allein das ›Objekt der Kunst‹, auch das Objekt der Wissenschaft ist der Typus, die platonische Idee.«[16] Der reale Mensch, so Weininger, setze sich aus Anteilen von M und W zusammen, wobei das »Mischungsverhältnis« nicht nur über das Geschlecht bestimme, sondern auch für charakterologische Fragen maßgeblich sei. So sei beispielsweise die höheren Anteile von M innerhalb einer weiblichen Person für deren Emanzipationsbestrebungen ausschlaggebend. Weininger schreibt, »daß Emanzipationsbedürfnis und Emanzipationsfähigkeit einer Frau nur in dem Anteile an M begründet liegen, den sie hat. [...] Alle wirklich nach Emanzipation strebenden, alle mit einem gewissen Recht berühmten und geistig irgendwie hervorragenden Frauen weisen stets zahlreiche männliche Züge auf, und es sind an ihnen dem schärferen Blicke auch immer anatomisch-männliche Charaktere, ein körperlich dem Mann angenähertes Aussehen, erkennbar.«[17]

Deutlich wird jedoch bald, daß sich M und W nicht nur inhaltlich unterscheiden, sondern daß Weininger sie auch als Kategorien unterschiedlich behandelt: Er scheint vor der Möglichkeit zurückzuschrecken, die reine Ausprägung von W in einer Frau als denkbar zuzulassen. Anders hingegen bei M. Auch für M gilt zwar zunächst, daß es sich um eine Idealisierung handele, die in keiner realen Ausprägung zu finden sei, im Verlauf der Argumentation jedoch taucht die Möglichkeit auf, reines M in einer Person – nämlich in der Gestalt des Genies – verkörpert zu finden. Das Genie wird charakterisiert durch uneingeschränkte Bewußtheit, Universalität, Menschenkenntnis, Sensibilität und vor allem die Affinität zur Unsterblichkeit und zur Transzendenz: »*Genial ist ein Mensch dann zu nennen, wenn er in bewußtem Zusammenhange mit dem Weltganzen lebt. Erst das Geniale ist somit das eigentlich Göttliche im Menschen.*«[18] Da Weininger jedoch zuvor alle diese Charaktereigenschaften W vollständig abgesprochen hat, folgert er: »So ist das geniale Bewußtsein am weitesten entfernt vom Henidenstadium; es hat vielmehr die größte, grellste Klarheit und Helle. Genialität offenbart sich hier bereits als eine Art höherer Männlichkeit; *und darum kann W nicht genial sein.*«[19] Und: »Der Mann, in seiner Aktualität, dem Genie, glaubt an das Ding an sich: ihm ist es entweder das Absolute als sein höchster Begriff von wesenhaftem Werte: dann ist er Philosoph. Oder es ist das wundergleiche Märchenland seiner Träume, das Reich der absoluten Schönheit: dann ist er Künstler. Beides aber bedeutete dasselbe. Das Weib hat kein Verhältnis zur Idee, es bejaht sie weder, noch verneint es sie.«[20] Später heißt es: »In der Heldenanbetung des Mannes kommt abermals zum Ausdruck, *daß Genialität an die Männlichkeit geknüpft ist, daß sie eine ideale, potenzierte Männlichkeit vorstellt*; denn die Frau hat kein originelles, sondern ein ihr vom Manne verliehenes Bewußtsein, sie lebt unbewußt, der Mann bewußt: am bewußtesten aber der Genius.«[21]

Während Weininger demnach für den Mann einzelne Individuen herausgreift, vor allem das Genie und den Verbrecher, also aus der Vielfalt des »männlichen Charakters« zwei Sonderfälle untersucht, glaubt er mit der Typisierung von »Mutter« und »Dirne« den gesamten Bereich von W abdecken zu können. Auch hierin spiegelt sich Weiningers Konzeption von der männlichen Individualität und der weiblichen Wesenhaftigkeit oder Allgemeingültigkeit wider, wobei der Mann en detail, die Frau hingegen allgemein betrachtet wird: »Das ›Rätsel Weib‹ wird gelöst, nicht indem die Frau differenziert, sondern indem sie simplifiziert wird.«[22] Bei Weininger heißt es dazu: »Es gibt unter denjenigen Individuen, die W näher stehen als M (den ›Frauen‹), [...] bei weitem nicht so viele Unterschiede und Möglichkeiten wie unter den übrigen – die größere Variabilität der ›Männchen‹ ist nicht nur für den Menschen, sondern im Bereiche der ganzen Zoologie eine allgemeine Tatsache, die insbesondere von Darwin eingehend gewürdigt worden ist«[23]. Der Fortgang dieser Argumentation in den darauffolgenden Kapiteln ist absehbar. Die Frau (hier nicht nur W!) wird aus der (Kultur-)Geschichte allgemein ausgeschlossen[24] – als Beispiel führt Weininger die Musikgeschichte an –, ihr bleiben letztlich nur diejenigen Bereiche, die ihr auch von Seiten der bürgerlichen Gesellschaft zugeschrieben worden waren: Mutterschaft, also die

Eingliederung und Unterordnung in die patriarchale Gesellschaft, und Prostitution, die Außenseiterrolle der bürgerlichen Gesellschaft.

Eine weitere Beobachtung ist zu Weiningers Kategoriebildung wichtig. M ist in der reinsten Ausprägung das Genie, wird häufig aber auch umschrieben als »Männlichkeit« oder »idealer Mann«. Gerade bei der Geniediskussion wird deutlich, daß Weininger M auch für »den Menschen« setzt: »Der geniale *Mensch* ist derjenige, dem sein Ich zum Bewußtsein gelangt ist.«[25] Die Gleichsetzung von M und Mensch dient jedoch nicht dazu, der Frau – als Teil der Menschheit – eine Partizipierung am »Prinzip Mensch« zuzugestehen, sondern ganz im Gegenteil: Da es W grundsätzlich unmöglich sei, zum Bewußtsein des eigenen Ichs zu kommen, spricht Weininger der Frau nicht nur die Möglichkeit ab, genial zu sein, sondern letztlich auch die Partizipation an der Menschheit schlechthin[26]. Weininger, der Wagner-Verehrer *par excellence*, wird in diesem Zusammenhang sicherlich nicht zufällig die Alliterationen gewählt haben, die seine gesamte Konstruktion des Geschlechterverhältnisses zusammenzufassen scheinen: M – Mann – Mensch[27] versus W – Weib – Wesen. Der Unterschied zwischen männlichem und weiblichem Charakter liegt für Weininger primär darin, daß der Mann seinen Charakter aktiv durch Willen, Verstand, »Intelligibilität« maßgeblich prägen und formen kann, die Frau hingegen auf die Prägung durch den Mann angewiesen ist. Weininger geht so weit zu behaupten, daß der männliche Wille den Charakter einer Frau vollständig umbilden kann.

Wie aber sieht Weiningers Charakterstudie für W konkret aus?[28] Weininger beginnt seine Ausführungen mit dem Versuch, die »sexuelle Anziehung« zwischen allen Menschen (unbesehen ihres Geschlechts) auf eine abstrakt-logische Formel zu reduzieren. Wichtiger als die Formel selbst jedoch scheint die Aussage, daß »die sexuelle Anziehung [...] etwas genau so Naturgesetzliches [ist] wie das Wachstum der Wurzel gegen den Erdmittelpunkt«[29]. Im zweiten Teil seiner Arbeit aber wird Weininger »beweisen«, daß sexuelle Attraktion ausschließlich von der Frau ausgeht, während M vielmehr von geistigen Inhalten und dem Streben nach Transzendenz angezogen wird. Um das »Naturhafte« der Frau besonders herausheben zu können, nimmt er hier den Widerspruch zu seiner früheren Behauptung in Kauf. Im weiteren geht Weininger auf das Phänomen der Homosexualität ein, wobei er – in Analogie zu zeitgenössischen Ärzten und Wissenschaftlern – die männliche Homosexualität als positiv, die weibliche als negativ charakterisiert. Ein ganzes Kapitel widmet Weininger dann der »Frauenfrage«. Für ihn ist die »emanzipierte Frau« ein Wesen, in dem die Anteile von M innerhalb einer Frau zu mächtig geworden sind. Weininger kommt zu dem Schluß, »daß das echte Weib, daß W mit der ›Emanzipation des Weibes‹ nichts zu schaffen hat. [...] Und was die emanzipierten Frauen anlangt: *Nur der Mann in ihnen ist es, der sich emanzipieren will.«*[30]

Zur »Quelle in der Natur des Weibes«[31] gehört laut Weininger, daß »das Weib« über sich selbst nicht nachdenken kann. Diese Behauptung hat weitreichende Konsequenzen. Nicht nur, daß Weininger daraus die Berechtigung zieht, daß und wie er über »das Weib« schreibt und urteilt. Die fehlende Reflexionsfähigkeit schließt W auch von allem aus, was M grundsätzlich ausmacht: die Fähigkeit zum logischen Denken, zur Selbsterkenntnis und zum Bewußtsein, zur Transzendenz, zur Philosophie und zum Künstlertum (zum Genietum allgemein), zum wahren Empfinden, zur Urteilsfähigkeit, zur Abstraktionsfähigkeit, zur Idee, zum Verhältnis gegenüber dem »Ding an sich«, schließlich auch zum Charakter an sich. Die Geschlechtlichkeit (Sexualität, nicht Liebe) ist das einzige, das in Weiningers Argumentation bei W verbleibt: »Während also W von der Geschlechtlichkeit gänzlich ausgefüllt und eingenommen ist, kennt M noch ein Dutzend anderer Dinge: Kampf und Spiel, Geselligkeit und Gelage, Diskussion und Wissenschaft, Geschäft und Politik, Religion und Kunst. [...] *W ist nichts als Sexualität, M ist sexuell und noch etwas darüber.«*[32]

W fehlt laut Weininger nicht nur die Reflexionsfähigkeit, W leide auch an Erinnerungslosigkeit: »W verfügt überhaupt nur über eine Klasse von Erinnerungen: es sind die mit dem Geschlechtstrieb und der Fortpflanzung zusammenhängenden.«[33] Daraus leitet Weininger drei wesentliche Charakterzüge von W ab: die Unfähigkeit zur Unsterblichkeit und zur Genialität, die Unfähigkeit, logisch zu denken, und schließlich die Lügenhaftigkeit als Grundlage des ganz und gar amoralischen Charakters von W: »Ein Wesen, das nicht begreift oder nicht anerkennt, daß A und non-A einander ausschließen, wird durch nichts mehr gehindert, zu lügen; vielmehr, es gibt für ein solches Wesen gar keinen Begriff der Lüge, weil ihr Gegenteil, die Wahrheit, als das Maß, ihm abgeht; ein solches Wesen kann, wenn ihm dennoch Sprache verliehen ist, lügen, ohne es zu wissen, ja ohne die Möglichkeit, zu erkennen, daß es lügt, da es des Kriteriums der Wahrheit entbehrt. [...] Wo dieses [das Verhältnis zur Idee der Wahrheit] fehlt, kann man nicht von Irrtum und Lüge, sondern höchstens von Verirrtheit und Verlogenheit sprechen; nicht von *antimoralischem*, sondern nur von *amoralischem* Sein. Das Weib also ist amoralisch.«[34] Weiningers Schlußfolgerung: Indem er W ein Verhältnis zur Idee der Wahrheit gänzlich abspricht, stellt er W sogar noch unter den Seinszustand eines (männlichen) Verbrechers. Dieser nämlich habe ein Bewußtsein gegenüber der Moral, wenn er ihr auch zuwiderhandelt. Er könne daher antimoralisch handeln. W hingegen könne – aus Mangel an Bewußtsein – nicht zwischen moralisch und antimoralisch unterscheiden:

»Ich behaupte also nicht, daß die Frau böse, antimoralisch ist; ich behaupte, daß sie vielmehr böse gar nie sein kann; sie ist nur amoralisch, gemein.«[35]

Die folgenden Argumentationen bauen auf diesem Standpunkt auf: »Das vollkommen weibliche Wesen kennt weder den logischen noch den moralischen Imperativ, und das Wort Gesetz, das Wort Pflicht, Pflicht gegen sich selbst, ist das Wort, das ihm am fremdesten klingt. Also ist der Schluß vollkommen berechtigt, daß ihm auch die übersinnliche Persönlichkeit fehlt. *Das absolute Weib hat kein Ich.*«[36] So wird manifestiert, was sich im Titel der Arbeit abstrakt angekündigt hatte: W ist das Geschlecht(liche), M hingegen der Charakter, das Ich, die »übersinnliche Persönlichkeit«. Bei Wedekind, von Berg in das Libretto zur *Lulu* übernommen, wird dieses individualitäts-lose Wesen Lulu in einem Dialog mit dem Maler, kurz nach dem Tod des Medizinalrates, vorgeführt[37].

Maler	Vollkommen verwildert! – Sieh mir ins Auge!
Lulu	Was wollen Sie...
Maler	Eine Frage: Kannst Du die Wahrheit sagen?
Lulu	Ich weiß es nicht.
Maler	Glaubst Du an einen Schöpfer?
Lulu	Ich weiß es nicht.
Maler	Kannst Du bei etwas schwören?
Lulu	Ich weiß es nicht.
Maler	Woran glaubst du denn?
Lulu	Ich weiß es nicht. Lassen Sie mich! Sie sind ver-rückt!
Maler	Hast Du denn keine Seele?
Lulu	Ich weiß es nicht.
Maler	Hast Du schon einmal geliebt?
Lulu	Ich weiß es nicht. Ich weiß es nicht.

Auch Weininger spricht direkt von der »Seelenlosigkeit des Weibes« und be-zieht sich dabei auf Paracelsus' Theorie der Elementarwesen, bevor er in die-sem Zusammenhang auf den Undinen-Typus zu sprechen kommt[38]. Eine wichtige Analogie zwischen Weiningers W und Paracelsus' Elementarwesen besteht übrigens in der Annahme, daß beide »Wesen« durch den Menschen, durch M, beseelt werden können. Bei Paracelsus ist dies nur durch die Taufe und Heirat mit einem christlichen Mann möglich, bei Weininger durch den Willen von M: »Die allerstärkste Wirkung endlich übt auf die Frau der männliche Wille.«[39]

So als willen- und ichloses Wesen charakterisiert – Weininger zieht im übrigen häufig Wagners Kundry als Beispiel heran –, ist W freigegeben für eine Vielfalt von Angriffen, die unter heutigem Maßstab ein Verstoß gegen Grundgesetz und allgemeine Menschenrechte darstellen: W hat keine Freiheit[40]. W hat keine Würde, keinen »höchsten Wert«[41]. W ist insofern nicht rechtsfähig, als es aufgrund seines amoralischen Charakters keinen Maßstab für Recht und Unrecht hat, W steht in dieser Beziehung auf der gleichen rechtlichen Stufe wie ein minderjähriges Kind[42]. Weininger faßt zusammen: »So ist denn ein ganz umfassender Nachweis geführt, daß W seelenlos ist, daß es kein Ich und keine Individualität, keine Persönlichkeit und keine Freiheit, keinen Charakter und keinen Willen hat.«[43]

Schließlich geht Weininger der Frage nach, warum das Weib, das er zuvor derart demontiert hat, dennoch in den Sinnzusammenhang des Seins wieder aufgenommen werden sollte. Er hebt dabei die »Imprägnierbarkeit« von W hervor, die es ermögliche, W flexibel in die jeweiligen Funktionen einzusetzen: »Das Weib *ist* nichts, und darum, *nur* darum *kann es alles werden*; während der Mann stets nur werden kann, was er *ist*. Aus einer Frau kann man machen, was man will; dem Manne höchstens zu dem verhelfen, was er will. [...] Die Frauen haben nicht diese oder jene Eigenschaft, sondern ihre Eigenschaft beruht darauf, daß sie *gar keine Eigenschaften* haben; das ist [die] ganze Kompliziertheit und das ganze Rätsel des Weibes, darin besteht seine Überlegenheit und Unfaßbarkeit für den Mann, der stets auch hier nach dem festen Kerne sucht. [...] die Männlichkeit [ist] eben in der Tatsache der Individualität [...]. Der Mann ist der Mikrokosmus, in ihm sind alle Möglichkeiten überhaupt enthalten.«[44] Das Weib sei nicht nur formbar, sondern es verlange geradezu nach Formung. Auch bei Wedekind/Berg taucht dieses Argument auf: Dr. Schön rät dem mit Lulu verheirateten Maler: »Laß sie Autorität fühlen. Sie verlangt nicht mehr, als unbedingt Gehorsam leisten zu dürfen. [...] Wahr' sie Dir, weil sie Dein ist. [...] Der Moment ist entscheidend... Sie ist Dir verloren, wenn du den Augenblick versäumst.«[45] Und schließlich finden sich Weiningers abfällige Aussage über den Moralbegriff von Frauen analog wieder in jenen Szenen, in denen Lulu zur Witwe wird. Sowohl beim Medizinalrat als auch beim Maler und sogar bei Dr. Schön überwindet Lulu den Moment des Entsetzens und Schreckens sehr schnell. Nach dem Tod ihres ersten Ehemanns beispielsweise vermischt sich ostentative Hilflosigkeit mit finanziellem Pragmatismus: »Pussi! Es ist ihm ernst. Der Tanz ist aus. Er läßt mich sitzen. Was fang' ich an? Was fang' ich an... [...] Ich glaube fast, es ist ihm ernst. Jetzt bin ich reich... Was fang' ich an?«[46]

Weininger wählt in seiner Abhandlung nie den Begriff *femme fatale*. Der Grund hierfür mag in der generellen Aversion gegen das »Franzosentum des Geistes«[47] liegen. Deutlich aber ist, daß sich hinter W oder dem »absoluten Weib« die bedrohliche Gestalt der *femme fatale* verbirgt. Die Angst, die der Autor vor dem Konstrukt von W, das er zuvor entworfen hat, empfindet, ist die Angst des Mannes vor der *femme fatale*: »Das Weib sündigt nicht, denn es ist selbst *die* Sünde, als *Möglichkeit* im Manne. Der reine Mann ist das Ebenbild Gottes, des absoluten *Etwas*, das Weib [...] ist das Symbol des *Nichts*: das ist die Bedeutung des Weibes im Universum [...] Und so erklärt sich auch jene tiefste *Furcht* im Manne: die *Furcht vor dem Weibe*, das ist die *Furcht vor der Sinnlosigkeit*: das ist *die Furcht vor dem lockenden Abgrund des Nichts*.«[48]

Randnotizen als Schlüssel zur Lulu-Figur

Weiningers W und Wedekinds Lulu scheinen ein und dieselbe Figur zu sein – einmal als theoretisch-philosophisches Konstrukt, einmal als literarische Gestalt. Als *Geschlecht und Charakter* 1903 erstmals erschien, arbeitete Wedekind bereits seit zehn Jahren an seinen Lulu-Dramen (erste Entwürfe datieren aus dem Jahr 1892)[49]. Insofern kann von einem direkten Einfluß von Weininger auf Wedekind nicht die Rede sein, vielmehr ist die gedankliche Nähe als ein Indiz zu sehen, wie virulent dieser Weiblichkeitsentwurf war. Alban Berg ist diese Verbundenheit sicherlich nicht entgangen, er fand in den Lulu-Dramen jene Gedanken wieder, die er bei Weininger kennengelernt hatte. Und Weiningers *Geschlecht und Charakter* hatte er auf die für ihn typische Weise intensiv studiert. Die meist affirmativen Annotationen in seinem Leseexemplar lassen Bergs Zustimmung erkennen[50]. Auch die zahlreichen Passagen, die er aus *Geschlecht und Charakter* in seine Zitatensammlung übernahm, zeugen von Bergs Sympathie für die Weiningerschen Ideen.

Freilich liegt Bergs Lektüre von *Geschlecht und Charakter* zeitlich um einiges entfernt von den ersten Konzeptionen oder gar der Komposition seiner Oper *Lulu*. Dennoch scheinen ihn Weiningers Ideen – besonders die Konstruktion von W – derart beeindruckt zu haben, daß er noch Jahrzehnte nach der ersten Begegnung mit *Geschlecht und Charakter* wesentliche Merkmale in die Konzeption seiner Oper übernahm. Dies hat vor allem zwei Gründe: Zum einen sind bereits Wedekinds Lulu-Dramen eng mit der Vorstellungswelt Weiningers verwandt. Andererseits bekannte sich auch Bergs hochgeschätzter Lehrer Schönberg in seiner 1911 erschienenen *Harmonielehre* zu Weininger. In seinem Vorwort reiht Schönberg ihn in die Reihe der bedeutendsten zeitgenössischen Denker ein: »Unsere Zeit sucht vieles. Gefunden aber hat sie vor allem etwas: den Komfort. Der drängt sich in seiner ganzen Breite sogar in die Welt der Ideen und macht es uns so bequem, wie wir es nie haben dürften. [...] Aber der Denker [...] zeigt, daß es Probleme gibt, und daß sie ungelöst sind. Wie Strindberg [...] oder wie Maeterlinck [...] oder wie Weininger und alle andern, die ernsthaft gedacht haben.«[51] Eine weitere zeitliche Überbrückung der Gedankenwelt Weiningers bot zudem Karl Kraus' *Fackel*. Auch Jahre nach Weiningers Tod wurden darin seine Ideen publiziert und weitergetragen – im Januar 1904 etwa berichtete Kraus von der bereits dritten Auflage von *Geschlecht und Charakter*, im November 1904 nahm der Vater Weiningers erstmals zum Vorwurf der angeblichen Geistesgestörtheit seines Sohnes Stellung. Kraus hatte ihm hierzu durch die *Fackel* eine öffentliche Plattform geboten und antwortete als Herausgeber noch im März 1905. Wie sehr Berg von Weiningers Gedanken affiziert war, zeigen mehrfach auch seine Briefe. In einem Brief an Hermann Watznauer vom 18. Oktober 1906 etwa zählt Berg Weininger zu denjenigen Autoren, die für ihn »allesamt von lebensbestimmender Bedeutung« seien[52]. Und selbst in den Briefen an seine Verlobte schimmert immer wieder Weiningersches Gedankengut durch. Dies ist um so verwunderlicher, als Helene Nahowski sicherlich kaum dem Weiningerschen W-Typs entsprochen hat – Rosemary Hilmar kennzeichnet sie als »Verkörperung einer Jugendstildame«, als »Edelweiß, als unerreichbar schönes, aber dafür in der Liebe als unbeteiligtes, steriles Wesen«[53] – und außerdem auch, da Weiningers eklatante Frauenverachtung sich kaum für Liebesbriefe eignet.

Die enge gedankliche Verbundenheit zwischen der Konzeption der Lulu-Gestalt und Weiningers Charakterologie von W ist es aber auch, die die Oper *Lulu* – obwohl erst in den dreißiger Jahren komponiert – durchaus noch im zeitlichen Rahmen der Jahrhundertwende verankert. Sie transportiert – freilich mit einer Musiksprache, die der Gedankenwelt um zwei Jahrzehnte voraus ist – ein Frauenbild, das zum Teil wie eine direkte künstlerische Umsetzung der Ideen Weiningers anmutet.

Was Berg in Weiningers Abhandlung fand, war sicherlich zunächst ein Spiegelbild, das er an die Wedekindsche Figur der Lulu anlegen konnte. Bereits im langwierigen Entscheidungsprozeß, welcher Opernstoff nach Vollendung des *Wozzeck* geeignet sei, scheinen die Leseerfahrungen mit Weininger für Berg eine Rolle gespielt zu haben. Berg hatte nach dem *Wozzeck* zunächst geplant, zwei weitere Opern über Männerschicksale zu schreiben, und die drei Opern (*Wozzeck*, *Vincent* und *Wolfgang*) in strenger Spiegelsymmetrie zueinander konzipiert[54]. Warum er diesen Plan aufgab, ist nicht bekannt, auffällig jedoch, daß er sich von den männlichen Hauptfiguren ab- und einer weiblichen Hauptfigur zuwandte. Dieser Umstand und auch die Tatsache, daß die Wahl schließlich auf die Wedekind-Dramen fiel, und nicht auf das zunächst favorisierte Stück *Und Pippa tanzt!* von Gerhart Hauptmann[55], mag mit Bergs Weininger-Lektüre zusammenhängen. Berg fand in der literarischen Lulu-Gestalt Wedekinds offenbar die geeignete Grundlage für die Vertonung von Weiningers Konzept vom »absoluten Weib«, das ihn derart faszi-

nierte. Gerade auch ein Vergleich mit Hauptmanns Pippa ist dabei aufschluß-
reich: Pippa ist zwar eine ähnliche Projektionsgestalt wie Lulu. Auch sie steht
als exponiertes weibliches Wesen einer Vielzahl männlicher Interessen und
Phantasien gegenüber. Was der Figur der Pippa im Gegensatz zu Lulu aber
fehlt, ist die wesenhafte Sexualität und die damit verknüpfte Aggressivität.
Pippa ist eher die Idee der Hoffnung für die durch Identitätskrisen bedrohte
Männerwelt. Lulu hingegen steht für die Gefahr der Sinnlichkeit, sie ist die
Negation im Weiningerschen Sinne. Diesen Gedanken reflektiert auch der
Briefwechsel Bergs mit Soma Morgenstern aus dem Jahr 1927, in dem die
Briefpartner das Für und Wider von *Und Pippa tanzt!* und *Lulu* diskutieren.
Berg schreibt am 27. November 1927 an Morgenstern: »*Für* Lulu: die mir, u.
dem was man von mir erwartet entsprechende Steigerung nach Wozzeck; die
Stärke dieses Stücks [...] *Gegen* Lulu: Die Gewagtheit des Stoffs, die so groß
ist, daß es mir passieren könnte, daß ich nach jahrelanger Arbeit ein Werk in
der Schublade hab', das nur vor geladenem Publikum aufführbar ist.«[56]
Morgenstern antwortete drei Tage später: »Ich denke [...], daß Du mit Pippa
in (relativ!) kurzer Zeit fertig wirst [...] und daß Du so dann Zeit und Freiheit
und Mut bekommst, Dich auf erotische Abwege zu begeben. Denn das ist ja
›Lulu‹.«[57] Die Figur der Lulu ist offenbar stärker sexuell besetzt als Pippa und
birgt in sich die Gefahr »erotischer Abwege«. Insofern steht sie dem »absoluten Weib« Weiningers um ein deutliches Maß näher.

Bergs Annotationen in seinem Leseexemplar von *Geschlecht und Charakter* betreffen vorwiegend zwei Themenbereiche, das Genie und die Charakterologie von W. Dies lenkt – betrachtet man parallel dazu Bergs Oper –
das Augenmerk auf zwei Bereiche: zum einen auf den des Künstlers (als einer
Ausprägung des Genies), verkörpert in der Figur von Alwa alias Alban Berg,
zum anderen auf den Bereich von W, Lulus Sphäre.

Berg läßt seine Oper mit einem Gleichnis beginnen, mit dem Prolog.
Damit präsentiert sich Berg nach Weiningers Verständnis gleich zu Beginn als
»Genie«. Eine Passage, die Berg bei Weininger in besonderem Maße an-
merkte[58], lautet: »Vom Gedächtnisse der Menschen hängt [...] auch das Maß
ab, in welchem sie in der Lage sein werden, sowohl Unterschiede als Ähnlichkeiten zu bemerken. Am meisten wird diese Fähigkeit bei jenen entwickelt sein, in deren Leben immer die ganze Vergangenheit in die Gegenwart hineinreicht[59], bei denen alle Einzelmomente des Lebens zur Einheit
zusammenfließen und aneinander verglichen werden. So kommen gerade sie
am vornehmlichsten in die Gelegenheit, *Gleichnisse* zu gebrauchen«[60]. Die
Figur des Alwa rückt auffällig in die Nähe des Weiningerschen Genie-Be-
griffs. Als »Genie« aber steht Alwa in einem besonderen Verhältnis zu Lulu:
Einerseits ist er – Weiningers Hierarchie folgend – der extremste Gegenpol zu
ihr, andererseits ist sie – in Weiningers Perspektive als Prostituierte gesehen –

sein einzig mögliches Pendant. Diese Sonderrolle, die Alwa zu Lulu ein-
nimmt, war Berg sicherlich willkommen, verbergen sich hinter den beiden
Bühnenfiguren doch auch die Identitäten seiner eigenen Person und die von
Hanna Fuchs-Robettin.

In Analogie zum Prolog konzipiert Berg auch die dramaturgische Gesamtanlage. Er geht dabei weit über die Wedekindsche Anlage hinaus, wenn
er die gesamte Oper spiegelsymmetrisch gestaltet[61] und vor allem auch die
Figuren der (Ehe)männer Lulus aus der ersten Hälfte der Oper symmetrisch
auf die Freier in der Londoner Dachstube in der zweiten Hälfte projiziert.
Daß die Oper in einer strengen und zugleich komplexen Symmetrie angelegt
werden sollte, stand für Berg frühzeitig fest. Die Parallelität der männlichen
Figuren beschäftigte ihn dabei lange, immer wieder stellte er die Figurenkon-
stellationen um[62]. Schließlich aber treten »gleichnishaft und in schauerlicher
Parallelität zu ihren drei Ehemännern [...] drei Kunden an sie [Lulu] heran.«[63]
Berg beschneidet damit zwar die Vielfalt der männlichen Gegenspieler, stellt
aber ein Prinzip unter Beweis, das sich so als ein wesentliches Merkmal für
das Genie bei Weininger findet, nämlich das Inbeziehungsetzen und Gegen-
überstellen von Vergangenheit und Gegenwart, wobei »alle Einzelmomente
des Lebens zur Einheit zusammenfließen und aneinander verglichen werden«.

In den Männerfiguren selbst und in ihren Parallelerscheinungen am
Schluß der Oper treten dabei genau jene Typen von M auf, die Weininger
außer dem Genie erwähnt: der Arzt und der Wissenschaftler, der Homosexuelle und der Neger, schließlich der »Mann der Tat« und der Verbrecher[64].
Die Gleichsetzung von Dr. Schön und Jack the Ripper ist dabei besonders
interessant[65]. Sie ist anhand eines Satzes im Libretto kenntlich gemacht, der
an zwei Stellen identisch auftaucht. Nachdem Dr. Schön dem Maler die Augen über Lulus Vergangenheit geöffnet hat und dieser die Bühne verläßt (um
sich selbst umzubringen), steht jener Satz, den Jack the Ripper nach der Ermordung Lulus und der Gräfin sagen wird: »Das war ein Stück Arbeit.«[66]

Dr. Schön gehört zu Weiningers Kategorie des »Manns der Tat«. Auch
wenn er kein Politiker im engeren Sinne ist, hat er doch als Chefredakteur[67]
eine offizielle, nach außen gewendete Funktion. Der Maler bezeichnet ihn gelegentlich als »Gewaltmensch von [...] Einfluß«[68]. Auch der »Börsentag« (im
zweiten Akt) weist auf seine öffentliche Rolle hin. Dr. Schön ist vor allem
aber auch innerhalb der Oper ein »Mann der Tat«, ein »Willensmensch«,
denn er treibt die Handlung, den Lebensweg Lulus, immer weiter, etwa indem er sie mehrmals verheiratet. Jack the Ripper wiederum ist der Verbrecher an sich. Weininger aber setzt den »Mann der Tat« mit dem Verbrecher
gleich, um das Genie so eindeutiger vom »Mann der Tat« unterscheiden zu
können. Weininger schlußfolgert: »die ›großen Willensmenschen‹ [sind]
Verbrecher und demnach keine Genies.«[69] Anschließend vergleicht er den

»Mann der Tat« mit der Prostituierten: »Der große Tribun und die große Hetäre sind die absolut grenzenlosen Menschen, welche die ganze Welt zur Dekoration und Erhöhung ihres empirischen Ich gebrauchen. Darum sind beide jeder Liebe, Neigung und Freundschaft unfähig, lieblos, liebeleer.« Bei diesen Passagen finden sich Bergs Anstreichungen in seinem Leseexemplar, und den folgenden Satz unterstrich Berg sogar ganz, eine selten genutzte, besondere Art der Hervorhebung: »Ambitio heißt eigentlich herumgehen. Das tut der Tribun wie die Prostituierte.«[70]

Mit der Analogiebildung zwischen »Mann der Tat« und Prostituierter bezweckt Weininger die Herabsetzung dieses männlichen Typus. Auch Alwa erwähnt dies gegenüber Lulu in hellsichtiger Unwissenheit: »Mit deinen Gottesgaben macht man seine Umgebung zu Verbrechern, ohne sich's träumen zu lassen.«[71] Für Bergs dramaturgische Konzeption jedoch birgt die Gleichsetzung eine interessante Möglichkeit. Er entwickelt aus den Figuren von Dr. Schön, Jack the Ripper und Lulu eine imaginäre Dreiecksbeziehung, in die Sexualität und Verbrechen als Koordinaten eingeschrieben werden können. Dr. Schön ist bis zur Verheiratung mit Lulu aktiv, er ist der »Mann der Tat«. Er verheiratet Lulu mit anderen, schwächeren Männern – auch, um für sich selbst die Gefahr von Lulus sexueller Attraktivität zu bannen – und beschafft ihr ein Engagement am Theater. Diese Phase endet jedoch in der Szene hinter der Bühne (I/3). Die nun folgende Rolle als Ehemann von Lulu zwingt Dr. Schön zur Passivität, womit er die Macht über Lulu verliert. Dr. Schön erliegt Lulus Sexualität, er wird ihr »Opfer«. Die letzte Konsequenz von Dr. Schöns Passivität und Niedergang ist sein Tod. Dieser hebt sich jedoch insofern von den Todesfällen der anderen beiden Ehemänner Lulus ab, als er durch Lulus eigenes Handeln geschieht: Sie erschießt ihn. Die beiden vorangegangenen Ehemänner starben nur indirekt durch Lulu, gewissermaßen durch ihr »Wesen«. Die dramaturgische Symmetrie – die Berg gegenüber Wedekinds Vorlage einfügt – besteht darin, daß die Parallelfigur zu Dr. Schön, Jack the Ripper, genau diejenige Tat an Lulu begehen wird, die sie an Dr. Schön begangen hat, dies allerdings erst zu jenem Zeitpunkt, als Lulu Prostituierte ist. Erst in diesem Stadium entspricht sie demjenigen Weiningerschen Typus, der mit dem »Mann der Tat« gleichgestellt wird: »die große Prostituierte und der große Tribun, sind wie Brandfackeln, die entzündet weithin leuchten, Leichen über Leichen auf ihrem Wege lassen und untergehen, wie Meteore, für menschliche Weisheit sinnlos, zwecklos, ohne ein Bleibendes zu hinterlassen. [...] Beide, Dirne und Tribun, werden darum als [...] antimoralische Phänomene empfunden.«[72]

Wenn im Folgenden Weiningers W-Typologie passagenweise Revue passiert, muß die enge Verbundenheit zwischen Weininger und Berg mitgedacht werden. Denn alle folgenden Auszüge aus *Geschlecht und Charakter* – ausschließlich die Charakterologie von W betreffend – wurden ausnahmslos von Berg hervorgehoben, teilweise sogar doppelt markiert oder in die Zitatensammlung übernommen. Sie können daher als Hintergrund für Bergs Lulu-Konzeption betrachtet werden.

»Das absolute Weib hat kein Ich«[73]. Aus diesem Grunde auch sei W zur Selbstreflexion nicht fähig: »Es ist also richtig, daß das Weib keine Logik besitzt. [...] Ihr mangelt das intellektuelle Gewissen. Man könnte bei ihr von ›logical insanity‹ sprechen«[74]. Wenn aber das »komplizierteste Problem des Weibes [...] seine *abgründlich tiefe Verlogenheit*«[75] ist, hat dies ethisch-moralische Konsequenzen: »Das Weib ist verlogen.«[76] Und: »Wo also Täuschung seinen (oft unbewußten) Wünschen entgegenkommt, dort wird das Weib gänzlich unkritisch, und verliert jede Kontrolle über die Realität.«[77] In letzter Konsequenz ist dies auch der Grund für die völlige Negation: »Das Weib hat kein Verhältnis zur Idee, es [...] ist richtungslos, weder gut noch böse, weder Engel noch Teufel, nicht einmal egoistisch [...], es ist amoralisch, wie es alogisch ist. Alles Sein aber ist moralisches und logisches Sein. Die Frau also ist nicht.«[78] Während für den Mann die Gefahr der Verweiblichung bestünde, könne »*die Frau [...] nie zum Manne werden.*«[79] Die gefährliche Verweiblichung sieht Weininger in der zeitgenössischen Kultur verwirklicht: »jenes Sichwiegen ohne Streben nach irgendeiner Tiefe charakterisiert den schillernden Stil so vieler moderner Schriftsteller und Maler als einen eminent weiblichen. Männliches Denken scheidet sich von allem weiblichen grundsätzlich durch das Bedürfnis nach sicheren Formen«[80].

Einen großen Raum in Bergs Weininger-Rezeption nehmen die Ideen zu Liebe und Sexualität ein. Dabei dominiert die Vorstellung der wesenhaften Sexualität des Weibes (Weininger spricht hier von Erotik) gegenüber der idealen Liebe des Mannes. Grundvoraussetzung der Liebe ist das Ich-Bewußtsein, das W abgesprochen wird: »Damit ist aber auch gesagt, daß die Frau nicht lieben kann. Als Bedingung der Liebe muß Individualität, und zwar nicht rein und ungetrübt, jedoch mit dem Willen zur eigenen Befreiung von Staub und Schmutz vorhanden sein.«[81] Das Ich-Bewußtsein dient gleichzeitig auch als Rechtfertigung für die egoistischen Züge im Charakterbild des Genies. »*In aller Liebe liebt der Mann nur sich selbst. Nicht seine Subjektivität, nicht das, was er, als ein von aller Schwäche und Gemeinheit, von aller Schwere und Kleinlichkeit behaftetes Wesen wirklich vorstellt: sondern das, was er ganz sein will und ganz sein soll, sein eigenstes, tiefstes, intelligibles Wesen, frei von allen Fetzen der Notwendigkeit, von allen Klumpen der Erdenheit. [...] Er projiziert sein Ideal eines absolut wertvollen Wesens, das er innerhalb seiner selbst zu isolieren nicht vermag, auf ein anderes menschliches Wesen, und das und nichts anderes bedeutet es, wenn er dieses Wesen liebt.*«[82] W hingegen ist in

220

seiner sexuellen Begierde wahllos: »Für W ist die Liebe eines Mannes, der ihr nicht gefällt, nur eine Befriedigung ihrer Eitelkeit oder eine Beunruhigung und Aufscheuchung schlummernder Wünsche. Die Frau erhebt stets gleichmäßig einen Anspruch auf alle Männer, die es auf der Welt gibt.«[83]

Eng mit dem Problemfeld Liebe und Sexualität verknüpft ist Weiningers Definition der Prostitution. Auch zu diesem Thema finden sich vielfache Anstreichungen in Bergs Weininger-Exemplar. »Dem echten Manne, den materiell noch öfter ein widriges Schicksal trifft und welcher Armut intensiver empfindet als das Weib, ist gleichwohl die Prostitution fremd [...]. Demnach ist die Eignung und der Hang zum Dirnentum ebenso wie die Anlage zur Mutterschaft in einem Weibe organisch, von Geburt an vorhanden.«[84] Nicht nur, daß Weininger damit die Möglichkeit männlicher Prostitution aufgrund der natürlichen Anlage ausschließt, er stellt mit dieser Argumentation auch Prostitution und Mutterschaft auf eine Ebene – als zwei Möglichkeiten weiblicher Daseinsform: »Es bleibt demnach nichts übrig, als zwei angeborene, entgegengesetzte Veranlagungen anzunehmen, die sich auf die verschiedenen Frauen in verschiedenem Verhältnis verteilen: die absolute Mutter und die absolute Dirne. Zwischen beiden liegt die Wirklichkeit: es gibt sicherlich kein Weib ohne alle Dirneninstinkte [...]. Ebensowenig aber existiert ein Weib, das aller mütterlichen Regungen bar wäre; obgleich ich gestehen muß, außerordentliche Annäherungen an die absolute Dirne viel öfter gefunden zu haben als solche Grade von Mütterlichkeit, hinter denen alles Dirnenhafte zurücktritt.«[85]

Beide Daseinsformen, Mutter und Dirne, spricht Weininger einen amoralischen Charakter zu[86] – und auch zum erstaunlichen Schluß, daß die Mutterschaft amoralisch sei, finden sich zustimmende Annotationen von Berg. Weiningers Affront gegen die bürgerliche Wertvorstellung zum Thema Mutterschaft geht noch einen Schritt weiter: »Ihre Stellung außerhalb des Gattungszweckes [...] stellt die Hetäre in gewisser Beziehung über die Mutter; soweit dort von ethisch höherem Standort überhaupt die Rede sein kann, wo es sich um zwei Weiber handelt. Die Mutter [...] steht fast immer intellektuell sehr tief. *Die geistig höchstentwickelten Frauen, alles, was dem Manne irgendwie Muse wird, gehört in die Kategorie der Prostituierten.*«[87] Diese Höherbewertung der Prostituierten basiert bei Weininger darauf, daß sie zum einen für das Genie attraktiver sei als die mütterliche Frau und daß sie zum anderen durch ihre »Sterilität«[88] der Tatsache näher komme, daß auch das Genie ausschließlich »immaterielle Kinder«, Kunstwerke oder Ideen (er)zeuge: »Bedeutende Menschen haben stets nur Prostituierte geliebt; ihre Wahl fällt auf das sterile Weib, wie sie selbst, wenn überhaupt eine Nachkommenschaft, so stets eine lebensunfähige, bald aussterbende hervorbringen – was vielleicht einen tiefen ethischen Grund hat. Die irdische Vaterschaft nämlich ist ebenso geringwertig wie die Mutterschaft; sie ist unsittlich [...]; und sie ist unlogisch, denn sie stellt in jeder Beziehung eine Illusion vor.«[89]

Die Prostituierte steht aufgrund ihres »lebensfeindlichen Prinzips« den kulturellen und gesellschaftlichen Untergangsvisionen Weiningers näher als die stets »auf Reproduktion fixierte« Mutter. Denn Weininger differenziert W in seinen Ausprägungen »Mutter« und »Dirne« gerade im Hinblick auf die Todesproblematik. Die »Mutter« kenne, so Weininger, keine Angst vor dem Tode, da sie sich des eigenen nicht bewußt wird und ihr ganzes Sinnen und Trachten nach der Erhaltung der Menschheit, nicht des einzelnen Individuums, ausrichtet. Letzteres Argument liefert Weininger auch den »Beweis« für die Amoralität der »Mutter«. Die »Dirne« hingegen sei das lebensfeindliche Prinzip, das die Sexualität ausschließlich auf den Tod hin ausrichte[90].

Von der Behandlung des Todesproblems geht Weininger zum Problem Unsterblichkeit, das wiederum eng mit der Genie-Debatte zusammenhängt. Grundsätzlich nimmt Weininger an, daß W kein Verhältnis zum eigenen Tod und zur Unsterblichkeit habe: »Diese eigentliche Kontinuität, die den Menschen erst ganz dessen vergewissern kann, daß er lebt, daß er da, daß er auf der Welt ist, allumfassend beim Genius, auf wenige wichtige Momente beschränkt beim Mittelmäßigen, fehlt gänzlich beim Weibe. Dem Weibe bietet sich, wenn es rückschauend, rückfühlend sein Leben betrachtet, dieses nicht unter dem Aspekt eines unaufhaltsamen, nirgends unterbrochenen Drängens und Strebens dar, es bleibt vielmehr immer nur an einzelnen Punkten hängen.«[91] Und: »Das absolute Weib jedoch, dem Individualität und Wille mangeln, das keinen Teil hat am Werte und an der Liebe, ist, so können wir jetzt sagen, von jenem höheren, transzendenten, metaphysischen Sein ausgeschlossen. Die intelligible hyperempirische Existenz des Mannes ist erhaben über den Stoff, Raum und Zeit; in ihm ist Sterbliches genug, aber auch Unsterbliches. Und er hat die Möglichkeit, zwischen beiden zu wählen: zwischen jenem Leben, das mit dem irdischen Tode vergeht, und jenem, für welches dieser erst eine Herstellung in gänzlicher Reine bedeutet. Nach diesem vollkommen zeitlosen Sein, nach dem absoluten Werte, geht aller tiefste Wille im Manne: er ist eins mit dem Unsterblichkeitsbedürfnis. Und daß die Frau kein Verlangen nach persönlicher Fortdauer hat, wird so endlich ganz klar: in ihr ist nichts von jenem ewigen Leben, das der Mann durchsetzen will und durchsetzen soll gegen sein ärmliches Abbild in der Sinnlichkeit. Irgendeine Beziehung zur Idee des höchsten Wertes, zur Idee des Absoluten, zur Idee jener völligen Freiheit, die er noch nicht besitzt, weil er immer auch determiniert ist, die er aber erlangen kann, weil der Geist Gewalt hat über die Natur: eine solche Beziehung zur Idee überhaupt, oder zur Gottheit, hat jeder Mann; indem zwar durch sein Leben auf Erden eine Trennung und Loslösung vom Absoluten erfolgt ist, aber die Seele sich aus dieser Verunreinigung, als der Erbsünde, wieder hinaussehnt.«[92]

Das Geschlechterverhältnis ist bei Weininger von extremer Polarität gekennzeichnet. Die Frau, ihr Wesen und »ihr innerstes Wollen [ist] dem Wollen des Mannes gerade entgegengerichtet«[93]. Die Polarität spiegelt sich in der absoluten Hierarchie wider: »Der tiefstehende Mann steht also noch *unendlich* hoch über dem höchststehenden Weibe, so hoch, daß Vergleich und Rangordnung hier kaum mehr statthaft scheinen; und doch hat niemand das Recht, selbst das tiefststehende Weib irgendwie zu schmälern oder zu unterdrücken.«[94] Und: »Der reine Mann ist das Ebenbild Gottes, des absoluten *Etwas*, das Weib, auch das Weib im Manne, ist das Symbol des *Nichts*: das ist die Bedeutung des Weibes im Universum, und so ergänzen und bedingen sich Mann und Weib. Als des Mannes Gegensatz hat das Weib einen Sinn und eine Funktion im Weltganzen«[95].

Aus dieser Hierarchie leitet Weininger allgemein ethische Implikationen ab, etwa wenn er auf die amoralische Seite von W hinweisen möchte: »Der männliche Verbrecher hat ebenso von Geburt an ein Verhältnis zur Idee des Wertes wie jener andere Mann, dem die verbrecherischen Triebe, die den ersten beherrschen, fast völlig mangeln. Das Weib hingegen behauptet oft im vollen Rechte zu sein, wenn es die denkbar größte Gemeinheit begangen hat; während der echte Verbrecher stumpfsinnig auf alle Vorwürfe schweigt, kann eine Frau empört ihrer Verwunderung darüber Ausdruck geben, daß man ihr gutes Recht, so oder so zu handeln, in Zweifel ziehe«[96].

Weiningers Argumentation gipfelt in der Aussage, daß das Weib nicht antimoralisch (verbrecherisch) sein könne, nur »amoralisch, gemein.«[97] Und er leitet daraus auch die Forderung ab, der Mann habe W zu erziehen, zu leiten: »Wie amoralisch das Weib ist, kann man daraus ersehen, daß ihm sofort entschwindet, was es Unsittliches getan hat; und daß es vom Manne, wenn dieser die Erziehung des Weibes sich angelegen sein läßt, immer wieder daran erinnert werden muß.«[98] Und an anderer Stelle schreibt Weininger über die Erziehung und Erziehbarkeit des Weibes: »Am Manne wird durch alle Erziehung nie irgendein Wesentliches geändert; im Weibe kann sogar seine eigenste Natur, die Hochwertung der Sexualität, durch äußeren Einfluß völlig zurückgedrängt werden. Das Weib mag alles scheinen und alles verleugnen, aber es ist nie irgend etwas in Wahrheit.«[99] Unter dem Vorwand des »Erziehen-Müssens« aber versteckt sich letztlich die Vorstellung von Projektionen: »›Das Weib‹ ist eben für jeden ein anderes und doch dasselbe, ›im Weib‹ hat noch jeder Dichter Verschiedenes und doch Gleiches besungen.«[100]

Weiningers Ziel, einerseits den Charakter des »absoluten Weibes« festzulegen, andererseits die Möglichkeit oder Unmöglichkeit der Frauenemanzipation aufzuzeigen, kommt in folgenden beiden Passagen in aller Deutlichkeit zum Ausdruck: »So ist denn ein ganz umfassender Nachweis geführt, daß W seelenlos ist, daß es kein Ich und keine Individualität, keine Persönlichkeit und keine Freiheit, keinen Charakter und keinen Willen hat.«[101] Und: »Die Aussichten des Unternehmens, die Frauen wahrhaft zu emanzipieren, ihnen die Freiheit zu geben, die nicht Willkür, sondern Wille wäre, sind äußerst gering. Wenn man nach den Tatsachen urteilt, so scheint den Frauen nur zweierlei möglich zu sein: die verlogene Akzeptierung des vom Manne Geschaffenen, indem sie selbst glauben, das zu wollen, was ihrer ganzen, noch ungeschwächten Natur widerspricht, die unbewußt verlogene Entrüstung über die Unsittlichkeit, als ob sie sittlich wären, über die Sinnlichkeit, als ob sie die unsinnliche Liebe wollten; oder das offene Zugeständnis, der Inhalt des Weibes sei der Mann und das Kind, ohne das geringste Bewußtsein davon, was sie damit zugeben, welche Schamlosigkeit, welche Niederlage in dieser Erklärung liegt. *Unbewußte Heuchelei* [= Mutterschaft] *oder zynische Identifikation mit dem Naturtrieb* [= Prostitution]; ein anderes scheint dem Weibe nicht gegeben.«[102] »Nicht die Frau heilig zu machen, nicht darum kann es so bald sich handeln. Nur darum: kann das Weib zum Probleme seines Daseins, zum Begriffe der Schuld, redlich gelangen? Wird es die Freiheit wenigstens wollen?«[103]

Es ist erstaunlich, wie positiv Berg einerseits den offen frauenverachtenden Theorien Weiningers zustimmte, sie für die Gestaltung seiner Lulu-Figur adaptierte, andererseits aber in der Musik der Lulu so viel Überzeugungskraft vermutete, daß »sogar die Frauen diese Gestalt lieben werden«. Erstaunlich auch, daß gerade dasjenige Kriterium, das den *femmes fatales* abgesprochen wird, an dieser vermeintlichen Bruchstelle eine Mittlerfunktion einnimmt: Carola Hilmes hebt als wesentlichen Charakterzug der *femme fatale* hervor, daß sie »gerade keinen Blick auf die Frauen«[104] eröffne. Und tatsächlich präsentieren sich die exotisch-dämonischen Verführerinnen stets als besonders alltagsfern. Doch sowohl Weiningers W – im Grunde eine Theorie der *femme fatale* – als auch Bergs Lulu sind alles andere als irreal. Diese Beobachtung hilft zu verstehen, wie Weiningers misogyne Vorstellungen mit Bergs Gedanken zu seiner Lulu zusammenhängen.

Weininger bezieht sich bei all seinen Aussagen auf die Frau, wie sie ihm in der bürgerlichen Gesellschaft der Jahrhundertwende begegnet, er nennt zum Teil auch explizit Namen (etwa wenn es um die Frauenbewegung geht). Berg ergänzt in seinem Leseexemplar weitere Frauennamen aus seinem persönlichen Umfeld (zum Beispiel notiert er an jener Stelle den Namen seiner Schwester Smaragda, an der es um die kleptomanische Veranlagung von W geht.) Und was die Figur der Lulu anbelangt, legt Berg nicht nur Wert auf ein gewisses Identifikationspotential für Frauen, sondern verbindet auch – mehr oder weniger geheimnisvoll – mehrere Frauen mit der Opernfigur. Also auch hier eine enge Beziehung zwischen der vorgestellten *femme fatale* und der realen Frau.

Auf der Ebene des »real Nachvollziehbaren« treffen sich demnach Weiningers Theorie und Bergs künstlerische Gestaltung der *femme fatale*. In einem anderen Punkt freilich bleibt eine Diskrepanz bestehen: Während Weininger mit seinem Buch zum Frauenverachter *par excellence* avancierte, gehört Berg letztlich zu der Gruppe um Wedekind, Altenberg und Kraus, die als »Frauenverehrer« den Argumenten Weiningers zustimmen.

Vierter Teil

»Lebten wir ewig,
so würde das Leben voraussichtlich
mit seinen Werten und Inhalten
undifferenziert verschmolzen bleiben,
es würde gar keine reale Anregung bestehen,
diese außerhalb der einzigen Form,
in der wir sie kennen
und unbegrenzt oft erleben können, zu denken.«

Georg Simmel

Das Ewig-Weibliche.

Unsterbliche Weiblichkeit oder unendliche Projektion?

Der Tod des Ewig-Weiblichen

Geheimrat Goethe hatte den Begriff vom »Ewig-Weiblichen« geprägt, das »uns« – die Menschheit, oder nur deren männliche Hälfte? – »hinanzieht«. Er hatte damit jener Idee einen griffigen Namen gegeben, die in antik-mythologischen und christlichen Weltentwürfen immer schon eine zentrale Rolle gespielt hatte: das Weiblich-Kreatürliche, das für den Fortbestand (und die Erlösung) der Menschheit ebenso sorgt wie für die ewige Verführung des Mannes. Es ist eine Seinsart mit weiblicher Konnotation, die unindividuell, wesensartig präsent ist, durchaus aber auch in konkreten Weiblichkeitsbildern (Lilith, Eva, Helena, den Sirenen und vielen anderen) zutage treten kann.

In einer Zeit wie der Jahrhundertwende, die um die Definition von Weiblichkeit rang, lebte der Gedanke an die kulturell geprägte weibliche Grundsubstanz wieder auf. Und so hatte auch Goethes Wort vom Ewig-Weiblichen Hochkonjunktur. Alban Berg war für diese Bewegung ein empfänglicher Seismograph: Er sammelte nicht nur zahlreiche Umformulierungen zu Goethes Vers, sondern entwickelte daraus auch Begriffe, die die mehrdeutigen Vers interpretieren helfen. Berg sprach vom »Natur-Weib«, vom »absoluten« und »wahren Weib«, von der »Frau ohne Bücherweisheit«[1].

Berg war nicht der einzige, der das Wort »Weib« wieder vermehrt in seinen Wortschatz aufnahm. Im deutschsprachigen Raum wurde innerhalb der Diskussion um die kulturelle Definition von Geschlecht dem Mann und der Männlichkeit als Gegenpol nicht die Frau zugeordnet, sondern eben Weib und Weiblichkeit, eine sprachliche Nuancierung mit bemerkenswerten Folgen: »Weil der Ausdruck ›Weib‹ den gattungsmäßigen, geschlechtsgebundenen, naturhaft-mythischen Aspekt der Frau betont, bevorzugen ihn die Dichter und Schriftsteller gegenüber der ›Frau‹, die sich unpoetisch ausnimmt, real und vom Odium des Frauenrechtlertums umgeben. Das ›Weib‹ und die ›Frau‹ sind zu antagonistischen Begriffen geworden. Die ästhetisch-erotische Sphäre, in die die Künstler das ›Weib‹ versetzen, ignoriert die soziale Seite, auf deren Existenz die Sozialisten und Feministen beharren.«[2]

Einen gewissen Sonderfall im Ringen um Begrifflichkeiten stellt einmal mehr Otto Weininger dar. Weininger versuchte, jede Form der tradierten Begrifflichkeit für W auszulassen, da für ihn in jedem dieser Namen noch zu viel Positives mitschwang. So war er darum bemüht, Namen wie »Madonna« oder »Sphinx« ad absurdum zu führen: »Das Weib als die Sphinx! Ein ärgerer Unsinn ist kaum je gesagt, ein ärgerer Schwindel nie aufgeführt worden. Der Mann ist unendlich rätselhafter, unvergleichlich komplizierter.«[3] Auch vom Ewig-Weiblichen spricht Weininger ungern, da er die Unsterblichkeit, die in Goethes Begriff enthalten ist, ausschließlich für das männliche Genie reklamiert. Nichtsdestotrotz verbirgt sich hinter Weiningers Definition von W nichts anderes als eine Melange aus *femme fatale* und Ewig-Weiblichem. Ernst Krenek brachte dies auf den Punkt, als er schrieb, daß der Suizid Weiningers »seinen wissenschaftlichen Beitrag *zum Problem des ›Ewig-Weiblichen‹* mit einer sehr erwünschten Aureole von Dämonie umwitterte.«[4]

Was aber kaschiert das ständige Umkreisen des Begriffs vom Ewig-Weiblichen? Hinter der Ausdifferenzierung verschiedenster Weiblichkeitsbilder – von der *femme enfant* und der *femme fragile* bis hin zum Vamp und der *femme fatale* – stand immer auch die Frage nach der »eigentlichen Wesensart« der Frau, nach der Definition von Weiblichkeit. Und wo eine wissenschaftliche Definitionsmacht an ihre Grenzen stieß, blieb Raum für einen vagen Allgemeinbegriff. Goethes Vers war dafür insofern besonders geeignet, als er der zeitgenössischen Vorstellung vom Weiblichen weit entgegenkam: Weiblichkeit als ein überindividueller Begriff, seine Zeitlosigkeit und Permanenz, schließlich die unbenennbare Attraktivität auf das (männliche) Gegenüber.

Läßt man die kulturelle Situation der Jahrhundertwende Revue passieren – ein krisenanfälliges Bürgertum mit politischen und gesellschaftlichen Auflösungstendenzen, dazu die Ideen von Ästhetizismus, Dekadenz und Psychologie – bleibt die Frage, warum an einem Punkt, an dem Individualität und Differenzierung eine wichtige Rolle spielen, für die Definition von Weiblichkeit eine *verallgemeinernde* Position bezogen wird.

Die Tendenz zur Verallgemeinerung kann nur als Gegenentwurf verstanden werden. Das Ewig-Weibliche findet – verkürzt formuliert – seinen adäquaten Gegensatz im männlichen, sterblichen Individuum. An kaum einer anderen Stelle wird deutlicher, wie eng die von den Künstlern geschaffenen Typen und Bilder von Weiblichkeit mit der Selbstwahrnehmung und -definition von Männlichkeit zusammenhängen. Die »Krise der männlichen Identität« (Jacques Le Rider) bringt auch die Mythen der Männlichkeit zu Fall: Don Juan, der ewig unersättliche Liebhaber, und Faust, der ewig Suchende, sind dabei nur die prominentesten Beispiele. Richard Strauss ließ weitere Beispiele in seinen Symphonischen Dichtungen noch einmal in ihrer überdimensionalen Größe aufmarschieren. Und wenn die Künstler der Wiener Secession 1902 dem Genie Ludwig van Beethoven huldigen, verbirgt sich auch dahinter die (freilich vergebliche) Sehnsucht nach künstlerischer Stabilität in der Selbstwahrnehmung als Genie. Denn die Idee vom Genie, der männlichen Domäne des Künstlers im bürgerlichen 19. Jahrhundert, wankt. Daß Weininger derart daran festhält, gleicht eher der Situation eines Ertrinkenden. Konnte das Ewig-Weibliche als Pendant zu den Mythen der Männlichkeit etabliert werden, bleibt es nun in der Krisensituation von den Zermürbungserscheinungen nicht ausgenommen. Das Weiblichkeitskonstrukt, das – wenn auch nur als überindividuelle Idee – doch auf Ewigkeit hin angelegt ist, wird gleichsam zu Grabe getragen.

Gewiß hatte das Ewig-Weibliche schon immer eine besondere Beziehung zum Tod. So ist Eva, das biblische Urbild dieses Topos, für die Sterblichkeit des Menschen verantwortlich. Mit der gebrochenen Identität des männlichen Pendant aber gerät das Ewig-Weibliche als Idee in existentielle Bedrängnis. Und davon, vom Tod des Ewig-Weiblichen, handeln zwei Opern. Beide wurden nach dem Ersten Weltkrieg komponiert. In beiden steht eine Frauenfigur im Mittelpunkt, die das Ewig-Weibliche verkörpert. Beide Protagonistinnen setzen sich mit dem Problem von Weiblichkeit und Projektion auseinander und gleichzeitig mit weiblicher Emanzipation, beide Opern betrachten auch die männliche Umwelt jener Frauenfiguren und beide habe eine besondere Form der Unsterblichkeit zum Thema – freilich jede auf ihre eigene Art.

Die Rede ist von Leoš Janáčeks Emilia Marty aus der *Sache Makropulos* und – nochmals – Alban Bergs Lulu. Die Ähnlichkeiten in der Konzeption dieser beiden Rollen sind erstaunlich. Die Ausgangslage beider Opernfiguren ist ausgesprochen ähnlich, die musikalisch-kompositorische Anlage aber weist markante Unterschiede auf (jenseits der ohnehin unterschiedlichen Kompositionsästhetik von Berg und Janáček). Während Janáček seine Emilia Marty als besonders individuelle Person anlegt, sie gegen alle Projektionen von männlicher Seite her schützt, sie also als bedrohte, unglückliche, aber konkrete Frau interpretiert, wird das Moment der Projektion bei Berg besonders hervorgehoben. Sie ist nicht nur in Wedekinds Vorlage als Projektionsfläche männlicher Phantasien und Wünsche angelegt, sondern auch musikalisch als solche gekennzeichnet. Auf diese Weise rückt Berg sie aus einer möglichen individuellen Interpretation in eine Wesenhaftigkeit.

Damit sei vorderhand keine Wertung verbunden, zumal Bergs Ästhetisierungsgrad Lulu eher auszeichnet als abwertet. Besonders deutlich wird die Konsequenz dieses unterschiedlichen Ansatzes im Tod beider Figuren: Emilia Marty entscheidet sich aus freien Stücken für den Tod, obwohl sie die Möglichkeit zum Weiterleben in Händen hält[5], während Lulu bestialisch umgebracht wird. Emilias Tod ereignet sich auf offener Bühne, in der großen Schlußszene der weisen Sängerin, Lulus Leben endet hinter den Kulissen, ohne daß sich Lulu bewußt für den Tod entschieden hätte, nur ihr Porträt bleibt auf der Bühne präsent. Der Tod als positiver, individuell gewählter Lebensschluß einer Frau steht im Gegensatz zum gewalttätigen Mord, zu einem Sexualverbrechen. Wesentlich an den beiden Todesmomenten ist zudem, daß das Memento mori der Emilia Marty an die ganze Menschheit gerichtet, also geschlechtsunspezifisch konzipiert ist – Janáček hebt dieses Moment durch die Verwendung des unsichtbaren Chores besonders hervor –, während Lulus Tod maßgeblich von ihrem »Weib-Sein« bestimmt wird.

Der Schluß, Janáček als den eigentlichen Befürworter der Emanzipation, Berg als den Konservativen in der Emanzipationsfrage zu sehen, wäre dennoch voreilig. Denn beide Komponisten gehen von sehr unterschiedlichen Prämissen aus. Janáček sieht in Emilia Marty – wie auch in Jenůfa, Katja, Míla und anderen seiner Frauenfiguren – vor allem eine Repräsentantin der Unterdrückten, für die er sich zeitlebens stark machte: seien es Unterdrückte aus politischen, sozialen, moralischen oder geschlechtsspezifischen Gründen. Für ihn ist Emilia Marty als Individuum interessant, als solches soll es sich von gesellschaftlichen und moralischen Zwängen befreien – Emanzipation als Menschenrecht, als humanistischer Gedanke.

Berg hingegen greift in der Konzeption der Lulu maßgeblich auf Ideen von Wedekind und Kraus zurück. Auch hier wird die Rolle der Frau in der Gesellschaft kritisiert, ein (männliches) Konzept der Emanzipation und der Befreiung von gesellschaftlichem Zwang entworfen. Allerdings gehen diese Ideen auf ein Weiblichkeitsbild zurück, das die Frau nicht als menschliches Individuum, sondern als Melange zwischen den Ansichten von Weininger und Altenberg begreift, zwischen der Frau als »Leerheit und Nullität«[6] und als »*Mysterium* [...], etwas Wunderbares, Unerklärliches, Besonderes, Zartestes, Schmetterling- und Blüthen-*ähnliches*, etwas *außer*-Gewöhnliches, das *lebendige* Märchen-Prinzeßlein, und der *lebendige* Traum!«[7] Daß dieses ideale Weiblichkeitsbild – konfrontiert mit der gesellschaftlichen Realität – grausam scheitern muß, verwundert nicht. Die Interpretation von Lulus Tod als gesellschaftliche Konsequenz auf ein allzu ideales Frauenbild kann dennoch nicht endgültig überzeugen. Neben der Frage, wieviel zeit- und gesellschaftskritisches Potential diese Weiblichkeitskonzeption enthält, muß eine zweite gestellt werden: Wieviel künstlerische Projektion ist nötig, um die Realität zu erklären? Ist jener versteckte Mord im Hinterzimmer einer Londoner Dachstube, begangen an der Verkörperung eines neuen, freizügigen Weiblichkeitstypus, nicht trotz allem genau die Fortschreibung jenes Topos vom Ewig-Weiblichen, der die reale Frau in ihrer Emanzipationsbestrebung negiert?

Ein Widerspruch wird dort besonders deutlich, wo Berg gerade mit Hilfe des kompositorischen Materials für die Figur der Lulu die Prinzipien und Möglichkeiten der Zwölftonmusik exemplifiziert, damit aber gleichzeitig auch die unpersönliche Künstlichkeit der Figur hervorhebt. Andererseits ist Berg ein Meister des musikalischen Beziehungsreichtums: seine kompositorische Anlage ist in ihrer Gesamtheit »als ein überaus komplexer Organismus« zu verstehen, »in dem jedes Glied seinen Sinn im Hinblick auf das Ganze hat.«[8] Die künstlerische Gestaltung scheint bei Berg demnach nicht Ausdruck einer unindividuellen Abstraktheit, sondern einer ästhetischen Überhöhung zu sein, zumal Berg selbst eine Vorliebe für die »Entzifferung des eigenen Subjekts« durch Kunst und Literatur hegt[9]. Dennoch: Es bleibt letztlich die Frage, wie emanzipatorische Möglichkeiten aus der Perspektive zweier Männer gesehen werden, die - avantgardistisch in ihrer Tonsprache und progressiv in ihren künstlerischen Ansichten - sich mit dem Thema von künstlerischer Weiblichkeit und realer Frau auseinandersetzen.

»Vom ›Ewig = Weiblichen‹« – Alban Berg und das »Weib« als Thema der Fackel

>»Das Ewig-Weibliche zieht uns aus.«
>Alban Berg[10]

Alban Berg war intensiver und meist zustimmender Leser der *Fackel*[11]. Einen ersten Niederschlag fand die Lektüre in Briefen an enge Freunde oder in Bergs Zitatensammlung. Hier notierte Berg auszugsweise oder vollständige Textpassagen, die für ihn eine besondere Bedeutung hatten. Ganz im Sinne des »Verfallenseins an jene generationsbestimmte erotische Problematik«[12] rezipierte er dabei zahlreiche Texte, die um das Thema »Weiblichkeit« kreisen. Bereits der zweite Eintrag, den Berg aus der *Fackel* übernahm, stammt aus den »Erdgeist-Aphorismen« von Peter Altenberg. Berg notierte sie unter der Überschrift: »Vom ›Ewig = Weiblichen‹«[13].

Bergs Vorstellung von Weiblichkeit wurde wesentlich von Gedanken und Positionen aus der *Fackel* geprägt, eine Vorstellung, die schließlich in die Komposition der Oper *Lulu* und besonders in die Gestaltung der Titelfigur einfloß. Markant ist auch, daß der von der *Fackel* geprägte Weiblichkeitstypus für Berg dem Goetheschen Begriff des Ewig-Weiblichen entsprach oder zumindest so nahe kam, daß er diesen Begriff als Titel für Altenbergs »Erdgeist«-Aphorismus wählte.

»Weib« und »Weiblichkeit« gehören zu den zentralen Themen der *Fackel*, oftmals entwickeln sich aus diesen Themen weitreichende Überlegungen zu Fragen der Gesellschaft, der Moral, der Kunst und der Kultur. Es ist der »Kampf ums neue Weib« (Bloch), und dabei entzünden sich am Thema Weiblichkeit nicht nur Fragen nach der Rolle der Frau, nach Frauenbildung oder nach Frauenwahlrecht: Es steht nichts Geringeres zur Debatte als das patriarchal geprägte Bürgertum als zukunftsfähiges Gesellschaftssystem und der auf ihm basierende Männlichkeitsbegriff. Denn die Befürchtung, das Ewig-Weibliche könne den Mann »herabziehen«, hatte sich nicht nur gefestigt, sondern ins Pathologische gesteigert. Über Gustav Mahler beispielsweise schrieb seine Ehefrau: »Er [...] fürchtete das Weib. Seine Angst, ›heruntergezogen‹ zu werden, war grenzenlos, und so mied er das Leben... also das Weibliche.«[14]

Die *Fackel* diente zunächst als Forum für frauenpolitische Themen. So findet sich beispielsweise auf der letzten Seite der ersten Ausgabe (1899) eine Annonce für das Buch *Dokumente der Frauen*, das von den führenden zeitgenössischen Frauenrechtlerinnen Wiens herausgegeben worden war, von Auguste Fickert, Marie Lang und Rosa Mayreder. Karl Kraus selbst übt in mehreren seiner Beiträge Kritik an der bürgerlichen Scheinmoral – besonders im Hinblick auf die Position der Frau in der Gesellschaft. Dafür beispielhaft sind seine Artikelserie über den »Hexenprozess von Leoben«, die ihm auch juristische Schwierigkeiten einbrachte[15], und der Artikel »Gegen den Mädchenhandel«[16]. So entsteht die Vision eines gesellschaftsunabhängigen und selbstbestimmten Lebensentwurfs für Frauen, der beständig durch den moralischen Druck der bürgerlichen Gesellschaft bedroht wird und daher geschützt werden muß.

Doch der Eindruck, daß die *Fackel* damit uneingeschränktes Sprachrohr emanzipatorischer Ideen gewesen sei, trügt. Denn auf der anderen Seite wurde nicht selten das politisch-soziale Engagement der Frauenrechtlerinnen kritisiert und weidlich karikiert. Es finden sich in diesem Zusammenhang abfällige Bemerkungen über das »Mannweib«, das sich versteige, am politischen und gesellschaftlichen Diskurs teilzunehmen. Auch in den Texten zum Thema Homosexualität ist eine deutliche Abwertung im Hinblick auf die »männlichen Frauen« zu spüren. Hier differenziert Kraus, obwohl er Homosexualität grundsätzlich von dem bürgerlichen Verdikt der Perversität befreien möchte, zwischen männlicher und weiblicher Ausprägung: »Konversionsfähigkeit [Homosexualität] ist ein Vorzug des Mannes, ein interessanter Mangel der Frau, deren Unvollkommenheit der Mann wieder zu konvertieren vermag. Das Weib braucht die Persönlichkeit des Mannes, aber der Mann kann die Persönlichkeit des Weibes eher anbeten als brauchen, nur von ihr gebraucht werden.«[17] Nachdem einerseits für die Weiblichkeit Partei ergriffen, andererseits aber engagierte Frauen lächerlich gemacht wurden, kommt die Idee einer »neuen Weiblichkeit« zum Vorschein.

Die Argumentation hierbei ist komplex, zum Teil auch widersprüchlich – etwa wenn es um die Thesen Weiningers geht – und das Pendel einer (moralischen wie künstlerischen) Bewertung der Weiblichkeit schlägt weit aus: von offener Frauenverachtung – vertreten durch Weininger – über eine gemäßigte, distanzierte Frauenverehrung, die die »kreative Polarität« (Kraus) des Weibes zum Mann in den Vordergrund rückt, bis hin zu einer schwärmerischen Frauenverehrung, die vorwiegend durch Peter Altenberg vertreten ist[18]. Grundsätzlich werden drei Bereiche miteinander in Beziehung gesetzt: die bürgerliche Scheinmoral (besonders im Hinblick auf Prostitution und Ehe), die politische Frauenbewegung und ein neues Weiblichkeitsideal. Die Kritik an den ersten beiden Bereichen mündet in die Forderung nach einem neuen Weiblichkeitsideal. Dieses aber bleibt trotz der zahlreichen, von mehreren Autoren immer wieder versuchten Definitionsansätze seltsam unwirklich, oszillierend, während als Grundkonstante dieser Vielfalt der Weiblichkeitsbilder die »Schablone vom naturgemäß sexuellen Weib«[19] erscheint.

Die neue Form von Weiblichkeit, wie sie als Ideal für eine moderne Gesellschaft in vielen Texten der *Fackel* konzipiert wird, speist sich vorzugsweise aus literarischen Quellen: Wedekinds und Ibsens Frauenfiguren stehen vor allem Modell. Hinzu kommt eine Form von literarisch inszenierter Realität, wie sie etwa die Schauspielerin Annie Kalmar und die poetische Verklärung ihres Todes durch Altenberg erfuhr. Und auch Gedanken aus dem Kontext Otto Weiningers tauchen immer wieder auf.

Grundkonsens der »neuen Weiblichkeit« ist eine deutliche Abgrenzung von allem Männlichen. Die Distinktion zwischen »Mann« und »Weib« ist oberste Prämisse, sei es im Hinblick auf den zugewiesenen gesellschaftlichen Aufgabenbereich, auf den Lebensraum, auf das Aussehen oder – besonders kontinuierlich – im Hinblick auf die Bereiche Kultur versus Natur und *ratio* versus *emotio*. Diese Versuche, Geschlechterdifferenzen deutlich hervorzuheben, festzuschreiben und auch zu inszenieren, reagieren offenbar auf die Wahrnehmung von Dekadenzphänomenen, die Kraus in der bürgerlichen Scheinmoral ausgeprägt sieht – die Festschreibung von Geschlechterdichotomien als Antwort auf gesellschaftlichen Zerfall und auf das Zerfließen von Grenzen. »Die Führung des Lebens ist eine Schöpfung des Mannes. Er ist das natürliche Schwergewicht im Gesellschaftsbaue. Verlegt er es – seine Mission verkennend oder vergessend – in die Natur des Weibes, die nur als Material, als bildsames Wachs seines schöpferischen Willens ihren hohen Wert gewinnt, so wird die Führung des Lebens weibisch werden [...].«[20] Der Rolle der Frau fallen dabei auffällig viele jener Aufgaben und Charakteristika zu, die bereits vom Bürgertum des 19. Jahrhunderts idealisiert worden waren. Daß

Literaten und Künstler wie Kraus und Berg bestrebt sind, diesen Weiblichkeitstypus zu re-installieren, macht – ungeachtet ihrer ästhetisch-künstle-
rischen Progressivität – einen konservativen Zug ihrer Gedankenwelt aus.

»Salto mortale«

> »Und nun fällt uns auch zur rechten
> Zeit ein, daß Lulu ja überhaupt kein
> reales Wesen aus Fleisch und Blut ist,
> sein kann und sein will, sondern ein
> Symbol, ein dramatischer Notbehelf,
> eine Abbreviatur der
> Künstlersprache. Sie ist der Ausdruck
> einer Idee...«
> *Königsberger Hartungsche Zeitung,*
> 25. Februar 1911[21]

Alban Berg verknüpfte die Weiningersche Theorie über W ganz offenkundig
mit dem Begriff des Ewig-Weiblichen. In Bergs Vorstellungswelt, wie sie zum
Beispiel in seinen Briefen oder in der Zitatensammlung zutage tritt, kulminieren verschiedene, sich ähnelnde Theorien über das Weibliche zu einer eigenen Konstruktion von Weiblichkeit, wie sie letztlich in der Lulu-Figur ihren künstlerischen Ausdruck finden wird. Wesentliche Elemente dieser
Konstruktion sind neben Weiningers Theorie auch die vielfachen Hinweise
und Gedanken, die sich zu diesem Thema in der *Fackel* finden, dazu Gedanken von Ibsen, Nietzsche und Schopenhauer, aber auch von Altenberg, und
nicht zuletzt immer wieder ein Rekurs auf Goethes Verse vom Ewig-Weiblichen[22]. Diese Quellen sind – was ihr Weiblichkeitsbild und das Maß der
Konstruktion anbelangt – höchst unterschiedlich, zum Teil sogar widersprüchlich. Berg setzt aus diesen Elementen seine eigene Vorstellung vom
»Natur-Weib« zusammen, das er immer wieder auch unter dem Begriff des
Ewig-Weiblichen faßt.

Bergs Weiblichkeitskonstrukt entstand über einen langen Zeitraum und
wuchs unter den verschiedenartigsten Einflüssen zur Idee der Lulu heran. Ein
wichtiges Dokument dieses Gedankenprozesses ist der unveröffentlichte Brief
Bergs an Hermann Watznauer aus dem Jahr 1906[23]. Dieses als »Nora-Brief« in
die Sekundärliteratur eingegangene Schreiben setzt sich mit Ibsens

Dramenfigur Nora auseinander. Anhand dieser Bühnenfigur entwickelt Berg einige Gedanken zum Frauenbild, zur Frau an sich und zur künstlerischen Umsetzung dieses Weiblichkeitskonstruktes. Wie sehr er sich dabei an Weininger anlehnt, legen bereits verschiedene Formulierungen nahe: »ein ›Normalweib‹ - - ein Durchschnittsweib: Elegant, heiter, kokett; sie tändelt, singt, nascht, borgt und - - lügt und heuchelt«. Es findet sich tatsächlich auch der direkte Hinweis auf Weininger: »Die Schönheit der einsamen Bergwelt [...] verehre ich aus tiefster Seele und bietet mir unvergänglicheres als alle philosophischen Systeme und grauen Theorien und seien sie selbst von Weininger.« Mit diesem Hinweis setzt Berg die Koordinaten fest, in denen sich seine Argumentation bewegen wird: zwischen Ibsen und Weininger. Wenn auch der Naturbegriff insgesamt vage bleibt[24], so fällt doch auf, wie dicht Berg das »Weib« mit diesem in Verbindung bringt, er unterstreicht seine »Bevorzugung des Natürlichen in Allem - die Frau ohne Bücherweisheit«. Dieser Typus Frau ist das »absolute Weib« Weiningers in einer extrem idealisierten Form: »Aber es gibt Dinge, die nicht mit dem Masstab der Natur gemessen werden können - Dinge, *allein* dem menschlichen Geist entsprungen, weit emporragend aus der materiellen Welt - - Dinge, die vielleicht nur in der *Sehnsucht wirklich* sind [...] Es ist das die Musik - - und manche Dichterwerke, die aus sehnsuchtsvollem Herzen heraus geschrieben sind! -« In diesem Punkt geht Berg über Weininger hinaus: Berg idealisiert W als großes und wahres Naturwesen, das einen Hang zum »Wunderbaren« (in dessen doppelter Bedeutung) habe, das aber nicht in der Realität zu finden sei, höchstens im Kunstwerk, in der Musik: »Es ist zweifellos, dass die Nora des halben letzten Aktes gross und bedeutend ist, dass sie ein Natur- ein *wahres* Weib ist, was aber in Wirklichkeit nicht existiert.« Und: »Nora in der Natur zu finden ist ein Ding der Unmöglichkeit, ich meine Nora des letzten halben Aktes. Ich kenne Puppenheime genug, ich weiss von entflohenen Frauen - aber eine Nora kenne ich nicht! [...] Und da Ibsen gewiss ein grosser Frauenkenner war, so kann man Nora nicht als *verzeichnet*, sondern als in der ideellen Einbildung des Dichters entstanden denken. Er will uns zeigen, wie sich die Puppen [...] im idealsten Licht gesehen, verwandeln *sollten* - - nicht wie sie es tatsächlich tun.« Und schließlich: »Ibsen glaubt auch in Wirklichkeit nicht an die Existenz des wahren Weibes - - wie es auch nur in der Idee jedes tiefer Denkenden existiert (Nietzsche, Schopenhauer, Weininger)«. Berg unterscheidet offenbar auf der einen Seite die Frau in der Realität, die er durch die Theorie Weiningers bestätigt sieht, und auf der anderen Seite jene Frau, wie sie nur in der Phantasie entstehen kann, in der Dichtkunst oder der Musik, die er dann allerdings als »Natur-«, als »wahres Weib« bezeichnet. Für den in dem Kunstwerk zu vollziehenden Übergang zwischen der realen Frau und dem »wahren Weib« findet Berg bezeichnende Worte: »Es kann das nur [...]

als ein Salto mortale aus dem Natürlichen ins Uebernatürliche gedacht werden.«[25]

Auch Lulu ist nach dieser Definition ein »wahres Weib«. Es besteht – sowohl bei Wedekind als auch bei Berg – nie der Zweifel, daß es sich um ein Konstrukt von Weiblichkeit, um »imaginierte Weiblichkeit« (Bovenschen) handelt. »Lulu, die in fiktiven Rollen immer wieder dieselbe Erfahrung durchspielt, führt ein Leben auf der Grenze von Eigenwirklichkeit und ästhetischer Wirklichkeit, sie macht Entwürfe, Entdeckungen, Variationen des Ich.«[26]

Der »Salto mortale«, den Berg für den Übergang zwischen dem »Natürlichen ins Uebernatürliche« annimmt, geht für Lulu im wahrsten Sinne des Wortes tödlich aus. Lulu stirbt in derjenigen Situation, die sie als für sich »unnatürlich« ansieht. Im Dialog mit dem Mädchenhändler (Marquis) im sechsten Bild spricht Lulu – trotz ihrer zahlreichen Liebhaber, Verehrer und Ehemänner – über den Beruf der Prostitution:

| Marquis | Von den unzähligen Abenteurerinnen [...] habe ich schon manches lebenslustige Geschöpf seiner *natürlichen Bestimmung* zugeführt. |
| Lulu | Ich tauge nicht für diesen Beruf. |

Wie »untauglich« sie letztlich dafür ist, zeigt auch ihr Verhalten beim Aushandeln des Preises mit Jack the Ripper. Lulu, die in Bergs Sinne »Uebernatürliche«, wird ermordet, als sie in den Bereich des »Natürlichen« zurückgedrängt wird, das Ewig-Weibliche stirbt an der Konfrontation mit der Realität. Oder anders formuliert: Sobald die das Ewig-Weibliche personifizierende Figur die Schranken durchbricht (oder durchbrechen muß), die ihr die Weiblichkeitskonstruktion als wesenhaft zugewiesen hat, verliert sie auch den Ewigkeitsanspruch: Das Ewig-Weibliche kann in dieser Verbindung nur bestehen bleiben, wenn beide Parameter erfüllt sind: Ewigkeit und Weiblichkeit in ihrer idealisierten, wesenhaften Form[27].

Die Begriffe Natur und Natürlichkeit sind bei Berg schwierig zu fassen. Gerade im Hinblick auf »das Natur-Weib« sind sie geradezu widersprüchlich. Von Karl Kraus übernimmt Berg die Vorstellung, daß die Kunst eine »höhere Seinsform« der Natur sei[28]. Der Gegensatz zu dieser Form der Natur ist die Kultur (in ihrer zeitgenössischen Ausprägung). Wenn der Marquis allerdings von der »natürlichen Bestimmung«, der Prostitution, spricht, muß dies zum Mißverständnis mit Lulu führen: Die Prostitution, wie der Mädchenhändler sie versteht, ist das Gewerbe, das am Rande der bürgerlichen Gesellschaft angesiedelt ist, das durch die bürgerliche Moral bedingt und von ihren Mechanismen geprägt wird. Lulu hingegen hat ausschließlich aufgrund ihrer »natürlichen«, wesenhaften Sexualität – wie sie unter anderem ja auch Weininger annimmt – zahlreiche Liebhaber und Ehemänner, nicht, weil sie sich in der Rolle der Prostituierten sieht. Lulu verkörpert die *prostitutio in integrum*[29].

Bergs »Natur-Weib« allerdings besteht nur (und gerade) in der Phantasie. Natürlich heißt in diesem Sinne nicht real, sondern ganz im Gegenteil: künstlich, oder vielmehr künstlerisch. Die Rolle des Künstlers in dieser Metamorphose von realer zu künstlerischer Weiblichkeit wird von Peter Altenberg in seiner Skizze »Une femme est un état de notre âme« beschrieben: »Er ist der Dichter ihres stillen Lebens. Was in ihm ist, ist sie! Wie die Natur sich hinlebt jeden Tag, bis einer kommt und sagt: ›So bist Du!‹ [...] So gibt die Frau ihr stummes Wesen hin. Und er gibt ihr sein tönendes Empfinden ihrer Stummheit! *Was bist du, armes stilles Weib?! In seinem Blick wirst du dein Leben lesen! Das bist du, was er von dir singt! Und singt er nicht, so bist du nicht gewesen!*«[30] Dieses Wechselspiel der Begriffe von Natur und Kultur, von Natürlichkeit und künstlerischer Phantasie kennzeichnet Susanne Rode mit den Worten: »Vor der vollkommenen Natur, der Synthese von Kultur und Natur, verblaßt die Natürlichkeit der reinen Natur.«[31] Auch insofern ist Bergs extreme künstlerische Sorgfalt, mit der er besonders die Figur der Lulu umgibt, doppeldeutig. Einerseits korrespondiert die Abhängigkeit der Lulu-Figur von ihrem Porträt und die Abhängigkeit der Lulu-Reihe von den Bildharmonien mit der hocharitifiziellen Konstruktion des Weiblichkeitstypus. Die bewußte Distanz zu einer Identität hinter der Figur der Lulu kann musikalisch kaum deutlicher unterstrichen werden. Lulu wird als Person, als Frau, als Individuum unnahbar. Der Charakter der Lulu-Figur wird in ein künstlerisches Korsett geschnürt, das sich extremen künstlerischen Reglements unterwirft. Andererseits – und dies sei betont – steht die extreme Künstlichkeit auch für eine besondere Nähe Bergs zu seiner Lulu-Figur. Berg hatte in einem Brief aus dem Jahre 1909 an Helene Nahowski geäußert, daß er eine »Mischung von edelster Natur und zartester Kultur«[32] als ästhetischen Höhepunkt ansehe. Und diese wird dann auch zur höchsten Form der Liebeserklärung: »Und stündest Du neben mir – die Landschaft *verblaßte* in ihrer Natürlichkeit vor dem Anblick Deiner lieben Erscheinung, in der sich zur vollkommensten Natur die Zeichen höchster, vollendetster Kultur gesellten und eben so ein Wunderding schufen, das nirgend, nirgends in der reinen Natur zu finden ist: *Dich, das Urbild vollendetster Menschlichkeit!*«[33] In diesem Sinne zeichnet Berg die Figur der Lulu (neben der von Alwa) durch seine künstlerische Durchdringung in besonderem Maße aus. – Nichts scheint die Ambivalenz zwischen Furcht und Attraktivität des Ewig-Weiblichen, zwischen »hinan-« und »hinabziehen« besser verdeutlichen zu können.

Die Sache Makropulos von Leoš Janáček

Več und Causa. Antagonistische Symbole der Ewigkeit

Janáčeks dramatische Werke folgen ohne Ausnahme der unumstößlichen, von allen ästhetischen, kompositorischen und nationalen Veränderungen unabhängigen Thematik der Operntradition: Liebe und Tod. Trotzdem wird in Janáčeks Werken opernuntypisch gestorben: Indirekter – wenn sich etwa der Handlungsumschwung in *Jenůfa* durch den hinter der Szene begangenen Mord an Jenůfas Kind ereignet; unverhoffter – wenn Míla, die weibliche Hauptfigur in *Osud*, einem tragischen und gleichzeitig grotesken Unfall zum Opfer fällt; oder auch wenn sich Katja Kabanovás selbstgewählter Tod in der Wolga in unglaublich kurzen 20 Sekunden Musik abspielt. Die Janáčeksche Reihe der ungewöhnlichen Todesarten, die im übrigen fast ausnahmslos Frauenfiguren betreffen, ließe sich fortsetzten. In allen seinen Opern scheint es, »als ob der Tod hereingelugt hätte«[1], wie es die Küsterin – nach dem Mord an Jenůfas Kind dem Wahnsinn nahe – herausschreit: Der Tod ist unausweichlich, grausam, bedrohlich und omnipräsent.

Ein Höhepunkt dieses thematischen Kontinuums ist Janáčeks vorletzte Oper: *Die Sache Makropulos (Več Makropulos)*, komponiert zwischen 1923 und 1925, am 18. Dezember 1926 in Brünn (Brno) uraufgeführt. Auch in dieser Oper spielt eine Frau, die mit dem Tod eine zunächst undurchschaubare, gleichzeitig aber auch faszinierende Beziehung unterhält, eine maßgebliche Rolle. Emilia Marty ist durch ein Lebenselixier ewig jung. Sie ist es aber auch, die den Tod – im Tschechischen ist das Wort für Tod (*smrt*) weiblich – personifiziert, ihn als Grundlage für ein nur durch die Begrenzung glückliches Menschenleben entlarvt.

Die Handlung der Oper ist insofern verworren, als die Vorgeschichte immer wieder zur Sprache kommt und vom Opernpublikum auch genau verstanden werden muß, um dem Verlauf der eigentlichen Bühnenhandlung folgen zu können. Das lange und ereignisreiche Leben der Emilia Marty wird von seinem Ende her erzählt, die Oper spielt in den letzten beiden Tagen ihres Lebens. In Rückblenden wird dieses Leben allmählich erkennbar. Da es sich aber um eine Zeitspanne von mehr als 300 Jahren handelt, verwirrt sich des öfteren die Chronologie; zudem ist Emilia Marty zunächst verständlicherweise nicht um Klarheit bemüht. Dennoch läßt sich ihre Biographie anhand des Handlungsverlaufs der Oper rekonstruieren.

1575[2] wird dem aus Griechenland stammenden Hieronymus Makropulos, dem Leibarzt und Hofalchimisten Rudolfs II., eine Tochter geboren: Elina Makropulos. Der Vater soll für den Herrscher ein Elixier erfinden, das Unsterblichkeit verleiht. Dieses Elixier muß jedoch auf Befehl des skeptischen Königs zunächst an der jungen Tochter des Alchimisten erprobt werden. Als diese in todähnlichen Schlaf fällt, wird der Vater wegen Mordversuchs am König hingerichtet. Nachdem Elina aus ihrem komaähnlichen Zustand erwacht ist, flieht sie mit der Formel für das Elixier, mit věc, der »Sache Makropulos«.

Elina Makropulos wird als Sängerin berühmt. Um ihre Unsterblichkeit zu kaschieren, reist sie in ganz Europa umher und ändert ihren Namen, ohne jedoch die Initialen zu verändern. In der Folge heißt sie (J)ekaterina Myškina oder Else Müller, und als Elian MacGregor kommt sie um 1816 wieder nach Böhmen. Hier verliebt sie sich in den Baron Joseph Ferdinand Prus (von ihr Pepi genannt), mit dem sie einen unehelichen Sohn hat: Ferdinand Karl Gregor (* 1816). Um weder Vater noch Sohn zu kompromittieren, verläßt Elian MacGregor sie bald nach der Geburt und gibt ihrem Sohn – um die uneheliche Herkunft und ihre Mutterschaft zu verschleiern – den verkürzten Nachnamen Gregor. Der Vater Prus stirbt bereits 1827, bevor der Sohn volljährig ist, und hinterläßt ein ansehnliches Vermögen, zu dem auch einige Dinge aus der Hand Elian MacGregors gehören: neben zahlreichen Liebesbriefen auch die »Sache Makropulos«.

1871 taucht Elina Makropulos alias Eugenia Montez in Spanien auf. Hier begegnet sie dem Baron Hauk-Šendorf, der sich später – während der Opernhandlung im zweiten Akt – an seine Jugend und seine Jugendliebe erinnern wird. Die Oper selbst spielt im Jahre 1912, und nun trägt Elina Makropulos den Namen Emilia Marty. Sie ist nach Prag zurückgekehrt, um die »Sache Makropulos« zu suchen, denn sie spürt, daß die Wirkung des Elixiers nachzulassen beginnt.

Neben der Vita von Elina Makropulos ist der Erbstreit handlungsbestimmend. Die Causa Gregor-Prus hat sich nach dem Tod des Barons Joseph Ferdinand Prus (1827) entwickelt hat, da dieser ohne legitimen Erben verstorben ist: Zunächst hatte der Cousin des Barons, Emmerich Prus, das Vermögen geerbt. Dessen Nachfahre, Baron Jaroslav Prus, ist denn auch der momentane Besitzer des Erbes und eine der Parteien im aktuellen Rechtsstreit. Janek, der Sohn von Jaroslav Prus, liebt wiederum Krista, die Tochter des Kanzleiangestellten Vítek, der in der Kanzlei Dr. Kolenatýs, dem Rechtsanwalt der gegnerischen Partei, arbeitet. Die gegnerische Partei und damit Kläger ist Albert Gregor, ein 34jähriger Nachfahre des unehelichen Sohnes von Elian MacGregor und Joseph Ferdinand (Pepi) Prus, Ferdinand Karl Gregor. Eine dritte Erbenpartei taucht kurzzeitig auf und sorgt zusätzlich für Verwirrung.

Offensichtlich stehen sich im Handlungsgefüge zwei »Dinge« gegenüber: věc[3], die »Sache Makropulos« und die Causa Gregor-Prus. Beide sind handlungsmäßig ineinander verwoben, repräsentieren jedoch zwei gegensätzliche Positionen. Die »Sache Makropulos« vertritt die vage Seite, die rational nicht faßbare. Durch sie soll das Unglaubliche eines verlängerten Lebens möglich sein, vielleicht sogar Unsterblichkeit. Sie stammt aus der Hand eines Alchimisten, enthält einen immateriellen Wert (die Formel für Unsterblichkeit), lag lange Zeit verborgen in einem Schubfach und ist vor allem für Emilia Marty bestimmend, denn sie ist die einzige, die jemals dieses Elixier getestet hat. Die »Sache Makropulos« ist außerdem ihre Antriebsfeder, nur ihretwegen kam Emilia Marty wieder zurück, nur ihretwegen interessierte sie sich für den Prozeß. Auch soll die »Sache« in weiblicher Hand bleiben: Emilia übergibt sie sterbend an Krista.

Der »Sache Makropulos« entgegengesetzt ist die Causa, jener »Fall«, den Dr. Kolenatý als Rechtsanwalt und Sachverwalter des Rechts, des Gesetzes und der *ratio* vertritt. Die Causa wird gleich zu Beginn der Oper als rationales Objekt vorgestellt: Der Rechtsanwaltsgehilfe Vítek ordnet die Akte ins Alphabet der Registratur. Maßgeblich an der Causa beteiligt sind drei Männer: Dr. Kolenatý, sein Mandant Albert Gregor und der Rechtsgegner Jaroslav Prus. Innerhalb dieses Rechtsstreits geht es um Fakten (die immer wieder erklärt werden), um Zeugen und vor allem um Beweise. Der Hintergrund ist ein ansehnliches Vermögen, materieller Besitz also. Aber auch nach Prozeßausgang wird die Causa weiterexistieren, ihre Akte archiviert bleiben.

Sowohl věc, die Sache, als auch die Causa stehen symbolisch für eine Form von Ewigkeit: Die Sache Makropulos zunächst, da sie die Formel für ein immer wieder verlängerbares Leben beinhaltet, die Causa, da sie als Rechtsstreit in die Annalen der Rechtsanwaltskanzlei von Dr. Kolenatý eingehen wird. Hinter diesen Formen der Ewigkeit aber sind zwei grundsätzlich verschiedene Ideen zu erkennen: Während věc, die Formel für ein übermenschlich langes Leben, immer wieder aufgefrischt werden muß, existiert die Causa permanent, wenn auch nur als Akte in der Registratur.

Die Gegenüberstellung der beiden »Dinge« beinhaltet auch eine geschlechtsspezifische Komponente. Während die »Sache«, Emilia Martys Lebenselixier, einer weiblich konnotierten Sphäre zuzuordnen ist, entdeckt man unschwer hinter der von Dr. Kolenatý vertretenen Causa die männliche Seite. Es verbirgt sich dahinter auch die Dichotomie von irrational und rational – wobei die Irrationalität der Marty in der Utopie des überlangen Lebens besteht und die Rationalität des Rechtsanwalts eher als Halsstarrigkeit und

Rechthaberei interpretiert wird. Besonders deutlich wird dies, wenn beide Sphären direkt miteinander konfrontiert werden. So weist Kolenatý Emilia Marty mehrmals darauf hin, daß seine rationale Methode der Beweisführung von der ihren, irrationalen, abweicht. Und nur unwillig läßt er sich beispielsweise im ersten Akt dazu überreden, Emilia Martys Hinweis auf ein versiegeltes Kuvert im Hause des Barons Prus nachzugehen. Er quittiert dabei seinen unwirschen Abgang mit einem Fluch, der in Wort (»k čertu«/»zum Teufel«) und Ton (Tritonus als »diabolus in musica«) das Teuflische ausdrückt, das er in der Person der Emilia Marty vermutet (I, Ziff. 102).

Die »Sache Makropulos« als Symbol

Die »Sache Makropulos«, jenes versiegelte Kuvert, das der gesamten Oper ihren Namen und der Protagonistin die Handlungsmotivation gibt, trägt symbolischen Charakter – auf begrifflicher wie auf musikalischer Ebene. Da es die alchimistische Formel für ein immer wieder um 300 Jahre verlängertes Leben birgt, kann es auf begrifflicher Ebene als Symbol für Unsterblichkeit gelten. Die »Sache Makropulos« ist das Faktische des Abstraktums Unsterblichkeit. Sie trägt als Symbol eine Vielzahl von Bedeutungsfacetten und -möglichkeiten in sich. Zunächst ist sie das erstrebenswerte Dokument für Emilia Marty, um weitere 300 Jahre leben zu können. Durch die Kraft der »Sache Makropulos« hat sie außerdem Wissen und Macht über ihre Gegenspieler, da sie Dinge aus der Vergangenheit weiß und für sich zu nutzen versteht. Da sich Janáček aber sehr kritisch mit der Möglichkeit und Sinnhaftigkeit von Unsterblichkeit auseinandersetzt, kommt jedoch zu diesem positiven Bedeutungsgehalt ein negativer: Die »Sache Makropulos« ist letztlich der Grund für Emilia Martys Unglück.

Ganz im Sinne der dem Symbol innewohnenden Bedeutungsvielfalt ist die »Sache Makropulos« zunächst mehrdeutig und vor allem auch un-greifbar: Das Kuvert ist anfangs nicht da – weder real auf der Bühne noch dort, wo Emilia Marty es vermutet, nämlich bei Gregor. Seine Existenz wird außerdem von Dr. Kolenatý bezweifelt. Wie eine *idée fixe* scheint es Emilia Marty zu beherrschen, ohne daß sie seine wahre Existenz bezeugen könnte. Es scheint zunächst irreal, tritt dann aber immer deutlicher in den Vordergrund, bis Emilia Marty es zu Beginn des dritten Aktes schließlich in Händen hält. Auch das direkte Verhältnis zwischen der »Sache Makropulos« und Emilia Marty ist ambivalent; zunächst setzt sie alles daran, es wiederzufinden, dann erkennt sie, daß von ihm ihr Unglück ausgeht und überläßt es Krista. Und schließlich besteht eine Verbindung, fast sogar eine Identität, zwischen

Symbol und Person: Makropulos ist der Geburtsname Emilia Martys, und während Emilia Marty stirbt, verbrennt auch das Dokument.

Auch musikalisch wird die »Sache Makropulos« als Symbol erkennbar[4], wobei der Aspekt der Ambivalenz eine besondere Bedeutung erlangt: »Es ist wiederum ein Vorteil der musikalischen Symbole, daß sie so wenig konventionalisiert sind und daß sie je nach Kontext anders gestaltet werden können. [...] Musikalische Symbole sind mehr *Charakteristika* als ›Bezeichnungen‹.«[5]

Ein ständiger Begleiter der musikalischen Sphäre der »Sache Makropulos« ist der Triller[6]. Um nur wenige charakteristische Stellen zu benennen: im ersten Akt (Ziff. 95), als Kolenatý und Gregor um die Glaubhaftigkeit des Dokuments debattieren; später (Ziff. 141), als die Existenz der »Sache Makropulos« von Prus bestätigt wird, und besonders im dritten Akt (Ziff. 81ff.), als Emilia Marty die Geschichte der »Sache« erklärt – mit dem Höhepunkt (Ziff. 89), wenn der Triller nun in der Singstimme liegt, zu Emilia Martys Worten: »Doch du bist *mein*!« und der Regieanweisung »das Manuskript an die Brust pressend«.

Der Triller als Symbol trägt in seiner musikalischen Beschaffenheit – dem schnellen Wechsel zwischen zwei Tönen – bereits den Aspekt der Ambivalenz. Auch seine Unkonkretheit, die sich einer deutlichen motivischen Bindung entzieht, spiegelt den imponderablen Charakter der »Sache Makropulos« selbst wider: die generelle Unwahrscheinlichkeit genauso wie die Unwirklichkeit, die sie zunächst für die Umstehenden hat, und die Ungewißheit, die sie für Emilia Marty bedeutet. Indem Janáček der »Sache Makropulos« ein musikalisches Zeichen zur Seite stellt, das innerhalb des kompositorischen Aufbaus ständig präsent sein kann, ohne motivisch aufzutreten, hält er es in einem musikalisch unkonkreten Zustand. Der Triller ist nie fest umrissenes motivisches Material, aber er erscheint im Hintergrund, um von dort aus die magisch-unwirkliche Macht der »Sache Makropulos« darzustellen. Das Flirren, das durch den gesamten musikalischen Satz hindurchscheinen kann, ohne motivisch dingfest gemacht werden zu müssen, reflektiert sehr eindrucksvoll den Charakter der »Sache Makropulos«: klein und unscheinbar, aber unheimlich und irreal, dabei auch mächtig und dominant.

Die mögliche Gemeinsamkeit von Gegensätzen

Eines der wesentlichen Gestaltungsprinzipien von Janáček ist die Arbeit mit Gegensätzen. Sowohl dem rein musikalischen Material als auch dem formalen oder – in dramatischen Werken – dem dramaturgischen Aufbau liegt häufig ein duales Prinzip zugrunde. Zugleich enthält dieses Prinzip einen Wesenszug, der trotz offenkundiger Gegensätze unterschwellige Verbindungen, ja sogar Ähnlichkeiten zuläßt. Hier stoßen gewissermaßen nicht schwarz und weiß aufeinander, sondern Farben, die auf den ersten Blick schwarz oder weiß zu sein scheinen, bei genauerem Hinsehen aber die jeweils andere Farbe in sich bergen: »In Janáčeks Musik ist die Grenze zwischen dem Prinzip der ›Gegenüberstellung‹ und dem der ›Wiederholung‹ häufig nur relativ, eines der Prinzipien bedingt das andere.«[7] Dazu zwei Beispiele.

Janáčeks erstes Streichquartett (1923) basiert auf der Erzählung *Die Kreutzersonate* von Lew Tolstoi. Weit davon entfernt, eine programmatische Ausgestaltung der Erzählung entwerfen zu wollen, interessiert den Komponisten vor allem ein Aspekt der literarischen Vorlage: »Ich hatte die unglückliche, gequälte, geprügelte, erschlagene Frau vor Augen, wie sie der russische Schriftsteller Tolstoi in seinem Werke Kreutzersonate schildert.«[8] Im Gegensatz zu einem bereits 1908 komponierten, heute verschollenen Klaviertrio über dasselbe Sujet, das sich offenbar programmatisch wesentlich dichter an die literarische Vorlage angelehnt hatte[9], geht es Janáček in seinem Quartett nicht um eine musikalische Nacherzählung der Handlung.

Es scheint sogar, als ob Janáček bewußt eine Gegenposition zu Tolstoi einzunehmen versucht. Denn während Tolstoi den erzählerischen Schwerpunkt auf den Ehemann legt, der in der Rahmenhandlung auftritt, dessen Position immer wieder deutlich hervorgehoben wird und dessen Name, Posdnyschew, auch bekannt ist, bleibt die Frau bei Tolstoi eher undeutlich: Sie wird ausschließlich durch den Blickwickel des Ehemanns charakterisiert und auch ihr (Vor-)Name bleibt unbekannt. Anders bei Janáček, er stellt die Frau in den Mittelpunkt.

Eine Gegenposition scheint Janáček auch dort zu beziehen, wo es um die Einschätzung der Musik geht. Tolstoi, dessen Meinung durch die Person Posdnyschews vertreten ist, äußert harte Kritik an der Musik und ihrer Wirkung: »Und die Musik überhaupt ist etwas Furchtbares! Was ist sie? Ich verstehe es nicht. Was ist die Musik? Was bewirkt sie? Und warum wirkt sie so, wie sie wirkt? Man sagt, die Musik wirke erhebend auf die Seele. Das ist nicht wahr, das ist Unsinn! Sie wirkt, sie wirkt furchtbar – ich rede aus eigner Erfahrung –, aber keineswegs erhebend. Sie erhebt die Seele nicht, sie zerrt sie herab, sie stachelt sie auf. Wie soll ich das ausdrücken? Die Musik zwingt mich, mich selbst, meine wahre Lage zu vergessen; sie bringt mich in eine andere, mir freundliche Lage; unter der Einwirkung der Musik scheint es mir, als fühlte ich etwas, was ich eigentlich gar nicht fühle, als verstünde ich, was ich nicht verstehe, als könnte ich, was ich nicht kann. [...] Darum stachelt die Musik nur auf, aber löst nichts aus.«[10] Für Janáček hingegen liegt die Stärke der Musik, besonders auch die Intention seiner eigenen Kompositionen, gerade in der Fähigkeit zur Emotionalität.

Trotz dieser wesentlichen Differenzen übernimmt Janáček einen zentralen Aspekt aus der Tolstoischen Erzählung: die Gegenüberstellung von zwei kontraststarken Charakteren, der beständige Umgang mit der Dualität[11]. Diese sind bei Tolstoi nicht nur auf rein geschlechtsspezifische Unterschiede reduziert (Mann/*ratio* – Frau/*emotio*), sondern bestimmen auf vielerlei Ebenen die gesamte Erzählung. Posdnyschew berichtet beispielsweise über das Zusammenleben mit seiner Frau kurz nach der Hochzeit, das durch zwei gegensätzliche Stimmungen geprägt gewesen sei: »Ich bemerkte damals noch, daß die Perioden der Erbitterung bei mir ganz regelmäßig und pünktlich eintraten, abwechselnd mit Perioden dessen, was wir Liebe nannten. Eine Periode der Liebe – eine Periode der Erbitterung; eine heftige Periode der Liebe – eine längere Periode der Erbitterung; eine schwächere Periode der Liebe – eine kürzere Periode der Erbitterung. Damals begriffen wir nicht, daß es sich um das gleiche tierische Gefühl handelte, nur von verschiedenen Seiten erfaßt.«[12]

Janáček benutzt ein ähnliches Prinzip in seiner Komposition. Der dritte Satz beispielsweise beginnt mit einem *leggiero-paventoso*-Motiv, chromatisch in sich kreisend und von lyrischem Charakter. Es wird von der ersten Violine intoniert, das Cello fällt mit dem identischen Motiv ein Viertel später ein. Diese kanonisch-heterophone Struktur zwischen der hohen und der tiefen Stimme evoziert einen ruhigen Gesprächscharakter. Gemeinsame Basis ist das von Violine und Cello kanonisch intonierte Motiv, das einzige musikalische Ereignis der ersten dreieinhalb Takte. Die Ungleichzeitigkeit des Motives bedingt allerdings eine scharfe chromatische Reibung, harte Dissonanzen sind die Folge. Zudem besteht eine Polarisierung in der Instrumentation, denn erste Violine und Cello sind die beiden äußeren Stimmen des Quartetts. Bereits hier erreicht Janáček mit einfachsten kompositorischen Mitteln die Gleichzeitigkeit von Gemeinsamkeit und Polarität. Deutlicher noch wird dies in den folgenden Takten. Im *fortissimo* brechen die beiden Mittelstimmen ein. Der Kontrast zum Vorherigen könnte nicht größer sein: Dynamik, Artikulation, der unmelodische Charakter und auch die enge Lage der beiden Instrumente (zweite Violine, Viola) stehen im Gegensatz zu den zuvor erklungenen Takten. Dennoch: auch hier lassen sich Gemeinsamkeiten innerhalb der Gegensätze finden. Der *fortissimo*-Einbruch baut sich ebenfalls nach dem kanonisch-heterophonen Prinzip auf, auch hier verschärft dieses die chromatische Dichte, vor allem aber wird das motivische Material aus der letzten Sechzehntelgruppe des ersten Motives heraus gewonnen. Wie groß die Abhängigkeit dieser gegensätzlichen und gleichzeitig sich ähnelnden Motivgruppen ist, beweist der weitere Verlauf des Satzes, wenn sich die beiden Gruppen immer wieder abwechseln, immer auch in ihrer Länge aufeinander bezugnehmend.

Ein Beispiel für dramaturgische Gegensätze und deren mögliche Gemeinsamkeiten findet sich in Janáčeks Oper *Jenůfa*[13]. Die beiden zentralen
Frauenfiguren sind nach diesem Prinzip aufgebaut. Jenůfa ist die junge,
schöne Frau, die durch ihre Beziehung zu Stewa einen Tabubruch begeht.
Das Kind, das sie im zweiten Akt zur Welt gebracht hat, isoliert sie völlig
von der Dorfgemeinschaft, nur durch ihren festen Glauben und die Liebe
von Laca kann sie ein neues Leben beginnen. Die Küsterin, ihre Ziehmutter,
wird dagegen als ältere strenge Frau dargestellt. Sie ist innerhalb der Dorfgesellschaft eine Autorität – allein die Tatsache, daß sie einen eigenen, von ihrem verstorbenen Ehemann unabhängigen Namen trägt[14], deutet darauf hin.
Sie ist lebenserfahren und klug, aber sie ist auch eine Außenseiterin: als
Witwe wie als vernunftbegabte Frau. Die Konfrontation mit dem moralischen Regelverstoß, mit Jenůfas unehelichem Kind, bringt sie zur Verzweiflung. Sie tötet es, wird darüber fast wahnsinnig und übergibt sich im letzten
Akt freiwillig der dörflichen Gerichtsbarkeit. Während sich also Jenůfa von
einem sündig-unerfahrenen jungen Mädchen zur geläuterten und aufrichtig
liebenden Frau entwickelt, führt der Lebensweg der Küsterin von der gefe-
stigten Position über die Sünde des Mordes zur Verurteilung. Scheinbar stehen sich hier zwei völlig konträre Figuren gegenüber.

Bei genauerem Hinsehen aber fallen mehrere und auch wichtige Gemeinsamkeiten auf: Bei beiden Frauen wird der Verstand besonders hervorgehoben, bei Jenůfa beispielsweise in jener Szene des ersten Aktes, in der sie
dem lernbegierigen kleinen Jano das Lesen und Schreiben beibringt. Die alte
Buryja erwähnt ihren »Mannsverstand«, den sie von der Küsterin übernommen habe – für beide Frauen ist der Verstand eine zentrale Kategorie ihres
Charakters. Das Heiratsverbot, das die Küsterin im ersten Akt ausspricht und
das Jenůfa so existentiell trifft, resultiert aus der parallelen Erfahrung, die die
Küsterin mit ihrem verstorbenen Mann gemacht hat: Auch er war ein Säufer,
ein Tunichtgut, auch er war aus der Familie Buryja – wie Stewa. Deutlich
formuliert auch Stewa im zweiten Akt die Ähnlichkeit zwischen der Küsterin
und seiner früheren Braut: »Sie [Jenůfa] war immer so lieb und so lustig, stets
gut aufgelegt, doch mit einem Mal war ihr Wesen anders, von Grund auf anders, plötzlich war sie ganz so wie Ihr, ernst und streng war sie«[15]. Auch in
ihrem Außenseiterstatus ähneln sich die beiden Frauenfiguren. Die Küsterin
hat anfangs – als vernunftbegabte, verwitwete Frau – eine exponierte Stellung
innerhalb der dörflichen Gesellschaft, später – als Mörderin – wird sie
vollends zur Außenseiterin. Jenůfa ihrerseits ist durch ihre außereheliche Beziehung zu Stewa anfangs Außenseiterin, sie bleibt in dieser Position letztlich
auch in ihrer Bindung an Laca, mit dem sie »in die Welt hinausgehen«, die
Dorfgemeinschaft verlassen wird. Und schließlich kehrt sich die polare Beziehung zwischen der Küsterin und ihrer Ziehtochter als Erziehende und

Lernende im dritten Akt um, wenn die Küsterin bekennt, nun von Jenůfa lernen zu wollen: »...und dich will ich zum Beispiel nehmen«[16]. Was zunächst als konsequenter Gegensatz zwischen zwei Frauentypen erschien, stellt sich schließlich als differenziertes und wechselseitiges Bild dar, das auf ähnliche Prämissen gebaut ist und dabei unterschiedliche Ausprägungen annimmt.

Diese für Janáček so zentrale Annäherung der Gegensätze trägt eine Konsequenz in sich: Sie verweigert sich gegenüber einer logischen Eindeutigkeit. Es geht dabei um den dritten Schritt innerhalb einer dialektischen Folgerichtigkeit, den Schritt – nach der Gegenüberstellung von These und Antithese – zur Synthese. Wenn bereits These und Antithese nicht als unvereinbare Gegensätze aufeinanderprallen, wird auch die nach einer Konfliktphase erwartete Synthese brüchig. In den Janáčekschen Konflikten finden sich keine Beispiele von krassen Gegenpolen, von denen einer nach kontroverser Auseinandersetzung als Sieger hervorgeht, während der andere Pol unterliegt. Der Konflikt ist nicht eindeutig polarisiert, nie schematisch, auch wenn Janáček – wie im Streichquartett – moralisch Stellung bezieht. Insofern ist das Ende keine Lösung im Sinne einer Synthese. Eher wird ein neuer Zustand erreicht, der im Quartett sogar den Tod derjenigen mit einschließt, der die Sympathie des Komponisten gilt. Ein neuer Seinszustand wird erreicht, keine definitive Lösung. Wir erfahren im Verlauf des Streichquartetts von einer Entwicklung, deren Beginn vor dem Erklingen des ersten Tons liegt, und die auch in den Schlußakkorden kein Ende findet. Wir sind Zeugen einer Auseinandersetzung, die nicht letztgültig gelöst wird, eigentlich nicht gelöst werden kann. Eine Möglichkeit, dennoch zu einem finalen Standpunkt zu kommen, ist die ethische Stellungnahme, und diese bezieht Janáček eindeutig. Insofern ist der Moment des Todes von Posdnyschews Frau auch nicht der End-, sondern nur ein Verweilpunkt innerhalb eines Prozesses, der Anlaß für musikalische und ethische Reflexionen bietet. Dementsprechend kann man ihn auch nicht musikalisch bestimmen, er ist nicht eindeutig in die Noten eingeschrieben, denn er ist weder Ziel noch Zweck der musikalischen Erzählung.

Dieses Denken ohne präzis-logischen Zielpunkt ist für Janáček typisch, aber nicht nur für ihn. Dem »närrischen Lauf auf ein Finale hin«[17], der Zielgerichtetheit einer These-Antithese-Synthese-Lösung steht die Idee einer fortlaufenden Entwicklung gegenüber[18]. Dabei scheint das auf das Ende hin ausgerichtete Denken dem menschlichen Verstand doch immanent zu sein: Im Kriminalgenre beispielsweise dominiert die *who-done-it*-Konstellation[19], jene Erzählstruktur, die einzig darauf ausgerichtet ist, den Mörder zu entlarven. Diese Erzählhaltung freilich durchbricht Tolstoi in seiner *Kreutzersonate* gleich nach den ersten Seiten. Bereits im zweiten Kapitel erfährt der Leser, daß Posdnyschew jener Mann ist, der seine Frau aus Eifersucht ermordet hat.

Die Auflösung ist vorweggenommen, die eigentliche »kriminalistische« Spannung dem Leser genommen. Auch Tolstoi weicht damit von jener Zielgerichtetheit ab. Es interessiert nicht, wer etwas getan hat, sondern warum. Tolstoi legt den Erzählschwerpunkt auf seine christlich-moralischen Überzeugungen und Appelle.

Interessant an den nicht-zielgerichteten Denkmodellen ist besonders auch die Todesvorstellung: den Tod nicht als finalen Punkt des Lebens zu betrachten, sondern ihn innerhalb eines größeren Ablaufs zu sehen[20]. Janáček thematisiert diese Sichtweise des Todes immer wieder, beispielsweise in seiner Oper *Das schlaue Füchslein*, wenn die Protagonistin vom Wilderer erschossen wird, sie aber innerhalb des natürlichen Kreislaufs, konkret: in ihren Kindern, weiterlebt: »Und so dreht sich das Übel und das Gute von neuem durch das Leben«, schreibt Janáček an Max Brod[21], um diesem die Finalkonzeption des *Schlauen Füchsleins* zu erläutern. Auch werkgenetisch ist diese zyklische Sichtweise bei Janáček nachvollziehbar: Während er *Die Sache Makropulos*, also jene Oper über die verfehlte Unsterblichkeit und die Existentialität des Todes, komponiert, entsteht gleichzeitig das Bläsersextett *Jugend* (1924). Der Tod stellt eine Zäsur, aber keinen finalen Endpunkt dar.

In der *Sache Makropulos* bekommt der Zyklusgedanke eine besondere Nuance: Der Fortgang der Unsterblichkeit - von Emilia Marty intendiert, indem sie die »Sache« an Krista aushändigt - wird möglich, aber nicht begonnen. Dadurch wird auch die Statik, die der Unsterblichkeit innewohnt und unter der Emilia Marty leidet, aufgebrochen, der von Janáček favorisierte Zyklusgedanke - der Kreislauf von Sterben und Wiederkehren - wiederhergestellt. Krista, als angehende Sängerin eine mögliche Nachfolgerin der Marty, entscheidet sich für ein »normales« Leben, nicht für die Anomalie der Unsterblichkeit. Mit dieser Entscheidung gliedert sie sich und die Gesellschaft wieder bewußt in den Prozeß von Jugend, Altern und Tod ein, einen Prozeß, der sich als Kreislauf denken läßt, im Gegensatz zum Unsterblichkeitsprozeß, der in seiner Geradlinigkeit auch emotionalen Stillstand bedeutet.

>»Gefühlswärme wird aber nicht
durch Anschließen der ausge-
messenen Flächen – ob nun der Ton-,
Farben- oder Gedankenflächen –
entzündet, sondern durch
deren Bruch.«
Leoš Janáček, 1926[22]

Nur wenige thematisch-motivische Schlüssel lassen sich in der *Sache Makropulos* finden. Janáček verzichtet fast gänzlich auf charakterisierende Motive und deren Entwicklung, von leitmotivischer Konzeption ganz zu schweigen. Kompositionstechnisch ist jedoch ein Detail aufschlußreich, das sich häufig bei Janáček finden läßt, in der *Sache Makropulos* aber eine besondere Bedeutung erhält. Bereits in der Ouvertüre wird deutlich, daß aus verschiedenem klanglichen und motivischen Material in einem pasticcio-Verfahren musikalische Bereiche aneinandergereiht werden[23]. Michael Ewans spricht in diesem Zusammenhang von einer »Skala ständig wechselnder Perspektiven«[24], Rudolf Pečman von der »Addition von Elementen«[25]. Entweder werden sie vertikal aneinandergesetzt oder horizontal miteinander kombiniert. Auch Übergangspartien, die noch Elemente des vorherigen mit dem des nachfolgenden Abschnitts kombinieren, tauchen auf. Die wechselnden Parameter betreffen die Satzstruktur (ostinato, choralartig, fanfarenartig), die Besetzung, die Dynamik, den Spielort (Orchestergraben oder hinter der Szene) oder den allgemeinen musikalischen Charakter (*espressivo*, *marcato* etc.). Die Abschnitte selbst sind auf Steigerungs- oder Kontrastwirkung hin angelegt.

In der Ouvertüre der *Sache Makropulos* kann man beispielsweise zehn verschiedene markante Elemente ausmachen, die unterschiedlich verknüpft werden; es handelt sich dabei um thematisches Material (fünf Themen oder Motive sowie zwei ostinate Begleitmuster), um satztechnische (Choral) und instrumentatorische Besonderheiten (Paukeneinsatz) und um das eigenständige Element des Trillers. Verknüpft werden diese Parameter sowohl horizontal – also sukzessiv – als auch vertikal. Dazu einige Beispiele: Das motivische Material der *Orchestrina interna* (des hinter der Bühne plazierten Ensembles aus Hörnern, Trompeten und Pauken) erklingt zunächst allein (Ziff. 4). Es hat mit seinem fanfarenartigen Duktus und seiner entfernten Klangwirkung einen historisierenden Charakter. Wenn nach vier Takten dann das martialische, deutlich akzentuierte Zweiunddreißigstel-Motiv beginnt, läuft das *Orchestrina interna*-Motiv noch zwei Takte weiter. Dann jedoch setzt es aus, überläßt dem Zweiunddreißigstel-Motiv den gesamten hörbaren Raum. Die beiden Klangbilder werden so deutlich voneinander getrennt, sie überschneiden sich lediglich in zwei Takten. Anders werden die unterschiedlichen Parameter ab Ziffer 5 kombiniert: Das Zweiunddreißigstel-Motiv, das bislang alleine erklang, läuft nun parallel zu dem neuen lyrischen Harfe/Horn-Motiv, allerdings dünnen sich die markanten Akzente des Zweiunddreißigstel-Motivs immer stärker aus. Unthematisch, aber ein weiteres Klangelement einführend, erklingen zu dieser Parallelführung der Motive Trillerketten in Klarinette und Violen. Vertikal werden hier demnach drei Parameter kombiniert. Janáček erreicht durch die unterschiedlichen Kombinationsmöglichkeiten der einzelnen Parameter eine Vielzahl von Klangbildern, die entweder rein erklingen oder durch die Verbindung mit anderen Elementen eine neue Färbung erhalten.

Auch im weiteren Verlauf der Oper arbeitet Janáček innerhalb des Orchesterparts intensiv mit dieser Technik. Gerade weil die Gesangsstimmen große und wichtige Textmengen zu vermitteln haben, und da Janáček auch hier die von ihm entwickelte Gesangstechnik nach Sprechmotiven (»napěvky«)[26] verwirklicht, bleibt dem Orchester der breite Raum musikalischen Ausdrucks jenseits einer nur begleitenden, gesangsunterstützenden oder leitmotivischen Funktion. Das Orchester entwickelt eine eigene Klangebene, die ein Fundament für die Gesangspartien bildet.

Die Funktionen dieser orchestralen Klangbilder unterhalb der Gesangsebene sind vielfältig. Sie bereiten eine Szene musikalisch vor, etwa wenn gleich nach der Ouvertüre die Nüchternheit der Anwaltskanzlei beschrieben werden soll. Sie zeichnen Erregungszustände der handelnden Personen nach, sie machen aber auch subtile Stimmungswechsel innerhalb eines Gespräches hörbar. Und schließlich unterstreichen sie auch einzelne szenische Begebenheiten und Requisiten wie das Telefonieren, das Klopfen an der Türe oder das Klingeln des Geldes.

Sieht man davon ab, daß Emilia Marty (bis auf wenige Minuten) während der gesamten Oper auf der Bühne ist, sie sich in ihrem Gesangspart also fortwährend selbst darstellt, wird ihre Person doch maßgeblich durch das Betrachtetwerden charakterisiert. Anders gesagt: Sie ist als Individuum präsent, als Figur aber wird sie beständig durch die Augen anderer betrachtet. So entsteht – neben der realen Emilia Marty – ein Bild der Emilia Marty. Aber auch dieses Bild ist nicht einheitlich; die positive Seite, die etwa Gregor in seiner Liebesleidenschaft an ihr sieht, steht einer negativen Seite gegenüber, die Emilia Marty als verführerische, aber hysterische und verruchte Frau darstellt. Das Oszillieren dieser Facetten in Kombination mit der realen Person und auch in Kombination mit den verschiedenen Identitäten der Elina

Makropulos ist wesentlicher Bestandteil ihrer Figur: »Denn für jedes Weiblichkeitsbild existiert auch ein Gegensatz, so daß die Weiblichkeit eigentlich die Geste eines Oszillierens schlechthin verkörpert.«[27]

Sieben »Porträts« der Emilia Marty kann man im Verlauf der Oper verfolgen: »Porträts« als Blicke der anderen, der männlichen Gegenspieler auf Emilia Marty, und – in einer äußerst kurzen Passage aus eigener Perspektive – als Selbstporträt. Der für die musikalische Analyse ungewöhnliche Begriff »Porträt« bietet dabei den benötigten Spielraum, um die unterschiedlichen musikalischen und dramaturgischen Aspekte zu subsumieren. Außerdem ist in diesem Begriff der Aspekt der Künstlichkeit und der Projektionshaftigkeit präsent, und schließlich rekurriert er nicht ohne Hintersinn auf die Tatsache, daß auch Bergs Lulu sowohl durch musikalische Elemente als auch durch ein reales Porträt dargestellt wird, zwei Darstellungsarten, die noch zusätzlich eng miteinander verbunden sind.

Das erste Porträt von Emilia Marty erstellt Gregor, gleich bei ihrer ersten Begegnung in der Kanzlei des Rechtsanwalts. Ihm kommt sie wie ein Wunder vor, denn durch ihr Auftauchen scheint der Prozeß einen für ihn positiven Verlauf zu nehmen. Geheimnisvoll sei sie, stamme »Gott weiß woher«[28] (vor Ziff. 107). Doch bald will er eine Erklärung für das Wunder, gerade aber dieser Wunsch nach Aufklärung zerstört die musikalische Sphäre des Wunderbaren völlig. Der musikalische Verlauf geht von einem lange ausgebreiteten, romantisch-schwelgerischen Ton aus (Ziff. 103: »Doch ich hab' immer auf das Wunder gewartet und da kamen Sie«[29]), dessen insistierende Emphase Emilia Marty mit Lachen unterbricht: harte Dissonanzakkorde bringen alles Motivische zum Stillstand (vor Ziff. 107). Bereits drei Takte später (Ziff. 107) wechselt das Klangbild erneut: Im *pianissimo* setzt die Melodie der Viola d'amore ein[30]. Nach weiteren sechs Takten ändert sich das Klangbild abermals. Die Sphäre des Wunders ist nun gänzlich zerstört, harte dynamische Wechsel, scharfe Akzente und unmelodische Strukturen sind für dieses neue Klangbild verantwortlich.

Das zweite Porträt gilt Elian MacGregor. Gregor fragt Emilia Marty nach Elian (Ziff. 115ff.): Sie sei eine große Sängerin gewesen, außerdem auch sehr schön. Auf die Frage, ob Elian Baron Prus geliebt habe, antwortet Emilia Marty ausweichend: »Ja, vielleicht. Freilich auf ihre Art.«[31]

Ein drittes Porträt entsteht ebenfalls während dieser ersten Szene zwischen Emilia Marty und Gregor. Es ist eingebettet in die große Liebeserklärung Gregors (Ziff. 120ff.). Wieder ist er von ihrer Schönheit überwältigt (wieder erklingt die Viola d'amore), sie sei aufregend und aufreizend. Doch negative Elemente schleichen sich ein. Etwas Schreckliches gehe von ihrer Person aus, sie sei hart, ja grauenhaft. Und Gregor wundert sich bereits hier, daß es noch niemand versucht habe, sie wegen ihrer zugleich verlockenden und gefährlichen Ausstrahlung zu ermorden. Dieses Porträt hat durch die Übersetzung des Librettos vom Tschechischen ins Deutsche an Düsternis hinzubekommen: Während im Original Gregor zu seiner anfänglichen Schönheitsbegeisterung zurückfindet (»Sie sind so schön! Fabelhaft schön!«[32], Ziff. 126), läßt Max Brod hier bereits den Hinweis auf Alter und Tod anklingen, wenn er übersetzt: »Plötzlich so alt! Wie eine Greisin!« Eine zusätzliche deutsche Regieanweisung an dieser Stelle soll die unvermittelte Einsicht Gregors plausibler machen; in einem plötzlichen Lichtstrahl »erscheint sie alt«, das Licht verlöscht laut deutscher Regieanweisung fünf Takte später wieder. Dem Verlauf des Klangbilds wird diese Übersetzung allerdings nicht gerecht. Die Musik zeichnet zwar das Schwanken Gregors zwischen Anziehung und Gefahr nach, letztlich dominiert aber deutlich die Bewunderung. Zunächst wird der aufregende Charakter Martys mit sich immer wieder nach oben schraubenden Wechselnotenfiguren in den hohen Streichern (ab Ziff. 118), harten dynamischen Wechseln und accelerierendem Tempo unterstrichen, die aufkeimende Düsternis wird in den Pauken (ab Ziff. 122) hörbar. Ein großes *crescendo* leitet über zu der abschließenden Hymne an die Schönheit (Ziff. 126), die allein wegen ihres emphatischen Gestus kaum zu der von Brod vorgeschlagenen plötzlichen Einsicht in Martys wirkliches Alter passen will[33].

Das vierte Porträt zeichnen Außenstehende. Es sind – zu Beginn des zweiten Aktes – die Aufräumefrau und der Maschinist. Sie unterhalten sich über Emilia Marty als berühmte und umjubelte Sängerin. Sie sei erfolgreich, auch vermögend, ihr Gesang habe etwas Besonderes, das zu Tränen rühre. Und während sich der Maschinist vom Gesang der Loreley alias Emilia Marty umgarnt fühlt, er von ihrer sexuellen Attraktivität zu schwärmen beginnt, spricht die Aufräumefrau an dieser Stelle erstmals von Mitleid. Im übrigen wird das Loreley-Motiv im dritten Akt wieder aufgenommen, wenn Emilia Marty sich die Haare kämmen läßt.

Das fünfte Porträt gilt wiederum Elian MacGregor. Es wird von Jaroslav Prus anhand der Briefe gezeichnet, die Elian an ihren Geliebten Pepi gerichtet hat – offensichtlich Liebesbriefe sehr privaten Inhalts. Prus verunglimpft Elian als »zweifelhafte Frau«, als Vagabundin, und versucht damit, Emilia Marty zu reizen. Dies gelingt ihm, Marty fühlt sich offensichtlich persönlich angegriffen, was Prus die Gelegenheit gibt, erstmals die Identität der Personen Elina Makropulos, Elian MacGregor und Emilia Marty offen zu vermuten. Hier wird Elian MacGregor nicht – wie im zweiten Porträt – als berühmte Sängerin mit großer Liebesfähigkeit gezeigt, sondern als sexuell erfahrene Frau »feurigen Typs«, nahe dem Typus der Dirne.

Das sechste Porträt ist ein Selbstporträt und besteht lediglich aus zwei Worten: »Unglückliche Elina«[34] (II, vor Ziff. 120). Bis auf die Erzählung ihrer

Lebensgeschichte im dritten Akt ist dies der einzige Moment der Oper, an dem Emilia Marty von sich selbst – und zwar erstmals von ihrem ursprünglichen Namen: Elina – und von ihrem Gefühl spricht. Die Eigencharakterisierung als Unglückliche steht in frappierendem Gegensatz zu den bislang präsentierten Porträts. Das Selbstporträt ist an dieser Stelle ein vorausgreifender kurzer Einblick in Emilia Martys Inneres. Dabei fällt auf, daß dieses Selbstporträt eng mit Janáčeks eigener Einschätzung der Figur der Emilia Marty korrespondiert: »Was aber mit der Dreihundertjährigen? Man hält sie für eine Lügnerin, eine Hochstaplerin, ein hysterisches Weib – *und sie ist schließlich so unglücklich*! Ich wollte, alle hätten sie gern. Ohne Liebe geht es bei mir nicht.«[35] Ein zentraler Interpretationspunkt liegt für Janáček merklich in dem Wort *unglücklich* – *nešťastný*. Emilia Marty benutzt dieses Adjektiv bei ihrer ersten Selbstoffenbarung, Janáček charakterisiert sie ebenfalls damit. Offenkundig liegt darin auch die Absicht, die Figur der Emilia Marty in die Reihe der übrigen Janáčekschen Frauenfiguren aufzunehmen, deren hauptsächliches Merkmal immer wieder ihr Unglück und ihr Unglücklichsein ist, wie es Janáček ja auch zur Komposition des ersten Streichquartetts notiert hatte: »Ich hatte die *unglückliche*, gequälte, geprügelte, erschlagene Frau vor Augen«.

Das siebte Porträt schließlich ist ein Doppelporträt. Während Emilia Marty ihre eigene Geschichte in allen Details erzählt, wird sie von anderen beobachtet und charakterisiert. Emilia Marty ist betrunken, mit bitterer Ironie, Spott und Hohn überschüttet sie die Umstehenden, sie ist schon »lange keine Dame mehr«[36]. Kolenatý bezeichnet sie als hysterisch (III, Ziff. 59), Gregor kurz darauf als wahnsinnig (III, vor Ziff. 69)[37]. So macht sie auf die Umstehenden einen abstoßenden, entsetzlichen und verrückten Eindruck. Gleichzeitig ist diese Szene vor allem der Moment der Wahrheit: die Wahrheit ihrer Lebensgeschichte und die Gewißheit des nahen Todes, dem sie nun entgegengeht. Dominiert wird dieser Abschnitt zunächst durch Triller – es geht um die Geschichte der »Sache Makropulos« (ab Ziff. 58) –, später gesellt sich ein viertaktiges, diatonisch in sich kreisendes Motiv in den hohen Flöten und Klarinetten hinzu (z. B. Ziff. 59, *Meno*), assoziierbar mit Emilia Martys momentanem Zustand. Die Szenerie wirkt verzerrt, fast karikierend. Ein weiteres Klangelement schiebt sich ein (Ziff. 65), das aus der Ouvertüre bereits bekannt ist: das fanfarenartige Motiv der *Orchestrina interna*, das durch seinen historisierenden Tonfall und seine entfernte Klangwirkung die historische Ferne des rudolfinischen Hofes, also Elina Makropulos' Jugendzeit, evoziert. Obwohl das Doppelporträt sehr umfangreich ist, basiert sein Klangbild doch hauptsächlich auf diesen drei Elementen. Die verhörartige Szene, der Emilia Marty ausgesetzt ist, dreht sich im Kreis, da die Situation gleich bleibt: Sie erzählt ihre Biographie, die anderen stellen ungläubige kurze

Zwischenfragen. Daß beispielsweise Dr. Kolenatý dabei auf dem Kenntnisstand des ersten Aktes stehengeblieben ist, wird deutlich, wenn sich zu seinen insistierenden Fragen sein ureigenes Motiv aus dem ersten Akt unverändert wiederholt (vor Ziff. 102).

Die Wortwahl von Klangbild (für das pasticcio-Verfahren im Orchesterpart) und Porträt (für die Charakterisierungen Emilia Martys) ist nicht zufällig, die Nähe der Begriffe durchaus beabsichtigt. Sie soll zwei eng verwandte Ausprägungen eines Prinzips hervorheben, das zwei unterschiedliche Ebenen der Oper betrifft: die Musik und die Dramaturgie. Auf kompositorischer Seite arbeitet Janáček während der gesamten Oper mit Klangbildern, die sich abwechseln, sich überschneiden, sich ergänzen oder auch kontrastieren. Dieter Schnebel charakterisiert dieses Kompositionsprinzip Janáčeks auch als »Folge von Farbsätzen«, als »Farbspektren, die immer wieder umgestaltet, sozusagen umgefärbt werden«[38]. Auf der inhaltlichen Seite ist es gerade ein Hauptmerkmal der Protagonistin, daß sie von ihren männlichen Gegenfiguren nicht als eigenständige Persönlichkeit, sondern als Projektion, als Konglomerat aus verschiedenen Positionen, Sichtweisen, Namen und historischen Ausgangspunkten gesehen wird. Nur ein einziges Mal spricht sie von sich selbst, wie sie sich selbst sieht: unglücklich. Ansonsten ist sie den Einschätzungen der anderen, vornehmlich männlichen Nebenfiguren ausgeliefert, sie spiegelt sich in den Vorstellungsmustern, die ihr angetragen werden. Diese Sichtweisen – oder eben Porträts – ähneln sich teilweise, stehen sich aber oft auch diametral gegenüber, sie lösen einander ab, wechseln von Betrachter zu Betrachter und auch – wie besonders bei Gregor – innerhalb einer Person im Verlauf der Handlung. Insofern kann man davon sprechen, daß sich in Janáčeks kompositorischer Methode der wechselnden Klangbilder eine musikalisch außerordentlich treffende Charakterisierung der Figur der Emilia Marty wiederfindet – ganz im Sinne von Novalis: »Je mannichfacher Etwas individualisirt ist – desto mannichfacher ist *seine Berührung* mit andern Individuen – desto *veränderlicher seine Grenze* – und *Nachbarschaft*.«[39]

Die männlichen Gegenspieler der Emilia Marty.
Oder: Die schwierige Frage nach der Identität

Die männlichen Gegenspieler personifizieren in ihrem Verhalten gegenüber Emilia Marty jeweils eine bestimmte Erwartungshaltung. Und dabei gibt auch hier wieder die Projektionsfläche Frau den Blick auf das männliche Selbstbewußtsein frei. Insofern wird Marty nicht nur durch ihre direkten Porträts vorgestellt, sondern indirekt auch durch ihre männlichen Gegenspieler. Die wesentlichen Positionen vertreten dabei der Rechtsanwalt Dr. Kolenatý, Albert Gregor, der Baron Jaroslav Prus, dessen Sohn Janek und der Baron Hauk-Šendorf.

Kolenatý ist Jurist, Repräsentant der *ratio*. Daß er dabei auch ein Mann von Grundsätzen ist, läßt er Emilia Marty mehrmals wissen. Er glaubt ihr nicht, als sie von dem im Hause Prus befindlichen Testament spricht (»Fräulein, Sie haben aber komische Gewohnheiten, Märchen zu erzählen«[40]), er macht sich über ihre »hellseherischen« Fähigkeiten und die Wundergläubigkeit seines Mandanten Gregor lustig und geht letztlich nur sehr widerwillig und aus reiner Geschäftstüchtigkeit dem Hinweis auf das Testament nach. Als »Mann mit Grundsätzen« wird er auch musikalisch charakterisiert, denn er ist die einzige Person der Oper, die ein eigenes, mit seiner Person und seiner Tätigkeit verknüpftes, immer wiederkehrendes und unveränderliches Motiv erhält. Das Motiv erscheint erstmals zu Kolenatýs erstem Auftritt (I, *Moderato* vor Ziff. 44), es begleitet ihn als Person und auch als juristischen Vertreter der Erbschaftsgeschichte. In letzterer Funktion taucht es besonders im ersten Akt immer wieder zu den Erklärungen auf, die über die verworrene Erbschaftsangelegenheit berichten. Daß Kolenatýs Rationalismus durch den Auftritt Emilia Martys allerdings eine Irritation erfährt, bringt er selbst zum Ausdruck: »Wir wissen alles, wissen alles. Wissen alles, wissen alles, wissen alles. – Wie heißen Sie?«[41]

Zunächst scheint es verwirrend, daß weder die Hauptfigur noch die beiden emotional wichtigsten männlichen Gegenfiguren – Gregor und Prus – ein eigenes, konstantes (Leit-)Motiv erhalten, bei Kolenatý und seiner Causa aber ein solches zu finden ist. Berücksichtigt man allerdings Janáčeks psychologisierende Kompositionsästhetik, so läßt sich dahinter eine interpretierende Absicht erkennen: Das konstante Motiv korrespondiert mit Kolenatýs unerschütterlichen Grundsätzen. Er sieht die 337jährige lediglich als Beweisbestandteil seiner Causa, und daher auch werden er und die Causa Gregor-Prus musikalisch identisch charakterisiert. Das Motiv und die Tatsache, daß es sich nicht entwickelt oder verändert, steht letztlich auch im Einklang mit der Emotionslosigkeit, mit der Kolenatý die faszinierende Frau und deren tragisches Lebensende miterlebt.

Albert Gregor ist der jugendliche und leidenschaftliche Liebhaber, der romantische und die Realität gerne verdrängende Schwärmer. Er bestürmt Emilia Marty bereits kurz nach ihrer ersten Begegnung mit Liebeserklärungen und noch am Ende des zweiten Aktes läßt er der laut schnarchenden Sängerin keine Ruhe. Musikalisch werden seine Liebesbeteuerungen durch expressiv-lyrische Musik gekennzeichnet, die sogar von seinem Gesangspart Besitz ergreift, was innerhalb des ansonsten in der Oper vorherrschenden Parlandotons der Singstimmen hervorsticht. Gleichzeitig ist er es aber auch, der bald Emilia Martys Gefühlskälte registriert (drittes Porträt). Und auffällig ist weiter, daß Gregor in seiner Emotionalität, und nachdem er oft genug von Emilia Marty zurückgewiesen, lächerlich gemacht und beschämt worden ist, an Mord denkt. Als er dies ihr gegenüber ausspricht, erhält sie die Gelegenheit, von den vielen Mordversuchen zu berichten, die an ihr bereits verübt worden sind (II, Ziff. 107 und Ziff. 116). Das Nichtsterbenkönnen bekommt an dieser Stelle tragisch-groteske Züge. Diese Passage beschreibt zugleich einen emotionalen Höhepunkt, eingeleitet durch Martys verzweifelte Frage: »Bin ich denn da, nur daß ihr mich totschlagt?« (vor Ziff. 118). Ein pochendes Wechselnotenostinato hatte sich gesteigert (ab Ziff. 116), es bricht nun plötzlich ab, fällt regelrecht in sich zusammen in einen langen *pianissimo*-Akkord der tiefen Streicher. Aus diesem entwickelt sich zögerlich im *pianissimo* – getragen von einem Motiv der Viola d'amore und des Englischhorns (später Oboe) – der letzte Versuch einer Liebeserklärung Gregors. Den Tonfall und das Motiv der Liebeserklärung aufnehmend, antwortet ihm Emilia Marty mit nihilistischer Resignation: »Dann schlag *dich* tot! O wüßtest du doch, wie egal mir das alles ist.«[42] Und auch die folgenden Takte, die das sechste Porträt, das Selbstporträt, beinhalten, bleiben in diesem Klangbild. Hier prallt die Emotionalität Gregors direkt auf Martys Nihilismus und auf den Tod, den sie als Unsterbliche nur an ihr Gegenüber zurückgeben kann. Die emotionale Dichte dieses Abschnittes, vom Abbrechen des ostinaten Pochens bis zum Selbstporträt Emilia Martys, wird mit ausgesprochen zurückhaltenden musikalischen Mitteln erreicht und wirkt gerade dadurch um so eindringlicher. Die gesamte Dramatik von Unsterblichkeit und Vergänglichkeit, Liebe und Tod, die Resignation und Bemitleidenswürdigkeit der Emilia Marty werden hier auf neun Takte Musik konzentriert[43] [Notenbeispiel 6].

Emilia Marty verhält sich Albert Gregor gegenüber auffallend mütterlich. Sie redet ihn mit der kindlich-verniedlichenden Form »Bertíčku«[44] an, behandelt ihn – vor allem im Hinblick auf seine pekuniären Nöte – wie ein Kind, während Gregor immer wieder versucht, sich dagegen zu wehren: »Bin ich ein Kind, daß Sie so mit mir reden? Das ist das Unerträglichste, wie ich vor Ihnen mich gering fühle!« (I, vor Ziff. 112). Erst im Laufe der Oper wird deutlich, daß Emilia Marty verwandtschaftlich direkt mit Gregor verbunden ist; sie ist tatsächlich seine »Ururgroßmutter« und wehrt daher sein Liebeswerben auch vor dem Hintergrund einer inzestuösen Verbindung ab.

Folgende Seiten:
Notenbeispiel 6:
Leoš Janáček, Die Sache Makropulos, *Partitur S. 390-392*
©*Mit freundlicher Genehmigung der Universal Edition A.G., Wien*

UE 14851

Baron Jaroslav Prus gehört als Typus zur Phalanx der Liebhaber, allerdings ist er im Unterschied zu Gregor nicht auf eine emotionale, sondern auf eine rein sexuelle Beziehung zu Emilia Marty aus. Wie nüchtern er dabei vorgeht, wird im zweiten Akt deutlich, wenn er der umschwärmten Sängerin zu verstehen gibt, daß er rein »geschäftlich« gekommen sei, »wie's meine Art ist.«[45] Nachdem er seinen naiven Sohn vor Emilia Marty lächerlich gemacht hat und diese ihn wegschicken läßt, kommt er auf die materielle Grundlage seines Geschäfts zu sprechen: die Liebesbriefe der Elian MacGregor. Seine provozierenden Sätze lassen die Marty als sexuell nicht nur attraktive, sondern auch erfahrene Frau erscheinen (fünftes Porträt). Die einzige rationale Erklärung, die Prus sich auf diese Professionalität machen kann, ist – da er nicht an die Irrationalität eines überlangen Lebens und der daraus resultierenden Erfahrung glaubt –, daß Elian MacGregor eine Prostituierte gewesen sei. Das Wort, das Prus als auf Haltung achtender Mann nicht auszusprechen wagt, provoziert dann auch musikalisch eine Zäsur: Emilia Martys Satz »Sie meinen doch: von dieser Dirne« wird in größtmöglicher Deutlichkeit ohne Orchesterbegleitung gesungen. Der provokante Ausrufcharakter des Satzes wird durch die aufsteigende und aus dem *forte* crescendierende Gesangslinie unterstützt; in der folgenden Generalpause scheint das anschuldigende Wort drohend nachzuklingen (II, vor Ziff. 86).

Zum Geschäftlichen kommt es, da Prus im Besitz der »Sache Makropulos« ist. Und da er Geldangebote von Emilia Marty zurückweist, ist sie bereit, mit ihm eine Nacht zu verbringen. In diesem Moment erkauft sich Emilia Marty ihre Unsterblichkeit. Daß dieser Schritt für sie schwerwiegend ist, deutet sich dramaturgisch und musikalisch an, die Anzeichen des körperlichen Verfalls tauchen nach dem ersten »geschäftlichen« Gespräch, das über den Kaufpreis noch nicht definitiv entscheidet, plötzlich auf. Die musikalische Sprache wird härter, die Klangbildwechsel sind häufiger und unvermittelter. Auf textlicher Ebene tauchen Metaphern des Alterns und des Sterbens auf. Mit dem Umbruch von Vitalität und Unsterblichkeit zur Todesmetaphorik wird deutlich, wie radikal dieser Schritt für Emilia Marty ist: Sie verkauft ihren Körper erstmals. Sie wird dadurch zwar das Mittel ihrer Unsterblichkeit erlangen, vordergründig also durch die Nacht mit Prus die Möglichkeit für weitere 300 Jahre Leben bekommen. Da das ewige Leben keine wahren Gefühle mehr für sie bereit halten kann, bedeutet für sie der Schritt zur »käuflichen Liebe« auch den Schritt zum Tod.

Ein erster realer Todesfall ereignet sich, als Prus' Sohn Janek zu Beginn des dritten Aktes Selbstmord begeht. Prus, ohnehin durch die Nacht mit Emilia Marty enttäuscht, kompensiert nun seine Abscheu in heftigen Schuldzuweisungen: Nur weil die Sängerin die Liebe seines Sohnes verachtet habe, sei dieser in den Freitod gegangen. Seine eigene Schuld, daß er selbst nämlich dem Sohn die Möglichkeit einer Beziehung zu Emilia Marty genommen hat, erkennt er nicht. – Im übrigen sagt auch Lulu: »Wenn sich die Menschen um meinetwillen umgebracht haben, so setzt das meinen Wert nicht herab.«[46]

Janek selbst ist ein naiver, unbedarfter Junge. Seinen Vater fürchtet er, in seiner Beziehung zu Krista ist er der schwächere, und auch die in Liebe umschlagende Bewunderung für Emilia Marty ist unterwürfig. Musikalisch deutlich charakterisiert wird diese Unterwürfigkeit in seinen monotonen Antworten, die meist nur aus dem Wörtchen »Ja« (»ano«) bestehen: Die stereotyp wiederkehrenden, kurzen Antworten klingen wie das Gebell eines Hundes – die akustische Assoziation mit dem treuen, aber einfältigen Tier ist sicherlich nicht unbeabsichtigt. Janeks Freitod läßt Emilia Marty als »todbringende« Frau erscheinen, besonders, Janeks Vater spricht diesen Vorwurf aus. Emilia Marty aber weist die Schuld von sich und macht damit deutlich, daß der Vorwurf des Verderbenbringens, der dem *femme fatale*-nahen Weiblichkeitstypus anhaftet, für sie selbst relativiert werden muß.

Baron Hauk-Šendorf wird schon durch seinen Stimmcharakter als Außenseiter gekennzeichnet: er ist Operettentenor. Janáček nimmt mit diesem Ausflug ins komische Fach Bezug auf die Vorlage von Karel Čapek, der seine Bühnenfassung der *Sache Makropulos* als Komödie konzipiert hatte. Die Hauk-Klangbilder (im zweiten und dritten Akt) lassen sich als scherzoähnliche Intermezzi begreifen, die in die ansonsten tragische Handlung eingebettet sind. Janáček arbeitet in ihnen mit instrumentalen Effekten, die den beiden Episoden eine sehr eigene Charakteristik geben: *spiccato* gespielte Sechzehntelfiguren (II, ab Ziff. 40), rasche Figuren *sul ponticello* (ab Ziff. 45) und häufige *pizzicati* der Streicher, sordinierte Blechbläser (nach Ziff. 56), der Einsatz von Kastagnetten und Großer Trommel. Aber auch die Dynamik (abrupte Wechsel, übertriebene und dadurch grotesk wirkende *crescendi* und *decrescendi*) und die häufigen synkopischen Verschiebungen tragen zu dem insgesamt scherzohaften Charakter bei.

Emilia Marty geht in beiden Episoden auffallend bereitwillig auf die Verwirrtheiten des Barons Hauk ein. Eine Deutung dafür gibt Hauk im dritten Akt selbst: »Wissen Sie, daß Narren ein langes Leben haben?«[47] Es existiert offenbar eine unausgesprochene Übereinstimmung zwischen beiden Figuren, da beide über das lange, ewig junge Leben verfügen (Hauk selbstredend nur in seiner verwirrten Phantasie) und beide auch eine kurze gemeinsame Vergangenheit (im Jahre 1871 in Spanien) haben. Dabei spricht Hauk in seiner Verwirrtheit Wahrheiten aus, die zielgenau Emilia Martys Situation als 337jährige beschreiben[48]. Neben seiner Funktion als »ehemaliger Liebhaber« ist Hauk zudem die einzige männliche Figur, die Emilia Marty etwas anbietet, ohne dafür einen Gegenwert zu verlangen; die Tragik ihrer Situation wird auch dadurch offenbar, daß der verwirrte alte Narr der einzige ist, der sie uneigennützig zu lieben scheint. Hauks Liebe scheitert aber nicht nur an Martys Liebesunfähigkeit. Ihre Situation ist zu diesem Zeitpunkt bereits so verfahren, ihre Nähe zum Tod bereits so offenkundig, daß sie seiner Liebe nicht mehr begegnen kann, sie unternimmt nur noch einen schwachen Versuch, Hauks Liebe für eine Flucht aus ihrer mißlichen Lage auszunutzen.

Die einzelne Frau, die sich durch mehrere (männliche) Betrachter spiegelt und erst in deren Konstruktionen zu einer gesamten Figur wird, gehörte zum beliebten Motivarsenal der nachromantischen Weiblichkeitstypen. Ihr Facettenreichtum ist dabei allerdings nicht Garant für eine individuell ausdifferenzierte Charakteristik, ganz im Gegenteil: Die Individualität wird häufig zugunsten einer Wesenhaftigkeit, eines Prinzips, zurückgedrängt. Die Zusammenfassung der einzelnen Weiblichkeitstypen und -facetten in einer einzigen Figur spitzt deren Charakterisierung als »Prinzip Weib« zu. Heyses Salamander, Wagners Kundry und Wedekinds und Bergs Lulu bilden prominente Punkte dieser Traditionslinie, die in der Diskussion um die Weiblichkeit zu Beginn des 20. Jahrhunderts einen Höhepunkt erreicht. Kernpunkte dieser Frauenfiguren sind nicht ihre individuellen Züge, ihre Identität wechselt mit ihren verschiedenen Namen, mit ihren Gegenfiguren, mit ihrer Lebenssituation. Sie ist vielfache Projektionsfläche für Vorstellungen und Erwartungen von männlicher Seite an die Frau schlechthin. Sie verkörpert unterschiedliche, zum Teil auch sich widersprechende Aspekte von Weiblichkeit, immer gedacht als Gegenüber zu verschiedenen männlichen Individuen.

Häufig findet sich bei diesem Weiblichkeitstypus ein Rollenwechsel auf der inhaltlicher Ebene wieder, die Frau wird dargestellt als Sängerin, Tänzerin, Schauspielerin. Die Rollen, die sie auf der Theaterbühne verkörpert, spiegeln sich in den Rollen ihres »realen« Lebens wider. Maske, Verstellung und Rollenspiel sind ihre Profession. Und so ist auch Emilia Marty eine Sängerin, die auf der Bühne wie im Leben Rollen zu spielen hat. Hinzu kommt die Mutterrolle, die das »Prinzip Weib« zusätzlich betont – die Mutterschaft als »wesenhafte« Aufgabe der Frau. Emilia Marty verhält sich Gregor gegenüber zeitweilig wie eine Mutter – in Wirklichkeit ist sie seine »Ururgroßmutter«. Ihr Hinweis auf die in ganz Europa verstreuten Enkelkinder ist zwar äußerst zynisch, läßt sie aber als eine Art »Urmutter« erscheinen.

Auch die immer wieder thematisierte Sexualität ist Bestandteil des »Prinzips Weib«. Da die Frauenfigur mehreren Männern als Projektionsfläche dient, werden nicht nur unterschiedliche sexuelle Bedürfnisse an sie herangetragen, sondern von ihr auch ein amoralischer Lebenswandel, das Sicheinlassen auf mehrere Männer erwartet. Sie ist die Erfahrene, dadurch auch die sexuell Attraktive, ein »Wesen außerhalb jeglicher Moralvorstellungen«[49]. Gleichzeitig wird sie als kühl bezeichnet, besonders als Prus sich nach der Liebesnacht mit Emilia Marty geradezu betrogen fühlt: »Geprellt bin ich gründlich. Anzufühlen wie Eis. Regungslos, ein Leichnam.« Sexualität ohne Liebe, sexuelle Erfahrung, aber keine Emotionalität. Der Schritt zur Dirne ist nicht weit: Die Nacht mit Prus hat eine materielle Gegenleistung, das versiegelte Kuvert mit der »Sache Makropulos«.

Ein weiterer Bestandteil des Typs »Weib« ist eine gewisse Unwirklichkeit. Durch die Identitätslosigkeit des »Weibes« entziehen sich diese Figuren oft der Realität. Sie kommen aus einem unklaren Irgendwo, sterben selten einen menschlich-natürlichen Tod und werden auch durch rationale Erklärungen nicht unbedingt greifbarer. Bei Emilia Marty rührt dieses Charakteristikum vom Umstand ihres langen Lebens her. Sie kommt aus dem zeitlich Unbekannten, ist gleichzeitig aber durch ihre Karriere als Sängerin überall bekannt, wenn nicht gar weltberühmt. Vor allem Gregor profitiert zunächst von ihrem Erscheinen. Für ihn wird sie zur »dea ex machina«, die den Erbschaftsprozeß in letzter Minute für ihn entscheiden kann. So ist es auch kaum überraschend, daß er sie als »Wunder« apostrophiert.

Bis zu diesem Punkt ordnet sich Janáčeks Emilia Marty problemlos in das zeitgenössische Vorstellungsmuster vom »Prinzip Weib« ein[50]. Und doch ist Emilia Marty eine ganz eigene Figur innerhalb dieses Typus. Sie wechselt die Namen aus eigenem Antrieb, nicht weil sie immer neue Namen – wie Lulu – von den (Ehe)männern erhält; sie begegnet allen Liebesangeboten und sexuellen Avancen mit Zynismus; sie ist an ihrem Lebensende mit dem Tod konfrontiert, der ihr einen individuellen Standpunkt abverlangt, da sie sich zwischen dem Weiterleben und dem Sterben entscheiden muß. Indem sie aber eine Entscheidung zwischen Weiterleben und Sterben treffen muß, wird von ihr eine individuelle Position verlangt. Was Emilia Marty aber vor allem von dem individualitätsfernen Weiblichkeitstypus unterscheidet, ist die Musik Janáčeks. Die Art der Komposition verleiht Emilia Marty Individualität. Die Musik ist es, die ihr das zurückgibt, was Motivtradition und männliche Projektionswünsche ihr nicht zugestehen: Identität.

Emilia Marty alias Kamila Stösslová?

Eine besondere Form der Identität für Emilia Marty fand Janáček – ganz ähnlich wie Berg – in der Person einer geliebten Frau. Als Dreiundsechzigjähriger hatte Janáček 1917 die fünfundzwanzigjährige Kamila Stösslová kennengelernt, eine Bekanntschaft, die sich für ihn als stürmische Liebe, für sie wohl zurückhaltender darstellte. Die Beziehung zwischen den beiden Verheirateten ist relativ wenig dokumentiert, viele Briefe gingen von Janáček an Kamila Stösslová, ob sie darauf gleichermaßen geantwortet hat, ist unklar[51]. Man kann davon ausgehen, daß Janáček in der jungen Frau eine späte Muse gefunden hat, weniger eine Geliebte, schrieb er ihr noch zehn Jahre nach ihrer ersten Begegnung: »Es ist ja alles zwischen uns nur eine schöne Welt – und alles, alles nur ersonnen! [...] diese ersonnene Welt ist mir für mein Leben so notwendig wie Luft und Wasser.«[52]

Wie inspirierend diese Begegnung für Janáček gewesen sein muß, verrät ein Blick auf sein ungemein umfangreiches Spätwerk. Vieles daraus spiegelt seine stürmische Liebe wider. Gerade die Frauenfiguren, die Janáček seit dem *Tagebuch eines Verschollenen* vertont, tragen mehr oder weniger offensichtlich die Züge Kamila Stösslovás: Zefka, die Zigeunerin aus dem *Tagebuch eines Verschollenen*, Katja Kabanová, Bystrouška, die Protagonistin aus dem *Schlauen Füchslein*, die Ehefrau aus der Tolstoischen *Kreutzersonate*, Janáčeks erstem Streichquartett, und schließlich Emilia Marty aus der *Sache Makropulos*. Andererseits setzt sich Janáček auch mit seiner eigenen Situation als Verheirateter und vergeblich Liebender auseinander: Er scheint sich mit dem Bauernburschen zu identifizieren, aus dessen Hand das *Tagebuch eines Verschollenen* stammt, er fühlt sich lebhaft in die Ehebruchthematik der *Katja Kabanová* wie der *Kreutzersonate*[53] ein und vertont in seinem zweiten Streichquartett jenes Medium, das ihn am stärksten an Kamila Stösslová bindet: Liebesbriefe, *Intime Briefe*.

Die Identifikation der fiktiven Frauengestalten mit der realen Freundin legt Janáček in seinen Briefen an Kamila Stösslová offen dar: Zur Figur der Zefka aus dem *Tagebuch eines Verschollenen* schreibt er ihr: »Und ich habe in diesem Werk stets an Dich gedacht. Du warst mir diese Zefka. Zefka mit dem Kind am Arm, und er geht ihr nach.«[54] Nach der Komposition der *Katja Kabanová* erklärt er ihr: »So haben Sie also Katja Kabanowa. Ich mußte eine große, maßlose Liebe bei der Komposition der Oper kennen ... Und Ihr Bild legte ich immer auf Katja Kabanowa, wenn ich komponierte.«[55] Und in einem Brief vom 8. Juni 1927 notiert er unmißverständlich: »in meinen Kompositionen dort, wo reines Gefühl wärmt, wo Aufrichtigkeit, Wahrheit, innige Liebe ist, bist Du es, wovon meine bangen Melodien kommen, Du bist die Zigeunerin mit dem Kind im Tagebuch eines Verschollenen, Du bist die arme Elina Makropulos.«[56] Schließlich schrieb er ihr kurz vor der Uraufführung der *Sache Makropulos*: »Kommen Sie nach Prag, um die ›Ausgekühlte‹ zu sehen, Sie werden Ihre eigene Photographie sehen.«[57]

Ist allein die Tatsache bemerkenswert, daß sich so unterschiedliche Charaktere wie die der Zefka, der Katja und der Emilia Marty auf eine Person zurückführen lassen, ist doch vollends erstaunlich, wie Janáček seine Angebetete in einer Bühnenfigur wiederfindet, deren hauptsächliche Charaktermerkmale emotionale Kälte und Unnahbarkeit sind. Nach der temperamentvollen Zefka, der verausgabend liebenden Katja und der ehebrechenden Frau aus der *Kreutzersonate* scheint Emilia Marty nicht das charmanteste Porträt zu sein, das Janáček von Kamila Stösslová zeichnet.

In einem Artikel für die Prager Tageszeitung *Venkov*[58] rückt Janáček denn auch die Identifikation mit der ihm nahestehenden Frau in eine unpersönliche Ferne, indem er das Äußerliche der Emilia Marty auf die Erscheinung einer ihm fremden Frau bezieht: »An Ihnen, Frau aus der Kaunitzstraße, im kurzen schwarzen Pelz, als hätten ihn die Maulwürfe aus eigenem Zutun ausgezogen, an Ihnen habe ich Elina Makropulos gemessen! [...] Für Elina Makropulos waren Sie nur durch Ihr eisiges, schönes *Antlitz* geeignet.«

Zwei weitere Briefstellen sind aufschlußreich: Noch während der Entstehungszeit der *Sache Makropulos* schreibt er – wie bereits erwähnt – an Kamila Stösslová: »Was aber mit der Dreihundertjährigen? Man hält sie für eine Lügnerin, eine Hochstaplerin, ein hysterisches Weib – und sie ist schließlich so unglücklich! Ich wollte, alle hätten sie gern. Ohne Liebe geht es bei mir nicht.« Und wenig später: »Die arme dreihundertjährige Schönheit! Die Leute hielten sie für eine Diebin, eine Lügnerin, für ein gefühlloses Tier. Bestie, Kanaille hat man sie gescholten, erwürgen hat man sie wollen – und ihre Schuld? Daß sie so lange hat leben müssen. Mitleid habe ich mir ihr!«[59] Janáček differenziert einerseits zwischen dem Bild, das »die Leute« von Emilia Marty haben und das er im Antlitz einer Unbekannten erblickt hatte, und andererseits ihrem wahren Innern, das er mit Kamila Stösslová verbindet. Diese Unterscheidung von Emilia als Erscheinung, respektive die unbekannte Frau aus der Kaunitzstraße, und Elina als bemitleidenswertes Wesen, respektive Kamila Stösslová, wirft ein klärendes Licht auf Janáčeks Vorstellung von Kamila Stösslová und gleichzeitig auf seine eigene Interpretation der Hauptfigur der *Sache Makropulos*. Und hatte er nicht auch in der Musik zur *Sache Makropulos* zwischen dem, wie die männlichen Gegenspieler Emilia Marty sehen, und ihrer Persönlichkeit, ihrer eigentlichen Identität unterschieden?

Unnahbarkeit bei gleichzeitiger Anziehungskraft, in diesem Kräftefeld bewegen sich schließlich sowohl Emilia Marty als auch Kamila Stösslová. Für Janáček bleibt das Bekenntnis, daß er »ohne Liebe« nicht leben, nicht schaffen könne. Neben der erotischen Komponente bezieht sich dieses Bekenntnis auch auf die Idee von Menschenliebe, Humanität und Mitleid. Damit aber steht die *Sache Makropulos* in sehr engem Kontext zu seinen übrigen Opern. Die weiblich-erotischen und bedrohlichen Attribute der Emilia Marty mögen zunächst diese ethische Konstante verdecken, spätestens aber in der letzten Phase ihres Daseins, in ihrem humanistischen Appell an die Umstehenden, werden sie deutlich.

In der folgenden Oper *Aus einem Totenhaus* wird Janáček diesen ethischen Grundzug nochmals aufnehmen: er übernimmt Fjodor Dostojewskys

Lebensmotto »In jeder Kreatur ein Funke Gottes« als Motto für sein letztes Werk. Und auch auf Emilia Marty wirft dieses Bekenntnis ein erhellendes Licht. Ihr Tod ist kein Erlösungstod im christlichen Verständnis. Der »Funke Gottes« scheint für Janáček weniger in religiösem Zusammenhang zu stehen als vielmehr in einem meta-religiösen, ethischen. Darin ist vor allem eine Mitleidsethik eingebunden, die das Individuum und dessen Leiden besonders berücksichtigt – eine Ethik, die auf künstlerischem Gebiet vor allem durch den Realismus vertreten wurde, zu dem Janáček auf seine Weise immer auch zählte.

So wird letztlich verständlicher, daß auch die Figur der kühlen, unnahbaren Emilia Marty ein Porträt der realen, von Janáček so geliebten Kamila Stösslová sein kann. Es ist eine weitere, nicht nur negativ gefärbte Facette, die der Komponist seiner späten Liebe hinzufügt. Und wieder erscheint die Metapher der Projektion, diesmal zwischen Emilia Marty und Kamila Stösslová. Daß Janáček damit in der Realität das tut, was er auf der Bühne kritisiert, nämlich die Schablonisierung eines weiblichen Individuums, ist ein Verdacht, der sich dann auflöst, wenn man die (musikalische) Projektion Janáčeks genau betrachtet. Denn vor allem Emilia Marty ist es, deren Gesangspartie durch Janáčeks Ästhetik der Sprechmotive geprägt ist. Sie wird mit diesem kompositorischen Verfahren gegenüber anderen ausgezeichnet, die weit stärker musikalisch typisiert werden: Dr. Kolenatý etwa durch sein permanentes (Leit-)Motiv, Gregor durch seine belcanto-nahe Emphase, Hauk durch das Grotesk-Operettenhafte... Indem Janáček Emilia Martys Gesangslinie mit seiner Idee der Sprechmotive gestaltet, erlangt sie Individualität, denn in seinem Verständnis ist »der *Gesang* [...] Träger der Charakteristik des handelnden Menschen; auch das glänzendste Leitmotiv des Orchesters kann ihn nicht ersetzen.«[60] Und sind bereits die Sprechmotive momentbezogene Seeleneinsichten, »Fenster in die Seele«[61], wie Janáček selbst sie nennt –, so erhält auch der leitmotivlose Orchesterpart in der *Sache Makropulos* die Aufgabe, die Situationen und Stimmungen der Protagonistin aufzugreifen und hörbar zu machen. Insofern ist das »Bild« der Emilia Marty, das als eine Charakterstudie von Kamila Stösslová betrachtet werden kann, kein mimetisches Abbild, eher eine subjektive Ansicht. Zusammen mit den anderen Frauenfiguren (Zefka, Katja...) entsteht ein subjektives und ausgesprochen individuell gezeichnetes Konglomerat, das auf die Person Kamila Stösslovás Bezug nimmt, nicht aber eine schematische Projektion, die eine Pauschalisierung oder Phantomisierung der Frau als »Weib« oder *femme fatale* zum Ziel hat.

Emilia Marty. Zwischen Agonie und Unsterblichkeit

»Smrt«, die »Tödin«

> »Die Alte blickt mich offen an, und
> ein spöttisches Lächeln verzieht ihren
> zahnlosen Mund.
> Mir entrinnst du nicht!«
> Iwan Turgenjew, *Die Alte* (1878)[1]

Das grammatikalische Geschlecht des Wortes ›Tod‹ ist für das Symbol- und Bildrepertoire verantwortlich, das sich eine Kultur vom Tod macht[2]. So wird der Tod im germanischen Sprachraum vorwiegend als »reitender Tod«, als »Knochenmann« oder »Schnitter«, in der Romantik dann stärker auch als »Freund Hein« dargestellt. Für die Musik bedeutet dies, daß der (männliche) Tod in dieser für ihn typischen Bewegungsform, reitend oder marschierend, hörbar gemacht wird[3]. In den slawischen (wie in den romanischen) Sprachen ist der Tod feminin. Daher stehen hier andere, zumeist weibliche Bilder für den Tod – die »Tödin«: »Bei den Slaven reitet ›die‹ Tod nie, sie schleicht als ein in weißes Tuch gekleidetes Weib und erscheint dem Menschen einsam und still in seiner Todesstunde. [...] So tritt ›die‹ Tod (russisch: смерть, polnisch: śmierć, tschechisch: smrt...) in Märchen auf (›die Gevatterin Tod‹); es ist die Sensenfrau, die als das Todessymbol gilt. Ihre Bewegung ist kein Ritt, sondern ein Schritt – schleichend oder hastig, je nach dem Kontext.«[4] Besonders deutlich wird der Unterschied zwischen männlicher und weiblicher Todespersonifikation, wenn dem Bild vom Tod eine erotische Komponente innewohnt, das Bild des »verführenden Todes«: Der sich im Kampf mit der »Tödin« verheiratende Soldat ist beispielsweise ein beliebtes Balladenmotiv des slawischen Kulturraums, während »der Tod und das Mädchen« eine Motivkonstante des westeuropäischen, vorwiegend nicht-romanischen Kulturkreises ist[5].

Auch Emilia Marty ist als weibliche Todespersonifikation erkennbar – zunächst freilich nur sehr vage, in ihrer Sterbeszene dann aber um so deutlicher. Bei Čapek heißt es: »Emilia tritt ein, wie ein Schatten [...]. Alle stehen auf.«⁶ Janáček erweitert die Regieanweisung: »Marty tritt wieder ein, wie eine Erscheinung, ein Schatten. Alle erheben sich [...]. Bleichgrünes Licht überschwemmt Bühne und Zuschauerraum.«⁷ Es ist jene Stelle, die in der Brodschen Übersetzung dem Komponisten große Schwierigkeiten bereitet hatte, jene Stelle, an der Emilia Marty von ihrem langen Leiden und ihren ersten Berührungen mit dem Tod spricht – ein Moment höchster Subjektivität. Die Regieanweisung und vor allem auch die Lichtregie verweisen gleichzeitig auf eine zweite Ebene, die Emilia Marty als Verkörperung des (weiblichen) Todes selbst erscheinen lassen: »sie schleicht als ein in weißes Tuch gekleidetes Weib«, ihr Auftritt ist der einer Erscheinung – für die Umstehenden genauso wie für das Opernpublikum. Ihr Memento mori ist in diesem Moment der Fingerzeig der personifizierten »Tödin« an die Sterblichen. Gleichzeitig bekennt sie sich wieder zu jenem ursprünglichen Namen, der auch der Begriff für die Unsterblichkeit war: Makropulos. Die »Sache Makropulos« ist somit das Symbol nicht nur für Unsterblichkeit, sondern auch für den Tod, personifiziert in Emilia Marty alias Elina Makropulos.

Die Figur der Emilia Marty dürfte Janáček an eine andere Verkörperung des weiblichen Todes in einer von ihm besonders geschätzten Oper erinnert haben: an die Gräfin in der *Pique Dame* (*Pikowaja dama*) von Pjotr Tschaikowski. 1896 hatte er über die Brünner Aufführung dieser Oper eine begeisterte Kritik geschrieben⁸. In der Person der Gräfin fielen ihm damals Charaktermerkmale auf, die er rund 30 Jahre später bei Emilia Marty wiederentdecken wird: »Geheime Mißgunst, böses Schicksal: Pique Dame. So versteht ihr die alte Gräfin; höhnende Schadenfreude verfolgt sie schon in der Kindheit ebenso wie als ›Moskauer Venus‹ und trifft sie grausam als Greisin. Ja, noch mehr: sie strahlt Unglück aus, auf wen immer sie ihren Blick heftet.«⁹ Auch Tschaikowskis musikalische Zeichnung der Gräfin, so wie Janáček sie in seinem Feuilleton beschreibt, weist erstaunliche Parallelen zu seiner eigenen Gestaltung der »Tödin« auf: »Abgehackt – fragmentarisch – ohne eng verbundene, große Melodie. Das Orchester wirft nur flüchtige, stechende Töne nach allen Seiten. Und doch webt das aufs höchste gereifte musikalische Denken des Komponisten alle kleinen Glieder in ein großartiges Ganzes von hinreißender Wirkung zusammen [...]. *Ausgedachte* Motive und *gefühlte* Motive... Durchfühlt sind beide; die zweiten werden gewöhnlich geboren, ohne daß ihre theoretische Bedeutung dem Komponisten in diesem Augenblick ganz klar wäre; durch eine seltsame Macht beherrschen sie den ganzen Geist, erhitzen das Gesicht.«¹⁰ Ähnlich ist schließlich auch das kompositorische Spiel mit den unterschiedlichen Zeitebenen: Sowohl Tschaikowski als auch Janáček verbinden die langen Biographien ihrer Protagonistinnen mit Musik aus einer »vergangenen Welt«: Die Gräfin wird durch musikalische Stilzitate aus dem 18. Jahrhundert charakterisiert¹¹, während Emilia

Martys Vergangenheit am Hofe Rudolfs II. – vor allem in der Ouvertüre und im letzten Akt – durch die *Orchestrina interna* und deren historisierendes Material hörbar wird.

Stationen des Sterbens

In der Partitur der *Sache Makropulos* finden sich nach dem Umbruch im zweiten Akt bereits die ersten Symptome, die Emilia Martys Agonie ankündigen: ihre Müdigkeit, ihre geschlossenen Augen und immer wieder die Kälte. Der »Zustand der Herzensvereisung« (Manfred Frank) geht einher mit einer Stagnation der Lebensreise, der Eindruck der Unendlichkeit wird erschüttert. Der dritte Akt nun spielt in einem unpersönlichen Hotelzimmer – der Raum als Symbol für Wechselhaftigkeit, für zeitliche Begrenztheit, wird zum sinnfälligen Bild auch für die Begrenztheit des menschlichen Lebens schlechthin. In diesem Raum wird Emilia Marty sterben. Nach der verhörartigen Szene, in der sie ihre gesamte Lebensgeschichte in aller Offenheit schildert, werden jene Attribute des nahenden Todes – Kälte, Starrheit, Müdigkeit – wieder aufgegriffen, um das erste Stadium ihrer Agonie zu markieren. Vier Stadien wird die sterbende Emilia Marty insgesamt durchlaufen, wobei jeder dieser Abschnitte durch einen anderen inhaltlichen Aspekt und durch jeweils eigene Klangbilder charakterisiert wird.

Das erste Stadium (Ziff. 103-110) knüpft thematisch an die vorangegangene Szene an. Während Emilia Marty in ihre Muttersprache (griechisch) zurückfällt, um das Vaterunser zu beten, insistiert Kolenatý auf seiner gelungenen Beweisführung. *Accelerando* und *crescendo*-Anweisungen forcieren die Steigerung bis zu Kolenatýs Frage nach Emilia Martys wahrem Namen und gipfeln in einem dreitaktigen, stark crescendierenden Militärtrommelwirbel – ein instrumentatorisches Element, das bereits zuvor in der Verhörszene die in die argumentative Enge getriebene Emilia Marty kennzeichnete (vgl. Ziff. 43). An dieser Stelle nun aber bricht der harte Trommelwirbel ab, es schließt sich unvermittelt ein ruhiger und auffallend harmonisch geschlossener Abschnitt (Ges-Dur) von vier Takten an, in dem Emilia Marty ihren ursprünglichen Namen nennt: Elina Makropulos. Erst dieses Geständnis kann Kolenatý endgültig überzeugen. Die forcierte Klanglichkeit samt aller Steigerungselemente weicht, als er den Doktor für die zusammengebrochene Emilia Marty rufen läßt.

Das zweite Stadium (Ziff. 110-115) beginnt mit der dreimaligen Wiederholung jenes Motivs, das sich allmählich während des dritten Aktes etabliert hatte. Auch hier wird es durch ein mit Trillern angereichertes Ostinato begleitet. Es wird abgelöst durch eine expressive Melodie der Solovioline, die die todesahnenden Worte Emilia Martys vorbereitet: »Ich fühlte, wie der Tod mich angerührt hat. Es war nicht so schrecklich.«[12]

An dieser Stelle entzündete sich zwischen Janáček und seinem Übersetzer Max Brod ein heftiger Streit, der wesentlichen Aufschluß über Janáčeks Todesvorstellung gibt. Der Konflikt läßt sich anhand des Briefwechsels zwischen dem Komponisten und seinem Verleger nachvollziehen[13]: Nach der Uraufführung der *Sache Makropulos* in Brünn drängte der Verlag (Universal Edition, Wien) auf eine deutsche Übersetzung. Max Brod wurde damit beauftragt. Bereits am 28. Dezember 1926 schrieb Janáček jedoch an die Universal Edition: »Dr. Brod's Übersetzung des III. Aktes schweift zu weit ab vom Original Text!«[14] Eine Woche später wird Janáček deutlicher: »Was Dr. Brod eingefallen ist so weit vom Original abzugehen. Ich ahnte das nicht! Alles Untergestrichene [sic] im III. Akt muß im Textbuch besser übersetzt werden. Die Musik passt ja nicht zum manchen Satz! Ich schrieb an Dr. Brod. Er wird böse sein; aber da hilft nichts bös zu sein, sondern gut übersetzen.«[15] Der Verlag versuchte zunächst – im Sinne der Korrekturkosten – zu vermitteln, und Brod rechtfertigte sich mit den Worten: »Es muß ihm [Janáček] jemand eingeredet haben daß ich zuviel geändert habe. Indes habe ich mich ja ausdrücklich auf dem Titelblatt als ›Bearbeiter‹ bezeichnet und bin der Meinung, daß ohne meine Änderungen der 3. Akt jeglicher Logik (im tschechischen Text) entbehrt.«[16] Nach längeren Verhandlungen entschied sich der Verlag für die von Janáček gewünschte, näher am Original orientierte Übersetzung, unter der Voraussetzung, daß sich die Korrekturen auf den dritten Akt beschränkten. Der Briefwechsel zwischen Brünn und Wien vom Februar 1927 bezieht sich dann ausschließlich auf oben erwähnten Abschnitt im dritten Akt. Brod hatte die Passage übersetzt: »Wundervoll war's wie der Tod mich zart angerührt« (Ziff. 113), worauf Janáček schrieb: »Doch der Unsinn, daß das ›Sterben angenehm‹ ist, sollte doch weggelassen werden«[17]. Zwei Tage später wird seine Verärgerung noch deutlicher: »Eins wollen Sie noch bei Dr. Brod durchsetzen, mir gelang es nicht. Er meint, daß das Sterben angenehm sei! Und setzte diesen Unsinn in den III. Akt – 113 bis 114 – Beiliegend ist das Original. Es heißt grob übersetzt: ›Entschuldigt, dass ich auf eine Weile weggieng. Der Kopf schmerzt, öde, abscheulich – Ich habe das schon zweihundert Jahre!‹ Und lesen Sie gefälligst was Dr. Brod an diese Stelle – III. Akt 113-114 – setzte!«[18] Um dieser wichtigen Passage jegliche Zweideutigkeit zu nehmen, schlug Janáček sogar eine Änderung bzw. Ergänzung aus dem Čapekschen Original für die Singstimme vor [Abbildung 13].

Auch die weitere Korrespondenz beschäftigt sich mit diesem Problem. Aufschlußreich ist der Brief vom 18. Februar 1927, in dem Janáček das Insistieren auf den Korrekturen auch kompositorisch begründete: »Dr. Brod habe ich gern; bin aber auf ihn erbost. Nicht nur mir, er schadet mit seiner ›Umarbeitung‹ auch dem Dichter Dr. Čapek! Bei mir quellt die Musik aus dem Worte, aus dem Sinn des Wortes. Zu seinen Änderungen passt ganz und gar nicht meine Musik! Also, darauf bestehen, daß er sich an das Original stützt! Das[s] er nur übersetzt!«[19]

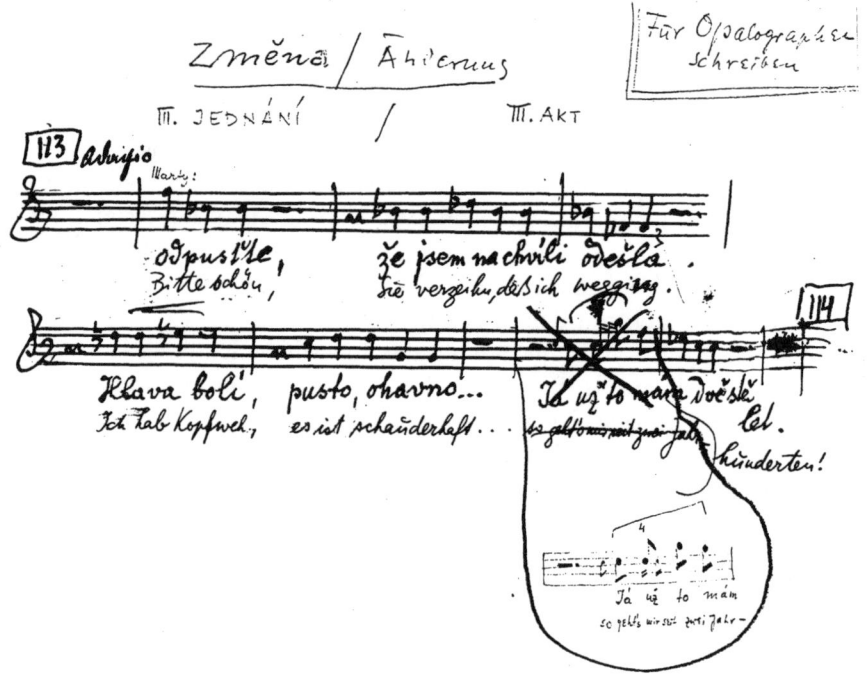

Abbildung 13:
Beilage des Briefes vom 2. Februar 1927 von Leoš Janáček an die Universal Edition Wien
©*Mit freundlicher Genehmigung der Universal Edition A.G., Wien*

Janáček widerspricht vehement der verklärend-beschönigenden Todesvorstellung, die Brod an dieser Stelle suggerieren möchte, und die für die Figur der Emilia Marty eine Stilisierung bedeutet – indem sie von individuellem Leid frei ist und das subjektive, schmerzliche Empfinden während des Sterbens zugunsten einer überindividuellen Verklärung geopfert wird. Für Janáček ist der Tod – auch an dieser Stelle und für diese Person – nichts »Angenehmes«. Im Gegenteil: durch die geplante Schilderung von Martys Leiden soll der Schwerpunkt auf das Mitleid – angesichts des Todes, aber auch angesichts des langen und schmerzensreichen Lebens – gelegt werden. Der Todesmoment wird nicht verklärt, sondern soll in seiner realen Härte erscheinen. Daß Janáček sogar eine Änderung der Gesangsstimme vorschlägt, um dem psychologischen Innenleben der deutlicheren Worte an dieser Stelle nochmals genauere Kontur zu verleihen, spricht eindeutig für eine Individualisierung und gegen die entpersönliche Verklärung Brods.

Eine ähnliche Konzeption des nicht beschönigten Todes findet sich übrigens auch in der Sterbeszene aus *Katja Kabanová*[20]. Katjas Text ist zunächst pantheistisch versöhnlich: »Um das Grab werden Vögel flattern, mit ihren Jungen, auch Blumen blüh'n mir da, purpurrote, hellblaue, goldgelbe. *So ruhig ist's, so schön, so schön!*«[21] Aber Janáčeks Harmonik verdunkelt sich bereits hier (gleichnamige Dur- und Molltonarten changieren), und zu den Worten »so schön!« erklingt der deutliche Wechsel von Ces-Dur nach ges-Moll, so daß das eben noch die Vögel musikalisierende Triller-Motiv der Flöten und Oboen umschlägt in eine bedrohlich-angstvolle Sphäre, eine unheimliche Ruhe, dem die Singstimme ihrerseits mit Seufzermotiven begegnet. Der von Janáček dem Original von Alexander Ostrowski hinzugefügte letzte Satz Katjas: »Und doch heißt's sterben!« beharrt schließlich auf der Mollterz.

Die Individualität jenes Moments während des zweiten Stadiums von Emilia Martys Agonie wird musikalisch auch durch das Solo der Violine vorbereitet. Der Klang der solistischen Violine war bereits bei Rimski-Korsakow, Zemlinsky, Strauss und anderen als musikalisches Symbol für betörende Weiblichkeit und deren eigentümliche Beziehung zum Tod aufgefallen. Und auch Janáček schätzte die Solo-Violine als ein »Instrument besonders individueller Prägung«[22] für seine Frauenfiguren. Bereits in *Jenůfa* und *Katja Kabanová* erklingt sie in Momenten persönlicher Offenbarung: zu Jenůfas langem Selbstgespräch, das ihre Situation nach der Geburt des Kindes reflektiert (II/6), und während Katjas ekstatischer Jugenderzählung, die ihre Freiheitsliebe genauso zum Ausdruck bringt wie den Wunsch nach der wahren Liebe außerhalb ihrer Ehe (I, Ziff. 9). Es sind Momente höchst individueller Bekenntnisse, und so auch gedacht in jenem Sterbemoment Emilia Martys.

Gleich im Anschluß an den zwischen Janáček und Brod so kontrovers diskutierten Abschnitt setzen Gregor, Vítek, Prus und Kolenatý – erstmals in der Oper – zum mehrstimmigen Einsatz in einem weichen *piano* ein. Die Wirkung dieser kurzen Ensemble-Passage ist enorm, die Einigkeit der Stimmen steht für das plötzliche Mitleid der vier Männer der Sterbenden gegenüber, gleichzeitig auch für die Hilflosigkeit des einzelnen gegenüber der Situation. Der kurze vierstimmige Gesang der Männer bereitet dabei auch das folgende Stadium vor.

Mit Ziffer 115 beginnt das dritte Stadium (bis Ziff. 121), in dem Janáček auf ein musikalisches Mittel zurückgreift, das er bereits im *Tagebuch eines Verschollenen* sowie in den Opern *Katja Kabanová* und *Das schlaue Füchslein* verwendet hatte: der unsichtbare Chor[23]. Überall dort steht der unsichtbare Chor für eine der Realität übergeordnete Welt. Und einmal mehr ist der Vergleich zwischen der *Sache Makropulos* und *Katja Kabanová* aufschlußreich, denn in beiden Opern singt der unsichtbare Chor während der Sterbeszene der Protagonistin. In *Katja Kabanová* gleicht seine wortlose Melodie einem Raunen, das jene Stimmen wahrnehmbar machen soll, die Katja aus der Wolga hört. Sie wird kurze Zeit später den Stimmen folgen, wird im Fluß den Freitod und damit die Lösung aus ihrem Gewissenskonflikt suchen. Der unsichtbare Chor, letztlich im *fortissimo* zu einem *Maestoso* angeschwollen, beschließt nach den ernüchternden und harten Schlußworten der Kabanicha wortlos die Oper. Janáček nimmt hier die in der Textvorlage intendierte Idee der Hörbarmachung von irrealen und unpersönlichen Stimmen auf. Indem er die Phantasie Katjas realisiert, indem er die Stimmen für den Zuhörer miterlebbar macht, bringt Janáček seine Protagonistin dem Zuhörer näher. Sie wird konkreter und verständlicher, ihre Position bekommt musikalisch – neben ihrem eigenen Gesangspart – eine weitere, höchst eindrucksvolle Stimme.

Ähnliches geschieht in der *Sache Makropulos*. Hier ist es der im Orchester plazierte Männerchor, der Emilia Martys Worte des dritten Stadiums wiederholend hervorhebt: Sie wendet sich an die Umstehenden – und daß dabei nicht nur die Bühnenfiguren, sondern auch das Publikum angesprochen werden soll, macht die Lichtregie deutlich, für die es bereits im zweiten Stadium heißt: »Bleichgrünes Licht überschwemmt Bühne und Zuschauerraum«[24]. Es ist das Memento mori einer über 300jährigen Frau, ein Plädoyer für das Glück des Augenblicks, über den Sinn der Endlichkeit des Lebens und in letzter Konsequenz auch für den Tod. Wie wichtig ihm diese Worte waren, ihren visionär-epilogischen Charakter, betont Janáček durch den Verfremdungseffekt des unsichtbaren Chores. Auch daß der Chor nur aus Männerstimmen besteht, fällt auf. Janáček entscheidet sich auf musikalischer Ebene, die bislang deutlich auf das Geschlecht fokussierten Eigenschaften und Handlungsmomente der Emilia Marty in einen überpersönlichen und geschlechtsunabhängigen Zusammenhang zu stellen. Dabei sind die Männerstimmen gleichzeitig Emilia Martys Echo und auch ihr Ansprechpartner. Die Vermischung der (einzelnen) weiblichen Stimme mit den (chorischen) Männerstimmen hebt die Grenzen des Geschlechts auf, ergibt gleichsam ein übergeordnetes »Wir«.

Marty	Wie ihr nun dasteht, und alle nur so wesenlos seid wie Sachen und Schatten!
Chor	Wie Sachen und Schatten!
Marty	Tot sein, am Leben sein, das alles ist dasselbe.
Chor	Tot sein, am Leben sein, es ist kein Unterschied.
Marty	Ach, man soll nicht so lange leben! Wenn ihr wüßtet, wie leicht ihr lebt![25] Seht einen Sinn in allem! Nähe und Wärme freut euch! Jede Minute ist wertvoll! Toren, ihr seid so glücklich...
Chor	So glücklich! Wir sind glücklich, so glücklich!
Marty	...weil der Zufall euch günstig ist, rechtzeitig euch sterben läßt!
Chor	So glücklich!
Marty	Glaubt an die Menschheit! Größe, Liebe[26]! Was wollt ihr denn noch mehr!
Chor	Mehr ist nicht zu wollen!

Der humanistische Gedanke, den Emilia Marty hier vorträgt, wird in Janáčeks folgender Oper *Aus einem Totenhaus* – freilich aus einer gänzlich anderen Perspektive heraus – ähnlich zum Ausdruck kommen. Insofern löst sich Emilia Marty hier vollends aus dem Korsett eines Weiblichkeitstypus und gelangt zu einer individuellen und geschlechtsunspezifischen Lösung. Sie erreicht dies aus eigener Kraft und mit kompositorischer Unterstützung in Form des von Janáček der Čapekschen Vorlage hinzugefügten, unsichtbaren Männerchores.

Der Bruch zum Klangbild des vierten Stadiums (Ziff. 121-Schluß) ist abrupt. In plötzlichem *pianissimo* setzen drei solistische Violinen auf Flageolett-Akkorden ein, begleitet durch einen leisen Wirbel der Militärtrommel. Die folgenden, an Krista gerichteten Worte »Im tiefsten Grunde ist's Eins, o Christa: Singen und Schweigen. Langweilig das Gutsein, langweilig auch die Bosheit...«[27] erklären, warum das Klangbild des vierten Stadiums Elemente jener Szene aus dem zweiten Akt wiederverwendet, in der Emilia Marty ihre zynische Kälte gegenüber Kristas Liebe zu Janek zum Ausdruck gebracht hatte (vgl. Ziff. 38). Hier wie dort finden sich die hohen Streicherflageoletts kombiniert mit einem leisen (Militär- bzw. Kinder-)Trommelwirbel und kontrastiert zu einer verhalten-expressiven Motivgestalt. Emilia Martys Lebenstragik wird selbst im Moment ihrer Sterbensangst offenkundig. Die Furcht vor dem Sterben steht hier im Kontrast zu der relativierenden Sicht auf den Lebenssinn. Letztlich aber setzt sich Emilia Martys Erkenntnis durch, daß nur der Tod die Relativität des Lebensglücks aufheben kann, daß er notwendiger Bestandteil des Lebens ist. In einem letztmals sich dramatisch verdichtenden musikalischen Satz wird dieser Gedanke auch im Angesicht der Sterbensangst zur Gewißheit: Glück ist nur für ein begrenztes Leben möglich.

Zusammenfassende Worte für diese Darstellung der Lebensstufen bis zum Tod finden sich – erstaunlich ist es kaum – in der tschechischen Literatur. Milan Kundera, der Romancier und genaue Kenner der Musik Janáčeks, umschreibt in seinem Roman *Unsterblichkeit* den Blick auf das Leben – immer auch mit einem Seitenblick auf die Unsterblichkeit: »Man muß sich [...] das Zifferblatt des Lebens vergegenwärtigen: Bis zu einem bestimmten Zeitpunkt ist der Tod für uns etwas zu Fernes, als daß wir uns mit ihm beschäftigten. Er wird nicht gesehen, und er ist unsichtbar. [...] Dann aber sehen wir ihn plötzlich vor uns und können unsere Gedanken nicht von ihm lösen. Er ist bei uns. Und da die Unsterblichkeit sich an den Tod klammert wie Hardy an Laurel, können wir sagen, daß auch unsere Unsterblichkeit bei uns ist.« Kurz vor dem Tod, so Kundera, mache sich eine auffällige Müdigkeit, sogar eine Langeweile gegenüber dem Tod bemerkbar: »Auf diese zweite Phase des Lebens, in der wir die Augen nicht losreißen können vom Tod, folgt noch eine dritte, die kürzeste und geheimnisvollste, über die man wenig weiß und wenig spricht. Die Kräfte schwinden uns, und wir werden von entwaffnender Müdigkeit übermannt. Die Müdigkeit: eine stille Brücke, die vom Ufer des Lebens zum Ufer des Todes führt. Der Tod ist so nah, daß uns der Blick auf ihn langweilt. Er ist wieder unsichtbar geworden und wird nicht gesehen: nicht gesehen wie ein Gegenstand, der uns allzu vertraut ist.«[28] Dieser von Kundera formulierte, allgemein-menschliche Gesichtspunkt trifft Janáčeks Intention erstaunlich genau.

Spätestens die Vertonung der vier Stadien des Sterbens erweist, daß der Komponist – sowohl durch kompositorische Einzelheiten als auch durch den allgemeinen kompositionsästhetischen Zusammenhang – die Individualität seiner Protagonistin betont, ihr einen allgemein menschlichen Charakter verleiht. Er stilisiert sie nicht als Vamp, als *femme fatale* oder als »Weib«, sondern nimmt sie als Individuum wahr, wie sie von anderen gequält und gerichtet wird, wie sie sich durch Unnahbarkeit zu verteidigen sucht und wie sie schließlich stirbt. Die Musik vermittelt Impuls und Charakter der Figur, sie vermittelt ihre Existentialität. Individualität und die Wahrheit des Augenblicks, zwei Momente, die Janáček besonders wichtig waren, sind auch für Emilia Marty wesentlich. Insofern erlangt die Figur durch Janáčeks Musik jene Persönlichkeit, die ihr seitens der Motivkonzeption und der zeitgenössischen Typisierung als »Prinzip Weib« abgesprochen wurde. Auch darin läßt sich Janáček als »Einzelgänger« in seiner Zeit erkennen, als der er oft wegen seines kompositorischen Nonkonformismus bezeichnet wurde. Aber darin liegt auch der besondere Wert seiner Darstellung von Weiblichkeit. Janáček verfährt dabei so, daß er die Vorliebe seiner Zeitgenossen, Frauen zu idealisieren, zu schablonisieren und zu projizieren, anhand der männlichen Gegenfiguren Emilia Martys darstellt. Seine Musik aber bezieht eine andere, individuelle und individualisierende Position.

Unsterblichkeit. Ansichten von Čapek, Shaw und Janáček

Bereits in Karel Čapeks 1922 uraufgeführten ironisch-utopischer »Komödie in drei Akten mit einer Verwandlung« spielt die philosophische Frage nach Unsterblichkeit und Glück ein wichtige Rolle[29]. Allein aber die Tatsache, daß Janáček aus Čapeks *Sache Makropulos* fast alle komödiantischen Elemente herausnimmt und der Oper einen zwar teilweise grotesk-ironischen, insgesamt aber tragischen Schwerpunkt verleiht, deutet auf eine Umwertung der Grundproblematik hin. Dennoch erstaunt, wie wenig Janáček an der Vorlage selbst verändert; er streicht innerhalb der Dialoge manche Ausführlichkeit und Redundanz, bleibt aber bis zum Ende des dritten Aktes der Komödie auffällig dicht am Original. Danach folgt bei Čapek die Verwandlung, und hierin unterscheidet sich die Oper wesentlich von ihrer literarischen Vorlage: Janáček läßt Emilia Marty auf offener Bühne sterben, während Čapek den weiteren Lebensweg der Hauptperson offen läßt; die Komödie endet, nachdem Krista das Dokument verbrannt hat, mit Emilia Martys Worten: »Haha, das Ende der Unsterblichkeit!«[30]

In der Szene nach der Verwandlung – aus dem Hotelzimmer ist ein Gerichtssaal geworden – beginnen bei Čapek die Hauptfiguren in mehreren Dialogabschnitten eine recht leichtgewichtige Diskussion über die Unsterblichkeit. Die Anwesenden tragen ihre jeweilige Position bei, ohne dabei über persönliche Belange hinausgehen zu können: Hauk beispielsweise feilscht um die Dauer der Lebensverlängerung. Die Diskussion beleuchtet daher eher die einzelnen Charaktere als den Kern der philosophischen Frage nach der Unsterblichkeit und ihren Konsequenzen. Čapek läßt die Sinnfrage im Raum stehen – auch wenn durch die Oberflächlichkeit der Gespräche deutlich wird, daß er die Gesellschaft als nicht reif für eine derartige Fragestellung hält: »Es war eben nur ... ein toller Gedanke, ewig zu leben. Mein Gott, mir ist so beklommen, aber auch irgendwie leichter, es ist nicht mehr möglich«[31], sagt Gregor, nachdem die »Sache Makropulos« verbrannt ist.

Interessant ist ein Vergleich mit dem fast gleichzeitig in England entstandenen Werk George Bernard Shaws *Back to Methuselah (Zurück zu Methusalem. Ein metabiologischer Pentateuch)*. Nach Čapeks eigener Aussage kannte er Shaws umfangreiches Werk nur in Auszügen[32], die unterschiedliche Behandlung der gleichen Grundidee ist jedoch bemerkenswert. Shaws fünfteiliges Schauspiel, erschienen 1921 und ein Jahr später uraufgeführt, führt die Utopie der prinzipiellen Unsterblichkeit aller Menschen vor. Der Sündenfall Adams und Evas bestand nicht in der Versuchung der Erkenntnis, sondern im Wunsch nach Sterblichkeit. Die Sterblichkeit jedoch setzt der Erkenntnis Grenzen: »Die Menschen leben nicht lange genug; sie sind, für alle Zwecke hoher Zivilisation, reine Kinder wenn sie sterben«[33], so notiert Shaw in seinem Vorwort (*Die fünf Dezennien des Unglaubens. Die Lebensdauer vom Willen abhängig*). Shaws Utopie mündet darin, daß nur durch jahrhundertelanges Leben der Mensch zu einer denkenden Erkenntnis gelangen kann, die alles Emotionale hinter sich läßt, um das Geheimnis des Lebens zu ergründen. Der fünfte Teil des umfangreichen Werks, der den Titel *Bis an des Gedankens Grenze* trägt, spielt im Jahr 31920 n. Chr. Lilith formuliert hier in ihrem großen Schlußmonolog die zwischen Abscheu vor einer grauenvollen Vergangenheit und utopischer Hoffnung schwankenden Gedanken: »Sie [die Menschen] haben die Last des ewigen Lebens auf sich genommen, sie haben die Qualen der Geburt abgeschafft, und ihr Leben versagt nicht einmal in der Stunde der Zerstörung. [...] Ihre Gestalten sind nur Schmucksachen für ihre Kinder, die sie bewundern und streicheln, ohne sie zu verstehen. [...] Sie haben fürchterliche Dinge getan; sie haben den Tod umarmt und gesagt, das ewige Leben sei ein Märchen. Ich stand verblüfft vor der Bosheit und Zerstörungswut der Dinge, die ich gemacht hatte: Der Mars errötete, als er auf die Schande seines Schwesterplaneten herabsah; die Grausamkeit und die Heuchelei wurden so widerlich, daß das Antlitz der Erde mit den Gräbern kleiner Kinder bedeckt wurde. [...] Die Wehen einer anderen Geburt waren schon in mir, als ein Mensch bereute und dreihundert Jahre lang lebte; und ich wartete, um zu sehen, was daraus werden würde. Und so viel wurde daraus, daß die Greuel jener Zeiten jetzt nur als böser Traum erscheinen. Sie haben sich von Schändlichkeit freigemacht und von ihren Sünden abgewandt. Und was das beste ist: sie sind noch immer nicht zufrieden. [...] Nachdem sie an einer Million von Zielen vorbeigegangen, drängen sie auf das Ziel der Loslösung vom Fleische zu, [...] von der Materie befreit, auf den Strudel des reinen Verstandes, der, als die Welt begann, ein Strudel reiner Kraft war.«[34]

Während Čapeks Auseinandersetzung mit der Unsterblichkeit eine nicht ganz eindeutige Position einnimmt (und die Radikalität der Gedanken Shaws für die Gattung der Komödie auch kaum adäquat sind), bezieht Janáček deutlich gegen Shaws Utopie Stellung: »Wissen Sie, wie furchtbar einem Menschen zumute sein muß, den kein Ende erwartet? Das verkörperte Unglück! Er will nichts, er erwartet nichts.«[35] Für Janáček verliert das durch ein wissenschaftliches Experiment verlängerte Leben in seinem Verlauf immer stärker an emotionalen, ethischen und moralischen Werten: »Der Begriff der Unendlichkeit impliziert den der Mittelpunktlosigkeit«[36], tilgt somit auch ethisch-moralische Grundsätze. Gleichzeitig wird die lange Lebensfrist nicht für Erkenntnisstreben genutzt. Emilia Marty vervollkommnet sich zwar als Sängerin, aber die Erkenntnis, die sie letztlich aus ihrem langen Leben zieht, läßt sie gegen das jahrhundertelange Leben Position beziehen. Ihr Tod – offen auf der Bühne miterlebbar und kompositorisch genau ausgestaltet – ist wichtiger Bestandteil dieses Lebenslaufes und zeigt Janáčeks Interpretation der Unsterblichkeitsproblematik. Gerade im Verlust der Liebe sieht er die größte Strafe der Unsterblichkeit, während Shaws Vorstellung davon ausgeht, daß das Stadium der Emotionen überwunden werden muß, um zu einem höheren Stadium der Erkenntnis, der Weisheit und Verantwortung zu gelangen.

Emilia Marty ist nicht unsterblich. Sie hat zwar, nachdem die »Sache Makropulos« wieder in ihrem Besitz ist, die Möglichkeit weiterzuleben – aber sie verzichtet. Neben Vergänglichkeit und ewigem Leben geht es in der Oper um das Glück, besser: die Unmöglichkeit eines Glücks ohne zeitliche Begrenzung. Martys Nihilismus resultiert vor allem aus dieser Unmöglichkeit. Sie hat während ihres 337jährigen Lebens viele Menschen sterben, viele Liebschaften und Karrieren enden sehen. Besonders im zweiten Akt, dessen hauptsächliches Thema die Liebe ist, wird dies immer wieder betont: Viele Männer kommen und gehen, um die Gunst der großen Sängerin werbend, selbst der Maschinist träumt von sexueller Erfüllung. Die unschuldigen Tändeleien des jungen Liebespaares Krista und Janek bilden hierzu den denkbar schärfsten Kontrast, und sie sind es letztlich auch, die Emilia Marty zu immer zynischeren Grobheiten veranlassen. Die junge, hoffnungsvolle Liebe der beiden verzerrt sich durch die Sichtweise der 337jährigen Greisin zum Trugbild, gleichzeitig spiegelt sie Emilia Martys Geschick des »Todseins bei Lebzeiten (Life-in-Death)«[37] in deutlicher Härte wider. Und so spitzt sich die Situation zu, als Emilia Marty provozierend fragt, ob »sie schon im Paradies waren? Ob sie sich schon gehabt haben?« In bitteren Worten fügt sie hinzu: »Und schließlich, ist's ein Unsinn, nicht der Rede wert.« Die Musik scheint an dieser Stelle gleichsam zu erstarren (II, Ziff. 38): Im *pianissimo* stehen flirrend-tremolierende Flageolett-Akkorde der Violinen einsam zwischen den Worten Emilia Martys, begleitet nur von einem *pianissimo*-Wirbel der Kindertrommel. Martys Zynismus wird jedoch durch ein tragisches Moment gebrochen: Sie weiß um die Vergänglichkeit der Liebe, gleichzeitig ist sie selbst aus dem Kreislauf der Vergänglichkeit und damit auch aus dem der Liebe ausgeschlossen. Die flüchtige Wirklichkeit des Gefühls korrespondiert mit der Endlichkeit des Lebens – beides bleibt unerreichbar für die ewig junge Emilia Marty.

In der Partitur fällt in diesem Zusammenhang ein weiteres Detail auf. Die Liebe zu Pepi, zu Ferdinand Prus, scheint aus der Vielzahl der Liebesbeziehungen von Emilia Marty herauszuragen. Im letzten Akt, wenn Emilia Marty von dieser Liebe spricht, finden sich Orchester und Gesangspart zu einer der ganz wenigen und dadurch besonders hervorstechenden *colla parte*-Stellen zusammen: »Denn ihn liebt' ich wirklich. Ja, den liebte ich wirklich.« (Ziff. 79). Wenig später (Ziff. 85) erklingt die Singstimme nochmals *colla parte*: »Ich wollte die Sache bekommen, mit der ein Mensch *300 Jahre leben kann! 300 Jahre jung sein!*«[38] Die wahre Liebe wird auf diese Weise kompositorisch mit dem Wunsch nach Ewigkeit verknüpft. Daß die Verbindung von Liebe und Ewigkeit jedoch von der »Sache Makropulos« abhängig ist und daher Illusion bleiben muß, ist ebenfalls in die Musik eingeschrieben: Trillerostinati begleiten den oben skizzierten Abschnitt, bilden den dunkel vibrierenden Teppich dieses Klangbildes.

Die Haltung Emilia Martys gegenüber Todesfällen in ihrer näheren Umgebung ist nüchtern, unemotional, ja sogar zynisch. Besonders deutlich wird dies im Falle von Janeks Freitod. Nachdem der Diener die schreckliche Botschaft überbracht hat, bezichtigt Prus Emilia Marty der Schuld. Sie weist jedoch die Verantwortung für diesen Tod von sich; Prus, der Vater, trage sie selbst. Daß aber der Vorwurf auch nach Prus' Abgang sie weiter beschäftigt, verrät die Musik (III, Ziff. 27ff.): Der dramaturgische Kontrast zwischen der Prus-Szene zur kommenden Hauk-Episode ist extrem: hier Todesthematik und Schuldzuweisung, dort die heiteren Phantasien eines verliebten Verrückten. Doch das Klangbild trägt diesem abrupten Wechsel keine Rechnung, die Dramatik der vorigen Szene will nicht weichen: Die Pauke, die ab Ziffer 25 bedrohlich die Auseinandersetzung zwischen Marty und Prus grundiert hatte, spielt noch weit in Hauks Klangbild hinein, das rhythmische Ostinato kommt erst allmählich, sich langsam ausdünnend, zur Ruhe. Das »spanische« Klangbild Hauks, das im zweiten Akt dominant und grotesk scherzohaft in die Szenerie einbrach, kann sich an dieser Stelle nur zögerlich und auch nicht mehr in seiner Gänze durchsetzen.

Trotz seiner Skepsis gegenüber der Unsterblichkeit konzipiert Janáček das Ende von Emilia Marty nicht als Apotheose, als Erlösungsschluß. Die bedrohlichen, harschen Orchesterklänge, die während der gesamten Oper dominieren, bleiben bis zum Schluß bestimmend. Auch hierin liegt Janáčeks Deutung der philosophischen Frage. Der Tod ist grausam, auch nach einem 337jährigen Leben. Die Zurückbleibenden verharren in unbestimmter Reglosigkeit. Nur Krista – nicht zufällig wiederum eine Frau – ergreift die Initiative.

Das Ewig-Weibliche und ewig männliche Mythen

Das Verbot, »faustisch« zu sein

Ein Wortspiel mit dem Ewig-Weiblichen ist im Zusammenhang mit Emilia Marty verlockend[1]. Diesen Eindruck gewinnt man, liest man in der Sekundärliteratur über Janáčeks Oper. Zahlreiche Autoren ziehen sich – vor allem, wenn es um interpretatorische Schwierigkeiten mit dem Sujet oder der Komposition geht – auffallend häufig auf die Ebene der Mystifizierung der Frau und dem Hinweis auf Goethes Chorus Mysticus zurück: »Alles Vergängliche / Ist nur ein Gleichnis; / Das Unzulängliche, / Hier wird's Ereignis; / Das Unbeschreibliche, / Hier ist's getan; / Das Ewig-Weibliche / Zieht uns hinan.« Das Ewig-Weibliche, das nicht nur bei Goethe rätselhaft bleibt, sondern auch als Topos der weiblichen Rätselhaftigkeit schlechthin verstanden wird, dient als einziger Interpretationsausweg aus einem scheinbar nicht zu lösenden Konflikt. Denn Emilia Marty trägt eindeutig faustische Züge. Der Mythos Faust aber soll für die Männlichkeit erhalten werden, so daß die weibliche Figur innerhalb einer faustischen Konstellation dann auf das Ewig-Weibliche reduziert werden muß. Kurz gesagt: eine faustische Frauenfigur scheint vielen nicht vorstellbar.

Zwei Beispiele dieses Phänomens seien stellvertretend zitiert: In seine fundierte, ausführliche Analyse der Oper fügt Jaroslav Vogel einen Hinweis auf Faust ein: »In der *Sache Makropulos* wird das Problem [der ewigen Selbsterneuerung] drängender, trotziger, ich möchte geradezu sagen, revolutionärer gestellt: [...] Sollen wir uns bescheiden oder nicht bescheiden mit unserem ephemeren Dasein, mit der Lebensfrist, die uns von der Natur beschieden ist und die uns so kurz dünkt zum Vollbringen all dessen, was wir vollbringen möchten, zur Erkenntnis dessen, was wir ergründen möchten, zum Erleben all dessen, was wir erleben möchten. Das Problem wurde im Grunde schon von der alten Faustsage aufgeworfen. [...] Karel Čapek [...] versucht mittels einer utopistischen Fabel die Frage [...] zu beantworten [...]: indem er ein wunderwirkendes Lebenselixier voraussetzt - eben ›die Sache Makropulos‹ [...] –, stellt er uns ein über dreihundert Jahre ›junges‹, mit allen Gaben des Körpers und des Geistes begabtes weibliches Wesen vor Augen. *Nur eben jener faustische Zug geht dieser Frau ab.* [...] Es wird uns [...] auch klar, warum

Janáček die Marty durch keinen Ahasver ersetzen konnte, obschon ihm auch ein Ahasver die Möglichkeit geboten hätte, ›die Gemütsverfassung eines Menschen auszusprechen, der niemals enden wird‹. Denn ihn fesselte an ihr in nicht geringerem Maße auch ihr faszinierendes, aufreizendes und *unerforschliches Weibtum*.«[2]

Kurt Honolka, der offensichtlich Zweifel am kompositorischen Wert des Werkes hat (»Der Orchesterklang erscheint wenig differenziert, oft szenenweise austauschbar«), erwähnt im Zusammenhang mit der Gestaltung der Emilia Marty ebenfalls den Hinweis auf Faust: »Das ewig Weibliche, es zog ihn [Janáček] auch hier hinan, wo er ansonsten alles Faustische und Metaphysische dieser Variation über das Thema von ewiger Jugend zugunsten des Kreatürlichen unbeachtet ließ.«[3]

Für Vogel wie für Honolka liegt der Hinweis auf Faust zwar nahe, eine Identifikation der Emilia Marty mit Faust aber wird nicht erwogen, ja sogar bewußt ausgeschlossen. In beiden Fällen wird außerdem die Faszination des »Mysteriums Weib« auf Janáček erwähnt. Während Vogel jedoch im Rahmen uneingeschränkter Wertschätzung Janáčeks argumentiert, fällt bei Honolka eine Tendenz auf, die sich bei anderen Autoren dann stärker ausprägt: die Schwierigkeit mit der Bewertung gerade dieser Oper Janáčeks. Der Konflikt kulminiert bei einigen Autoren sogar im Vorwurf des Dilettantismus. Warum aber wird die Identifikation der Figur Emilia Marty mit dem Fausttypus ausgeschlossen, wo sie doch offensichtlich besteht? Und inwieweit spricht der Vorwurf des Dilettantismus Janáček die Fähigkeit ab, überhaupt Musik für eine faustische Figur komponieren zu können?

Johann Wolfgang von Goethes Dramatisierung des Faust-Sujets entfacht im 19. Jahrhundert ein erneutes, intensives und künsteübergreifendes Interesse an dem spätmittelalterlichen Stoff. Unter romantischem Einfluß modifizieren sich dabei die Charaktere, Faust erfährt eine grüblerisch-dunklere Interpretation, während die Frauenfiguren als stereotype Gegenpole zu Faust eingesetzt werden: Gretchens Naivität und Reinheit macht sie zu einer idealisierten, unschuldigen, leidenden jungen Frau. Helena ist das weibliche Idealbild antik-mythologischen Ursprungs. Allein Heinrich Heine überspringt Geschlechtergrenzen, wenn er in seinem Tanzpoem *Doktor Faust*[4] die Figur des Mephistopheles in eine Mephistophela – eine weibliche, teuflische Verführerin – verwandelt, eine Idee, die auch Alfred Schnittke in seiner Faust-Oper (*Historia von D. Johann Fausten*, 1995) umsetzt. Undenkbar bleibt hingegen – und das offensichtlich bis in die musikwissenschaftliche Tradition des 20. Jahrhunderts –, Faust selbst als Frau zu denken, eine Frau mit faustischen Zügen zuzulassen.

Die Verweigerung, faustische mit weiblichen Elementen zu kombinieren, wird auffälligerweise nicht nur auf Sujetebene praktiziert: Ein Rezensent der Uraufführung von Louise-Angélique Bertins Oper *Faust* (1830) beispielsweise zweifelt an der Tauglichkeit des Stoffes für eine Komponistin: »Man fürchtete, daß das so ernste und kraftvolle Sujet, das in so schwache Hände geworfen wurde, diese zermalmen mußte«[5]. Der Faust-Mythos bleibt »Bastion der Männlichkeit«. Dies läßt sich auch in Karl Gutzkows Roman *Wally, die Zweiflerin* (1835) nachlesen. Hier übt Wally, die aufbegehrende weibliche Hauptperson, Kritik an dem offensichtlich ausgesprochenen Verbot für Frauen, *Faust* zu lesen oder sich gar mit ihm zu identifizieren: »Sage, warum wir den Faust nicht lesen sollen? Die Schilderung jener Zweifel, die eines Menschen Brust durchwühlen können, macht uns vertraut mit ihnen und die Wirkung derselben für uns weniger gefährlich.«[6] Das Faust-Sujet als Prüfstein intellektueller Auseinandersetzung mit metaphysischen und selbstreflexiven Fragen widerspricht offenbar massiv dem Frauenbild des 19. Jahrhunderts. Dahinter steht der »ewig lauernde Verdacht, weibliche Intelligenz sei ein Verstoß gegen die Natur«[7]. Klarer durchschaubar wird diese Haltung, wenn man bedenkt, daß wesentliche Aspekte des Faustschen Charakters offen mit dem Frauenbild des 19. (und offensichtlich auch des 20.) Jahrhunderts kollidieren: Gelehrsamkeit, (auch sexuelle) Selbstbestimmung, Freiheit der Lebensführung, Partizipation an wesentlichen Erkenntnisfragen und vieles mehr. Gerade jene Punkte, die eine Frauenfigur als »faustisch« erscheinen lassen können, sind die Hauptforderungen der frühen Emanzipationsbewegung und damit das Schreckbild konservativer Köpfe.

In der Figur der Emilia Marty lassen sich freilich ohne Schwierigkeiten Parallelen zur Faust-Gestalt aufzeigen: Ein mysteriöser Trank – bei Faust teuflisch, bei Emilia Marty alchimistisch – verwandelt ein Menschenleben in den Zustand ewiger Jugend. Beide Protagonisten erreichen durch die lebensverlängernde Wirkung dieses Tranks eine Form von Übermenschlichkeit, außerdem ein sexuell vielseitiges und freizügiges Leben. Das Verhältnis von Passivität und Aktivität, das in *Faust* ganz eindeutig zwischen Gretchen und Faust besteht, wird in der *Sache Makropulos* geschlechtsspezifisch anders verteilt: Emilia Martys Part ist der agierende, die männlichen Gegenspieler sind Reagierende. Die Langlebigkeit hat für Faust wie für Emilia Marty die Konsequenz, sich mit dem Alter auseinanderzusetzen, für beide ein schwieriger Zustand: »Ich bin zu alt, um nur zu spielen, / Zu jung, um ohne Wunsch zu sein« (*Faust*, 1546f.). Gleichzeitig wird hinter der Maske der Jugend das Gefühl des Unglücks deutlich, das sich bis zum Zynismus und Nihilismus steigert. Und während Emilia Marty erst kurz vor ihrem Tod zu der Einsicht gelangt, daß Glück nur innerhalb eines begrenzten Lebens, nicht aber in der Unsterblichkeit möglich ist, wird für Faust der Zusammenhang zwischen Emotionalität und Endlichkeit bereits während des Pakts mit Mephistopheles deutlich. Der Preis für dieses Leben ist auch insofern hoch, als ihn Faust und

Emilia Marty mit einer tiefgreifenden Isolation von der Umgebung bezahlen müssen: »Der aus allen Bindungen Entbundene kann in nichts Bestimmtem mehr heimisch oder seßhaft werden.«[8] Beide genießen zwar hohes Ansehen – Faust als Wissenschaftler und Lehrer, die Marty als Sängerin –, sie sind aber beide emotional ausgelaugt und finden letztlich den Tod, wobei ein vergleichsweise abstraktes Prinzip von Weiblichkeit sie »errettet«.

Die Parallelen gehen auf der Handlungsebene weiter: Der Vater von Emilia Marty ist Arzt und Alchimist, genau wie der Vater Fausts. Der zeitliche Handlungsrahmen respektive Ursprung – bei Emilia Marty durch die Vorgeschichte mit dem Vater als Hofalchimisten Rudolfs II. angedeutet – liegt vor der Epoche der Aufklärung. Der Tod einer Nebenfigur läßt die Handlung zu einem bestimmten Punkt eskalieren: der Freitod Janeks einerseits, andererseits Valentins Tod durch die von Mephistopheles geführte Hand Fausts. Auch das Lehrer-Schüler-Verhältnis ist in beiden Fällen wichtig: Faust und Wagner einerseits, Emilia Marty und Krista andererseits. Und schließlich spielt jeweils auch der Teufelspakt eine wesentliche Rolle. Zentral in Goethes *Faust* ist der Pakt zwischen Faust und Mephistopheles, in der *Sache Makropulos* wird ein solcher Pakt mit dem Teufel von Dr. Kolenatý angenommen, was Janáček mit dem »diabolus in musica« kommentiert.

Die Ähnlichkeiten und Übereinstimmungen der Figuren Emilia Marty und Faust sind evident, sie werden in manchen Punkten von Janáček musikalisch sogar besonders herausgestellt. Warum aber sperrt sich die musikwissenschaftliche Interpretation gegen diese Offensichtlichkeit und nimmt statt dessen Zuflucht zu einem Aspekt, der zwar in der Wortwahl besonders gut zu passen scheint, der Gestalt Emilia Martys aber nur zum Bruchteil gerecht wird: dem Ewig-Weiblichen? Es geht wohl mehr als nur um ein Wortspiel; es scheint von Wesentlichem ablenken zu wollen: vom Problem der Individualität und der Macht des Wissens.

Zieht man das Frauenbild zu Rate, wie es im 19. Jahrhundert herausgebildet und gepflegt wurde, wird deutlich, daß der Fall Emilia Marty, so wie er von Janáček musikalisch gezeichnet wird, mit jenem Verständnis von Weiblichkeit kollidiert, das zwar im 19. Jahrhundert wurzelt, aber weder zur Zeit der Entstehung der Oper noch zur Zeit ihrer Rezeption veraltet ist. Das 19. Jahrhundert ist von einer Polarisierung zwischen männlich/*ratio* und weiblich/*emotio* geprägt. Während der Mann für die Außenwelt, den Beruf, den technischen und wissenschaftlichen Fortschritt bestimmt ist, gehört die Frau in den Bereich des Hauses, der Innerlichkeit, des Privaten, aber auch in den der Technik und Kultur gegenübergestellten Umkreis der Natur. 1870 etwa schreibt der Historiker Heinrich von Sybel in seinem Buch *Über die Emancipation der Frau*: »Das Gebiet der Frau ist das scheinbar enge und einförmige des inneren häuslichen Lebens; die Domäne des Mannes ist die weite

Welt da draußen, die Wissenschaft, die Rechtsordnung, der Staat.«[9] Die erneut auflebende Motivgeschichte der Abenteuer- oder auch Ewigen Fahrt[10] schreibt diese Dichotomie fort, stets ist es der Mann, der nach außen geht. Er entdeckt und beherrscht neue Länder – der Kolonialismus und Imperialismus prägt hier den männlichen Typus des Entdeckers – und macht sich die Natur untertan, während die Frau zu Hause auf den Heimkehrenden wartet oder auch, wie in Wagners *Fliegendem Holländer*, den Umherirrenden durch ihre Reinheit und Treue erlöst. »Eine Frau«, schrieb Altenberg, »hat die heilige Mission, dem schwer ringenden Manne im ›Labyrinthe dieses Lebens‹ zu helfen, zu dienen! Alles Andere an ihr ist teuflisch und hinderlich!«[11]

Konsequenterweise ist auch die Bildung auf diese Geschlechterbestimmung hin ausgerichtet. Die Palette der Studienfächer, die Faust eingangs aufzählt, wären von einer Frau im 19. Jahrhundert grundsätzlich nicht studierbar gewesen. Und schließlich galt auch Individualität als reine Männersache. »Die Frau [hat] in dieser Konstruktion kein Selbst, das unabhängig wäre von der Funktion, die sie für den Mann erfüllt. Ist der Mann ein Subjekt für sich selbst, das die imaginierte Weiblichkeit benötigt, um sich seiner selbst stets zu vergewissern, wird der Frau in diesem System eben gerade keine Subjektivität zugesprochen. Sie existiert nur für den Mann. Dieses [...] Weiblichkeitsbild setzt die Aufgabe der Frau mit ihrer Selbstaufgabe gleich.«[12] So konnte Fausts Teufelspakt als Initiation eines Individuationsprozesses interpretiert werden – vergleichbar mit den Aventurefahrten der mittelalterlichen Ritter –, während ein Teufelspakt für eine Frau die Diffamierung als Hexe zur Folge hatte.

Auch Goethes *Faust* operiert mit dem Gegensatz von männlichem Individuum und weiblicher Wesenhaftigkeit. Neben dem Individuum Faust stehen Gretchen, konform, unschuldig und naiv, die Hexe, ein unpersönliches Wesen, das seinen Pakt mit Mephistopheles mit dem Hexendasein bezahlt, und Helena, deren mythologische Ferne sie als Idealbild weiblicher Schönheit überindividuell erscheinen läßt.

Im völligen Gegensatz zu diesen weiblichen Typisierungen steht Janáčeks Emilia Marty: Sie muß zwar männliche Projektionen über sich ergehen lassen, hat aber eine ausgeprägte Individualität. Sie wechselt von sich aus die Namen, sie ist die Agierende, sie weiß mehr als der Rationalist Kolenatý, sie nutzt ihre männlichen Gegenspieler für ihre Zwecke aus, und vor allem wird sie durch Janáčeks Musik als überaus konkrete Person gekennzeichnet. Nicht nur, daß sie als Handlungsträgerin Parallelen zur Faust-Figur aufweist, sie geht auch in keiner Weise mit den idealisierten und unpersönlichen Frauenfiguren aus Goethes *Faust* konform. Damit bricht Janáčeks Emilia Marty in eine Vorstellungswelt ein, die männlichen Protagonisten vorbehalten zu sein scheint.

Die von Emilia Marty verkörperte Kombination von verlockender Weiblichkeit und männlich konnotiertem Motiv scheint Janáček besonders interessiert zu haben. Seine kompositorische Lösung wiederum stiftet Verwirrung. Um dies zu kompensieren werden die offensichtlichen Parallelen zum Faust-Stoff zwar erkannt, sofort aber ins Mystische umgewandelt. So kann die Faust-Allusion im Vagen des Ewig-Weiblichen bleiben, ohne einer Frauenfigur faustische Züge zuerkennen zu müssen. Emilia Martys »faszinierendes, aufreizendes und unerforschliches Weibtum« sei es gewesen, das Janáček gefesselt habe. Indem Emilia Marty aus dem Kontext von Individualität und Verstand herausgenommen wird, wird sie zu einem Mysterium des Ewig-Weiblichen. Es wird ihr das abgesprochen, was sie zu einem neuen, emanzipierten Typus machen könnte, und in der Distanz des Mysteriums geht die Jetztbezogenheit, die von Janáček so bewußt in Musik gesetzt wird, verloren. Emilia Marty wird interpretiert als »Prinzip Weib«, entgegen allen kompositorischen Intentionen.

Was sich so offensichtlich auf der Handlungsebene abspielt, erlebt einen Reflex auch auf der Ebene der Komposition oder vielmehr ihres Schöpfers: Janáček – gesehen als dilettierender Außenseiter der Musikgeschichte des »faustischen Abendlandes«[13] – wird die Legitimation abgesprochen, Faustisches zu vertonen. Jenes Faust-Bild aber, das nach der Niederlage des Ersten Weltkrieges die deutsche Identität wiederherzustellen helfen soll, ist ein elitär-konservatives. Faust steht nun für einen verfeinerten Ästhetizismus und für eine besondere Geistigkeit, die die nationale Erniedrigung und den Schmutz des Krieges vergessen machen, kompensieren soll[14]. In letzter, bedrohlich auf faschistisches Gedankengut vorausweisender Konsequenz ist es auch ausschließlich diese Faust-Identifikation, das hoch-individualistische »faustische Ich«, das Unsterblichkeit verdient. Oswald Spengler formuliert dies in einer radikalen »Willenskultur«, in dem das »Ich« und »die gesamte faustische Ethik ein ›Empor‹« verkörpere, die schließlich zu ihrem eigentlichen Ziel gelange: »...und endlich das Höchste: Unsterblichkeit des Ich.«[15] Die Entstehungszeit der *Sache Makropulos* fällt mit dieser Faust-Euphorie und der elitär-nationalen Faust-Rezeption in Deutschland zusammen. Wohlgemerkt: es geht nicht darum, ob und inwiefern Janáček selbst diese zeitliche Koinzidenz bewußt war; vielmehr geht es um die umstrittene Rezeption einer Oper, deren faustischer Ideengehalt entweder nicht wahrgenommen, vielmehr verdrängt wird, oder deren ästhetische Qualitäten grundsätzlich in Frage gestellt werden. Denn aus einer Spenglerschen Perspektive kommt die Vertonung eines Faust-Sujets durch einen nicht-deutschen Komponisten, der als Kritiker klassisch-deutscher Musikästhetik – vor allem auch als Kritiker kontrapunktischer Schreibweise[16] – hervorgetreten ist, einem Sakrileg gleich.

Argumentatives Hilfsmittel in dieser Kontroverse ist der Begriff des Dilettantismus.

Der Vorwurf des Dilettantismus begleitet Janáček seit seinen Lebzeiten. Betrachtet man seinen Lebensweg – von der Ausbildung zum Musiklehrer, über zahlreiche Dirigierverpflichtungen bis hin zu den jeweils kurzen Studienzeiten an der Orgelschule in Prag (1874/75) und an den Konservatorien in Leipzig und Wien (1879/80) –, kann von musikalischem Dilettantismus allerdings keine Rede sein[17]. Dennoch taucht dieser Vorwurf immer wieder auf, scheinbar begründbar durch Janáčeks ablehnende Haltung gegenüber klassisch-romantischem Repertoire westlicher Prägung. Indirekt mögen die Gründe für diesen Vorwurf aber auch in seinem (kultur-)politischen Engagement für seine Heimat und gegen die habsburgische Macht, schließlich auch in der ausgeprägten Eigenheit seines kompositorischen Verfahrens liegen: in der intensiven Auseinandersetzung mit dem Volksliedmaterial seiner Heimat, in seiner neuartigen Herangehensweise an Komposition und Musikunterricht (er führte beispielsweise bereits 1882 das Unterrichtsfach Psychologie an der Brünner Orgelschule ein), nicht zuletzt auch in der späten Entwicklung seiner Tonsprache.

Außenseiter der Musikgeschichte werden schnell als »Dilettanten« etikettiert, Nonkonformität durch Unwissenheit erklärt – einen ähnlichen Fall stellt etwa ein halbes Jahrhundert früher Modest Mussorgski dar, auch er ein musikalischer Querdenker seiner Zeit, dessen scharfer Realismus kompositorische Konventionen außer acht läßt. Der Vorwurf des Dilettantismus wiegt jedoch schwer, vor allem, wenn man die Kanonisierung der Musik betrachtet: Komponistinnen haben darunter zu leiden, aber auch sogenannte »Dilettanten« wie Mussorgski, dessen *Boris Godunow* erst in der »bereinigten« Form von Nikolai Rimski-Korsakow auf die Bühnen kam, oder eben Janáček, dessen Werk lange Zeit auf internationales Ansehen warten mußte, zum Teil heute noch warten muß[18].

Neben zahlreichen, mehr oder weniger dezenten Hinweisen auf Janáčeks angeblichen Dilettantismus in der Sekundärliteratur ist vor allem Tibor Kneifs Auseinandersetzung mit den Bühnenwerken Janáčeks von dieser Negatividee geprägt[19]: »Suchte er [Janáček] das, was er Musik nannte, in der objektiven Eigengestalt von Tonbeziehungen? Wohl kaum, und selbst ein geregeltes und abgeschlossenes Studium hätte an seiner dilettantischen Haltung der Musik gegenüber wenig zu ändern vermocht. Er war zunächst ein künstlerisch Empfindender, dem dazu, um Künstler zu sein, die Toleranz für die Vermittlerrolle des Handwerks fehlte. [...] Wie seine spätere Opernfigur Kátă, für die Gebet wie Sünde allein in ekstatischer Steigerung erlebbar wird, ist Janáček Erschütterungen und Visionen ausgesetzt. Das feminine Bedürfnis nach ihnen bestimmte auch sein Urteil über die Musik anderer.«[20]

Abgesehen davon, daß Janáček sehr wohl eine abgeschlossene musikalische Ausbildung besaß, fällt auf, daß Kneif Janáček mit einer negativen Konnotation von Weiblichkeit verbindet: Empfindung, Ekstase, Visionen und ein unbestimmtes »feminines Bedürfnis«. Damit steht der Janáček-Darstellung Kneifs das Bild eines »abendländischen«, rationalen Komponist mit klassischer Ausbildung entgegen, wie es etwa auch aus dem Musikverständnis Hans Heinrich Eggebrechts spricht: »Fragen wir nun hier nach der zentralen Idee, die die Musik als abendländisch kennzeichnet und als herrschendes Prinzip ihre Geschichte bestimmt, so kann die Antwort, wie ich glaube, in ein einziges Wort zusammengezogen werden: Rationalität. Und dieses Wort umschließt und bringt aus sich hervor als weitere wesentliche Kennzeichen: Theorie, Notation, Komposition, Geschichtlichkeit und Transportabilität.«[21] Diesen Prämissen widerspricht Janáček fast in jedem Punkt: Für ihn ist Subjektivität die zentrale Idee, sei es in Form der Sprechmotive, sei es in Form seiner individuell entwickelten Kompositionsweise, die sozusagen »auf verwachsenem Pfade« und nicht auf den traditionellen Wegen der westeuropäischen Musiktradition zu Hause ist; seine Theorie, die er beispielsweise in seinen Gesangs- und Harmonielehren[22] festschreibt, kennzeichnet ihn als individualistischen Theoretiker, zu dessen Grundlagen ebenso die Psychologie wie das Chronometer (Hipp-Chronoskop[23]) gehört. Die speziell für die Sprechmotive entwickelte Notation weicht zum Teil erheblich von der traditionellen ab.

Janáčeks Standpunkt in der Musikgeschichte ist bis heute umstritten, er hat weder direkte Vorbilder noch Nachfolger, er ist innerhalb der Musikgeschichte ein Individualist höchsten Grades. Daher auch muß Janáček aus jenem »abendländischen« Blickwinkel – in seiner Abhängigkeit von Subjektivität, Emotionen, in seiner »Feminität« – Dilettant bleiben. Das aber schließt ihn aus dem Kanon der sogenannten abendländischen Musik aus, einer Musik im »Geist der faustischen, wälderhaften Musik des Kontrapunkts« (Oswald Spengler). Daß Kneif mit seiner Position nicht alleine steht, läßt die Janáček-Biographie von Max Brod erkennen, die den Komponisten gegen den Vorwurf der Weiblichkeit und der Primitivität schützen zu müssen glaubt: »In Janáčeks außergewöhnlicher Sensitivität[24] liegt der Keim zur Neuartigkeit seiner Schöpfungen, vor allem auch zu dem, was man fälschlich seinen Primitivismus genannt hat. Die Überkompliziertheit des modernen Orchesters (Schreker u. a.) ist ja nicht etwa die Folge feiner, sondern abgestumpfter Nerven. Wer wie Janáček das Einfache zu Ende zu empfinden, bis in die letzte Faser auszukosten imstande ist, der wird noch aus dem Einfachsten neue Wirkungen hervorzuholen wissen und – vor allem – das Einfache wird ihn so stark, so herzlich beschäftigen, daß er instinktiv alle verwischenden Kombinationen als unsauber ablehnen muß. Nicht weil er wenig und ungegliedert, sondern weil er reich und differenziert empfindet, liebt er die reine einfache Linie. Will man das ›primitiv‹ nennen, so ist ja dagegen als gegen eine bloße Nomenclatur nichts einzuwenden. Aber dann darf man mit ›primitiv‹ nicht den Nebensinn des ›Barbarischen‹ verbinden, wie es oft geschieht. Denn Janáčeks, durch Empfindung für die zartesten Nuancen ausgezeichnete Primitivität ist ja gerade der Gegenpol aller überladenen und prunksüchtig-gefühllosen Barbarei.«[25]

Kneifs Position erhält dann besondere Sprengkraft, wenn die Vorstellung von einem »femininen Bedürfnis« auf jenes Sujet trifft, das *per se* Weiblichkeit mit männlichen Vorstellungsmustern konfrontiert, ja sogar in männliche Position einbricht: bei der *Sache Makropulos*. Und so fragt der Autor hier grundsätzlich: »Beruht der erste Schaffensimpuls [...] auf einem Irrtum seinerseits? [...] Dem Nichtintellektuellen Janáček unterliefen solche Mißverständnisse nicht selten.«[26] Kaum verwunderlich, daß die Interpretation dieser Oper im Vergleich zu den übrigen, von Kneif besprochenen Werken besonders negativ, teilweise sogar persönlich beleidigend ausfällt – insgesamt hält der Autor sechs Töne der gesamten Oper für gelungen[27]! Kneif erwähnt den Faust-Vergleich nicht, er scheint dem »Nichtintellektuellen« Janáček die gedankliche Verbindung zum Faust-Mythos nicht zuzutrauen. Dafür betont auch er indirekt das Ewig-Weibliche, wenn er das Zigeunerhafte oder das »verheerende Triebleben der griechischen Abenteurerin«[28], das Janáček an der Figur der Emilia Marty besonders fasziniert habe, hervorhebt. Aber nicht nur das *Sujet* des Weiblichen habe Janáček motiviert, auch der eigene weiblich-emotionale Zugang, der den Komponisten zum Schreiben inspiriert habe, wird mehrfach herausgestellt. Die Polarität von *ratio* und *emotio* wird demnach so angelegt, daß Janáček durch seinen »dilettantischen« Umgang mit Čapeks Vorlage dem Bereich der *emotio* zugeteilt wird, ein Vorwurf, der ihn innerhalb dieser Argumentationsschiene aus dem Kanon ernstzunehmender Komponisten verbannt und ihn einer Weiblichkeit und Weichlichkeit zeiht, die in diesem Kontext offensichtlich negative Züge trägt.

Augenscheinlich liegt hier ein traditionsreiches Interpretationsmuster vor, das Komponisten außerhalb des äußerst begrenzt verstandenen »faustischen Abendlandes« genauso marginalisiert wie andere »Außenseiter« der Musikgeschichte: etwa Komponistinnen oder sogenannte Dilettanten[29]. Ihnen wird nicht nur die allgemeine Wertschätzung entzogen, sondern auch speziell die Fähigkeit abgesprochen, sich mit dem Faust-Mythos auseinanderzusetzen[30]. Besonders groß ist daher die Verwirrung über eine Frau als faustische Figur, komponiert von einem als Dilettanten verunglimpften Komponisten.

War es bei Emilia Marty der Faust-Vergleich, wurde bei Lulu eine Parallele zu Don Juan festgestellt – und sogleich wieder verworfen, zumindest relativiert. In einem Brief an Erich Kleiber aus dem Jahre 1934 schreibt Berg: »Lulus Auf- und Abstieg hält sich die Waage; in der Mitte die große Umkehr, bis sie schließlich – wie Don Juan – vom Teufel geholt wird. Ich sage absichtlich – wie Don Juan – nicht um mich, um Gotteswillen!!! mit Mozart zu vergleichen, sondern nur, um die zwei Figuren ›Lulu‹ und ›Don Juan‹ gleichzustellen.«[31] Und auch Willi Reich unterstrich, indem er sich auf eine von Berg geschätzte Rezension zur Prager Erstaufführung der *Fünf Symphonischen Stücke aus der Oper Lulu* berief: »Nach Alban Bergs Wozzeck wird seine Lulu ein ewiges Leben führen; sie hat es leichter als der arme Wozzeck, denn mit Don Juan und Faust gehört sie zu jenen, immer wieder neugeborenen unter uns wandelnden Gestalten, die ein Dichterblick nur erschauen, nicht erst formen mußte.‹ Der Hinweis auf die Don Juan-Gestalt berührte Berg ganz besonders, da er selbst Lulu gerne als das weibliche Gegenspiel dieser Gestalt ansah.«[32]

Tatsächlich finden sich einige, von Berg bewußt in die Partitur eingebrachte Parallelen[33]: In der ersten Szene des zweiten Aktes – Dr. Schön und Lulu sind bereits verheiratet – ereignet sich die große Eifersuchtsszene: In Schöns Abwesenheit haben sich zahlreiche Verehrer Lulus im prachtvollen Renaissancesaal eingefunden, um Lulu zu huldigen. Schön kommt vorzeitig zurück und entdeckt allmählich die versteckten Verehrer. Seine Eifersucht wächst. In dieser Situation wählt Berg für das *Furioso* die Form einer fünfstrophigen Arie. Und auch das in die Arie eingebettete *Lied der Lulu* gibt Dr. Schön keinen Grund, von seiner Eifersucht abzulassen. Lulu gibt ihm zu verstehen: »Du hast so gut gewußt, weswegen du mich zur Frau nahmst, wie ich gewußt habe, weswegen ich dich zum Mann nahm. Du hattest deine besten Freunde mit mir betrogen, du konntest nicht gut auch noch dich selber mit mir betrügen.« Grundthema sowohl der Arie als auch des Liedes ist demnach die sexuelle Attraktivität von Lulu, ihre vielen Verehrer – kurz: Lulus trägt ihre eigene »Register-Arie« vor.

Freilich ist diese »Register-Arie« grotesk verzerrt, zersplittert: durch Schöns Eifersucht und durch den »windschiefen Dialog«, mit dem Lulu zunächst versucht, seine Eifersucht abzulenken. Die Arie und das *Lied der Lulu* sind auch kompositorisch einem differenzierten Pastiche-Verfahren unterworfen. Heterogene Elemente werden für jede der fünf Sentenzen zusammengestellt, so daß man es selbst hier, bei Lulus einzigartigem Selbstbekenntnis, nicht mit einem homogenen Gebilde zu tun hat: »Das Lied ist durch seine klangliche Darstellung eine Collage der aktuellen Ereignisse in

Lulus Leben, weniger eine musikalische Verkörperung ihres ›authentischen‹ Charakters«[34]. Die Arie und das in sie integrierte Lied eröffnen zwar einen Einblick in Lulus »Register«, kompositorisch aber ist dieser Einblick begleitet von Tendenzen der Irritation, der Auflösung[35].

Hatte sich Berg einerseits an Mozarts »Register-Arie« angelehnt, findet er andererseits auch bei Weininger einen Hinweis auf Don Juan. Dieser schreibt: »Die Prostituierte erscheint denn auch dem Manne unmittelbar als die Verführerin: in den Gefühlen, die sie in ihm weckt; nur sie, das unkeusche Weib par excellence, als ›Zauberin‹. Sie ist der weibliche ›Don Juan‹, sie ist jenes Wesen in der Frau, das die Ars amatoria kennt, lehrt und hütet.«[36] Weininger hebt unter anderem das »lebensfeindliche Prinzip«[37] der Prostituierten hervor. Und eben dies ist das zentrale Thema der Arie: »Du Kreatur, die mich durch den Straßenkot zum Martertode schleift! Du Würgengel! Du unabwendbares Verhängnis! [...] Du Henkerstrick!« So beginnt Dr. Schön die fünfstrophige Arie. In der zweiten Strophe drängt er Lulu dann seinen Revolver auf. Er, der ehemalige »Mann der Tat«, der durch die Hochzeit mit Lulu passiv geworden ist, verlangt von ihr den Selbstmord. Als Lulu ihm dagegen die Scheidung vorschlägt, antwortet er ihr: »Damit morgen ein nächster seinen Zeitvertreib finde, wo ich von Abgrund zu Abgrund geschaudert, den Selbstmord im Nacken und dich vor mir!« Auch hier scheint Weiningers Charakterisierung durch: Die Dirne sei »auf Zerstörung angelegt«, um dieses Ziel zu erreichen, sei es ihr Bestreben, »die ganze Kraft und Zeit des Mannes für sich in Anspruch zu nehmen.«[38]

Was die weibliche Art des Don Juan freilich von ihrem männlichen Pendant unterscheide, so Weininger, sei die fundamentale Lebensfeindlichkeit. Und auch hierin geht Berg d'accord: Gerade nämlich Lulus Aura als verderbliche, todbringende Frau kommt in der Arie und im *Lied der Lulu* besonders zum Ausdruck, gipfelnd im Mord Lulus an Dr. Schön.

Ein anderes Moment, ebenfalls mit dem Tod zusammenhängend, soll den Vergleich zwischen *Lulu* und *Don Giovanni* abschließen. In Mozarts Oper rahmen zwei Todesmomente die gesamte Handlung ein: der Mord am Komtur durch Don Giovanni (I/1) und der Tod von Don Giovanni selbst (II/15). Der Komtur wird in der ersten Szene der Oper ermordet und tritt dann als Standbild wieder in Erscheinung, veranlaßt im Finale, bei Don Giovannis Festmahl, dessen Tod. Auch bei *Lulu* findet sich ein ähnlicher Rahmen, der aus Todesmomenten gebildet wird: Mit dem Tod des (väterlichen) ersten Ehemanns von Lulu beginnt die Oper, und die Wiederkehr der drei toten Ehemänner gipfelt im Auftreten von Jack the Ripper, der Lulu schließlich tötet. Aber wie sich Lulu durch die Todesfälle in ihrer Umgebung kaum berührt zeigt, so ist auch Don Giovanni weder durch den Tod des Komturs noch durch seine postume Erscheinung zu beeindrucken. Dies macht beide

Figuren zu »einem Stück Natur, jenseits von Gut und Böse [...]. Giovanni wie Lulu sind einfach da, sie bestimmen rein durch ihre Existenz alles Geschehen, alles Erleben, alles Erleiden um sie herum.«[39] Darum ist auch der Tod beider mit einer Gewalt(tät)igkeit inszeniert, der ihnen als Prinzip gerecht zu werden versucht, dem Prinzip des »bestraften Wüstlings« (*Il dissoluto punito* lautet der Haupttitel von Mozarts Oper). Und hatte nicht auch Helene Berg den Tod der Lulu als »legitime Vergeltung« bezeichnet, ihr Tod rekonstituiere die »ewigen Gesetze der Gerechtigkeit«?

Auf das zeitgenössische Verständnis von Gerechtigkeit, Moral und gesellschaftlichem Konsens, aber auch auf geschlechterspezifische Komponenten ist zurückzuführen, daß die Momente, an denen die Zuschauer aus der Irrealität der Oper in die Realität entlassen werden, bei *Don Giovanni* und *Lulu* äußerst unterschiedlich sind. Don Giovanni hatte mit seiner Maßlosigkeit Standes- und Moralgrenzen überschritten. Seine Bestrafung restituiert diese Grenzen, bringt wieder Ordnung in die verwirrte Gesellschaft. Lulus Tod hingegen hinterläßt Chaos. Ihre Seinsart hatte bereits während der Oper zu zahlreichen Todesopfern geführt, der Mord an ihr richtet aber nur bedingt Normen wieder auf. Jack the Rippers Verbrechen kann zwar als Sühne für Lulus Opfer interpretiert werden, aber auch seine Tat ist ein Vergehen im Sinne des bürgerlichen Strafrechts. Insofern fällt auch dieser Vergleich von männlichem und weiblichem Nonkonformismus zu Ungunsten der weiblichen Figur aus.

Weiblichkeit versus Genie – Permanenz versus Unsterblichkeit

> »Der Tod ist der eigentlich
> inspirierende Genius.«
> Arthur Schopenhauer[40]

Der Teufelskreis, der die Mythen der Männlichkeit in ihren Grundfesten erzittern läßt, reißt auch den Künstler selbst mit. Betroffen ist nicht nur sein Motivarsenal, sondern auch seine Person, sein Selbstverständnis als Schaffender. Denn der Mythos vom Genie, im bürgerlichen Verständnis eine Grundvoraussetzung künstlerischen Schaffens, wird brüchig. Noch in der XIV. Ausstellung der Wiener Secession, eröffnet am 16. April 1902, steht das Genie im Mittelpunkt: Max Klingers imposante Bronzefigur *Beethoven*, umgeben von weiteren Arbeiten der Secessions-Künstler über Beethoven, darunter auch der Beethoven-Fries von Gustav Klimt. Doch der Kult um das Genie wendet sich nicht zufällig einem Künstler des 19. Jahrhunderts zu. Denn nur in der Rückschau finden die avancierten Künstler der Secession noch die Reinform dessen, was das aufgeklärt-bürgerliche 19. Jahrhundert als Idee vom Genie entwickelt hatte.

Maßgebliches hatte zu dieser Idee Arthur Schopenhauer beigetragen, als er in seiner Schrift *Die Welt als Wille und Vorstellung* seine Gedanken zum Wesen und Werk des Genies vorstellte. Schopenhauer vergleicht das Werk eines Genies mit der »Zeugung unsterblicher Kinder«[41] und den Schaffensprozeß mit der Geburt selbst: Wie die Frau dabei Qualen erleide, so erleben auch das Genie, »dessen innere Quaal der Mutterschooß unsterblicher Werke ist«[42], ein ähnliches Martyrium. Den Mann als gottähnliches Genie zu denken, die Frau hingegen als Quelle der Inspiration oder allenfalls in einer reproduzierenden Funktion zu sehen, ist die Überzeugung einer säkularisierten Gesellschaft, die den Verlust von kirchlichen und feudalen Strukturen durch bürgerlich-patriarchale Hierarchien ersetzt[43]. Schopenhauer schreibt über die Genialität: »Die Grundbedingung ist ein abnormes Ueberwiegen der Sensibilität über die Irritabilität und Reproduktionskraft, und zwar, was die Sache erschwert, auf einem männlichen Körper. (Weiber können bedeutendes Talent, aber kein Genie haben: denn sie bleiben stets subjektiv.)«[44]

Schopenhauers Überzeugung stößt bei Richard Wagner, Gustav Mahler und vielen anderen auf breite Zustimmung. Und in Schopenhauers Sinne schreibt auch La Mara 1882 über die Möglichkeit einer schöpferisch tätigen, komponierenden Frau: »Auf frei schöpferischem Gebiet zwar darf sich der weibliche Genius nur bescheidener Erfolge rühmen. Die eigentlich gestaltende Kraft, die Spontaneität der Erfindung und des combinatorischen Vermögens scheinen ihm, wenn nicht völlig versagt, so doch in zu kargem Maße von der Natur verliehen, um wirklich große, hervorragende Leistungen in dieser Richtung nicht von vornherein auszuschließen.«[45] Daß die Frau »naturgemäß« nicht für die eigentlich schöpferische, sondern ausschließlich für die reproduzierende Rolle geschaffen sei, in diesem Fall also für die Rolle der Virtuosin und Sängerin, gilt als Grundkonsens. La Mara konstatiert die Vergänglichkeit, die den Aktivitäten der Frau im Bereich der Musik eingeschrieben sei, da sie nicht komponieren, sondern lediglich interpretieren, also für den Moment schaffen könne: »Vorübergehend wie die Gegenwart freilich ist, im Gegensatz zu dem für die Nachwelt schaffenden Componisten, Dichter, Maler, Bildner, Architekten, des Virtuosen Aufgabe.« Dem »Naturgemäßen« der Frau ist die Vergänglichkeit eingeschrieben.

Wenn um 1900 das Genie-Ideal an Überzeugungskraft verliert, so sind doch einige Versuche auszumachen, es vor dem endgültigen Verfall zu retten. Bezeichnenderweise gehen alle diese Bemühungen vor allem auf die Geschlechterdichotomie ein. Das »Prinzip Weib«, das dem Künstler als Gegenentwurf und Inspirationsquelle dienen kann, ist als komplementäre Ergänzung zum Genie vonnöten. Diese Dichotomie findet sich etwa bei Adolf Loos und seine Ornament-Kritik oder bei Karl Kraus, der von der »kreativen Polarität« zwischen Weib und Genie spricht.

Ausgeschlossen ist in diesen Kreativitätsmodellen eine Umkehrung oder gar Annäherung der Geschlechterpolaritäten, letztere auch aus Angst vor einer Konkurrenz-Situation: »Wie stellst Du Dir so ein componierendes Ehepaar vor?« schrieb etwa Gustav Mahler 1901 an seine Verlobte Alma Schindler. »Hast Du eine Ahnung wie lächerlich und später herabziehend vor uns selbst, so ein eigenthümliches Rivalitätsverhältnis werden muß? [...] Mißverstehe mich nicht! Glaube nicht, daß ich mir das Verhältnis zweier Gatten in diesem philiströsen Sinne denke, der das Weib als eine Art Zeitvertreib, daneben aber doch wieder als die Haushälterin des Gatten ansieht. [...] Aber daß Du so werden mußt, ›wie ich es brauche‹, wenn wir glücklich werden sollen, mein Eheweib und nicht mein College – das ist sicher!«[46] Auch Oscar Wilde schließt eine Umkehrung der Geschlechterpolarität im Hinblick auf Genie und Weiblichkeit aus. Er schreibt: »Keine Frau ist ein Genie. Die Frau ist ein dekoratives Geschlecht. Sie hat nie etwas zu sagen, aber sie sagt es entzückend. Die Frau bezeichnet den Triumph des Stoffes über den Geist.« Diesen Ausspruch liest Alban Berg in der *Fackel* und übernimmt ihn in seine Zitatensammlung[47]. Und Otto Weininger bringt es schließlich auf den misogynen Punkt: »Genialität ist identisch mit Tiefe; und man versuche nur, tief und Weib wie Attribut und Substantiv miteinander zu verbinden: ein jeder hört den Widerspruch. *Ein weiblicher Genius ist demnach eine contradictio in adjecto*; denn Genialität war ja nur gesteigerte, voll entfaltete, höhere, allgemein bewußte Männlichkeit.«[48]

Auch Alban Berg war von diesen Ideen überzeugt, im Prolog der *Lulu* findet er eine kompositorische Entsprechung: Der Tierbändiger beginnt den Prolog mit den Worten:

> »Hereinspaziert in die Menagerie,
> Ihr stolzen Herrn, ihr lebenslust'gen Frauen,
> Mit heißer Wollust und mit kaltem Grauen
> Die unbeseelte Kreatur zu schauen,
> Gebändigt durch das menschliche Genie.«

Berg schreibt für diese Zeilen eine auffällig differenzierte Deklamationsart[49] vor und verändert sie genau an jener Stelle, an der das »menschliche Genie« angesprochen wird. Zuvor hatte (bis auf das markierte »Hereinspaziert«) der Tierbändiger zu einem pianissimo-Trommelwirbel frei gesprochen, mit dem

»menschlichen Genie« geht er über zu rhythmisiertem Sprechen. Die beiden Wörter werden dadurch nicht nur besonders hervorgehoben, ihre Deklamationsart deutet auch an, daß sich das »menschliche Genie« durch eine bewußtere Seinsart von der »unbeseelten Kreatur« (also die elementarwesenhafte Natur des Weibes) abhebt.

Ein interessantes Detail der Genie-Debatte kreist um die Frage der Unsterblichkeit. Denn das Genie ist, vertreten durch seine Werke, Anwärter auf Unsterblichkeit. Aber hat nicht auch jene Idee der »neuen Weiblichkeit« Ewigkeitscharakter, da sie doch immer wieder mit dem Schlagwort vom Ewig-Weiblichen umschrieben wird? Wiederum ist es Weininger, der die schärfste Antwort auf diese Frage entwirft.

Innerhalb von Weiningers Genie-Diskussion nimmt das Thema Unsterblichkeit einen herausragenden Stellenwert ein. Eine Passage aus *Geschlecht und Charakter*, die offenbar auch Bergs Zustimmung fand, faßt den Gedankengang zusammen: »Das absolute Weib jedoch, dem Individualität und Wille mangeln, das keinen Teil hat am Werte und an der Liebe, ist, so können wir jetzt sagen, von jenem höheren, transcendenten, metaphysischen Sein ausgeschlossen. Die intelligible hyperempirische Existenz des Mannes ist erhaben über Stoff, Raum und Zeit; in ihm ist Sterbliches genug, aber auch Unsterbliches. Und er hat die Möglichkeit, zwischen den beiden zu wählen: Zwischen jenem Leben, das mit dem irdischen Tode vergeht, und jenem, für welches dieser erst eine Herstellung in gänzlicher Reine bedeutet. Nach diesem vollkommen zeitlosen Sein, nach dem absoluten Werte, geht aller tiefste Wille im Manne: er ist eins mit dem Unsterblichkeitsbedürfnis. Und daß die Frau kein Verlangen nach persönlicher Fortdauer hat, wird so endlich ganz klar: in ihr ist nichts von jenem ewigen Leben, das der Mann durchsetzen will und durchsetzen soll gegen sein ärmliches Abbild in der Sinnlichkeit.«[50]

Zwischen dem Mann, besonders dem Genie, und der Unsterblichkeit nimmt Weininger eine direkte Verbindung an: Da sich der Mann mit der Idee auseinandersetzen kann, da für ihn nicht die Sexualität Grundlage des Seins ist, sondern das »Absolute«, die Transzendenz, ist er befähigt, zwischen Sterblichkeit und Unsterblichkeit zu wählen. Diese Wahl steht dem »Weib« nicht zur Verfügung, es hat nach Weininger nicht einmal »Verlangen nach persönlicher Fortdauer«. Zur Unsterblichkeit wiederum verhilft dem Mann seine Fähigkeit zu künstlerischer oder philosophischer Produktion. Und auch von dieser bleibt das »absolute Weib« ausgeschlossen, da es ihm an »Individualität und Wille« mangelt, jenen Grundvoraussetzungen für schöpferisches Genietum.

Weiningers Ideen sind nicht grundsätzlich neu, er hat etwa in Schopenhauer einen wichtigen Vordenker. Und so stellen seine Ansichten bei aller Radikalität, Skurrilität und Menschenverachtung eine radikal-konsequente

Fortführung dessen dar, was das aufgeklärte Bürgertum an geschlechtsspezifischen Idealen entworfen hatte. In letzter Konsequenz bedeutet dies aber auch, daß die Frauenverachtung, die Weininger unverhohlen zum Ausdruck bringt, sich an denjenigen Weiblichkeitsidealen entzündet, die er durch sein Buch in ihrer Reinheit zu erhalten sucht. So wird der Jäger zum Gejagten, der Verächter zum Verachteten. Denn Weininger knüpft seine fundamentale Kritik am »Weib«, die ihn zur radikalen Frauenverachtung bringt, genau an jenen Punkten an, die sich aus dem Weiblichkeitsideal der bürgerlichen Gesellschaft ergeben. Wenn Weininger die »Frau an sich« kritisiert, trifft er eigentlich die von der männlichen Gesellschaft festgelegten Formen der Weiblichkeit. Diese Einsicht gelingt Weininger nicht – darin liegt seine persönliche Tragik.

Im bürgerlichen Verständnis besteht die einzig mögliche Form von Unsterblichkeit für die Frau in der Mutterschaft. Konsequenterweise wird diese ausschließlich weibliche Fähigkeit mit der als ausschließlich männlich gedachten Fähigkeit zu schöpferischem Tun parallel gesetzt. Die Mutterschaft gilt als höchste Form der Weiblichkeit, ähnlich wie das schöpferische Genie für den Mann die höchste Daseinsform darstellt. In Weiningers Worten: »Es ist nicht bloß eine formale Analogie, nicht Überschätzung einer etwa nur zufälligen sprachlichen Übereinstimmung, wenn von geistiger Fruchtbarkeit, geistiger Konzeption und Produktion, oder, wie in diesen Worten Platons, von geistigen Kindern in tieferem Sinne zu reden versucht wird. [...] Nur der geniale Mensch aber kennt die ganz und gar unsinnige Liebe, und nur er sucht zeitlose Kinder zu zeugen, in denen sein tiefstes geistiges Wesen zum Ausdruck kommt.«[51] Doch auch diese Form der Unsterblichkeit spricht Weininger W ab: In der Mutterschaft drücke sich nicht, so Weininger, der Wille nach Unsterblichkeit der Mutter aus – da sie, wie alle Frauen, zu einem eigenen Willen gar nicht fähig sei – sondern nur die Unsterblichkeit der Gattung: Da »die absolute Mutter [...] in der Gattung unsterblich ist, kennt sie auch keine Furcht vor dem Tode«, ja, sie hege nicht einmal »im geringsten ein individuelles Unsterblichkeitsbedürfnis«[52]. Das »tiefste Wesen dieses Weibestypus« sei »der fortlaufende Wurzelstock der Gattung, den die Mütter bilden, das nie endende, mit dem Boden verwachsene Rhizom, von dem sich der einzelne Mann als Individuum abhebt und dem gegenüber er seiner Vergänglichkeit inne wird.«[53]

Dieser fehlende Bezug zum Problem der Unsterblichkeit, den Weininger bei den Müttern speziell und den Frauen allgemein konstatieren zu können glaubt, ist ihm »der letzte, der absolute Beweis der völligen Nichtigkeit des weiblichen Lebens. [...] Das Fürchterliche und für die Leerheit und Nullität der Frauen Entscheidende ist [...], daß sie nicht einmal vor dem Tode zum Probleme des Lebens, ihres Lebens gelangen: weil in ihnen nicht ein höheres Leben der Persönlichkeit realisiert werden wollte.«[54]

Auf der einen Seite steht demnach die Mutter, die weder ein Unsterblichkeitsbedürfnis besitzt noch sich dessen überhaupt bewußt ist, als Weiblichkeitstypus allerdings permanent notwendig für den »fortlaufenden Wurzelstock der Gattung« ist. Auf der anderen Seite befindet sich das Genie, das durch sein Werk, durch die Hinwendung zur reinen Idee und durch seine Individualität zur Unsterblichkeit gelangen kann. Durch diese Argumentationsweise erreicht Weininger die »Quadratur des Kreises«: Aus den beiden sehr ähnlichen, fast synonymen Begriffen Unsterblichkeit und Ewigkeit konstruiert er scharfe Gegensätze, einerseits die männliche Unsterblichkeit, andererseits die wesenhaft-weibliche Ewigkeit. Das Ewig-Weibliche, schon bei Goethe stark idealisiert, wird unabhängig von jeglicher individuierten Form konstruiert, wobei die biologisch-genealogische Permanenz für das »absolute Weib« kennzeichnend ist. Den Gegensatz hierzu bildet – auch das ganz in faustischer Tradition – der individuelle Mann, der durch sein eigenes Genie (oder zumindest den Drang nach Genialität) die transzendentale Unsterblichkeit anstrebt. Wie sehr das männliche Genie dabei auf physische Lebendigkeit verzichten kann, meinte Weininger offenbar auch durch seinen eigenen Suizid – begangen am 4. Oktober 1903 im Sterbehaus jenes großen Genies: Ludwig van Beethoven[55] – beweisen zu müssen.

Lulu und Emilia Marty verkörpern jeweils eigene Modelle von Unsterblichkeit: Lulu, indem sie das ewige »Prinzip Weib« personifiziert, Emilia Marty durch die utopische Vorstellung eines überlangen, in letzter Konsequenz ewigen Lebens. Doch so nah sich die beiden Frauenfiguren in diesem Punkt sind, so grundverschieden erweisen sich bei näherem Hinsehen die Konzepte von Ewigkeit und Unsterblichkeit, für die beide einstehen. Lulu entspricht jener Idee vom Ewig-Kreatürlichen, vom ewigen Pendant zur Unsterblichkeit des Genies. Sie ist die Muse des Malers und die Muse Alwas, und ihr Tod ist zugleich das Ende der Idee des »Weibes«. Dr. Schön sagt zwar zum Maler: »Bei einer Herkunft, wie sie Mignon [also Lulu] hat, kannst Du unmöglich mit den Begriffen der bürgerlichen Gesellschaft rechnen«[56], aber er täuscht sich dabei insofern, als es gerade die »Begriffe der bürgerlichen Gesellschaft« sind, die eine Figur wie Lulu erschaffen hat: als Weiblichkeitsprinzip jenseits der realen Welt des Frauseins und als Muse für das Künstler-Genie. Emilia Marty dagegen repräsentiert eine anders geartete Unsterblichkeit. Ihre Form der Unsterblichkeit tangiert nur am Rande die Debatte um Weiblichkeit und Permanenz. Denn obwohl sie ähnlich wie Lulu von einer Schar Männer umgeben ist, tritt Emilia Marty mit ihrem Memento mori aus dem Gefängnis der Geschlechterdichotomie heraus und formuliert ein allgemein menschliches Schlußplädoyer. Ihr überlanges Leben ist (freilich utopisches)

Resultat menschlicher Manipulation, sie gestaltet es gleichwohl nach ihren Wünschen und Vorstellungen als unabhängiges Individuum. Sie nimmt die schwere Aufgabe ewiger Jugend selbst in die Hand – und verzichtet in letzter Konsequenz aus eigenem Antrieb auf die Möglichkeit, ewig zu leben. Ihr selbstgewählter Tod, der den Reigen der Unsterblichkeit durchbricht, wird daher auch zum Sinnbild für irdisches Glück.

Nachwort

In der Musik der Jahrhundertwende nach dem Motivpaar von Weiblichkeit und Tod Ausschau zu halten, deckt nicht nur unerwartete Gemeinsamkeiten zwischen ästhetisch weit auseinanderliegenden Werken auf, sondern führt auch zu einer Punkt, von dem aus man eine Grundstimmung dieser Epoche erkennen kann: Es ist die »Vieldeutigkeit und Unbestimmtheit«, von der Hugo von Hofmannsthal spricht, und die in den Frauenfiguren reflektiert wird, die eine besondere Beziehung zum Tod unterhalten. Das vielgestaltige Panorama der Epoche findet in dem Kaleidoskop an morbiden Weiblichkeitsprojektionen ein Pendant. Da ist das soziale und politische Aufbegehren, die Emanzipationsbewegung – dargestellt beispielsweise in der Figur der lebensuntüchtigen Gräfin Geschwitz -, da ist das ätherisch unwirkliche Ideal der Frau, das von den Niederungen des Alltags möglichst weit entfernt ist – dargestellt in den fragilen Prinzessinnen Mélisande, Maleine oder den Rusalken und Undinen -, da ist die dekadent-schwüle Stimmung – zum Vorschein kommend in fatalen Figuren wie der Salome -, oder das Aufbrechen moralischer Grundfeste – personifiziert in den polyandrischen Frauenfiguren wie Lulu oder Emilia Marty. Die besonderen Beziehungen aber, die alle diese Frauenfiguren zum Tod unterhalten, sei es das lautlos Verströmende einer Mélisande oder die im Tod gipfelnde ekstatische Wollust einer Salome, unterstreichen das Unfaßliche.

Es ist ein internationales Phänomen, daß um die Jahrhundertwende so zahlreiche Musikwerke entstehen, die sich des Doppelmotivs in deutlicher Weise annehmen. Dabei sind Zentren und verschiedene Schwerpunkte zu erkennen: Die Gruppe der Wiener Künstler etwa erfährt durch die Psychoanalyse wesentliche Impulse. Zugleich ist hier die Reibung mit konservativen Kräften besonders intensiv – wesentlich stärker als beispielsweise in Prag, wo die politischen Vorzeichen auf Neubeginn stehen, begleitet von einem neuen kulturellen Selbstbewußtsein. Für die Wiener Künstler aber bedeutet diese Situation einerseits eine unermüdliche (und zum Teil durchaus auch selbstzerstörerische) Seelenanalyse, andererseits die Auseinandersetzung mit der Tradition. In beiden Themenbereichen wird das »Weib« zum Sinnbild: sei es die Frau in Schönbergs *Erwartung*, die sich im düsteren Traumwald (der eigenen Psyche) verirrt, sei es das Weib, um das der Kampf des Bourgeois mit dem Künstler entbrennt. Letzterer kämpft dabei auch um sein Selbstverständnis als Kunstschaffender. Das Bild vom Genie, dem noch in der Beethoven-Ausstellung der Wiener Secession 1902 so ausgiebig gehuldigt wird, verliert an Überzeugungskraft, es wird ersetzt vom Bild des kunstschaffenden Asketen, der im »Weib« Gegenpol, Verlockung und Muse gleichermaßen zu finden hofft. Reales Vorbild für die junge Wiener Komponistengeneration um

Schönberg und Berg wird auch in dieser Hinsicht Gustav Mahler, der unverstandene Große, verheiratet mit der jungen, lebenslustigen und durchaus einem Jugendstilideal entsprechenden Alma Schindler.

Ein anderes Zentrum findet sich im französischsprachigen Raum. Hier erheben die Symbolisten eine Form von Weiblichkeit zum Ideal, das außerhalb jeder Realität zu stehen scheint. Es sind zarte Prinzessinnen, fragile Wesen aus einem unbekannten Land, die in die harte Menschenwelt geworfen werden, um dort zu sterben, nicht ohne die Hinterbliebenen auf ihre Herzlosigkeit hinzuweisen. Andererseits ist der Typus des Dandys ein Geschöpf der französischen Jahrhundertwende. Überfeinerung aller Sinne und die lebensuntüchtige *l'art pour l'art*-Haltung rufen erotisiert-düstere Weiblichkeitstypen auf den Plan. An deren überbordender Sexualität wird das dekadente und endzeitbewußte Selbstbild des männlichen Gegenübers offenbar.

Eine besondere Nuance trägt auch die russische Kunst bei. Hier verbinden sich die Exotismen, die in der Mitte des 19. Jahrhunderts noch nationale Identität zu stiften vermochten, mit einem Weiblichkeitsbild, das in Märchen, Sagen und Allegorien seinen Ursprung findet: Die unschuldig geopferte Jungfrau aus *Le Sacre du Printemps* oder die verführerische und machtbewußte Zarin von Schemacha aus Rimski-Korsakows *Der goldene Hahn* sind dafür Beispiele. Aber auch hier trifft man den Tod in unmittelbarer Nähe dieser Frauenfiguren an. Auch hier werden mit dem Doppelmotiv von Weiblichkeit und Tod Ideen transportiert, die weit über den dramaturgischen Gemeinplatz einer auf der Bühne sterbenden Frau hinausgehen.

Und – neben weiteren lokalen Schwerpunkten – ragt schließlich auch ein Einzelgänger wie Leoš Janáček hervor, der sich ebenfalls – freilich auf seine Art – des Doppelmotives annimmt. Bei Janáček stehen die porträtierten Frauen im gesellschaftlichen Kontext, sie sind Opfer ihrer unmenschlichen Umgebung. Ihr Schicksal aber verläuft immer dicht am Abgrund des Todes, auch wenn sie selbst, wie Emilia Marty, eine Personifikation des Todes darstellen.

Das sich zu Ende neigende 19. Jahrhundert sucht nach Bildern des Zu-Ende-Gehens, andererseits verlangt das beginnende 20. Jahrhundert nach Symbolen des Neubeginns. Beide Elemente zusammenzuführen, vermag das Doppelmotiv von Tod und Weiblichkeit, immer auch eingebettet in die Motivik des Kreises oder die Vorstellung des (Leben-)Zyklus. Dies kommt im Jungfrauenopfer (*Sacre du Printemps*) genauso zum Ausdruck, wie in Mélisandes Schicksal – mitleidig reicht die sterbende Mélisande die schwierige Aufgabe, Weiblichkeit in die harsche Welt von Allemonde zu integrieren, an ihre gerade geborene Tochter weiter. Zugleich erfahren diese Frauen im Moment ihres Todes von einer Wahrheit, die den Hinterbliebenen verschlossen bleibt: »Die schweigenden Frauen [...] treten aus dem Kreise, sie allein sehen die Vollendung seiner Rundung.«[1]

Zahlreiche Weiblichkeitsbilder der Jahrhundertwende gehen eine eigenwillige Symbiose mit dem Schweigen ein, reagieren damit auf die analysierend-erklärende Welt des Rationalismus und zeigen zugleich Räume für Verständigung auf, die hinter dem Benennbaren liegen. Indem es aber wieder vor allem Frauen sind, die diese Räume des Schweigens bevölkern, wird fortgeschrieben, was die Gesellschaft als traditionell weibliche Rolle lange schon etabliert hatte. Und so werden hinter den lautlosen Weiblichkeitstypen mehrere Grundgedanken erkennbar: Die schweigende Frau wird durch ihre Symbiose zur Stille ausgezeichnet, denn nur so kann sie hinter das Geheimnis der Welt und des Lebens blicken. Andererseits steht sie schweigend abseits, fixiert im traditionellen Korsett der Rollenzuweisung, und abseits auch von den immer vernehmlicher artikulierten Forderungen der Frauenbewegung, die sich zur selben Zeit Gehör zu verschaffen versucht. Als Schweigende personifiziert sie schließlich auch eine Idee, die in der Musik des 20. Jahrhunderts eine wichtige Funktion einnehmen wird: die Stille neben dem Klang. Sie wird nicht nur Luigi Nono faszinieren, der in seinen Tagebuchaufzeichnungen zu *Prometeo* schreibt: »Zuhören können. Auch der Stille. Sehr schwierig, in der Stille auf die Anderen, das Andere zu hören. Andere Gedanken, andere Zeichen, andere Klänge, andere Wörter, andere Sprachen.«[2]

Der Tod, der mit jenen Weiblichkeitstypen in Verbindung gebracht wird, ist denn auch mehr als doppeldeutig: Er ist – im Verständnis der *décadence* – Sinnbild einer besonderen Auszeichnung, er hat in dieser Hinsicht »etwas Berauschendes«, wie es Marie Bashkirtseff formuliert. Der furchterregende Tod wird ästhetisiert und in schweigenden oder verstummenden Weiblichkeitsbildern sublimiert. Erbarmungsloser erscheint er freilich, wenn er mit den offensiven Weiblichkeitstypen der Jahrhundertwende, den zahlreichen Varianten der *femme fatale*, in Verbindung gebracht wird. Da aber hier eine ausgeprägte, offen zur Schau gestellte und zumeist bedrohliche Sexualität im Vordergrund steht, tritt der Tod sogar in doppelter Funktion auf. Zum einen als Bedrohung für den exponierten Mann, der sich dieser Sexualität ausliefert – oder sich ihr auch, wie Jochanaan, allzu sehr verweigert –, zum anderen als Befreiung der Allgemeinheit von der bedrohlichen Sexualität.

Die um die Jahrhundertwende intensiv geführten Diskussionen um Substanz und Bedeutung von Weiblichkeit führten auch den Begriff des Ewig-Weiblichen erneut vor Augen. Otto Weininger sieht in Goethes Versen allenfalls das Ewig-Kreatürliche und das Ewig-Sexuelle des Weibes. Da er dies aber nicht nur als Gegensatz, sondern auch als äußerste Bedrohung für das Männlich-Geistige deklariert, schlußfolgert der junge Wiener Philosoph, daß das Weibliche insgesamt vernichtet werden müsse. Das Ewig-Weibliche wird Weininger zur ewigen Bedrohung – just zu dem Augenblick, als Inhalt und Sinn dieser Idealisierung an Glaubwürdigkeit verlieren. Das Ewig-Weibliche wird als langlebige, wenn nicht gar dauerhafte Konstruktion erkennbar.

Janáček enttarnt dieses Konstrukt, indem er derjenigen Frauenfigur ein besonderes Maß an Individualität und Nähe gibt, die der Idee des Ewig-Weiblichen in einer real-utopischen Weise Gestalt verleiht. Die Projektionswünsche, die die männlichen Bühnenfiguren an Emilia Marty herantragen, werden gerade dadurch entlarvt, daß sie an einem Konstrukt – oder einer Vision – von unsterblicher Weiblichkeit und einem hohen Maß an Individualität abprallen. Alban Bergs Version des Ewig-Weiblichen hingegen bleibt mehrdeutig. Ob private Hymne an die heimliche Geliebte, ob künstlerische Antwort auf die Thesen Weiningers oder ob lustvolle Verschachtelung von privaten und intellektuellen Bedeutungen – eine endgültige Interpretation steht wohl nicht in Aussicht. Gerade aber in diesem Punkt bleibt Lulu Sinnbild ihrer Zeit und deren Blick auf die Frau. »Sie kann nur auf Gleitendem ausruhen und ist sich bewußt, daß es Gleitendes ist, wo andere Generationen an das Feste glaubten«, schreibt Hofmannsthal über die Zeit der Jahrhundertwende – gleichzeitig liest sich der Satz wie die treffendste Analyse der Lulu-Figur.

Die Komponisten gehen mit unterschiedlicher Intensität auf die um die Jahrhundertwende virulente Thematik von Tod und Weiblichkeit ein. Antonín Dvořáks Oper *Rusalka* etwa scheint sich eher zufällig hinzuzugesellen, von einer Auseinandersetzung des Komponisten mit der »Frauenfrage« seiner Zeit ist nichts bekannt. Leoš Janáček hingegen legt den Schwerpunkt seines gesamten Œuvres auf Themen von leidenden und ausgestoßenen Frauen. In ihnen sieht er – neben anderen Personen aus dem Kreis der Erniedrigten und Entrechteten – immer wieder Beispiele für die Ungerechtigkeit seiner Gesellschaft. Die individuelle Frau und ihr Schicksal ist ihm daher Ausgangspunkt allgemein-menschlicher, ethischer Fragen, die zumeist auch mit Fragen an die nationale Identität und soziale Mißstände verbunden werden. Debussy wiederum macht sich das Frauenbild des Symbolismus zunutze, um »jenseits von Wagner« neue Bereiche für die französische Musik erschließen zu können. Daß er sich dabei auf die Suche nach einer »neuen Wahrheit« begibt, macht ihn sicherlich nicht zum Sprachrohr der Emanzipationsbewegung. Mélisande eignet sich – als Repräsentantin des fragilen Frauentypus – nur bedingt als Vorbild für reale Frauen, denn ihr früher Tod ist wesentlicher Bestandteil ihres Charakters. Sie gehört, das erweist sich auch in Dukas' *Ariane et Barbe Bleu*, zu denjenigen Frauentypen, die für ein eigenständiges, individuell geführtes Lebens zu schwach sind. Alban Bergs Auseinandersetzung mit den Gedanken von Otto Weininger, Karl Kraus, Wedekind, Ibsen,

Altenberg und vielen anderen schließlich zeugt von einer tiefen Verbundenheit mit der zeitgenössischen Diskussion um die Weiblichkeit. Berg kennt nicht nur viele Argumente und Diskussionsbeiträge seiner Zeit, sondern trägt mit seiner künstlerischen Gestaltung der Lulu auch maßgeblich zu dieser Diskussion bei. Lulu in Bergs dramaturgischer und musikalischer Gestalt ist Zusammenfassung und Schlußpunkt gleichermaßen. Das macht die Interpretation dieser Figur und Bergs unvollendeter Oper faszinierend und schwierig zugleich – eine Interpretation, die sicherlich noch keinen Schlußakkord gefunden hat.

Von Dvořáks beinahe zufälliger Beschäftigung bis hin zu Bergs intendierter Komplexität – ein hohes Maß an Faszination und Identifikationskraft muß einem Motivpaar eigen sein, das in einem derart breiten Spektrum aufgegriffen wird. Offenbar liegt hier ein Potential bereit, das in der Lage ist, die zahlreichen, durchaus verschiedenen Stimmungslagen, die unterschiedlich intensiven Gedanken- und Diskussionsphasen im Europa der Jahrhundertwende in einem Motivpaar zu bündeln.

Aber ist das »Rätsel-Weib«, das in so vielen Facetten zur Darstellung kommt, enträtselt? Finden sich nach so vielen Definitions- und Gestaltungsversuchen Grundzüge einer definitorischen Lösung? – Kaum. »Wir wissen alles, wissen alles. Wissen alles, wissen alles, wissen alles! – Wie heißen Sie?«, sagt Dr. Kolenatý in der *Sache Makropulos* zu Emilia Marty. Er weiß alles, und doch gar nichts über sie. Nicht einmal über ihren Namen ist man sich im Klaren. Und diese Namensunsicherheit teilt Emilia Marty mit vielen ihrer Kolleginnen. Wie Weiblichkeit zu definieren, wie das Rätsel »Weib« zu benennen sei, bleibt die unbeantwortete Frage: Paul Heyse umschreibt sie im *Salamander* wortreich, Kundry ist die Namenlose und Namenreiche zugleich, Lulu erhält von ihren Ehemännern und Liebhabern immer wieder neue Namen – literarische, mythische und biblische Bilder aneinanderreihend –, und auch Emilia Marty wechselt mehrmals ihre Namen und sorgt damit für erhebliche Verwirrung. Weininger schließlich erhebt – in seiner unübertroffenen Misogynie Ursache und Wirkung verwechselnd – das Namenlose geradezu zum Merkmal der Frau schlechthin: »Inniger noch als das Eigentum ist der Name und ein herzliches Verhältnis zu ihrem Namen mit jeder Persönlichkeit notwendig gegeben. Und hier sprechen die Tatsachen so laut, daß man sich wundern muß, wie wenig diese Sprache im allgemeinen vernommen wird. Die Frauen sind nämlich durch gar kein Band mit ihrem Namen verknüpft. Beweisend hierfür ist allein schon, daß sie ihren Namen aufgeben und den des Mannes annehmen, den sie heiraten, diesen Schritt der Namensänderung an sich nie als bedeutsam empfinden, um den alten Namen nicht eine Sekunde trauern, sondern leichten Sinnes den des Mannes annehmen. [...] Schon vom Liebhaber und Kurmacher lassen sie sich den Namen geben, der ihm gefällt. [...] Das Weib, das im Grunde namenlos ist, ist dies, weil es, seiner Idee nach, keine Persönlichkeit besitzt.«[3]

Wenn aber vergeblich so wortreich und kunstvoll um Namen und Definitionen gerungen wird, so muß die Frage erlaubt sein, ob eine Lösung des Rätsels »Weib« überhaupt intendiert ist. Ist die Unbekannte nicht vielmehr Mittel, das eigene, fremdgewordene Antlitz im Spiegel zu betrachten? Ist sie nicht Möglichkeit zur Frage nach sich selbst, zur Selbstvergewisserung? Virginia Woolf legt schon 1929 diese umgekehrte Blickrichtung offen, wenn sie über die Dichter und Autoren reflektiert, die über Frauen schreiben: »Als ich las, was er über Frauen schrieb, dachte ich nicht an das, was er sagte, sondern an ihn selbst.«[4] Hier behauptet sich – bei aller Irrationalität und Fremdheit, die dem Thema Weiblichkeit und Tod eigen ist – die Realität. Und zwar vor allem die des schaffenden Künstlers, der sich hinter der Maske der Weiblichkeitsinszenierungen zu erkennen gibt. Denn er ist es, der sich auch reale Frauen als Modell sucht: Schauspielerinnen und Tänzerinnen, die jene weiblichen Außenseitertypen verkörpern, die das Bürgertum und seine Künstler gerne als Metaphern der Grenzüberschreitung goutiert, und die auch in der Realität häufig die Inszenierungen der Bühne weiterspielen. Oder reale Frauen, deren »Photographie« als Vorbild für fiktionale Frauenfiguren auf der Opernbühne dienen – Kamila Stösslová bei Leoš Janáček, Alma Mahler, Hanna Fuchs-Robettin und Helene Berg bei Alban Berg.

Unabhängig vom Grad der Konstruktion enthalten die Weiblichkeitsbilder der Jahrhundertwende damit ein nicht zu vernachlässigendes Maß an Realitätsnähe. Die Grenzen zwischen Fiktion und Realität sind – selbst bei den Typisierungen von *femme fragile*, *femme fatale* und dem Ewig-Weiblichen – fließend, die Künstler suchen immer wieder eine Rückversicherung in der Realität. Diese Feststellung macht aus den Weiblichkeitstypen der Jahrhundertwende noch kein Identifikationsangebot für zeitgenössische, reale Frauen. Denn eingeschrieben ist diesen Frauenfiguren immer und ganz essentiell der Tod: Exaltierte Figuren sühnen damit ihre Grenzüberschreitungen, die fragilen Repräsentantinnen empfangen ihn als Erlösung und Auszeichnung. Aber mit ihrer diffusen Nähe zur Realität rücken die fiktiven Weiblichkeitsfiguren nah an den Lebensbereich des Künstlers heran. Dieser erkennt in ihrer Seinsart und in ihrer beharrlichen Verbundenheit mit dem Tod ein großes Stück seiner eigenen, ihm fremdgewordenen Welt.

Anhang

Anmerkungen

Todesnahe Weiblichkeitsbilder zwischen Dekadenz und Aufbruch

1 Der Begriff der Jahrhundertwende wird als Epochenbezeichnung verwendet. Der Epochenbegriff versteht sich dabei im Blumenbergschen Sinne nicht als ein durch Zeitraster eingezwängter historiographischer Rahmen, sondern als Möglichkeit, ästhetische Positionen und Ereignisse in ihrer ideellen wie historischen Zusammengehörigkeit wahrzunehmen. Vgl. dazu Blumenberg 1996. Siehe auch Zima 1997, Brendecke 1999, Gall 1999.
2 Maeterlinck 1955, S. 80 (Übersetzung: M. U.).
3 Altenberg 1918, S. 31.
4 Wenn nicht anders angegeben, beziehen sich die Jahreszahlen auf das Jahr der Uraufführung.
5 Woolf 1999, S. 32.
6 Hofmannsthal 1951, S. 272.
7 Huysmans 1972, S. 152 (Übersetzung: M. U.).
8 Siehe Hollander 1967, S. 31.
9 Musil 1996, S. 55.
10 Loraux 1993, S. 88.

Erster Teil

Weiblichkeit und Tod: Poetisierung und Verrätselung eines Themas um 1900

1 Romola Pulski, die spätere Ehefrau des Tänzers und Choreographen Nijinsky, erlebte die Aufführung von der Nebenbühne aus. Sie berichtet über die Uraufführung in ihrer Biographie: Nijinsky 1981, S. 192. Zu Recht bemerkt Taruskin, daß jeder der zahlreichen Augenzeugen des legendären Abends eine eigene Version berichtet (vgl. Taruskin 1996, S. 1006). Interessanter aber als die (sich teilweise widersprechenden) Details ist der einhellige Grundtenor der Berichte.
2 Jean Cocteau in *Le Coq et l'Arlequin* von 1918, zit. nach Cocteau 1948, S. 51 (Übersetzung. M. U.).
3 Carl Van Vechten in einem Brief an Fania Farinoff vom 4. Juni 1913. Van Vechten 1987, S. 6 (Übersetzung: M. U.).
4 Strawinsky 1957, S. 39.
5 Maurice Dupont in der *Revue Bleue*, zit. nach Eksteins 1990, S. 91. Zu weiteren Rezensionen zur Uraufführung und weiteren Aufführungen des *Sacre du Printemps* vgl. Lesure 1980.
6 In Zusammenarbeit mit Strawinsky entworfen von Nikolai Roerich, vgl. Taruskin 1996, Bd. 1, S. 860ff. Zum Handlungsverlauf des Balletts vgl. auch im Anhang S. 347.
7 Vgl. zu diesem Themenkomplex weiterhin Scherliess 1982, Toorn 1987, Eksteins 1990, Taruskin 1996, S. 849ff.
8 Dazu Ariès 1982, Macho 1987, Bronfen 1994, Guthke 1997.
9 Aus Poes *Philosophy of Composition* von 1846, s. Poe 1984, S. 19. Vgl. dazu auch Bronfen 1994, S. 89ff. und Jung-Kaiser 2000.
10 Ein Beispiel hierfür ist das symphonische Fragment *Frühlings Tod* (nach Lenau) von 1898. Die Auswertung der frühen Skizzen und Kompositionsfragmente steht unter diesem Gesichtspunkt noch aus.
11 Das Streichsextett *Verklärte Nacht* op. 4 gehört indirekt ebenfalls zu diesem Themenkreis. 1899 komponiert und 1902 uraufgeführt geht es auf ein Gedicht von Richard Dehmel zurück: Der Spaziergang des jungen Paares in »verklärter Nacht« zeigt deutlich die Dichotomie des schuldhaften, sündigen und sinnlichen Weibes und des keuschen, idealverständigen Mannes. Ein Todesmotiv ist hier nicht zu entdecken, vielmehr

dessen Gegensatz: Das Gespräch entzündet sich an der Tatsache, daß die Frau schwanger ist. Dennoch ist das Streichsextett in die Reihe der Auseinandersetzung mit dem Motivpaar Tod und Weiblichkeit einzureihen, wird hier doch ein Weiblichkeitstypus exponiert, der direkt auf die Gestaltung der Frau in dem Monodram *Erwartung* und in der *Glücklichen Hand* hinweist.

12 Gerlach 1985, S. 90.

13 Vgl. hierzu auch Alban Bergs Analyse der *Gurrelieder* (Berg o. J.).

14 Arnold Schönberg, »Selbstanalyse« (1948), zit. nach Stuckenschmidt 1989, S. 505.

15 Zit. nach Schubert 1975, S. 41 (»wonderful perfume of the poem«).

16 Im übrigen hatte Schönberg anfangs ebenfalls an die Komposition einer Oper gedacht, gab dann diesen Plan aber zugunsten der instrumentalen Gattung auf. Zur Analyse der Symphonischen Dichtung vgl. auch die *Kurze thematische Analyse* von Alban Berg (Berg [1920]).

17 Zur Interpretation von Schönbergs Gedichtauswahl vgl. Steinert 1993, S. 137ff.

18 In einem Brief an Kandinsky aus dem Jahr 1922, zit. nach Danuser 1984, S. 26.

19 Dümling 1981, S. 191. Interessanterweise entsteht um dieselbe Zeit Schönbergs *Harmonielehre*: Sie wird 1910 abgeschlossen und erscheint im Dezember 1911 im Druck. Daß im Vorwort der *Harmonielehre* Weininger als Vordenker genannt wird, ist ein Hinweis darauf, daß innerhalb der ästhetischen und theoretischen Überlegungen auch die Diskussion um das »Weib« stark verankert war, daß diese Diskussion sogar als Katalysator für die Suche und Neufindung ästhetischer Positionen verstanden wurde (vgl. dazu auch Le Rider 1985).

20 Werner Hoffmann: »Die drei Blicke Schönbergs«, in: *Arnold Schönberg. Blicke*, 1996, S. 32-39, Zitat S. 22.

21 Gerlach 1985, S. 130.

22 Vgl. auch das Gemälde *Der Kampf ums Weib* (1905) von Franz von Stuck, Abb. in Eschenburg 1995, S. 103.

23 Späte Ausnahmen hierbei sind die *Begleitmusik zu einer Lichtspielszene* op. 34 (1929/30) sowie das Streichtrio op. 45 (1946), in dem Schönberg die persönliche Erfahrung seines Herzinfarktes verarbeitete.

24 Vgl. Gerlach 1985, S. 137.

25 Ebda., S. 91.

26 *Salome* (entstanden 1903-5), *Elektra* (1906-8), *Der Rosenkavalier* (1909-10), *Ariadne auf Naxos* (1911-12), *Die Frau ohne Schatten* (1914-18), *Intermezzo* (1918-23), *Die ägyptische Helena* (1923-27), *Arabella* (1929-32), *Die schweigsame Frau* (1933-34), *Daphne* (1936-37), *Die Liebe der Danae* (1938-40), *Capriccio* (1940-41). Die beiden ersten Opern von Strauss, *Guntram* (1892/93 komponiert, UA 1894) und *Feuersnot* (1900/01 komponiert, UA 1901), blieben im Vergleich zu Strauss' nachfolgenden Opern wenig erfolgreich.

27 Danuser 1984, S. 81.

28 Joseph Görres, *Europa und die Revolution* (1821), zit. nach Plumpe 1984, S. 206.

29 Danuser 1984, S. 11. Vgl. dazu auch Gruhn 1988. Gruhn stellt die Ereignisse aus Musik- und Kunstgeschichte um 1910 zusammen und spricht dabei von einem »Umbruch um 1910« oder auch von der »Stilwende«.

30 Nipperdey 1998b, S. 752.

31 »Man hat mich gegen meinen Willen zum Revolutionär gemacht« (Strawinsky 1983, S. 179), vgl. zur Diskussion um Tradition und Innovation bei Strawinsky auch Dömling und Hirsbrunner 1985, S. 33ff.

32 Danuser 1984, S. 67.

33 Theissing 1971, S. 290.

34 Ebda., S. 292.

35 Der These von Mechthild Fend, daß die grausamen und tödlichen Frauengestalten der Jahrhundertwende – vor allem die der *femme fatale* – nichts mit der

zeitgleichen Frauenbewegung gemein haben, kann zumindest für den musikhistorischen Bereich nicht zugestimmt werden (vgl. Fend 1987). Soweit ich sehe, findet diese These von Fend auch in der Literaturwissenschaft und in der Kunstgeschichte keine Zustimmung (vgl. etwa Gay 1986, Hilmes 1990, Le Rider 1990).

36 »Die Weiblichkeit« (1933), *Neue Folge der Vorlesungen zur Einführung in die Psychoanalyse*, zit. nach: Freud GW, XV, S. 120. Vgl. hierzu auch die Replik von Helene Deutsch: »Mein starkes Interesse an Frauen hatte verschiedene Gründe: erstens mein eigener Narzißmus, der Wunsch nach Selbsterkenntnis; zweitens die Tatsache, daß sich die Forschung bis dahin vorwiegend mit Männern befaßt hatte. Später kam noch ein drittes Motiv hinzu: Freuds Interesse für die Psychologie der Frau, das in mir den Wunsch weckte, seine Fragen auf diesem Gebiet durch eigene Forschungen zu beantworten und dadurch seinen Anspruch, daß die Frau ihr Geheimnis nicht preisgebe, zu widerlegen.« Deutsch 1975, S. 133.

37 Kofman 1980, S. 47 (Übersetzung: M. U.).

38 Die Daten sind dem *Neuen Theater-Almanach* aus den Jahren 1897 bis 1901 entnommen.

39 Susanne Rode weist darauf hin, daß die *Fackel* nach dem Tod Annie Kalmars für drei Monate nicht erscheint: »Danach beginnt Kraus mit inhaltlich verändertem Anliegen zu schreiben: Sein Kampf gegen Korruption tritt in den Hintergrund, um so leidenschaftlicher wendet er sich von nun an gegen die moralbeflissene bürgerliche Gesellschaft und gegen die bürgerliche Presse« (Rode 1988, S. 23). Vgl. dazu auch Le Rider 1985, S. 156ff.

40 Altenberg GW I, S. 223.

41 *Die Fackel* Nr. 107 (Juni 1902), S. 15-24.

42 *Die Fackel* Nr. 81 (Juni 1901), S. 18-21 (Hervorhebungen im Original).

43 »Annie Kalmar, gestorben in Hamburg am 2. Mai 1901«, abgedruckt in *Die Fackel* Nr. 852 (1931), S. 48.

44 *Die Fackel* Nr. 852 (Mai 1931) S. 49.

45 *Die Fackel* Nr. 852 (Mai 1931), zwischen S. 48 und 49.

46 Tagebucheintrag vom 11. März 1884, zit. nach Cosnier 1994, S. 305. Bashkirtseff starb 1884 an Tuberkulose.

Die Jahrhundertwende. Skizze einer unruhigen Zeit

1 Musil 1996, S. 55.

2 Zur Situation in Rußland um 1900 vgl. Deppermann 1984.

3 Schönberg 1964, S. 12.

4 Jens Malte Fischer hebt grundsätzlich die im *fin de siècle* stark ausgeprägten intertextuellen Bezugnahmen hervor, die zu einem Dialogisieren zwischen Texten und Kunstwerken führten, »ein Dialog allerdings, den die deutschen Autoren nicht mit Fontane, nicht mit Raabe und nicht mit Karl May führten, sondern mit Huysmans, Barrès, Bourget, D'Annunzio, Garborg etc., und der darüber hinaus auch mit außerliterarischen Texten geführt wurde, wie mit der Ich-Philosophie Ernst Machs, mit den Degenerationsthesen der Psychiater, mit den Parapsychologen und Theosophen, mit den Musikern und Schauspielern, die sich jener Ästhetizisten-Gemeinde verschworen und angehörig fühlten.« (Fischer 1978, S. 23).

5 Wuthenow 1978, S. 13.

6 Ausgangspunkt für die Mehrzahl dieser Entwürfe ist Friedrich Nietzsche. Für die Zeitgenossen im deutschsprachigen Kontext entstehen dabei wichtige Schriften etwa von Henri Bergson, Wilhelm Dilthey, Georg Simmel, Otto Weininger, Oswald Spengler, Ernst Mach, Theodor Herzl oder Sigmund Freud. Vgl. hierzu u. a. Fischer 1978, Worbs 1983, Pfabigan 1985, Le Rider 1990, Brix und Janik 1993, Schorske 1994, Rathgeber 1994.

7 Zugleich ist – als Gegenbewegung zu dieser apolitischen Haltung – eine Tendenz erkennbar, die bislang unpolitisch Denkende zu politisch aktiven Bürgern machte. Motivierend für diesen Schritt war zumeist die Konfrontation mit der sozialen Schieflage und die Situation der Juden zwischen Orthodoxie und Assimilation.

8 Hofmannsthal GW, *Prosa II*, S. 48.

9 Wenn hier auch das Schwergewicht, von Hofmannsthal ausgehend, beispielhaft auf der Wiener Moderne liegt, so sind *décadence*-Bewegung und andere Strömungen dieser Zeit an anderen Orten in ganz ähnlichem Licht zu betrachten.

10 Worbs 1983, S. 48.

11 Fischer 1978, S. 19.

12 Maeterlinck: »Oraison« aus *Serres chaudes* (1886), s. Maeterlinck 1983, S. 33 (Übersetzung: M. U.).

13 Hofmannsthal GW, *Prosa I*, S. 172f.

14 Deutsche Ausgabe: *Genie und Irrsinn*, 1887.

15 Vgl. Max Nordau (*Entartung*, 1892/93) und Otto Weininger (*Geschlecht und Charakter*, 1903). In dieser Diskussion spielte auch die nationale Ausrichtung eine wesentliche Rolle: Weininger etwa lehnt die französische und englische Kunst als verweiblicht ab. Vgl. dazu auch die Untersuchung zu Dekadenz und Genie bei Thomas Mann: »Décadence als *Mangel* an Genie« (Schmidt 1988, S. 238ff.).

16 Rilke »Aus Nächten« (1898), s. Rilke SW III, S. 628.

17 Dazu Zürcher 1975, S. 41f.

18 Dazu Dijkstra 1986, S. 37ff.

19 Dazu Wuthenow 1978, Worbs 1983, Dijkstra 1986, Le Rider 1990 u. a.

20 Victor Hugo, *Sonett* (1871), zit. nach Praz 1988, S. 49, vgl. dort auch zahlreiche weitere Beispiele aus der romantischen Literatur.

21 Vgl. hierzu auch Le Rider 1990.

22 Ziegler 1911, S. 604.

23 U. a. in Le Rider 1990.

24 Huysmans 1992, S. 29.

25 Rubinstein 1891, S. 121f.

Das Bild der Frau zwischen bürgerlicher Ordnung und Aufbruch zur Modernität

1 Müller 1983, S. 193.

2 Wagner 1982, S. 150.

3 Kurz 1925, S. 399.

4 Zit. nach Hüneke 1991, S. 407 (Brief vom 12. Dezember 1910). Vor dem Hintergrund dieser Farbenlehre vergleiche man die Farbsymbolik von *Der blaue Reiter* (Titel des von Franz Marc und Wassily Kandinsky 1912 herausgegebenen Almanachs) und *Die gelbe Kuh* (Gemälde von Franz Marc, 1911).

5 Karl Hauer: »Das Kind«, in: *Die Fackel* Nr. 227-228 (10. Juni 1907) S. 10-20, Zitat S. 12.

6 Medick und Trepp 1998, S. 11, vgl. besonders auch Frevert 1995.

7 Hausen 1998, S. 42.

8 Wagner 1982, S. 149.

9 Vgl. dazu Frevert 1995.

10 Ebda., S. 43.

11 Praz 1988, S. 184.

12 Musil, *Der Mann ohne Eigenschaften* (Kapitel 15: Geistiger Umsturz), s. Musil 1996, S. 54.

13 Suttner 1899, S. 107f.

14 Beauvoir 1984, S. 240.

15 Horkheimer und Adorno 1988, S. 265.

16 Peter von Matt zeigt auf, wie auch das Interesse und vor allem die literarischen Qualitäten des Autors Fouqué nachlassen, sobald Undine nicht mehr ihrem ursprünglichen Zusammenhang angehört (Matt 1994, S. 229ff.). Vgl. auch das populäre Lied »Das Fin de siècle-Weib!« von Alois Kutschera: »...man lernt die Treue in der Eh', zur gleichen Zeit der Liebe Weh' ... man lernt das Kinderwiegen auch, weil mal das ist der Ehe Brauch ... in diesem Falle ist's vorbei mit all der Fin de sièclerei.« (Zit. nach Brusatti 1998, S. 5, vgl. dort auch die Abbildung des Titelblatts, S. 4).

17 Wagner 1982, S. 162f.

18 Giesing 1984, S. 306.

19 Vgl. dazu auch Scheit 1995: »Durch Hochzeit oder Tod werden – ehe der Vorhang fällt – die Ordnungen der Geschlechter fixiert.«

20 Vgl. Ferruccio Busonis *Turandot* (Schauspielmusik und Oper), Giacomo Puccinis *Turandot* (Oper). Zum Turandot-Stoff und seinen Vertonungen vgl. Lo 1996.

21 Benjamin 1983, S. 694f.

22 Heyse 1897, XIV. u. XV., S. 280-283.

23 Richard Wagner, *Parsifal*, II, Partitur S. 19ff. Vgl. dazu auch den Prosaentwurf von 1865, abgedruckt in Wagner DS, Bd. 4.

24 Fischer 1994, S. 145.

25 Die Namenlosigkeit erkennt Kienzle auch in der Figur des Parsifal, benennt jedoch den maßgeblichen Unterschied: »Die Charakterisierung als ›Namenlose‹ teilt sie mit Parsifal. Anders als bei diesem ist Namenlosigkeit hier jedoch nicht Zeichen unentwickelter, sondern vielfältig zerstreuter, entzweiter Identität« (Kienzle 1992, S. 157).

26 Thomas Mann, *Leiden und Größe Richard Wagners*, zit. nach Mann 1978, S. 70. Vgl. dazu auch Kienzle 1992, S. 154-171 (»Kundry: ›Femme Fatale‹ und fromme Büsserin«) und Fischer 1994.

27 Heyse 1897, XXXVII., S. 318f.

28 Vgl. den auszugsweisen Abdruck in Max 1991, S. 100-106. Dort zitiert nach der Übertragung von Johann Friedrich von Meyer (1820).

29 Vgl. »Notiz« von Fouqué, erschienen kurz nach Veröffentlichung der *Undine* in: *Die Musen. Eine norddeutsche Zeitschrift*, 4. Quartal, Berlin 1812, S. 198f. (vgl. Max 1991, S. 421). Fouqué geht hier auf den Wunsch eines Rezensenten ein, »die Quelle an[zu]geben, aus welcher ich mein dort abgedrucktes Mährchen *Undine* genommen habe. Mit Vergnügen begegne ich der wohlwollenden Anfrage, berichtend, daß ich aus Theophrastus Paracelsus Schriften schöpfte.« (Ebda.)

30 Matt 1994, S. 232.

31 So skizziert etwa Zemlinsky die Handlung des zweiten Satzes seiner Symphonischen Dichtung *Die kleine Seejungfrau*: »Der Anfang des II. Theiles ist ein Ball am Meeresgrunde [...]. Später dann das Motiv ¾ langsam: von der unsterblichen Seele des Menschen, – dann der Gang zur Meerhexe, die zauberhafte Verwandlung des Meerfräuleins zum Menschen etc.« Zemlinsky in einem Brief an Arnold Schönberg vom Februar 1902, zit. nach Weber 1995, S. 33.

32 Weitere Opern zum Undinen- und Melusinen-Stoff: Konradin Kreutzer: *Melusine* (UA 1833), Albert Lortzing: *Undine* (UA 1845, dazu: Schläder 1979, S. 367f.), Pjotr Tschaikowski: *Undina* (1869, vernichtet), Nikolai Rimski-Korsakow: *Sadko* (UA 1898), Antonín Dvořák: *Rusalka* (UA 1901), Sergej Prokofjew: *Undine* (1904-7, unveröffentlicht) u. a.

33 Vgl. hierzu auch Roch 1998.

34 Auch Weininger beruft sich bei seiner Definition von »Weib« mehrfach auf Paracelsus (vgl. beispielsweise Weininger 1932, S. 232).

35 Jung 1971, S. 34.

36 Hausen 1998, S. 32.

37 Vgl. etwa Fend 1987.

38 Dieses Phänomen der »Zweiten Generation« findet sich ähnlich auch in Prag und Paris.

39 Benjamin 1983, S. 161. Zum Begriff *ennui* bei Hofmannsthal vgl. auch Kalcher 1980, S. 160ff.

40 »Nous avons, il est vrai, nations corrompues,/[...] Des visages rongé par les chancres du cœur,/Et comme qui dirait des beautés de langueur;/Mais ces inventions de nos muses tradives/N'empêcherons jamais les races maladives/De rendre à la jeunesse un hommage profond [...].« (Gewiß, wir verderbten Völker haben Schönheiten [...]: Gesichter, zerfressen vom Krebs des Herzens, und gleichsam Schönheiten der Schwäche und der Schwermut. Doch diese Erfindungen unserer späten Musen werden die kranken Rassen niemals hindern, der

Jugend tiefe Huldigung zu zollen [...].) Baudelaire, *Les Fleurs du Mal*, zit. nach Baudelaire 1997, S. 24 (Übersetzung ebda., S. 25).

41 Praz 1988, S. 275.

42 Benjamin 1983, S. 694. Zur Interpretation der Automatenfrau um die Jahrhundertwende vgl. auch Fontaine 1998, S. 201f.

43 Zweig 1990, S. 81f.

44 Besonders deutlich wird die Angst vor Machtverlust im Bereich der Sexualität, die sich in heftigen Polemiken gegen weibliche (Frauen-)Ärzte deutlich zu erkennen gibt.

45 I/1, Partitur S. 43f.

46 Die Übersetzung von Brod übergeht diese wichtige Nuance, wenn sowohl die alte Buryja als auch Jenůfa selbst das Wort »Mannsverstand« gebrauchen; offenbar gehört auch für Brod der Verstand allgemein nicht zur weiblichen Sphäre.

47 Vgl. Partitur S. 256f. Im Tschechischen existieren zwei Wörter für »Hexe«: *bosorka* (von *bosorovat* = hexen), in einer eher negativen, dunkleren Bedeutung, und *čarodějnice* (von *čarovat* = zaubern, verschwören), dieses Wort trägt eine positivere Konnotation, nahe dem Feenhaften, Naturgeisthaften. Im Slowakischen existiert außerdem eine dritte, interpretatorisch neutrale Wortvariante für Hexe: *striga*. Stewa verwendet an der bewußten Stelle das Wort *bosorka*, also das tschechische Wort in seiner dunkleren, bedrohlichen und eindeutig negativen Bedeutung.

48 Vgl. Tichy 1990, S. 27f. (bes. Anm. 4) und Duby und Perrot 1994, S. 481ff.

49 Bereits der Titel stellte für die zeitgenössische Gesellschaft einen Affront dar: Die Frau als reflektierendes und daher auch an Gott und der Gesellschaft zweifelndes Individuum anzusehen und sie damit dem Mann gleichzustellen, galt als unsittlich.

50 Gutzkow 1905, S. 54.

51 Ebda., S. 56.

52 Ebda., S. 57.

53 Tagebucheintrag vom 23. Dezember 1877, zit. nach Cosnier 1994, S. 152f.

54 Andreas-Salomé 1898, S. 16. Vgl. auch Treder 1984, S. 124ff.

55 Andreas-Salomé 1898, S. 19.

56 Ebda., S. 28.

57 Ebda.

58 Fenia wird sich nach einer qualvollen Zeit des Zweifelns am Ende der Erzählung gegen die Heirat entscheiden. Der letzte Satz spricht von Willensfreiheit und Ungebundenheit: »Sie wollte es so.« (Andreas-Salomé 1898, S. 98).

59 Ebda., S. 51f.

60 Weininger 1932, S. 451. Als Alban Berg Weiningers Buch *Geschlecht und Charakter* las, markierte er sich diesen Satz.

61 Der Begriff, der um die Jahrhundertwende sehr negativ und eindeutig abwertend verwendet wurde (vgl. Möbius, Weininger u. a.), ist noch bis heute im Gebrauch, wenn es um die Benennung von Außenseiterinnen geht, die in männlich konnotierten Bereichen agieren. So tituliert auch Wolf-Dieter Peter die Figur der Küsterin aus Leoš Janáčeks Oper *Jenůfa* als »Mann-Frau«, da sie sich »auf den Denk- und Verhaltensschienen männlicher Strukturen« bewege (vgl. Bermbach 2000, S. 490).

62 Die Diskussion über weibliche Homosexualität wird in Wedekinds Lulu-Dramen anders dargestellt. Vgl. hierzu u. a. Lautmann 1983, besonders S. 72f. Zur Gestaltung der lesbischen Gräfin durch Wedekind vgl. vor allem Vinçon 1990 und Pegley 1998 (S. 266ff.). Pegley beschreibt den beträchtlichen Unterschied der Geschwitz-Figur bei Wedekind und Berg: »Im Gegensatz zu der Charakterisierung der Geschwitz bei Wedekind war Bergs Vorstellung nicht die eines wahren lesbischen Frauentyps, sondern die eines negativen sozialen Stereotyps – in der Form eines restriktiven und standardisierten Bildes einer schwachen, unausgeglichenen und fremdgesteuerten Frau –, und so wurde durch die Einrich-

tung des Dramas zum Libretto aus der Dramenfigur eine konfuse und instabile Opernfigur.« (Vgl. ebda., S. 267, Übersetzung: M. U.)

63 Skizze zur letzten Szene der Oper. Abgedruckt in Rode 1988, S. 288f., der Satz ist doppelt unterstrichen.

64 Berg 1937.

65 *Die Homosexualität des Mannes und des Weibes* (1914), zit. nach Schwarz 1993, S. 69.

66 Krafft-Ebing 1924, S. 477.

67 Auguste Fickert, eine der führenden Frauenrechtlerinnen in Wien (vgl. Anderson 1992).

68 Karl Kraus in der *Fackel* Nr. 229 (2. Juli 1907), S. 21f.

69 Vgl. hierzu auch Anderson 1992.

70 Zitiert wird der Berliner Arzt W. Hammer, der zwischen 1900 und 1914 zahlreiche Aufsätze zu diesem Thema, zum Teil auch in populärwissenschaftlichen Zeitschriften, publizierte. S. Schwarz 1993, S. 68.

71 Krafft-Ebing 1877, S. 306.

72 KA III/2.

73 Tichy 1990, S. 31.

74 Suttner 1899, S. 99.

75 Vgl. Tichy 1990, Zitat S. 29f.

76 Ebda., S. 38.

77 Weininger 1932, S. 85.

78 Möbius 1902, S. 23.

79 Avicenna [d. i. Fritz Wittels]: »Weibliche Ärzte«, in *Die Fackel* Nr. 225 (3. Mai 1907), S. 10-24, Zitat S. 11f.

80 Berg 1965, S. 641. Interessanterweise zollt Alwa, das *alter ego* Bergs, der Gräfin einen gewissen Respekt: »Aber ich finde keine Worte für die Bewunderung, die mir Ihre Aufopferung, Ihre Tatkraft, Ihre übermenschliche Todesverachtung einflößen.« (Vgl. KA, S. 270f.) Hierbei changieren die »weiblichen« und »männlichen« Eigenschaften: Aufopferung auf der einen Seite, Tatkraft und übermenschliche Todesverachtung auf der anderen. Ob man angesichts dieser Beobachtungen davon sprechen kann, daß sich Berg am Schluß der Oper mit der Figur der Geschwitz identifiziert hat (vgl. Perle 1981), bleibt fraglich, auch wenn die letzten Worte der Gräfin mit den Empfindungen Bergs zu Hanna Fuchs korrespondieren.

81 Hilmar 1988, S. 121.

Facetten der Weiblichkeit: Rollen, Bilder und Klischees

1 Vgl. hierzu Schreiber 1991, bes. S. 859ff. Prominente Beispiele zu dieser in der Romantik beliebten Konstellation finden sich etwa bei Friedrich Schlegel, *Lehrjahre der Männlichkeit* (1799, Mittelteil des Romans *Lucinde*), oder in Eichendorffs *Das Mamorbild* (1818). Vgl. Offenbach, *Les Contes d'Hoffmann*, V, KA S. 350f.

2 Vgl. Csobadi 1993.

3 Fischer stellt seiner Analyse des Don Juan-Mythos die Frage voran: »Wenn nun also auch die Oper hier [d. i. Graeners/ Anthes' *Don Juans letztes Abenteuer*, 1914] verspätet und nachträglich Abschied nimmt von einem Mythos, der seit rund 100 Jahren schon angekränkelt war, dann ist zu fragen, wo sie ihren Ersatz herbezog [...]. Es sieht so aus, als sei zu dieser Rolle eine Figuration des Weiblichen bestimmt, die nun nicht einfach ein weiblicher Don Juan ist, sondern in einer Doppelung aus Verführungskraft und Erlösungsbedürftigkeit zu sich selbst kommt« (Fischer 1994, S. 145).

4 Bloch 1959, S. 695f.

5 Baudelaire, »Correspondances« aus: *Les Fleurs du Mal*, zit. nach Baudelaire 1997, S. 22 (Übersetzung ebda., S. 23).

6 Wilde, »The Preface« aus: *The Picture of Dorian Gray*, s. Wilde 1988, S. 3. Die Ausstellung *Ein Traum von Liebe und Tod. Der Symbolismus in England 1860-1910* in der Hamburger Kunsthalle (21. Mai bis 30. August 1998, vgl. Wilton und Upstone 1998) trug diesen Satz als Motto. Ich danke an dieser Stelle Herrn Dr. Jenns Howoldt für den Hinweis und

zahlreiche kunsthistorische Erläuterungen.

7   Dieser Bezug zur Realität ist beispielsweise bei Dante Gabriel Rossettis *Proserpine* (1874) deutlich wahrnehmbar: Die hier dargestellte Frau ist Jane Burden, die seit 1859 mit dem Maler William Morris verheiratet war, später aber die Geliebte Rossettis wurde. Auch für Rossettis *Helen of Troy* (1863), *Fazio's Mistress (Aurelia)* (1863) und *Lady Lilith* (1864-1882) standen Frauen aus dem näheren Umfeld des Malers Modell (dazu Hinterhäuser 1977, S. 107ff.; Prettejohn 1997, S. 30, vgl. auch Wilton und Upstone 1998, S. 94ff.).

8   Zur Definition dieser Begriffe siehe Thomalla 1972 (*femme fragile*) und Hilmes 1990 (*femme fatale*).

9   Vgl. Hilmes 1990.

10   Fischer 1994, S. 149f.

11   Sibylle-Gabrielle-Marie-Antoinette de Mirabeau, Comtesse de Martel de Janville publizierte unter dem Pseudonym Gyp.

12   Beispielsweise Catulle Mendès: *Monstre parisien*. Die Salome-Gestalt aus Huysmans *À Rebours* wird als »bête monstrueuse« bezeichnet, ebenso wie Zolas Nana (»monstre«) oder die weiblichen Hauptfiguren in Mirabeaus Romanen *Le Calvaire* (1887) und *Le Jardin des supplices* (1899). Vgl. dazu Florack 1995, S. 37ff.

13   Florack 1995, S. 216f. Florack resümiert: »Lulus scheinbar rätselhafte Widersprüchlichkeit, ihr ständiger – in der Wedekind-Forschung zur Genüge beschriebener – Rollenwechsel verweist auf epochenspezifische Vorurteile über das ›Wesen‹ der Frau. [...] die Frauenrechtlerin Hedwig Dohm stellte schon in den siebziger Jahren fest, bei der Zusammenschau gängiger Vorurteile über die ›Eigenschaften‹ der Frau erscheine ›das Weib als ein Potpourri der allerentgegengesetztesten Eigenschaften‹ [...] Der ›Irrthum‹ der ›männlichen Psychologen‹ liegt nun, wie Dohm treffend

feststellt, darin, ›daß sie entweder individuelle Eigenschaften [...] für den Geschlechtscharakter des Weibes halten, oder daß sie wenigstens den Charakter einzelner Frauenklassen auf das ganze Geschlecht übertragen.‹ In Wirklichkeit sei vielmehr auf den ›Einfluß der socialen Stellung der Frau‹ zurückzuführen, was als ›angeborner Geschlechtscharakter‹ ausgegeben werde.«

14   Beauvoir 1984, S. 240.

15   Hofmann 1960, S. 327.

16   Hofmann 1960, S. 328.

17   Ebda.

18   Die Figur des Vamp fand besonders großes Interesse in dem neu entstehenden Medium Film. Hier konnte sie sich bis in die vierziger Jahre des 20. Jahrhunderts halten und erlebt darin bis heute ihre Renaissancen (vgl. dazu Böhner 1996).

19   Hofmann 1960, S. 287.

20   Eksteins 1990, S. 62.

21   Ebda., S. 63.

22   Praz 1988, S. 175.

23   Pegley 1998, S. 250 (Übersetzung: M. U.).

24   Soma Morgenstern in einem Gespräch mit Alban Berg, zit. nach Morgenstern 1995, S. 136.

25   Die Partie der Carmen ist als Mezzosopran angelegt, da sie aber keine besonderen Anforderungen an die tiefe Lage stellt, wird sie gelegentlich auch von Sopranistinnen gesungen. Nach Bizets Tod verfaßte Ernest Guiraud sogar eine Sopranvariante der Partie. Und während man über die Sopran-Besetzung geteilter Meinung sein kann, wird spätestens bei Guirauds unpassender Bearbeitung deutlich, daß die Figur der Carmen wesenhaft mit einer tieferen Frauenstimme verbunden ist.

26   Praz beschreibt die russophile Welle der französischen Literatur ebenfalls als Exotismus. Die russische Frau ist dabei immer stärker als der ihr gegenübergestellte Mann. Praz führt Jean Lorrains *Très russe* (1886) als Beispiel an: »Sie war

der Reiz und die Keuschheit in einer Person, traurig und schwermütig wie gebrochene Scham, rein, verehrungswürdig und begehrenswert [...] Sie überreizte und quälte Mauriats Sinne; [...] eine Lust, die sie sich verschaffte, um sich selbst ihre Macht zu beweisen« (zit. nach Praz 1988, S. 300). Vgl. zur Exotik russischer Sujets auch Christopher B. Balme und Claudia Teibler: »Orient an der Wolga«, in: Jeschke, Berger und Zeidler 1997, S. 113-133.

27 Vgl. dazu Bloch 1959, S. 693f. und Le Rider 1990, bes. S. 143ff. (*Die Götter-dämmerung des Vaterrechts*).

28 Hofmann 1960, S. 35.

29 Baudelaire, »L'invitation au voyage« aus den *Les Fleurs du Mal*, zit. nach Baudelaire 1997, S. 112 (Übersetzung: ebda., S. 113).

30 Le Rider 1990, S. 99. Werner Hofmann beschreibt im übrigen die Auflösung der Formen in der französischen Malerei der zweiten Jahrhunderthälfte ebenfalls als Prozeß der »Verweiblichung« der Kunst: »Dort [in Frankreich] gelang der Malerei das formale Äquivalent des weiblichen ›Weltgemüts‹: die Verwandlung der Dingwelt in ein kontinuierliches Gewebe offener, das heißt auf der Leinwand sichtbarer Farbpartikel, die Entgrenzung des Dinglichen in einen Verband chromatischer Übergänge.« Hofmann 1960, S. 313.

31 Fischer 1978, S. 200.

32 Vgl. hierzu auch die Diskussion um die Frage, ob der Begriff »Jugendstil« für die Musikgeschichte von Relevanz sei: Marius Flothuis: »Zum Begriff Jugendstil in der Musik«, in: Macek 1986, S. 16-20. Flothuis bezieht sich hierbei auf *Musik und Jugendstil* von Hans Hollander (1975) sowie Stenzl 1980. Vgl. auch Weber 1974.

33 Fischer 1978, S. 200.

34 Danuser 1984, S. 13.

35 Erstdruck 1913 (französisch), deutsche Erstveröffentlichung 1929. Zur Datierungsfrage des Vortrags vgl. auch Burk-

hardt Rukschcio: »Ornament und Mythos«, in: Pfabigan 1995, S. 57-68, bes. S. 58.

36 Vgl. Rode 1988, S. 40.

37 Vgl. hierzu besonders Carl E. Schorske: »Abschied von der Öffentlichkeit. Kulturkritik und Modernismus in der Wiener Architektur«, in: Pfabigan 1985, S. 47-56, Burkhardt Rukschcio: »Ornament und Mythos«, in: ebda., S. 57-68, und Peter Haiko und Mara Reissberger: »Ornamentlosigkeit als neuer Zwang«, in: ebda., S. 110-119. Außerdem auch Harders-Wuthenow 1998.

38 Peter Haiko und Mara Reissberger: »Ornamentlosigkeit als neuer Zwang«, in: Pfabigan 1985, S. 110-119, Zitat S. 116.

39 Vgl. dazu Carl Dahlhaus: »Musik und Jugendstil«, in: Stenzl 1980, S. 73-88, bes. S. 80ff.

40 Schönberg 1924.

41 Erstausgabe 1907, am 11. Januar 1908 im Intimen Theater Nürnberg uraufgeführt.

42 Klara Hühnerwadel, *Musik I/3*, zit. nach Wedekind 1987, S. 106.

43 Josef Reißner: »...Dann kommst du ruhig von Antwerpen zurück, studierst hier noch ein halbes Jahr weiter, natürlich bei mir, und wenn du heute in einem Jahr nicht ein glänzendes Engagement als Wagnersängerin an einem der ersten deutschen Theater hast, dann nenn mich einen Schuft [...], dann – dann nenne mich einen Schuft!« (Ebda. I/3, zit. nach Wedekind 1987, S. 105).

44 Vgl. dazu auch Thesander 1997, S. 81-130.

45 Mahler-Werfel 1997, S. 177.

46 Baudelaire, zit. nach Müller 1983, S. 143

47 Aus dem *Journal Amusant*, vgl. Müller 1983, S. 137.

48 Nordau 1892/93, Bd. 1, S. 349. Zu Nordaus Wagner-Kritik siehe auch Müller 1983, S. 192ff.

49 Nietzsche 1969, S. 16f. Vgl. auch Borchmeyer 1993.

50 Die französische *décadence* bezeichnet Weininger abschätzig als »Franzosentum des Geistes«, und über England schreibt

er: »...es gehört [...] nicht eben viel dazu, der größte englische Philosoph zu sein« (Weininger 1932, S. 126 und S. 189). An der zeitgenössischen Situation in Deutschland und Österreich kritisiert Weininger: »Heute [...] [ist] Deutschland seit 150 Jahren zum erstenmal ohne großen Künstler und ohne großen Denker [...]. Eine Zeit die in vagen, undeutlich schillernden Wesen am besten ausgesprochen sieht, deren Philosophie in mehr als einem Sinne das Unbewußte geworden ist, zeigt zu offensichtlich, daß nicht ein wahrhaft Großer in ihr lebt; denn Größe ist Bewußtsein, vor dem der Nebel des Unbewußten schwindet wie vor den Strahlen der Sonne. Gäbe ein einziger dieser Zeit ein Bewußtsein, wie gern würde sie all ihre Stimmungskunst, deren sie sich heute noch rühmt, dahingeben! –« (Weininger, 1932, S. 144).

51 Weininger 1932, S. 455.
52 Le Rider 1985, S. 156.
53 Altenberg GW I, S. 317.
54 Ebda., S. 316ff.
55 Ebda., S. 318.
56 Ebda., S. 320.
57 Ebda., S. 320.
58 Ebda., S. 321.
59 Ebda., S. 322.
60 Wagner, »Oper und Drama«, in: GS III, S. 316.
61 Vgl. die aufschlußreichen Ausführungen bei Roch 1998.
62 Wagner, »Oper und Drama«, in: GS III, S. 316. Die folgenden Ausführungen Wagners über das »Weib« machen verständlich, warum Otto Weininger in Wagner einen seiner maßgeblichen Vordenker sah: »Das wahre Weib liebt unbedingt, weil es lieben muß. Es hat keine Wahl, außer da, wo es nicht liebt. [...] Ein Weib, das nicht mit diesem Stolze der Hingebung liebt, liebt in Wahrheit gar nicht. Ein Weib, das gar nicht liebt, ist aber die unwürdigste und widerlichste Erscheinung der Welt.« (Wagner, »Oper und Drama«, in: GS III, S. 316f.)
63 Roch 1998, S. 308. Zu korrigieren wäre in Rochs interessantem Vergleich lediglich der Hinweis auf den »männlichen Geist Huldbrands«, durch den Undine eine Seele bekomme. Dies ist bereits Wagners (Um-)Deutung der Fouquéschen Vorlage: Hier nämlich ist es nicht Huldbrands Geist, sondern unverblümt die gemeinsam verbrachte Liebesnacht, die Entjungferung Undines, die sie zur »seelenvollen« Frau werden läßt. Dieser Motivbestandteil geht auf die älteren Vorlagen der Motivtradition zurück (etwa auf Thüringen von Ringoltingen). Hier spielt die mittelalterliche Vorstellung der Ehe als Kombination aus *consensus* (Eheversprechen) und *colupta* (Hochzeitsnacht) eine Rolle. Vgl. Roch, S. 309: die »Beseelung des weiblichen Naturwesens durch den männlichen *Logos*« (Hervorhebung: M. U.).
64 Mann 1978, S. 70 (Hervorhebung: M. U.).
65 Zur *Tristan*-Rezeption Mahlers vgl. Floros 1998, S. 250ff., für den Einfluß auf Debussys *Pelléas et Mélisande* vgl. Abbate 1981. Außerdem Bermbach 1997, S. 271ff.
66 Franz Liszt: »Wagner›s Fliegender Holländer«, zit. nach Liszt 1989, S. 100f.
67 Richard Wagner: Erster Prosaentwurf zu *Parsifal* aus dem Jahr 1865, zit. nach Wagner DS, Bd. 4, S. 343f.
68 Altenberg 1918, S. 61f.
69 Vgl. dazu Chadwick 1986.
70 Dazu auch Scheit 1995, S. 38ff.
71 Horkheimer und Adorno 1988, S. 268.
72 Wagner 1982, S. 132. Vgl. dazu auch Altenbergs »Une femme est un état de notre âme« (Altenberg GW I, S. 312).
73 So wird der Abschnitt über Janáčeks Emilia Marty und Bergs Lulu innerhalb dieser Arbeit bemüht sein, einem voreiligen Urteil von Konstruktion = Projektion = entindividualisiertes Objekt durch eine genauere Beobachtung von Konstruktionsmechanismen und -wertungen aus dem Wege zu gehen.
74 Wagner 1982, S. 136.

75 Wedekind, *Die Büchse der Pandora*, 1. Aufzug.

76 Vgl. Berg, *Lulu*, KA S. 298f. Benediktiner ist ein Kräuterlikör mit niedrigem Alkoholgehalt und wurde um die Jahrhundertwende von der Firma Mounier nach Österreich importiert.

77 Vgl. dazu die Kapitel über *Lulu* im Dritten Teil.

78 Alma Mahler fungierte zuweilen als »Postillon d'amour« zwischen Berg und Hanna Fuchs-Robettin, eine Funktion, die sie auch deshalb unauffällig erfüllen konnte, da sie seit 1929 mit dem Bruder von Hanna Fuchs-Robettin, Franz Werfel, verheiratet war. Alma Mahler war mit Alban und Helene Berg eng befreundet, zwei von Bergs wichtigsten Werken sind ihr direkt oder indirekt gewidmet: Bergs erste Oper *Wozzeck* trägt eine Widmung an Alma Mahler, da sie sich für die Finanzierung der Partitur eingesetzt hatte, und das 1935 entstandene Violinkonzert von Berg ist »Dem Andenken eines Engels«, Alma Mahlers 1935 verstorbener Tochter Manon Gropius, gewidmet. Die Verbindungen waren somit auf freundschaftlicher wie künstlerischer Ebene sehr eng – auch hier träfe Adornos Begriff vom Wiener »Gefädel« durchaus zu.

79 Berg in einem Brief an Soma Morgenstern (23. August 1928), zit. nach Morgenstern 1995, S. 214.

80 Lochhead 1997, S. 226ff.

81 Ebda., S. 228 (Übersetzung: M. U.).

82 Vgl. dazu die Kapitel über *Salome* im Dritten Teil.

83 Vgl. hierzu Sommer 1996.

84 Bloch 1959, S. 697.

85 Rezension von Marie Luise Becker, erschienen 1903 in *Bühne und Welt* (zit. nach: Giesing 1984, S. 330). Wie stark andererseits der Druck auf reale Frauen gewesen sein muß, ein ideales und stark idealisiertes Bild von sich in der Öffentlichkeit zu zeigen, wie eng dabei der Spielraum eines genau abgesteckten Frauenbildes war, zeigt sehr deutlich auch der Umgang der österreichischen Kaiserin Elisabeth mit den von ihr zur Veröffentlichung freigegebenen, bewußt inszenierten Bildnissen und Photographien. Der Traum von ewiger Jugendlichkeit und Schönheit wurde auch in den späteren Lebensjahren der Kaiserin immer wieder durch Retouchierungen wach gehalten. Letztlich setzte sich das öffentliche Bild der Kaiserin in hohem Maße aus einzelnen Facetten zusammen, da die Realität offenbar der extremen Idealisierung nicht standhalten konnte. Wie stark der Wunsch nach Selbstinszenierung dabei eine Rolle spielte, ist wohl eine Frage der wechselseitigen Bedingung von öffentlicher Erwartung und eigenem Anspruch. Und letztlich scheint sich Elisabeth die Freiheit von der strengen Etikette des Wiener Hofes durch die Inszenierung ihrer Weiblichkeit erkauft zu haben (vgl. dazu: Ilsebill Barta Fliedl und Peter Parenzan: »Mythos Sisi. Das Bild der Kaiserin Elisabeths von Österreich«, in: Schulze 1995, S. 18-23).

86 Bovenschen 1979, S. 264.

87 Fontaine 1998, S. 180.

Das Andere, das Fremde. Frau und Tod als Grenzerfahrung

1 Bachmann 1993, II, S. 260.

2 Kofman 1980, S. 39.

3 Nipperdey 1998, S. 65f.

4 Hofmann 1960, S. 316.

5 Praz 1988, S. 259.

6 Zit. nach Baudelaire 1997, S. 280 (Übersetzung ebda., S. 281).

7 Praz 1988, S. 45.

8 Keyserling 1983, S. 140f.

9 Einen ähnlichen Fall der Überhöhung der Schönheit einer Frau nach ihrem Tod beschreibt auch Elisabeth Bronfen: Ferdinand Hodler hatte das qualvolle Sterben seiner Lebensgefährtin in zahlreichen Zeichnungen, Gouachen und Ölgemälden dokumentiert, die zunächst den Verfall des geliebten Menschen mi-

nutiös beschrieben. Nach dem Tod von Valentine Godé-Darel malte Hodler allerdings ein Porträt, das die Lebensgefährtin in idealisierter Schönheit zeigt. Vgl. dazu Bronfen 1994, S. 61-86. Als musikalisches Beispiel dieser ästhetischen Restituierung können Todesmomente aus Opern von Claude Debussy und Leoš Janáček gelten. Vgl. dazu das Kapitel *Totenstille und ihr Echo*, S. 109ff.

10 Hofmannsthal GW, *Gedichte und Lyrische Dramen*, »Der Tor und der Tod«, S. 203f.

11 Eine Rätselhaftigkeit sagt Freud im übrigen auch der Musik nach – zumindest im eigenen Erleben: »Kunstwerke üben eine starke Wirkung auf mich aus, insbesondere Dichtungen und Werke der Plastik, seltener Malereien. Ich bin so veranlaßt worden, bei den entsprechenden Gelegenheiten lange vor ihnen zu verweilen, und wollte sie auf meine Weise erfassen, d. h. mir begreiflich machen, wodurch sie wirken. Wo ich das nicht kann, z. B. in der Musik, bin ich fast genußunfähig. Eine rationalistische oder vielleicht analytische Anlage sträubt sich in mir dagegen, daß ich ergriffen sein und dabei nicht wissen solle, warum ich es bin und was mich ergreift« (Freud GW X, S. 172).

12 Hofmannsthal GW, *Gedichte und Lyrische Dramen*, »Der Tor und der Tod«.

13 Zweig 1990, S. 82f.

14 Loraux 1993, S. 59. Auch in Rußland ist eine bemerkenswerte Nähe von Hochzeit und Tod im Volksbrauch präsent: Die Hochzeit – gesehen als maßgeblicher Lebenswendepunkt der Frau – wird für die Braut ausgerichtet wie das Begräbnis für einen männlichen Verstorbenen. Die Klagen der Brautmutter und der Braut etwa sind – auch musikalisch – vergleichbar mit den Klageweibern während der Totenaufbahrung eines Mannes. Siehe Larrington 1997, S. 131 und 137f. Vgl. dazu auch Strawinskys *Les Noces*. In einigen Kulturen wird der Geburtsvorgang, gesehen als schwierige

und lebensbedrohliche Situation für Mutter und Kind, mit dem militärischen Kampf verglichen, so daß der Tod während der Geburt oder im Wochenbett mit Tod auf dem Schlachtfeld vergleichbar wird (z. B. in der mexikanischen Mythologie, vgl. Larrington 1997, S. 444). Deutlich ist bei dieser Analogiebildung, daß zur Sphäre der Männlichkeit Zuflucht genommen wird, um die Irritation von Tod und Weiblichkeit zu überwinden.

15 Novalis *Schriften* I (Das dichterische Werk), S. 138: »O! sauge Geliebter/ Gewaltig mich an/Daß ich bald ewig/ Entschlummern kann./Ich fühle des Todes/Verjüngende Flut/Und harr in den Stürmen/Des Lebens voll Muth.«

16 Martens 1898, S. 218.

17 Vgl. dazu etwa Loraux 1993.

18 Hollander 1967, S. 24f.

19 Praz 1988, S. 345f.

20 Baudelaire, *Les Fleurs du Mal*. Zit. nach Baudelaire 1997, S. 292 (Hervorhebung im Original, Übersetzung ebda., S. 293).

21 Zit. nach Praz 1988, S. 347.

22 Diese Bezeichnung von Mahlers Achter Symphonie wurde von Emil Gutmann geprägt, vgl. dazu Floros 1985, S. 210.

23 Krenek 1958, S. 247.

Zweiter Teil

»Endgebilde, die nie verklingen« – Figuren aus der Nähe der femme fragile

1 Altenberg 1979, S. 181. Vgl. zum Typus der *femme fragile* in der Literatur vor allem Thomalla 1972.

2 Kamper und Wulf 1992, S. 1.

3 Ebda., S. 2f.

4 Vgl. hierzu Benjamin GS II/1 (»Metaphysik der Jugend«), bes. S. 91-96, und auch die Texte von Birgit Hoppe (»Das Schweigen der Frauen – Leugnen der Differenz«) und von Barbara Sichtermann (»Die schweigende Mehrheit war weiblich«) in Kamper und Wulf 1992, S. 107-116 und S. 128-137.

5 Kamper und Wulf 1992, S. 2.
6 Kofman 1980, S. 50 (Übersetzung: M. U.).
7 Ebda. (Übersetzung: M. U.).
8 Vgl. hierzu Manfred Schneider: »Hysterie als Gesamtkunstwerk«, in: Pfabigan 1985, S. 212-229, außerdem Bronfen 1998 und Redepenning 2000.
9 Vgl. dazu Rieger 1996.
10 McClary 1991, S. 85 (Übersetzung: M. U.).
11 Dazu Le Rider 1990, bes. S. 48ff. (»Die als unvermeidlich empfundene Einsamkeit des Individuums ist es auch, die schließlich an der Eignung der Sprache als Kommunikationsmittel zweifeln läßt. Dieses Moment bildet einen grundlegenden Aspekt der ›Sprachkrise‹, die so oft als besondere Erscheinung der Modernitätskrise um 1900 angeführt wird.« Ebda., S. 48).
12 Vgl. hierzu Sichtermann in Kamper und Wulf 1992.
13 Nietzsche 1973, S. 100f. Vgl. dazu auch Bovenschen 1979: Bovenschen interpretiert in diesem Zusammenhang Nietzsches Haltung gegenüber der realen und der phantasierten Weiblichkeit: »Nietzsche beschreibt diese Doppelgestalt des Weiblichen – seine phantasmatische und seine alltägliche Erscheinung – in dem Begriffspaar von Distanz und Nähe: im fernen imaginierten Weiblichen wird ihm ›das Leben selbst zum Traum über das Leben‹, es läuft ›über das Dasein dahin‹, es führt die wohltuende historische ›Schweigsamkeit‹ des Weiblichen mit sich [...]; daneben – aus der Nähe besehen – erscheint das wirklich Weibliche: ein kleiner ›erbärmlicher Lärm‹.« (Ebda., S. 58).
14 Weininger 1932, S. 243.
15 Vgl. hierzu auch den sprunghaften Anstieg der Sphinx-Motivik als Mythos des schweigenden Rätselweibes (Brosi 1992).
16 Erster Satz: T. 14-17, T. 94-101, T. 173-180; zweiter Satz: T. 1-5, T. 162-164, T. 322-327; dritter Satz: T. 142-165 (die ausgedehnteste Variante des Solos);

vierter Satz: T. 8-9, T. 29, T. 641-665 (Schluß).
17 Siehe Redepenning 1994, S. 84, der Begriff selbst stammt von Gerald Abraham.
18 Interessant ist übrigens auch, daß die Scheherazade-Figur der Dichtung als äußerst gebildete Frau bezeichnet wird.
19 Vgl. etwa die Verwendung der Solovioline in Jules Massenets 1894 uraufgeführte Oper *Thaïs* (Zwischenspiel *Méditation*), in Zemlinskys Symphonischer Dichtung *Die Seejungfrau* (vgl. S. 119) und in Strauss' *Salome* (vgl. S. 182). Zum Einfluß auf die französischen Komponisten, die die Scheherazade vor allem auch durch die Ballets Russes kennenlernten, vgl. Jean-Michel Nectoux: »*Schéhérazade* – Musik und Tanz«, in: Jeschke, Berger und Zeidler 1997, S. 105-112.
20 Schönberg, *Pelleas und Melisande*, Ziff. 61, vgl. Berg [1920], S. 11.
21 Sowa-Winter 1988, S. 43. Die Autorin charakterisiert mit diesen Merkmalen eine Analogie zu den »allgemeinen Kompositionsprinzipien der Jahrhundertwende«, des musikalischen Jugendstils« (ebda.).
22 Vgl. Hoffmann 1991, S. 131ff. und Sowa-Winter 1988.
23 Beginn des vorletzten Gedichts aus dem Zyklus *Auf der Flucht* (*Anrufung des Großen Bären*), Bachmann 1993, I, S. 147.
24 Karl H. Wörner weist auf die zentrale Bedeutung der Pause als kompositorische Umsetzung des Sterbe-Moments hin. Vgl. Wörner 1970a (»Die Darstellung von Tod und Ewigkeit in der Musik«, S. 201-241).
25 Janáček: *Osud*, Ende zweiter Aufzug.
26 Boulez 1975, S. 26 Vgl. auch S. 135f.
27 Barraud 1977, S. 76.
28 I/1, 5 Takte nach Ziff. 1.
29 Libretto-Übersetzungen hier und im Folgenden: M. U.
30 Das Motiv der Kälte ist im übrigen Bestandteil der Typisierung der *femme fragile*. Häufig wird sie in den Kontext ei-

ner »kalten« Umwelt gestellt, an der ihr fragiles Sein zerbricht. Ihre kalten Hände sind Reaktion auf diese Konfrontation und verweisen zugleich auf ihren nahen Tod (z. B. auch in Puccinis *La Bohème*: »Che gelida manina«), vgl. auch das Kapitel »Winterreise« in Frank 1995.

Frageverbote – Sprechverbote

1 Richard Wagner: *Lohengrin* (I/3).
2 Vgl. dazu und zur Behandlung des Frageverbots in Wagners erster Oper *Die Feen*: Roch 1998, bes. S. 306f.
3 Roch kehrt die Blickrichtung um, indem er den Erlösungsgedanken hervorhebt, der sich für den (Künstler) Lohengrin ausschließlich im »hingebungsvollen weiblichen Element« verwirkliche. (Vgl. Roch 1998, S. 307.) Beide Perspektiven können sich dabei ergänzen.
4 Dies hat sie mit den Ehemännern der Undinen und Melusinen gemein. Gewissermaßen handelt Elsa auch im Sinne des Opernpublikums. Denn auch dieses möchte über die Herkunft des unbekannten Ritters Genaueres erfahren. So wird der Opernbesucher insgeheim Komplize von Elsa, ohne sich freilich mit der »persönlichen« Konsequenz auseinandersetzen zu müssen.
5 Christoph Wulf: »Präsenz des Schweigens«, in: Kamper und Wulf 1992, S. 7-16, Zitat S. 7.
6 Auch die Figur der Mélisande gehört zum Bestandteil der Undinen- und Melusinen-Motive. Insofern sind – um, allein für die Musik, die häufige Frequenz dieses literarischen Stoffes zur Zeit der Jahrhundertwende zu illustrieren – hier auch die Kompositionen von Fauré (Bühnenmusik, UA: 1898), Debussy (Oper, UA: 1902), Schönberg (Symphonische Dichtung, UA: 1905), Sibelius (Suite, UA: 1905) u. a. zu nennen, die das Melusinenmotiv aufgreifen. Daß Schönberg und Zemlinsky zur gleichen Zeit an einem Undinen- bzw. Melusinenstoff arbeiteten, ist besonders auf-

fällig. Beide tauschten sich über ihre Arbeiten intensiv aus, und manche Parallele ist für die beiden symphonischen Werke auszumachen. Rooke spricht von der »ausgedehntesten Wechselbeziehung innerhalb ihres Schaffens« (Rooke 1981, S. 85, vgl. zudem Gülke 1995).
7 Daß Šourek diese literarischen Anleihen für Dvořák ausschließt und Kvapils Libretto als »selbständige Arbeit rein tschechischer Stimmung und Prägung« bezeichnet, hat offenbar weniger mit der Unkenntnis der offensichtlichen Motivtradition zu tun als eher mit der Bemühung, Dvořák und seinen Librettisten als originäre Nationalkünstler hervorzuheben. (Vgl. Šourek 1960, S. VII). Vgl. hingegen Ivan Vojtěch: »Antonín Dvořák: Rusalka«. In: *Pipers Enzyklopädie des Musiktheaters*, Bd. 2, S. 102. Schläder verweist zu Recht auf den unkritischen Zugang innerhalb der Sekundärliteratur zu Dvořáks *Rusalka* zur literaturwissenschaftlichen Motivgeschichte der Undinen und Melusinen: »Lediglich die Figur einer Nixe reizte Generationen von Wissenschaftlern stets auf neue, diese literarischen Werke – ungerechtfertigt – miteinander zu verquicken.« (Schläder 1981, S. 28, Anm. 11, dort auch weitere Literaturhinweise). Seine Feststellung freilich, daß die diversen literarischen Stoffe zu den Undinen-, Loreley- und Melusinen-Typen »nichts gemein« haben (ebda.), widerspricht der literaturwissenschaftlichen Forschung dieser Motivgeschichte (vgl. hierzu: Trüpel-Rüdel 1987, Vogel 1989). Dieser Widerspruch führt auch zu Schläders Ungenauigkeiten in der sich anschließenden Analyse der literarischen Texte.
8 Sowohl Rusalka als auch Zemlinskys Seejungfrau sterben keinen menschlichen Tod, sie werden vielmehr in einen anderen Seinszustand transformiert, sei es als Irrlicht (Rusalka), sei es als Luftgeist (Seejungfrau). Dies ist den Undine-Typen eigen, bei Fouqué heißt es dazu: »Und über den Rand der Barke

schwand sie [Undine] hinaus. – Stieg sie hinüber in die Fluth, verströmte sie darin, man wußt' es nicht, es war wie Beides und wie Keins.« Fouqué 1992, S. 161. Vgl. dazu auch Matt 1994, S. 234.

9 Eine andere mögliche Blickrichtung auf den gleichen Motivursprung weist dem Wasserfrau-Motiv eine negativ-bedrohliche, sexuell aufgeladene Sphäre zu, anzusiedeln nahe dem Sphinxtypus: »Sehr viel augenfälliger und zeittypischer aber figurierte das ganz und gar entpersönlichte Weib mit dem Fischschwanz als eine Ausdrucksform des dämonisch-männermordenden Gesamtkunstwerks Femme fatale: ein Mythos, der, aus einer wortreichen Stilepoche erwachsen, den Bilderkanon vornehmlich des ausklingenden 19. Jahrhunderts bestimmt.« (Bessler 1995, S. 133).

10 Der Motivbestandteil des Schweigens taucht in Fouqués Erzählung *Undine* nicht unmittelbar auf. Allerdings kann man das Verbot, Undine auf dem Wasser zu schmähen, durchaus als verwandt bezeichnen. Huldbrand, für den dieses Verbot gilt, bricht es freilich und provoziert damit seinen Tod.

11 Andersen SW I, S. 116. Die zentrale Stelle der Verzauberung vom Elementarwesen zum Menschen wird im übrigen bei Dvořák durch ein wildes Orchesterzwischenspiel vorbereitet, zu dem sich die Spielanweisung *Vítr, meluzina* findet. Der ethymologische Hinweis auf die Melusinen-Gestalt ist jedoch nur bedingt interpretierbar, da sich der tschechische Begriff *meluzina* von der Mythenfigur Melusine losgelöst hat. Er bezeichnet hier lediglich noch ihren stürmischen Charakter (*Vítr, meluzina* = stürmisch tobender Wind).

12 Andersen SW I, S. 122.

13 Ebda., S. 122f.

14 Die (unerfüllte) Sehnsucht wird sowohl bei Dvořák als auch bei Zemlinsky stärker akzentuiert als in den jeweiligen literarischen Vorlagen. Zemlinsky etwa thematisiert dieses Motiv auch in der folgenden Arbeit: Über sein Opernprojekt *Der Traumgörge*, das er nach der Komposition der *Seejungfrau* in Angriff nahm, schrieb er am 14. Oktober 1902 an Schönberg: »Ich gehe jetzt wieder mit einer neuen Idee zu einer Oper herum [...]. Ich hab nur die Idee respt. die Figur zur Idee, nicht viel mehr, also keine eigentliche Handlung noch. In Kürze ›Der arme Peter‹ d.i. der Mann, der ideale junge Schwärmer oder Träumer (ich weiss noch nicht aus welchem Milieu) der voll Sehnsucht nach Liebe ungeliebt ein kurzes Leben lebt. Aber nicht nur bei den Frauen, auch sonst lebt er unverstanden seinen Träumen, weil er so ganz anders als alle seine Mitmenschen.« (Weber 1995, S. 30f.) Zemlinskys Opernidee hatte sich offenbar am Moment des Außenseitertums entzündet, diesmal freilich verkörpert in einer männlichen (Künstler-)Gestalt, nicht, wie bei der *Seejungfrau*, in einer weiblichen. Diese Vorstellungen konkretisierte Zemlinsky in seinem Brief vom 30. Oktober 1902 an Schönberg, in dem er auch nochmals auf die *Seejungfrau* zu sprechen kommt. (Vgl. Weber 1995, S. 33.)

15 Brief an Arnold Schönberg vom 18. Februar [?] 1902, zit. nach Weber 1995, S. 9.

16 Gülke geht davon aus, daß die Komposition der *Seejungfrau* so dicht an die Vorstellung der geplanten Todes-Symphonie gelangt sei, daß sich deren Komposition gleichsam erübrigte: »Vielleicht kam das Vorhaben nicht zustande, weil am Ende in der ›Seejungfrau‹ schon mehr davon verwirklicht war, als Zemlinsky vorher voraussehen konnt.« (Peter Gülke: »Das Kunstwerk als Ornament einer Kultur. Alexander von Zemlinskys ›Seejungfrau‹«, in: Pfabigan 1985, S. 156-167, Zitat S. 166).

17 Ebda.

18 Der Künstler-Welt-Konflikt wird von Zemlinsky häufig thematisiert, vgl. dazu Sommer 1996, bes. S. 60ff.

19 Brief vom 28. Dezember 1901, zit. nach Weber 1995, S. 4f.

20 Aus dem bislang unpublizierten Briefwechsel zwischen Alexander Zemlinsky und Alma Schindler, der in der University of Pennsylvania verwahrt wird. Der Brief, aus dem das Zitat entnommen ist, datiert etwa von März/April 1901. Vgl. dazu Unseld 2000, S. 220.

21 Diesbezüglich aufschlußreich ist ein Rat, den Zemlinsky Schönberg zu dessen Symphonischer Dichtung *Pelleas und Melisande* gibt: »Nur eine Stelle ändre unbedingt – sie ist die Einzige, die mich an was erinnert u.z. an Tristan: Seite 4 (wieder langsamer)«, vgl. Zemlinsky in einem Brief an Schönberg vom 30. Oktober 1902, zit. nach Weber 1995, S. 32. Zemlinsky meint hier T. 31 (vgl. ebda., Anm. 103).

22 Gülke 1995, S. 62.

23 In der überarbeiteten Fassung wurde Mahlers Erste Symphonie 1893 in Hamburg uraufgeführt, 1894 in Weimar und 1896 in Berlin wiederaufgenommen. Sie erschien 1899 als Partitur in Verlag Weinberger in Wien (vgl. Floros 1985, S. 22-25). Die heftig umstrittene Wiener Erstaufführung fand 1900 statt, rezensiert u. a. auch in der *Fackel*. Hanslick bezeichnete Mahler anläßlich dieser Aufführung als »musikalischen Sezessionisten« (vgl. hierzu auch Keil 1995, S. 9 und S. 88). Der Hinweis auf Mahlers Erste ergänzt die Verweise von Gülke auf weitere Reminiszenzen. Gülkes Wertung dieser Reminiszenzen ist uneingeschränkt zuzustimmen, wenn er diese vom Vorwurf des Eklektizismus und Epigonentum freispricht (vgl. Gülke, wie Anm. 16, S. 159-162).

24 Hamburger Programm, zit. nach Floros 1985, S. 29; vgl. dort auch die Analyse der »Naturlaute«, S. 29f.

25 Gülke 1995, S. 61.

26 Die Idee des solistischen Cellos hob Zemlinsky bei der Besprechung von Schönbergs *Pelleas und Melisande* besonders lobend hervor (vgl. Weber 1995, S. 32). Dort steht das Solocello als instrumentale Charakteristik für Pelleas, so daß auch für Zemlinsky im instrumentatorischen Dialog zwischen Solovioline und Solocello die musikalische Ausgestaltung für die Idee der unerfüllbaren Liebe zwischen der Seejungfrau und dem Prinzen liegen könnte.

27 Hier wiederum nach kurzen, aber flirrend-klangvollen Einleitungstakten des gesamten Orchesters, äußerst exponiert eingesetzt.

28 Brief vom 30. Oktober 1902, zit. nach Weber 1995, S. 33.

29 Gülke 1995, S. 62.

30 Karbusicky 1992/93, S. 107f.

31 Schreiber 1991, S. 789.

32 Dvořák, *Rusalka*, III, T. 1258f., Partitur, S. 575.

33 Ebda., I, T. 1032ff., Partitur, S. 165.

34 Ebda., II, T. 302, Partitur, S. 226. Die Dienerschaft sieht die Flatterhaftigkeit des Prinzen, das Treuloswerden gegenüber der Braut Rusalka als einzige Möglichkeit, die von ihnen als hexenhaftes »Natur-Weib« bezeichnete Rusalka loszuwerden. Sie haben damit – nicht nur im bürgerlichen Verständnis von Treue in der Ehe – durchaus Recht, denn die Treue des Prinzen ist Voraussetzung für Rusalkas Seele und das Glück der beiden.

35 Ebda., I, T. 1075ff., Partitur S. 168f.

36 Im Tschechischen: *ježibaba*, die typische Märchenfigur der häßlichen alten Hexe (*ježi* = zerzaust, *baba* = häßliche Frau; vgl. auch im Russischen: *Baba Yaga*). Vgl. zur Wortbedeutung der Hexe (*ježibaba* und *čarodějnice*) im Tschechischen (und *striga* im Slowakischen) auch S. 57f.

37 Dvořák, *Rusalka*, III, T. 245ff., Partitur S. 431f. Daß gerade die Hexe diese Vorwürfe artikuliert, steht in motivtraditionellem Zusammenhang. Bovenschen beschreibt die Dämonisierung und Inferiorialisierung der Frau als Hexe im Zusammenhang mit Schuldgefühlen des Menschen des industrialisierten Zeitalters gegenüber der Natur: Die Hexe/die

Frau galt als »Objekt der Naturbeherrschung« und als »Bestandteil der ausgebeuteten Natur. [...] Die Angst vor der Rache der Natur [war] an ihr Bild fixiert, ebenso wie die Sehnsucht nach der Versöhnung mit der Natur.« (Bovenschen 1977, S. 292).

38 Dvořák, *Rusalka*, III, T. 433ff., Partitur S. 455f.

39 Vgl. ebda., I, T. 450-578, Partitur S. 88-100.

40 Schläder bezeichnet konsequenterweise das Motiv des Jagd-Liedes als Schuld-Motiv (Schläder 1981, S. 38). In ähnlicher Weise stehen sich Schuld und Jagd auch in Wagners *Parsifal* gegenüber: Parsifal, der ahnungslose Tor, erlegt den Schwan.

41 Dvořák, *Rusalka*, III, Partitur S. 552.

42 Ebda., I, T. 1104ff., Partitur S. 172f.

43 Ebda.

44 Ebda., III, T. 1098-1109, Partitur, S. 552f.

45 Schama 1996, S. 24.

46 Vgl. Dvořák, *Rusalka*, Partitur S. 559. Ihre Worte lauten dort: »Mein Liebster, kennst du mich?«

47 Schläder hatte ihn zu unrecht für Dvořáks *Rusalka* marginalisiert (vgl. Schläder 1981).

48 Schreiber 1991, S. 788.

49 Schläder 1981, S. 33: »Aber das Rusalka-Motiv ist nicht entworfen, um die verschiedenen Stadien der Metamorphose nachzuzeichnen, die die Nixe durchläuft. Vielmehr spiegelt es die seelische Verfassung, in der sich Rusalka jeweils befindet, und die dramatischen Situationen, die mit fortschreitender Ereignisfolge erreicht werden. Die symphonischen Varianten dieses Motivs durch thematische Verarbeitung, rhythmische und harmonische Umlagerung, variantenreiche Instrumentierung und dynamische Abstufungen offenbaren eine Palette musikalischer Ausdrucksmöglichkeiten« (ebda., S. 33f.).

50 »Väterchen« bezeichnet hier nicht den Verwandtschaftsgrad zwischen dem Wassermann und Rusalka, sondern ist

Ausdruck der engen Verbundenheit. Diese Situation findet sich zwischen Undine und Kühleborn genauso wieder wie zwischen Lulu und Schigolch.

51 Schläder 1981, S. 31.

52 Šourek 1960, S. VIII.

53 Vgl. Karbusicky 1992/93, S. 108: »Sezession Prag: nostalgisches Naturornament, Spiel, mehr impressionistische Sichtweise, märchenhafte Verträumtheit, dezenter Eros, fragende Reife der Nation.«

54 Genaue Hinweise auf Tages- und Nachtzeiten, vor allem auch auf die tageszeitenbedingten Lichtverhältnisse, zeichnen die gesamte Partitur aus. Vgl. dazu Schläder 1981, S. 31.

55 Vgl. Schläder 1981, S. 35.

56 Vgl. hierzu Sowa-Winter 1988, Zitat S. 43.

57 Adorno GS, Bd. 16 (= Musikalische Schriften I-III), S. 373.

58 Dvořák, *Rusalka*, I, T. 1149ff., Partitur S. 177ff.

59 Schreiber 1991, S. 788.

60 Vgl. dazu Schläder 1981, S. 29. Schläder ist insofern jedoch zu widersprechen, als auch bei Fouqué kein Liebestod sich ereignet, und E. T. A. Hoffmanns Oper mit einer Überhöhung ins Religiöse endet. Vgl. dazu Peter von Matts Interpretation (Matt 1994, S. 229ff.)

61 Matt 1994, S. 238.

Mélisande geht: Das lange Sterben einer femme fragile

1 Mauclair 1928, S. 73 (Übersetzung: M. U.).

2 Debussy an Ernest Chausson, Brief vom 2. Oktober 1893, s. Debussy 1980, S. 55 (Übersetzung: M. U.).

3 Kundera 1998, S. 290. Kundera, der tschechisch-französische Romancier, verknüpft diesen Gedanken mit einer knapp gefaßten Romantheorie: »Dennoch bedaure ich, daß fast alle Romane, die je geschrieben worden sind, viel zu gehorsam die Regeln der Einheit der

Handlung einhalten. Ich will damit sagen, daß sie alle auf einer einzigen Kausalkette miteinander verbundener Taten und Ereignisse aufgebaut sind. Sie gleichen einer engen Gasse, durch die die Figuren hindurchgepeitscht werden. Die dramatische Spannung ist die wahre Verdammnis des Romans, weil sie alles, auch die schönsten Seiten, die überraschendsten Szenen und Beobachtungen in bloße Stufen verwandelt, die zum Finale führen, in dem alles Vorangegangene seinen Sinn hat. [...] Ein Roman soll kein Radrennen sein, sondern ein Festmahl mit vielen Gängen. Ich freue mich schon riesig auf den sechsten Teil. Dort wird nämlich eine völlig neue Figur auftauchen. Und am Ende wieder so verschwinden, wie sie gekommen ist, ohne eine Spur zu hinterlassen. Sie ist die Ursache‹ von nichts und hat keine Folgen.« (ebda., S. 290). Nicht nur, daß dieses Ausblenden von einer sogartigen Finalidee mit der Konzeption von Debussys *Pelléas*-Vertonung korrespondiert, es erinnert gleichzeitig auch an die Versuche Janáčeks, aus der als zwanghaft empfundenen Folgerichtigkeit der absoluten Formen auszubrechen.

4 Wie sehr diese Auseinandersetzung dennoch im *Pelléas* zu spüren ist, beschreiben u. a. Hirsbrunner 1981 und Abbate 1981.

5 Vgl. dazu Zimmermann 1981, Müller 1983 (S. 130-245), Turbow 1984, Hartman 1988, Dömling 1990, Schreiber 1991 (S. 820-824), Storch 1991 und Schwartz 1999.

6 Vgl. Hirsbrunner 1981, S. 194: »Bei Mallarmé ist ›silence‹ ein Schlüsselwort. Die Dinge sollen durch die dichterische Sprache vorerst nur angedeutet werden: [...] *Nommer un objet, c'est supprimer les trois quarts de la jouissance du poème, qui est faite de deviner peu à peu: le suggérer, voilà le rêve.*« Vgl. dazu White 1980 und Kunze 1984.

7 Benjamin 1983, S. 692 (Aufzeichnungen und Materialien: Malerei, Jugendstil, Neuheit). Das Schweigen ist für Maeterlinck gleichsam Zentrum seiner symbolistischen Ästhetik und seiner Philosophie. Es erfährt gegenüber dem Sprechen eine Höherbewertung, da die Sprache in Maeterlincks Vorstellung den eigentlichen Sinn nicht auszudrücken vermag. Eng verbunden mit dieser Ästhetik des Schweigens ist Maeterlincks Schicksalsbegriff. Die adäquate Reaktion des Menschen gegenüber dieser unbegreiflichen Größe, die in Maeterlincks Weltbild den Gottesbegriff ersetzt, ist das fatalistische Verstummen. (Einsichten in den komplexen Schicksalsbegriff Maeterlincks und den Stellenwert des Schweigens in diesem Weltbild verdanke ich Frau Anita Kolbus. Verwiesen sei auch auf White 1980).

8 Debussy in der *Revue blanche*, 1. Dezember 1901 (»Von ›Eve‹ zu ›Grisélidis‹«), zit. nach Debussy 1982, S. 64f.

9 Claude Debussy: »Warum ich ›Pelléas‹ gewählt habe«, zit. nach Debussy 1982, S. 66. (Hervorhebung im Original)

10 Matt 1994, S. 71.

11 Vgl. Abbate 1981. Schreiber bezeichnet Debussys *Pelléas et Mélisande* zu Recht als »Fortschreibung von Wagners musikalischer ›Handlung‹« (vgl. Schreiber 1991, S. 822).

12 Boulez 1975, S. 26.

13 Ebda.

14 Debussy in der *Revue blanche*, Rezension vom 1. Mai 1901. Zit. nach Debussy 1982, S. 36. Vgl. dazu Zenck-Maurer 1974, S. 105ff.

15 Abgedruckt in Debussy 1982, S. 229-232. Alle in diesem Abschnitt zitierten Passagen sind dort entnommen.

16 Boulez 1975, S. 25 (Hervorhebungen im Original).

17 Maeterlinck 1955, S. 40 (Übersetzung: M. U.).

18 Zu Hintergründen und philosophischen Prämissen vgl. vor allem Jankélévitch 1949 und 1983, White 1980, Hirsbrunner 1981, Becker 1994 u. a.

19 Ariès 1982, S. 732.

20 Alle Librettoübersetzungen: M. U.

21 Hofmann 1960, S. 330.

22 Matt 1994, S. 65.

23 Ebda., vgl. etwa S. 21: »*Wer liebt, hat recht.* So wenig sich das Axiom begründen läßt, ja so sehr man die Formel mit guten Argumenten in ihr Gegenteil verkehren könnte [...], so unbezweifelbar macht doch der Grundsatz als unmittelbare Erfahrung die Mitte aller Liebestragödien aus, bestimmt er die charakteristische Spannung zwischen unvereinbaren Handlungsnormen«.

24 Kofman 1980, S. 123f. (Übersetzung: M. U.).

25 Die Weisheit des Alters (Arkel) besitzt er noch nicht, Mélisande entdeckt jedoch gleich in der ersten Szene »les cheveux gris« an Golaud.

26 Matt 1994, S. 68. Hinzu kommt, daß sich die Ehe als literarisches Motiv zumeist in der Schablonenfunktion befindet, gegen deren Hintergrund sich die außereheliche Liebe abheben kann: »Die Ehe in Literatur und allgemeinem Bewußtsein [ist] so ohne Glanz und Splendeur [...]. Eine tragisch radikale Liebesmystik ziehe sich geheim und geheimnisvoll durch die Jahrhunderte europäischen Denkens und Gestaltens. Sie ziele nicht auf körperfröhliche Vereinigung, nicht auf die lustigen Spiele der Leiber, nicht auf Kinderzeugen und -nähren und -großbringen, sondern auf die höchste und endgültige Ekstase im Liebestod.« (Ebda., S. 70).

27 Ebda., S. 11.

28 Peter von Matt beschreibt die zentrale Bedeutung von Gold für Liebe, Ehe und Treue folgendermaßen: »In den Ritualen um goldene Dinge, ohne die die Liebe allem Anschein nach nicht auskommt, sobald sie sich ihrer Dauer versichern will, gelangt der sakrale Akzent jedes Zweierlebens zur Anschauung. Und wenn das noch so konventionell erscheint, die Unausrottbarkeit dieser Konventionen verweist auf etwas, das bloße Konventionalität übersteigt. Der Liebesvertrag, ohne den es keinen Liebesverrat gibt [...], sucht sich rituell zu formulieren in etwas, das aus Gold ist.« (Matt 1994, S. 19).

29 Jaspers 1952, S. 29.

30 Kafka 1976, S. 58. Vgl. dazu auch Renate Schlesier: »Das Schweigen der Sirenen«, in: Kamper und Wulf 1992, S. 284-294.

31 Maeterlinck 1955, S. 80 (Übersetzung: M. U.).

32 Denkbar ist auch die Umkehr der Geschlechterrollen, der *homme fragile*, der sich der (über)mächtigen Weiblichkeit gegenübersieht (vgl. hierzu Gay 1986, S. 187ff., Fend 1987, mit einem Beispiel aus der Bildenden Kunst: Gustave Moreau). Der Tod, als Kulminationspunkt dramatischen Geschehens wie auch als existentiell menschliche Frage an der Grenze metaphysischer wie religiöser Selbstgewißheit, nimmt in beiden Konstellationen eine zentrale Funktion ein. An diesem Punkt jedoch unterscheidet die Geschlechterdichotomie die musikalische Interpretation des Todes: während die *femme fragile* – Mélisande ist dabei deutlichstes Beispiel – im Decrescendo aus dem Leben geht, wird der *homme fragile* selten in der Stille des Nichts zurückgelassen, häufig dagegen in die (auch) klangliche Macht der *femme fatale* mit einbezogen.

33 Zu diesen Momenten der kaum wahrnehmbaren Aktion gehört auch die Geburt der Tochter, die den Kreislauf des Anderen in der Welt Allemondes weiterführen wird.

34 Die Erzählung wurde erstmals 1961 veröffentlicht, und zwar bezeichnenderweise nicht in schriftlicher Form, sondern als Hör-Erzählung. Peter von Matt (Matt 1994, S. 241) charakterisiert: »Der Text ist eine Erzählung, die fast ein Gedicht, ist ein Gedicht, das fast ein Monodram ist.« (Aufnahme des BR München vom 17. März 1961). Das Motiv des Weggehens wird dabei – deutlicher als in der schriftlichen Form – mit dem Motiv des allmählichen Verstummens kombi-

niert. Die letzten Sätze der Erzählung (s. Zitat unten) werden in ihrer Struktur immer weiter ausgedünnt, bis schließlich nur noch die lockende Aufforderung des »Komm« zurückbleibt. Das Auslaufen des erzählerischen Textes in eine verknappte lyrische Form reflektiert auch eine Sprachkrise und Sprachlosigkeit, wie sie sich – wie erwähnt – ähnlich in den Ideen der Symbolisten findet. Peter von Matt beschrieb eine Ähnlichkeit zwischen Fouqués *Undine* und Bachmanns Erzählung, wobei die bestehenden Beziehungen über das hinausgingen, »was man Motivtradition und literarische Beeinflussung nennt. Sie sind jeweils in fast krasser Art typisch für ihre Epoche.« (Matt 1994, S. 230) Unter diesem Gesichtspunkt läßt sich der literarische Vergleich zweier Texte uneingeschränkt durch Debussys Oper zu einem Dreiklang aus Literatur und Musik erweitern. (Zur Analyse des Bachmann-Textes vgl. auch Ortrud Gutjahr: »Ironisierter Mythos? Ingeborg Bachmanns *Undine geht*«, in: Roebling 1992, S. 217-244). Anregungen zu diesem Vergleich verdanke ich der Lektüre von Peter von Matts Analyse der Erzählung von Bachmann (Matt 1994, S. 240ff.).

35 Ingeborg Bachmann: *Undine geht*, zit. nach Bachmann 1993, II, S. 253-263, Zitat S. 262f.

36 Ebda., S. 253.

37 Hierin unterscheiden sich Mélisande und Bachmanns Undine, die von sich sagt: »Ich habe keine Kinder von euch.« (Bachmann 1993, II, S. 254).

38 Vgl. auch Christoph Wulf: »Präsenz des Schweigens«, in: Kamper und Wulf 1992, S. 7-16.

39 Aus: *Mir zur Feier* (1909), Rilke SW I, S. 194f.

40 Bachmann 1993, II, S. 254 und S. 262. Die engen Beziehungen zwischen Bachmanns Undine und Debussys Mélisande ließen sich fortsetzen.

Die femme fragile in der Realität – Konstruktionen und Dekonstruktionen

1 Mauclair 1921, S. 147 (Übersetzung: M. U.). Vgl. dazu auch Fauser 1993; Rosenstiel 1995, bes. Kapitel 7: »Lili Boulanger. Mythos und Realität«; Kathrin Mosler: »Femme fragile?« in: Rosenstiel 1995, S. 259-264.

2 Fauser 1990, S. 9, vgl. auch Fauser 1993, Thormann 1993, Fauser 1997 und Piper 1998.

3 Mauclair über Boulangers Liederzyklus *Clairières dans le Ciel*, s. Mauclair 1921, S. 152 (Übersetzung: Annegret Fauser, s. Fauser 1990, S. 9).

4 Dieser Kontakt floß auch in die Kompositionen Boulangers ein, Fauser etwa skizziert diese Einflüsse: »Parallelen im Liedwerk [...] Claude Debussy finden sich in vielerlei Hinsicht. [...] Die Komponistin war mit dem Schaffen Debussys gut vertraut. Seine Lieder wurden im Hause Boulanger gespielt; und bereits mit neun Jahren ergab sich für Lili Boulanger die Möglichkeit, die Generalprobe zur Uraufführung von *Pelléas et Mélisande* zu hören. Auch in anderer Weise ist die Komponistin in die Ästhetik ihrer Epoche eingebunden. In dem Liederzyklus [*Clairière dans le Ciel*] findet eine eigene Auseinandersetzung mit dem der französischen Musik zum Problem gewordenen Werk Richard Wagners statt« (Fauser 1990, S. 11). Vgl. auch Rosenstiel 1995, Schwartz 1993.

5 Fauser 1990, S. 9.

6 Vgl. Thormann 1993.

7 Mauclair 1921, S. 154 (Übersetzung: Ellen Thormann, s. Thormann 1993, S. 22).

8 Schmidt 1988, vgl. auch das Kapitel *Weiblichkeit versus Genie – Permanenz versus Unsterblichkeit*, S. 292ff.

9 Vgl. Le Rider 1990, u. a. S. 34f., S. 62-81. Zur Diskussion um Geschlechterdichotomien als Grundlage für ästhetische Wertung in Frankreich zur Zeit der Jahrhundertwende vgl. Fauser 1997.

10 Thormann 1993, S. 20.

11 Fischer bezeichnet Marie Bashkirtseff als »Urbild der ›femme fragile‹«, vgl. Fischer 1978, S. 63.

12 Rosenstiel 1995, S. 53.

13 Vgl. hierzu auch Rosenstiels Bericht über die Zusammenarbeit mit Nadia Boulanger im Vorwort zur deutschen Ausgabe ihrer Lili Boulanger-Biographie (Rosenstiel 1995, S. 15).

14 Vgl. die Eingriffe in Mauclairs Text sowie Rosenstiel 1995, Fauser 1997.

15 Cécile Armagnac, die langjährige Mitarbeiterin von Nadia Boulanger und spätere Generalsekretärin der *Fondation International Nadia et Lili Boulanger*, schreibt über sie: »Über Nadia Boulanger zu sprechen, heißt über ein unergründliches Geheimnis zu sprechen ... eigentlich kann man nur schweigen [sic].« (In: Mosler 1993, S. 39).

16 Die folgenden Beobachtungen stützen sich im wesentlichen auf Annegret Fausers umfassende und detailreiche Analyse der bislang einsehbaren fragmentarischen Quellen, der Entstehungsumstände und der kompositorischen Gestaltung, soweit es die Skizzen zulassen. Der derzeitige Forschungsstand läßt keine eindeutige Aussage darüber zu, welches Stadium die Komposition von *La princesse Maleine* erreicht hat. Zum Stand der Recherchen vgl. Fauser 1997, vgl. auch Rosenstiel 1995 und Fauser 1993.

17 Nadia Boulanger, zit. nach Fauser 1993, S. 72.

18 Fauser 1997, S. 73. Die erwähnten Dichter sind Vertreter des Symbolismus, darunter auch Maeterlinck.

19 Paul Gentien war Verlagsvertreter von Ricordi in Paris. Vgl. Fauser 1993, S. 72. Zu Boulangers Aktivitäten während des Ersten Weltkrieges vgl. Fauser 1997, S. 75.

20 Vgl. Rosenstiel 1995, S. 179; Fauser 1997, S. 92f. Boulangers Monogramm ist beispielsweise abgedruckt in Rosenstiel 1995, S. 179.

21 Tito Ricordi war maßgeblich an der Libretto-Einrichtung beteiligt. Korrekturen von der Hand Boulangers zeigen jedoch, daß sie sich das letzte Wort vorbehielt.

22 Fauser 1993, S. 74. Zur weiteren Analyse des Opernfragments vgl. Fauser 1997, S. 78ff.

23 Fauser 1997, S. 88 (Übersetzung: M. U.).

24 Ebda., S. 105f. (Übersetzung: M. U.).

25 Ebda., S. 106. (Übersetzung: M. U.).

26 Maeterlinck an Lili Boulanger, Brief vom 22. Juli 1917, zit. nach Fauser 1993, S. 75. Der Brief befindet sich in der Bibliothèque nationale (Paris), Fonds Boulanger, Übersetzung des Originals durch Annegret Fauser. Vgl. auch die Einschätzung Albert Spaldings über Lili und Nadia Boulanger: »Neben Nadias gesunder Vitalität sah Lili schmächtig, schön und zerbrechlich – wie die verlorene Prinzessin in einem Stück von Maeterlinck aus.« (Fauser 1993, S. 76).

27 Fauser 1997, S. 106 (Übersetzung: M. U.).

28 Ebda., S. 107 (Übersetzung: M. U.).

Dritter Teil

Das Weib »voll betäubender Lust am Wehtun«

1 Vgl. u. a. Dijkstra 1986, Daemmrich 1987, Frenzel 1988, Praz 1988 (»La Belle Dame sans Merci«), Hilmes 1990 und Bork 1992.

2 Specht 1921, S. 151.

3 Frenzel 1988, S. 774.

4 Daemmrich 1987, S. 136.

5 Frenzel 1988, S. 786.

6 Daemmrich 1987, S. 138. Vgl. dazu auch Friedrich Gross: »Delila, Judith, Salome«, in: Hofmann 1986, S. 209-221.

7 Hofmann widerstrebt diese Bezeichnung, einen Begriff, den er als »abgebrauchtes, literarisches Modewort« bezeichnet – allerdings eingestehend, daß in diesem Begriff, »wenn man sich seines ursprünglichen Gehaltes entsinnt, am eindringlichsten das Verhängnisvolle

und Ausweglose, das die Faszination dieser erotischen Wunschfigur begleitet«,
umschrieben werden kann. (Vgl. Hofmann 1960, S. 315f.)

8 Hofmann 1960, S. 315.

9 Stein 1985, S. 12.

10 Daß diese beiden realen Frauen in den
Reigen der *femmes fatales* aufgenommen
werden, scheint auf eine ähnliche Inszenierung hinzuweisen wie sie bei Lili
Boulanger als *femme fragile* zu beobachten war.

11 Hofmann 1960, S. 315.

12 Kritik vom 14. Oktober 1902, zit. nach
Giesing 1984, S. 338.

13 Frenzel 1988, S. 786.

14 Ebda., S. 787.

15 Plumpe 1984, S. 224.

16 Dazu u. a. Duncan 1903, Rasch 1967,
Theissing 1971, Rotzler 1981, Salmen
1992.

17 Wagner 1982, S. 142.

18 Duncan 1903, S. 45f.

19 Zit. nach der zweisprachigen Ausgabe
1997, S. 60/62 (Übersetzung ebda.,
S. 61/63).

20 Nipperdey 1998, S. 43.

21 Krenek 1958, S. 242f.

22 Nipperdey 1998, S. 33.

Salome *von Richard Strauss*

1 Sie verbindet die Décadence-Variante
der Salome gleichzeitig mit deren Ausgestaltung in der Romantik, etwa in
Heinrich Heines *Atta Troll*. Vgl. hierzu
Hilmes 1990, S. 128ff. und S. 122-128.
Mit *Salammbô* hatte Flaubert bereits
1862 eine frühe Gestalt der exotischen
femme fatale beschrieben. Zur Salome-
Renaissance vgl. auch Mario Praz:
»Salome in literary tradition« in Puffett
1989, S. 11-20.

2 Zur Salome-Renaissance dieser Epoche
gehört auch die deutliche Ablehnung
konservativer und klerikaler Kreise gegenüber der künstlerischen Verarbeitung
des Bibelstoffs: Massenet und seinem Librettisten drohte nach der Uraufführung

der *Hérodiade* die Exkommunikation.
Vgl. auch Schreiber 1991, S. 876ff. Weitere musikalische Bearbeitung fand das
Salome-Sujet auch in Florent Schmitts
zur Symphonischen Dichtung umge-
arbeiteten Ballettmusik *La tragédie de Salomé* op. 50 (UA des Balletts: 1907, UA
der Symphonischen Dichtung: 1910).

3 Vgl. Mahler/Strauss 1980, S. 99ff.

4 Vgl. Pahlen 1995, S. 208 und S. 212. Kai-
serlichem Boykott war auch das Deutsche Theater Berlin ausgesetzt, nachdem
Wilhelm II. 1894 dort eine Aufführung
der *Weber* von Gerhart Hauptmann be-
sucht hatte. Auch hier sah der Kaiser die
öffentliche Ordnung in Gefahr (vgl.
dazu Giesing 1984, S. 47f.).

5 Vgl. hierzu auch die Pressereaktionen
zur Uraufführung, Messmer 1989.

6 Zit. nach Pahlen 1995, S. 203.

7 Zur literarischen Tradition des Toten-
tanzes vgl. etwa Seigneuret 1988, S. 321f.

8 Jules Barbey d'Aurevilly beschreibt
Huysmans Hauptfigur bereits 1902 im
Kontext der zeitgenössischen Gesellschaft: »Des Esseintes ist [...] eine zer-
rüttete Maschinerie. Nichts weiter. [...]
Mit der Niederschrift der Autobiographie seines Helden legt er [Huysmans]
nur das merkwürdige Bekenntnis einer
verderbten, einsamen Persönlichkeit ab;
gleichzeitig aber schildert er das Krankheitsbild einer materialistisch verseuch-
ten Gesellschaft ... Damit ein Décadent
dieses Ausmaßes entstehen [...] konnte,
war es freilich notwendig, daß wir zu
dem wurden, was wir sind: ein Geschlecht in seiner Todesstunde.« (Barbey
d'Aurevilly 1968, S. 275ff., Übersetzung
zit. nach Praz 1988, S. 253).

9 Huysmans 1884, zit. nach der deutschen
Ausgabe von 1992, S. 81. Vgl. zur Interpretation der Moreau-Gemälde in
Huysmans' Roman: Zagona 1960, S. 96-
102, Praz 1988, S. 253-257 und Bork
1992, S. 47-61, Saladin 1993, S. 103-124.

10 Huysmans 1992, S. 82.

11 Vgl. dazu Praz 1988, S. 251f.

12 Huysmans 1992, S. 87.

13 Theissing 1971, S. 294.

14 Huysmans 1992, S. 84.

15 Vgl. dazu Hilmes 1900, bes. S. 108.

16 Huysmans 1992, S. 87.

17 Hilmes 1990, S. 108.

18 Schatt 1986, S. 18-22.

19 Ebda., S. 22.

20 Ebda., S. 20.

21 Vgl. ebda., S. 21.

22 Ebda., S. 21.

23 Vgl. hierzu Buonaventura 1990, S. 115ff.

24 Nipperdey 1998, S. 74.

25 Praz 1988, S. 265.

26 Vgl. Böhner 1996.

27 Nipperdey 1998, S. 61f.

28 Übrigens hatten auch Aubrey Beardsley, Edvard Munch und andere das virulente Salome-Motiv aus dem biblischen Umfeld in die zeitgenössische, bürgerliche Gesellschaft geholt: Die Illustrationen zu Wildes *Salome* von Beardsley sind zum einen in einer Phantasieexotik beheimatet, andere situiert der Künstler bewußt in den Kontext einer bürgerlichen Luxuswelt. Edvard Munchs Zeichnung *Salome II* (1905) stellt die Frau in mondäner Kleidung dar (vgl. Abb. 11 und 12).

29 Krause 1963, S. 292.

30 Krause 1963, S. 292.

31 Friedrich Brandes in einer Kritik zur Uraufführung von Strauss' *Salome*, in: *Signale für die Musikalische Welt*, zit. nach Messmer 1989, S. 36.

32 Die beiden frühen Opern, *Guntram* und *Feuersnot*, waren wenig erfolgreich gewesen.

33 Zur Psychologisierung von Wagners Leitmotiv-Technik bei Strauss vgl. Bayerlein 1996 (diese Analyse bezieht sich auf *Elektra*), zur Analyse der *Salome* vgl. u. a. Puffett 1989, Kramer 1990a.

34 Rasch aufsteigende Skalen spielen in der gesamten Partitur eine wichtige Rolle, vor allem in Momenten äußerster Erregung, etwa nach der ersten Begegnung zwischen Salome und Jochanaan (»Ich will deinen Mund küssen«), wenn Jochanaan wieder in das Verlies zurück-

geht (vgl. Partitur S. 120f.), und bei Herodes' Angstvisionen.

35 Hofmannsthal, zit. nach SW III, Dramen 1, 1982, S. 69. Zu Hofmannsthals *Der Tor und der Tod* vgl. auch Seeba 1970 und Kalcher 1980, S. 132ff. Vgl. zur Interpretation der Violine als Instrument des Todes auch Strawinskys *L'histoire du soldat/Geschichte vom Soldaten.*

36 Vgl. Partitur, S. 294.

37 Hector Berlioz: *Instrumentationslehre*, eränzt und revidiert von Richard Strauss, Leipzig 1905.

38 Ebda., S. 146. (Vgl. hierzu auch Wolfgang Löffler: »Klangfarbe als Phänomen der Musik des 20. Jahrhunderts. Am Beispiel der Instrumentation der Oper *Salome* von Richard Strauss«, in: Keil 1995, S. 28-52, hier bes. S. 50ff.)

39 Specht 1921, S. 158f.

40 Vgl. die Fußnote in der Partitur, Berg SW, Bd. 6.

41 Die Hervorhebung markiert die Stelle der betreffenden Sechzehntelnoten. Vgl. Berg, *Fünf Orchester-Lieder nach Ansichtskartentexten von Peter Altenberg* op. 4. In: Berg SW, Bd. 6.

42 Vgl. Pahlen 1995, S. 206.

43 Zit. nach ebda.

44 Vgl. hierzu Redepenning 1994 und Redepenning 1998, dort auch weiterführende Literatur.

45 Vgl. dazu etwa Johann Jakob Bachofen: *Das Mutterrecht. Eine Untersuchung über die Gynaikokratie der alten Welt nach ihrer religiösen und rechtlichen Natur* von 1861.

46 Diese wird von einem sich vom Exotismus abwendenden ethnologischen Blick auf diverse Volksmusiken abgelöst, etwa bei Béla Bartók, Zoltán Kodály oder Leoš Janáček.

47 Vgl. Le Rider 1990, S. 119.

48 Vgl. hierzu Schatt 1986. Für die erste Kategorie nennt Schatt Strauss, Puccini, Busoni, Mahler, Ravel und Strawinsky, für die zweite Debussy, Messiaen und Cage. Vgl. zur Beziehung zwischen Exotismus und *femme fatale* auch Praz 1988,

zum Exotismus im Rahmen von Bizets *Carmen* vgl. McClary 1991.

49 Lediglich einen letzten Anklang an den b-Teil des Motives findet sich in den Hörnern (6. Takt vor Schluß).

50 Auch der Schluß von *Elektra*, der sich direkt an Elektras Tanz anschließt, löst sich, wenn auch unter anderen musikalischen Voraussetzungen als bei *Salome*, in reine C-Dur-Harmonik auf. Strauss interpretierte diesen Schluß als »Erlösung des Mythos« durch die Musik (vgl. Bayerlein 1996, S. 269ff., bes. S. 272).

51 Specht 1921, S. 162.

52 Jürgen Schläder: »Richard Strauss: Salome«. In: *Pipers Enzyklopädie des Musiktheaters*, Bd. 6, S. 86f.

53 Auch Ernst Krause, gegenüber dem dekadent-schwülen Ambiente der *Salome* äußerst kritisch eingestellt, macht aus seiner »Erleichterung« ob dieses Schlusses keinen Hehl: »Nur das kategorische ›Man töte dieses Weib!‹ konnte der widerlichen Szene ein Ende bereiten.« (Krause 1963, S. 295) Krause interpretiert den Schluß auch als befreiende Rückkehr zur bürgerlichen Konvention, zumal er zuvor über die Komposition von *Salome* und *Elektra* notiert hatte: »Strauss, aufgepeitscht vom Ungeist seiner Epoche, beeinflußt von Kunst und Literatur, von Tiefenpsychologie, der ganzen brodelnden, gärenden Atmosphäre der ›Moderne‹, verirrte sich in die menschlichen Abgründe seiner zwei berühmten Einakter.« (Ebda., S. 288).

54 Schrenk 1924, S. 128f.

55 Specht 1921, S. 162.

56 Ebda., S. 164.

Lulu *von Alban Berg*

1 Dazu auch Petersen 1983. Zu einem ähnlichen Prozeß zwischen offener Form und Bergs Symmetriestreben im Hinblick auf Büchners *Woyzeck* und Bergs *Wozzeck* vgl. Petersen 1997.

2 Krenek 1958, S. 242.

3 Petersen 1983, S. 44.

4 Berg 1980, S. 152.

5 Vgl. Morgenstern 1995, S. 214.

6 Vgl. hierzu Reich 1937, S. 114ff.

7 Nach Hans Heinrich Eggebrecht, vgl. Werner Keil: »Von Quarten, Tristan-Akkorden und ›Callots Manier‹. Bemerkungen zur Musik Mahlers und Debussys um 1900«, in: Keil 1995, S. 75-97, hier bes. S. 77ff., vgl. auch S. 81f.

8 Grim weist darauf hin, daß sich mit Wedekinds Titel und der Ausgestaltung des Erdgeist-Motivs bei Berg eine Analogie zu Goethes *Faust* herstellen läßt. Hier spielt der Erdgeist eine wichtige Rolle kurz vor dem ersten Erscheinen von Mephistopheles (Grim 1989, S. 22f.).

9 Siehe hierzu Scherliess 1977, besonders S. 464, zur Analyse mit einer einzigen Urreihe siehe Reiter 1973. Die Kontroverse erwähnt auch Stenzl, der hervorhebt, daß die »Ausgangsreihe [...] inhaltlich neutral, ohne einen Gehalt, der über ihre immanente musikalische Struktur hinausreicht«, sei (vgl. Stenzl 1981, S. 32). S. auch Maurer Zenck 1988 und Rode 1988.

10 Vgl. hierzu Patricia Hall: »The Progress of a Method: Berg's Tone Rows for *Lulu*«, in: *The Musical Quarterly*, LCCI (1985), S. 500-519, fast unverändert wiederabgedruckt in Hall 1996, S. 109-127.

11 Maurer Zenck 1988, S. 99.

12 Zum Problem der »Hosenrollen« in der Oper und deren sexuelle Attraktivität vgl. Blackmer und Smith 1995.

13 Stenzl 1981, S. 33.

14 Zit. nach Hilmar 1988, S. 117. Die »Seelenlosigkeit«, die der Frau hier zugesprochen wird, korrespondiert wiederum mit dem zuvor über das »Elementarwesen« Gesagte. Rosemary Hilmar hat die Originalbriefe von Alban und Helen Berg eingesehen, auszugsweise publiziert und kommentiert (vgl. Hilmar 1988).

15 Ebda., S. 119.

16 Ebda., S. 115.

17 Prolog der *Lulu*, KA, S. 13/14.
18 Nipperdey 1998, S. 69.
19 Briefentwurf Helene Bergs an Redlich aus den 1950er Jahren, zit. nach Berg 1980, S. 152.
20 So unterschiedlich sich die Sekundärliteratur über Interpretation und Wertung der Lulu-Figur auch zeigt (dazu vgl. Lochhead 1997), ist man sich doch über die Tatsache einig, daß es sich um eine »imaginierte Weiblichkeit« (Bovenschen), um eine Männerphantasie handelt: »›Lulu‹, dem Anschein nach eine Inkarnation der Weiblichkeit, ist ein Werk von Männern – als Drama, als Oper, in der Aufführung und vor allem in seinen Ideen. Töne, Worte und Gesten der Lulu und der Geschwitz wurden von Männern erdacht, und wir hören deren Phantasien.« (Lautmann 1983, S. 67). Von diesem Standpunkt rückt auch die nun folgende Beobachtung nicht generell, allerdings graduell ab.
21 Rode 1988, S. 262, siehe dort auch die Skizze Bergs, S. 268f.
22 Brief an Hanna Fuchs-Robettin vom Oktober 1931, s. Berg 1995, S. 65.
23 Vgl. dazu Floros 1992, S. 316ff.
24 KA, S. 132 (I/3).
25 Karl Kraus in: *Die Fackel* Nr. 182 (9. Juni 1905) S. 1.
26 KA, S. 311ff. (II/2).
27 Vgl. dazu u. a. Krenek 1958, S. 248; Pegley 1998, S. 255.
28 Massow 1992, S. 70, vgl. dort auch die motivische Analyse der *Hymne*, S. 68ff.
29 Vgl. hierzu besonders Schweizer 1970, Maurer Zenck 1988, S. 101ff. und Rode 1988, S. 374ff.
30 Adorno GS, Bd. 18 (= Musikalische Schriften V), S. 669f.
31 Vgl. Rode 1988, S. 379.
32 Beide Entwürfe abgedruckt und erläutert bei Rode 1988, S. 379f.
33 Ulrich Schreiber: »Hetzjagden bis in den Tod. Spiegelungen von ›Don Giovanni‹ und ›Lulu‹«, in: Csampai und Holland 1985, S. 282-290, Zitat S. 290.
34 Pegley weißt darauf hin, daß der Stimmumfang der Lulu-Partie besonders groß ist, wobei die hohen Register zumeist in Situation auftauchen, die ihre Sexualität betonen, während die tiefen Register unter anderem auch zur Sphäre des Todes und der Katastrophe gerechnet werden können. (Vgl. Pegley 1998, S. 257ff.)
35 Stenzl 1981, S. 35f. Vgl. dort auch eine differenzierte zahlensymbolische Untersuchung des Lieds.
36 *Lied der Lulu*, II/1.
37 Wiederaufnahme von musikalischem Material aus dem *Lied der Lulu*, die hier in Klammer gesetzten, einleitenden zwei Sätze gehören musikalisch noch zum zweiten Intermezzo (III/1), die Hervorhebungen sind nicht original.
38 Vgl. S. 213.
39 Krenek 1958, S. 248.
40 Skizze abgedruckt und erläutert bei Rode 1988, S. 380 (Hervorhebungen im Original).
41 Floros 1992, S. 306.
42 Krenek 1977, S. 33 (Hervorhebung im Original).
43 Brief vom Juli 1925, zit. nach Berg 1995, S. 34.
44 Ebda., S. 34. (Hervorhebungen: M. U.)
45 Erster Akt: Sonate, zweiter Akt: Rondo, dritter Akt: Variation. Vgl. die Hinweise im KA.
46 Berg 1995, S. 35.
47 Das Streichquartett trägt der Idee nach – als Musik für den nichtöffentlichen Raum – den Charakter einer »intimen« Gattung. Diese Idee, das Streichquartett als Ausdrucksmöglichkeit für höchste Subjektivität zu nutzen, wurde explizit auch von anderen Komponisten aufgegriffen: Jean Sibelius' Streichquartett d-Moll op. 56 von 1909 trägt beispielsweise den Titel *Voces intimae*. Und fast zeitgleich mit Bergs Quartett entsteht Leoš Janáčeks Streichquartett *Intime Briefe* (1928). Insofern überschneiden sich bereits in der Gattung des Streichquartetts an sich die Ebenen von strenger Form und persönlichem Inhalt. Vgl.

dazu auch den autobiographischen Gehalt des 1. Streichquartetts von Bedřich Smetana (e-Moll, 1876) und des 2. Streichquartetts von Alexander Borodin (D-Dur, 1881).

48 Vgl. Floros 1992, S. 235-291. Zu weiterer Literatur vgl. Simms 1996, S. 142ff.

49 Wedekind 1989, S. 128f.

50 Perle 1967, S. 288.

51 Vgl. hierzu auch Perle 1985, S. 139 und Tafel 12.

52 Krenek 1958, S. 244.

53 Das Problem ist für Berg nicht neu: Markus Böggemann zeigt eine ähnliche Diskrepanz bei Schönberg und seinem *Pierrot lunaire* auf. »Die euphorische Feststellung eines ›tierisch unmittelbaren Ausdrucks‹ [Zitat aus Schönbergs Tagebuch aus der Zeit der Komposition des *Pierrot*] scheint so gar nicht zu ihrem Gegenstand zu passen: Das Gebet an Pierrot, zum Zeitpunkt der Tagebucheintragung gerade 24 Stunden alt, ist streng geformt und durchsetzt mit traditionellen Kompositionsweisen. Diesen Kompositionsweisen [...] fällt die Unmittelbarkeit der expressionistischen Gesten – und die wäre allenfalls tierisch zu nennen – zum Opfer.« (Böggemann 1998, S. 173).

54 Weininger 1932, S. 392 (Hervorhebung: M. U.).

55 Abgedruckt in: *Die Fackel* Nr. 275/276 (22. März 1909) S. 30.

56 Wagner 1982, S. 202.

Berg liest Weininger: Lulu und ihre Theorie

1 Weininger 1903, hier und im Folgenden wird nach der Ausgabe von 1932 zitiert: Weininger 1932, S. 335. (Hervorhebung im Original.)

2 Krenek 1958, S. 242.

3 Wagner 1982, S. 153. Vgl. auch Le Rider 1985, Maurer Zenck 1988, S. 83ff.

4 Bis 1948 erlebte *Geschlecht und Charakter* 28 Auflagen.

5 Le Rider 1985, S. 223. Vgl. etwa zum Einfluß Weiningers auf Zemlinsky:

Wilhelm 1997, auf Weininger und die Schreker-Rezeption von Theodor W. Adorno: Harders-Wuthenow 1998.

6 Le Rider 1985, S. 224.

7 Kraus: »Kehraus«, in: *Die Fackel* Nr. 229 (2. Juli 1907) S. 1-17, Zitat S. 14.

8 Im folgenden Kapitel werden diese Annotationen eingehender untersucht werden. Das Thema Weininger wird in der Berg-Forschung vergleichsweise wenig beachtet. Das Kapitel »Weininger« in Wolfgang Gratzers *Zur »wunderlichen Mystik« Alban Bergs* geht vorwiegend auf Weiningers *Über die letzten Dinge* ein; zentrale Gedanken zur allgemeinen Weininger-Rezeption Bergs finden sich bei Rode 1988. Claudia Maurer Zencks Aufsatz (vgl. Maurer Zenck 1988) hebt schließlich auffällige Analogien zwischen Weiningers W-Konstruktion und der Lulu-Gestalt von Wedekind und Berg hervor, die Autorin schränkt später allerdings ein, daß bei Wedekind von einer direkten, unmodifizierten und unkritischen Übernahme der Weininger-Ideen nicht gesprochen werden kann, da sich die »Eigenschaften Lulus [...] schlecht mit dem Schema ›Weib‹, der naiv-gewissenlosen, seelenlosen, stets die sexuelle Vermischung suchenden Hetären à la Weininger« vertrügen (vgl. ihre Ausführungen zur Rollentheorie, ebda., S. 87ff., Zitat S. 89). Was hier zunächst wie ein Widerspruch erscheint, spiegelt die schwierige Position, die auch zwischen Wedekinds Lulu-Dramen und Weiningers Geschlechtertheorie besteht, wider: eine Position zwischen Beeinflussung und Distanz, basierend auf der zeitbezogenen virulenten Diskussion um die »Frauenfrage«.

9 Vgl. dazu auch Rode 1988, S. 109ff.

10 Weininger 1932, S. V.

11 Ebda., S. 294f.

12 Ebda., S. 170f. (Von Berg exzerpiert, Nr. 766 seiner Zitatensammlung).

13 Ebda., S. V.

14 Ebda., S. 281.

15 Weininger etabliert die Großbuchstaben als begriffliche Kurzformen. Wenn im Folgenden von »M« und »W« die Rede ist, so bezieht sich dies auf Weiningers Begrifflichkeit, ohne daß jedesmal die Anführungszeichen darauf hinweisen.

16 Weininger 1932, S. 9.

17 Ebda., S. 76f.

18 Ebda., S. 213. (Hervorhebung im Original).

19 Ebda., S. 135 (Hervorhebung im Original). Das »Henidenstadium« hatte Weininger zuvor als ein vor allem der organischen Natur zugeordnetes Stadium erläutert, das im Bereich der menschlichen Charakterologie ausschließlich auf W bezogen wird.

20 Ebda., S. 377f.

21 Ebda., S. 138 (Hervorhebung im Original). Dieses Zitat hat Berg exzerpiert und unter der Nummer 761 in seine Zitatensammlung übernommen.

22 Wagner 1982, S. 138.

23 Weininger 1932, S. 67.

24 »Und wenn sich in diesem weiteren Zusammenhange herausstellt, wie gering die Hoffnungen sind, welche Kultur an die Art des Weibes knüpfen kann, wenn die letzten Resultate eine vollständige Entwertung, ja eine Negation der Weiblichkeit bedeuten: es wird durch sie nichts vernichtet, was *ist*, nichts heruntergesetzt, was *an sich* einen Wert hat.« Weininger 1932, S. IX (Vorwort), Hervorhebungen im Original.

25 Ebda., S. 223. (Hervorhebung: M. U.).

26 Die Konsequenzen für diesen Ausschluß sind letztlich nicht nur für die Frau verheerend, sondern betreffen die gesamte Menschheit, deren Untergang Weininger in Kauf nimmt, um seine Idee des reinen Genies zu Ende denken zu können. Sein Suizid setzt diesen Gedanken real um.

27 Daß es für den Begriff Genie kein Synonym mit dem Anfangsbuchstaben M gibt, mag Weininger zutiefst bedauert haben. Und daß sein eigener Name mit dem Buchstaben W beginnt, hat Wei-

ninger wohl in seinem ausgeprägten Selbsthaß bestärkt, eine Vermutung, die auch das Kapitel über das »Judentum« zuläßt. Vgl. zum Monogramm-Buchstaben W bei Adorno auch Harders-Wuthenow 1998.

28 Die gesamte Konstruktion Weiningers wiederzugeben, ist in diesem Rahmen kaum möglich. Ich beschränke mich daher auf jene wesentlichen Faktoren, die für die Gestalt der Lulu – sowohl in Wedekinds textlicher als auch in Bergs kompositorischer Ausprägung – wichtig werden.

29 Weininger 1932, S. 43.

30 Ebda., S. 81 (Hervorhebung im Original).

31 Vgl. ebda., S. 101f.

32 Ebda., S. 107f. (Hervorhebung im Original). Von Berg nicht nur markiert, sondern auch in die Zitatensammlung (unter der Nummer 758) eingetragen.

33 Ebda., S. 152.

34 Ebda., S. 186f. (Hervorhebung im Original).

35 Ebda., S. 245.

36 Ebda., S. 230. (Hervorhebung im Original).

37 Maurer Zenck bezeichnet Lulus Reaktion in dieser Situation als »erinnerungslos-unwissend, damit die Frauenimago der Jahrhundertwende reproduzierend.« (Maurer Zenck 1988, S. 94).

38 Vgl. Weininger 1932, S. 232: »Undine, die seelenlose Undine, ist die platonische Idee des Weibes.«

39 Ebda., S. 270.

40 Vgl. Grundgesetz, Artikel 2, Abs. 2: »Die Freiheit der Person ist unverletzlich.«

41 Vgl. Grundgesetz, Artikel 1, Abs. 1: »Die Würde des Menschen ist unantastbar.«

42 Vgl. Weininger 1932, S. 254f.

43 Ebda., S. 260, von Berg markiert.

44 Ebda., S. 388f. (Hervorhebungen im Original).

45 KA, S. 99ff. Daß Dr. Schön den Maler mit diesen Ratschlägen und im Zu-

sammenhang mit den Enthüllungen über Lulu in den Tod treibt, zeigt ihn im Weiningerschen Sinne als verweiblichten Mann.

46 Partie der Lulu, vgl. KA, S. 37ff.

47 Weininger 1932, S. 126, von Berg umkringelt.

48 Ebda., S. 392f. (Hervorhebungen im Original), diese Passage wurde teilweise von Berg angestrichen.

49 Zu der langwierigen und komplizierten Entstehungsgeschichte vgl. das Nachwort von Erhard Weidl in Wedekind 1989, bes. S. 189.

50 Frau Prof. Dr. Susanne Rode-Breymann stellte mir freundlicherweise ihre Ausgabe von Weiningers *Geschlecht und Charakter* mit den von ihr übertragenen Annotationen Bergs zur Verfügung. Ich beziehe mich in Fragen der Bergschen Annotationen auf dieses Leseexemplar, zitiert wird allerdings – wie bisher – nach der Ausgabe von 1932. Die markierten Passagen haben offensichtlich Bergs Aufmerksamkeit erregt und zumeist auch seine Zustimmung gefunden. Dies läßt sich daraus ableiten, daß Berg an denjenigen Stellen, die nicht seiner Meinung oder Erfahrung entsprachen, kritische Vermerke an den Rand schrieb. So findet sich an manchen Passagen beispielsweise die Einschränkung: »Nicht mehr«.

51 Schönberg 1911, S. VI.

52 Vgl. Rode 1988, S. 106f. Zu den erwähnten Autoren gehören außer Weininger noch Goethe, Ibsen, Wilde, Kraus und Altenberg.

53 Hilmar 1988, S. 118 und S. 120.

54 Vgl. dazu Wechsler 2000.

55 Scherliess weißt darauf hin, daß vor allem verlagsrechtliche Gründe eine Rolle bei der Entscheidung gegen Hauptmanns »Glashüttenmärchen« gespielt haben. Die Argumente müssen sich in diesem Fall nicht ausschließen. (Vgl. Scherliess 1976, S. 109).

56 Morgenstern 1995, S. 195. Berg spielt mit dem Hinweis auf das »geladene Publikum« auf das Schicksal von Wedekinds *Die Büchse der Pandora* an, die ebenfalls nur – aus Gründen der Zensur – vor geladenem Publikum stattfinden durfte. Vgl. hierzu die Dokumentation bei Csampai und Holland 1985, S. 158ff.

57 Morgenstern 1995, S. 202.

58 Anstreichung am Rand sowie Umkringelung der Worte »Vergangenheit«, »Gegenwart« und »hineinreicht«.

59 Dieses Charakteristikum hatte Weininger zuvor als für das Genie typisch identifiziert und W in besonderem Maße abgesprochen.

60 Weininger 1932, S. 143 (Hervorhebung im Original).

61 Vgl. hierzu u. a. Floros 1990, S. 297ff.

62 Rode 1988, S. 287ff. Dort auch Skizzen zum Entstehungsprozeß der doppelten Figuren.

63 Holland: »›...über die ließe sich freilich eine interessante Oper schreiben...‹ Wedekinds Lulu auf der Opernbühne«, in: Holland und Csampai 1985, S. 33.

64 Daß Berg den »Juden« aus dieser Parallelität herausnimmt, ist bezeichnend. Während »Das Judentum« bei Weininger im Rahmen eines umfangreichen Kapitels in die Überlegungen mit einbezogen wird (und mit schonungslosem Antisemitismus bedacht wird), bleibt die jüdische Figur bei Berg (Bankier) im Hintergrund. Gleichwohl hatte Schönberg die Vollendung der *Lulu* nach Bergs Tod mit der Begründung abgelehnt, in ihr antisemitische Tendenzen wahrnehmen zu können.

65 Vgl. hierzu Holland (wie Anm. 63), S. 19f.

66 Vgl. KA, S. 102 und S. 523f.

67 Wie stark die Charakteristik von Dr. Schön als Journalist und Redakteur von Karl Kraus' vehementer Kritik am zeitgenössischen Journalismus beeinflußt ist, kann an dieser Stelle nur erwähnt, nicht aber weiter ausgeführt werden.

68 Vgl. KA, S. 54.

69 Weininger 1932, S. 291f.

70 Ebda., S. 293.

71 KA, S. 205.

72 Weininger 1932, S. 294. Diese Passage ist von Berg markiert.

73 Ebda., S. 230. Im folgenden markiert Berg auch die geistigen Vorbilder, die Weininger für diesen Satz anführt: die Chinesen, Mohammed, Aristoteles, Jean Wier, Henrik Ibsen, August Strindberg u. a.

74 Ebda., S. 184f. (diese Passage kreuzte Berg an).

75 Ebda, S. 344. Kursivierung kennzeichnet hier die zusätzliche Unterstreichung durch Berg.

76 Ebda., S. 378. Beide Sätze sind von Berg unterstrichen.

77 Ebda., S. 241f.

78 Ebda., S. 378.

79 Ebda., S. 232 (Hervorhebung im Original).

80 Ebda., S. 235.

81 Ebda., S. 331.

82 Ebda., S. 314. Kursive Hervorhebung kennzeichnet Bergs Markierung.

83 Ebda., S. 252, von Berg doppelt angestrichen.

84 Ebda., S. 275, von Berg unter der Nummer 775 in seine Zitatensammlung übernommen.

85 Ebda., S. 277f., von Berg als Nummer 776 in seine Zitatensammlung übernommen.

86 Andernfalls hätte Weininger das Phänomen »Mutter« aus der Definition von W eliminieren müssen, da er von W insgesamt einen amoralischen Charakter annimmt.

87 Weininger 1932, S. 288. Diese Passage ist insgesamt von Berg markiert, die kursive Hervorhebung macht hier den Abschnitt kenntlich, den Berg doppelt markierte.

88 Virginia M. Allen macht Sterilität im übrigen als ein Hauptmerkmal der *femme fatale* aus. Vgl. Bork 1992, S. 61, Anm. 231. So gesehen stehen sich hier *femme fatale* und Genie auf einer Ebene gegenüber.

89 Weininger 1932, S. 288.

90 Vgl. etwa ebda., S. 297f.

91 Ebda., S. 151, von Berg als Nummer 764 in seine Zitatensammlung übernommen.

92 Ebda., S. 374f.

93 Ebda., S. 333.

94 Ebda., S. 334, von Berg unter der Nummer 783 in seine Zitatensammlung übernommen (Hervorhebung im Original).

95 Ebda., S. 392 (Hervorhebungen im Original).

96 Ebda., S. 244.

97 Ebda., S. 245.

98 Ebda., S. 254.

99 Ebda., S. 389.

100 Ebda., S. 94, Anm. 1.

101 Ebda., S. 260.

102 Ebda., S. 452f. (Hervorhebungen im Original).

103 Ebda., S. 461, von Berg unter der Nummer 794 in seine Zitatensammlung übernommen.

104 Hilmes 1990, S. XIV.

Vierter Teil

Das Ewig-Weibliche. Unsterbliche Weiblichkeit oder unendliche Projektion?

1 Vgl. dazu auch das folgende Kapitel.

2 Wagner 1982, S. 132. Vgl. dazu etwa Möbius: »Es ist ganz ungehörig, zur Geschlechtsbezeichnung den Ausdruck ›Frau‹ zu verwenden. Frau ist die ehrende Anrede und bedeutet Herrin, Domina, Dame [...]. Dem Manne steht das Weib gegenüber und der Plural heisst nicht die Frauen, sondern die Weiber. Wenn die Weiber sich ihres Namens schämen sollten, so ist das schlimm genug, aber kein Grund, die Sprache zu vergewaltigen« (Möbius 1902, S. 11, Fußnote).

3 Weininger 1932, S. 268. Zum Begriff »Madonna« vgl. ebda., S. 326.

4 Krenek 1958, S. 243 (Hervorhebung: M. U.).

5 Auch die zweite Frau, die diese Möglichkeit bekommt, Krista, entscheidet sich für den Tod und gegen unendliches

Leben. Die männlichen Figuren der Oper erkennen entweder die Möglichkeit nicht, unendliches Leben zu erhalten, oder aber sie bekommen diese Möglichkeit erst gar nicht.

6 Weininger 1932, S. 377.
7 Altenberg 1918, S. 61 (Hervorhebung im Original).
8 Cerha 1979, S. 28.
9 Vgl. dazu Rode 1988, S. 71ff. (Zitat S. 71).
10 Undatierter Eintrag (vor 1903) in der Zitatensammlung, Nr. 117. Zitiert nach Floros 1992, S. 359. Berg notierte einige ironisch-parodistische oder kritische Verarbeitungen des Goethe-Verses u. a. von Nietzsche und Ibsen in seiner Zitatensammlung, vgl. ebda., S. 66f.
11 Die folgenden Überlegungen zur *Fackel*-Rezeption von Berg stützen sich im wesentlichen auf die Untersuchung von Susanne Rode (Rode 1988).
12 Krenek 1958, S. 243.
13 Vgl. Rode 1988, S. 204 und S. 400. Berg zitiert unter der Nummer 118 seiner Sammlung aus Peter Altenbergs »Zu Frank Wedekind's ›Erdgeist‹« (*Die Fackel* Nr. 142, Juni 1903, S. 18-19).
14 Mahler-Werfel 1997, S. 47. Vgl. hierzu auch die Analyse Nike Wagners (Wagner 1982, S. 148f.).
15 Der Hexenprozess von Leoben, in: *Die Fackel* Nr. 168 (November 1904).
16 Abgedruckt in der *Fackel* Nr. 288 (11. Oktober 1909).
17 Karl Kraus: »Perversität«, in: *Die Fackel* Nr. 237 (2. Dezember 1907) S. 16-22, Zitat S. 21.
18 Vgl. Rode 1988, S. 105ff.; zu Kraus' ambivalentem Frauenbild vgl. vor allem auch Wagner 1982.
19 Rode 1988, S. 124.
20 Karl Hauer: »Das Kind«, in: *Die Fackel* Nr. 227-228 (10. Juni 1907) S. 10-20, Zitat S. 19f.
21 Rezension über eine Aufführung von Wedekinds *Erdgeist* mit Gertrude Eysoldt, zit. nach Niemann 1993, S. 78.

22 Zu den Adaptionen und ironischen Repliken auf diese Verse vgl. Floros 1992, S. 64ff.
23 Unveröffentlichter Brief von Berg an Hermann Watznauer vom 18. Oktober 1906 (Wiener Stadt- und Landesbibliothek). Zitiert wird im Folgenden nach der originalen Abschrift der Wiener Stadt- und Landesbibliothek, Hervorhebungen alle im Original. Vgl. auch Rode 1988, S. 72ff.
24 Vgl. hierzu Rodes Diskussion des Naturbegriffs nach Rainer Bischof, ebda., S. 73f.
25 Welch »männliche« Position Berg hier vertritt, wird ersichtlich, liest man eine weibliche Interpretation des Ibsen-Dramas dagegen. Dazu bietet sich Lou Andreas-Salomés Arbeit über die Frauenfiguren in Ibsens Dramen von 1892 besonders gut an (vgl. Andreas-Salomé 1892).
26 Rode 1988, S. 74.
27 Ähnliches konstatiert Elisabeth Bronfen im Hinblick auf Sigmund Freuds Definition der Weiblichkeit. Freud hält die sexuelle Entwicklung des Mädchens für konfliktreicher als die des Jungen. Am Ziel dieser Entwicklung angelangt, sei es dann allerdings der Mann, der seine Individualität ausbilden könne, während die Frau in eine »psychische Starrheit und Unveränderlichkeit« verfalle (Freud GW XV, *Neue Folge der Vorlesungen zur Einführung in die Psychoanalyse*, S. 144. Zitiert wird aus Freuds Vorlesung »Die Weiblichkeit«.) Auffällig sei, so Bronfen, »daß Freud hier unfreiwillig eingesteht, die vorgeschriebene Weiblichkeit sei ein Todesurteil für Frauen.« (Bronfen 1998, S. 714, Anm. 1, Bronfen bezieht sich an dieser Stelle auf Sarah Kofman.)
28 Vgl. Rode 1988, S. 120.
29 Vgl. hierzu Wagner 1982, S. 181f.
30 Altenberg GW, S. 312 (Hervorhebung im Original).
31 Rode 1988, S. 31.
32 Berg 1965, S. 94.

33 Ebda., S. 94 (Hervorhebung im Original).

Die Sache Makropulos *von Leoš Janáček*

1 *Jenůfa*, II/8, Partitur S. 349, »Jako by sem smrt načuhovala!«- wörtliche Übersetzung. Die Übersetzung von M. Brod (»als ob der Tod hätt' hereingegrinst!«) impliziert ein groteskes Moment, das im Original nicht vorgesehen ist.

2 Es ist nicht nachvollziehbar, warum in der Übertragung des Librettos ins Deutsche die Jahreszahlen falsch übersetzt wurden. Hier heißt es fälschlicherweise, daß Elina Makropulos 1576 geboren, zum Zeitpunkt der Opernhandlung aber 330 statt 337 Jahre alt sei (vgl. KA, S. 160). Ich danke für diesen Hinweis, sowie für die kritische Durchsicht der gesamten Übersetzung Frau Markéta Štefková.

3 Die Übersetzung von věc = Sache ist treffend, da in beiden Sprachen das Wort eine neutrale, vielseitig verwendbare und allgemeine Bedeutung hat.

4 Zur Verwendung des Begriffs »musikalisches Symbol« s. Karbusicky 1986.

5 Ebda., S. 100f.

6 Den Versuch, ein veritables Makropulos-Motiv auszumachen, unternehmen nur wenige der Analysen, vgl. etwa Hollander 1964, S. 143.

7 Firca 1970, S. 94 (Übersetzung: M. U.).

8 Janáček in einem Brief vom 14. Oktober 1924 an Kamila Stösslová, zit. nach Janáček 1955, S. 173.

9 Vgl. Wingfield 1987.

10 Tolstoi, zit. nach der deutschen Ausgabe 1961, S. 165f.

11 Vgl. hierzu vor allem Semon 1984, S. 379ff. (La désublimation du couple).

12 Tolstoi 1961, S. 139.

13 Janáček schrieb das Libretto zu dieser Oper nach dem Schauspiel *Její pastorkyňa* (*Ihre Ziehtochter*) von Gabriela Preissová.

14 Im Tschechischen (wie auch in anderen slawischen Sprachen), wird bei der Namensgebung für verheiratete Frauen der Namen ihres Ehemannes mit dem Suffix -ová verbunden.

15 Vgl. Partitur, S. 252f.

16 Partitur, S. 445.

17 Kundera 1998, S. 290.

18 Andere nicht-zielgerichtete Denkmodelle sind etwa in der ostasiatischen Philosophie zu finden (»Denn untergehn muß, was entsteht,/Und wiederkehren, was verschwand,/Drum klage nicht um das, was du/Als unvermeidlich hast erkannt«, Bhagavadgita, zit. nach Paul 1984, S. 50), außerdem auch in antiken Philosophie (z. B. Stoa) oder auch in strukturalistischen Ansätzen (»Das ist der Gestus der Strukturalisten: die Sicherheiten zu relativieren. Die Verunsicherung ist ein kognitiv *positiver* Ausgangspunkt der Erkenntnis. Ein ›So-ist-es‹ Hegelischen Zuschnitts ist ihm fremd.« Karbusicky 1995, S. 106). Zu erinnern ist auch an Milan Kunderas Romantheorie (vgl. S. 323f.). Gerade auch die Geschichtsschreibung, die sich *per definitionem* mit einem Prozeß beschäftigt, die *per se* ohne fixierbares Ziel auskommen muß, steht immer wieder im Konflikt mit dem finalen Denkmodell – oder sollte es zumindest tun (vgl. dazu auch Karbusickys Auseinandersetzung mit dem Geschichtsmodell von Eggebrecht: Karbusicky 1995). Plumpe spricht im Zusammenhang mit einer zyklischen Anschauungsform von Geschichte davon, daß »zyklische Modelle [...] Krisenerfahrungen zu akzeptieren und zugleich prognostisch zu orientieren [scheinen]. Indem sie sich auf organologische Verlaufsformen stützen, haben sie überdies den Vorzug, an Modi elementarer Zeiterfahrung anzuknüpfen. Denn die Erfahrung der Periodizität gehört wahrscheinlich zum Bestand anthropologischer Grundtatsachen, in den Bedingungen der Leiblichkeit ebenso fundiert wie in primärer Naturbegegnung« (Plumpe 1984, S. 205).

19 Vgl. *Whodunit* als englische Bezeichnung für den Kriminal- bzw. Detektivroman: Wilpert 1989, S. 1033.

20 Vgl. etwa auch die stoische Todesvorstellung, die den Tod des Individuums innerhalb eines Weltganzen sieht: Das sterbende Individuum geht nach stoischer Vorstellung in die *Hyle* zurück, eine Art von Ursubstanz, aus der es ursprünglich entstanden ist und aus der auch wieder neue Individuen entstehen. Damit schließt sich der Lebenskreislauf auf einer überindividuellen, höheren Ebene: »Der Tod als biologisches Faktum ist also die Aufgabe eines elementaren Mischngszustandes zugunsten eines anderen, neuen. [...] Der Tod des einzelnen stört nicht den Ablauf des allgemeinen Lebensprozesses, sondern ist eine Konsequenz des Lebensvorganges, der das Ganze erhält.« (Benz 1929, S. 8f.).

21 Brief vom 11. März 1923, zit. nach Kobán 1997, S. 21.

22 In seinem Feuilleton »Meer und Land«, publiziert am 13. Juni 1926 in den *Lidové noviny*, zit. nach Janáček 1959, S. 143.

23 Betrachtet man die Autographe Janáčeks, scheint dieses kompositorische Verfahren bereits hier optisch deutlich zu werden: An ihnen fällt auf, daß Janáček höchst ökonomisch nur diejenigen Notenlinien zeichnet, die er für die Partitur benötigt. Allein daraus entsteht der Eindruck einer aus verschiedenen Einzeleinheiten zusammengesetzten Gesamtstruktur. Vgl. zu diesem kompositorischen Verfahren auch Racek 1971b.

24 Ewans 1981, S. 133.

25 Pečman 1979, S. 204.

26 Vgl. zum Phänomen der Sprechmotive bei Janáček etwa Janáčeks Feuilletons zu diesem Thema, in deutscher Übersetzung in Janáček 1959, S. 58-82, außerdem Racek 1968b, Janáček 1979b u. a.

27 Bronfen 1996, S. 378.

28 Ich beziehe mich auf die wörtliche Übersetzung und gebe – wenn diese von Max Brods Übersetzung abweicht – als Anhaltspunkt jeweils den tschechischen Text an. Hier: »bůh ví odkud«.

29 »Já vždycky čekal na zázrak, a přišla Jste Vy.«

30 Die Viola d'amore ist ein höchst seltenes Orchesterinstrument, das von Janáček wegen seines obertonreichen Klanges und vor allem wegen seines Namens hochgeschätzt wurde. Es steht bei Janáček häufig für mystische Zusammenhänge (vgl. dazu Tyrrell 1982, S. 158). Außer in der *Sache Makropulos* wird die Viola d'amore in *Osud*, in *Katja Kabanová* und in der *Sinfonietta* eingesetzt. Janáček plante sie außerdem für das zweite Streichquartett (*Intime Briefe*) ein, nahm dann aber aus aufführungspraktischen Gründen davon Abstand (zum biographischen Hintergrund vgl. auch Vogel 1958, S. 229).

31 »Ano. Snad. Ale svým způsobem.«

32 »Jste krásná! Báječně krásná!«

33 Vgl. hierzu auch Vogel 1958, S. 413f., Anm. 348.

34 »Nešťastná Elina«.

35 Janáček in einem Brief an Kamila Stösslová vom 3. März 1925, zit. nach Racek 1971a, S. 133 (Hervorhebung: M. U.).

36 »Já už dávno nejsem, dávno žádná dáma« (nach Ziff. 76). In der Übersetzung von Max Brod sind einige sarkastische und blasphemische Momente abschwächt. Man vergleiche (Ziff. 75/76):
Übersetzung von Brod:
Marty: »Hab ich Zeit für so was! Meine Kinder hol der Teufel!«
Kolenatý: »Das ist fürchterlich!«
Marty: »Fürchterlich, fürchterlich, weil es fürchterlich ist, dreihundert Jahre zu leben. Man soll's probieren! Heilige Jungfrau, und all die Jahre in Todesangst!«
Direkte Übersetzung:
Marty: »Hol der Teufel, hihihihi, meine Kinder.«
Kolenatý: »Wie können Sie so spre-

chen?«

Marty: »Mein Kleiner, mein Kleiner, schon lange bin ich keine Dame mehr. Willst du [Whiskey] trinken? Heilige Jungfrau, so trocken im Mund! Ich verbrenne –«

37 »Hysterka!« – »Blázníte?«

38 Schnebel 1979, S. 75 und 77.

39 Novalis 1960, S. 261, Nr. 113 (Hervorhebungen im Original).

40 *Die Sache Makropulos*, I, Ziff. 96: »Slečno, Vy máte zvláštní způsob vykládat pohádky.«

41 *Die Sache Makropulos*, III, Ziff. 105: »My všecko víme, všeko víme. Všecko víme, všeko víme, všeko víme. Jak se jmenujete?«

42 »Tedy zab se. Ó, kdybys věděl, *jak je mi všeko jedno*.« (Kursiver Satzteil folgt nicht der Brodschen Übersetzung).

43 Vgl. hierzu auch Ewans 1981, S. 146.

44 Anredeform von Bertíček (verniedlichend für Albert).

45 *Die Sache Makropulos*, II, nach Ziff. 26.

46 Berg 1937, S. 74.

47 *Die Sache Makropulos*, III, Ziff. 30: »Víte, že blázni maji dlouhý věk.«

48 In dieser Kombination von Verwirrtheit und Wahrheit steht Baron Hauk-Šendorf in der Motivtradition des weisen Narren, wie er beispielsweise auch in Modest Mussorgskis *Boris Godunow* in der Figur des Gottesnarren zu finden ist.

49 Ewans 1981, S. 130.

50 Michael Ewans vermutet – diese Rubrizierung allgemein fassend – hinter ihrer Persönlichkeit »keinen Charakter«, vgl. ebda., S. 145.

51 Vgl. hierzu besonders Vogel 1958, S. 343, und Gojowy 2000.

52 Zit. nach Vogel 1958, S. 344.

53 Zu Analogien zwischen der Oper und dem Streichquartett im Bezug auf die Ehebruchsthematik vgl. Hirsbrunner 1983, S. 274.

54 Janáček 1955, S. 156.

55 Zit. nach Racek 1971a, S. 150.

56 Zit. nach Karbusicky 1983, S. 387; vgl. auch Vogel 1958, S. 414, Anm. 349. Offenbar unterstützt die Vorstellung einer realen Person Janáčeks Inspiration. Denn auch vor der Bekanntschaft mit Kamila Stösslová läßt sich in seiner Biographie Ähnliches finden. So gab die Beziehung zu der attraktiven Kamila Urválková den Anstoß zur Komposition der Oper *Osud*.

57 Janáček in einem Brief an Kamila Stösslová vom 28. Januar 1927. Zit. nach Vogel 1958, S. 344.

58 Erschienen am 29. Januar 1928, zit. nach Vogel 1958, S. 414, Anm. 349.

59 Beide Briefe an Kamila Stösslová (3. März 1925 und 5. März 1925), zit. nach Racek 1971a, S. 166.

60 Janáček 1979a, S. 96.

61 Janáček 1997, S. 182.

Emilia Marty. Zwischen Agonie und Unsterblichkeit

1 Turgenjew 1994, S. 11.

2 Daß das Geschlecht der Personifikation des Todes dabei nicht grundsätzlich kongruent zum grammatikalischen Geschlecht sein muß, betont Guthke (vgl. Guthke 1997). Die mythologische Gestaltung des Todes im slawischen Kulturkreis ist gleichwohl zumeist weiblich, während für die Geburt und Abstammung männliche mythologische Figuren stehen. Vgl. Larrington 1997, S. 130ff.

3 Auch der Totenmarsch, als musikalisches Symbol für den Tod, gibt die Bewegungsart, das schwere Schreiten an. Vgl. hierzu Floros 1987, S. 414ff.

4 Karbusicky 1983, S. 345f. Vgl. dazu etwa Turgenjews »Alte« als Verkörperung des Todes: Sie schleicht hinter dem Ich-Erzähler her, unwirklich, unbekannt, später auch bedrohlich (Turgenjew 1994, S. 10-12).

5 Vgl. etwa Kaiser 1995.

6 Čapek 1976, S. 280.

7 Vgl. KA, S. 181.

8   Abgedruckt in: Janáček 1959, S. 157ff.
9   Ebda., S. 157.
10 Ebda., S. 158 (Hervorhebungen im Original).
11 Redepenning 1994, S. 346.
12 »*Cítila jsemže* smrt na mne sahala. *Nebylo to tak hrozné*.« (Kursive Satzteile folgen nicht der Brodschen Übersetzung).
13 Vgl. Janáček 1988.
14 Ebda., S. 291.
15 Ebda., S. 292.
16 Ebda., S. 293.
17 Ebda., S. 298.
18 Ebda., S. 298f.
19 Ebda., S. 301.
20 Vgl. Wörner 1959.
21 Vgl. KA, S. 161. (Kursiver Satzteil weicht von der Brodschen Übersetzung ab: »Tak ticho, tak krásně! Tak krásně!«)
22 Gülke 1973, S. 498.
23 Zu Janáčeks Vorbildern für die die Verwendung des unsichtbaren Chores (Charpentier: *Louise*, Puccini: *Madama Butterfly*) vgl. Tyrrell 1982, S. 346.
24 Vgl. KA, S. 181.
25 »Ach, nemá se tak dlouho žít! O kdybyste věděli, jak se vám lehko žije!«
26 »velikost, lásku!«
27 Ziff. 122.
28 Kundera 1998, S. 93f. Das tschechische Original erschien 1990.
29 Siehe hierzu das dem Libretto zugrundeliegende Original von Čapek, zit. nach der deutschen Ausgabe von 1976. Vgl. auch Vogel 1958, S. 409; Pečman 1979, S. 201ff. und Honolka 1982, S. 225ff.
30 Čapek 1976, S. 285.
31 Ebda., S. 285.
32 Vgl. Pečman 1979, S. 204.
33 Shaw 1947, S. 24.
34 Ebda., S. 434f.
35 Janáček 1979a, S. 183.
36 Frank 1995, S. 15.
37 Ebda., S. 130.
38 »Já chtěla dostat tu věc, aby člověk byl tři sta let živ! Tři sta let mlád!« Kursivierter Satzteil erklingt *colla parte*.

Das Ewig-Weibliche und ewig männliche Mythen

1   Vgl. Muller 1930, Vogel 1958, Pečman 1979, Honolka 1982 u. a.
2   Vogel 1958, S. 413f. (Hervorhebungen: M. U.)
3   Honolka 1982, S. 231 (beide Zitate).
4   *Der Doktor Faust. Ein Tanzpoem, nebst kuriosen Berichten über Teufel, Hexen und Dichtkunst* (1847).
5   Meier 1990, S. 223, Zitat s. Anm. 331 (Übersetzung: M. U.).
6   Gutzkow, zitiert nach dem Reprint von 1905, S. 56.
7   Matt 1994, S. 40f.
8   Frank 1995, S. 44.
9   Zit. nach Kuhn u. a. 1996, S. 22.
10 Im Vergleich zur Homerschen Tradition hat sich dabei allerdings die Qualität der unendlichen Fahrt geändert: »Dem Odysseus stahl der Gott nur den *Tag* der Heimkehr, nicht das Ziel selbst. [...] Die unheldischen Heroen der modernen Odyssee hingegen haben keine feste Burg mehr. [...] Sie erreichen ihr Ziel nicht mehr: der Ozean spaltet ihre Identität« (Frank 1995, S. 60f.). Zudem geht diese neue Form der unendlichen Fahrt mit einem Liebesverzicht einher, so daß die Liebe – mit Attributen wie Treue, Reinheit, Innerlichkeit und Mitleid – exklusiv dem Gegenpol des männlichen Prinzips zugeordnet werden kann: der *emotio*, dem weiblichen Prinzip. (Vgl. Frank 1995, S. 98ff.)
11 Altenberg 1918, S. 26.
12 Bronfen 1996, S. 373f.
13 Zur Entwicklung des Faust-Bildes zu Beginn des 20. Jahrhunderts in Deutschland vgl. Meier 1990, S. 483ff., Fontaine 1998, bes. S. 25-48, und Jasper 1998.
14 Vgl. hierzu besonders das Kapitel »Die Flucht in die Elite« (in: Fontaine 1998, S. 41ff.) über die Zeitschrift *Faust*, die zwischen 1921 und 1926 erschien.
15 Spengler 1929, Bd. 1, S. 393f.
16 Der Kontrapunkt ist in Spenglers Gedankengebäude die musikalische Um-

setzung der »gotischen«, nordisch-deutschen, eben faustischen Idee, Polyphonie steht in diesem Argumentationszusammenhang als Symbol für den Intellektuellen (vgl. dazu Fontaine 1998, S. 215ff.).

17 Gojowy 2000.

18 Vgl. zu diesem Problemfeld Citron 1993, für Janáček besonders auch Kundera 1994.

19 Vgl. Kneif 1974.

20 Ebda., S. 8f.

21 Eggebrecht 1996, S. 37. Interessant ist dabei ein Vergleich mit einer Formulierung Spenglers. Dieser charakterisiert – bereits von Goethes literarischer Figur losgelöst – das »faustische Wesen« ebenfalls durch eine Konzentration auf das rationale Element und verknüpft dies mit konkreten Formen der »Transportabilität«: »[...] faustisch ist ein Dasein, das mit tiefster Bewußtheit geführt wird, das sich selbst zusieht, eine entschlossene persönliche Kultur der Memoiren, Reflexionen, der Rück- und Ausblicke und des Gewissens« (Spengler 1929, Bd. 1, S. 235).

22 *Über die Zusammenstellung der Akkorde und ihrer Verbindungen* (1897), *Anleitung zum Gesangsunterricht* (1899), *Vollkommene Harmonielehre* (1911/1912).

23 Hochempfindliches Zeitmeßgerät, das Janáček etwa seit 1922 verwendete. Er schreibt in einem Feuilleton für die *Lidové noviny*: »Ich messe jetzt sorgfältiger die Länge des ganzen Gespräches. Besitze ich doch, durch die Liebenswürdigkeit seiner Magnifizenz Dr. Vlad. Novák, *Hipps' Chronoskop*! Die Berechnung in meiner eigenen Methode deckt sich mit der Berechnung auf dem Hippsschen Chronoskop.« Zit. nach Janáček 1959, S. 60.

24 Brod ist offenbar darum bemüht, den Begriff der Weiblichkeit nicht zu erwähnen – dieser wäre auch im zitierten Kontext nicht angebracht. In der Diskussion der Jahrhundertwende aber stehen die Begrifflichkeiten von Sensualismus, Sensitivität, Weichlichkeit, Verweichlichung und Weiblichkeit in einem engen, austauschbaren Verhältnis. Insofern wird deutlich, daß Brod hier nicht nur Janáčeks Sensitivität zu verteidigen versucht, sondern ihn zugleich auch vor dem Vorwurf der Verweiblichung schützen möchte. Dies wird besonders auch durch die Erwähnung Schrekers deutlich, den Brod hier als Gegenbeispiel anführt, um auf ihn den Vorwurf der »Überkompliziertheit« und der »Nervosität«, kurz: der Verweiblichung, abzulenken (zum Vorwurf der Verweiblichung bei Schreker vgl. Harders-Wuthenow 1998).

25 Brod 1956, S. 5.

26 Kneif 1974, S. 59.

27 »Kompositorische Sorgfalt« und »gefühlsneutralen Spieltrieb« bescheinigt Kneif Janáček für zwei kurze Passagen: das aus vier Achtelnoten (as) bestehende Klopfzeichen der Kammerzofe (III, Ziff. 14, Xylophon) und das Tritonusintervall ces-f zu Kolenatýs Ausruf »Zum Teufel« (I, Ziff. 102). Vgl. Kneif 1974, S. 64.

28 Ebda., S. 60.

29 Vgl. hierzu auch Karbusicky 1995.

30 Auf einen ähnlichen »Fall« in dieser Zeit machte mich Frau Prof. Dr. Birgit Recki aufmerksam: Ähnlich wie die Faust-Figur für den deutschzentrischen Blick auf die sogenannte abendländische Kultur konstituierend war und so auch vor jeder Feminisierung und Verfremdung bewahrt werden mußte, wurde auch der Umgang mit einem »Säulenheiligen« der deutschen Philosophie verfahren, mit Immanuel Kant. In der als »Bruno-Bauch-Kontroverse« in die Philosophiegeschichte eingegangenen Diskussion wurde dem jüdischen Philosophen Hermann Cohen die Eignung (das »tiefere Verständnis«) und Berechtigung abgesprochen, sich mit Kant auseinanderzusetzen. Ernst Cassirer verwahrte sich in dem Artikel *Zum Begriff der Nation. Ei-*

ne *Erwiderung auf Bruno Bauch* gegen diese Position.

31 Zit. nach Csampai und Holland 1985, S. 214.

32 Reich 1937, S. 110. Reich zitiert aus einer Kritik, die 1935 nach der Prager Erstaufführung der Lulu-Symphonie erschienen war und die offenbar Bergs Zustimmung gefunden hat, da sie ihm als »besonders bündige, die mythische Essenz der Lulu-Gestalt beschwörende Formulierung seiner eigenen Auffassung« erschien. (Vgl. ebda.).

33 S. hierzu auch Bitter 1973; Krenek 1958, S. 245f. und Ulrich Schreiber: »Hetzjagden bis in den Tod. Spiegelungen von ›Don Giovanni‹ und ›Lulu‹«, in: Csampai und Holland 1985, S. 282-290. Karen Pegley bemerkt, daß bereits Frank Wedekind die Figur der Lulu als Mischung zwischen Faust und Don Juan angesehen habe (vgl. Pegley 1998, S. 252).

34 Vgl. dazu Lochhead 1997, S. 239ff., Zitat ebda., S. 241 (Übersetzung: M. U.). Siehe auch Maurer Zenck 1988, S. 99f.

35 Zu diesen Elementen der Auflösung gehört auch die Zahl 5 als Symbol des Verhängnisses, die innerhalb der Arie dreifach auftaucht: in Form der 5 Strophen der Arie, in Form der 5 Sätze, auf denen das Lied basiert, und kulminierend in den 5 Schüssen, die Lulu auf Dr. Schön abfeuert. Vgl. hierzu Floros 1992, S. 313f.; Stenzl 1981, S. 33f.

36 Weininger, 1932, S. 300.

37 Ebda., S. 302.

38 Beide Zitate ebda., S. 300.

39 Aus der Prager, von Berg geschätzten Kritik zur *Lulu-Symphonie*, hier zit. nach Bitter 1973, S. 133.

40 Schopenhauer ZA, Bd. 4, S. 542.

41 Ebda., S. 457.

42 Ebda., S. 462.

43 Vgl. hierzu Rieger 1980, S. 14ff., Battersby 1989 und Citron 1993.

44 Schopenhauer ZA, Bd. 4, S. 464.

45 La Mara 1902, S. VII.

46 Gustav Mahler, Brief an Alma Schindler vom 19. Dezember 1901, vgl. Mahler 1995, S. 108.

47 Siehe Rode 1988, S. 105.

48 Weininger 1932, S. 233 (Hervorhebung im Original).

49 Mit Verweis auf Schönbergs *Pierrot lunaire* hatte Berg im Vorwort der Partitur genaue Anweisungen über die Art Auskunft gegeben, wie differenziert die Nuancen zwischen Sprechen, Sprechgesang und Gesang ausgeführt werden sollten. Der Tierbändiger durchmißt innerhalb der ersten Takte der Oper dieses breite Spektrum vom Sprechen bis zum *parlando*-Gesang, das kantable Singen wird erst erreicht, als er dem Publikum die Schlange (Lulu) als »Urgestalt des Weibes« vorstellt (Takt 46ff.). Vgl. dazu u. a. Stephan 1985b, S. 208ff.

50 Ebda., S. 374f., von Berg markiert.

51 Weininger 1932, S. 322f., von Berg markiert.

52 Ebda., S. 284.

53 Ebda., S. 283.

54 Ebda., S. 377.

55 Weininger mietete sich kurz vor seinem Suizid in Beethovens Sterbehaus in Wien (Schwarzspanierstraße 15) ein. Zu Weiningers Biographie vgl. Le Rider 1985.

56 Berg, *Lulu*, KA, S. 96.

Nachwort

1 Benjamin: »Metaphysik der Jugend«, in: *Metaphysisch-geschichtsphilosophische Studien*, zit. nach Benjamin GS II/1, S. 96.

2 Nono 1984, S. 16 (Übersetzung: Annette Kreutziger-Herr).

3 Weininger 1932, S. 257f.

4 Woolf 1999, S. 40.

Programme und Inhaltsangaben häufig erwähnter Werke

Das schlaue Füchslein *von Leoš Janáček*

Der Förster fängt im Wald die junge Füchsin und bringt ins Försterhaus. Dort ist Bystrouška unglücklich, denn sie wird von den beiden Försterskindern gequält, vom Hund mit anzüglichen Reden drangsaliert und von der Förstersfrau nur mürrisch behandelt. Sie weint sich in den Schlaf und träumt von der Verwandlung in ein schönes Zigeunermädchen. Durch eine List kann sie sich befreien und flieht in den Wald.
Bystrouška sucht sich im Wald eine neue Bleibe und vertreibt dabei den Dachs aus seiner Höhle. Der Förster, der Schulmeister und der Pfarrer geraten beim Kartenspielen aneinander, sie gehen getrennter Wege nach Hause und jeder träumt dabei von seinen verflossenen Liebschaften. Bystrouška lernt den Fuchs Zlatohřvek kennen, den sie heiratet.
Der Wilddieb Háraschta kommt mit einem Korb voll Hühner in den Wald. Bystrouška lockt ihn ins Dickicht, während ihr Mann und ihre Kinder den Korb plündern. Als der Wilddieb dies bemerkt, schießt er blind vor Wut ins Gehölz. Alle können fliehen außer Bystrouška. Sie liegt getroffen am Boden und stirbt. Der Förster kommt wieder in den Wald. Schlafend träumt er von einer jungen Füchsin, die er wie damals Bystrouška fangen möchte. Diesmal würde er sie besser behandeln... Den ewigen Kreislauf der Natur bestaunend sinkt ihm das Gewehr aus der Hand.

Der goldene Hahn *von Nikolai Rimski-Korsakow*

Prolog. Der Astrologe stimmt das Publikum auf das märchenhafte Gleichnis ein. Der alte Zar Dodon ist amtsmüde. Da er aber Angriffe seiner Feinde fürchtet, befragt er den Rat der Bojaren, wie das Land zu schützen sei. Der Astrologe überreicht ihm einen goldenen Hahn, der vor jedem feindlichen Angriff Alarm schlage. Einen Lohn für diesen kostbaren Hahn will der Astrologe später benennen. Zweimal schlägt der Hahn an, Dodon schickt jeweils einen Sohn auf das Schlachtfeld, beim dritten Mal muß er selbst gehen, da keiner seiner Söhne zurückgekehrt ist.

Dodon entdeckt auf dem Schlachtfeld, daß sich seine Söhne gegenseitig bekämpft und getötet haben. Plötzlich erscheint die Zarin von Schemacha. Sie lädt Dodon in ihr Zelt ein und verführt ihn mit ihrem Gesang. Der Zar bietet ihr, geblendet durch ihre Schönheit und verzaubert durch ihren Gesang, seine Hand und sein Reich an.

Zar Dodon kehrt mit der Zarin von Schemacha in seine Heimat zurück. Während das Volk dem Paar zujubelt, erscheint der Astrologe und fordert nun seinen Lohn für den goldenen Hahn: die Zarin von Schemacha. Wutentbrannt erschlägt der Zar den Astrologen, der Hahn hackt daraufhin den Zaren tot. Die Zarin verschwindet mit dem Hahn.

Epilog. Der Astrologe erscheint wiederum und erklärt dem Publikum, daß nur er und die Zarin reale Personen seien, alle anderen, der Zar Dodon, seine Höflinge und das Volk, hingegen seien nur Märchenfiguren.

Die Sache Makropulos *von Leoš Janáček*

Vítek, der Rechtsanwaltsgehilfe von Dr. Kolenatý, ist im Begriff, die Akte des Rechtsstreits zwischen Albert Gregor und Jaroslav Prus, die Causa Gregor-Prus, in die Registratur zurückzustellen, als Albert Gregor die Kanzlei betritt, um nach dem Ausgang des Prozesses zu fragen. Víteks Tochter Krista kommt kurze Zeit später hinzu und schwärmt – selbst angehende Sängerin – von einer Diva namens Emilia Marty, die sie auf der Bühne gesehen hat. Alle sind hocherstaunt, als Emilia Marty kurz darauf mit Dr. Kolenatý die Kanzlei betritt. Sie möchte sich ebenfalls über die Causa informieren und kennt offensichtlich Einzelheiten aus der Erbschaftsgeschichte. Sie versichert, daß Gregor der rechtmäßige Erbe sei, als Beweis nennt sie ein schriftliches Testament, das sie im Hause des Prozeßgegners weiß. Kolenatý glaubt ihr nicht, wird aber von seinem Mandanten gedrängt, nach diesem Testament zu suchen. Gregor ist von der positiven Wendung der Erbschaftsgeschichte und von der Schönheit Emilia Martys überwältigt. Er bietet ihr eine Gegenleistung an, Marty fordert die »Sache Makropulos«, die sie bei Gregor vermutet. Dieser jedoch hat sie nicht, antwortet aber auf die Kühle der Marty mit um so heftigerer Leidenschaft. Dr. Kolenatý kommt mit dem bei Baron Prus gefundenen Testament zurück. Nun fehlt noch der Beweis, daß Ferdinand Karl Gregor wirklich der Sohn von Baron Joseph Ferdinand Prus und dessen Geliebter Elian MacGregor war. Auch diesen Beweis verspricht die Marty zu erbringen.

Der zweite Akt spielt hinter der Theaterbühne nach einer Vorstellung der Marty. Zwei Theaterangestellte parlieren über den großen Erfolg, die Attraktivität und die Umschwärmtheit Emilia Martys. Krista erscheint mit ihrem Geliebten Janek, dem Sohn des Barons Prus, und auch sie schwärmt von der Sängerin Marty. Der Baron und Emilia Marty treten auf, doch während er mit ihr »geschäftlich« reden möchte, scheint sie sich für seinen Sohn Janek zu interessieren – sie macht sich über dessen Liebelei mit Krista lustig. Gregor findet sich ein, doch Marty weist ihn zurück. Auch Vítek, der ein Autogramm von ihr möchte, wird von ihr zynisch behandelt und lächerlich gemacht. Erstmals wird Emilia Martys Nihilismus ungeschönt deutlich. Nur gegenüber dem verwirrten Baron Hauk-Šendorf läßt sie Milde walten; sie spielt die Phantasien des Irren, der sich durch sie an seine Bekanntschaft mit Eugenia Montez im Jahre 1871 erinnert fühlt, mit. Erschöpft schläft Emilia Marty während des Gesprächs mit Gregor ein. Nur Prus, bei dem sie das Kuvert mit der »Sache Makropulos« weiß, erweckt noch ihre Aufmerksamkeit; sie verspricht ihm eine Nacht als Gegenleistung für das versiegelte Kuvert.

Der dritte Akt beginnt nach der gemeinsam verbrachten Nacht, Prus fühlt sich betrogen, da er Leidenschaft erwartet, Kälte aber empfangen hat. Marty erhält das Kuvert. Die Nachricht vom Selbstmord Janeks wird überbracht – Prus und Marty geben sich gegenseitig die Schuld. Hauk tritt nochmals auf, um »seine Eugenia« zur Flucht zu überreden. Marty geht darauf ein, doch Kolenatý, Gregor und Vítek hindern sie. Ein Unterschriftenvergleich zwischen den Dokumenten der Elian MacGregor und dem Autogramm der Emilia Marty deckt ihre Identität auf. Emilia Marty muß sich einem Quasi-Verhör stellen, in dessen Verlauf sie – immer offensichtlicher von den Anzeichen des nahen Todes geschwächt – ihre ganze Lebensgeschichte erzählt. Mehr oder weniger ungläubig erleben die Umstehenden ihre Agonie, im letzten Moment übergibt sie Krista die »Sache Makropulos«, die diese allerdings verbrennt.

Jenůfa *von Leoš Janáček*

Vor dem Haus ihrer Stiefmutter, der strengen Küsterin, wartet Jenufa auf die Rückkehr ihres Geliebten Stewa. Dieser ist bei der Musterung. Laca, der Halbbruder Stewas, der Jenufa heimlich liebt, neckt die Wartende. Stewa kommt betrunken zurück. Als er Jenufa zu einem wilden Tanz auffordert, tritt die Küsterin dazwischen. Sie ermahnt Stewa und verfügt, daß seine Hochzeit mit Jenufa um ein Jahr aufgeschoben werden soll. Jenufa ist verzweifelt, denn sie erwartet ein Kind. Als sie alleine zurückbleibt, kommt Laca. In seiner Eifersucht provoziert er Jenufa und verletzt sie mit seinem Messer an der Wange.

Einige Monate später, Jenufa hat einen Sohn zur Welt gebracht. Die Küsterin, die die junge Mutter und das uneheliche Kind vor der Dorfgemeinschaft versteckt,

holt Stewa herbei, um ihn nun zur Heirat mit Jenufa zu bewegen. Doch er lehnt ab: Inzwischen ist er mit Karolka, der Tochter des Dorfrichters verlobt. Die Küsterin ist verzweifelt. Laca kommt. Er ist noch immer bereit, Jenufa zu heiraten, obwohl die Küsterin ihm von Jenufas Niederkunft erzählt hat. Allerdings greift sie zu einer Notlüge: das Kind sei inzwischen gestorben. Nachdem Laca gegangen ist, gibt die Küsterin Jenufa einen Schlaftrunk. In der Nacht nimmt sie Jenufas Kind und ertränkt es im Bach. Als Jenufa aufwacht und ihr Kind vermißt, erklärt die Küsterin, daß es gestorben sei während Jenufa tagelang im Fieber gelegen habe.
Laca und Jenufa heiraten. Mitten in den Hochzeitsfeierlichkeiten wird ein totes Kind im Bach entdeckt. Jenufa erkennt es: es ist ihr Stewuschka. Als die Dorfgemeinschaft auf sie als Kindsmörderin losgehen will, tritt die Küsterin dazwischen und bekennt ihre Tat. Sie wird vom Dorfrichter abgeführt, nachdem ihr Jenufa verziehen hat. Laca und Jenufa verlassen gemeinsam das Dorf.

Katja Kabanová *von Leoš Janáček*

In einer Kleinstadt am Ufer der Wolga lebt Boris in finanzieller Abhängigkeit bei seinem Onkel Dikoj, der ihn schlecht behandelt. Doch seine heimliche Liebe zu der verheirateten Katja läßt ihn seine unglückliche Situation erträglich erscheinen. Katja ist ihrerseits mit Tichon verheiratet. Doch ihre Ehe ist unglücklich: Ihr schwächlicher Ehemann wird von seiner Mutter, der Kabanicha, dominiert und auch Katja fühlt sich von der Alten schikaniert. Sie träumt von ihrer freien und glücklichen Jugendzeit und visioniert angstvoll eine erfüllte außereheliche Liebe. Als Tichon von seiner Mutter auf Geschäftsreise geschickt wird, fleht Katja ihn an, sie mitzunehmen. Er lehnt das ab.
Barbara, die Pflegetochter der Kabanichs, ermöglicht Katja in der Abwesenheit Tichons ein Stelldichein mit Boris. Unter Gewissensqualen trifft Katja Boris am Ufer der Wolga. Boris gesteht ihr seine Liebe und Katja erkennt die ihre.
Zwei Wochen später ist Tichon zurückgekehrt. Katja ist seither verwirrt und ihre Wahnvorstellungen steigern sich, als ein Gewitter hereinbricht und sie dies als göttliches Zeichen ansieht. Sie beichtet Tichon öffentlich ihren Ehebruch. Daraufhin eilt sie zur Wolga, sie hört die Stimmen des Flusses und stürzt sich in die Fluten.

La princesse Maleine *von Lili Boulanger (Fragment)*

Prinzessin Maleine liebt Prinz Hjalmar. Der Vater Hjamlars jedoch, der König von Ysselmonde, verwüstet Maleines Heimat. Nachdem sie sich aus ihrem gefängnisartigen Turmverließ befreien kann, geht Maleine auf die Suche nach ihrem Geliebten. Prinz Hjalmar wird auch von der machtbesessenen, gefährlich schönen Prinzessin Anne begehrt. Als Maleine an den Hof Ysselmondes gelangt, kommt es darüber zum Konflikt. Prinzessin Anne vergiftet ihren Geliebten Prinz Hjalmar und erwürgt daraufhin Prinzessin Maleine.

Le Sacre du Printemps *von Igor Strawinsky*

Dem Ballett liegt keine Handlung im Strengen Sinne zugrunde, Strawinsky spricht von einer »Hauptidee«, von der das Geschehen »innerlich zusammengehalten« wird: »Es gibt keine Handlung, aber [eine] [...] choreographische Abfolge« (vgl. Scherliess 1982, S. 9):
1. Teil: Der Kuß der Erde: Man feiert das Frühlingsfest. Eine Gruppe junger Männer wird durch eine alte Frau in die Geheimnisse des Weissagens eingeführt. Eine Gruppe junger Mädchen tanzen den Frühlingsreigen. Der älteste der Greise segnet die Erde.
2. Teil: Das große Opfer: Aus dem Kreis der Jungfrauen wird ein Mädchen ausgewählt. Die Jungfrauen ehren die Auserwählte mit Tänzen. Im Kreis der Alten wird das Mädchen geopfert.

Lulu *von Alban Berg*

Im Prolog stellt ein Tierbändiger eine Reihe von Tieren vor, die die späteren Figuren der Oper repräsentieren. Beispielsweise steht der Tiger für Dr. Schön, Lulu wird durch die Schlange als »Urgestalt des Weibes« vorgestellt.
Das erste Bild (I/1) führt die Zuschauer in das Maleratelier, in dem Lulu porträtiert wird (Pierrot-Porträt). Dr. Schön, der Lulu mit dem Medizinalrat verheiratet hatte, und dessen Sohn Alwa sind anwesend. Nachdem Schön und Alwa gegangen sind, nähert sich der Maler Lulu, wird jedoch durch das Klopfen des Medizinalrats unterbrochen. Da weder Lulu noch der Maler die Tür öffnen, bricht der Medizinalrat ein und fällt vom Schlag getroffen tot um. Im zweiten

Bild (I/2) ist Lulu bereits mit dem Maler verheiratet – auch diesmal wird die Hochzeit von Schön arrangiert. Sie fühlt sich in dieser Ehe allerdings gelangweilt, zumal ihr eigentliches Ziel eine Ehe mit Schön selbst ist, den sie aufrichtig liebt. Schön jedoch annonciert seine Verlobung mit einer »ehrenhaften« Frau. Schigolch erscheint, um sich eine finanzielle Unterstützung von Lulu abzuholen. Er tritt zunächst als Lulus Vater auf, später wird deutlich, daß er dies nicht ist. Schön stattet Lulu ebenfalls einen Besuch ab, um ihr den Abbruch seiner Beziehung zu ihr mitzuteilen. Von Lulus Reaktion in die Enge getrieben, öffnet Schön dem Maler die Augen über Lulus Vorleben. Der Maler bringt sich daraufhin selbst um. Das dritte Bild (I/3) spielt in der Garderobe eines Varieté-Theaters, in dem Schön Lulu als Tänzerin untergebracht hat. Die Musik zu Lulus Auftritt hat Alwa komponiert. Die Unterredung zwischen Alwa und Lulu, bei der Alwas Schwärmereien für Lulu deutlicher werden, eröffnet die Szene. Später tritt der Prinz auf, der Lulu heiraten möchte. Lulu verläßt die Szenerie für ihren Auftritt als Tänzerin, fingiert auf offener Bühne allerdings einen Ohnmachtsanfall, da sie Schön mit seiner Verlobten im Publikum entdeckt. Als sie in die Garderobe zurückkehrt, wird sie von Schön zur Rede gestellt. Der folgende Dialog macht gleichwohl deutlich, wie abhängig Schön von Lulu noch immer ist: Sie diktiert ihm einen Abschiedsbrief an seine Verlobte, gleichzeitig sein Abschiedsbrief an ein »ehrbares« Leben.

Das vierte Bild (II/1) zeigt Lulu als Frau von Dr. Schön. Sie hat Besuch von der lesbischen Gräfin Geschwitz, die Lulu leidenschaftlich verehrt. Schön ist eifersüchtig. Trotz der Aufforderung Lulus, seinen Börsentag ausfallen zu lassen, geht Schön schließlich auf die Börse. Nun beginnt der jour fixe, zahlreiche Verehrer Lulus treffen ein: Schigolch, der Athlet, ein junger Gymnasiast, die Geschwitz. Als Dr. Schön frühzeitig von der Börse nach Hause kommt, verstecken sich die Verehrer in den Kulissen. Schöns Eifersucht steigert sich, als er das Gespräch zwischen seinem inzwischen ebenfalls eingetroffenen Sohn Alwa und Lulu belauscht. Er bedrängt Lulu, sich mit seinem Revolver selbst zu töten, Lulu richtet dabei den Revolver aus Notwehr gegen ihn und erschießt ihn. Während der nun folgenden Verwandlungsmusik, die als Musik für einen Stummfilm gedacht ist, sind die Ereignisse eines Jahres zusammengefaßt: Lulus Verhaftung, der Prozeß, das Gefängnis, Lulus Krankheit und der Plan zu ihrer Befreiung. Das fünfte Bild (II/2) zeigt die Vorbereitungen zu Lulus Flucht. Alwa hat das Journal seines Vaters verkauft, die Geschwitz gewährt ebenfalls finanzielle Unterstützung, nur der Athlet träumt davon, Lulu als »pompöseste Luftgymnastikerin der Jetztzeit« verkaufen zu können. Diesen Plan jedoch läßt der Athlet fallen, als Lulu völlig geschwächt aus dem Gefängnis kommt. Mit Alwa und Schigolch flieht Lulu nach Paris.

Dort spielt das sechste Bild (III/1). Lulu, nun mit Alwa liiert, ist umgeben von Mitwissern ihrer Vergangenheit. Sie ist in diesem Kreis von Spekulanten und

Mädchenhändlern mehrfachen Erpressungsversuchen ausgesetzt. Zu den Er-
pressern zählt auch der Athlet, den Lulu mit Hilfe von Schigolch und der Gräfin
umbringen läßt. Lulu flieht mit Alwa, Schigolch und der Gräfin nach London.
Das siebte Bild (III/2) spielt in einer ärmlichen Londoner Dachstube, wo die vier
von Lulus Einkünften als Prostituierte leben. In strenger Parallelität zu Lulus
Ehemännern treten drei Freier auf: ein stummer Professor (Medizinalrat), ein Ne-
ger (Maler) und schließlich Jack the Ripper (Dr. Schön). Der Neger erschlägt Alwa,
als dieser Lulus Prostitution verhindern will. Lulu, vor der Konfrontation mit ih-
rem Pierrot-Porträt auf die Straße flüchtend, kehrt mit Jack the Ripper zurück.
Nach einem kurzen Wortwechsel um den Preis zieht Lulu Jack in ihr Zimmer,
dort wird sie von ihm ermordet. In die Dachstube zurückgekehrt, tötet Jack auch
die Gräfin.

Pelléas et Mélisande *von Claude Debussy*

Im Wald (I/1). Golaud, Enkel von König Arkel, hat sich bei einer Jagd im Wald
verirrt. Er findet in einer Waldlichtung Mélisande, die an einer Quelle kauert
und weint. Er nähert sich ihr und fragt sie nach Namen, Herkunft und dem
Grund ihres Weinens. Ihre Schönheit beeindruckt ihn tief, ebenso die goldene
Krone, die im Wasser funkelt. Doch Mélisande weicht aus, gibt keine Antworten,
hat Angst vor seiner Berührung. Dennoch entschließt sie sich, Golaud zu folgen.
Ein Gemach im Schloß (I/2). Geneviève liest einen Brief ihres Sohnes Golaud vor,
in dem dieser von der Heirat mit Mélisande berichtet. Da er Angst vor dem Zorn
Arkels hat, dessen Heiratspläne aus machtpolitischen Gründen eine andere Ver-
bindung vorsah, bittet Golaud um ein Zeichen, wenn Arkel mit Golauds Rück-
kehr einverstanden sei. Pelléas, Golauds Halbbruder hat einen zweiten Brief, in
dem er gebeten wird, zum Sterbelager seines Freundes Marcellus zu kommen.
Arkel fügt sich in das Schicksal und fordert Pelléas auf, Golaud das vereinbarte
Zeichen zu geben. Zugleich solle er, Pelléas, erst nach Golauds Rückkehr zu Mar-
cellus abreisen. Außerdem erinnert Arkel Pelléas daran, daß sein eigener Vater
todkrank darniederliege. Pelléas gibt seine Reiseabsichten auf.
Mélisande ist inzwischen auf Schloß Allemonde eingetroffen und geht in
Begleitung von Geneviève im Garten spazieren (I/3). Die Dunkelheit des Gartens
bedrückt sie. Pelléas, der die beiden Frauen ins Schloß zurückholen soll, meldet,
daß er morgen abreisen werde. Mélisande ist darüber traurig.
Pelléas hat Schloß Allemonde nicht verlassen. Statt dessen begleitet er Mélisande
zum »Brunnen der Blinden« (II/1). Dort spielt Mélisande übermütig mit ihrem

Ehering. Er fällt ihr ins Wasser. Mélisande fürchtet sich, Golaud davon zu erzählen.

Mélisande pflegt den kranken Golaud (II/2). Dieser war bei einer Jagd vom Pferd gefallen – just in dem Moment, als Mélisande ihren Ring fallen ließ. Golaud erkennt, daß sie traurig, vielleicht sogar krank ist. Er entdeckt aber auch, daß sie ihren Ehering verloren hat. Entrüstet fragt er Mélisande danach. Sie weicht aus, sie habe ihn in einer Grotte verloren. Wutentbrannt fordert er sie auf, sofort nach dem Ring suchen zu gehen. Zusammen mit Pelléas geht sie zu der Grotte (II/3).

Mélisande sitzt am Fenster und kämmt sich singend die Haare (III/1). Pelléas tritt dazu und ist von Mélisandes Schönheit überwältigt. Golaud überrascht die beiden und ermahnt sie. Um Pelléas zu warnen, geht Golaud mit ihm in die Grotten unter dem Schloß (III/2). Dort weht ihnen der Geruch des Todes entgegen und Golaud kann seinen Halbbruder gerade noch halten, als dieser abzustürzen droht. Zurück auf der Schloßterrasse atmet Pelléas auf. Golaud warnt ihn vor einer allzu großen Nähe zu Mélisande. Sie sei auch momentan äußerst schutzbedürftig, da sie ein Kind erwarte. Da Golaud Pelléas und Mélisande nicht traut und seine Eifersucht immer größer wird, befiehlt er Yniold, seinem kleinen Sohn aus erster Ehe, die beiden zu belauschen (III/4).

Pelléas Vater ist inzwischen gesundet und so beschließt Pelléas, die Fahrt zu seinem Freund Marcellus anzutreten. Rasend vor Eifersucht demütigt Golaud Mélisande (IV/1). Der kleine Yniold beobachtet traurig, wie eine Herde Schafe zum Schlachter geführt wird. Pelléas und Mélisande treffen sich ein letztes Mal vor den Toren des Schlosses (IV/2). Sie gestehen sich ihre Liebe – in diesem Moment fallen die Schloßtore zu. Golaud hat die Liebenden belauscht und stürzt sich mit seinem Schwert auf Pelléas. Tödlich getroffen sinkt dieser zusammen, Mélisande flieht.

Arkel und Golaud stehen am Sterbebett Mélisandes (V). Sie hat gerade eine kleine Tochter geboren. Golaud ängstigt sich vor der Sterbenden, dennoch bedrängt er Mélisande, ihm die Wahrheit über ihre Liebe zu Pelléas zu gestehen. Mélisande versteht seine Fragen nicht. Dienerinnen betreten den Raum. Mélisande stirbt. Arkel deutet auf den Kreislauf des Lebens: Mélisandes Tochter habe anstelle ihrer Mutter zu leben.

Rusalka *von Antonín Dvořák*

Nächtens tanzen die Nixen um den See und necken den Wassermann. Nur Rusalka ist traurig: Sie ist in den Prinzen verliebt und wünscht sich sehnlichst, eine Menschenseele zu erlangen, um ihm nahe zu sein. Der Wassermann warnt Rusal-

ka vor den Gefahren des Menschseins, als er aber erkennt, daß ihre Liebe zu groß ist, schickt er sie zur Hexe. Diese warnt Rusalka: Der Preis für die Menschenfüße ist ihre Stimme, und wenn der Geliebte ihr je untreu würde, müsse sie ihn töten. Rusalka schreckt dies nicht, sie läßt sich von der Hexe in eine stumme, wunderschöne Menschenfrau verwandeln. Als der Prinz sie sieht, verliebt er sich augenblicklich in sie und nimmt sie mit auf sein Schloß.

Heger und Küchenjunge sind in die Vorbereitungen zur Hochzeit vertieft und lästern über die seltsame stumme Braut des Prinzen. Das Paar kommt in den Park, den Prinzen beschleichen erste Zweifel: die stumme Rusalka antwortet nicht auf seine Liebesschwüre. Die fremde Fürstin erscheint und zieht mit ihrer Schönheit die Blicke des Prinzen auf sich. Er erliegt ihrer Faszination und geleitet sie zum Schloß. Rusalka bleibt verzweifelt zurück. Der Wassermann, der im Schloßteich erscheint, warnt den Prinzen vor seinem drohenden Schicksal. Als der Prinz der fremden Fürstin seine Liebe erklärt und Rusalka barsch zurückweist, muß sie in die Fluten zurückkehren. Der Prinz ist verängstigt, die fremde Fürstin stößt ihn zurück.

Rusalka muß in einem Zwischenreich leben: von den Menschen verstoßen, dem Nixenreich nicht mehr angehörend. Traurig besingt sie ihr Schicksal. Den Rat der Hexe, den treulosen Geliebten zu erdolchen, um so wieder Nixe werden zu können, weist sie von sich. Der Prinz seinerseits ist der Schwermut verfallen. Er sucht im Wald nach der Stelle, wo er Rusalka erstmals sah. Er erkennt in einem Irrlicht Rusalka und bitte sie um Vergebung. Der Kuß, den er von ihr begehrt, ist sein Todeskuß. Rusalka bleibt als Irrlicht zurück.

Salome *von Richard Strauss*

Auf der Terrasse des königlichen Palastes. Narraboth, der junge syrische Hauptmann der Garde, betrachtet gebannt die schöne Salome. Der Page warnt ihn, sie allzu begehrlich anzublicken. Aus der Zisterne erklingt die Stimme von Jochanaan, er sagt die Ankunft des Messias voraus. Um den lüsternen Blicken ihres Stiefvaters zu entkommen, verläßt Salome den Palast und tritt auf die Terrasse. Dort hört sie die Stimme Jochanaans und verlangt ihn zu sehen. Sie betört Narraboth, Jochanaan trotz des königlichen Verbots aus der Zisterne zu holen. Der Prophet kommt herauf. Er weigert sich, Salome anzusehen, die ihrerseits von seiner Gestalt fasziniert ist. Narraboth muß der sich steigernden Lust Salomes zusehen und stürzt sich in eifersüchtiger Verzweiflung in sein Schwert. Salome nimmt seinen Tod nicht wahr. Doch Jochanaan wendet sich, von der grausamen Szenerie angewidert ab und geht freiwillig zurück in sein Verließ.

Der König Herodes und seine Frau Herodias betreten die Terrasse. Herodes ist von Angstvisionen geplagt, die sich noch steigern, als er die Stimme des Propheten hört. Um sich abzulenken, fordert Herodes seine Stieftochter auf, für ihn zu tanzen. Zunächst weigert sich Salome, aber als er ihr alles verspricht, was sie sich wünscht, beginnt sie ihren Tanz. Der bislang blasse Mond verfärbt sich blutrot. Nachdem sie ihren Tanz beendet hat, stellt Salome ihre Forderung: den Kopf des Jochanaan. Herodes ist entsetzt und bietet ihr statt dessen wertvolle Edelsteine und sogar den Thron an. Doch Salome insistiert auf ihrem Wunsch. Herodes willigt resigniert und von bösen Vorahnungen heimgesucht ein. Herodias zieht ihm den Ring vom Finger, das Zeichen für den Henker. Salome lauscht gebannt am Eingang der Zisterne und ist erstaunt über die Stille: kein Laut ist zu vernehmen, bis das Beil des Henkers fällt. Auf einer Silberschüssel wird Salome das Haupt Jochanaans überreicht. In ekstatischer Wollust nimmt sie die Schüssel an sich und holt sich, was ihr der lebendige Prophet verweigert hatte: einen Kuß. Sie beginnt eine leidenschaftliche Zwiesprache mit dem toten Haupt, bis Herodes, von der Szenerie angewidert, den Befehl gibt, Salome zu töten: »Man töte dieses Weib!«

Scheherazade *von Nikolai Rimski-Korsakow*

»Das Programm, von dem ich mich bei der Komposition der Scheherazade *leitließ, waren einzelne, nicht untereinander verbundene Episoden und Bilder aus ›Tausendundeiner Nacht‹, verteilt über alle vier Sätze der Suite: das Meer und Sindbads Schiff, die phantastische Erzählung des Prinzen Kalender, der Prinz und die Prinzessin, das Fest in Bagdad, das an dem Felsen mit dem ehernen Reiter zerschellende Schiff. Der Verbindung dieser Bilder dienen die Introduktionen zum ersten, zweiten und vierten Satz und das Intermezzo des dritten Satzes – vier kurze Abschnitte für Violine solo, die der Sultanin Scheherazade zugeordnet sind und gleichsam darstellen sollen, wie sie dem grimmen Sultan ihre wundersamen Märchen erzählt. Die Passage der Solovioline am Schluß des vierten Satzes hat die gleiche Funktion.« Nikolai Rimski-Korsakow über das Programm seiner Symphonischen Dichtung* Scheherazade *(vgl. Rimski-Korsakow 1968, S. 315).*

Turandot *von Giacomo Puccini*

In Peking residiert die grausame Prinzessin Turandot. Sie läßt verkünden, daß sie nur denjenigen heiraten wird, der ihre drei Rätsel lösen kann. Ein Anwärter, der die Fragen nicht beantworten kann, wird enthauptet. Eine Hinrichtung wird gerade angekündigt, als sich Prinz Calaf unerkannterweise in der Menge vor dem Palast aufhält. Als Turandot erscheint, verliebt sich Calaf augenblicklich in sie und beschließt, sich den Rätseln der Prinzessin zu stellen. Zum großen Entsetzen der Prinzessin und zu aller Erstaunen löst Calaf alle Fragen. Turandot wehrt sich verzweifelt, sich dem Fremdling zur Frau zu geben. Calaf empfindet Mitleid für Turandot und gibt ihr seinerseits ein Rätsel auf, das – kann sie es lösen – sie von ihrem Dekret befreien soll: Wenn sie vor Sonnenaufgang seinen Namen herausfindet, geht er freiwillig in den Tod. Turandot versucht nun mit allen Mitteln, Calafs Identität zu lüften. Dazu gehört auch, daß der greise Vater Calafs und dessen Dienerin Liù, die Calaf heimlich liebt, durch Folter den Namen des Unbekannten preis geben sollen. Liù ersticht sich. Niedergeschmettert muß Turandot schließlich eingestehen, daß sie den Namen nicht erfahren hat, doch Calaf legt ein letztes Mal sein Leben in ihre Hände, indem er ihr selbst seinen Namen nennt. Von solch opferbereiter Liebe überwältigt stimmt Turandot schließlich der Heirat zu.

Bibliographie

Zitierte Notenausgaben

Berg, Alban: *Fünf Orchester-Lieder nach Ansichtskartentexten von Peter Altenberg* op. 4 (= *Sämtliche Werke*, I. Abteilung: Musikalische Werke Bd. 6, Orchestergesänge, vorgelegt von Rudolf Stephan, Mark DeVoto und Klaus Schweizer), Wien: Universal Edition 1997.

Berg, Alban: *Lulu*. Oper nach den Tragödien *Erdgeist* und *Büchse der Pandora* von Frank Wedekind, Klavierauszug mit Gesang von Erwin Stein, Universal Edition Wien 1936.

Berg, Alban: *Lulu*. Oper nach den Tragödien *Erdgeist* und *Büchse der Pandora* von Frank Wedekind (III. Akt), Klavierauszug mit Gesang von Edwin Stein, revidiert von Friedrich Cerha, Wien: Universal Edition 1977.

Berg, Alban: *Lulu*. Oper nach den Tragödien *Erdgeist* und *Büchse der Pandora* von Frank Wedekind, Partitur hg. von H. E. Apostel, Wien: Universal Edition 1963.

Berg, Alban: *Lulu*. Oper nach den Tragödien *Erdgeist* und *Büchse der Pandora* von Frank Wedekind (III. Akt), Partitur, hergestellt von Friedrich Cerha, Wien: Universal Edition 1978.

Debussy, Claude: *Pelléas et Mélisande*. Drame lyrique en 5 Actes et 12 Tableaux de Maurice Maeterlinck, Partition d'orchestre, Paris: Durand 1904 (Nachdruck 1957).

Dvořák, Antonín: *Rusalka* op. 114. Partitur, kritische Ausgabe nach dem Manuskript des Komponisten, Prag: Artia 1960.

Janáček, Leoš: *Das schlaue Füchslein (Příhody Lišky Bystroušky)*. Oper in 3 Akten nach Těsnohlídeks Novelle, Klavierauszug von Břetislav Bakala. F. d. deutsche Bühne bearbeitet v. Max Brod, Wien: Universal Edition 1924.

Janáček, Leoš: *Die Sache Makropulos (Věc Makropulos)*. Oper in drei Akten, Wien: Universal Edition 1926.

Janáček, Leoš: *Erstes Streichquartett (I. Smyčový Kvartet)*, Prag: Artia 1960.

Janáček, Leoš: *Jenůfa/Její Pastorkyňa (Ihre Ziehtochter)*. Oper aus dem mährischen Bauernleben in 3 Akten von Gabriele Preiss[ová]. Deutsche Übersetzung von Max Brod, Klavierauszug, Wien: Universal Edition 1917.

Janáček, Leoš: *Katja Kabanowa/Káťa Kabanová*. Oper in 3 Akten nach A. N. Ostrowskijs »Gewitter« in der Übersetzung von Vinc. Červinka. Ins Deutsche übertragen von Max Brod, Klavierauszug von Břetislav Bakala, Wien: Universal Edition 1922.

Mahler, Gustav: Symphonie Nr. 1, revidierte Ausgabe (= *Sämtliche Werke*, Kritische Gesamtausgabe, Bd. I), Wien: Universal Edition 1967.

Mozart, Wolfgang Amadeus: *Il dissoluto punito ossia il Don Giovanni* (= Neue Ausgabe sämtlicher Werke, Serie II: Bühnenwerke, Werkgruppe 5: Opern und Singspiele), vorgelegt von Wolfgang Platz und Wolfgang Rehm, Kassel u. a.: Bärenreiter 1968.

Offenbach, Jacques: *Hoffmanns Erzählungen (Les Contes d'Hoffmann)*, Phantastische Oper in fünf Akten. Libretto nach dem gleichnamigen Drama von Jules Barbier und Michel Carré von Jules Barbier. Quellenkritische Neuausgabe von Fritz Oeser, Klavierauszug, Kassel: Alkor-Edition 1977.

Puccini, Giacomo: *Turandot*. Dramma lirico in tre atti e cinque quadri di G. Adami e R. Sinoni, Klavierauszug, Mailand: Ricordi 1926.

Rimski-Korsakow, Nikolai [Rimskij-Korssakoff, N.]: *Der goldne Hahn. Ein Märchen*. Oper in 3 Akten. Russischer Text (nach Puschkin) v. V. Bielskij. Deutscher Text von Heinrich Möller, Klavierauszug, Leipzig: Jurgenson o. J. [1907].

Rimski-Korsakow, Nikolai [Rimsky-Korsakow, Nikolai]: *Scheherazade* nach »Tausend und eine Nacht«. Symphonische Suite für Orchester op. 35, Partitur, Leipzig/Wien: Edition Eulenburg o. J.

Schönberg, Arnold: *Fünfzehn Gedichte aus »Das Buch der hängenden Gärten« von Stefan George* Opus 15 [1914] (= *Sämtliche Werke*, Abt. I, Lieder und Kanons, Reihe A, Bd. 1: Lieder mit Klavierbegleitung, hg. von Josef Rufer, S. 113-149), Mainz/Wien: Schott/Universal Edition 1966.

Schönberg, Arnold: *Die glückliche Hand*. Drama mit Musik op. 18, Klavierauszug von Eduard Steuermann, Wien: Universal Edition 1923.

Schönberg, Arnold: *Erwartung*. Monodram in 1 Akt, Dichtung von Marie Pappenheim, Partitur, Wien: Universal Edition 1923.

Schönberg, Arnold: *Gurre-Lieder* für Soli, Chor und Orchester. Text von Jens Peter Jacobsen (Deutsch von Robert Franz Arnold), Klavierauszug mit Singstimmen von Alban Berg, Wien Universal Edition 1912.

Schönberg, Arnold: *Pelleas und Melisande* (Nach dem Drama von Maurice Maeterlinck). Symphonische Dichtung für Orchester Opus 5 [1912] (= *Sämtliche Werke*, Abt. IV, Orchesterwerke, Reihe A, Bd. 10, hg. von Nikos Kokkinis), Mainz/Wien: Schott/Universal Edition 1998.

Schönberg, Arnold: *Verklärte Nacht*. Gedicht von Richard Dehmel (aus »Weib und Welt«) für sechs Streich-Instrumente op. 4, Wien: Universal Edition o. J.

Strauss, Richard: *Salome*. Musikdrama in einem Aufzuge nach Oscar Wildes gleichnamiger Dichtung in deutscher Übersetzung von Hedwig Lachmann, op. 54, Partitur, London: Fürstner 1905.

Strawinsky, Igor [Strawinski, Igor]: *The Rite of Spring/Le Sacre du Printemps*. Pictures from Pagan Russia in Two Parts, Partitur, London: Boosey & Hawkes 1947.

Strawinsky, Igor [Strawinski, Igor]: *Les Noces*. Scènes choréographiques russes avec chant et musique. Partitur, London: Chester 1922.

Tschaikowski, Pjotr [Tschaikowsky, Peter]: *Pique Dame (Pikowaja dama)* Oper in 3 Akten, 7 Bildern. Text mit Benutzung der gleichnamigen Novelle Puschkin's, Libretto von M. Tschaikowsky, Partitur, Moskau: Staatsmusikverlag 1962.

Wagner, Richard: *Lohengrin*. Romantische Oper in drei Akten (= *Sämtliche Werke*, Bd. 7/I-II, hg. von Johan Deathridge und Klaus Döge), Mainz: Schott 1996/1998.

Wagner, Richard: *Parsifal*. Ein Bühnenweihfestspiel (= *Sämtliche Werke*, Bd. 14/I-III, hg. von Egon Voss und Martin Geck), Mainz: Schott 1972/73.

Wagner, Richard: *Tristan und Isolde*. Handlung in drei Aufzügen (= *Sämtliche Werke*, Bd. 8/I-III, hg. von Isolde Vetter und Egon Voss), Mainz: Schott 1990/1992/1993.

Zemlinsky, Alexander [von]: *Die Seejungfrau*. Fantasie für Orchester, Partitur, Wien: Universal Edition o. J.

Verwendete Nachschlagewerke

Die Musik in Geschichte und Gegenwart. Allgemeine Enzyklopädie der Musik, zweite, neubearbeitete Ausgabe hg. von Ludwig Finscher, Sachteil in neun Bänden, Kassel/Stuttgart 1994-1998.

Kindlers Neues Literaturlexikon, Studienausgabe in 21 Bänden. Hg. von Walter Jens, München 1988.

Pipers Enzyklopädie des Musiktheaters in 8 Bänden. Hg. von Carl Dahlhaus und dem Forschungsinstitut für Musiktheater der Universität Bayreuth unter Leitung von Sieghart Döhring, München/Zürich 1986.

The New Grove Dictionary of Music and Musicians (20 Bde.). Ed. by Stanley Sadie, London 1980.

The New Grove Dictionary of Opera (4 Bde.). Ed. by Stanley Sadie, London 1992.

Literatur

Abbate 1981   Abbate, Carolyn. »*Tristan* in the Composition of *Pelléas*«. In: *19th Century Music* Vol. V, Heft 2 (1981), S. 117-141.

Abbate 1993   Abbate, Carolyn: »Opera; or, the Envoicing of Women«. In: Ruth A. Solie (Hg.), *Musicology and Difference. Gender and Sexuality in Music Scholarship.* Berekley/Los Angeles/London 1993, S. 225-258.

Ackere 1952   Ackere, J. van: *Pelléas et Mélisande ou la rencentre miraculeuse d'une poésie et d'une musique.* Brüssel 1952.

Adorno GS   Adorno, Theodor W: *Gesammelte Schriften.* Frankfurt am Main 1984.

Allen 1979   Allen, Virginia Mae: *The Femme Fatale: A study of the early development of the concept in midnineteenth-century poetry and painting.* Boston 1979.

Altenberg 1918   Altenberg, Peter: *Vita ipsa.* Berlin 1918.

Altenberg 1979   Altenberg, Peter: *Ausgewählte Werke in zwei Bänden. Band I: Aphorismen, Skizzen und Geschichten*, hg. von Dietrich Simon. München 1979.

Altenberg GW   Altenberg, Peter: *Gesammelte Werke in fünf Bänden, Band I: Expedition in den Alltag. Gesammelte Skizzen 1895-1898*, hg. von Werner J. Schweiger. Wien/Frankfurt am Main 1987.

Andersen SW   Andersen, Hans Christian: *Sämtliche Werke*, vom Verfasser besorgte Ausgabe. Leipzig 1853.

Anderson 1992   Anderson, Harriet: *Utopian Feminism. Women's Movements in fin-de-siècle Vienna.* New Haven/London 1992.

Andreas-Salomé 1892
                 Andreas-Salomé, Lou: *Henrik Ibsen's Frauen-Gestalten.* Berlin 1892.

Andreas-Salomé 1898
                 Andreas-Salomé, Lou: *Fenitschka.* Stuttgart 1898.

Andreas-Salomé 1910
    Andreas-Salomé, Lou: *Die Erotik* (= *Die Gesellschaft.* Sammlung sozialpsychologischer Monographien, hg. von Martin Buber, 33. Bd.). Frankfurt am Main 1910.

Angerer 1988
    Angerer, Manfred: »Das Leben und die Formen. Die Musikanschauung des Wiener Fin de Siècle und Brahms«. In: Susanne Antonicek und Otto Biba (Hg.): *Brahms-Kongress Wien 1983. Kongressbericht.* Tutzing 1988, S. 9-19.

Ariès 1982
    Ariès, Philippe: *Geschichte des Todes* (franz. Original: *L'homme devant la mort*, 1978), übers. von Hans-Horst Henschen und Una Pfau. München 1982.

Arnold Schönberg, Blicke
    Arnold Schönberg, Blicke. Ausstellungskatalog, Schleswig-Holsteinisches Landesmuseum Schloß Gottorf, 8. Juli – 1. September 1996. o. O. 1996.

Asholt und Fähnders 1993
    Asholt, Wolfgang und Fähnders, Walter (Hg.): *Fin de siècle. Erzählungen, Gedichte, Essays.* Stuttgart 1993.

Auslander Munich 1989
    Auslander Munich, Adrienne: *Andromeda's Chains. Gender & Interpretation in Victorian Literature & Art.* New York 1989.

Bachmann 1993
    Bachmann, Ingeborg: *Werke in vier Bänden*, hg. von Christine Koschel, Inge von Weidenbaum und Clemens Münster. München/Zürich 1993.

Bachofen 1993
    Bachofen, Johann Jakob: *Das Mutterrecht. Eine Untersuchung über die Gynaikokratie der alten Welt nach ihrer religiösen und rechtlichen Natur* [1861]. Eine Auswahl hg. von Hans-Jürgen Heinrichs. Frankfurt am Main 1993.

Bahr 1987
    Bahr, Herrmann: *Prophet der Moderne. Tagebücher 1888-1904*, hg. von Reinhard Farkas. Wien/Graz/Köln 1987.

Barbey d'Aurevilly 1968
    Barbey d'Aurevilly, Jules: *Le Roman Contemporain* [1902]. Genève 1968.

Barraud 1977
    Barraud, Henry: »Commentaire littéraire et musical«. In: *L'Avant Scène: Pelléas et Mélisande* 9 (März/April 1977), S. 27-83.

Barthes 1967
    Barthes, Roland: *Kritik und Wahrheit* (franz. Original: *Critique et vérité*, 1966). Frankfurt am Main 1967.

Battersby 1989	Battersby, Christine: *Gender and Genius: Toward a Feminist Aesthetics*. London 1989.
Battersby 1998	Battersby, Christine: *The Phenomenal Woman. Feminist Metaphysics and the Patterns of Identity*. Cambridge 1998.
Baudelaire, *Les Fleurs du Mal*	
	Baudelaire, Charles. *Les Fleurs du Mal/Die Blumen des Bösen* (1857), hg. und übers. von Friedhelm Kemp. München 1997.
Bauer u.a. 1977	Bauer, Roger; Heftrich, Eckhard; Koopmann, Helmut; Rasch, Wolfdietrich; Sauerländer, Willibald und Schmoll, J. Adolf, gen. Eisenwerth (Hg.): *Fin de siècle. Zu Literatur und Kunst der Jahrhundertwende* (= Studien zur Philosophie und Literatur des neunzehnten Jahrhunderts, Bd. 35). Frankfurt am Main 1977.
Bayerlein 1996	Bayerlein, Sonja: *Musikalische Psychologie der drei Frauengestalten in der Oper Elektra von Richard Strauss*. Tutzing 1996.
Beauvoir 1984	Beauvoir, Simone de: *Das andere Geschlecht. Sitte und Sexus der Frau* (franz. Original: *Le Deuxième Sexe*, 1949), übers. von Eva Rechel-Mertens und Fritz Montfort. Reinbek 1984.
Benjamin GS	Benjamin, Walter: *Gesammelte Schriften*. Unter Mitwirkung von Theodor W. Adorno und Gershom Scholem, hg. von Rolf Tiedemann und Hermann Schweppenhäuser. Frankfurt am Main 1977.
Benjamin 1983	Benjamin, Walter: *Das Passagen-Werk* (2 Bände), hg. von Rolf Tiedemann. Frankfurt am Main 1983.
Benz 1929	Benz, Ernst: *Das Todesproblem in der stoischen Philosophie*. Stuttgart 1929.
Berg [1920]	Berg, Alban: *Arnold Schönberg, Pelleas und Melisande Op. 5. Kurze thematische Analyse*. Wien, Universal Edition [1920].
Berg 1937	Berg, Alban: *LULU. Oper von Alban Berg nach den Tragödien ERDGEIST und BÜCHSE DER PANDORA von Frank Wedekind* [Libretto]. Wien 1937.
Berg 1965	Berg, Alban: *Briefe an seine Frau*. München/Wien 1965.
Berg 1980	Berg, Erich Alban: »Bergiana«. In: *Schweizerische Musikzeitung* 120. Jg. (1980), S. 147-155.
Berg 1995	Berg, Alban: »Briefwechsel mit Hanna und Herbert Fuchs-Robettin«, hg. von Constantin Floros. In: *Österrei-*

	chische *Musikzeitschrift* (Special zum 50. Jahrgang, 1995), S. 30-69.
Berg o. J.	Berg, Alban: *Arnold Schönberg: Gurrelieder. Führer (kleine Ausgabe).* Leipzig/Wien, Universal Edition o. J.
Berger und Stephan 1987	Berger, Renate und Stephan, Inge (Hg.): *Weiblichkeit und Tod in der Literatur.* Köln 1987.
Bermbach 1997	Bermbach, Udo: *Wo Macht ganz auf Verbrechen ruht. Politik und Gesellschaft in der Oper.* Hamburg 1997.
Bermbach 2000	Bermbach, Udo (Hg.): *Oper im 20. Jahrhundert. Entwicklungstendenzen und Komponisten.* Stuttgart/Weimar 2000.
Bessler 1995	Bessler, Gabriele: *Von Nixen und Wasserfrauen.* Köln 1995.
Bitter 1973	Bitter, Christof: »Notizen zu Mozarts ›Don Giovanni‹ und Bergs ›Lulu‹«. In: Carl Dahlhaus (Hg.), *Festschrift für einen Verleger. Ludwig Strecker zum 90. Geburtstag.* Mainz 1973, S. 123-134.
Blackmer und Smith 1995	Blackmer, Corinne E. und Smith, Patricia Juliana (Hg.): *En Travesti. Women, Gender Subversion, Opera.* New York 1995.
Bloch 1959	Bloch, Ernst: *Das Prinzip Hoffnung.* Gesamtausgabe, Bd. 5. Frankfurt am Main 1959.
Blumenberg1996	Blumenberg, Hans: *Die Legitimität der Neuzeit* (Erneuerte Ausgabe, erste Aufl.: 1966). Frankfurt am Main 1996.
Böggemann 1998	Böggemann, Markus: »Vorwärts um jeden Preis – Schönbergs Abschied von der Ungebundenheit«. In: Otto Kolleritsch (Hg.), *Abschied in die Gegenwart. Teleologie und Zuständlichkeit in der Musik* (= Studien zur Wertungsforschung, Bd. 35). Wien/Graz 1998, S. 165-179.
Böhme 1988	Böhme, Hartmut: »Eros und Tod im Wasser – ›Bändigen und Entlassen der Elemente‹. Das Wasser bei Goethe«. In: Ders. (Hg.): *Kulturgeschichte des Wassers.* Frankfurt am Main 1988, S. 208-232.
Böhner 1996	Böhner, Ines (Hg.): *Femmes fatales. 13 Annäherungen.* Mannheim 1996.
Borchmeyer 1993	Borchmeyer, Dieter: »Wagner-Literatur – Eine deutsche Misere. Neue Ansichten zum ›Fall Wagner‹«. In: *Internationales Archiv für Sozialgeschichte der deutschen Literatur. 3. Sonderheft, Forschungsreferate 2. Folge.* Tübingen 1993, S. 1-62.

Bork 1992	Bork, Claudia: *Femme Fatale und Don Juan. Ein Beitrag zur Motivgeschichte der literarischen Verführergestalt.* Hamburg 1992.
Boulez 1975	Boulez, Pierre: »Pelléas et Mélisande in Spiegeln«. In: Ders.: *Anhaltspunkte*, übers. von Josef Häusler. Stuttgart/Zürich 1975, S. 17-34.
Bovenschen 1977	Bovenschen, Silvia: »Die aktuelle Hexe, die historische Hexe und der Hexenmythos. Die Hexe: Subjekt der Naturaneignung und Objekt der Naturbeherrschung«. In: Silvia Bovenschen, Gabriele Becker, Helmut Brackert u. a. (Hg.), *Aus der Zeit der Verzweiflung. Zur Genese und Aktualität des Hexenbildes.* Frankfurt am Main 1977, S. 259-312.
Bovenschen 1979	Bovenschen, Silvia: *Die imaginierte Weiblichkeit. Exemplarische Untersuchungen zu kulturgeschichtlichen und literarischen Präsentationsformen des Weiblichen.* Frankfurt am Main 1979.
Braun 1985	Braun, Christina von: *Nicht ich: Logik, Lüge, Libido.* Frankfurt am Main 1985.
Braun 1995	Braun, Christina von: »Antisemitische Stereotype und Sexualphantasien«. In: Jüdisches Museum der Stadt Wien (Hg.), *Die Macht der Bilder. Antisemitische Vorurteile und Mythen.* Wien 1995, S. 180-191.
Braun 1998	Braun, Christina von: *Warum Gender-Studies? Vortrag anläßlich der feierlichen Eröffnung des Studiengangs Gender-Studies, 21. Oktober 1997.* Berlin 1998.
Brehmer u.a. 1983	Brehmer, Ilse; Jacob-Dittrich Juliane; Kleinau, Elke und Kuhn, Annette (Hg.): *Frauen in der Geschichte IV: »Wissen heißt leben...« Beiträge zur Bildungsgeschichte von Frauen im 18. und 19. Jahrhundert.* Düsseldorf 1983.
Brendecke 1999	Brendecke, Arndt: *Die Jahrhundertwenden. Eine Geschichte ihrer Wahrnehmung und Wirkung.* Frankfurt am Main/ New York 1999.
Brinker-Gabler 1978	Brinker-Gabler, Gisela (Hg.): *Zur Psychologie der Frau.* Frankfurt am Main 1978.
Brix und Janik 1993	Brix, Emil und Janik, Allan (Hg.): *Kreatives Milieu. Wien um 1900. Ergebnisse eines Forschungsgespräches der Arbeitsgemeinschaft Wien um 1900.* Wien/München 1993.
Broch 1964	Broch, Hermann: *Hofmannsthal und seine Zeit. Eine Studie.* München 1964.

Brod 1956   Brod, Max: *Leoš Janáček. Leben und Werk*. Wien/Zürich/ London 1956.

Bronfen 1994   Bronfen, Elisabeth: *Nur über ihre Leiche. Tod, Weiblichkeit und Ästhetik*. München 1994.

Bronfen 1996   Bronfen, Elisabeth: »Nachwort«. In: dies. (Hg.), *Die schöne Seele oder Die Entdeckung der Weiblichkeit. Ein Lesebuch*. o. O. (Goldmann TB) 1996, S. 372-416.

Bronfen 1998   Bronfen, Elisabeth: *Das verknotete Subjekt. Hysterie in der Moderne*. Berlin 1998.

Brosi 1992   Brosi, Sibylle: *Der Kuß der Sphinx. Weibliche Gestalten nach griechischem Mythos in Malerei und Graphik des Symbolismus*. Münster/Hamburg 1992.

Brücke-Almanach 2000
     Gerlinger, Hermann, und Guratzsch, Herwig (Hg.): *Frauen in Kunst und Leben der »Brücke«* (= *Brücke-Almanach 2000*). Schloß Gottorf, Schleswig 2000.

Brusatti 1985   Brusatti, Otto: »Traum und Wirklichkeit. Musik in Wien um 1900«. In: *Österreichische Musikzeitschrift* Jg. XL, Heft 5 (1985), S. 218-225.

Brusatti 1998   Brusatti, Otto: *Verklärte Nacht. Einübung in Jahrhundertwenden*. St. Pölten/Wien 1998.

Budde 1998   Budde, Elmar: »›Für Menschenohren sind es Harmonien‹. Die Musik und die Logik des Irrationalen«. In: Otto Kolleritsch (Hg.), *Das gebrochene Glücksversprechen. Zur Dialektik des Harmonischen in der Musik* (= Studien zur Wertungsforschung, Bd. 33). Wien/Graz 1998, S. 56-68.

Buonaventura 1990   Buonaventura, Wendy: *Die Schlange vom Nil. Frauen und Tanz im Orient* (engl. Original: *Serpent of the Nile*, 1989). Hamburg 1990.

Busch-Salmen und Rieger 2000
     Busch-Salmen, Gabriele, und Rieger, Eva (Hg.): *Frauenstimmen, Frauenrollen in der Oper und Frauen-Selbstzeugnisse* (= Beiträge zur Kultur- und Sozialgeschichte der Musik, Bd. 1). Herbolzheim 2000.

Campbell Orr 1995   Campbell Orr, Clarissa (Hg.): *Women in the Victorian art world*. Manchester/New York 1995.

Čapek 1976   Čapek, Karel: »Die Sache Makropulos«. In: Ders.: *Dramen*. Hg. von Manfred Jähnichen, übers. von Gustav Just und Ilse Seehase. Berlin/Weimar 1976, S. 197-285.

Cerha 1979	Cerha, Friedrich: *Arbeitsbericht zur Herstellung des 3. Aktes der Oper LULU von Alban Berg.* Wien 1979.
Chadwick 1986	Chadwick, Whitney: *Les Femmes dans le Mouvement Surréaliste.* Paris 1986.
Citron 1993	Citron, Marcia J: *Gender and the musical canon.* Cambridge 1993.
Clair 1986	Clair, Jean (Hg.): *Vienne 1880-1938. L'Apocalypse joyeuse* (Ausstellungskatalog, Centre Pompidou). Paris 1986.
Clément 1994	Clément, Catherine: *Die Frau in der Oper. Besiegt, verraten und verkauft* (franz. Original: *L'opéra ou la défaite des femmes,* 1979). München 1994.
Cocteau 1948	Cocteau, Jean: *Le Rappel à l'Ordre.* Paris 1948.
Cohen Levinas o. J.	Cohen Levinas, Danielle: »Pour une voix instrumentée«. In: *Silences. Debussy.* Paris, o. J., S. 37-41.
Conrad und Kessel 1998	
	Conrad, Christoph und Kessel, Martina (Hg.): *Kultur & Geschichte. Neue Einblicke in eine alte Beziehung.* Stuttgart 1998.
Cosnier 1994	Cosnier, Colette: *Marie Bashkirtseff. Ich will alles sein: Ein Leben zwischen Aristokratie und Atelier,* übers. von Uli Aumüller. Berlin 1994.
Csampai und Holland 1985	
	Csampai, Attila und Holland, Dietmar (Hg.): *Alban Berg: Lulu. Texte, Materialien, Kommentare.* Reinbek 1985.
Csampai und Holland 1989	
	Csampai, Attila und Holland, Dietmar (Hg.): *Richard Wagner: Lohengrin. Texte, Materialien, Kommentare.* Reinbek 1989.
Csobadi 1993	Csobadi, Peter (Hg.): *Europäische Mythen der Neuzeit: Faust und Don Juan. Gesammelte Vorträge des Salzburger Symposions 1992.* Anif/Salzburg 1993.
Daemmrich 1995	Daemmrich, Horst S. und Daemmrich, Ingrid G: *Themen und Motive in der Literatur. Ein Handbuch.* Tübingen/Basel 1995.
Dahlhaus 1974	Dahlhaus, Carl: *Zwischen Romantik und Moderne. Vier Studien zur Musikgeschichte des späten 19. Jahrhunderts.* München 1974.
Dahlhaus 1987	Dahlhaus, Carl: »Musik in Berlin um 1900«. In: *Neue Zeitschrift für Musik* Jg. CXLVIII (Oktober 1987), S. 4-6.

Dankl 1986   Dankl, Günther: Die »Moderne« in Österreich. Zur Genese und Bestimmung eines Begriffs in der österreichischen Kunst. Wien/Köln/Graz 1986.

Danuser 1977   Danuser, Hermann: »Der Orchestergesang des Fin de siècle. Eine historische und ästhetische Skizze«. In: Die Musikforschung 30 (1977), S. 425-452.

Danuser 1984   Danuser, Hermann: Die Musik des 20. Jahrhunderts (= Neues Handbuch der Musikwissenschaft, hg. von Carl Dahlhaus, Bd. 7). Laaber 1984.

Debussy 1980   Claude Debussy. Lettres 1884-1918, Réunies et présentées par François Lesure. Paris 1980.

Debussy 1982   Debussy, Claude: Monsieur Croche. Sämtliche Schriften und Interviews, hg. von François Lesure, übers. von Josef Häusler. Stuttgart 1982.

Demski 1979   Demski, Eva: »To be Lulu«. In: Programmheft der Oper Frankfurt zur Produktion von Alban Bergs »Lulu« (1979), S. 9-12.

Deppermann 1984   Deppermann, Maria: »Rußland um 1900: Reichtum und Krise einer Epoche im Umbruch«. In: Heinz-Klaus Metzger und Rainer Riehn (Hg.), Aleksandr Skrjabin und die Skrjabinisten II (= Musik-Konzepte, Heft 37/38). München 1984, S. 61-106.

Deutsch 1975   Deutsch, Helene: Selbstkonfrontation. Die Autobiographie der großen Psychoanalytikerin. München 1975.

Die Fackel   Die Fackel, hg. von Karl Kraus, Nr. 1-922 (1899-1936). Unveränderte Neuausgabe in 12 Bänden (Reprint). München/Frankfurt am Main 1968-1976.

Dijkstra 1986   Dijkstra, Bram: Idols of Perversity. Fantasies of Feminine Evil in Fin-de-Siècle Culture. New York/Oxford 1986.

Dijkstra 1999   Dijkstra, Bram: Das Böse ist eine Frau. Männliche Gewaltphantasien und die Angst vor der weiblichen Sexualität (amerikan. Original: Evil Sisters. The Threat of Female Sexuality and the Cult of Manhood, 1996). Reinbek 1999.

Dömling 1990   Dömling, Wolfgang: »Kunstwerk der Zukunft – Gegenwart der Moderne. Über einige Aspekte der französischen Wagner-Rezeption«. In: Peter Petersen (Hg.), Musikkulturgeschichte. Festschrift für Constantin Floros zum 60. Geburtstag. Wiesbaden 1990, S. 315-324.

Dömling und Hirsbrunner 1985
        Dömling, Wolfgang und Hirsbrunner, Theo: *Über Strawinsky. Studien zu Ästhetik und Kompositionstechnik.* Laaber 1985.

Doschka 1996
        Doschka, Roland: *L'Eternel Féminin. From Renoir to Picasso.* München/New York 1996.

Duby und Perrot 1994
        Duby, Georges und Perrot, Michelle (Hg.): *Geschichte der Frauen.* Bd. 4: *19. Jahrhundert,* hg. von Geneviève Fraisse und Michelle Perrot. Frankfurt/New York 1994.

Dümling 1981
        Dümling, Albrecht: *Die fremden Klänge der hängenden Gärten. Die öffentliche Einsamkeit der Neuen Musik am Beispiel von Arnold Schönberg und Stefan George.* München 1981.

Dukas 1902
        P. D. [Paul Dukas]: »Pelléas et Mélisande«. In: *La Chronique des Arts* (10. Mai 1902), S. 148-150.

Duncan 1903
        Duncan, Isadora: *Der Tanz der Zukunft (The Dance Of The Future).* Eine Vorlesung. Übersetzt und eingeleitete von Karl Federn. Leipzig 1903.

Eggebrecht 1996
        Eggebrecht, Hans Heinrich: *Musik im Abendland. Prozesse und Stationen vom Mittelalter bis zur Gegenwart* (1991). München/Zürich 1996.

Eksteins 1990
        Eksteins, Modris: *Tanz über Gräben. Die Geburt der Moderne und der Erste Weltkrieg* (engl. Original: *Rites of Spring. The Great War and the Birth of the Modern Age,* 1989), übers. von Bernhard Schmid. Reinbek 1990.

Erismann 1980
        Erismann, Guy: *Janáček ou La Passion de la Vérité.* Paris 1980.

Eschenburg 1995
        Eschenburg, Barbara (Hg.): *Der Kampf der Geschlechter. Der neue Mythos in der Kunst 1850-1930* (Katalog zur Ausstellung in der Städtischen Galerie im Lenbachhaus München, vom 8. März bis 7. Mai 1995). München/Köln 1995.

Ewans 1981
        Ewans, Michael: *Janáčeks Opern,* übers. von Sebastian Vogt. Stuttgart 1981.

Faure o. J.
        Faure, Michel: »Pelléas: la trahison sociale au château«. In: *Silences. Debussy.* Paris o. J., S. 99-111.

Fauser 1990
        Fauser, Annegret: »Die Musik hinter der Legende. Lili Boulangers Liederzyklus *Clairières dans le Ciel*«. In: *Neue Zeitschrift für Musik* 151 (Nov. 1990), S. 9-14 (Wiederabge-

druckt in: *Vom Schweigen befreit. 3. Internationales Komponistinnen-Festival Kassel 1993: Lili Boulanger*, S. 54-60.).

Fauser 1993   Fauser, Annegret: »Femme fragile – zu Lili Boulangers Opernfragment ›La Princesse Maleine‹«. In: Christel Nies (Katalogredaktion) und Roswitha Aulenkamp-Moeller (Hg.), *Vom Schweigen befreit. 3. Internationale Komponistinnen-Festival 1993: Lili Boulanger.* Kassel 1993, S. 72-76.

Fauser 1997   Fauser, Annegret: »Lili Boulanger's *La princesse Maleine*: A Composer and her Heroine as Literary Icons«. In: *Journal of Royal Musical Association* 122 (1/1997), S. 68-108.

Fend 1987   Fend, Mechthild: *»Femme fatale« und »homme fragile« bei Gustave Moreau.* Univ. Hamburg 1987 (Magisterarbeit, masch. schr.).

Feyl 1994   Feyl, Renate: *Der lautlose Aufbruch. Frauen in der Wissenschaft.* Köln 1994.

Firca 1970   Firca, Clemansa Liliana: »Principes et perspectives de l'architectonique musicale chez Leos Janáček«. In: Rudolf Pečman (Hg.), *Colloquium Leoš Janáček et musica europaea* (= Musikwissenschaftliche Kolloquien der internationalen Musikfestspiele in Brno, Bd. 3). Brno 1970, S. 89-98.

Fischer 1978   Fischer, Jens Malte: *Fin de Siècle. Kommentar zu einer Epoche.* München 1978.

Fischer 1984   Fischer, Jens Malte: »Schrekers Frauengestalten«. In: Reinhard Ermen (Hg.): *Franz Schreker (1878-1934) zum 50. Todestag.* Aachen 1984, S. 43-46.

Fischer 1994   Fischer, Jens Malte: »Kundry, Salome und Melusine. Verführung und Erlösung in der Oper der Jahrhundertwende«. In: Helmut Kreuzer (Hg.), *Don Juan und Femme fatale.* München 1994, S. 143-154.

Fischer 2000   Fischer, Jens Malte: *Jahrhundertdämmerung. Ansichten eines anderen Fin de siècle.* Wien 2000.

Florack 1995   Florack, Ruth: *Wedekinds ›Lulu.‹ Zerrbild der Sinnlichkeit.* Tübingen 1995.

Floros 1985   Floros, Constantin: *Gustav Mahler.* Bd. 3: *Die Symphonien.* Wiesbaden 1985.

Floros 1987   Floros, Constantin: *Gustav Mahler.* Bd. 2: *Mahler und die Symphonik des 19. Jahrhunderts in neuer Deutung.* Wiesbaden 1987.

Floros 1992   Floros, Constantin: *Alban Berg. Musik als Autobiographie.* Wiesbaden 1992.

Floros 2000   Floros, Constantin: *Der Mensch, die Liebe und die Musik.* Zürich/Hamburg 2000.

Fontaine 1998   Fontaine, Susanne: *Busonis »Doktor Faust« und die Ästhetik des Wunderbaren.* Kassel 1998.

Forchert 1975   Forchert, Arno: »Zur Auflösung traditioneller Formkategorien in der Musik um 1900«. In: *Archiv für Musikwissenschaft* Jg. 32, Heft 2 (1975), S. 85-98.

Fouqué 1992   Fouqué, Friedrich de la Motte: *Sämtliche Romane und Novellenbücher,* hg. von Wolfgang Möhrig. Bd. 2: *Der Todesbund, Undine.* Hildesheim/Zürich/New York 1992.

Fox Keller 1998   Fox Keller, Evelyn: *Liebe, Macht und Erkenntnis. Männliche oder weibliche Wissenschaft?* (Amerik. Original: *Reflections on Gender and Science,* 1985, dt. Erstausgabe 1986). Frankfurt am Main 1998.

Frank 1989   Frank, Manfred: *Kaltes Herz. Unendliche Fahrt. Neue Mythologie. Motiv-Untersuchungen zur Pathogenese der Moderne.* Frankfurt am Main 1989.

Frank 1995   Frank, Manfred: *Die unendliche Fahrt. Die Geschichte des Fliegenden Holländers und verwandter Motive.* Leipzig 1995.

Frenzel 1988   Frenzel, Elisabeth: *Motive der Weltliteratur. Ein Lexikon dichtungsgeschichtlicher Längsschnitte.* Stuttgart 1988.

Freud GW   Freud, Sigmund: *Gesammelte Werke.* Hg. von Edward Bibring, Anna Freud, Ernst Kris und Marie Bonaparte. Frankfurt am Main 1940.

Frevert 1995   Frevert, Ute: »*Mann und Weib, und Weib und Mann«: Geschlechter-Differenzen in der Moderne.* München 1995.

Fuchs 1907   Fuchs, Eduard: *Die Frau in der Karikatur.* München 1907.

Gall 1999   Gall, Lothar (Hg.): *Das Jahrtausend im Spiegel der Jahrhundertwenden.* Berlin 1999.

Ganz 1988   Ganz, Arthur: »Transformations of the Child Temptress. Mélisande, Salomé, Lulu«. In: *Opera Quarterly* Vol. V/4 (1988), S. 12-20.

Gay 1986   Gay, Peter: *Erziehung der Sinne. Sexualität im bürgerlichen Zeitalter* (engl. Original: *The Bourgeois Experience. Victoria to Freud. Vo. I Education of Senses,* 1984), übers. von Holger Fließbach. München 1986.

Gay 1997   Gay, Peter: *Die Macht des Herzens. Das 19. Jahrhundert und die Erforschung des Ich* (engl. Original: *The Bourgeois*

	Experience. Victoria to Freud. Vo. IV The Naked Heart, 1995), übers. von Ulrich Enderwitz. München 1997.
Gay 1999	Gay, Peter: *Bürger und Boheme. Kunstkriege des 19. Jahrhunderts* (engl. Original: *The Bourgeois Experience. Victoria to Freud. Vo. V Pleasure wars*, 1998), übers. von Ulrich Enderwitz, Monika Noll und Rolf Schubert. München 1999.
Gebhard 1984	Gebhard, Walter: *»Der Zusammenhang der Dinge«. Weltgleichnis und Naturverklärung im Totalitätsbewußtsein des 19. Jahrhunderts*. Tübingen 1984.
Gerhardus 1977	Gerhardus, Maly und Gerhardus, Dietfried: *Symbolismus und Jugendstil. Krisenbewußtsein, Verfeinerung sinnlichen Handelns und die Erneuerung des Lebens in Schönheit*. Freiburg/Basel/Wien 1977.
Gerlach 1970	Gerlach, Reinhard: »Les quartuors à cordes de Leoš Janáček«. In: Rudolf Pečman (Hg.), *Colloquium Leoš Janáček et musica europaea*. Brno 1970, S. 181-197.
Gerlach 1985	Gerlach, Reinhard: *Musik und Jugendstil der Wiener Schule 1900-1908*. Laaber 1985.
Giesing 1984	Giesing, Michaela: *Ibsens Nora und die wahre Emanzipation der Frau. Zum Frauenbild im wilhelminischen Theater*. Frankfurt am Main 1984.
Gilbert und Gubar 1979	
	Gilbert, Sandra M. und Gubar, Susan: *The madwoman in the Attic. The Woman Writer and the Nineteenth-Century Literary Imagination*. New Haven/London 1979.
Gilman 1985	Gilman, Sander L.: »Male Stereotypes of Female Sexuality in Fin-de-Siècle Vienna«. In: Ders. (Hg.), *Difference and Pathology: Stereotypes of Sexuality, Race and Madness*. Ithaca 1985, S. 39-58.
Gilman 1998	Gilman, Sander L.: *Love + Marriage = Death. And Other Essays on Representing Difference*. Stanford 1998.
Glanz 1999	Glanz, Christian (Hg.): *Wien 1897. Kulturgeschichtliches Profil eines Epochenjahres* (= *Musikleben. Studien zur Musikgeschichte Österreichs*, Bd. 8). Frankfurt am Main u. a. 1999.
Glasersfeld 1992	Glasersfeld, Ernst von: »Das Ende einer großen Illusion«. In: Hans Rudi Fischer, Arnold Retzer und Jochen Schweitzer (Hg.), *Das Ende der großen Entwürfe*. Frankfurt am Main 1992, S. 85-98.

Goethe HA	*Goethes Werke*, Hamburger Ausgabe in 14 Bänden, textkritisch durchgesehen u. m. Anm. versehen von Erich Trunz. München 1993.
Gojowy 2000	Gojowy, Detlev: *Leoš Janáček in Zeugnissen und Erinnerungen*. Chemnitz 2000.
Gombrich 1978	Gombrich, Ernst Hans: *Kunst und Illusion. Zur Psychologie der bildlichen Darstellung*. Stuttgart 1978.
Gombrich 1982	Gombrich, Ernst Hans: *Ornament und Kunst. Schmucktrieb und Ordnungssinn in der Psychologie des dekorativen Schaffens*. Stuttgart 1982.
Gombrich 1983	Gombrich, Ernst Hans: *Die Krise der Kulturgeschichte. Gedanken zum Wertproblem in den Geisteswissenschaften* (engl. Original: *Ideals and Idols*, 1979), übers. von Lisbeth Gombrich. Stuttgart 1983.
Gombrich 1984	Gombrich, Ernst Hans: *Bild und Auge. Neue Studien zur Psychologie der bildlichen Darstellung*. Stuttgart 1984.
Goubault 1990	Goubault, Christian: »La Solitude singulière de *Pelléas*«. In: *Littérature et nation* No. 2 (6/1990), S. 81-96.
Gratzer 1993	Gratzer, Wolfgang: *Zur »wunderlichen Mystik« Alban Bergs. Eine Studie*. Wien/Köln/Weimar 1993.
Grim 1989	Grim, William E: »Das Ewig-weibliche zieht uns zurück: Berg's *Lulu* As Anti-Faust«. In: *The Opera Journal* 22 (1989), S. 21-28.
Grote 1996	Grote, Katja: *Der Tod in der Literatur der Jahrhundertwende. Der Wandel der Todesthematik in den Werken Arthur Schnitzlers, Thomas Manns und Rainer Maria Rilkes*. Frankfurt am Main 1996.
Gruhn 1988	Gruhn, Wilfried: »Kandinsky und Schönberg. Harmonie und Konflikt als Ausdruck der Stilwende um 1910«. In: *Polyaisthesis* Jg. 3 (1988), S. 34-46.
Gülke 1973	Gülke, Peter. »Protokolle des schöpferischen Prozesses. Zur Musik von Leoš Janáček« (2 Teile). In: *Neue Zeitschrift für Musik* Jg. CXXXIV, 7 und 8 (1973), S. 407-412 und 498-503.
Gülke 1995	Gülke, Peter: »Zemlinskys ›Seejungfrau‹«. In: Hartmut Krones (Hg.), *Alexander Zemlinsky. Ästhetik, Stil und Umfeld*. Wien/Köln/Weimar 1995, S. 57-65.
Guthke 1997	Guthke, Karl S: *Ist der Tod eine Frau? Geschlecht und Tod in Kunst und Literatur*. München 1997.
Gutzkow 1905	Gutzkow, Karl: *Wally, die Zweiflerin* (1835). Jena 1905.

Haftmann 1980   Haftmann, Werner: *Der Mensch und seine Bilder. Aufsätze und Reden zur Kunst des 20. Jahrhunderts.* Köln 1980.

Hahn 1994   Hahn, Barbara (Hg.): *Frauen in den Kulturwissenschaften. Von Lou Andreas-Salomé bis Hannah Arendt.* München 1994.

Hajek 1971   Hajek, Edelgard: *Literarischer Jugendstil. Vergleichende Studien zur Dichtung und Malerei um 1900.* Düsseldorf 1971.

Halbreich 1999   Halbreich, Harry: »>Des rêves, rien que des rêves!< Les femmes dans la vie et l'œuvre de Janáček«. In: *L'Avant Scène Opéra: Janáček, L'Affaire Makropoulos* No. 188 (1999), S. 68-77.

Hall 1996   Hall, Patricia: *A view of Berg's* Lulu *through the autograph sources.* Berkeley/Los Angeles/London 1996.

Hanák 1993   Hanák, Péter: »Social Marginality and Cultural Creativity in Vienna and Budapest (1890-1914)«. In: Emil Brix und Allan Janik (Hg.), *Kreatives Milieu. Wien um 1900. Ergebnisse eines Forschungsgespräches der Arbeitsgemeinschaft Wien um 1900.* Wien/München 1993, S. 128-161.

Handschin 1957   *Gedenkschrift Jacques Handschin: Aufsätze und Bibliographie,* Hg. von der Ortsgruppe Basel der Schweizerischen Musikforschenden Gesellschaft, zusammengestellt von Hans Oesch. Bern 1957.

Harders-Wuthenow 1998
                Harders-Wuthenow, Frank: »Ferne Klänge aus dem hetärischen Zeitalter. Der nichtwahrgenommene Antifeminismus der Philosophie der Neuen Musik«. In: Annette Kreutziger-Herr (Hg.), *Das Andere. Eine Spurensuche in der Musikgeschichte des 19. und 20. Jahrhunderts* (= Hamburger Jahrbuch für Musikwissenschaft, Bd. 15). Frankfurt am Main 1998, S. 75-92.

Hart Nibbrig 1989   Hart Nibbrig, Christiaan L.: *Ästhetik der letzten Dinge.* Frankfurt am Main 1989.

Hartman 1988   Hartman, Elwood: *French literary Wagnerism.* New York/London 1988.

Hausen 1983   Hausen, Karin (Hg.): *Frauen suchen ihre Geschichte. Historische Studien zum 19. und 20. Jahrhundert.* München 1983.

Hausen 1998   Hausen, Karin: »Die Nicht-Einheit der Geschichte als historiographische Herausforderung. Zur historischen Relevanz und Anstößigkeit der Geschlechtergeschichte«. In:

	Hans Medick und Anne-Charlott Trepp (Hg.), *Geschlechtergeschichte und Allgemeine Geschichte. Herausforderungen und Perspektiven*. Göttingen 1998, S. 15-55.
Heinich 1997	Heinich, Nathalie: *Das »zarte« Geschlecht. Frauenbilder in der abendländischen Literatur* (franz. Original: *États de femme. L'identité féminine dans la fiction occidentale*, 1996), übers. von Eva Moldenhauer. Düsseldorf/Zürich 1997.
Hentschel 1994	Hentschel, Frank: »Das ›Ewig-Weibliche‹ – Liszt, Mahler und das bürgerliche Frauenbild«. In: *Archiv für Musikwissenschaft* Jg. LI, Heft 4 (1994), S. 274-293.
Hermand 1965	Hermand, Jost: *Jugendstil. Ein Forschungsbericht*. Stuttgart 1965.
Hermand 1972	Hermand, Jost: »Undinen-Zauber. Zum Frauenbild des Jugendstils«. In: Ders.: *Der Schein des schönen Lebens. Studien zur Jahrhundertwende*. Frankfurt am Main 1972, S. 147-179.
Herre 1998	Herre, Franz: *Jahrhundertwende 1900: Untergangsstimmung und Fortschrittsglauben*. Stuttgart 1998.
Hertz 1987	Hertz, David Michael: *The Tuning of the Word. The Musico-Literary Poetics of the Symbolist Movement*. Carbondale/Edwardsville 1987.
Heyse 1897	Heyse, Paul: *Novellen in Versen II*. In: Ders.: *Gesammelte Werke*, Dritter Band. Berlin 1897.
Hilmar 1988	Hilmar, Rosemary: »Das Edelweiß und der Schmetterling. Alban Bergs Briefe an seine Frau im neuen Licht. Versuch eines Psychogramms«. In: *Musikerziehung* 41, Nr. 3 (1988), S. 108-122.
Hilmes 1990	Hilmes, Carola: *Die Femme fatale: ein Weiblichkeitstypus in der nachromantischen Literatur*. Stuttgart 1990.
Hinterhäuser 1976	Hinterhäuser, Hans (Hg.): *Jahrhundertende – Jahrhundertwende (II. Teil)* (= Neues Handbuch der Literaturwissenschaft Bd. 19, hg. von Klaus von See). Wiesbaden 1976.
Hinterhäuser 1977	Hinterhäuser, Hans: *Fin de Siècle. Gestalten und Mythen*. München 1977.
Hirsbrunner 1981	Hirsbrunner, Theo: *Debussy und seine Zeit*. Laaber 1981.
Hirsbrunner 1982	Hirsbrunner, Theo: *Igor Strawinsky in Paris*. Laaber 1982.
Hirsbrunner 1983	Hirsbrunner, Theo: »Absolut-musikalische und musik-dramatische Aspekte in Janáčeks erstem Streichquartett«. In: Rudolf Pečman (Hg.), *Colloquium Leoš Janáček ac tempora nostra*. Brno 1983, S. 273-277.

Hirsbrunner 1989   Hirsbrunner, Theo: »Russisches Erbe in Paris. Einige Querverbindungen in der Musik um 1900«. In: *Neue Zeitschrift für Musik*, 150. Jg. (Juni 1989), S. 9-12.

Hoare 1997   Hoare, Philip: »Symbols of decay«. In: *Tate. The Art Magazine* 13 (Winter 1997), S. 22-29.

Hoffmann 1991   Hoffmann, Freia: *Instrument und Körper. Die musizierende Frau in der bürgerlichen Kultur*. Frankfurt am Main 1991.

Hofmann 1960   Hofmann, Werner: *Das Irdische Paradies. Kunst im neunzehnten Jahrhundert*. München 1960.

Hofmann 1970a   Hofmann, Werner: *Gustav Klimt und die Wiener Jahrhundertwende*. Salzburg 1970.

Hofmann 1970b   Hofmann, Werner: *Von der Nachahmung zur Erfindung der Wirklichkeit. Die schöpferische Befreiung der Kunst 1890-1917*. Köln 1970.

Hofmann 1979   Hofmann, Werner: *Bruchlinien. Aufsätze zur Kunst des 19. Jahrhunderts*. München 1979.

Hofmann 1981   Hofmann, Werner (Hg.): *Experiment Weltuntergang. Wien um 1900* (Katalog zur Ausstellung in der Hamburger Kunsthalle, 10. April bis 31. Mai 1981). München 1981.

Hofmann 1986   Hofmann, Werner (Hg.): *Eva und die Zukunft. Das Bild der Frau seit der Französischen Revolution.* (Katalog zur Ausstellung in der Hamburger Kunsthalle, 11. Juli bis 14. September 1986). München 1986.

Hofmann 1995   Hofmann, Werner: *Das entzweite Jahrhundert. Kunst zwischen 1750 und 1830*. München 1995.

Hofmannsthal GW   Hofmannsthal, Hugo von: *Gesammelte Werke in Einzelausgaben*, hg. von Herbert Steinert. Frankfurt am Main 1945-1968.

Holland 1979   Holland, Dietmar: »Kompositionsbegriff und Motivtechnik in Janáčeks Streichquartetten«. In: Heinz-Klaus Metzger und Rainer Riehn (Hg.), *Leoš Janáček* (= Musik-Konzepte 7). München 1979, S. 67-74.

Hollander 1962   Hollander, Hans: »Leoš Janáček und das Streichquartett«. In: *Österreichische Musikzeitschrift* 17. Jg. (1962), S. 130-133.

Hollander 1964   Hollander, Hans: *Leoš Janáček. Leben und Werk*. Zürich 1964.

Hollander 1967   Hollander, Hans: *Die Musik in der Kulturgeschichte des 19. und 20. Jahrhunderts*. Köln 1967.

Hollander 1969   Hollander, Hans: »Der Natur-Impressionismus in Janá-
                     čeks Musik«. In: *Schweizerische Musikzeitung* (März/
                     April 1969), S. 61-64.

Holubová 1983   Holubová, Eliška: »Kompositionstechnische und musik-
                     dramatische Aspekte der Schlußszenen in den Opern
                     Janáčeks«. In: Rudolf Pečman (Hg.), *Colloquium Leoš
                     Janáček ac tempora nostra*. Brno 1983, S. 209-214.

Honegger 1996   Honegger, Claudia: *Die Ordnung der Geschlechter. Die
                     Wissenschaften vom Menschen und das Weib 1750-1850*
                     (1991). München 1996.

Honolka 1982   Honolka, Kurt: *Leoš Janáček. Sein Leben, sein Werk, seine
                     Zeit*. Stuttgart/Zürich 1982.

Horkheimer und Adorno 1988
                     Horkheimer, Max und Adorno, Theodor W: *Dialektik
                     der Aufklärung. Philosophische Fragmente* (1944). Frank-
                     furt am Main 1988.

Hüneke 1991   Hüneke, Andreas (Hg.): *Der blaue Reiter. Dokumente ei-
                     ner geistigen Bewegung*. Leipzig 1991.

Hugo 1972   Hugo, Victor: *Poésie*, hg. von Bernard Leuilliot, Bd. 3:
                     *Posthumes: Poèmes de jeunesse, Nouveaux Châtiments, les
                     Années funestes, la Fin de Satan, Dieu, Toute la Lyre, Derni-
                     ère Gerbe, Océan*. Paris 1972.

Huysmans 1972   Huysmans, Joris-Karl: *Là-Bas* [1891]. Genève 1972.

Huysmans 1992   Huysmans, Joris-Karl: *Gegen den Strich* (franz. Original:
                     À Rebours, 1884), übers. von Walter Münz und Myriam
                     Münz. Stuttgart 1992.

Jameux 1981   Jameux, Dominique: »Form und Erzählung in Alban
                     Bergs Oper *Lulu*«. In: Franz Grasberger und Rudolf Ste-
                     phan (Hg.), *Alban Berg Studien*, Bd. 2. Wien 1981, S. 40-
                     45.

Janáček 1955   *Leoš Janáček in Briefen und Erinnerungen*, hg. von Bo-
                     humír Štědron, übers. von Ilse Schwarz-Turnovsky. Prag
                     1955.

Janáček 1959   Janáček, Leoš: *Feuilletons aus den »Lidové Noviny«*, hg.
                     von Jan Racek und Leo Spies, übers. von Charlotte
                     Mahler. Leipzig 1959.

Janáček 1979a   Janáček, Leoš: *Musik des Lebens. Skizzen, Feuilletons,
                     Studien*, hg. von Theodora Straková, übers. von Jan
                     Gruna. Leipzig 1979.

Janáček 1979b   Janáček, Leoš: »Sprechmelodien«. In: Heinz-Klaus Metz-
                       ger und Rainer Riehn (Hg.), *Leoš Janáček* (= Musik-Kon-
                       zepte 7). München 1979, S. 42-66.
Janáček 1988   Janáček, Leoš: *Briefe an die Universal Edition*, hg. von
                       Ernst Hilmar. Tutzing 1988.
Jankélévitch 1949   Jankélévitch, Vladimir: *Debussy et le mystère*. Neuchâtel
                       1949.
Jankélévitch 1966   Jankélévitch, Vladimir: *La Mort*. Paris 1966.
Jankélévitch 1983   Jankélévitch, Vladimir: *La musique et l'ineffable* (1961).
                       Paris 1983.
Jasper 1998   Jasper, Willi: *Faust und die Deutschen*. Berlin 1998.
Jaspers 1952   Jaspers, Karl: *Über das Tragische*. München 1952.
Jeschke, Berger und Zeidler 1997
                       Jeschke, Claudia; Berger, Ursel und Zeidler, Birgit (Hg.):
                       Spiegelungen. Die Ballets Russes und die Künste. Berlin
                       1997.
Jung 1971   Jung, C[arl] G[ustav]: »Über die Archetypen des kollekti-
                       ven Unbewußten« (1934). In: *Bewußtes und Unbewußtes.
                       Beiträge zur Psychologie*. Hg. und mit einem Vorwort von
                       E. Böhler. Frankfurt am Main 1971.
Jung-Kaiser 2000   Jung-Kaiser, Ute (Hg.): ...»*das poetischste Thema der
                       Welt*«? *Der Tod einer schönen Frau in Musik, Literatur,
                       Kunst, Religion und Tanz. 1. Interdisziplinäres Symposion
                       der Hochschule für Musik und Darstellende Kunst Frankfurt
                       1999*. Bern u. a. 2000.
Kafka 1976   Kafka, Franz: *Gesammelte Werke*, hg. von Max Brod.
                       Bd. 6: *Hochzeitsvorbereitungen auf dem Lande und andere
                       Prosa aus dem Nachlaß*. Frankfurt am Main 1976.
Kahn 1982   Kahn, Laurence: »La mort à visage de femme«. In: Ghe-
                       rardo Gnoli und Jean-Pierre Vernant (Hg.), *La mort, les
                       morts dans les sociétés anciennes*. Cambridge 1982, S. 133-
                       142.
Kaiser 1995   Kaiser, Gert: *Der Tod und die schönen Frauen. Ein elemen-
                       tares Motiv der europäischen Kultur*. Frankfurt/New York
                       1995.
Kaiser 1997   Kaiser, Gert. »Gleichverteilung der Geschlechter. Karl S.
                       Guthke betrachtet den Tod lieber als Frau«. In: *Frankfur-
                       ter Rundschau* Nr. 280 (2. Dezember 1997).
Kalcher 1980   Kalcher, Joachim: *Perspektiven des Lebens in der Dramatik
                       um 1900* (= Kölner Germanistische Studien, Bd. 14).
                       Köln/Wien 1980.

Kamper und Wulf 1992
    Kamper, Dietmar und Wulf, Christoph (Hg.): *Schweigen. Unterbrechung und Grenze der menschlichen Wirklichkeit.* Berlin 1992.

Karbusicky 1983
    Karbusicky, Vladimir: »Intertextualität in der Musik«. In: Wolf Schmid und Wolf-Dieter Stempel (Hg.), *Dialog der Texte. Hamburger Kolloquium zur Intertextualität.* Wien 1983, S. 361-398.

Karbusicky 1986
    Karbusicky, Vladimir: *Grundriß der musikalischen Semantik.* Darmstadt 1986.

Karbusicky 1992/93
    Karbusicky, Vladimir: *Geschichte der Tschechischen Oper (Anhand ausgewählter Beispiele), Bd. I: Von den Anfängen bis zu Dvořáks ›Rusalka‹ (Die Zeit der Prager ›Sezession‹).* Hamburg 1992/93 (masch.schr. Dokumentation der Vorlesungstexte WS 1992/93).

Karbusicky 1995
    Karbusicky, Vladimir: *Wie deutsch ist das Abendland? Geschichtliches Sendungsbewußtsein im Spiegel der Musik.* Hamburg 1995.

Keil 1995
    Keil, Werner (Hg.): *1900 – Musik zur Jahrhundertwende* (= Hildesheimer Musikwissenschaftliche Arbeiten, Bd. 1). Hildesheim/Zürich/New York 1995.

Kerman 1990
    Kerman, Joseph (Hg.): *Music at the Turn of Century.* Berkeley/Los Angeles/Oxford 1990.

Keyserling 1983
    Keyserling, Eduard von: *Fürstinnen* [1917]. Frankfurt am Main 1983.

Kienzle 1992
    Kienzle, Ulrike: *Das Weltüberwindungswerk. Wagners »Parsifal«.* Laaber 1992.

Klüger 1996
    Klüger, Ruth: *Frauen lesen anders.* München 1996.

Kneif 1971
    Kneif, Tibor: »Die Idee der Natur in der Musikgeschichte«. In: *Archiv für Musikwissenschaft* (1971), S. 302-314.

Kneif 1974
    Kneif, Tibor: *Die Bühnenwerke von Leoš Janáček.* Wien 1974.

Kobán 1997
    Kobán, Ilse (Hg.): *»Das schlaue Füchslein« von Leoš Janáček. »Und doch ist in der Musik nur eine Wahrheit«. Zu Walter Felsensteins Inszenierung an der Komischen Oper Berlin (1956)* (= Salzburger Akademische Beiträge, Bd. 33). Salzburg 1997.

Koch 1995
    Koch, Marion: *Salomes Schleier. Eine andere Kulturgeschichte des Tanzes.* Hamburg 1995.

Kofman 1980	Kofman, Sarah: *L'énigme de la femme. La femme dans les textes de Freud*. Paris 1980.
Konold 1992	Konold, Wulf: »›Natur‹ in der Oper«. In: Udo Bermbach und Wulf Konold (Hg.), *Gesungene Welten. Aspekte der Oper*. Berlin/Hamburg 1992, S. 223-246.
Krafft-Ebing 1877	Krafft-Ebing, Richard von: »Über gewisse Anomalien des Geschlechtstriebes und die klinisch-forensische Verwertung derselben als eines wahrscheinlich functionellen Degenerationszeichens des centralen Nervensystems«. In: *Archiv für Psychiatrie und Nervenkrankheiten* 7 (1877), S. 305-312.
Krafft-Ebing 1924	Krafft-Ebing, Richard von: *Psychopathia sexualis. Mit besonderer Berücksichtigung der konträren Sexualempfindung. Eine medizinisch-gerichtliche Studie für Ärzte und Juristen* [1886]. Stuttgart 1924.
Kramer 1990a	Kramer, Lawrence: »Culture and musical hermeneutics: The Salome complex«. In: *Cambridge Opera Journal* 2, No. 3 (1990), S. 269-294.
Kramer 1990b	Kramer, Lawrence: »Musical Form and Fin-de-Siècle Sexuality«. In: Ders.: *Music as Cultural Practice, 1800-1900*. Berkeley/Los Angeles/London 1990.
Kramer 1993	Kramer, Lawrence: »*Fin-de-siècle* fantasies: *Elektra*, degeneration and sexual science«. In: *Cambridge Opera Journal* 5, No. 2 (1993), S. 141-165.
Kramer 1995	Kramer, Lawrence: *Classical Music and Postmodern Knowledge*. Berkeley/Los Angeles/London 1995.
Krause 1963	Krause, Ernst. *Richard Strauss. Der letzte Romantiker*. Leipzig 1963 (Reprint: München 1979).
Krebs 1991	Krebs, Wolfgang: *Der Wille zum Rausch. Aspekte der musikalischen Dramaturgie von Richard Strauss' Salome*. München 1991.
Krenek 1958	Krenek, Ernst: »Alban Bergs ›Lulu‹« (1937). In: Ders.: *Zur Sprache gebracht. Essays über Musik*. München 1958, S. 241-250.
Krenek 1977	Krenek, Ernst: *Über neue Musik. Sechs Vorlesungen zur Einführung in die theoretischen Grundlagen* [1937]. Darmstadt 1977.
Kropfinger 1998	Kropfinger, Klaus: »Rezeptionsforschung«. In: Ludwig Finscher (Hg.), *Musik in Geschichte und Gegenwart*, Sachteil, Bd. 8. Kassel/Stuttgart 1998, Sp. 200-224.

Kundera 1994	Kundera, Milan: *Verratene Vermächtnisse*, übers. von Susanna Roth. München/Wien 1994.
Kundera 1998	Kundera, Milan: *Die Unsterblichkeit* (tschech. Original: *Nesmrtlnost,* 1990), übers. von Susanna Roth. Frankfurt am Main 1998.
Kunze 1984	Kunze, Stefan: »Der Sprechgesang und das Unsagbare. Bemerkungen zu ›Pelléas et Mélisande‹ von Debussy«. In: Werner Breig, Reinhold Brinkmann und Elmar Budde (Hg.), *Analysen. Beiträge zu einer Problemgeschichte des Komponierens. Festschrift für Hans Heinrich Eggebrecht zum 65. Geburtstag.* Wiesbaden/Stuttgart 1984, S. 338-360.
Kunze 1992	Kunze, Stefan: »Bösewichter, Außenseiter und Gescheiterte in der Oper«. In: Udo Bermbach und Wulf Konold (Hg.), *Gesungene Welten. Aspekte der Oper.* Berlin/Hamburg 1992, S. 209-222.
Kurz 1925	Kurz, Isolde: »Mann und Weib« [1903]. In: Dies., *Gesammelte Werke*, Bd. 4. München 1925, S. 391-409.
La Mara 1902	La Mara [alias Marie Lipsius]: *Musikalische Studienköpfe. Fünfter Band: Die Frauen im Tonleben der Gegenwart.* Leipzig o. J. [1902].
Lange 1984	Lange, Wolf-Dieter: »Totalitätsträume. Zu Richard Wagner und seinen ästhetischen Folgen«. In: Michael Rössner und Birgit Wagner (Hg.): *Aufstieg und Krise der Vernunft. Komparatistische Studien zur Literatur der Aufklärung und des Fin-de-Siècle* (= Festschrift Hans Hinterhäuser zum 65. Geburtstag). Wien/Köln/Graz 1984, S. 231-239.
Larrington 1997	Larrington, Carolyne (Hg.): *Die mythische Frau. Ein kritischer Leitfaden durch die Überlieferungen*, dt. Ausgabe hg. von Charlotte Zwiauer, übers. von Niteen Gupte. Wien 1997.
Lautmann 1983	Lautmann, Rüdiger: »Ein Pandämonium der Erotik? Zur Soziologie der Geschlechter und Sexualitäten in den ›Lulu‹-Dramen«. In: *Programmheft des Bremer Theaters zur Produktion von Alban Bergs »Lulu«* (20. Februar 1983), S. 67-77.
Le Rider 1985	Le Rider, Jacques: *Der Fall Otto Weininger. Wurzeln des Antifeminismus und Antisemitismus.* Wien/München 1985.

Le Rider 1990   Le Rider, Jacques: *Das Ende der Illusion. Die Wiener Moderne und die Krisen der Identität*, übers. von Robert Fleck. Wien 1990.

Leitner 1991   Leitner, Thea: *Fürstin, Dame, Armes Weib. Ungewöhnliche Frauen im Wien der Jahrhundertwende*. Wien 1991.

Lesure 1980   Lesure, François (Hg.): *Igor Stravinsky, Le Sacre du Printemps. Dossier de Presse/Press-Book* (= Anthologie de la Critique musicale, Bd. 1). Genf 1980.

List 1994   List, Elisabeth: »Theorieproduktion und Geschlechterpolitik. Prolegomena zu einer feministischen Theorie der Wissenschaft«. In: Herta Nagl-Docekal (Hg.), *Feministische Philosophie*. Wien/München 1994, S. 158-183.

Liszt 1989   Liszt, Franz: *Sämliche Schriften*, Bd. 5: *Dramaturgische Blätter*, hg. von Dorothea Redepenning und Britta Schilling. Wiesbaden 1989.

Lo 1996   Lo, Kii-Ming: »*Turandot« auf der Opernbühne* (= Perspektiven der Opernforschung, Bd. 2). Frankfurt am Main 1996.

Lochhead 1997   Lochhead, Judy: »Lulu's feminine performance«. In: Anthony Pople (Hg.), *The Cambridge Companion to Berg*. Cambridge 1997, S. 227-244.

Loraux 1993   Loraux, Nicole: *Tragische Weisen, eine Frau zu töten*, übers. von Eva Moldenhauer. Frankfurt am Main/New York/Paris 1993.

Macek 1986   Macek, Petr (Hg.): *Colloquium: An der Epochen- und Stilwende. Brno 1985, Music in metamorphoses of Aesthetic categories. Brno 1986* (= Musikwissenschaftliche Kolloquien der Internationalen Musikfestspiele in Brno, Bd. 20), Brno 1986.

Macho 1987   Macho, Thomas H.: *Todesmetaphern. Zur Logik der Grenzerfahrung*. Frankfurt am Main 1987.

Maeterlinck 1955   Maeterlinck, Maurice: *Pages choisies*. Paris 1955.

Maeterlinck 1983   Maeterlinck, Maurice: *Serres chaudes, Quinze Chansons, La Princesse Maleine*, hg. von Paul Gorceix. Paris 1983.

Mahler-Werfel 1997 Mahler-Werfel, Alma: *Tagebuch-Suiten 1898-1902*, hg. von Antony Beaumont und Susanne Rode-Breymann. Frankfurt am Main 1997.

Mahler/Strauss 1980

     Mahler, Gustav und Strauss, Richard: *Briefwechsel 1888-1911*, hg. und mit einem musikhistorischen Essay versehen von Herta Blaukopf. München/Zürich 1980.

Mann 1978	Mann, Thomas: *Ausgewählte Essays in drei Bänden.* Bd. 3: *Schriften über Musik und Philosophie*, ausgewählt, eingeleitet und erläutert von Hermann Kurzke. Frankfurt am Main 1978.
Martens 1898	Martens, Kurt: *Roman aus der Décadence.* Berlin 1898.
Massow 1992	Massow, Albrecht von: *Halbwelt, Kultur und Natur in Alban Bergs »Lulu«.* Stuttgart 1992.
Matt 1994	Matt, Peter von: *Liebesverrat. Die Treulosen in der Literatur* (1989). München 1994.
Mauclair 1921	Mauclair, Camille: »La Vie et l'Œuvre de Lili Boulanger«. In: *La Revue Musicale*, 2. Jg. Heft 10 (1921), S. 147-155.
Mauclair 1928	Mauclair, Camille: »La Musique de Silence«. In: Ders.: *La Religion de la Musique.* Paris 1928, S. 71-73.
Maurer Zenck 1988	Maurer Zenck, Claudia: »Lulu, die Sphinx, und der Traum vom Tropenvogel«. In: Constantin Floros, Hans Joachim Marx und Peter Petersen (Hg.), *Musiktheater im 20. Jahrhundert* (= Hamburger Jahrbuch der Musikwissenschaft, Bd. 10). Laaber 1988, S. 77-111.
Maurer Zenck 1990	Maurer Zenck, Claudia: »*Pelléas et Mélisande.* Maeterlincks Drama und Debussys Oper. Eine Studie über das fin-de-siècle«. In: Peter Petersen (Hg.), *Musikkulturgeschichte. Festschrift für Constantin Floros zum 60. Geburtstag.* Wiesbaden 1990, S. 261-303.
Max 1991	Max, Frank Rainer (Hg.): *Undinenzauber. Geschichten und Gedichte von Nixen, Nymphen und anderen Wasserfrauen.* Stuttgart 1991.
Mayer 1981	Mayer, Hans: *Außenseiter.* Frankfurt am Main 1981.
McClary 1991	McClary, Susan: *Feminine Endings. Music, Gender, and Sexuality.* Minnesota/London 1991.
Medick und Trepp 1998	Medick, Hans und Trepp, Anne-Charlott: *Geschlechtergeschichte und Allgemeine Geschichte. Herausforderung und Perspektiven.* Göttingen 1998.
Meier 1990	Meier, Andreas: *Faustlibretti. Geschichte des Fauststoffs auf der europäischen Musikbühne nebst einer lexikalischen Bibliographie der Faustvertonungen.* Frankfurt am Main 1990.
Messmer 1989	Messmer, Franzpeter (Hg.): *Kritiken zu den Uraufführungen der Bühnenwerke von Richard Strauss.* Pfaffenhofen 1989.

Meyer 1993   Meyer, Theo: *Nietzsche und die Kunst*. Tübingen/Basel 1993.

Möbius 1902   Möbius, Paul J.: *Ueber den physiologischen Schwachsinn des Weibes* [1900]. München 1902.

Moon 1984   Moon, Geoffrey N. (Hg.): *Art Noveau And Jugendstil. The Music Of The Early 20th Century* (= Miscellanea Musicologica. Adelaide Studies in Musicology, Vol. 13). Adelaide 1984.

Morché 1995   Morché, Pascal: »Laßt mich schlafen! Schlaf und Traum in Werk und Leben Richard Wagners«. In: *Die Zeit* Nr. 31 (28. Juli 1995), S. 39.

Morgenstern 1995   Morgenstern, Soma: *Alban Berg und seine Idole. Erinnerungen und Briefe*, hg. von Ingolf Schulte. Lüneburg 1995.

Mosler 1993   Mosler, Kathrin (Red.): *Lili Boulanger zum 100. Geburtstag. Bremer Lili Boulanger-Tage 1993*. Bremen 1993.

Müllensiefen 1999   Müllensiefen, Daniel: »Radikaler Konstruktivismus und Musikwissenschaft: Ideen und Perspektiven«. In: *Musicae Scientiae*, Vol. III., Nr. 1 (Spring 1999), S. 95-116.

Müller 1983   Müller, Margaretha: *Musik und Sprache. Zu ihrem Verhältnis im französischen Symbolismus*. Frankfurt am Main 1983.

Muller 1930   Muller, Daniel: *Leoš Janáček*. Paris 1930.

Musil 1996   Musil, Robert: *Der Mann ohne Eigenschaften. Erstes und Zweites Buch* (1930/32), hg. von Adolf Frisé. Reinbek 1996.

Natter und Frodl 2000
                    Natter, Tobias G., und Frodl, Gerbert (Hg.): *Klimt und die Frauen*, Ausstellungskatalog, Österreichische Galerie Belvedere, Wien, 20. September 2000 bis 7. Januar 2001. Köln 2000.

Nautz und Vahrenkamp 1993
                    Nautz, Jürgen, und Vahrenkamp, Richard (Hg.): *Die Wiener Jahrhundertwende*. Wien/Köln/Graz 1993.

Neuwirth 1971   Neuwirth, Gösta: »*Parsifal* und der musikalische Jugendstil«. In: Carl Dahlhaus (Hg.), *Richard Wagner. Werk und Wirkung* (= Studien zur Musikgeschichte des 19. Jahrhunderts, Band 26). Regensburg 1971, S. 175-198.

Nichols und Smith 1989
    Nichols, Roger und Smith, Richard Langham: *Claude Debussy Pelléas et Mélisande* (= Cambridge Opera Handbook). Cambridge 1989.

Nielsen 1982
    Nielsen, Erika (Hg.): *Focus on Vienna 1900. Change and Continuity in Literature, Music, Art and Intellectual History* (= Houston German Studies, Bd. 4). München 1982.

Niemann 1912/13
    Niemann, Walter: »Der französische Impressionismus. Claude Debussy's malerische Stimmungsmusik – seine Jünger und Zeitgenossen«. In: *Die Musik* 12. Jg. Heft 24 (1912/13), S. 323-340.

Niemann 1993
    Niemann, Carsten: *Die Schauspielerin Gertrud Eysoldt als Darstellerin der Salome, Lulu, Nastja, Elektra und des Puck im Berliner Max-Reinhardt-Ensemble.* Frankfurt am Main 1993.

Nies 1989
    Nies, Christel: »Lili Boulanger«. In: Brunhilde Sonntag und Renate Matthei (Hg.), *Annäherung V – an sieben Komponistinnen. Mit Berichten, Interviews und Selbstdarstellungen.* Kassel 1989, S. 14-24.

Nietzsche 1969
    Nietzsche, Friedrich: »Der Fall Wagner« [1888]. In: Ders., *Werke. Kritische Gesamtausgabe*, hg. von Giorgio Colli und Mazzino Montinari. Sechste Abteilung, Bd. 3. Berlin 1969.

Nietzsche 1973
    Nietzsche, Friedrich: »Die fröhliche Wissenschaft« [1882]. In: Ders., *Werke. Kritische Gesamtausgabe*, hg. von Giorgio Colli und Mazzino Montinari. Fünfte Abteilung, Bd. 2. Berlin/New York 1973.

Nijinsky 1981
    Nijinsky, Romola: *Nijinsky. Der Gott des Tanzes*, übers. von Hans Bütow. Frankfurt am Main 1981.

Nipperdey 1998a
    Nipperdey, Thomas: *Wie das Bürgertum die Moderne fand* (1988). Stuttgart 1998.

Nipperdey 1998b
    Nipperdey, Thomas: *Deutsche Geschichte 1866-1918*. Band I: *Arbeitswelt und Bürgergeist* (1990). München 1998.

Nitschke u.a. 1990
    Nitschke, August; Ritter, Gerhard A.; Peukert, Detlev J. K. und vom Bruch, Rüdiger (Hg.): *Jahrhundertwende. Der Aufbruch in die Moderne 1880-1930* (2 Bde.). Reinbek 1990.

Nono 1984
    Nono, Luigi: »Verso Prometeo. Frammenti di diari«. In: Ders.: *Verso Prometeo*, hg. von Massimo Cacciari. Mailand 1984, S. 7-16.

Nordau 1892/93	Norau, Max [d. i. Max Simon Südfeld]: *Entartung*. Berlin 1892/93.
Novalis 1960	Novalis: »Abteilung IX: Das Allgemeine Brouillon (Materialien zur Enzyklopädistik 1798/99)«. In: Ders.: *Das philosophische Werk II. Schriften*, Bd. 3, hg. von Richard Samuel. Stuttgart 1960.
Novalis *Schriften*	Novalis: *Schriften. Die Werke Friedrich von Hardenbergs*. Hg. von Paul Kluckhohn und Richard Samuel. Darmstadt 1977.
Obermaier 1992	Obermaier, Gerlinde: *Die Figurenkonzeption Alban Bergs in seiner Oper »Lulu« unter besonderer Berücksichtigung der Titelfigur*. Hamburg 1992 (unveröff. Magisterarbeit, masch. schr., Universität Hamburg)
Ostrowski 1951	Ostrowski, Alexander [Ostrowskij, Alexander N.]: *Dramatische Werke in 4 Bänden*, hg. von Johannes von Guenther, übers. von Johannes von Guenther. Berlin 1951.
Pahlen 1995	Pahlen, Kurt: *Richard Strauss: Salome. Textbuch, Einführung und Kommentar*. Mainz 1995.
Partsch 1993	Partsch, Susanna: *Klimt. Leben und Werk*. München 1993.
Paul 1984	Paul, Gregor: *Asien und Europa – Philosophien im Vergleich*. Frankfurt am Main 1984.
Pečman 1979	Pečman, Rudolf: »Janáčeks Oper vom ewigen Leben«: In: *Österreichische Musikzeitschrift* Jg. XXXIV, Heft 4-5 (April/Mai 1979), S. 201-204.
Pegley 1998	Pegley, Karen: »Femme Fatale and Lesbian Representation in Alban Berg's Lulu«. In: Siglind Bruhn (Hg.), *Encrypted Messages in Alban Berg's Music*. New York/London 1998, S. 249-277.
Perle 1967	Perle, George: »Die Personen in Bergs *Lulu*«. In: *Archiv für Musikwissenschaft* 24 (1967), S. 283-290.
Perle 1981	Perle, George: »Der Tod der Geschwitz«. In: *Österreichische Musikzeitschrift* Jg. 36, Heft 1 (1981), S. 19-28.
Perle 1985	Perle, George: *The Operas of Alban Berg*. Vol. 2: *»Lulu«*. Berkeley/Los Angeles/London 1985.
Petersen 1983	Petersen, Peter: »Lulus Untergang aus Gründen der Symmetrie? Gedanken zum III. Akt von Bergs Oper ›Lulu‹«. In: *Programmheft des Bremer Theaters zur Produktion von Alban Bergs »Lulu«* (20. Februar 1983), S. 37-45.
Petersen 1997	Petersen, Peter: »Berg und Büchner – *Wozzeck* und *Woyzeck*. Von der ›offenen Form‹ des Dramas zur ›geschlossenen Form‹ der Oper«. In: Peter Petersen und Hans-Gerd

	Winter (Hg.), *Büchner-Opern. Georg Büchner in der Musik des 20. Jahrhunderts* (= Hamburger Jahrbuch für Musikwissenschaft, Bd. 14). Frankfurt am Main 1997, S. 169-188.
Peyre 1941	Peyre, Henri: *L'influences des Littératures Antiques sur la Littérature Française Moderne.* New Haven 1941.
Pfabigan 1985	Pfabigan, Alfred (Hg.): *Ornament und Askese im Zeitgeist des Wien der Jahrhundertwende.* Wien 1985.
Pfeiffer 1997	Pfeiffer, Joachim: *Tod und Erzählen. Wege der literarischen Moderne um 1900.* Tübingen 1997.
Piersig 1977	Piersig, Johannes: *Das Fortschrittsproblem in der Musik um die Jahrhundertwende. Von Richard Wagner bis Arnold Schönberg* (= Studien zur Musikgeschichte des 19. Jahrhunderts, Bd. 53). Regensburg 1977.
Piper 1998	Piper, Leslie Thayer: »Musical Canonicity or Spiritual Canonization: The Persistence of Lili Boulanger's ›Unforgettable Image‹ and its Implications for Reception«. In: Annette Kreutziger-Herr (Hg.), *Das Andere. Eine Spurensuche in der Musikgeschichte des 19. und 20.* Jahrhunderts (= Hamburger Jahrbuch für Musikwissenschaft, Bd. 15). Frankfurt am Main 1998, S. 321-334.
Plumpe 1984	Plumpe, Gerhard: »Zyklik als Anschauungsform historischer Zeit. Im Hinblick auf Adalbert Stifter«. In: Jürgen Link und Wulf Wülfing (Hg.), *Bewegung und Stillstand in Metaphern und Mythen. Fallstudien zum Verhältnis von elementarem Wissen und Literatur im 19. Jahrhundert.* Stuttgart 1984, S. 201-225.
Poe 1984	Poe, Edgar Allan: *The Philosophy of Composition. Essays and Reviews.* New York 1984.
Pohle 1998	Pohle, Bettina: *Kunstwerk Frau. Inszenierungen von Weiblichkeit in der Moderne.* Frankfurt am Main 1998.
Porcile 1999	Porcile, François: *La Belle Epoque de la Musique Française. Le Temps de Maurice Ravel (1871-1940).* Paris 1999.
Praz 1988	Praz, Mario: *Liebe, Tod und Teufel. Die schwarze Romantik* (ital. Original: *La carne, la morte e il diavolo nella letteratura romantica*, 1948), übers. von Lisa Rüdiger. München 1988.
Prettejohn 1997	Prettejohn, Liz: »Fatale attraction«. In: *Tate. The Art Magazine* 13 (Winter 1997), S. 30-35.

Prokop 1979   Prokop, Ulrike: »Lulu – vom Umgang mit der Sehnsucht«. In: *Programmheft der Oper Frankfurt zur Produktion von Alban Bergs »Lulu«* (1979), S. 18-33.

Puffett 1989   Puffett, Derrick (Hg.): *Richard Strauss: Salome*. Cambridge 1989.

Racek 1968a   Racek, Jan: »Das Musikdrama Leoš Janáčeks und seine Stellung im Opernschaffen des 20. Jahrhunderts«. In: *Operní dílo Leoše Janáčka* (= Acta Janáčkiana I). Brno 1968, S. 16-20.

Racek 1968b   Racek, Jan: »Zur Problematik von Janáčeks Theorie der Sprachmelodie und seiner Kompositionspraxis«. In: *Operní dílo Leoše Janáčka* (= Acta Janačkiana I). Brno 1968, S. 43-48.

Racek 1971a   Racek, Jan: *Leoš Janáček*. Leipzig 1971.

Racek 1971b   Racek, Jan: »Leoš Janáček und die musikalische Avantgarde des 20. Jahrhunderts«. In: *Schweizerische Musikzeitung* Jg. CXL, Heft 4 (Juli 1971), S. 208-212.

Racek 1976   Racek, Jan: »Leoš Janáčeks Kompositionsprinzip in seinen Spätwerken«. In: *Die Musikforschung* 29. Jg., Heft 2 (1976), S. 177-183.

Rasch 1967   Rasch, Wolfdietrich: »Tanz als Lebenssymbol im Drama um 1900«. In: Ders.: *Zur deutschen Literatur seit der Jahrhundertwende*. Gesammelte Aufsätze. Stuttgart 1967, S. 58-77.

Rathert 1998   Rathert, Wolfgang: »Ende, Abschied und Fragment. Zu Ästhetik und Geschichte einer musikalischen Problemstellung«. In: Otto Kolleritsch (Hg.), *Abschied in die Gegenwart. Teleologie und Zuständlichkeit in der Musik* (= Studien zur Wertungsforschung, Bd. 35). Wien/Graz 1998, S. 211-235.

Rathgeber 1994   Rathgeber, Eike: *Die Rolle des Symbolismus in der Dekonstruktion der Kunst um die Jahrhundertwende. Alexander Zemlinsky: Der Triumph der Zeit* (2 Bde.). Universität Wien (Institut für Musikwissenschaft, Diss., masch.schr.) 1994.

Redepenning 1994 Redepenning, Dorothea: *Geschichte der russischen und der sowjetischen Musik*, Bd. 1: Das 19. Jahrhundert. Laaber 1994.

Redepenning 1998 Redepenning, Dorothea: »›...unter Blumen eingesenkte Kanonen‹. Substanz und Funktion nationaler Musik im 19. Jahrhundert«. In: Annette Kreutziger-Herr (Hg.), *Das*

	Andere. Eine Spurensuche in der Musikgeschichte des 19. und 20. Jahrhunderts (= Hamburger Jahrbuch für Musikwissenschaft, Bd. 15). Frankfurt am Main 1998, S. 225-246.
Redepenning 2000	Redepenning, Dorothea: »»...die Göttin der unsterblichen Hysterie...‹ Salome und ihre Schwestern als Operngestalten des frühen 20. Jahrhunderts«. In: Silke Leopold und Agnes Speck (Hg.), *Hysterie und Wahnsinn* (= Heidelberger Frauenstudien Bd. 7). Heidelberg 2000, S. 84-112.
Rehm 1969	Rehm, Walther: *Der Dichter und die neue Einsamkeit. Aufsätze zur Literatur um 1900*, hg. von Reinhardt Habel. Göttingen 1969.
Reich 1937	Reich, Willi: *Alban Berg*. Wien/Leipzig/Zürich 1937.
Reich 1974	Reich, Willi: *Arnold Schönberg oder Der konservative Revolutionär*. München 1974.
Reiter 1973	Reiter, Manfred: *Die Zwölftontechnik in Alban Bergs Oper LULU*. Regensburg 1973.
Rieger 1980	Rieger, Eva: *Frau und Musik*. Frankfurt am Main 1980.
Rieger 1996	Rieger, Eva: »Zustand oder Wesensart? Wahnsinnsfrauen in der Oper«. In: Sibylle Duda und Luise F. Pusch (Hg.), *WahnsinnsFrauen*, Zweiter Band. Frankfurt am Main 1996, S. 366-389.
Rilke SW	Rilke, Rainer Maria: *Sämtliche Werke*, hg. vom Rilke-Archiv in Verbindung mit Ruth Sieber-Rilke, besorgt durch Ernst Zinn. Wiesbaden 1955.
Rimski-Korsakow 1968	
	Rimski-Korsakow, Nikolai Andrejewitsch: *Chronik meines musikalischen Lebens*, hg. und übers. von Lothar Falbusch. Leipzig 1968.
Ringoltingen 1991	Ringoltingen, Thüring von: *Melusine. In der Fassung des Buchs der Liebe (1587) [Historia und Geschicht von Melusina]*, hg. von Hans-Gert Roloff. Stuttgart 1991.
Roch 1998	Roch, Eckhard: »Das Undine-Motiv in Richard Wagners Dramenkonzeption«. In: *Die Musikforschung* 51. Jg., Heft 3 (1998), S. 302-315.
Rode 1988	Rode, Susanne: *Alban Berg und Karl Kraus. Zur geistigen Biographie des Komponisten der »Lulu«*. Frankfurt am Main 1988.
Roebling 1989	Roebling, Irmgard (Hg.): *Lulu, Lilith, Mona Lisa. Frauenbilder der Jahrhundertwende*. Pfaffenweiler 1989.
Roebling 1992	Roebling, Irmgard (Hg.): *Sehsucht und Sirene: vierzehn Abhandlungen zu Wasserphantasien*. Pfaffenweiler 1992.

Rolland 1951   Rolland, Romain: *Meister der Musik,* Bd. 2: *Musiciens d'au-jourd'hui,* übers. von Wilhelm Herzog. Olten 1951.

Rooke 1981   Rooke, Keith J.: »Alexander Zemlinskys ›Die Seejung-frau‹«. In: *Schweizerische Musikzeitung* 121. Jg. (1981), S. 85-91.

Rosenstiel 1995   Rosenstiel, Léonie: *Lili Boulanger, Leben und Werk,* hg. von Kathrin Mosler, übers. von Sabine Gabriel und Rolf Wolle. Bremen/Worpswede 1995.

Rössner und Wagner1984
                 Rössner, Michael und Wagner, Birgit (Hg.): *Aufstieg und Krise der Vernunft. Komparatistische Studien zur Literatur der Aufklärung und des Fin-de-siècle (Festschrift Hans Hin-terhäuser).* Wien/Köln/Graz 1984.

Rosso o. J.   Rosso, François: »Pelléas: symbolique de la damnation«. In: *Silences. Debussy.* Paris o. J., S. 87-97.

Rotzler 1981   Rotzler, Willy: »Das schönste Gewand wären Flügel – Loïe Fuller – Idol der Jahrhundertwende«. In: *Du. Die Kunstzeitschrift* 3 (1981), S. 38-41 und 138-139.

Rubinstein 1891   Rubinstein, Anton: *Die Musik und ihre Meister. Eine Unterredung.* Leipzig 1891.

Rudloff 1994   Rudloff, Holger: *Pelzdamen. Weiblichkeitsbilder bei Thomas Mann und Leopold von Sacher-Masoch.* Frankfurt am Main 1994.

Ruf 1983   Ruf, Wolfgang: »Zur dramaturgischen Konzeption von Janáčeks ›Die Sache Makropulos‹«. In: Rudolf Pečman (Hg.), *Colloquium Leoš Janáček ac tempora nostra.* Brno 1983, S. 267-272.

Saladin 1993   Saladin, Linda A.: *Fetishism and Fatal Women: Gender, Power, and Reflexive Discourse.* New York 1993.

Salmen 1992   Salmen, Walter: »Round Dance and Dance as Symbols of Life in the Arts around 1900«. In: James M. McGlathery (Hg.), *Music and German Literature. Their Relationship since the Middle Ages.* Drawer 1992, S. 208-241.

Schama 1996   Schama, Simon: *Der Traum von der Wildnis: Natur als Imagination* (engl. Original: *Landscape and Memory,* 1995), übers. von Martin Pfeiffer. München 1996.

Schatt 1986   Schatt, Peter W.: *Exotik in der Musik des 20. Jahrhunderts* (= Berliner musikwisschenschaftliche Arbeiten, Bd. 27). München/Salzburg 1986.

Scheit 1995   Scheit, Gerhard: *Dramaturgie der Geschlechter. Über die gemeinsame Geschichte von Drama und Oper.* Frankfurt am Main 1995.

Scherliess 1976   Scherliess, Volker: »Briefe Alban Bergs aus der Entstehungszeit der ›Lulu‹«. In: *Melos* (2/1976), S. 108-114.

Scherliess 1977   Scherliess, Volker: »Alban Bergs analytische Tafeln zur Lulu-Reihe«. In: *Die Musikforschung* 30 (1977), S. 452-464.

Scherliess 1982   Scherliess, Volker: *Igor Strawinsky. Le Sacre du Printemps* (= Meisterwerke der Musik, Heft 35). München 1982.

Schibli 1983   Schibli, Sigfried: *Alexander Skrjabin und seine Musik. Grenzüberschreitungen eines prometeischen Geistes.* München/Zürich 1983.

Schläder 1979   Schläder, Jürgen: *Undine auf dem Musiktheater. Zur Entwicklungsgeschichte der deutschen Spieloper.* Bonn/Bad Godesberg 1979.

Schläder 1981   Schläder, Jürgen: »Märchenoper oder symbolistisches Musikdrama? Zum Interpretationsrahmen der Titelrolle in Dvořáks ›Rusalka‹«. In: *Die Musikforschung* 34 (1981), S. 25-39.

Schläder 1997   Schläder, Jürgen: »Richard Strauss: Salome«. In: Carl Dahlhaus u.a. (Hg.), *Pipers Enzyklopädie des Musiktheaters*, Bd. 6. München/Zürich 1997, S. 83-89.

Schlesier 1990   Schlesier, Renate: *Mythos und Weiblichkeit bei Sigmund Freud. Zum Problem von Entmythologisierung und Remythologisierung in der psychoanalytischen Theorie.* Frankfurt am Main 1990.

Schleuning 1984   Schleuning, Peter: *Das 18. Jahrhundert: Der Bürger erhebt sich (Geschichte der Musik in Deutschland).* Reinbek 1984.

Schmidt 1988   Schmidt, Jochen: *Die Geschichte des Genie-Gedankens in der deutschen Literatur, Philosophie und Politik 1750-1945.* Bd. 2: *Von der Romantik bis zum Ende des Dritten Reichs.* Darmstadt 1988.

Schmidt-Garre 1963
                     Schmidt-Garre, Helmut: »Oper im Jahre 1900«. In: *Neue Zeitschrift für Musik* Jg. 124, Heft 1 (1963), S. 3-7.

Schmidt-Garre 1967
                     Schmidt-Garre, Helmut: »›Salome‹ Inbild des Fin de Siècle«. In: *Neue Zeitschrift für Musik* Jg. 128, Heft 7/8 (1967), S. 300-310.

Schmidt-Garre 1968   Schmidt-Garre, Helmut: »Exotismus in der Musik«. In: *Neue Zeitschrift für Musik* Jg. 129, Heft 1 (1968), S. 27-33.

Schnebel 1979   Schnebel, Dieter: »Das späte Neue. Versuch über Janáčeks Werke von 1918-1928«. In: Heinz-Klaus Metzger und Rainer Riehn (Hg.), *Leoš Janáček* (= Musik-Konzepte 7). München 1979, S. 75-90.

Schnebel 1996   Schnebel, Dieter: »Musik – eine Sprache?« In: *Du. Die Kunstzeitschrift* 5 (Mai 1996), S. 18-19.

Schönberg 1911   Schönberg, Arnold: *Harmonielehre.* Leipzig/Wien 1911.

Schönberg 1924   Schönberg, Arnold: »[Vorwort]«. In: *Anton Webern: Sechs Bagatellen für Streichquartett op. 9.* Wien, Universal Edition, 1924 [o. S.].

Schönberg 1964   Schönberg, Arnold: *Schöpferische Konfessionen,* Ausgewählt und hg. von Willi Reich. Zürich 1964.

Schönberg 1976   Schönberg, Arnold: *Stil und Gedanke. Aufsätze zur Musik. Gesammelte Schriften Bd. 1,* hg. von Ivan Vojtěch. Frankfurt 1976.

Schönfelder 1980   Schönfelder, Gerd: »Einige Gesichtspunkte zu musikalischer Struktur und Bedeutung im Schaffen Leoš Janáčeks«. In: *Beiträge zur Musikwissenschaft* XXII, Heft 4 (1980), S. 280-292.

Schopenhauer ZA   Schopenhauer, Arthur: *Zürcher Ausgabe: Werke in zehn Bänden,* nach der historisch-kritischen Ausgabe von Arthur Hübscher. Zürich 1977.

Schorske 1994   Schorske, Carl E.: *Wien. Geist und Gesellschaft im Fin de Siècle* (amerik. Original: *Fin-de-Siècle Vienna – Politics and Culture,* 1980), übers. von Horst Günther. München 1994.

Schreiber 1991   Schreiber, Ulrich: *Opernführer für Fortgeschrittene. Eine Geschichte des Musiktheaters: Das 19. Jahrhundert.* Kassel 1991.

Schrenk 1924   Schrenk, Walter: *Richard Strauss und die neue Musik.* Berlin 1924.

Schubert 1975   Schubert, Giselher: *Schönbergs frühe Instrumentation. Untersuchungen zu den Gurreliedern, zu op. 5 und op. 8.* (= Sammlung musikwissenschaftlicher Abhandlungen, Bd. 59). Baden-Baden 1975.

Schuh 1946   Schuh, Willi: »Zur harmonischen Deutung des ›Salome‹-Schlusses«. In: *Schweizerische Musikzeitung* 86 (1946), S. 452-458.

Schulze 1995   Schulze, Sabine (Hg.): *Sehnsucht nach Glück. Wiens Auf-
                  bruch in die Moderne: Klimt, Kokoschka, Schiele* (Katalog
                  zur Ausstellung in der Schirn Kunsthalle, Frankfurt, 23.
                  September – 3. Dezember 1995). Ostfildern-Ruit 1995.

Schwartz 1993   Schwartz, Manuela: »Mehr als ein Gesellenstück – ›Faust
                  et Hélène‹ von Lili Boulanger«. In: Christel Nies
                  (Katalogredaktion), Roswitha Aulenkamp-Moeller (Hg.),
                  *Vom Schweigen befreit. 3. Internationale Komponistinnen-
                  Festival 1993: Lili Boulanger*. Kassel 1993, S. 64-71.

Schwartz 1999   Schwartz, Manuela: *Wagner-Rezeption und französische
                  Oper des Fin de siècle: Untersuchungen zu Vincent d'Indys
                  »Fervaal«*. Sinzig 1999.

Schwarz 1993   Schwarz, Gudrun: »›Mannweiber‹ in Männertheorien«.
                  In: Karin Hausen (Hg.), *Frauen suchen ihre Geschichte.
                  Historische Studien zum 19. und 20. Jahrhundert*. München
                  1993, S. 62-80.

Seeba 1970   Seeba, Hinrich C.: *Kritik des ästhetischen Menschen. Her-
                  meneutik und Moral in Hofmannsthals »Der Tor und der
                  Tod«*. Bad Homburg/Berlin/Zürich 1970.

Seigneuret 1988   Seigneuret, Jean-Charles (Hg.): *Dictionary of Literary The-
                  mes and Motifs* (2 Bde.). New York/Westport/London
                  1988.

Semon 1984   Semon, Marie: *Les femmes dans l'œuvre de Léon Tolstoi.
                  Romans et nouvelles* (= Bibliothèque russe de l'institut
                  d'études slaves, vol. LXXI). Paris 1984.

Sendlinger 1994   Sendlinger, Angela: *Lebenspathos und Décadence um 1900:
                  Studien zur Dialektik der Décadence und der Lebensphiloso-
                  phie am Beispiel Eduard von Keyserlings und Georg
                  Simmels*. Franfurt am Main 1994.

Shaw 1947   Shaw, [George] Bernard: *Zurück zu Methusalem*, übers.
                  von Siegfried Trebitsch. Zürich 1947.

Showalter 1987   Showalter, Elaine: *The Female Malady. Women, Madness,
                  and English Culture, 1830-1980*. London 1987.

Simms 1996   Simms, Bryan R.: *Alban Berg. A Guide to Research*. New
                  York/London 1996.

Sloterdijk 1990   Sloterdijk, Peter (Hg.): *Vor der Jahrtausendwende: Berichte
                  zur Lage der Zukunft* (2 Bde.). Frankfurt am Main 1990.

Soergel 1916   Soergel, Albert: *Dichtung und Dichter der Zeit. Eine Schil-
                  derung der deutschen Literatur der letzten Jahrzehnte*
                  (1911). Leipzig 1916.

Sommer 1996	Sommer, Uwe: *Alexander Zemlinsky. Der König Kandaules* (= Musik-Konzepte 92/93/94, hg. von Heinz-Klaus Metzger und Rainer Riehn). München 1996.
Šourek 1960	Šourek, Otakar: »Vorwort«, übers. von I. Turnovská. In: Antonín Dvořák: *Gesamtausgabe: Rusalka op. 114* (Partitur). Prag 1960, S. VI-VIII.
Sowa-Winter 1988	Sowa-Winter, Sylvia: *Die Harfe im Art Nouveau.* München/Salzburg 1988.
Specht 1921	Specht, Richard: *Richard Strauss und sein Werk.* Zweiter Band: *Der Vokalkomponist, der Dramatiker.* Leipzig/Wien/Zürich 1921.
Spengler 1929	Spengler, Oswald: *Der Untergang des Abendlandes. Umrisse einer Morphologie der Weltgeschichte* [1919], 2 Bde. München 1929.
Staempfli 1972	Staempfli, Edward: »Pelleas und Melisande. Eine Gegenüberstellung der Werke von Claude Debussy und Arnold Schönberg«. In: *Schweizerische Musikzeitung* Jg. CXII, Heft 2 (März-April 1972), S. 65-72.
Štědron 1970	Štědron, Miloš: »The Tectonic Montage of Janáček«. In: Rudolf Pečman (Hg.), *Colloquium Leoš Janáček et musica europaea* (= Musikwissenschaftliche Kolloquien der internationalen Musikfestspiele in Brno, Bd. 3). Brno 1970, S. 119-127.
Stein 1985	Stein, Gerhard: »Vorwort«. In: Ders. (Hg.): *Femme fatale. Vamp. Blaustrumpf. Sexualität und Herrschaft.* Frankfurt am Main 1985, S. 11-20.
Steinert 1993	Steinert, Heinz: *Adorno in Wien. Über die (Un-)Möglichkeit von Kunst, Kultur und Befreiung.* Frankfurt am Main 1993.
Stenzl 1980	Stenzl, Jürg (Hg.): *Art Nouveau, Jugendstil und Musik.* Zürich/Freiburg 1980.
Stenzl 1981	Stenzl, Jürg: »Lulus ›Welt‹«. In: Franz Grasberger und Rudolf Stephan (Hg.), *Alban Berg Studien,* Bd. 2. Wien 1981, S. 31-39.
Stephan 1985a	Stephan, Rudolf: »Außermusikalischer Inhalt – Musikalischer Gehalt. Gedanken zur Musik der Jahrhundertwende« (1969). In: Ders.: *Vom musikalischen Denken. Gesammelte Vorträge,* hg. von Rainer Damm und Andreas Traub. Mainz 1985, S. 309-320.
Stephan 1985b	Stephan, Rudolf: »Zur Sprachmelodie in Alban Bergs *Lulu*-Musik (1978)«. In: Ders.: *Vom musikalischen Denken.*

	Gesammelte Vorträge, hg. von Rainer Damm und Andreas Traub. Mainz 1985, S. 207-220.
Stephan 1988	Stephan, Inge: »Weiblichkeit, Wasser und Tod. Undinen, Melusinen und Wasserfrauen bei Eichendorff und Fouqué«. In: Hartmut Böhme (Hg.): *Kulturgeschichte des Wassers*. Frankfurt am Main 1988, S. 234-262.
Stephan 1992	Stephan, Inge: *Die Gründerinnen der Psychoanalyse. Eine Entmythologisierung Sigmund Freuds in zwölf Frauenporträts*. Stuttgart 1992.
Storch 1991	Storch, Wolfgang (Hg.): *Les Symbolistes et Richard Wagner. Die Symbolisten und Richard Wagner* (Ausstellungskatalog: Zum Raum wird hier die Zeit, Akademie der Künste zu Berlin/De la Musique avant toute chose, Maison du spectacle Bruxelles). Berlin 1991.
Strawinsky 1957	Strawinsky, Igor: *Leben und Werk – von ihm selbst. Erinnerungen, Musikalische Poetik, Antwort auf 35 Fragen*. Zürich/Mainz 1957.
Strawinsky 1983	Strawinsky, Igor: *Schriften und Gespräche I*. Aus dem Französischen von Richard Tüngel und Heinrich Strobel. Mainz 1983.
Ströbel 1972	Ströbel, Dietmar: »Auf der Suche nach Janáčeks musikgeschichtlichem Ort«. In: Rudolf Pečman (Hg.), *Colloquium Musica Bohemica et Europaea, Brno 1970* (= Musikwissenschaftliche Kolloquien der Internationalen Musikfestspiele, Bd. 5). Brno 1972, S. 397-406.
Ströter-Bender 1994	Ströter-Bender, Jutta: *Liebesgöttinnen. Von der Großen Mutter zum Hollywoodstar*. Köln 1994.
Stuby 1992	Stuby, Anna-Marie: *Liebe, Tod und Wasserfrau. Mythen des Weiblichen in der Literatur*. Wiesbaden 1992.
Stuckenschmidt 1989	Stuckenschmidt, Hans Heinrich: *Schönberg. Leben, Umwelt, Werk*. München/Mainz 1989.
Suttner 1899	Suttner, Bertha von: *Das Maschinenzeitalter. Zukunftsvorlesungen über unsere Zeit* [1889]. Dresden/Leipzig 1899. (Reprint: Düsseldorf 1983).
Sybel 1870	Sybel, Heinrich von: *Ueber die Emancipation der Frauen*. Bonn 1870.
Taeger 1987	Taeger, Annemarie: *Die Kunst, Medusa zu töten. Zum Bild der Frau in der Literatur der Jahrhundertwende*. Bielefeld 1987.

Taruskin 1996   Taruskin, Richard: *Stravinsky and the Russian Traditions.*
                     A Biography of the Works Through Mavra, Vol. 1. Oxford
                     1996.
Tausendundeine Nacht
                     [Anonym]: *Tausendundeine Nacht*, hg. von Silvia Sager.
                     Zürich 1994.
Theissing 1971   Theissing, Heinrich: »Tanzen. Zu einem Bildmotiv um
                     1900«. In: *Aachener Kunstblätter des Museumsvereins* 41
                     (1971), S. 289-301.
Thesander 1997   Thesander, Marianne: *The Feminine Ideal* (dän. Original:
                     Det Kvindelige Ideal, 1994), ins Engl. übers. von Nicholas
                     Hills. London 1997.
Theweleit 1980   Theweleit, Klaus: *Männerphantasien.* Bd. 1: *Frauen, Flu-*
                     ten, Körper, Geschichte. Reinbek 1980.
Thomalla 1972   Thomalla, Ariane: *Die ›femme fragile‹. Ein literarischer*
                     Frauentypus der Jahrhundertwende (= Literatur in der Ge-
                     sellschaft, Bd. 15). Düsseldorf 1972.
Thormann 1993   Thormann, Ellen: »Lili Boulanger: Eine ›Funkelnde klei-
                     ne Taube des (Heiligen) Geistes?‹«. In: Kathrin Mosler
                     (Red.), *Lili Boulanger zum 100. Geburtstag. Bremer Lili*
                     Boulanger-Tage 1993. Bremen 1993, S. 20-25.
Tichy 1990   Tichy, Marina: »Die geschlechtliche Un-Ordnung. Facet-
                     ten des Widerstands gegen das Frauenstudium von 1870
                     bis zur Jahrhundertwende«. In: Waltraud Heindl und Ma-
                     rina Tichy (Hg.), *»Durch Erkenntnis zu Freiheit und*
                     Glück.«. Frauen an der Universität Wien (ab 1897). Wien
                     1990, S. 27-48.
Tolstoi 1961   Tolstoi, Lew [Tolstoj, Leo N.]: »Die Kreutzersonate«
                     (1891). In: Ders.: *Die großen Erzählungen*, übers. von Ar-
                     thur Luther und Rudolf Kassner. Frankfurt am Main
                     1961, S. 85-189.
Toorn 1987   Toorn, Pieter C. van den: *Stravinsky and The Rite of*
                     Spring. The Beginnings of a Musical Language. Oxford
                     1987.
Treder 1984   Treder, Uta: *Von der Hexe zur Hysterikerin. Zur Verfesti-*
                     gungsgeschichte des ›Ewig Weiblichen‹. Bonn 1984.
Trüpel-Rüdel 1987   Trüpel-Rüdel, Helga: *Undine – eine motivgeschichtliche*
                     Untersuchung. Bremen 1987.
Turbow 1984   Turbow, Gerald D.: »Art and Politics: Wagnerism in
                     France«. In: David C. Large und William Weber (Hg.),

	Wagnerism in European Culture and Politics. Ithaca/London 1984, S. 134-166.
Turgenjew 1994	Turgenjew, Iwan: »Die Alte«. In: Ders.: *Gesammelte Werke in Einzelbänden*, Bd. 8: *Gedichte in Prosa, Komödien*, hg. von Klaus Dornacher, übers. von Georg Schwarz. Berlin/Weimar 1994, S. 10-12.
Tyrrell 1982	Tyrrell, John: *Leoš Janáček. Kát'a Kabanová*. London 1982.
Tyrrell 1987	Tyrrell, John: »The cathartic slow waltz and other finale conventions in Janáček's operas«. In: Nigel Fortune (Hg.), *Music an Theatre. Essays in honour of Winton Dean*. Cambridge 1987, S. 333-352.
Unseld 1997	Unseld, Melanie: »›..alles, was man erwarten und wünschen kann‹ – Gedanken zu Lili Boulangers Kantate *Faust et Hélène*«. In: *Vivavoce* 41 (April-Juni 1997), S. 8-17.
Unseld 1998	Unseld, Melanie: »Augenblicke des Sterbens. Salome und Mélisande als Entwürfe von Weiblichkeit um die Jahrhundertwende«. In: Annette Kreutziger-Herr (Hg.), *Das Andere. Eine Spurensuche in der Musikgeschichte des 19. und 20. Jahrhunderts* (= Hamburger Jahrbuch für Musikwissenschaft, Bd. 15). Frankfurt am Main: Peter Lang, 1998, S. 301-318.
Unseld 2000	Unseld, Melanie: »›Endgebilde, die nie verklingen‹ – Undinen- und Melusinen-Motive bei Alexander Zemlinsky und Arnold Schönberg«. In: Ute Jung-Kaiser (Hg.): ...»*das poetischste Thema der Welt*«? *Der Tod einer schönen Frau in Musik, Literatur, Kunst, Religion und Tanz. 1. Interdisziplinäres Symposion der Hochschule für Musik und Darstellende Kunst Frankfurt 1999*. Bern u. a. 2000, S. 215-226.
Van Vechten 1987	Van Vechten, Carl: *Letters*, hg. von Bruce Kellner. New Haven/London 1987.
Vergo 1975	Vergo, Peter: *Art in Vienna 1898-1918. Klimt, Kokoschka, Schiele and their contemporaries*. London 1975.
Vergo 1980	Vergo, Peter: »Music and abstract painting: Kandinsky, Goethe and Schoenberg«. In: The Tate Gallery (Hg.): *Towards a New Art. Essays on the Background to abstract art 1910-20*. London 1980.
Vernant 1988	Vernant, Jean-Pierre: *Tod in den Augen. Figuren des Anderen im griechischen Altertum: Artemis und Gorgo.* (Franz. Original: *La mort dans les yeux. Figures de l'Autre en Grèce*

                        ancienne: Artémis, Gorgo, 1985), übers. von Max Looser.
                        Frankfurt am Main 1988.

Vernant 1989   Vernant, Jean-Pierre: *L'individu, la mort, l'amour. Soi-
                        même et l'autre en grèce ancienne.* Paris 1989.

Vinçon 1990   Vinçon, Hartmut: »Lulus Maske: ›Sie tanzt den Über-
                        menschen‹«. In: Frank Wedekind: *Die Büchse der
                        Pandora. Eine Monstretragödie.* Historisch-kritische
                        Ausgabe der Urfassung von 1894. Hg., kommentiert und
                        mit einem Essay von Hartmut Vinçon. Darmstadt 1990,
                        S. 221-232.

Vogel 1958   Vogel, Jaroslav: *Leoš Janáček. Leben und Werk.* Prag
                        1958.

Vogel 1984   Vogel, Martin: *Nietzsche und Wagner. Ein deutsches Lese-
                        buch.* Bonn/Bad Godesberg 1984.

Vogel 1989   Vogel, Matthias: *»Melusine... das läßt aber tief blicken«.
                        Studien zur Gestalt der Wasserfrau in dichterischen und
                        künstlerischen Zeugnissen des 19. Jahrhunderts* (= Europäi-
                        sche Hochschulschriften, Bd. 101). Bern 1989.

Vom Schweigen befreit
                        *Vom Schweigen befreit. 3. Internationales Komponistinnen-
                        Festival Kassel 1993: Lili Boulanger*, hg. von Roswitha
                        Aulenkamp-Moeller, Christel Nies (Katalogredaktion).
                        Kassel 1993.

Wagner 1982   Wagner, Nike: *Geist und Geschlecht. Karl Kraus und die
                        Erotik der Wiener Moderne.* Frankfurt am Main 1982.

Wagner DS   Wagner, Richard: *Dichtungen und Schriften.* Jubiläums-
                        ausgabe in zehn Bänden, hg. von Dieter Borchmeyer.
                        Frankfurt am Main 1983.

Wagner-Lexikon   *Wagner-Lexikon. Hauptbegriffe der Kunst- und Weltan-
                        schauung Richard Wagner's.* In Wörtlichen Anführungen
                        aus seinen Schriften zusammengestellt von Carl Friedrich
                        Glasenapp und Heinrich von Stein. Stuttgart 1883.

Weber 1974   Weber, Horst: »Jugendstil und Musik in der Oper der
                        Jahrhundertwende«. In: *Die Musikforschung* Jg. 27, Heft 2
                        (1974), S. 171-174.

Weber 1995   Weber, Horst (Hg.): *Zemlinskys Briefwechsel mit Schön-
                        berg, Webern, Berg und Schreker* (= Briefwechsel der Wie-
                        ner Schule, Bd. 1). Darmstadt 1995.

Wechsler 2000   Wechsler, Julia: »›,Die drei W‹. Zu einem Opernplan Al-
                        ban Bergs«. In: *Jahrbuch des Staatlichen Instituts für Musik-*

	forschung Preußischer Kulturbesitz 2000, hg. von Günther Wagner. Stuttgart/Weimar 2000, S. 234-258.
Wedekind 1919	Wedekind, Frank: *Erdgeist. Tragödie in vier Aufzügen.* München 1919.
Wedekind 1987	Wedekind, Frank: *Musik. Sittengemälde in vier Bildern* (1908), hg. von Peter Zadek (= Programmbuch des Deutschen Schauspielhauses Hamburg). Reinbek 1987.
Wedekind 1989	Wedekind, Frank: *Lulu. Erdgeist, Die Büchse der Pandora,* hg. von Erhard Weidl. Stuttgart 1989.
Wedekind 1990	Wedekind, Frank: *Die Büchse der Pandora. Eine Monstretragödie.* Historisch-kritische Ausgabe der Urfassung von 1894. Hg., kommentiert und mit einem Essay von Hartmut Vinçon. Darmstadt 1990.
Wehnert 1978	Wehnert, Martin: »Zur syntaktisch-semantischen Korrelation in den Streichquartetten Leoš Janáčeks«. In: Rudolf Eller (Hg.), *Deutsches Jahrbuch für Musikwissenschaft für 1973-1977,* Jg. XVIII. Leipzig 1978, S. 185-194.
Weininger 1922	Weininger, Otto: *Über die letzten Dinge.* Wien/Leipzig 1922.
Weininger 1932	Weininger, Otto: *Geschlecht und Charakter. Eine prinzipielle Untersuchung* [1903]. Berlin 1932.
White 1980	White, David A.: »Echoes of Silence: The Structure of Destiny in Debussy's *Pelléas et Mélisande*«. In: *Music Review* 41 (1980), S. 266-277.
Wilde 1988	Wilde, Oscar: *The Picture of Dorian Gray. Authoritative Texts, Backgrounds, Reviews and Reactions, Criticism,* hg. von Donald L. Lawler. New York/London 1988.
Wilhelm 1997	Wilhelm, Uta »Zum Einfluß der Theorien Otto Weiningers auf die Figurenkonzeption in Alexander Zemlinskys Einakter ›Der Zwerg‹«. In: *Archiv für Musikwissenschaft* Jg. LIV, Heft 1 (1997), S. 84-89.
Wilpert 1989	Wilpert, Gero von: *Sachwörterbuch der Literatur.* Stuttgart 1989.
Wilton und Upstone 1998	
	Wilton, Andrew und Upstone, Robert (Hg.): *Der Symbolismus in England 1860-1910* (Katalog zur Ausstellung in München, Haus der Kunst, 1. Februar 1997 bis 26. April 1998). München 1998.
Winkler 1991	Winkler, Gerhard J.: »Fredigundis – Eine merowingische Femme Fatale«. In: Carmen Ottner (Hg.): *Oper in Wien*

	1900-1925. Symposion 1989 (= Studien zu Franz Schmidt IX). Wien 1991, S. 8-29.
Winterhoff 1998	Winterhoff, Lissy: *Ihre Pracht muß ein Abgrund sein, ihre Lüste ein Ozean. Die jüdische Prinzessin Salome als Femme fatale auf der Bühne der Jahrhundertwende*. Würzburg 1998.
Wörner 1959	Wörner, Karl H.: »Katjas Tod. Die Schlussszene der Oper ›Katja Kabanowa‹ von Leoš Janáček«. In: *Schweizerische Musikzeitung* 99. Jg. (März 1959), S. 91-96.
Wörner 1970a	Wörner, Karl H.: *Die Musik in der Geistesgeschichte. Studien zur Situation der Jahre um 1910* (= Abhandlungen zur Kunst-, Musik- und Literaturgeschichte, Bd. 92). Bonn 1970.
Wörner 1970b	Wörner, Karl H.: »Natur, Liebe und Tod bei Janáček«. In: Rudolf Pečman (Hg.), *Colloquium Leoš Janáček et musica europaea* (= Musikwissenschaftliche Kolloquium der Internationalen Musikfestspiel in Brno, Bd. 3). Brno 1970, S. 159-168.
Woolf 1999	Woolf, Virginia: *Ein Zimmer für sich allein* (engl. Original: *A Room of One's Own*, 1929). Frankfurt am Main 1999.
Worbs 1983	Worb, Michael: *Nervenkunst. Literatur und Psychoanalyse im Wien der Jahrhundertwende*. Frankfurt am Main 1983.
Wuthenow 1978	Wuthenow, Ralph-Rainer: *Muse, Maske, Meduse. Europäischer Ästhetizismus*. Frankfurt am Main 1978.
Wyss 1996	Wyss, Beat: *Der Wille zur Kunst: zur ästhetischen Mentalität der Moderne*. Köln 1996.
Zagona 1960	Zagona, Helen Grace: *The Legend of Salome and the Principle of Art for Art's Sake*. Genf/Paris 1960.
Zenck-Maurer 1974	Zenck-Maurer, Claudia: *Versuch über die wahre Art, Debussy zu analysieren*. München/Salzburg 1974.
Ziegler 1911	Ziegler, Theobald: *Die geistigen und sozialen Strömungen Deutschlands im neunzehnten Jahrhundert*. Berlin 1911.
Zima 1997	Zima, Peter V.: *Moderne – Postmoderne: Gesellschaft, Philosophie, Literatur*. Tübingen/Basel 1997.
Zimmermann 1981	Zimmermann, Michael: »*Träumerei eines französischen Dichters*«. *Stéphane Mallarmé und Richard Wagner* (= Berliner musikwissenschaftliche Arbeiten, Bd. 20). München/Salzburg 1981.
Zondergeld 1985	Zondergeld, Rein A.: »Ornament und Emphase. Illica, d'Annunzio und der Symbolismus». In: Jens Malte Fi-

scher (Hg.), *Oper und Operntext*. Heidelberg 1985, S. 151-178.

Zürcher 1975   Zürcher, Hanspeter: *Stilles Wasser. Narziss und Ophelia in der Dichtung und Malerei um 1900* (= Abhandlungen zur Kunst-, Musik- und Literaturwissenschaft, Bd. 184). Bonn 1975.

Zweig 1990   Zweig, Stefan: *Die Welt von gestern* (1944). Berlin/Weimar 1990.

Verzeichnis der Abbildungen und Notenbeispiele

Abbildung 1   Arnold Schönberg: *Selbstporträt von hinten* (1911).
© VG Bild-Kunst, Bonn 2001.

Abbildung 2   Photographie von Annie Kalmar. Aus: *Die Fackel* Nr. 852 (Mai 1931), S. 48/49.

Abbildung 3   Antoon van Wellie: *Solo* (1896-1899).

Abbildung 4   Odilon Redon: *Ophelia* (um 1900-1905).

Abbildung 5   Gustav Klimt: *Judith mit dem Haupt des Holofernes* (um 1901). Wien, Österr. Galerie im Belvedere. Photo: AKG Berlin.

Abbildung 6   Album Krefeld (1900), Reformkleid, entworfen von Henry van de Velde. Aus: *Drüber und Drunter. Wiener Damenmode von 1900-1914*, Ausstellungskatalog: 105. Sonderausstellung des Historischen Museums der Stadt Wien, Hermesvilla, 11. April 1987 bis 28. Februar 1988.

Abbildung 7   Gustav Klimt: *Nuda Veritas* (1899). Theatersammlung der Österreichischen Nationalbibliothek; z. Zt. als Leihgabe Wien, Österr. Galerie im Belvedere. Photo: AKG Berlin/Erich Lessing.

Abbildung 8   Max Slevogt: *Totentanz* (1896).
© VG Bild-Kunst, Bonn 2001.

Abbildung 9   Gustave Moreau: *Salome tanzt vor Herodes* (um 1876). New York, Sammlung H. Hartford. Photo: AKG Berlin.

Abbildung 10   Gustave Moreau: *Die Erscheinung* (1876). Paris, Musée du Louvre. Photo: AKG Berlin.

Abbildung 11   Aubrey Beardsley: *Die Toilette der Salome* (1893).

Abbildung 12   Edvard Munch: *Salome II* (1905).
© The Munch Museum/The Munch Ellingsen Group/ VG Bild-Kunst, Bonn 2001.

Abbildung 13   Brief von Leoš Janáček an die Universal Edition Wien. Aus: Leoš Janáček, *Briefwechsel mit der Universal Edition A.G., Wien* © Mit freundlicher Genehmigung der Universal Edition A.G., Wien.

Notenbeispiel 1:   Alexander von Zemlinsky: *Die Seejungfrau* UE 18060 © Mit freundlicher Genehmigung der Universal Edition A.G., Wien.

Notenbeispiel 2:   Lili Boulanger: *La Princesse Maleine*, Thema der Maleine.
                   Aus: Fauser 1997, S. 90 (Notensatz: M. U.).
Notenbeispiel 3:   Richard Strauss: *Salome*.
                   © Mit freundlicher Genehmigung FÜRSTNER Musik-
                   verlag Mainz vertreten durch SCHOTT MUSIK INTER-
                   NATIONAL GmbH, Mainz, für Deutschland, Danzig,
                   Italien, Portugal und die Nachfolgestaaten der UdSSR au-
                   ßer Estland, Lettland und Litauen. Alle übrigen Länder:
                   Boosey & Hawkes Music Publishers Ltd., London.
Notenbeispiel 4:   Alban Berg: *Lulu* (Entwicklung der Bildharmonien aus
                   der Urreihe). Graphik: M. U.
Notenbeispiel 5:   Alban Berg: *Lulu* (Entwicklung der Lulu-Reihe aus den
                   Bildharmonien). Graphik: M. U.
Notenbeispiel 6:   Leoš Janáček: *Die Sache Makropulos* UE 14851
                   © Mit freundlicher Genehmigung der Universal Edition
                   A.G., Wien.

Abkürzungen

Abb.	Abbildung
Anm.	Anmerkung/Fußnote
Ebda.	Ebenda
GP	Generalpause
GS	Gesammelte Schriften
	(die römischen Ziffern verweisen auf die Bandzahl)
GW	Gesammelte Werke
	(die römischen Ziffern verweisen auf die Bandzahl)
KA	Klavierauszug
SW	Sämtliche Werke
	(die römischen Ziffern verweisen auf die Bandzahl)
T.	Takt/Takte
UA	Uraufführung
Ziff.	Ziffer

Bei der Bezeichnung von Opernszenen erhält der Akt eine römische, die
Szene eine arabische Ziffer, getrennt durch einen Schrägstrich (III/1 bedeutet
demnach: dritter Akt, erste Szene).

Dank

Alexander Zemlinsky schrieb am 18. Juli 1902 an Schönberg – vertieft in die Arbeit an der *Seejungfrau*: »Meine symf. D. wächst mir allmählig über den Kopf. Sie wird immer grösser, aber auch tiefer durchdacht u. ich hoffe nicht ganz schlecht: Zufrieden – das werden wir beide – hoffentlich nie sein.« Viele Momente während der Entstehungszeit meiner Promotionsarbeit glichen dieser Seelenlage. Und wie Zemlinsky von dem kreativen Austausch mit seinem Kollegen und Freund profitierte, gehörte auch für mich ein reger Gedankenaustausch zu den notwendigen Grundvoraussetzungen. Und so möchte ich – ohne alle namentlich nennen zu können – denjenigen danken, die mir die Gelegenheit zu bereichernden und ermutigenden Gesprächen gaben.

Ein besonderer Dank aber geht an meinen Doktorvater Herrn Prof. Dr. Wolfgang Dömling, der das Wuchern der Ideen und das Zusammenfassen stets mit großer Toleranz begleitet und gefördert hat. Auch Frau Prof. Dr. Dorothea Redepenning bin ich zu herzlichem Dank verpflichtet. Sie unterstützte meine Arbeit in allen Phasen. Wertvolle Anmerkungen verdanke ich außerdem Frau Dr. Annette Kreutziger-Herr. Sie begleitete den Fortgang meiner Arbeit von den ersten Ideen bis zum endgültigen Text mit immer wieder ermutigendem Interesse. Mein Dank gilt ferner Frau Markéta Štefková für die Hilfe bei der Übersetzung der tschechischen Libretti und für die Einblicke in die tschechische und die slowakische Sprache, besonders auch in Janáčeks lachische Mundart. Dank schulde ich auch denjenigen, die die undankbare Aufgabe des Korrekturlesens übernahmen: Julia Bömers, Katharina Harde-Tinnefeld, Malte Krasting M. A., Martina Kurth, Dagmar Penzlin und Michelle Pucci M. A.

Die Wiener Stadt- und Landesbibliothek half mir durch die Bereitstellung von Quellenmaterial über Alban Berg und Leoš Janáček. Die Verlage Universal Edition (Wien) und B. Schott's Söhne (Mainz) stellten mir freundlicherweise Notenmaterial zu Janáčeks *Sache Makropulos* und Zemlinskys *Seejungfrau* zur Verfügung. Für ein immer wieder beförderndes und anregendes Arbeitsumfeld danke ich auch dem Musikwissenschaftlichen Institut der Universität Hamburg und seiner Bibliothekarin, Frau Brigitte Adler.

Ein großer Dank geht ferner an Herrn Dr. Uwe Schweikert vom Verlag J. B. Metzler für seine Umsicht und das angenehme Klima, in dem meine Promotionsarbeit zum Buch reifen konnte. Sylvia Mandelkow und Christian Gudelius danke ich für die Hilfe in graphischen Dingen. Und ein herzlicher Dank für unerschöpfliche Geduld, lebhafte Diskussionen und konstruktive Kritik gilt schließlich Michael Postweiler.

Hamburg, im Dezember 2000

Personen- und Werkregister

Bemerkung: Im laufenden Text wurden alle russischen Eigennamen einheitlich nach den Richtlinien von Prof. W. Steinitz transliteriert. Davon ausgenommen sind Namen, die von der betreffenden Person selbst in einer eigenen Form transliteriert wurde (z. B. Marie Bashkirtseff, statt Marie Baschkirtsew) oder deren Schreibweise in anderer Transliterierung allgemein gebräuchlich sind (z. B. Igor Strawinsky, statt Igor Strawinski).